Excel 2000 für Dummies – Schummelseite

Arbeitsmappe als interaktive Webseite speichern

1. **Aktivieren Sie das Tabellenblatt, das als interaktive Webseite gespeichert werden soll.**

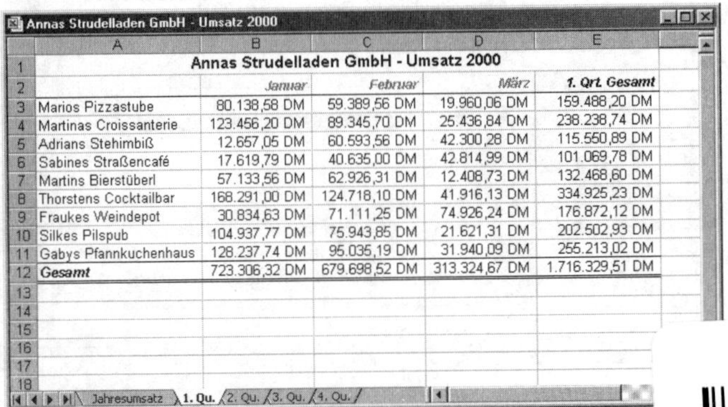

	A	B	C	D	E
1	Annas Strudelladen GmbH - Umsatz 2000				
2		*Januar*	*Februar*	*März*	***1. Qrt. Gesamt***
3	Marios Pizzastube	80.138,58 DM	59.389,56 DM	19.960,06 DM	159.488,20 DM
4	Martinas Croissanterie	123.456,20 DM	89.345,70 DM	25.436,84 DM	238.238,74 DM
5	Adrians Stehimbiß	12.657,05 DM	60.593,56 DM	42.300,28 DM	115.550,89 DM
6	Sabines Straßencafé	17.619,79 DM	40.635,00 DM	42.814,99 DM	101.069,78 DM
7	Martins Bierstüberl	57.133,56 DM	62.926,31 DM	12.408,73 DM	132.468,60 DM
8	Thorstens Cocktailbar	168.291,00 DM	124.718,10 DM	41.916,13 DM	334.925,23 DM
9	Fraukes Weindepot	30.834,63 DM	71.111,25 DM	74.926,24 DM	176.872,12 DM
10	Silkes Pilspub	104.937,77 DM	75.943,85 DM	21.621,31 DM	202.502,93 DM
11	Gabys Pfannkuchenhaus	128.237,74 DM	95.035,19 DM	31.940,09 DM	255.213,02 DM
12	*Gesamt*	723.306,32 DM	679.698,52 DM	313.324,67 DM	1.716.329,51 DM

2. **Wählen Sie im Menü Datei den Befehl Als Webseite speichern, um das Dialogfeld »Speichern unter« zu öffnen.**

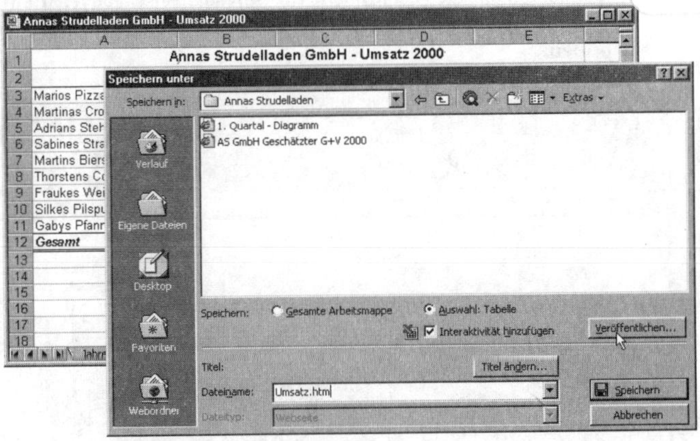

3. **Klicken Sie auf das Optionsfeld Auswahl: Tabelle, aktivieren Sie das Kontrollkästchen Interaktivität hinzufügen, und klicken Sie auf die Schaltfläche »Veröffentlichen«.**

	Strg + Umschalt +	Strg +	Umschalt +	(Keine)
F1			Direkthilfe	Office-Assistent
F2			Kommentar einfügen	Zellinhalt bearbeiten
F3	Name erstellen	Namen definieren	Dialogfeld »Funktion einfügen«	Namen einfügen
F4		Fenster schließen		Letzte Aktion wiederholen
F5	Vorherige Arbeitsmappe	Arbeitsmappenfenster wiederherstellen	Dialogfeld »Suchen«	Dialogfeld »Gehe zu«
F6		Nächste Arbeitsmappe	Voheriger Ausschnitt	Nächster Ausschnitt
F7	[illegible]	[illegible]	[illegible]	[illegible]
F8		[illegible]e des [illegible]appen- [illegible]ändern	[illegible]ach- [illegible]rung	[illegible]ungs- [illegible]s
F9		Arbeitsmappenfenster minimieren	Arbeitsblatt berechnen	Arbeitsmappe berechnen
F10		Arbeitsmappenfenster maximieren	Kontextmenü	Menüleiste
F11		Makroblatt einfügen	Arbeitsblatt einfügen	Diagramm in Diagrammblatt
F12	Dialogfeld »Drucken«	Dialogfeld »Öffnen«	Arbeitsmappe speichern	Dialogfeld »Speichern unter«

Excel 2000 für Dummies – Schummelseite

	Pos1	Ende	Bild↑	Bild↓	←	→	↑	↓
Strg + Umschalt +	Markierung bis 1. Zelle	Markierung bis letzte aktive Zelle			Markierung bis zum linken Bereichsende	Markierung bis zum rechten Bereichsende	Markierung bis zum oberen Bereichsende	Markierung bis zum unteren Bereichsende
Strg +	Zur 1. Zelle	Zur letzten aktiven Zelle	Zum vorherigen Tabellenblatt	Zum nächsten Tabellenblatt	Zum linken Bereichsende	Zum rechten Bereichsende	Zum oberen Bereichsende	Zum unteren Bereichsende
Umschalt +	Markierung bis Zeilenanfang	Markierung im Ende-Modus	Markierung einen Bildschirm nach oben	Markierung einen Bildschirm nach unten	Markierung eine Zelle nach links	Markierung eine Zelle nach rechts	Markierung eine Zelle nach oben	Markierung eine Zelle nach unten
(Keine)	Zum Zeilenanfang	Zum im Ende-Modus definierten Anfang	Bildschirm nach oben	Bildschirm nach unten	Zelle nach links	Zelle nach rechts	Zelle nach oben	Zelle nach unten

4. **Geben Sie im Textfeld Dateiname einen Namen für die neue Webseite ein, aktivieren Sie Kontrollkästchen Webseite im Browser anschauen, und klicken Sie auf die Schaltfläche »Veröffentlichen«.**

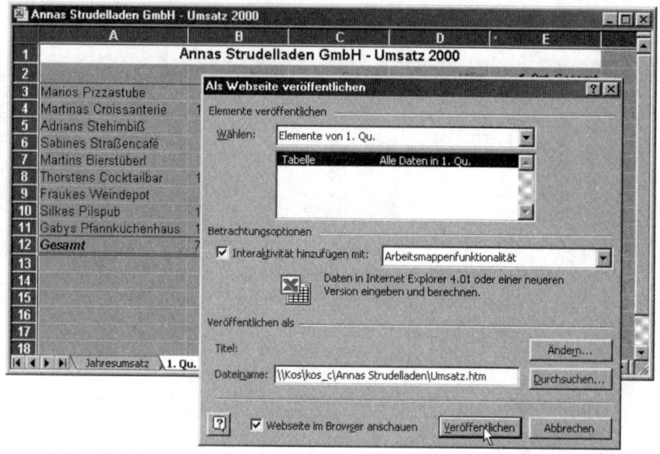

5. **Klicken Sie im Internet Explorer in der Symbolleiste über den Tabellendaten auf die Schaltfläche für Spreadsheet-Eigenschaftentoolbox, um die Eigenschaftentoolbox zum Bearbeiten der Webseite zu öffnen.**

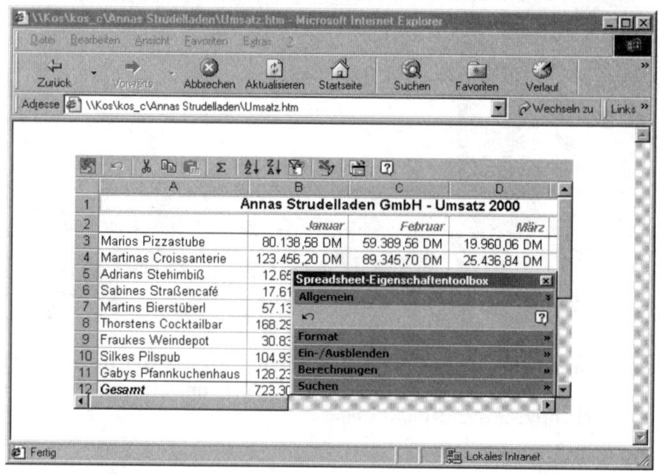

Weitere Informationen dazu finden Sie in Kapitel 10 im Abschnitt »Rühr-mich-an-Webseiten speichern«.

Excel 2000
für Dummies

Greg Harvey

Excel 2000 für Dummies

Gegen den täglichen Frust mit Excel

Übersetzung aus dem Amerikanischen
von Martina Hesse-Hujber
und Sabine Lambrich

mitp

Die Deutsche Bibliothek – CIP-Einheitsaufnahme:

Harvey, Greg:
Excel 2000 für Dummies / Greg Harvey. Übers. aus dem Amerikan.
von Martina Hesse-Hujber und Sabine Lambrich. -
Bonn : MITP-Verlag, 1999
Einheitssacht.: Excel 2000 For Windows For Dummies <dt.>
ISBN 3-8266-2818-7

ISBN 3-8266-2818-7
1. Auflage 1999
1. Nachdruck 2000

Übersetzung der amerikanischen Originalausgabe:
Greg Harvey: Excel 2000 For Windows For Dummies

Printed in Germany

Ein Unternehmen der verlag moderne industrie AG, Landsberg

Lektorat: Susanne Gerbert und Esther Neuendorf
Druck: Media-Print, Paderborn
Umschlaggestaltung: Sylvia Eifinger, Bornheim
Satz und Layout: Lieselotte und Conrad Neumann, München

Inhaltsverzeichnis

Einführung **15**

Willkommen, Bienvenue, Welcome! 15
Zu diesem Meisterwerk 15
Wie Sie dieses Buch benutzen 16
Was Sie ruhigen Gewissens ignorieren können 16
Mutmaßungen 16
Was erwartet Sie in diesem Buch? 17
Teil I: Für den Anfang: Das absolute Minimum 17
Teil II: Ändern nach Lust und Laune 17
Teil III: Den Daten auf der Spur 18
Teil IV: Ein Leben nach den Arbeitsblättern 18
Teil V: Excel – Wie es Euch gefällt 18
Teil VI: Top Ten für alle Lebenslagen 18
Regeln gibt es überall – auch für das Arbeiten mit diesem Buch 19
Tastatur und Maus 19
Besondere Symbole 20
Wie geht's nun weiter? 20

Teil I
Für den Anfang: Das absolute Minimum **21**

Kapitel 1
Worauf haben Sie sich da bloß eingelassen? **23**

Was zum Teufel fängt man mit Excel an? 23
Jede Menge kleiner Rechtecke 24
Bitte alles an meine Zelladresse 25
Also, wie groß ist die Arbeitsmappe nun wirklich? 27
Kommt eigentlich nach Z auch noch was? 27
Was Sie bis jetzt über Excel wissen sollten 28
Was Sie noch über Excel wissen sollten 29
Meine Damen, meine Herren, starten Sie Ihre Tabellen! 29
Excel 2000 über die Microsoft Office 2000 Shortcut-Leiste starten 29
Excel 2000 über das »Start«-Menü von Windows 95/98 starten 31
Excel 2000 über den Windows-Explorer starten 31
Excel 2000 über eine Verknüpfung starten 32
Excel automatisch per Knopfdruck beim Starten des Rechners öffnen 33

Keine Angst vor Mäusen! 35
Was man mit der Maus so alles machen kann 35
Die vielen Gesichter des Mauszeigers 36
Und was passiert, wenn ich diesen Knopf drücke? 37
Die Titelleiste 37
Die Menüleiste 39
Die Symbolleisten für Standards und Formate 40
Die Bearbeitungsleiste 44
Das Dokumentfenster, auch das Arbeitsmappenfenster genannt 46
Die Statusleiste 49
Nichts wie raus aus dieser Zelle! 50
Einfach laufen lassen 51
Schon mal was von der IntelliMouse gehört? 52
Tastenkombinationen zum Verschieben des Zellcursors 53
Von Bereich zu Bereich 54
Lieber Zellcursor, bitte gehe zu Zelle A105! 56
Lieber Zellcursor, bitte bleib, wo Du bist! 56
Die Qual der Wahl: Menüleiste oder Kontextmenü? 56
Darf ich die Bestellung aufnehmen? 57
Das Menü-Versteckspiel 58
Arbeitsverkürzung mit Kontextmenüs 59
Wie man eine intelligente Unterhaltung mit einem Dialogfeld führt 61
Hilfe ist schon unterwegs 65
Der Office-Assistent – stets zu Ihren Diensten 65
Wie wär's mit direkter Hilfe? 69
Und noch mehr Hilfe! 70
Schluß, aus und vorbei 71

Kapitel 2
Die erste Arbeitsmappe **73**

Die Arbeit beginnt 74
Das Wichtigste zur Dateneingabe 74
Vergißmeinnicht 75
Das ABC der Dateneingabe 75
Welche Daten sind denn Ihr Typ? 77
Text (weder Fisch noch Fleisch) 78
Jede Menge Zahlen 78
Formeln, die der Aufgabe gewachsen sind 86
Würden Sie mir das bitte mal markieren? 89
Vorfahrt achten! 89
Wenn Formeln spinnen 90
Fehlersuche und -bekämpfung 91

Einmal AutoKorrektur, bitte 91
Die Regeln der Zellbearbeitung 92
Keine Angst vor der Dateneingabe 94
Ohne AutoEingabe bin ich ein Nichts 95
Abrakadabra – AutoAusfüllen! 96
Das große Zellcursorspringen 101
Do it again, Excel! 102
Funktionieren die Funktionen? 103
Viel Spaß mit dem Funktions-Assistenten und der neuen Formelpalette 103
So werden Formeln bearbeitet 107
Ich lasse addieren! 108
Jetzt wird gespeichert 110

Teil II
Ändern nach Lust und Laune 113

Kapitel 3
Ein bißchen Glanz für nüchterne Zahlen 115

Sie haben die Wahl! 116
Zellauswahl à la Maus 117
Zellauswahl nach Art der Tastatur 120
AutoFormatieren – wirklich ein Kinderspiel 123
Formate mit Klick 126
Symbolleisten ohne Heimat 126
Symbolleisten mit festem Wohnsitz 128
Auch ein Dialogfeld zeigt Format 129
Für jede Zahl das richtige Format 130
Nicht immer ist es so, wie es scheint 135
Maßgeschneiderte Zahlenformate 136
Wem die Spaltenbreite paßt ... 139
Das ist doch die Zeilenhöhe 140
Das Tabellenblattversteckspiel 141
Das ist aber schriftartig! 143
Alles in Reih und Glied bringen 144
Die Sache mit dem Einzug 146
Ausrichten in der Vertikalen 146
Alles im Umbruch! 148
Richtungsänderungen 149
Raum ist in der kleinsten Zelle 151
Auf den äußeren Rahmen kommt es an 151
Mustern Sie mal Ihre Zelle! 153

Jetzt wird's formatvorlagig! 154
Hiermit übertrage ich Dir mein Format! 156
Ganz schön raffiniert: Bedingtes Formatieren 157

Kapitel 4
Wie Sie Änderungen durchführen, ohne ein Chaos zu veranstalten 161

Arbeitsmappen, wo seid ihr? 162
Mehr als eine Arbeitsmappe gleichzeitig öffnen 162
Arbeitsmappen im Menü Datei öffnen 163
Wo habe ich diese Arbeitsmappe bloß abgelegt? 164
Was gibt es noch im Dialogfeld »Öffnen«? 170
Bitte rückgängig machen! 170
Das Rückgängigmachen rückgängig machen 171
Wenn mit Rückgängig nichts mehr vorwärts geht 171
Ziehen, bis zum Ablegen 172
Kopieren mit Ziehen und Ablegen 174
Darf ich mal eben dazwischen? 175
Die Formel und das AutoAusfüllen 177
Alles relativ 178
Absolut richtig 179
Man muß auch einfügen können 182
Kopieren wird erst beim zweiten Mal schön 183
Auch beim Einfügen sollte man wählerisch sein 185
Inhalt oder Zelle löschen, das ist hier die Frage 187
Inhalte löschen 187
Das absolute Ende für einen Zellbereich 187
Vorsicht, Bauarbeiten! 189
Letzte Rettung – die Rechtschreibprüfung 189

Kapitel 5
Und jetzt alles aufs Papier gebracht (oder Druckversuch – der 101.) 193

Eile mit Weile 194
Wo hört die Seite auf, wo fängt die nächste an? 197
Drucken, wie es Euch gefällt 197
Variationen zum Thema »Drucken« 198
Auf der Jagd nach der perfekten Seite 200
Wie wär's im Querformat? 202
Man quetsche alles auf eine Seite 203
Marginales Denken ist angesagt 203
Wenn der Kopf nicht weiß, was der Fuß macht 205
Der Tabelle zeigen, wo's langgeht 209

Jeder hat Anspruch auf einen Titel 211
Alles an seinem Platz 213
Auch Formeln wollen gedruckt werden 216

Teil III
Den Daten auf der Spur 217

Kapitel 6
Wie Sie Ihre Daten in den Griff kriegen 219

Zoom, zoom, zoom, Fenster zoom herum 220
Wer klopft da an mein Unterfenster? 222
Festgemauert in meinem Fenster sitzt die Überschrift 225
Elektronische Kommentare 228
So bekommt die Zelle ihren Kommentar 228
Kommentare in Überarbeitung 229
Was man mit Kommentaren so alles machen kann 230
Der Kommentar im Ausdruck 231
Wie heißt denn die Zelle? 231
Das Kind beim Namen nennen 232
Auch Formeln haben einen Namen 233
Eine ganz besondere Form der Formelnamensgebung 234
Wer suchet, der findet 236
Passen Sie auf bei Zellersatzteilen! 239
Berechnen oder nicht berechnen 240
Schützen Sie sich! 241

Kapitel 7
Mit mehreren Tabellenblättern jonglieren 245

Was ich an Tabellenblättern so liebe 246
Blatt für Blatt aneinandergereiht 246
Gruppenarbeit (oder alle für einen) 249
Mal mehr, mal weniger 250
Jedem Register seinen Namen 251
Tabellenblätter nach Belieben anordnen 252
In Tabellenblättern »fensterln« 253
Von Arbeitsmappe zu Arbeitsmappe 258
Fassen wir zusammen! 261

Teil IV Ein Leben nach den Arbeitsblättern 265

Kapitel 8 Ein Bild sagt mehr als tausend Worte 267

Diagramme aus dem Nichts zaubern 268
- Die Diagramm-Symbolleiste auf das Diagramm hetzen 274
- Das Diagramm direkt im Tabellenblatt bearbeiten 276
- Diagrammoptionen wie Sand am Meer 277
- Frei wie ein Vogel (nicht zugeordneter Text) 278
- x- und y-Achsen aufpeppen 280
- Diagrammwerte im Tabellenblatt ändern 281
- Warum nicht mal dreidimensional? 282

Ein Tabellenblatt ohne grafische Objekte ist wie ein ... 284
- ClipArts online rüberholen 285
- Selbst ist der Mann/die Frau 286

WordArt vom Feinsten 287

Eins vor dem anderen 289

Mal sichtbar, mal unsichtbar 290

Nur die Grafik schwarz auf weiß 290

Kapitel 9 Zahlen und Fakten griffbereit 293

Die Maske, hinter der sich Ihre Daten verbergen 294
- Je mehr, desto besser: Neue Datensätze einfügen 295
- So kommen E-Mail- und Webadressen in die Datenbank 298
- Datensätze suchen, bearbeiten und löschen 300
- Scroll me up, Scotty 300
- Heureka! Ich hab's gefunden! 301

Daten von A bis Z (oder wie bringe ich Ordnung in das Chaos) 304

AutoFilter – alles funktioniert automatisch 308

Nur die Top 10 bitte 309

Selbstgeschnitzte AutoFilter 311

Kapitel 10 Von Hyperlinks und Webseiten 315

Tabellenblätter mit Hyperlinks schmücken 316
- Den Hyperlinks auf der Spur 320
- Hyperlinks der Variante »Text« bearbeiten und formatieren 323
- Hyperlinks der Variante »grafisches Objekt« bearbeiten und formatieren 324

Tabellenblätter weltweit 325
Rühr-mich-nicht-an-Webseiten speichern 327
Rühr-mich-an-Webseiten speichern 330
Eine Tabelle in eine bereits vorhandene Webseite unterbringen 341
Webseiten in Word 2000 bearbeiten 341
Webseiten in Excel 2000 bearbeiten 343
Interaktive Webseiten zurück nach Excel 344
Tabellen von hier nach da karren 345
Ich bin Webseiten-Publisher! 346
Einen Blick auf Webseiten im eigenen Browser werfen 347
Kein Webpublishing ohne Webordner 348
Kein Webpublishing ohne FTP-Adressen 349
Und ab geht die (elektronische) Post 351

Teil V
Excel - Wie es Euch gefällt 355

Kapitel 11
Keine Angst vor Makros! 357

Makros aufzeichnen 357
Das Makro bitte in meine persönliche Arbeitsmappe! 358
3 x täglich ein Makro 359
Und was kommt dabei heraus? 362
Januar, Februar ... Dezember 363
Alles ist relativ 364

Kapitel 12
Das richtige Werkzeug bei der Hand 367

Symbolleisten, mal da, mal nicht da 367
Excels Symbolleisten auf den Kopf stellen 370
Rein mit den Schaltflächen 370
Raus mit den Schaltflächen 372
Bäumchen wechsel dich 372
Gruppierte Schaltflächen 372
Symbolleisten wie gehabt 373
Eine Symbolleiste für jede Gelegenheit 373
Arbeitslose Schaltflächen – was für eine Verschwendung! 375
Neuer Menübefehl gefällig? 377
Schaltflächen mit Hyperlinks schmücken 378
Ein nettes Schaltflächengesicht, wenn ich bitten darf 380

Teil VI
Die Top Ten für alle Lebenslagen 383

Kapitel 13
Die Top Ten der neuen Funktionen von Excel 385

Kapitel 14
Die Top Ten für Anfänger 387

Kapitel 15
Die Top Ten für alle 389

Stichwortverzeichnis 391

Einführung

Willkommen, Bienvenue, Welcome!

Willkommen zu *Excel 2000 für Dummies, dem* Buch zu Excel 2000 für alle, die sich nicht länger als unbedingt nötig mit Tabellenkalkulation befassen wollen. In diesem Buch finden Sie alle erforderlichen Informationen, um sich bei den Alltagsaufgaben, die »normale« Menschen mit Excel ausführen, über Wasser halten zu können. Der Autor hofft, daß es ihm in diesem Buch gelungen ist, die Dinge einfach darzustellen und Sie nicht mit unnötigen technischen Details zu langweilen, die Sie weder brauchen noch interessieren. Soweit dies möglich ist, wird in diesem Buch versucht, nur das Wesentliche zu zeigen und in verständlicher Weise lediglich die Dinge zu beschreiben, die nötig sind, um eine bestimmte Aufgabe mit Excel auszuführen.

Excel 2000 für Dummies enthält alle grundlegenden Techniken, die Sie kennen müssen, um eigene Tabellenblätter zu erstellen, zu bearbeiten, zu formatieren und zu drucken. Aber Sie lernen nicht nur, wie man mit einem Tabellenblatt arbeitet, Sie werden auch mit Grundlagenwissen zum Erstellen von Diagrammen, Datenbanken und Webseiten konfrontiert; allerdings beschränke ich mich darauf, Ihnen nur die einfachsten Funktionen zu erklären. Das vorliegende Buch konzentriert sich in erster Linie auf das Arbeiten mit *Tabellenblättern,* da dies sicherlich der Teil des Programms ist, mit dem Sie am häufigsten zu tun haben werden.

Zu diesem Meisterwerk

Dieses Buch ist kein Buch, das man von Anfang bis Ende durchliest. Auch wenn die Kapitel in einer logischen Reihenfolge aufeinander aufbauen (in etwa so, als ob Sie Excel in einem Fortbildungsseminar erlernen), so ist doch jedes in einem Kapitel behandelte Thema von den anderen vollkommen unabhängig. (Sie haben es also mit emanzipierten Kapiteln zu tun!)

Zu Beginn eines Themas wird erst einmal die Frage beantwortet, wofür eine bestimmte Funktion überhaupt gut ist. Danach können Sie sich entscheiden, ob Sie lernen möchten, wie Sie diese Funktion einsetzen. Manchmal ist die graue Theorie ja schon mehr als abschreckend. In Excel, wie auch in anderen anspruchsvollen Programmen, gibt es in der Regel mehr als einen Weg, eine bestimmte Aufgabe auszuführen. Um Sie nicht zu sehr zu strapazieren, habe ich absichtlich die Auswahlmöglichkeiten gering gehalten und Ihnen nur den effektivsten Weg zur Ausführung einer Aufgabe aufgezeigt. Später, falls es Sie reizen sollte, können Sie mit den verschiedenen Möglichkeiten experimentieren. Fürs erste sollten Sie sich lediglich darauf konzentrieren, die Aufgabe wie beschrieben auszuführen.

Soweit dies möglich war, habe ich mich bemüht, das Buch so aufzubauen, daß Sie für die Aufgabe, die Sie gerade ausführen, keine Informationen aus vorangegangenen Kapiteln brauchen. Wenn es sich aber manchmal eben doch nicht vermeiden ließ, werden Sie auf einen Querverweis auf einen anderen Abschnitt oder ein anderes Kapitel in diesem Buch stoßen.

Falls Sie Lust haben, machen Sie schnell einen Abstecher in das entsprechende Kapitel. Wenn es Sie jedoch nicht interessiert, ist das auch nicht weiter tragisch. Ignorieren Sie die Querverweise, so als ob sie gar nicht vorhanden wären.

Wie Sie dieses Buch benutzen

Ich habe dieses Buch wie ein Nachschlagewerk aufgebaut, bei dem Sie zuerst entweder im Inhaltsverzeichnis oder im Index das Thema nachschlagen, zu dem Sie Informationen benötigen, und dann direkt im gewünschten Abschnitt nachlesen. Die meisten Themen werden ganz locker erklärt (als ob Sie in der hinteren Reihe eines Klassenzimmers sitzen, wo Sie ungestört vor sich hin dösen können). Manchmal bricht allerdings meine Erinnerung an die Zeit beim Militär wieder hervor, und ich liste exakt die Schritte auf, die Sie zur Ausführung einer bestimmten Aufgabe in einem bestimmten Abschnitt benötigen.

Was Sie ruhigen Gewissens ignorieren können

Wenn Sie auf einen Abschnitt stoßen, in dem die Schritte für eine bestimmte Aufgabe erklärt werden, haben Sie die Wahl zwischen der Lang- und der Kurzversion. Die, die's eilig haben, lesen nur das Fettgedruckte, die anderen auch das Drumherum.

Wo immer es möglich war, habe ich versucht, Hintergrundwissen oder sonstige Zusatzinformationen von den eigentlichen Fakten zu trennen, indem ich diese Informationen in eigenständige Rubriken gepackt habe. Diese Abschnitte sind meistens mit Symbolen gekennzeichnet, die Ihnen gleichzeitig Aufschluß über den Inhalt geben. Sie können Text, der so gekennzeichnet ist, (in den meisten Fällen) ruhigen Gewissens überlesen. (Welche Symbole in diesem Buch verwendet werden, erfahren Sie gegen Ende dieses Kapitels.)

Mutmaßungen

Also, ich nehme mal folgendes an (mal sehen, ob ich richtig liege): Sie haben die Möglichkeit, an einem PC zu arbeiten (zumindest gelegentlich), auf dem Windows 95/98 oder Windows NT und Excel 2000 installiert sind. (Auf Ihrer Festplatte ist jetzt kaum noch Platz für irgend etwas anderes.) Ich bin mir allerdings nicht so sicher, ob Sie Excel 2000 überhaupt schon mal gestartet, geschweige denn damit gearbeitet haben.

Dieses Buch wendet sich in erster Linie an die, die zum ersten Mal mit Excel 2000 arbeiten. Wenn Sie eine Vorgängerversion von Excel für Windows besitzen (z. B. Excel 97), dann sollten Sie dieses Buch lieber wieder zurück ins Regal stellen und statt dessen zu *Excel 97 für Dummies* greifen (ist auch im MITP-Verlag erschienen). Falls Sie mit Excel für den Macintosh arbeiten, sollten Sie dieses Buch auch aus der Hand legen und sich in der Macintosh-Ecke des Buchladens umsehen.

Sollten Sie jedoch mit Excel 97 für Windows arbeiten (weil Sie entweder noch keinen Grund dafür sehen umzusteigen oder zu geizig sind, sich das Update zu kaufen, oder aber, und das ist gar nicht mal so unwahrscheinlich, weil Ihrer Festplatte nach der Installation von Windows 98 ganz einfach die Luft bzw. der Platz ausgegangen ist), dann können Sie mit diesem Buch etwas über Excel 97 für Windows lernen, vorausgesetzt, Sie achten ganz genau auf die Excel 2000-Symbole am linken Seitenrand. Immer wenn Sie dieses Symbol sehen, behandle ich Funktionen, die ganz neu in Excel 2000 sind (d. h., in Ihrer alten Version gibt es diese Dinge noch gar nicht). Schicken Sie mir also keine bösen Briefe, daß ich in diesem Buch über eine bestimmte Funktion schreibe, die es in Ihrem Programm gar nicht gibt. Ich schicke Ihnen nämlich sonst einen noch böseren Brief, daß Sie nicht auf das Symbol geachtet haben, das Ihnen signalisiert, daß eine in Excel 2000 brandneue Funktion behandelt wird. Der schwarze Peter bleibt also im Ernstfall bei Ihnen!

Was erwartet Sie in diesem Buch?

Dieses Buch ist in sechs Teile aufgeteilt. (Sie werden also mindestens sechs dieser großartigen Cartoons von Rich Tennant sehen.) Jeder Teil enthält mindestens zwei Kapitel, die mehr oder weniger zusammengehören. Jedes Kapitel ist unterteilt in locker miteinander verknüpfte Abschnitte, die das Grundwissen zu dem entsprechenden Thema vermitteln. Sie sollten sich jedoch nicht zu sehr darauf konzentrieren, dem Aufbau des Buchs zu folgen, denn letztendlich ist es vollkommen egal, ob Sie erst lernen, wie man eine Tabelle bearbeitet, und dann, wie man sie formatiert. Oder ob Sie lernen, wie man eine Tabelle ausdruckt, bevor Sie wissen, wie man sie bearbeitet. Wichtig ist nur, daß Sie diese Information sofort finden, wenn Sie eine bestimmte Aufgabe durchführen wollen – und diese auch verstehen, wenn Sie sie gefunden haben.

Falls es Sie interessiert, hier eine kurze Zusammenfassung der Inhalte der einzelnen Teile:

Teil I: Für den Anfang: Das absolute Minimum

Wie der Name bereits verrät, vermittelt Teil I das erforderliche Grundwissen, wie das Starten des Programms, die Bezeichnung der einzelnen Bildschirmelemente, die Eingabe der Daten in das Tabellenblatt, das Speichern des Dokuments etc. Wenn Sie absolut gar nichts über den Umgang mit Tabellenkalkulationsprogrammen wissen, so werden Sie sicherlich einen Blick in Kapitel 1 werfen wollen, um zu erfahren, zu was Excel überhaupt zu gebrauchen ist, bevor Sie in Kapitel 2 mit dem Erstellen neuer Tabellenblätter weitermachen.

Teil II: Ändern nach Lust und Laune

Teil II vermittelt Ihnen das nötige Grundwissen, um Tabellenblätter gut aussehen zu lassen und so zu bearbeiten, daß das Ganze nicht in einer Katastrophe endet. Lesen Sie in Kapitel 3 weiter, wenn Sie wissen wollen, wie man die eingegebenen Daten im Tabellenblatt anders darstellen kann. Schlagen Sie in Kapitel 4 nach, wenn Sie im Tabellenblatt Daten anders anordnen, löschen oder neu eingeben wollen. In Kapitel 5 finden Sie dann alles Wissenswerte, um Ihr fertiges Produkt zu drucken.

Teil III: Den Daten auf der Spur

In Teil III erfahren Sie, was Sie mit den Daten eines Tabellenblatts alles anstellen können, nachdem Sie sie eingegeben haben. Das Kapitel 6 ist voller guter Ideen, wie Sie Ihre Daten in einem Tabellenblatt fest in den Griff kriegen. Kapitel 7 zeigt Ihnen, wie Sie mit den Daten der verschiedenen Tabellenblätter in einer Arbeitsmappe jonglieren können und wie die Daten zwischen den Tabellenblättern der verschiedenen Arbeitsmappen verschoben werden können.

Teil IV: Ein Leben nach den Arbeitsblättern

Teil IV beleuchtet, was Excel außer der Tabellenfunktion noch beherrscht. In Kapitel 8 erfahren Sie, wie ungeheuer einfach es ist, mit den Daten Ihres Tabellenblatts ein Diagramm zu erstellen. Kapitel 9 erklärt, wie nützlich die Excel-Datenbankfunktion sein kann, wenn Sie den Überblick über sehr viele Daten behalten und diese verwalten müssen. In Kapitel 10 steht, wie Sie Hyperlinks erstellen, um in einem Tabellenblatt hin- und herzuspringen, zu anderen Dokumenten oder zu einer Webseite zu gelangen. Als kleines Highlight erfahren Sie dort auch noch, wie Sie aus Ihren Tabellen statische (rühr-mich-nicht-an) bzw. interaktive (rühr-mich-an) Webseiten für eine Website im Intranet Ihrer Firma fabrizieren.

Teil V: Excel – Wie es Euch gefällt

In Teil V werden Vorschläge unterbreitet, wie Sie das Arbeiten mit Excel individuell an Ihren Geschmack anpassen können. In Kapitel 11 geht es darum, wie Makros aufgezeichnet und ausgeführt werden, um mühselige Routinearbeiten automatisch ablaufen zu lassen. Kapitel 12 enthält schließlich alles Wissenswerte über die integrierten Symbolleisten, die Sie für Ihre Zwecke anpassen können, und Informationen darüber, wie Sie eigene Symbolleisten erstellen.

Teil VI: Top Ten für alle Lebenslagen

Es ist Tradition in diesen ... *für Dummies*-Büchern, daß der letzte Teil aus Listen mit den zehn (zumeist) nützlichsten Fakten, Tips und Ratschlägen besteht. Bleiben Sie gelassen, Sie müssen keine weiteren zehn Kapitel lesen, wenn Sie erst einmal so weit gekommen sind.

Regeln gibt es überall – auch für das Arbeiten mit diesem Buch

Im folgenden will ich Sie noch auf die in diesem Buch verwendeten Konventionen aufmerksam machen, die Sie brauchen werden, um sich darin zurechtzufinden und effektiv damit arbeiten zu können.

Tastatur und Maus

Excel 2000 ist ein vielseitiges Programm mit einer ganzen Reihe beeindruckender Dialogfelder, vielen Symbolleisten und mehr Menüs, als Sie zählen können. In Kapitel 1 erkläre ich alle diese Elemente und ihre Verwendung. Schlagen Sie immer mal wieder in Kapitel 1 nach, wenn Sie Fragen zum Programm haben.

Auch wenn Sie die Maus und die Abkürzungstasten verwenden, um sich in, um und um die Excel-Tabelle herum zu bewegen, müssen Sie sich Zeit nehmen, um die Daten einzugeben, damit Sie sie hinterher mit der Maus hin- und herschieben können. Daher möchte Sie dieses Buch ab und zu dazu ermuntern, bestimmte Dinge in ein bestimmtes Feld im Tabellenblatt einzugeben. Sie können natürlich stets beschließen, die Anweisungen nicht zu befolgen; aber Sie sollten zumindest wissen, wie diese Anweisungen aussehen. Wenn Sie zum Beispiel aufgefordert werden, eine bestimmte Zeichenfolge einzugeben, wird das entweder so dargestellt:

```
=SUMME(A2:B2)
```

Also, in einer separaten Zeile und in einer anderen Schriftart als der Rest des Texts; oder ich bringe das, was Sie eingeben sollen, im Fließtext unter und setze es in französische Anführungszeichen (»«). In beiden Fällen will ich Ihnen aber genau dasselbe sagen, nämlich daß Sie genau das eingeben sollen, was Sie sehen: ein Gleichheitszeichen, das Wort »SUMME«, eine öffnende runde Klammer, den Text »A2:B2« (vollständig mit dem Doppelpunkt zwischen den beiden Buchstaben-Zahlen-Kombinationen) und eine schließende runde Klammer. Sie müssen dann natürlich [Eingabe] drücken, um die Eingabe auf die Datenreise in das Computer-Hirn zu schicken.

Manchmal möchte ich etwas besonders hervorheben oder einen neuen Begriff einführen. Um Ihnen dies zu signalisieren, habe ich den *Kursivdruck* gewählt.

Gelegentlich werde ich Sie auch auffordern, einmal eine *Tastenkombination* zu drücken, um eine bestimmte Aufgabe auszuführen. Tastenkombinationen sind z. B. [Strg]+[S]. Dieses Pluszeichen zwischen den beiden Tasten bedeutet, daß Sie gleichzeitig sowohl [Strg] als auch [S] drücken müssen. Diese Art der Fingerakrobatik mag am Anfang etwas schwierig sein, aber mit ein bißchen Training wird auch dies zu meistern sein.

Sehr häufig werden Sie im Text auf KAPITÄLCHEN stoßen. Sie sollen Ihnen anzeigen, daß ich von Menüs, Befehlen oder Bestandteilen von Dialogfeldern spreche. Na ja, das kriegen wir schon! Damit das Buch aber nicht in Kapitälchen ertrinkt, habe ich Dialogfeldtitel (stehen in der Titelleiste) sowie Dialogfeldschaltflächen in französische Anführungszeichen (» «) gesetzt.

Besondere Symbole

Die folgenden Symbole finden Sie am Rand neben dem Text. Sie sind strategisch günstig plaziert, damit Sie auf einen Blick sehen können, welche Informationen Sie lesen oder nicht lesen sollten. (Die Texte mit der Bombe sollten Sie immer lesen.)

Dieses Symbol weist Sie auf langatmige und langweilige Diskussionen hin, die Sie genauso gut auslassen können (oder lesen können, wenn Sie mal ganz für sich allein sind).

Dieses Symbol weist Sie auf Abkürzungstasten hin oder gibt wertvolle Tips, wie Sie sich das Leben leichter machen können.

Dieses Symbol weist Sie auf Informationen hin, die Sie sich merken sollten, wenn Sie gegen etwas Erfolg nichts einzuwenden haben.

Dieses Symbol weist Sie auf Informationen hin, die Sie sich unbedingt merken sollten, wenn Sie die absolute Katastrophe verhindern wollen.

Dieses Symbol weist Sie auf alle Funktionen hin, die in Excel 2000 brandneu sind.

Wie geht's nun weiter?

Wenn Sie noch nie mit einem elektronischen Tabellenblatt gearbeitet haben, schlage ich vor, daß Sie sich zuerst Kapitel 1 vornehmen und herausfinden, um was es sich hier überhaupt handelt. Wenn Sie sich bereits mit elektronischer Tabellenkalkulation auskennen, aber nichts über das Erstellen von Tabellenblättern mit Excel wissen, beginnen Sie mit Kapitel 2, in dem erklärt wird, wie Sie mit der Eingabe von Daten und Formeln anfangen. Später, wenn Sie bestimmte Funktionen benötigen (z. B. »Wie kopiere ich eine Formel?« oder »Wie drucke ich nur einen bestimmten Bereich des Tabellenblatts?«), konsultieren Sie das Inhaltsverzeichnis oder den Index, um den gewünschten Abschnitt zu finden und dort direkt nach den entsprechenden Informationen zu suchen. Also, auf geht's und viel Spaß!

Teil I

Für den Anfang: Das absolute Minimum

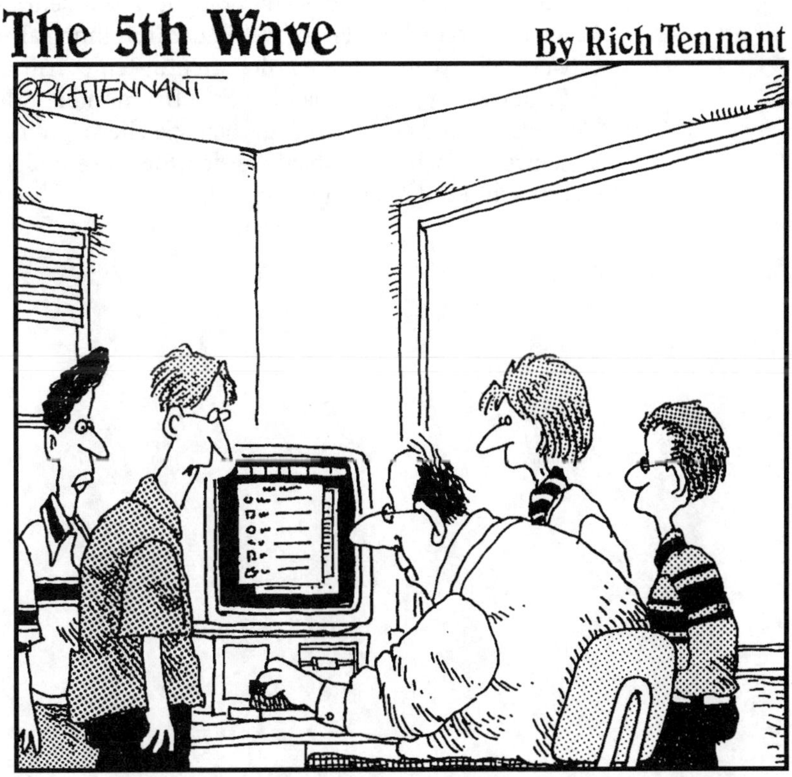

»Ich glaube, Herr Dimplmoser, der Cursor bewegt sich nicht, weil Sie die Hand auf dem Tafelschwamm haben und nicht auf der Maus!«

In diesem Teil...

Beim ersten Blick auf den neuen Excel 2000-Bildschirm (mit all diesen neuen Feldern, Schaltflächen und Registerkarten) sehen Sie bereits, daß sich hier einiges tun wird. Dies liegt nicht zuletzt daran, daß sich nicht nur die Windows-Task-Leiste (die ohnehin schon ein bißchen groß ausgefallen ist), sondern auch noch die Office 2000-Shortcut-Leiste zum Excel 2000-Bildschirm gesellt. (Lassen sich aber beide ausblenden!) Aber verzweifeln Sie nicht: Kapitel 1 widmet sich ausschließlich den verschiedenen Elementen des neuen Excel 2000-Bildschirms und versucht Licht ins Dunkel der unzähligen Symbole, Schaltflächen und Felder zu bringen, die Sie von jetzt an Tag für Tag umgeben werden.

Nicht daß Sie aber nun glauben, Sie könnten sich lässig zurücklehnen und mich hier alles machen lassen. So nun auch nicht. Wenn Sie mit Excel vernünftig arbeiten wollen, dann werden Sie wohl oder übel lernen müssen, wozu man diese ganzen Symbole, Felder etc. braucht. Zu diesem Zweck habe ich das zweite Kapitel verfaßt, in dem ich Ihnen alles Wissenswerte über den Gebrauch der wichtigsten Schaltflächen und Felder verrate, mit denen Sie Ihre Daten in die Arbeitsmappe eingeben und dort auch dauerhaft speichern. »Aller Anfang ist schwer«, doch schon bald werden Sie es sein, der Excel beherrscht (und nicht umgekehrt)!

Worauf haben Sie sich da bloß eingelassen?

1

In diesem Kapitel erfahren Sie, wie Sie ...

- Excel für Ihre Zwecke einsetzen können.
- den Zellen auf den Grund gehen.
- Excel mit Hilfe einer Reihe von coolen Verfahren zum Leben erwecken.
- mit dem Bildschirm von Excel 2000 klarkommen.
- die Symbolleisten von Excel in den Griff kriegen.
- in den Arbeitsmappen von Excel herumsurfen.
- Befehle in den Menüs der Menüleiste wählen.
- die Kontextmenüs einsetzen.
- dem Office-Assistenten Ihr Herz ausschütten.
- Excel schleunigst wieder beenden.

Obwohl quasi auf jedem Rechner neben einer Textverarbeitung und jeder Menge Spiele auch eine elektronische Tabellenkalkulation wie Excel 2000 zu finden ist, bedeutet dies noch lange nicht, daß die stolzen Computer-BesitzerInnen die Tabellenkalkulation kennen, geschweige denn benutzen. Ich persönlich kenne jede Menge Leute, die zwar ganz ordentlich mit Microsoft Word umgehen können, aber nicht den blassesten Schimmer davon haben, was man mit Excel tun kann bzw. soll.

Das ist wirklich eine Schande! Vor allem unter dem Aspekt, daß Microsoft Office 2000 oft die einzige Software ist, die auf vielen Rechnern zu finden ist. (Dies wiederum liegt wahrscheinlich daran, daß Windows 95/98 und Microsoft Office 2000 zusammen so viel Speicher brauchen, daß an eine andere Software gar nicht mehr zu denken ist.)

Wenn Sie also zu den Leuten gehören, die Microsoft Office auf dem Rechner installiert haben, aber eine Arbeitsmappe nicht von einem Arbeitsessen unterscheiden können, dann belegt Excel 2000 lediglich jede Menge Festplattenspeicher – und dafür ist Speicher doch wirklich zu schade. Höchste Zeit, das zu ändern.

Was zum Teufel fängt man mit Excel an?

Excel ist zunächst mal ein echt guter Organisator von allen möglichen Datentypen (Zahlen, Text etc.). Da es jede Menge Berechnungsfunktionen enthält, greifen die meisten auf Excel zurück, wenn es darum geht, irgendwelche Finanzblätter zu erstellen. Diese Blätter werden dann bis an die Zähne mit Formeln bewaffnet, mit deren Hilfe so Zeugs wie Gesamtumsatz, Gewinne und Verluste oder Wachstumsraten in Prozent berechnet werden sollen.

Berühmt ist Excel unter anderem auch für seine Fähigkeiten, Zahlen grafisch darzustellen. Das heißt, daß Sie Ihre nüchternen Zahlen im Handumdrehen in ein Diagramm oder eine Grafik Ihrer Wahl umsetzen können. Aus langweiligen Zahlenkolonnen werden auf einmal farbenfrohe Linien, Balken etc. Verschönern Sie beispielsweise langweilige Sitzungsberichte (mit Microsoft Word erstellt) mit ein paar geschmackvollen Pizzas (gemeint sind Kreisdiagramme), oder peppen Sie hochoffizielle Folien steifer Business-Präsentationen (vielleicht mit Microsoft PowerPoint fabriziert) etwas auf.

Selbst wenn Sie nicht allzuoft schicke und wichtige Finanzberechnungen erstellen oder Schnickschnack-Diagramme erzeugen müssen, gibt es bestimmt noch jede Menge Aufgaben, die Sie mit Excel erledigen könnten oder sollten. Es kann sich dabei um ganz simple Datenlisten handeln, sei es für den Privatgebrauch oder im Job. Excel ist ein ausgezeichneter Listenverwalter (ExpertInnen bezeichnen diese Listen in Excel als *Datenbanken*) und ein noch größerer Aus-Listen-Tabellen-Macher. Also, wenn es darum geht, Produkte, die Sie verkaufen, Kunden, die Sie beliefern, Angestellte, für die Sie zuständig sind, oder sonstiges übersichtlich zu verwalten, dann nichts wie ran an Excel.

Jede Menge kleiner Rechtecke

Warum kann Excel so gut Berechnungen durchführen und Daten in Listen und Tabellen organisieren? Ganz einfach! Betrachten Sie einmal eine leere Excel-Arbeitsmappe (die in Abbildung 1.1 eignet sich hervorragend hierfür). Was sehen Sie? Jede Menge kleiner Rechtecke. Diese Rechtecke – es gibt in jeder Arbeitsmappe Millionen davon – werden im Tabellenkalkulationsjargon als *Zellen* bezeichnet. Jede einzelne Information (z. B. ein Name, eine Straße, eine Zahl, ja sogar der Geburtstag von Tante Marta) wird in einer Zelle der Arbeitsmappe untergebracht, die Sie gerade erstellen.

Warum Tabellenkalkulationsprogramme nichts als Arbeitsmappen produzieren

In Tabellenkalkulationsprogrammen wie Excel 2000 werden die elektronischen Blätter nicht etwa Tabellenblätter, sondern *Arbeitsmappen* genannt. Dies ist auch ganz okay so. Sie sollten sich aber niemals dazu hinreißen lassen, Excel als ein Arbeitsmappenprogramm zu bezeichnen. Also: Stellen Sie sich Excel als ein Tabellenkalkulationsprogramm vor, das Arbeitsmappen produziert, nicht aber als Arbeitsmappenprogramm, das Tabellenblätter zaubert. Und noch eins drauf: Jede Arbeitsmappe enthält natürlich Tabellenblätter – wir wären also wieder beim Tabellenkalkulationsprogramm.

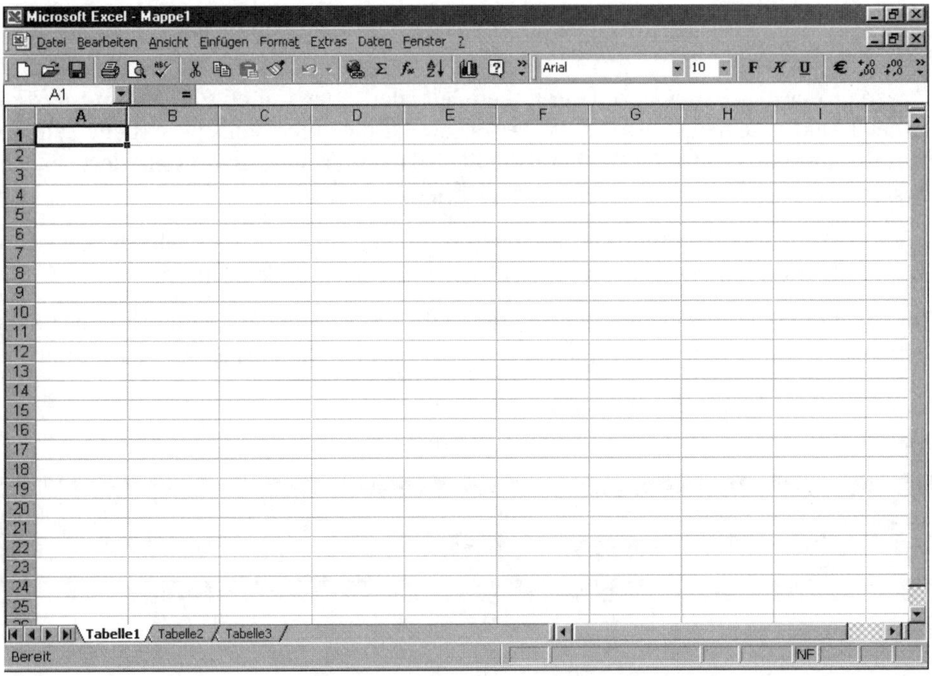

Abbildung 1.1: Jede Menge Rechtecke – und alle sehen gleich aus!

Bitte alles an meine Zelladresse

Wie Sie in Abbildung 1.1 sehen können, wird eine Excel-Arbeitsmappe von einer Art Rahmen umgeben, in dem die Spalten und Zeilen benannt werden. Spalten werden mit Buchstaben, Zeilen mit Zahlen bezeichnet. Warum ist das notwendig? Excel-Arbeitsmappen sind riesengroß. (In Abbildung 1.1 sehen Sie nur einen Bruchteil der gesamten Mappe.) Also brauchen alle Zellen einen eindeutigen Namen – eine Zelladresse. Stellen Sie sich diese Namen wie die Bezeichnungen auf einem Schachbrett vor: »Ziehe den Turm von A1 nach A4« – allerdings in ganz anderen Dimensionen.

Zellen – die Bausteine aller Arbeitsmappen

Alle Zellen werden durch die Schnittpunkte des Spalten- und Zeilengitters definiert. Der Terminus technicus für ein solches Raster lautet *Array*. Die Position von Daten werden in einem Array zunächst durch ihre Zeilen- und anschließend durch ihre Spaltenposition bestimmt. (Keine Panik! Spätestens im Abschnitt »A1 alias Z1S1« weiter unten in diesem Kapitel wird das Ganze etwas klarer werden.)

In Abbildung 1.2 zeigt Excel die aktuelle Position in der Arbeitsmappe gleich auf drei verschiedene Weisen an:

- ✔ Oberhalb der Arbeitsmappe auf der linken Seite der sogenannten *Bearbeitungsleiste* zeigt Excel die aktuelle Zelladresse an. Ist beispielsweise diejenige Zelle die aktuelle Zelle, deren Schnittpunkt durch die Spalte D und die Zeile 5 definiert wird, dann steht dort D5. (Dieses System wird auch als *A1-Bezugsart* bezeichnet.)
- ✔ Im Tabellenblatt selbst wird der *Zellcursor* (Abbildung 1.2 zeigt, welcher das ist) – ein dicker Rahmen um die Zelle – in der aktuell markierten Zelle positioniert.
- ✔ Im Tabellenblattrahmen sind der Spaltenbuchstabe und die Zeilennummer der Zelle, in denen sich der Zellcursor befindet, sowohl fett als auch hervorgehoben dargestellt.

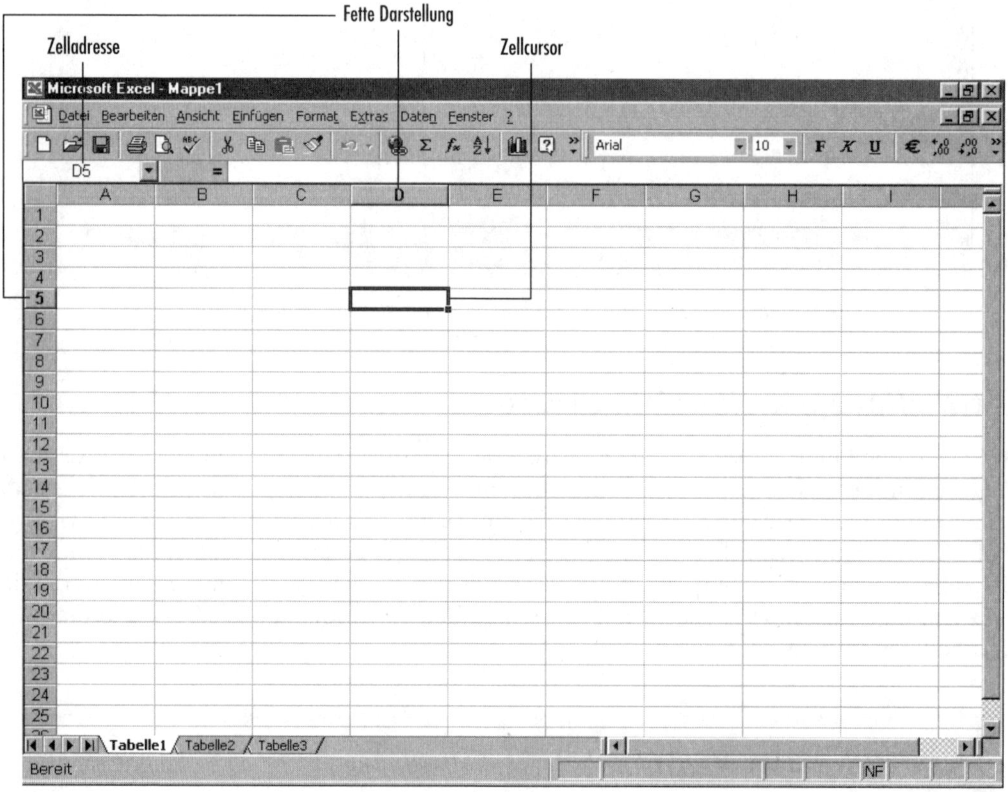

Abbildung 1.2: Excel kennzeichnet die aktuelle Position mit dem Zellcursor, der aktuellen Zelladresse sowie der fetten Darstellung des Spaltenbuchstabens und der Zeilennummer im Tabellenblattrahmen.

Warum um alles in der Welt wird um die aktuelle Zelle so viel Wind gemacht? Eine gute Frage, auf die es eine gute Antwort gibt:

Sie können in einem Tabellenblatt nur in die aktuelle Zelle Daten eingeben und nur in der aktuellen Zelle Daten bearbeiten.

Die Aussage dieses scheinbar eher banalen Satzes ist ungemein wichtig, und ihre Nichtbeachtung kann ungeahnte Folgen haben. Es ist nämlich nicht nur wichtig, was Sie eingeben, sondern auch, wo sie es eingeben. Wie schnell werden bereits vorhandene Daten durch neue überschrieben (d. h. gelöscht). Oder versuchen Sie mal, Daten zu bearbeiten, ohne vorher die entsprechende Zelle zu markieren. Weit kommen Sie mit diesem System bestimmt nicht.

Also, wie groß ist die Arbeitsmappe nun wirklich?

Es ist wirklich keine Übertreibung, wenn ich behaupte, daß es in einer Arbeitsmappe Millionen von Zellen gibt. In jeder Arbeitsmappe gibt es sage und schreibe drei Tabellenblätter. Jedes Tabellenblatt besteht aus 256 Spalten (in der Regel sehen Sie nur die ersten sieben – A bis G) und 65.536 Zeilen (lächerliche 16 oder 17 werden auf dem Bildschirm angezeigt). Das macht insgesamt 16.777.216 leere Zellen. (Bah! Mehr als 16 Millionen von diesen Dingern!)

Wohlgemerkt: Wir sprechen von lediglich einem Tabellenblatt. Es gibt nun aber drei Tabellenblätter pro Arbeitsmappe. Jedes Blatt bringt seine 16.777.216 leeren Zellen mit. Wenn Sie also eine Excel-Datei öffnen, stehen Ihnen auf einen Schlag 50.331.648 Zellen zur Verfügung. Und sollten Ihnen diese Zellen einmal doch nicht ausreichen, dann können Sie jederzeit ein neues Tabellenblatt in die Arbeitsmappe einfügen – mit 16.777.216 neuen Zellen.

A1 alias Z1S1

Die A1-Bezugsart ist ein Relikt aus VisiCalc-Tagen (der Urgroßmutter der heutigen Tabellenkalkulationsprogramme für PCs). Excel bietet zusätzlich noch eine weitere Bezugsart an: die *Z1S1-Bezugsart*. Hier werden sowohl die Spalten als auch die Zeilen des Tabellenblatts numeriert, wobei die Zeilennummer der Spaltennummer vorangestellt wird. Bei diesem System wird z. B. die Zelle A1 als Z1S1 (Zeile 1, Spalte 1), die Zelle A2 als Z2S1 (Zeile 2, Spalte 1) und die Zelle B1 als Z1S2 (Zeile 1, Spalte 2) bezeichnet.

Kommt eigentlich nach Z auch noch was?

Unser Alphabet mit seinen 26 Buchstaben reicht natürlich nicht aus, um die 256 fortlaufenden Spalten des Excel-Tabellenblatts zu kennzeichnen. Deshalb verdoppelt Excel die Zellenbuchstaben in der Spaltenbezeichnung, so daß die Spalte AA direkt nach der Spalte Z kommt. Dieser folgen dann die Spalten AB, AC usw. bis AZ. Nach der Spalte AZ geht es weiter mit BA,

BB, BC etc. Wenn Sie das System kapiert haben, dann wissen Sie nun, daß die 256. und damit letzte Spalte des Tabellenblatts IV heißt, was wiederum bedeutet, daß die allerletzte Zelle des Tabellenblatts die Bezeichnung IV65536 trägt!

Was Sie bis jetzt über Excel wissen sollten

So viel wissen Sie bis jetzt über Excel (bzw. sollten Sie wissen):

- ✔ Jede Excel-Datei wird als *Arbeitsmappe* bezeichnet.
- ✔ Jede neue Arbeitsmappe, die Sie öffnen, enthält drei riesengroße leere Tabellenblätter.
- ✔ Jedes Tabellenblatt einer Arbeitsmappe enthält über 16 Millionen Zellen (16.777.216 Zellen, um genau zu sein), die sich aus den Schnittpunkten der 256 Spalten und der 65.536 Zeilen ergeben.
- ✔ Jedes Tabellenblatt einer Arbeitsmappe ist in Spalten und Zeilen eingeteilt und mit einem Rahmen versehen, der die Spalten mit Buchstaben und die Zeilen mit Nummern kennzeichnet. Spalten hinter dem Buchstaben Z erhalten die Bezeichnungen AA, AB, etc.

Noch ein paar Arbeitsmappen-Banalitäten

Wollten Sie also ein ganzes Tabellenblatt auf Papier bringen, so bräuchten Sie ein Blatt, das etwa sechs Meter breit und 416 Meter lang wäre. Auf einem 15-Zoll-Bildschirm werden in der Regel nicht mehr als sieben vollständige Spalten und 17 vollständige Zeilen des ganzen Tabellenblatts angezeigt, wenn Sie Excel gerade neu gestartet haben. Geht man davon aus, daß eine Spalte etwa 4 Zentimeter breit und eine Zeile etwa 0,6 Zentimeter hoch ist, dann stellen sieben Spalten gerade drei Prozent der gesamten Breite des Tabellenblatts dar, während 17 Zeilen nur etwa ein Tausendstel der gesamten Länge ausmachen. Dieser Exkurs sollte dazu dienen, Ihnen eine Vorstellung davon zu geben, wie klein der Ausschnitt des Tabellenblatts ist, der auf dem Bildschirm angezeigt wird, und wieviel Platz überhaupt verfügbar ist.

- ✔ Alle Daten werden in den einzelnen Zellen eines Tabellenblatts gespeichert. Sie können aber Daten immer nur in die aktuelle Zelle eingeben, d. h. in die, die mit dem Zellcursor markiert ist.
- ✔ Excel ist so hilfsbereit und zeigt Ihnen, in welcher der über 16 Millionen Zellen Sie (bzw. der Cursor) sich gerade befinden, indem es die Zelladresse in der Bearbeitungsleiste und den Zellcursor im Tabellenblatt anzeigt (Abbildung 1.2).
- ✔ Das System, mit dem sich Excel auf die einzelnen Zellen in einem Tabellenblatt bezieht – die sogenannte A1-Bezugsart – beruht auf einer Kombination aus Spaltenbuchstabe und Zeilennummer.

Was Sie noch über Excel wissen sollten

Sie könnten nun vielleicht den Eindruck gewinnen, daß ein Tabellenkalkulationsprogramm wie Excel nicht viel mehr als ein etwas seltsames Textverarbeitungsprogramm mit Gitternetzlinien ist, das Sie zwingt, Ihre Daten in kleine, einzelne Zellen einzugeben, anstatt Ihnen die Weite einer ganzen Seite zu bieten.

Nun, ich möchte Ihnen hier nur sagen, daß Bill Gates (das ist der Big Boß von Microsoft, dem Hersteller von Excel) keinesfalls ein Multimillionär mit dem Verkauf eines seltsamen Textverarbeitungsprogramms geworden ist. Der große Unterschied zwischen den Zellen eines Tabellenblatts und den Seiten eines Textverarbeitungsprogramms besteht darin, daß jede Zelle Möglichkeiten für Berechnungen, Textverarbeitung und Gestaltung bietet. Die Rechenleistung basiert auf den Formeln, die Sie in verschiedenen Zellen des Tabellenblatts erstellen.

Ganz im Gegensatz zu einer Tabelle auf Papier, die nur Werte enthält, die an anderer Stelle errechnet wurden, kann ein elektronisches Tabellenblatt sowohl Formeln als auch die mittels dieser Formeln errechneten Werte speichern. Außerdem können Ihre Formeln die in anderen Zellen des Tabellenblatts gespeicherten Werte verwenden; wie Sie gleich sehen werden, aktualisiert Excel die errechnete Antwort aus einer solchen Formel jedes Mal automatisch, wenn Sie diese Werte im Tabellenblatt ändern.

Excels Rechenfähigkeiten – kombiniert mit den Bearbeitungs- und Gestaltungsmöglichkeiten – machen es zu einem perfekten Programm zur Erstellung von Dokumenten, die sowohl Text- als auch Zahleneingaben enthalten, mit denen Sie Berechnungen ausführen können. Da Sie Ihre Formeln dynamisch gestalten können – d. h., Ihre Berechnungen werden automatisch aktualisiert, wenn Sie Referenzwerte ändern, die in anderen Zellen des Tabellenblatts gespeichert sind –, ist es kinderleicht, die errechneten Werte in einem Tabellenblatt stets auf dem neuesten, korrekten Stand zu halten.

Meine Damen, meine Herren, starten Sie Ihre Tabellen!

Wenn Sie sich bereits etwas mit Windows 95/98 auseinandergesetzt haben, wird es kein all zu großer Schock für Sie sein zu erfahren, daß es unzählige Möglichkeiten gibt, Excel zu starten. (In Wahrheit gibt es fünf Möglichkeiten, von denen ich auch nur vier erklären werde.) Aber ohne Windows 95/98 läuft nichts. Dieses Betriebssystem muß bereits auf Ihrem Rechner installiert sein. Also, wenn Windows und Excel installiert sind, brauchen Sie bloß Ihren Rechner einzuschalten und eine der folgenden Methoden zum Starten von Excel auszuführen. Viel Glück und viel Spaß.

Excel 2000 über die Microsoft Office 2000 Shortcut-Leiste starten

Excel über die Office 2000 Shortcut-Leiste zu starten, ist wohl der einfachste Weg, dieses Programmchen zum Laufen zu bringen. Der einzige Haken bei der Sache ist jedoch, daß die

Office 2000 Shortcut-Leiste auf Ihrem PC installiert und dort entweder die Desktop- oder Office-Symbolleiste (die enthalten nämlich die Microsoft Excel-Schaltfläche) aktiviert sein muß.

Um die Office 2000-Symbolleiste anzuzeigen, führen Sie die folgenden Schritte aus:

1. **Klicken Sie in der Task-Leiste von Windows auf die Schaltfläche »Start«, um das START-Menü zu öffnen.**
2. **Wählen Sie im START Menü den Befehl PROGRAMME.**
3. **Wählen Sie im Menü PROGRAMME den Befehl MICROSOFT OFFICE TOOLS.**
4. **Klicken Sie im angezeigten Untermenü auf den Befehl MICROSOFT OFFICE SHORTCUT-LEISTE.**

Sie können in der Shortcut-Leiste zwischen der Desktop- und der Office-Symbolleiste wählen. Klicken Sie hierzu auf den aktuellen Namen der Office Shortcut-Leiste, und wählen Sie im Untermenü die Option DESKTOP oder OFFICE.

Wenn also eine dieser beiden Symbolleisten auf Ihrem Bildschirm angezeigt wird, dann brauchen Sie nur auf die Schaltfläche für Microsoft Excel zu klicken, und schon steht Excel 2000 zu Ihren Diensten. (Werfen Sie sicherheitshalber auch mal einen Blick auf Abbildung 1.3. Vielleicht müssen Sie über den Befehl ANPASSEN des Kontextmenüs der Symbolleiste die Excel-Schaltfläche noch aktivieren.)

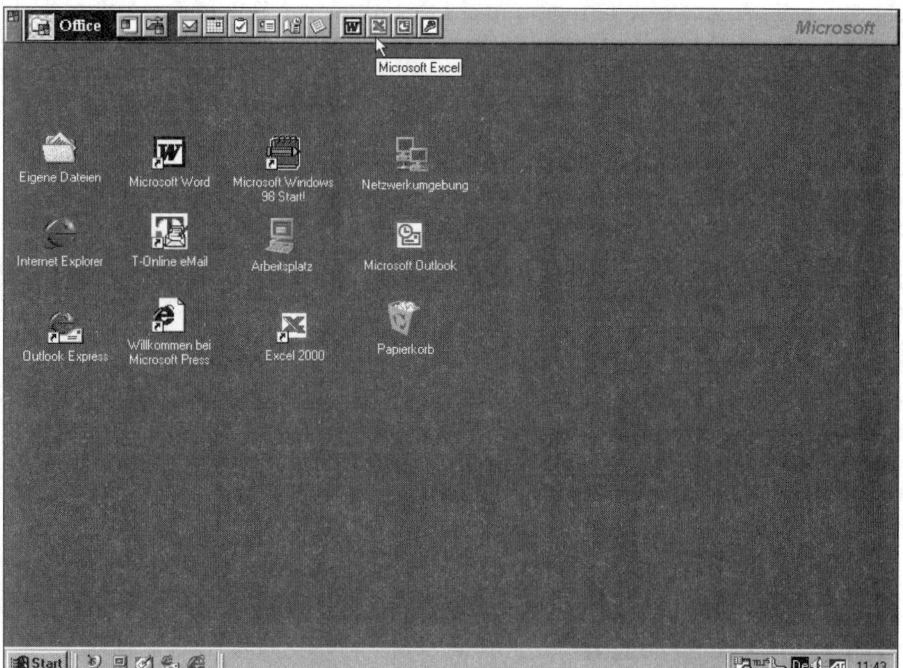

Abbildung 1.3: Excel 2000 läßt sich schnell und einfach über seine Schaltfläche in der Office- oder Desktop-Symbolleiste starten.

Excel 2000 über das »Start«-Menü von Windows 95/98 starten

Wenn Sie nicht über die Microsoft Office Shortcut-Leiste gehen wollen (weil Sie einen anderen Weg bevorzugen), dann wenden Sie sich vertrauensvoll an das »Start«-Menü von Windows 95/98. (Irgendwie ist das mit diesen verschiedenen Jahreszahlen etwas verwirrend. Finden Sie nicht?) Das ist übrigens die Startmethode, bei der man sich wirklich kaum verirren kann! Sie führen einfach die folgenden Schritte aus:

1. **Klicken Sie in der Task-Leiste von Windows 95/98 auf die Schaltfläche »Start«, um das »Start«-Menü zu öffnen.**
2. **Wählen Sie im »Start«-Menü den Befehl PROGRAMME.**
3. **Klicken Sie nun einfach auf den Eintrag MICROSOFT EXCEL.**

Sobald Sie Schritt 3 ausgeführt haben, wird Excel geöffnet, und Sie haben das Vergnügen, den Eingangsbildschirm von Microsoft Excel 2000 zu betrachten. Danach sehen Sie einen Bildschirm, der mehr oder weniger wie der in Abbildung 1.1 und Abbildung 1.2 aussieht. Eine brandneue, leere Arbeitsmappe liegt vor Ihnen, und es kann losgehen.

Excel 2000 über den Windows-Explorer starten

Noch kein geeignetes Verfahren gefunden? Wie wäre es denn mit dem Explorer von Windows 95/98? Der Vorteil dieser Methode besteht darin, daß Sie zusammen mit Excel auch gleich eine bereits vorhandene Arbeitsmappe öffnen können. Aber zunächst einmal nur die Schritte, mit denen Sie Excel mit einer neuen leeren Arbeitsmappe starten können:

1. **Öffnen Sie den Windows-Explorer.**

   Klicken Sie dazu in der Task-Leiste auf die Schaltfläche »Start«, wählen Sie im START-Menü den Befehl PROGRAMME und anschließend den Eintrag WINDOWS-EXPLORER.

2. **Klicken Sie im Windows-Explorer im Listenfeld ALLE ORDNER auf den Ordner PROGRAMME. Der Inhalt des Ordners wird auf der rechten Seite angezeigt.**
3. **Suchen Sie in der rechten Liste den Ordner OFFICE 2000.**
4. **Doppelklicken Sie in der Liste auf der rechten Seite auf den Ordner OFFICE.**
5. **Suchen Sie wiederum auf der rechten Seite nach dem Programmsymbol für Excel 2000 und doppelklicken Sie darauf.**

Wenn Sie nur Excel 2000 mit einer leeren Arbeitsmappe starten möchten, dann ist dieses Verfahren ganz schön kompliziert. In diesem Fall empfehle ich eine der beiden ersten Methoden. Wenn Sie aber zusammen mit Excel eine ganz bestimmte Datei laden möchten, dann hat der Explorer die Nase vorn. Sie müssen dann nämlich nur den Ordner finden, in dem die gewünschte Datei abgelegt ist. Doppelklicken auf den entsprechenden Dateinamen genügt, um sowohl Excel 2000 als auch die Datei zu öffnen. Das ist doch was, oder?

Excel 2000 über eine Verknüpfung starten

Wenn Ihnen die Office 2000 Shortcut-Leiste unter gar keinen Umständen auf den Bildschirm kommt, dann lege ich Ihnen wärmstens ans Herz, sich für Excel 2000 eine Verknüpfung zu erstellen. Dann müssen Sie lediglich auf das Verknüpfungssymbol auf Ihrem Desktop (so heißt Ihre Arbeitsfläche auf dem Bildschirm) doppelklicken und schon steht Excel zu Ihrer Verfügung. Nachteil dieses Verfahrens: Die Verknüpfung müssen Sie schon selber herstellen – ist aber ganz einfach. Wie zu erwarten war, gibt es auch beim Erstellen von Verknüpfungen sehr viele Möglichkeiten. Die folgende Methode hat den Vorteil, daß Sie auch mal erfahren, wie Sie nach Dateien und Ordnern suchen können.

So stellen Sie eine Verknüpfung zu Excel 2000 her:

1. **Klicken Sie in der Task-Leiste auf die Schaltfläche »Start«.**

2. **Wählen Sie im »Start«-Menü den Befehl SUCHEN und anschließend den Befehl DATEIEN/ORDNER.**

3. **Geben Sie im Dialogfeld »Suchen nach: Alle Dateien« im Textfeld NAME »excel.exe« ein. Danach drücken Sie einfach [Eingabe], oder Sie klicken auf »Starten«.**

   »Excel.exe« ist der Name der Programmdatei, mit der Excel 2000 gestartet wird.

4. **Sobald Windows die Datei mit dem Namen »excel.exe« auf Ihrer Festplatte gefunden hat (es sollte eigentlich nicht mehr als eine sein!), sollten Sie im Listenfeld eine Datei namens EXCEL sehen (die Dateierweiterung .exe bleibt bei den Dateilisten von Windows in der Regel verborgen), die zum Typ »Anwendung« gehört. Dies ist die Programmdatei, die Windows verwendet, um Excel zu öffnen.**

5. **Klicken Sie mit der rechten Maustaste auf das Excel-Dateisymbol (es spielt dabei keine Rolle, ob das Dateisymbol bereits markiert ist).**

   Damit wird das Kontextmenü geöffnet.

6. **Klicken Sie im Kontextmenü auf den Befehl VERKNÜPFUNG ERSTELLEN.**

   Prompt gibt Windows eine Warnung aus, daß im Suchen-Dialogfeld keine Verknüpfung erstellt werden kann. Es wird aber großzügig angeboten, die Verknüpfung auf dem Desktop zu erstellen.

7. **So ein Angebot sollten Sie nicht ausschlagen. Beantworten Sie die Frage daher durch Drücken von [Eingabe] oder durch Klicken auf »Ja«.**

8. **Klicken Sie auf die Schaltfläche zum Schließen (das X ganz rechts oben in der Titelleiste des Dialogfelds).**

   Das Suchen-Dialogfeld wird geschlossen, und zu Ihrer Freude finden Sie eine neue Schaltfläche auf Ihrem Desktop vor, das den klangvollen Namen »Verknüpfung mit Excel.exe« trägt. Wenn Sie lieber einen anderen Namen vergeben möchten, z.B. Excel (wie phantasievoll), dann führen Sie Schritt 9 aus. Ansonsten haben Sie es geschafft.

9. **Klicken Sie mit der rechten Maustaste auf die neue Schaltfläche, und wählen Sie im Kontextmenü den Befehl UMBENENNEN.**

   Jetzt können Sie den alten Namen einfach überschreiben – wie wär's mit Excel 2000? Drücken Sie [Eingabe], wenn Sie fertig sind.

Um nun Excel mit Hilfe der brandneuen Verknüpfung auf dem Desktop zu öffnen, doppelklicken Sie ganz einfach auf das Verknüpfungssymbol. Excel startet diensteifrig und bietet Ihnen sofort eine neue Arbeitsmappe an, damit Sie was zu tun kriegen.

Excel automatisch per Knopfdruck beim Starten des Rechners öffnen

Mit diesem faszinierenden Verfahren schließe ich den Startmonolog dann aber auch schon ab. Diese Methode sollte übrigens nur von denjenigen verwendet werden, die sich absolut sicher sind, daß sie – wann immer sie den Rechner starten – in Excel nachschauen möchten, ob auch alles in Ordnung ist. Ansonsten wäre es etwas lästig: Immer wenn Sie den Rechner einschalten, wird zuerst Windows und danach sofort Excel gestartet. Ansonsten eine verführerische Sache. Stellen Sie sich vor: Sie schalten den Rechner ein (Sie wissen, wo der dazugehörige Knopf ist, oder?), und schwupp – Excel ist zu Ihren Diensten.

Lange Rede, kurzer Sinn! Damit das Ganze auch funktioniert, müssen Sie wieder einmal mit Verknüpfungen arbeiten. Und zwar muß eine Excel-Verknüpfung in den AUTOSTART-Ordner kopiert werden. Klingt komplizierter, als es ist. Führen Sie einfach die folgenden Schritte aus:

1. **Klicken Sie in der Taskleiste auf die Schaltfläche »Start«, wählen Sie danach im START-Menü den Befehl EINSTELLUNGEN und anschließend den Befehl TASKLEISTE & STARTMENÜ.**
2. **Klicken Sie im Dialogfeld »Eigenschaften von Taskleiste« auf das Register PROGRAMME IM MENÜ "START".**
3. **Klicken Sie auf der Registerkarte PROGRAMME IM MENÜ "START" auf die Schaltfläche »Erweitert« (keine Angst!).**
4. **Klicken Sie nun vertrauensvoll auf das kleine Pluszeichen (+) vor dem Ordner PROGRAMME.**

   Sie finden diesen Ordner im Listenfeld ALLE ORDNER unter dem Ordner STARTMENÜ.

5. **Klicken Sie im Listenfeld ALLE ORDNER auf den Ordner AUTOSTART.**

   Wenn Sie hier klicken, zeigt Windows den Inhalt des Ordners AUTOSTART in der rechten Liste des Explorer-Fensters an.

6. **Ziehen Sie bei Bedarf das Explorer-Fenster und das Dialogfeld mit den Eigenschaften der Taskleiste an ihren jeweiligen Titelleisten so aus dem Weg, daß Sie die Excel 2000-Verknüpfung auf dem Desktop sehen können.**

7. **Halten Sie nun Strg gedrückt, klicken Sie kühn auf die Excel 2000-Verknüpfung, und ziehen Sie sie schwungvoll vom Desktop in die rechte Liste im Explorer-Fenster.**

   Achten Sie darauf, daß Sie auch wirklich Strg drücken, während Sie von dannen ziehen. (Wenn Sie das richtig machen, wird neben dem Mauszeiger ein Pluszeichen angezeigt, was besagt, daß Sie etwas kopieren.) Lassen Sie die Maustaste erst los, wenn der Umriß der Excel 2000-Verknüpfung in der rechte Liste zu sehen ist. Ist dies der Fall, dann können Sie zuerst die Maustaste, anschließend die Taste Strg loslassen und abschließend tief durchatmen. Wenn alles geklappt hat, sollten Sie jetzt in der rechten Liste im Explorer-Fenster die Schaltfläche für die Excel 2000-Verknüpfung sehen. Sollten Sie wider Erwarten die Schaltfläche mit der Verknüpfung nicht sehen, dann tut's mir leid. Irgendwas muß schiefgelaufen sein. Sie müssen wohl oder übel die Schritte 6 und 7 noch mal durchführen, bevor Sie bei Schritt 8 weitermachen dürfen.

8. **Klicken Sie nun auf die Schaltfläche zum Schließen, um sich vom Explorer zu verabschieden.**

   (Die Schaltfläche zum Schließen ist das X ganz oben rechts in der Titelleiste des Dialogfelds.)

9. **Gleich ist es geschafft; noch schnell im Dialogfeld »Eigenschaften von Taskleiste« auf »OK« klicken.**

Uff, die Excel 2000-Verknüpfung wäre erst einmal untergebracht. Also, wenn Sie nun den Rechner neu starten, dann kommt Excel angespurtet, ob Sie wollen oder nicht. Testen Sie es am besten gleich mal. Klicken Sie im »Start«-Menü auf den Befehl BEENDEN, und wählen Sie danach das Optionsfeld WINDOWS NEU STARTEN. (Das ist so ungefähr das gleiche wie den Rechner ganz neu anschalten.) Beantworten Sie die neugierige Windows-Frage mit »Ja« oder mit Drücken von Eingabe und ab geht die Post.

Sollte es Ihnen später einmal lästig werden, bei jedem Rechnerstart mit Excel konfrontiert zu werden, dann schmeißen Sie die Excel-Verknüpfung ganz einfach aus dem Ordner AUTOSTART raus.

1.–5. **Führen Sie dazu zunächst die ersten fünf Schritte von oben aus, und dann geht's folgendermaßen weiter:**

6. **Klicken Sie in der rechten Liste auf das Excel 2000-Verknüpfungssymbol.**

7. **Drücken Sie Entf.**

8. **Klicken Sie auf die Schaltfläche »Ja«, oder drücken Sie Eingabe.**

   Keine Panik! Die Frage »Soll ›Microsoft Excel‹ wirklich in den Papierkorb verschoben werden?« ist etwas unglücklich übersetzt und bedeutet nicht, daß Sie Excel löschen. Sie zerknüllen lediglich die Verknüpfung zu Excel 2000 und werfen sie in den Papierkorb. Und das wollen Sie ja auch.

9. **Klicken Sie nun auf die Schaltfläche zum Schließen.**

   (Das X ganz oben rechts in der Titelleiste des Dialogfelds.)

10. **Gleich ist es wieder geschafft; noch schnell im Dialogfeld »Eigenschaften von Task-Leiste« auf »OK« klicken.**

Keine Angst vor Mäusen!

Sie können zwar die meisten der Excel-Funktionen auch über die Tastatur aufrufen, mit der Maus läßt sich jedoch in den meisten Fällen sehr viel effektiver ein Befehl auswählen oder ein bestimmter Vorgang ausführen. Schon deshalb ist es die Mühe wert, sich die verschiedenen Maustechniken des Programms anzueignen. Wenn Sie Excel zur Erledigung Ihrer Arbeit regelmäßig einsetzen, lohnt es sich natürlich ganz besonders.

Was man mit der Maus so alles machen kann

Windows-Anwendungen wie Excel verwenden drei grundlegende Maustechniken, um Elemente im Programm oder im Dokumentfenster zu markieren und zu bearbeiten:

- ✔ *Auf ein Element klicken*: Mit dem Mauszeiger auf das Element zeigen und dann die linke Maustaste drücken und sofort wieder loslassen. (Linkshänder drücken natürlich die rechte Maustaste – vorausgesetzt, Sie haben in der Windows-Systemsteuerung die linke und die rechte Maustaste vertauscht. Was, Sie wissen nicht, wovon ich rede? Sie haben doch sicherlich irgendwo Ihr *Windows 95/98 für Dummies* vergraben. Da steht's drin!) Gelegentlich muß auch mit der rechten Maustaste geklickt werden (die linke für Linkshänder). Wird schon werden!
- ✔ *Auf ein Element doppelklicken*: Mit dem Mauszeiger auf das Element zeigen und dann die linke Maustaste zweimal kurz hintereinander drücken und sofort wieder loslassen (klick-klick).
- ✔ *Ein Element ziehen*: Mit dem Mauszeiger auf das Element zeigen und dann die linke Maustaste gedrückt halten, während Sie das Element mit der Maus in die gewünschte Richtung ziehen. Sobald sich das gezogene Etwas an der gewünschten Stelle befindet, lassen Sie die Maustaste los.

Wenn Sie auf ein Element klicken, um es zu markieren, müssen Sie darauf achten, daß die Spitze des Pfeils das zu markierende Element auch wirklich berührt. Damit sich der Mauszeiger vor dem Klicken nicht auf einmal selbständig macht, halten Sie die Maus fest mit Daumen, Ring- und kleinem Finger umklammert und drücken dann mit dem Zeigefinger auf die linke Maustaste. Wenn Ihnen die Maus vom Schreibtisch läuft, fangen Sie sie ein (hochheben ist damit gemeint) und setzen sie erneut auf die Unterlage (der Zeiger wird dadurch nicht bewegt).

Wenn es auch ein einfacher Klick tut

Falls Sie mit Windows 98 oder mit Windows 95 mit Desktop-Update arbeiten, dann können Sie wählen, wie Sie die Schaltflächen auf dem Windows Desktop öffnen wollen. Wenn Sie mit der Webseiten-Anzeige arbeiten oder benutzerdefinierte Ordneroptionen eingestellt haben, dann können Sie Programme wie Excel 2000 – zusammen mit den entsprechenden Ordnern – und Dateien, die auf dem Desktop, im Explorer und in EIGENE DATEIEN abgelegt sind, mit einem einfachen Klick auf die jeweiligen Schaltflächen öffnen. Wenn Sie Ihren Computer so eingerichtet haben, dann gehören für Sie die Doppelklicks bald der Vergangenheit an.

Die vielen Gesichter des Mauszeigers

Der Mauszeiger hat in Excel für wahr verschiedenste Gesichter. Je nachdem, was Excel gerade vor hat, ändert der Mauszeiger sein Aussehen. In Tabelle 1.1 sind die verschiedenen Gesichter des Mauszeigers dargestellt. Außerdem erfahren Sie, was Sie tun müssen, um die jeweiligen Mausgesichter zu sehen, und was Sie dann damit anstellen können.

Mauszeiger	Bedeutung
	Das breite, weiße Kreuz wird angezeigt, wenn Sie den Mauszeiger zwischen den Zellen des aktuellen Tabellenblatts spazierenführen. Verwenden Sie diesen Zeiger, um Zellen zu markieren.
	Die Pfeilspitze wird sichtbar, wenn Sie mit dem Mauszeiger auf die Symbolleisten, die Menüleiste oder auf eine Seite eines markierten Zellbereichs zeigen. Mit diesem Mauszeiger wählen Sie Excel-Befehle aus oder verschieben bzw. kopieren einen Zellbereich mit *Ziehen und Ablegen* (oder *Drag & Drop* wie die ExpertInnen unter Ihnen sagen werden).
	Das große »I« zeigt sich, wenn Sie auf einen Eintrag in der Bearbeitungsleiste oder im Namenfeld klicken, auf eine Zelle doppelklicken oder [F2] drücken, um eine Zelle zu bearbeiten. Verwenden Sie diesen Zeiger, wenn Sie der Einfügemarke in einer Zelle oder in der Bearbeitungsleiste einen neuen Platz zuweisen wollen.
	Das kleine Kreuz wird zum Leben erweckt, wenn der Mauszeiger auf die untere rechte Ecke einer markierten Zelle zeigt. Verwenden Sie diesen Zeiger, um eine fortlaufende Datenreihe in einem Zellbereich zu erstellen bzw. um einen Eintrag oder eine Formel in mehrere Zellen zu kopieren. (Mehr hierzu später.)
	Den Fragezeichen-Mauszeiger kriegen Sie zu sehen, wenn Sie den Befehl DIREKTHILFE im ?-Menü wählen. Verwenden Sie diesen Zeiger, um nach Hilfe zu Excel-Befehlen oder zu Symbolen in einer Symbolleiste zu schreien.

Mauszeiger	Bedeutung
	Der Doppelpfeil taucht immer dann auf, wenn Sie mit dem Mauszeiger auf eine Seite eines Elements zeigen, dessen Größe geändert werden kann. Und logischerweise verwenden Sie diesen Zeiger, um die Größe von Elementen zu ändern (von Zeilen, Spalten oder so).
	Der Doppelpfeil, der in der Mitte eine Trennlinie hat, wird angezeigt, wenn der Mauszeiger auf das Teilungsfeld in der horizontalen oder vertikalen Bildlaufleiste oder in der Registerleiste zeigt. Wie die Trennlinie bereits vorsichtig andeutet, können Sie damit das Arbeitsmappenfenster in zwei Ausschnitte unterteilen oder die Größe der Registerleiste sowie der horizontalen Bildlaufleiste ändern.
	Nun noch zum Vierfachpfeil: Der taucht immer dann auf, wenn Sie im Systemmenü der Arbeitsmappe den Befehl VERSCHIEBEN gewählt oder [Strg]+[F7] gedrückt haben. Und was tut man mit diesem Pfeil – man verschiebt das Arbeitsmappenfenster mit Hilfe der Pfeiltasten an eine neue Position zwischen Bearbeitungs- und Statusleiste.

Tabelle 1.1: Die verschiedenen Formen des Excel-Mauszeigers

Verwechseln Sie den Zellcursor nicht mit dem Mauszeiger. Der Mauszeiger verändert seine Form, wenn Sie ihn bewegen. Der Zellcursor behält stets seine Form; er wird lediglich größer, wenn Sie einen Zellbereich markieren. Der Mauszeiger reagiert auf jede Bewegung, die Sie mit der Maus auf dem Schreibtisch machen, und bewegt sich immer unabhängig vom Zellcursor. Sie können mit dem Mauszeiger jedoch die Position des Zellcursors ändern, indem Sie den Mauszeiger in Form des dicken, weißen Kreuzes auf die Zelle setzen, die durch den Zellcursor markiert werden soll, und dann mit der linken Maustaste klicken.

Und was passiert, wenn ich diesen Knopf drücke?

In Abbildung 1.4 erfahren Sie endlich, wie die verschiedenen Elemente des Excel-Fensters heißen. Was Sie dort sehen, ist in etwa der Bildschirm, den Sie vor sich haben, wenn Sie Excel ganz neu starten (ohne eine bereits existierende Arbeitsmappe zu öffnen). Wie Sie sehen, enthält das Excel-Fenster jede Menge nützlicher, aber überaus verwirrender Dinge.

Die Titelleiste

Die erste Zeile im Excel-Fenster wird als *Titelleiste* bezeichnet, da sie den Programmnamen enthält, nämlich Microsoft Excel. Wenn das Arbeitsmappenfenster in seiner vollen Größe angezeigt wird (nennt man auch Vollbilddarstellung oder maximiertes Fenster), dann steht unmittelbar hinter dem Programmnamen auch noch der Name der aktuellen Arbeitsmappe. Das könnte dann ungefähr folgendermaßen aussehen:

```
Microsoft Excel - Mappe1
```

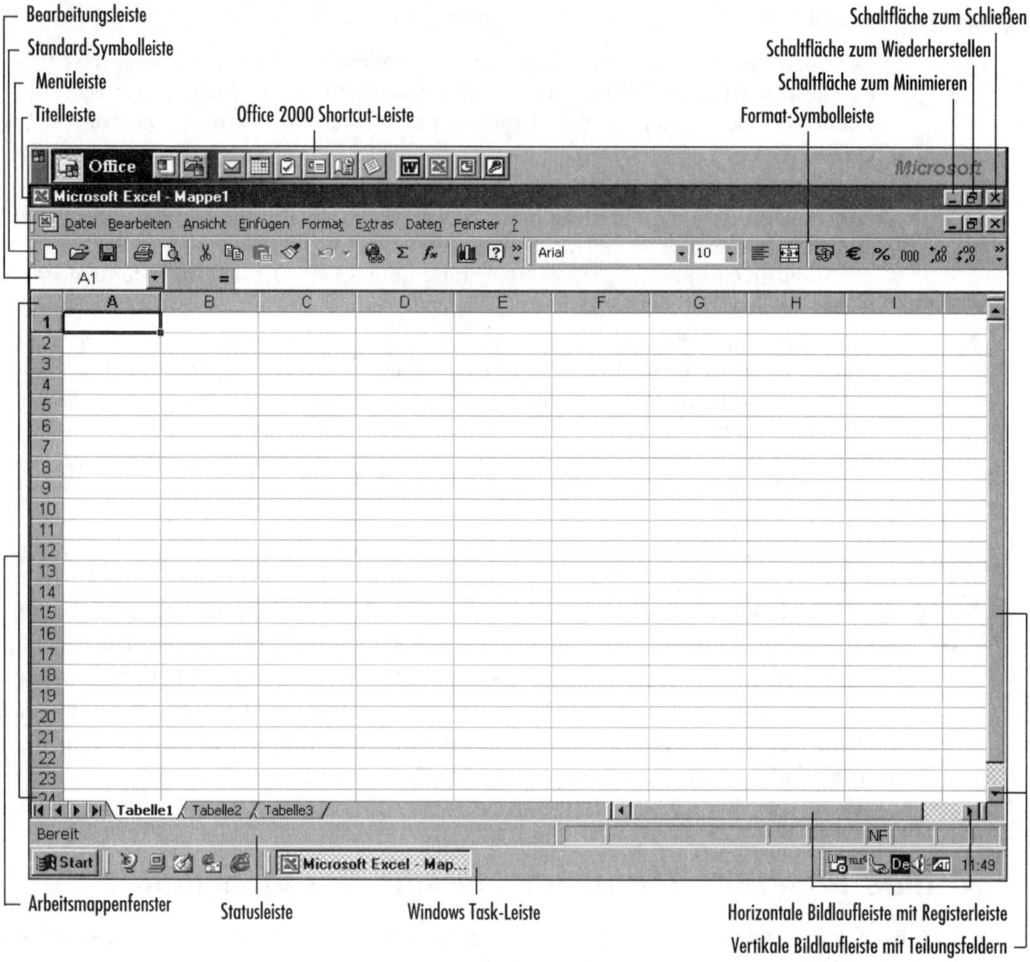

Abbildung 1.4: Schaltflächen und Leisten, wohin das Auge auch schaut – das ist das Excel-Fenster

Ganz links in der Titelleiste sehen Sie eines der vielen stilisierten XLs. Wenn Sie auf diese Schaltfläche klicken, wird das Systemmenü von Excel aufgeklappt. Es enthält Befehle, mit denen Sie das Excel-Programmfenster verschieben, verkleinern und vergrößern können. Außerdem gibt es dort noch den Befehl SCHLIESSEN, mit dem Sie – wie der Name bereits andeutet – Excel beenden und wieder auf dem Desktop landen. (Die Abkürzung für diesen Befehl – ExpertInnen sprechen hier auch von Shortcut – [Alt]+[F4] tut's auch.)

Die Schaltflächen ganz rechts in der Titelleiste sollten Sie ebenfalls kennen: die Schaltfläche für Minimieren sowie die Schaltfläche für Maximieren bzw. Wiederherstellen und die Schaltfläche zum Schließen eines Fensters. Dieses Trio gibt es in allen Windows-Anwendungen.

Wenn Sie auf die Schaltfläche für Minimieren klicken (das ist die, die wie ein Unterstrich aussieht), dann wird das Excel-Fenster zum Symbol in der Windows 95/98 Task-Leiste verkleinert. Wenn Sie auf die Schaltfläche für Maximieren klicken (das ist das Rechteck, was wiederum ein Fenster darstellen soll), dann füllt das Excel-Fenster den gesamten Bildschirm aus. Die Maximieren-Schaltfläche muß dann ihren Platz für die Schaltfläche für Wiederherstellen räumen (das ist die mit den zwei Rechtecken). Mit dieser Schaltfläche können Sie die vorherige Fenstergröße wiederherstellen. Nun noch zum X. Damit beenden Sie Excel genauso, als ob Sie im Systemmenü von Excel den Befehl SCHLIESSEN wählen oder Alt+F4 drücken. Wenn Sie das ganz alte Windows 3.1 und eine Uraltversion von Excel (Version 5 oder noch älter) gewohnt waren, ist diese Schaltfläche am Anfang etwas tückisch, da man früher ganz rechts außen das Fenster maximieren konnte. Was habe ich am Anfang versehentlich Fenster geschlossen!

Die Menüleiste

Die zweite Zeile im Excel-Fenster ist die *Menüleiste*. Sie beherbergt die aufklappbaren Menüs, die wiederum die Excel-Befehle enthalten, mit denen Sie arbeiten. (Mehr dazu im Abschnitt »Die Qual der Wahl: Menüleiste oder Kontextmenü?« weiter unten in diesem Kapitel.)

Ganz links in der Menüleiste erwartet Sie wieder mal das XL. (Aber nur wenn die Arbeitsmappe zur vollen Größe aufgeplustert ist – dazu Schaltfläche für Maximieren drücken.) Wenn Sie darauf klicken, wird ein weiteres Systemmenü aufgeklappt. Dieses Mal ist es das Systemmenü für die aktuelle Arbeitsmappe. Das Menü sieht dem Systemmenü für Excel aber ziemlich ähnlich. Also, mit dem Systemmenü für die aktuelle Arbeitsmappe verschieben, verkleinern und vergrößern Sie das Arbeitsmappenfenster, das sich im Excel-Programmfenster befindet. Es gibt auch hier den Befehl SCHLIESSEN, mit dem Sie logischerweise nicht Excel, sondern die aktuelle Arbeitsmappe schließen. Die Shortcuts für diesen Befehl lauten Strg+W oder Strg+F4.

Die drei Schaltflächen ganz rechts in der Menüleiste tun dasselbe wie Ihre Brüder und Schwestern in der Titelleiste. (Ich spreche immer noch von einer Arbeitsmappe in der Vollbilddarstellung.) Wenn Sie auf die Schaltfläche für Minimieren klicken, schrumpft die Arbeitsmappe zu einem kleinen Symbol über der Statusleiste zusammen. Wenn Sie auf die Schaltfläche für Maximieren klicken, nimmt die Arbeitsmappe den gesamten Raum zwischen Bearbeitungs- und Statusleiste ein. Statt der Maximieren- wird dann die Wiederherstellen-Schaltfläche angezeigt, mit dem die ursprüngliche Fenstergröße wiederherstellt wird. In diesem Fall werden das XL, der Name sowie das Schaltflächen-Trio für die Arbeitsmappe in der Titelleiste des Arbeitsmappenfensters dargestellt. Verwirrend – aber Sie gewöhnen sich schon dran. Mit dem X ganz rechts wird die Arbeitsmappe geschlossen (ist dasselbe wie der Befehl SCHLIESSEN im Systemmenü der Arbeitsmappe bzw. das Drücken von Strg+W oder Strg+F4).

Excel 2000 fügt für jede Arbeitsmappe, die Sie in Excel 2000 öffnen, automatisch eine Schaltfläche in die Windows-Taskleiste ein. Mit dieser schicken neuen Funktion können Sie nun superschnell von einer Arbeitsmappe zur anderen wechseln. Wenn Sie Excel mit der Schaltfläche für Minimieren verkleinern, wird eine Schaltfläche mit dem Namen der aktuellen Arbeitsmappe in die Taskleiste eingefügt.

Die Symbolleisten für Standards und Formate

Die dritte Zeile in Excel 2000 beherbergt die beiden wohl bekanntesten Excel-Symbolleisten einträchtig nebeneinander: die Standard-Symbolleiste und die Format-Symbolleiste. Diese beiden Symbolleisten enthalten Schaltflächen, mit denen Sie in Excel die gängigsten Funktionen ausführen können. So finden Sie in der Standard-Symbolleiste die Schaltflächen, mit denen Sie die grundlegenden Dateiarbeiten ausführen können, z. B. Arbeitsmappen erstellen, speichern, öffnen und drucken. In der Format-Symbolleiste sind dann die Schaltflächen untergebracht, mit denen Sie auf das Äußere Ihrer Arbeitsmappe achten können, also neue Schriftarten und Schriftgrößen wählen und Effekte, wie Fett- oder Kursivdruck, hinzufügen.

Wenn Sie nun wissen möchten, was sich hinter den Schaltflächen dieser beiden (oder jeder anderen) Symbolleisten verbirgt, dann brauchen Sie nur mit dem Mauszeiger auf die Schaltfläche zu zeigen, bis ein kleines Kästchen angezeigt wird, das Ihnen die Aufgabe dieser Schaltfläche verrät (das Ganze nennt sich *QuickInfo*). Ein Klick auf die Schaltfläche und Excel führt den damit verknüpften Befehl aus. Praktisch, nicht?

Da die Standard- und Format-Symbolleisten beide sehr viele Schaltflächen enthalten, können nicht alle auf einmal auf dem Bildschirm angezeigt werden. Aus diesem Grund finden Sie als jeweils letzte Schaltfläche dieser Symbolleisten dieses Zeichen: >> (über einem nach unten zeigenden Pfeil). QuickInfo verrät Ihnen die Funktion: Hier verbergen sich *Weitere Schaltflächen*.

Wenn Sie auf diese Schaltfläche klicken, zeigt Excel eine Palette mit allen weiteren Schaltflächen an, die nicht mehr in die Symbolleiste passen, solange sich diese den Platz mit der anderen teilen muß. Am unteren Rand der Palette mit den weiteren Schaltflächen wird die Schaltfläche »Schaltflächen hinzufügen oder entfernen« angezeigt. Sobald Sie darauf klicken, zeigt Excel ein Popup-Menü an, das alle Schaltflächen enthält, die zu dieser Symbolleiste gehören. Alle Schaltflächen, die für diese Symbolleiste angezeigt werden, haben vor ihrer Bezeichnung ein Häkchen. Wollen Sie also eine Schaltfläche aus diesem Menü in die Symbolleiste einfügen, dann klicken Sie einfach auf die betreffende Schaltfläche, damit davor ein Häkchen angezeigt wird. Das Entfernen funktioniert genau umgekehrt: Ein Klick auf die Schaltfläche, die nicht mehr angezeigt werden soll, und, schwupp, ist das Häkchen weg. (Wenn Sie genauer wissen wollen, wie Sie diese und andere Excel-Symbolleisten individuell für Ihre Bedürfnisse einstellen, dann lesen Sie in Kapitel 12 nach.)

Untereinander geht's auch!

Wenn es Ihnen lieber ist, daß *alle* Schaltflächen der Standard- und Format-Symbolleisten zu *jeder* Zeit angezeigt werden, dann sollten Sie sie lieber übereinander als nebeneinander anordnen. (So wurden diese beiden Symbolleisten auch in den drei Vorgängerversionen von Excel für Windows angezeigt.) Sie klicken hierzu mit der rechten Maustaste irgendwo auf die Menüleiste oder auf die dritte

Leiste mit eben diesen beiden Symbolleisten. Dann wählen Sie ganz unten im angezeigten Kontextmenü den Befehl Anpassen. Das Dialogfeld »Anpassen« wird angezeigt. Klicken Sie auf die Registerkarte Optionen, und deaktivieren Sie dort das Kontrollkästchen Standard- und Formatsymbolleiste teilen sich eine Zeile. Daraufhin verschwindet das Häkchen, und ich verspreche Ihnen, daß Sie von nun an nie wieder auf die Schaltfläche mit den zwei >> klicken müssen.

Tabelle 1.2 enthält die Namen und Funktionen aller Schaltflächen in der Standard-Symbolleiste, die nach der Erstinstallation von Excel 2000 angezeigt werden. Tabelle 1.3 zeigt, welche Auswahl die Format-Symbolleiste bietet. Sie können sicher sein, daß Sie im Laufe der Zeit mit jedem einzelnen Kontakt aufnehmen werden.

Schaltfläche	Bezeichnung	Funktion
	Neu	Erstellt eine neue Arbeitsmappe mit drei leeren Tabellenblättern
	Arbeitsmappe öffnen	Öffnet eine vorhandene Arbeitsmappe
	Speichern	Speichert die Änderungen in der aktiven Arbeitsmappe
	Mailempfänger	Öffnet einen leeren E-Mail-Nachrichtenkopf, um die Arbeitsmappe via Internet zu versenden
	Drucken	Druckt die aktive Arbeitsmappe
	Seitenansicht	Zeigt jede Seite so an, wie sie im Ausdruck erscheint
	Rechtschreibung	Überprüft Text im Tabellenblatt auf Rechtschreibfehler
	Ausschneiden	Entfernt den markierten Bereich und speichert ihn in der Zwischenablage
	Kopieren	Kopiert den markierten Bereich in die Zwischenablage
	Einfügen	Fügt den Inhalt der Zwischenablage an der aktuellen Stelle ein
	Format übertragen	Überträgt die Formatierung der aktuellen Zelle auf alle Zellen Ihrer Wahl
	Rückgängig	Macht den zuletzt gewählten Befehl rückgängig
	Wiederholung	Wiederholt den zuletzt gewählten Befehl

Schaltfläche	Bezeichnung	Funktion
	Hyperlink einfügen	Fügt einen Hyperlink zu einer anderen Datei, zu einer Internet-Adresse (URL) oder zu einer bestimmten Stelle in einem anderen Dokument ein. (Kapitel 10 erklärt, wie man Hyperlinks einsetzt.)
	Summe	Addiert eine Datenreihe mit der Funktion SUMME
	Funktions-Assistent	Hilft bei der Erstellung einer der in Excel integrierten Funktionen (siehe auch Kapitel 2)
	Aufsteigend	Sortiert die Daten eines Zellbereichs je nach Datentyp in aufsteigender alphabetischer und/oder numerischer Reihenfolge
	Absteigend	Sortiert die Daten eines Zellbereichs je nach Datentyp in umgekehrter alphabetischer und/oder numerischer Reihenfolge
	Diagramm-Assistent	Leitet Sie Schritt für Schritt durch die Erstellung eines neuen Diagramms im aktiven Tabellenblatt (siehe Kapitel 8)
	Zeichnen	Zeigt die Zeichnen-Symbolleiste an, mit der Sie verschiedene Formen und Pfeile erstellen können (mehr dazu in Kapitel 8)
	Microsoft Excel-Hilfe	Öffnet die Microsoft Excel-Hilfe, in der Sie sich über die Registerkarten INHALT, INDEX und ANTWORT-ASSISTENT gute Ratschläge zum Arbeiten mit Excel holen können. (Näheres erfahren Sie in diesem Kapitel im Abschnitt »Der Office-Assistent – stets zu Ihren Diensten«.)
	Weitere Schaltflächen	Zeigt eine Palette mit allen Schaltflächen an, die gerade nicht in der Symbolleiste angezeigt werden
	Zoom	Vergrößert oder verkleinert die Bildschirmdarstellung der Daten in Ihrem Tabellenblatt
	Schaltflächen hinzufügen oder entfernen	Zeigt ein Popup-Menü an, mit dem Sie die Symbolleiste durch Hinzufügen oder Entfernen einzelner Schaltflächen individuell anpassen können

Tabelle 1.2: Die coolen Schaltflächen der Standard-Symbolleiste

Schaltfläche	Bezeichnung	Funktion
	Schriftart	Formatiert einen Zellbereich in der gewählten Schriftart
	Schriftgrad	Formatiert einen Zellbereich in der gewählten Schriftgröße
	Fett	Formatiert den Zellbereich fett
	Kursiv	Formatiert den Zellbereich kursiv

Schaltfläche	Bezeichnung	Funktion
	Unterstrichen	Unterstreicht die Einträge im Zellbereich (nicht die Zellen)
	Weitere Schaltflächen	Zeigt eine Palette mit allen Schaltflächen an, die gerade nicht in der Symbolleiste angezeigt werden
	Linksbündig	Richtet den Inhalt eines Zellbereichs linksbündig aus
	Zentriert	Zentriert den Inhalt eines Zellbereichs
	Rechtsbündig	Richtet den Inhalt eines Zellbereichs rechtsbündig aus
	Verbinden und zentrieren	Zentriert den Inhalt der aktiven Zelle oberhalb der markierten Spalten
	Währungsformat	Stellt den Zellbereich im Währungsformat dar (DM nachgestellt, Tausenderpunkt, zwei Dezimalstellen)
	Euro	Formatiert die Zellen im Euro-Währungsformat
	Prozentformat	Stellt den Zellbereich im Prozentformat dar (Zahlen mit 100 multipliziert, %-Zeichen nachgestellt, keine Dezimalstellen)
	1.000er-Trennzeichen	Trennt Tausenderstellen durch einen Punkt und zeigt zwei Dezimalstellen an
	Dezimalstelle hinzufügen	Zeigt bei jedem Klicken auf diese Schaltfläche eine Dezimalstelle mehr an (mit Umschalt+Klicken wird eine Dezimalstelle weniger angezeigt)
	Dezimalstelle löschen	Zeigt bei jedem Klicken auf diese Schaltfläche eine Dezimalstelle weniger an (mit Umschalt +Klicken wird eine Dezimalstelle mehr angezeigt)
	Einzug verkleinern	Verschiebt den Eintrag in der aktuellen Zelle um die Breite eines Zeichens in der Standardschriftart nach links
	Einzug vergrößern	Verschiebt den Eintrag in der aktuellen Zelle um die Breite eines Zeichens in der Standardschriftart nach rechts
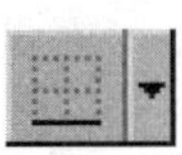	Rahmenlinien	Zeigt eine Palette verschiedener Rahmentypen an, mit der Sie Zellbereiche mit Linien schmücken können
	Füllfarbe	Zeigt eine Palette mit Hintergrundfarben für die Zellen an

Schaltfläche	Bezeichnung	Funktion
	Schriftfarbe	Zeigt eine Palette mit Farben für Text in den Zellen eines Zellbereichs an
	Schaltflächen hinzufügen oder entfernen	Zeigt ein Popup-Menü an, mit dem Sie die Symbolleiste durch Hinzufügen oder Entfernen einzelner Schaltflächen individuell anpassen können

Tabelle 1.3: Die flotten Schaltflächen der Format-Symbolleiste

Eigenwillige Symbolleisten

Gewöhnen Sie sich nicht allzu sehr an die Reihenfolge der Schaltflächen, die Excel bei der Erstinstallation in der Standard- und Format-Symbolleiste anzeigt. Excel 2000 arbeitet mit einer neuen Funktion, die vielleicht noch einmal überdacht werden sollte. Das Programm verschiebt nämlich jetzt die Schaltfläche, die Sie als letzte verwendet haben, weiter nach vorne. Was heißt das genau? Also, wenn Sie eine Schaltfläche aus der Palette mit den weiteren Schaltflächen verwenden, dann wird diese Schaltfläche automatisch zu den bereits in der Symbolleiste angezeigten hinzugefügt. Da der Platz ja begrenzt ist, wird eine der nicht verwendeten Schaltfläche, die am Ende der Symbolleiste angezeigt werden, in die Palette mit den weiteren Schaltflächen abgeschoben. Das Ergebnis sind Symbolleisten, die ständig anders aussehen. Mal wird die benötigte Schaltfläche in der Symbolleiste angezeigt sein, beim nächsten Mal befindet sie sich jedoch vielleicht wieder im Exil auf der Palette!

Leider gibt es in Excel 2000 keine Option, mit der Sie diesem Spielchen ein Ende bereiten können. Das einzige Mittel, mit dem Sie die ursprüngliche Anordnung der Schaltflächen auf den Symbolleisten (und damit gleichzeitig die Menübefehle) wiederherstellen können, funktioniert so: Klicken Sie mit der rechten Maustaste irgendwo auf die Menüleiste oder die Standard- und Format-Symbolleisten, und wählen Sie dann den Befehl ANPASSEN im angezeigten Kontextmenü. Im Dialogfeld »Anpassen« klicken Sie nun auf die Registerkarte OPTIONEN und dort auf die Schaltfläche »Zurücksetzen«. Excel zeigt Ihnen daraufhin eine Warnmeldung an, daß die Liste der Befehle, die Sie in Excel verwendet haben, gelöscht wird. Klicken Sie auf »Ja«, damit das Programm die Standardbefehle für Menüs und Symbolleisten wiederherstellt.

Die Bearbeitungsleiste

Die Bearbeitungsleiste zeigt die Zelladresse und den Inhalt der aktuellen Zelle an. Sie ist in drei Abschnitte unterteilt: Der erste Abschnitt ganz links (das sogenannte *Namenfeld)* enthält die aktuelle Zelladresse und ein Dropdown-Listenfeld auf seiner rechten Seite. Der zweite Abschnitt verfügt auf der rechten Seite über eine einzige Schaltfläche mit einem Gleichheitszeichen drauf (die sogenannte *Schaltfläche für Formeln bearbeiten*), sein mittlerer Teil ist (zunächst) abgeblendet dargestellt. Der dritte Abschnitt ist nur ein weißes Feld, das den Rest der Bearbeitungsleiste ausfüllt. Wenn die aktuelle Zelle leer ist, dann enthält auch dieser dritte Abschnitt keinen Eintrag. Sobald Sie aber Daten oder eine Formel eingeben, erwachen der zweite und der dritte Abschnitt zum Leben.

Sobald Sie eine Taste drücken, werden im zweiten Abschnitt zwischen dem nach unten zeigenden Pfeil des Namenfelds und der Schaltfläche für Formeln bearbeiten, die Schaltfläche für Abbrechen und die Schaltfläche für Eingeben (Abbildung 1.5) angezeigt. (In Kapitel 2 erfahren Sie, wie Sie diese drei einsetzen.)

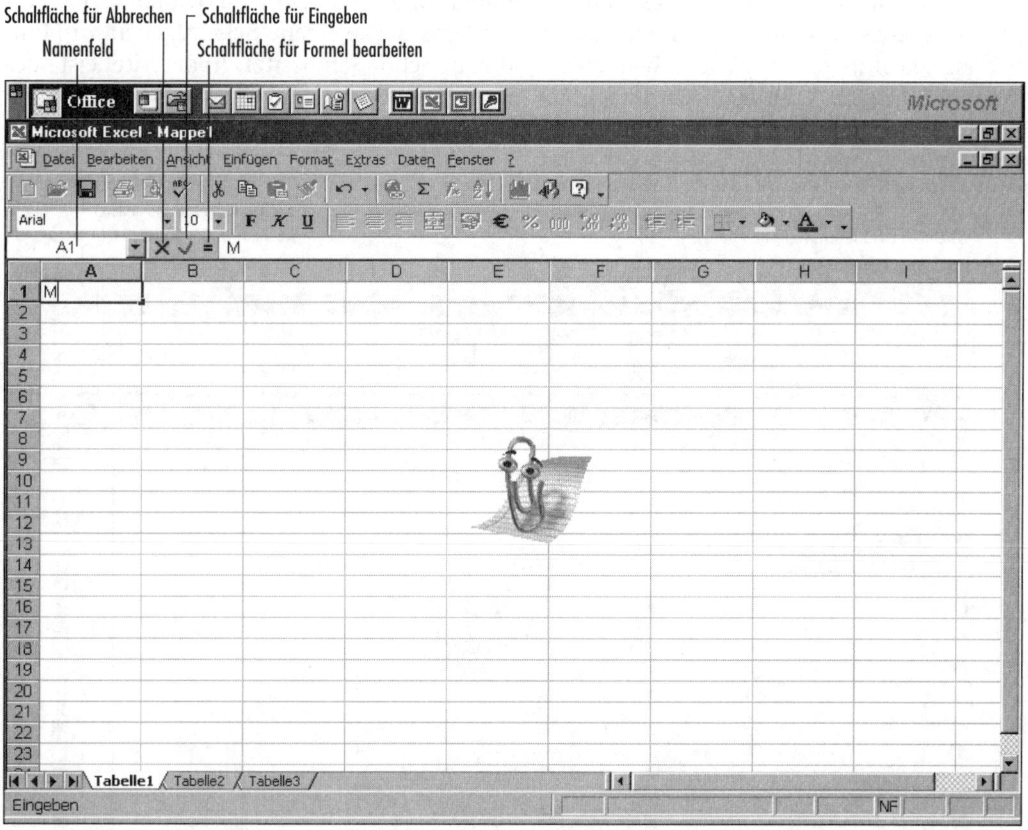

Abbildung 1.5: Die Schaltfläche für Abbrechen und die Schaltfläche für Eingeben werden in der Bearbeitungsleiste angezeigt, sobald Sie etwas in eine Zelle eingeben.

Hinter diesen Feldern und Schaltflächen werden im dritten Abschnitt der Bearbeitungsleiste die Zeichen angezeigt, die Sie gerade in eine Zelle im Tabellenblatt eingeben. Wenn Sie den Eintrag abgeschlossen haben (indem Sie auf die Schaltfläche für Eingeben in der Bearbeitungsleiste geklickt oder [Eingabe] bzw. eine der Pfeiltasten gedrückt haben), zeigt Excel den gesamten Eintrag in der Zelle an. Die zwei Felder aus dem zweiten Abschnitt der Bearbeitungsleiste verschwinden. Sobald Sie den Zellcursor wieder auf dieser Zelle positionieren, wird der Inhalt dieser Zelle erneut in der Bearbeitungsleiste angezeigt.

Das Dokumentfenster, auch das Arbeitsmappenfenster genannt

Wenn Sie das Programm aufrufen, wird normalerweise eine leere Arbeitsmappe in einem neuen Dokumentfenster direkt unterhalb der Bearbeitungsleiste angezeigt. Abbildung 1.6 zeigt, daß das Dokumentfenster (wenn es nicht als Vollbild dargestellt oder zum Symbol verkleinert ist) ein eigenes Systemmenüfeld, eine eigene Titelleiste sowie eigene Schaltflächen für Minimieren, Maximieren bzw. Wiederherstellen und zum Schließen besitzt. In der Titelleiste des Dokumentfensters wird außerdem noch der Arbeitsmappenname angezeigt (MAPPE1, wenn Sie Excel aufrufen, MAPPE2, wenn Sie das nächste neue Dokumentfenster öffnen etc.).

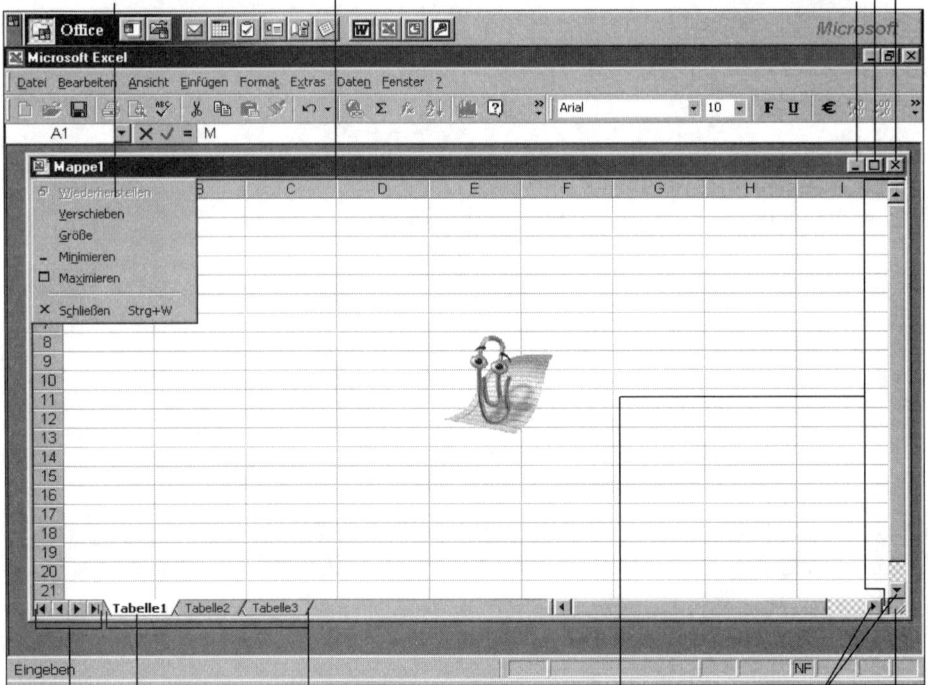

Abbildung 1.6: Jedes Arbeitsmappenfenster enthält seine eigenen Systemmenüfelder und Schaltflächen für Minimieren und Maximieren.

Am unteren Rand des Dokumentfensters befinden sich die Registerlaufpfeile, das Blattregister für die Aktivierung der verschiedenen Tabellenblätter der Arbeitsmappe (Sie wissen ja – drei neue Blätter warten auf Ihre Zahlen) sowie die horizontale Bildlaufleiste, mit der Sie im Tabellenblatt weiter nach rechts bzw. nach links blättern können. Am rechten Rand des Dokumentfensters gibt es noch die vertikale Bildlaufleiste, mit der Sie im Tabellenblatt nach unten bzw. nach oben blättern. (Sie erinnern sich sicherlich, daß Sie nur einen lächerlich kleinen Prozentsatz des gesamten Tabellenblatts auf dem Bildschirm sehen.)

Sie können direkt nach dem Aufruf von Excel mit der Erstellung eines neuen Tabellenblatts in TABELLE1 der MAPPE1 beginnen, die im Dokumentfenster angezeigt wird. Wenn Ihre Bildschirmanzeige so wie die in Abbildung 1.6 aussehen soll, dann klicken Sie in der Menüleiste auf die Schaltfläche für Wiederherstellen. Und, schwuppdiwupp, erhalten Sie ein auf das Wichtigste reduziertes Arbeitsmappenfenster.

Dokumentfenster in beliebiger Größe

Sie können die Größe und die Position einer Arbeitsmappe, die nicht zum Symbol verkleinert und nicht als Vollbild dargestellt wird (so wie die in Abbildung 1.6), manuell ändern. Hierzu hat Microsoft für ganz Blinde eine spezielle Ecke (das sogenannte *Größenfeld*) kreiert, die uns in der unteren rechten Ecke des Dokumentfensters beglückt. Rein theoretisch tut es jede andere Ecke auch, aber die ist wohl besonders schön.

Aber egal, gehen Sie nun folgendermaßen vor: Zeigen Sie mit dem Mauszeiger auf das besagte Größenfeld des Dokumentfensters (oder eine beliebige andere Ecke – es gibt ja noch drei davon). Ein neues Mausgesicht – der Doppelpfeil – zeigt sich. Ziehen Sie nun die Maus so lange (die linke Maustaste bleibt gedrückt), bis das Fenster die gewünschte Größe hat. Beachten Sie, daß der Mauszeiger die Form eines Doppelpfeils nur dann annimmt, wenn Sie wirklich auf DIE oder eine andere Ecke zeigen.

- ✔ Wenn Sie den Mauszeiger auf den unteren Rahmen des Fensters setzen und dann senkrecht nach oben ziehen, wird das Fenster verkürzt. Ziehen Sie den Zeiger nach unten, wird das Fenster in die Länge gestreckt.
- ✔ Wenn Sie den Zeiger auf den rechten Fensterrahmen setzen und dann nach links ziehen, wird das Fenster schmaler. Ziehen Sie den Zeiger nach rechts, wird das Fenster breiter.
- ✔ Wenn Sie den Zeiger auf die untere rechte Ecke des Fensterrahmens setzen und dann diagonal in Richtung auf die linke obere Rahmenecke ziehen, wird das Fenster kürzer und schmaler. Ziehen Sie diagonal von der linken oberen Rahmenecke weg, wird das Fenster länger und breiter.

Sobald die Fenstergröße Ihren Wünschen entspricht, lassen Sie die linke Maustaste los. Excel zeichnet das Dokumentfenster gemäß Ihren Wünschen neu.

Wenn Sie die Größe eines Dokumentfensters manuell geändert haben, können Sie die ursprüngliche Fenstergröße auch nur manuell wiederherstellen. Es gibt in diesem Fall leider keine Schaltfläche für Wiederherstellen, auf das Sie klicken könnten.

Damit aber nicht genug. Die Dokumentfenster können nicht nur in ihrer Größe verändert, sondern auch zwischen Bearbeitungsleiste und Statusleiste verschoben werden.

1. **Um ein Dokumentfenster zu verschieben, packen Sie es einfach am Kragen bzw. an der Titelleiste.**
2. **Wenn Sie die Titelleiste fest im Griff haben, ziehen Sie das Fenster an die gewünschte Position und lassen die linke Maustaste wieder los.**

Wenn Ihnen die Mausmethode zu einfach ist, können Sie ein Dokumentfenster auch komplizierter verschieben:

1. **Drücken Sie [Strg]+[F7], oder wählen Sie im Systemmenü des Dokumentfensters den Befehl VERSCHIEBEN.**

   Der Mauszeiger zeigt ein neues Gesicht – den Vierfachpfeil.

2. **Drücken Sie die Pfeiltasten ([←], [↑], [→] oder [↓]), bis das Fenster im Schneckentempo an die gewünschte Position gekrochen ist.**
3. **Drücken Sie zuletzt [Eingabe].**

   Der Mauszeiger zeigt wieder sein Alltagsgesicht – das dicke weiße Kreuz.

Durch die Tabellenblätter surfen

Ganz unten links im aktiven Arbeitsmappenfenster werden die Registerlaufpfeile und daneben die Register für die ersten drei Tabellenblätter angezeigt. Das aktive Tabellenblatt ist daran zu erkennen, daß es weiß ist und der Registername fett dargestellt wird. Wenn Sie Lust auf ein anderes Tabellenblatt der Mappe haben, dann klicken Sie einfach auf das dazugehörige Blattregister.

Falls Sie der Arbeitsmappe weitere Tabellenblätter hinzugefügt haben (Kapitel 12 sagt Ihnen, wie man das macht!) und nun das Blattregister für das Tabellenblatt, das Sie unbedingt sehen möchten, nicht anzeigt wird, dann blättern Sie mit den Registerlaufpfeilen ganz einfach nach links oder rechts. Sehen Sie die vier links neben den Registern angezeigten Schaltflächen? Nun, wenn Sie auf eine der beiden mittleren Schaltflächen klicken, blättern Sie in der Registerlaufleiste jeweils um ein Register nach rechts bzw. nach links. Wenn Sie auf eine der beiden äußeren Schaltflächen klicken, blättern Sie zum ersten bzw. letzten Register in der Arbeitsmappe.

Die Statusleiste

Die letzte Zeile am unteren Rand des Excel-Fensters wird als *Statusleiste* bezeichnet, da sie Informationen über den aktuellen Zustand des Programms enthält. Im linken Teil der Statusleiste werden Meldungen angezeigt, die gegenwärtig ablaufende Vorgänge oder den Befehl beschreiben, den Sie in der Excel-Menüleiste ausgewählt haben. Nachdem Sie Excel gestartet haben, wird dort die Meldung `Bereit` angezeigt (Abbildung 1.7). Wie nett! Excel teilt Ihnen mit, daß es losgehen kann.

Auf der rechten Seite der Statusleiste befinden sich mehrere Felder, die den aktuellen Modus des Programms anzeigen, d. h., hier können Sie sehen, ob bestimmte Tasten aktiviert sind, die das Arbeiten mit dem Programm irgendwie beeinflussen könnten. Nach dem Starten von Excel wird z. B. im Feld für AutoBerechnung `Summe=0` und im Feld für den Status der Zehnertastatur `Num` angezeigt.

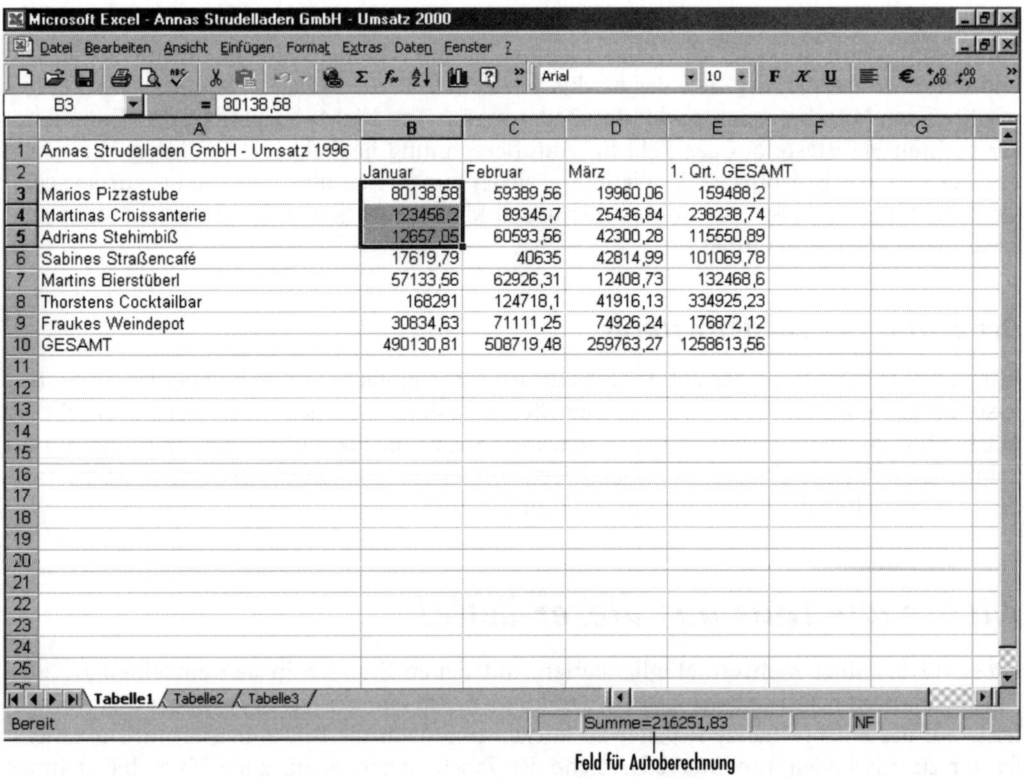

	A	B	C	D	E
1	Annas Strudelladen GmbH - Umsatz 1996				
2		Januar	Februar	März	1. Qrt. GESAMT
3	Marios Pizzastube	80138,58	59389,56	19960,06	159488,2
4	Martinas Croissanterie	123456,2	89345,7	25436,84	238238,74
5	Adrians Stehimbiß	12657,05	60593,56	42300,28	115550,89
6	Sabines Straßencafé	17619,79	40635	42814,99	101069,78
7	Martins Bierstüberl	57133,56	62926,31	12408,73	132468,6
8	Thorstens Cocktailbar	168291	124718,1	41916,13	334925,23
9	Fraukes Weindepot	30834,63	71111,25	74926,24	176872,12
10	GESAMT	490130,81	508719,48	259763,27	1258613,56

Abbildung 1.7: Das Feld für AutoBerechnung in der Statusleiste berechnet automatisch die Summe aller markierten Zellen, die Werte enthalten. Sie brauchen keinen Finger dafür krumm zu machen.

Bitte einmal AutoBerechnung

Das größte Feld in der Statusleiste (das dritte von links) ist das Feld für AutoBerechnung. Mit diesem kleinen Zauberfeld können Sie schnell und einfach Zwischensummen von beliebigen Zellbereichen bilden, wenn das Kopfrechnen nicht mehr so ganz funktioniert. (In Kapitel 3 kriegen Sie jede Menge Infos darüber, wie Sie einen Zellbereich markieren.) In Abbildung 1.7 sehen Sie beispielsweise ein Tabellenblatt, in dem ein Teil einer Spalte markiert ist. Und man sehe und staune: Die Summe aller markierten Zellen steht unaufgefordert unten in der Statusleiste im Feld für AutoBerechnung.

Wenn Sie meinen, das war's, dann irren Sie sich gewaltig. Das Feld für AutoBerechnung kann weit mehr, als nur eine läppische Summe zu bilden. Wie wäre es mit dem Mittelwert oder der Anzahl von Werten? Wenn Sie beispielsweise wissen möchten, wie viele markierte Zellen Werte enthalten (Excel ignoriert beim Zählen alle Textzellen), dann klicken Sie mit der rechten Maustaste auf das Feld für AutoBerechnung. Mensch – dieses Feld hat auch noch ein Kontextmenü! (Was das ist, das erfahren Sie gleich genauer weiter unten in diesem Kapitel!) Die Summenfunktion ist aktuell aktiv. Das erkennen Sie am Häkchen. Klicken Sie nun auf ANZAHL, und schon wissen Sie, wie viele der markierten Zellen Werte enthalten. Anderes Beispiel: Sie möchten den Mittelwert der markierten Zellen errechnen. Nichts leichter als das. Einmal mit der rechten Maustaste auf das Feld für AutoBerechnung geklickt, die Funktion MITTELWERT gewählt, und das Ergebnis ist da. Wenn Sie wieder zur Standardfunktion SUMME zurückschalten möchten, öffnen Sie das Kontextmenü und klicken auf SUMME. Das Häkchen steht jetzt wieder vor der Summenfunktion.

Der Status der Zehnertastatur

Was geht Sie der Status der Zehnertastatur an? Ganz einfach: Das NUM-Feld in der Statusleiste zeigt an, ob die Taste [Num] auf der Zehnertastatur gedrückt oder nicht gedrückt ist. Müssen Sie das wissen? Klar! Denn nur so wissen Sie, ob die Pfeiltasten oder die Zahlen auf der Zehnertastatur aktiv sind. Ist [Num] aktiviert, können Sie die Zahlen verwenden, ist die Taste deaktiviert, stehen die Pfeiltasten zur Verfügung.

Nichts wie raus aus dieser Zelle!

Excel verfügt über mehrere Möglichkeiten, mit denen Sie sich in den einzelnen riesigen Tabellenblättern der Arbeitsmappe bewegen können. Am einfachsten ist es, in der Registerlaufleiste auf das entsprechende Register zu klicken und dann die Bildlaufleisten im Dokumentfenster zu verwenden, um andere Bereiche des Tabellenblatts anzuzeigen. Excel bietet Ihnen auch eine ganze Reihe von Tasten oder Tastenkombinationen, mit denen Sie nicht nur einen anderen Bereich des Tabellenblatts anzeigen, sondern auch eine neue Zelle aktivieren können.

Einfach laufen lassen

Wie funktioniert das mit den Bildlaufleisten in Excel? Stellen Sie sich vor, Sie rollen Ihr Tabellenblatt auf, als ob es eine Pergamentrolle wäre. Um einen anderen Bereich auf der Rolle sichtbar zu machen, der noch auf der rechten Seite verborgen ist, müßte man die rechte Seite abrollen, bis der Bereich mit den gewünschten Zellen erscheint. Wollte man einen Bereich des Tabellenblatts auf der linken Seite sehen, so müßte man die linke Seite abrollen, bis der Zellbereich erscheint.

Vor und zurück mit der horizontalen Bildlaufleiste

Um diesen Links-/Rechts-Bildlauf in einem Excel-Tabellenblatt durchzuführen, verwenden Sie die *horizontale Bildlaufleiste* am unteren Rand des Dokumentfensters. Mit dieser Bildlaufleiste rollen Sie das Fenster mit den linken und rechten Bildlaufpfeilen auf. Wenn Sie auf den *linken* Bildlaufpfeil in der Bildlaufleiste klicken, bewegt sich das Tabellenblatt nach rechts und zeigt eine neue Spalte an, die bis jetzt auf der linken Seite verdeckt war. Wenn Sie auf den *rechten* Bildlaufpfeil in der Bildlaufleiste klicken, bewegt sich das Tabellenblatt nach links und zeigt eine neue Spalte an, die bis jetzt auf der rechten Seite verdeckt war. Na, soweit alles klar?

Es geht aber auch noch schneller. Klicken Sie auf den Bildlaufpfeil, in dessen Richtung Sie blättern müssen. Halten Sie die Maustaste eisern gedrückt, bis die Spalte angezeigt wird, die Sie sehen möchten. Wenn Sie beispielsweise nach rechts blättern, wird das *horizontale Bildlauffeld* (der große rechteckige Block) immer kleiner, je mehr Sie sich in den Spaltenbereich BA und weiter wagen. Am Schluß ist das Bildlauffeld nur noch ein kleiner mickriger Strich. Wenn Sie dann auf den Bildlaufpfeil nach links klicken, um zurückzublättern, plustert sich das Bildlauffeld immer mehr auf, je mehr Sie sich der Spalte A nähern. Netter optischer Schnickschnack.

Und dann gibt es noch einen wirklich hilfreichen optischen Schnickschnack. Wenn Sie nämlich noch flotter durch die Spalten blättern wollen, dann ziehen Sie einfach das dicke Bildlauffeld in die entsprechende Richtung. Excel zeigt Ihnen stets an, in welcher Spalte Sie landen würden, wenn Sie jetzt die Maustaste losließen. Das finde ich echt praktischer. Ich habe mich früher oft ziemlich verirrt.

Auf und ab mit der vertikalen Bildlaufleiste

Mit der *vertikalen Bildlaufleiste* wird das Tabellenblatt nach oben bzw. nach unten gerollt. Auch hier bietet sich das Bild der Pergamentrolle an, die jetzt allerdings waagrecht gehalten wird. Sie rollen die Pergamentrolle nach unten ab, um die am unteren Rand verdeckten Zeilen anzusehen, bzw. nach oben auf, um die am oberen Rand verdeckten Zeilen anzusehen.

Die vertikale Bildlaufleiste an der rechten Seite des Dokumentfensters enthält die entsprechenden Bildlaufpfeile. Klicken Sie auf den nach unten zeigenden Bildlaufpfeil, um das Tabellenblatt nach oben zu verschieben und die nächste noch verdeckte Zeile am unteren Bildschirmrand anzuzeigen. Klicken Sie auf den nach oben zeigenden Bildlaufpfeil, um das

Tabellenblatt nach unten zu verschieben und die nächste noch verdeckte Zeile am oberen Bildschirmrand anzuzeigen.

Da ich mich ungern wiederhole, möchte ich Sie auf die beiden letzten Absätze im vorhergehenden Abschnitt verweisen. Diese optischen Schnickschnacks funktionieren selbstverständlich auch beim vertikalen Blättern.

Bildschirm für Bildschirm

Sie können mit den Bildlaufleisten auch einen Bildschirmsprung im Dokument machen. Klikken Sie dazu auf den hellgrauen Bereich in der Bildlaufleiste zwischen dem Bildlauffeld und einem der Bildlaufpfeile. Um einen Bildschirm mehrere Spalten nach links oder nach rechts zu blättern, klicken Sie in der horizontalen Bildlaufleiste auf die entsprechende Seite des Bildlauffelds (links neben dem Bildlauffeld = nach links; rechts neben dem Bildlauffeld = nach rechts).

Um einen Bildschirm nach oben oder nach unten zu blättern, klicken Sie in der vertikalen Bildlaufleiste auf die entsprechende Seite des Bildlauffelds (oberhalb des Bildlauffelds = nach oben; unterhalb des Bildlauffelds = nach unten).

Falls Ihnen jetzt vom vielen Blättern schwindelig geworden sein sollte: Machen Sie eine kleine Pause. Die haben Sie sich verdient!

Schon mal was von der IntelliMouse gehört?

Microsoft hat sich was Neues einfallen lassen: die IntelliMouse. Sie wurde speziell für das Blättern in Office-Dokumenten und -listen sowie für das Arbeiten mit Windows 95 und 98 entworfen. Auf der IntelliMouse befindet sich zwischen der linken und der rechten Taste ein kleines Rad, das sich auch als Taste einsetzen läßt. Sie finden das etwas merkwürdig? Nein, nein, alles ganz intelligent und ergonomisch!

In Excel 2000 können Sie dieses Rädchen nämlich anstelle der Bildlaufleisten einsetzen, um sich einen anderen Teil des Tabellenblatts anzuzeigen. Und das geht so:

- ✔ Drehen Sie das Rädchen vorwärts oder rückwärts, um jeweils einige Zeilen nach oben bzw. nach unten zu blättern.
- ✔ Klicken Sie mit dem Rädchen (das geht nämlich auch!), und bewegen Sie dann die Maus in die Richtung, in der Sie einen Bildlauf durchführen möchten. Sobald Sie mit dem Rädchen klicken, ändert der Mauszeiger seine Form und wird zu einem Vierfachpfeil. Wenn der gewünschte Zellbereich des Tabellenblatts am Bildschirm angezeigt wird, klicken Sie mit einer der Maustasten auf eine der Zellen in diesem Bereich, um das Blättern abzubrechen. Der Mauszeiger erhält dann seine gewohnte Form zurück.

Für die IntelliMouse brauchen Sie natürlich auch eine besondere Software, nämlich IntelliPoint 2.0. Diese Software läßt Sie viele schicke Funktionen für diese Supermaus einstellen. So lassen sich damit z. B. Titelleisten, Schaltflächen, Ordner und Menüs aktivieren, wenn man nur mit dem Mauszeiger darauf zeigt. Die Sache mit dem *Standardsprung* gefällt mir übrigens auch ganz gut. Damit springt der Mauszeiger automatisch auf die aktivierte Schaltfläche, wenn Sie ein Dialogfeld öffnen.

Sie können beispielsweise auch einstellen, um wie viele Zeilen Sie nach unten oder oben blättern wollen, wenn Sie an dem Rad drehen, und wie schnell das gehen soll:

1. **Öffnen Sie das Dialogfeld »Systemsteuerung«, indem Sie in der Windows-Task-Leiste auf die Schaltfläche »Start« klicken und dann im START-Menü zunächst den Befehl EINSTELLUNGEN wählen und dann im angezeigten Untermenü auf SYSTEMSTEUERUNG klicken.**

2. **Öffnen Sie das Dialogfeld »Eigenschaften von Maus«, indem Sie auf das Symbol für Maus im Dialogfeld »Systemsteuerung« klicken.**

3. **Klicken Sie im Dialogfeld »Eigenschaften von Maus« auf das Register RAD.**

4. **Wenn Sie ändern möchten, um wie viele Zeilen Sie mit einem Dreh im Arbeitsblatt blättern können, dann öffnen Sie hierzu das Dialogfeld »Einstellungen für das Rad«. Klicken Sie hierzu auf der Registerkarte RAD bei den Optionen für das Rad auf die Schaltfläche »Einstellungen«. Ersetzen Sie den Wert 3 im Kontrollkästchen BILDLAUF UM 3 ZEILEN PRO RASTE durch einen anderen Wert, und schließen Sie die Eingabe mit »OK« oder `Eingabe` ab.**

   Das Dialogfeld »Einstellungen für das Rad« wird geschlossen und erneut das Dialogfeld »Eigenschaften von Maus« angezeigt.

5. **Wenn Sie ändern wollen, wie schnell der Mauszeiger blättern soll, dann klicken Sie auf der Registerkarte RAD bei den Optionen für die Radtaste auf die Schaltfläche »Einstellungen«. Ziehen Sie den Regler mit den Pfeiltasten, um die Geschwindigkeit einzustellen. (Drücken Sie [⇩], um die Geschwindigkeit zu reduzieren bzw. [⇧], um das Ganze zu beschleunigen.) Klicken Sie dann auf »OK« oder wählen Sie `Eingabe`.**

   Das Dialogfeld »Einstellungen für das Rad« wird geschlossen und erneut das Dialogfeld »Eigenschaften von Maus« angezeigt.

6. **Klicken Sie im Dialogfeld »Eigenschaften von Maus« auf »OK«, um dieses Dialogfeld zu schließen.**

7. **Klicken Sie in der Systemsteuerung auf die Schaltfläche für Schließen, um auch dieses Dialogfeld zu schließen.**

Tastenkombinationen zum Verschieben des Zellcursors

Ein Nachteil bei der Verwendung der Bildlaufleisten besteht darin, daß lediglich neue Bereiche des Tabellenblatts angezeigt werden, aber die Position des Zellcursors nicht geändert wird. Das heißt, wenn Sie in die Zellen eines neuen Tabellenblattbereichs Daten eingeben wollen, dürfen Sie nicht vergessen, die Zelle(n) zu markieren, bevor Sie mit der eigentlichen Eingabe beginnen.

Excel bietet eine ganze Reihe von Tastenkombinationen, mit denen der Zellcursor in eine neue Zelle verschoben werden kann. Wenn Sie eine dieser Kombinationen verwenden, blättert Excel bei Bedarf im Tabellenblatt, um den Zellcursor neu positionieren zu können. Tabelle 1.4 enthält diese schlauen Tastenkombinationen und beschreibt, welche Sprünge der Zellcursor bei welcher Kombination ausführt.

Denken Sie daran, daß [Num] deaktiviert sein muß, wenn Sie die Pfeiltasten auf der Zehnertastatur verwenden möchten. Ansonsten gibt es unerwünschte Zahlen oder sonstige Zeichen. Ich habe Sie gewarnt!

Taste(-nkombinationen)	Funktion
[→] oder [Tab]	Nach rechts zur nächsten Zelle
[←] oder [Umschalt]+[Tab]	Nach links zur nächsten Zelle
[↑]	Eine Zeile nach oben
[↓]	Eine Zeile nach unten
[Pos1]	Zur Zelle in Spalte A der aktuellen Zeile
[Strg]+[Pos1]	Zur ersten Zelle (A1) im Tabellenblatt
[Strg]+[Ende] oder [Ende], [Pos1]	Zur Zelle in der rechten unteren Ecke des aktiven Bereichs des Tabellenblatts (= letzte Zelle, die Daten enthält)
[Bild↑]	Einen Bildschirm nach oben zur Zelle in derselben Spalte
[Bild↓]	Einen Bildschirm nach unten zur Zelle in derselben Spalte
[Strg]+[Bild↑]	Letzte Zelle mit Daten im vorherigen Tabellenblatt der Arbeitsmappe
[Strg]+[Bild↓]	Letzte Zelle mit Daten im nächsten Tabellenblatt der Arbeitsmappe
[Strg]+[→] oder [Ende], [→]	Nach rechts zur ersten belegten Zelle in derselben Zeile, die sich entweder vor oder nach einer leeren Zelle befindet
[Strg]+[←] oder [Ende], [←]	Nach links zur ersten belegten Zelle in derselben Zeile, die sich entweder vor oder nach einer leeren Zelle befindet
[Strg]+[↑] oder [Ende], [↑]	Nach oben zur ersten belegten Zelle in derselben Spalte, die sich entweder vor oder nach einer leeren Zelle befindet
[Strg]+[↓] oder [Ende], [↓]	Nach unten zur ersten belegten Zelle in derselben Spalte, die sich entweder vor oder nach einer leeren Zelle befindet

Tabelle 1.4: Tastenkombinationen zum Verschieben des Zellcursors

Von Bereich zu Bereich

Die Tastenkombinationen [Strg] bzw. [Ende] plus Pfeiltaste aus Tabelle 1.4 sind ideal für das schnelle Hin- und Herspringen von einem Ende des Tabellenblatts zum anderen oder von einem Tabellenbereich zum anderen.

- ✔ Wenn sich der Zellcursor in einer leeren Zelle irgendwo links neben einem Tabellenbereich mit Zelleinträgen befindet, den Sie anzeigen möchten, dann können Sie mit Strg+→ den Zellcursor auf den ersten Zelleintrag am äußersten linken Rand des Tabellenbereichs bewegen (in derselben Zeile versteht sich).
- ✔ Wenn Sie noch einmal Strg+→ drücken, hüpft der Zellcursor auf den letzten Zelleintrag am äußersten rechten Rand des Tabellenbereichs (sofern es in dieser Zeile keine leeren Zellen gibt).
- ✔ Wenn Sie dann die Richtung ändern und Strg+↓ drücken, springt der Zellcursor direkt zum letzten Zelleintrag am unteren Ende des Tabellenbereichs (immer vorausgesetzt, daß es in dieser Tabellenspalte keine leeren Zellen gibt).
- ✔ Wenn Sie dann nochmals Strg+↓ drücken, springt der Zellcursor auf den ersten Eintrag am oberen Rand des nächsten darunterliegenden Tabellenbereichs (vorausgesetzt, daß sich über diesem Bereich keine anderen Einträge in derselben Spalte befinden).
- ✔ Wenn Sie Strg oder Ende zusammen mit einer der Pfeiltasten drücken und sich in der Richtung der gewählten Pfeiltaste keine belegten Zellen mehr befinden, springt der Zellcursor direkt zu der Zelle, die sich in dieser Richtung am äußersten Rand des Tabellenblatts befindet.

Wenn sich der Zellcursor beispielsweise in Zelle C15 befindet und in Zeile 15 keine weiteren Zellen belegt sind, dann wird der Zellcursor zur Zelle IV15 am äußersten rechten Rand des Tabellenblatts springen, sobald Sie Strg+→ drücken. Ein weiter, weiter Weg!

Wenn Sie sich in Zelle C15 tummeln und es darunter in Spalte C keine weiteren Einträge gibt, dann wird der Zellcursor zur Zelle C65536 am äußersten unteren Rand des Tabellenblatts springen, sobald Sie Strg+↓ drücken. So schnell kann's gehen!

Wenn Sie Strg und eine Pfeiltaste betätigen, um in einem Tabellenbereich von einer Seite zur anderen zu hüpfen oder zwischen den Tabellenbereichen in einem Tabellenblatt hin- und herzuwandern, müssen Sie Strg gedrückt halten, während Sie eine der vier Pfeiltasten betätigen. (Das Pluszeichen in den Tastenkombinationen soll genau dies aussagen, z. B. Strg+→.)

Wenn Sie Ende und eine der Pfeiltasten verwenden, müssen Sie Ende drücken und diese Taste loslassen, bevor Sie die Pfeiltaste betätigen. (Das Komma soll Ihnen dabei auf die Sprünge helfen, z. B. Ende, →.)

Da Sie Strg gedrückt lassen können, während Sie verschiedene Pfeiltasten betätigen, ist die Tastenkombination Strg+Pfeiltaste für ein schnelles Navigieren zwischen den Bereichen eher geeignet als die Tastenkombination Ende, Pfeiltaste.

Auch auf die Gefahr hin, daß Sie vom vielen Hüpfen und Springen bereits etwas müde geworden sind, sollten Sie sich doch noch den letzten beiden (ruhigeren) Abschnitten zu diesem Thema widmen.

Lieber Zellcursor, bitte gehe zu Zelle A105!

Mit der Funktion GEHE ZU können Sie direkt zu einer Zelle im Tabellenblatt springen. Öffnen Sie dazu das Dialogfeld »Gehe zu«. Wie immer haben Sie die Qual der Wahl: Wählen Sie entweder den Befehl GEHE ZU im Menü BEARBEITEN, oder drücken Sie [Strg]+[G] bzw. [F5]. Danach schreiben Sie in das Textfeld VERWEIS die Adresse der Zelle, zu der Sie hüpfen möchten. »OK« wählen oder [Eingabe] drücken und schon sind Sie dort. Das Textfeld VERWEIS ist übrigens nicht wählerisch. Sie können dort Groß- und/oder Kleinbuchstaben eingeben.

Das schlaue Excel merkt sich übrigens die letzten vier Zellen, zu denen Sie gesprungen sind. Diese werden oben im Dialogfeld »Gehe zu« angezeigt. Sie werden vielleicht auch bemerken, daß im Textfeld VERWEIS zusätzlich noch die Zelladresse steht, von der Sie abgesprungen sind. Damit können Sie schnell zwischen der aktuellen Position und Ihrer vorherigen Position im Tabellenblatt hin- und herpendeln. Einfach [F5] und danach [Eingabe] drücken (immer vorausgesetzt, Sie haben den Befehl GEHE ZU benutzt, um zur aktuellen Position zu gelangen).

Lieber Zellcursor, bitte bleib, wo Du bist!

Sie können mit der [Rollen]-Feststelltaste die Position des Zellcursors im Tabellenblatt »einfrieren«, damit Sie mit Tasten wie [Bild↓] oder [Strg]+[Bild↓] im Tabellenblatt blättern können, ohne die ursprüngliche Position des Zellcursors zu verändern. (Das heißt, Sie können mit diesen Tasten genauso arbeiten wie mit den Bildlaufleisten.)

Wenn Sie also die [Rollen]-Feststelltaste drücken und in Ihrem Tabellenblatt mit Hilfe von Tasten oder Tastenkombinationen blättern, wird Excel keine neue Zelle markieren, sondern nur einen neuen Bereich des Tabellenblatts anzeigen.

Wenn Sie beim Blättern mit der Tastatur den Zellcursor wieder mobil machen wollen, drükken Sie einfach nochmals auf die [Rollen]-Feststelltaste, und die Anzeige SCRL verschwindet aus der Statusleiste.

Die Qual der Wahl: Menüleiste oder Kontextmenü?

Für die Gelegenheiten, bei denen Ihnen die Excel-Symbolleisten nicht mit einer Schaltfläche zur Seite stehen, müssen Sie auf die Menübefehle des Programms zurückgreifen. Excel bietet Ihnen eine Menüauswahl, die einem 5-Sterne-Restaurant alle Ehre macht: Neben den normalen Menüs in der Menüleiste (sie werden manchmal auch als Pulldown-Menüs bezeichnet), die es in fast allen Windows-Anwendungsprogrammen gibt, bietet Excel Ihnen noch ein zweites Menüsystem, die sogenannten *Kontextmenüs*.

Die Kontextmenüs machen einen schnelleren Zugriff auf die am häufigsten verwendeten Menübefehle möglich, da sie mit einem bestimmten Bildschirmelement (z. B. mit einer Symbolleiste, einem Dokumentfenster, einer Zelle) verknüpft sind und nur die Befehle enthalten, die für dieses Element gedacht sind. Das führt dazu, daß die Kontextmenüs oft Befehle beherbergen, die sich in der Menüleiste in verschiedenen Einzelmenüs tummeln.

Darf ich die Bestellung aufnehmen?

Wie beim Verschieben des Zellcursors im Tabellenblatt können Sie bei der Wahl der Befehle in der Menüleiste zwischen Maus und Tastatur wählen. Um ein Menü mit der Maus zu öffnen, klicken Sie einfach auf den Menünamen in der Menüleiste. Wenn Sie ein Menü mit der Tastatur öffnen wollen, halten Sie [Alt] gedrückt und geben den Buchstaben ein, der im entsprechenden Menünamen unterstrichen ist. (Sie können diese Buchstaben einfach als »Unterstrichene Buchstaben« bezeichnen. Wenn Ihnen dies zu läppisch ist, stehen Ihnen die Fachtermini *Zugriffstaste*, *Befehlsbuchstabe* oder *Hotkey* zur Verfügung.) Wenn Sie z. B. [Alt] drücken und gleichzeitig [B] eingeben, öffnet Excel das Menü BEARBEITEN, da dort der Buchstabe »B« unterstrichen ist.

Sie können allerdings auch [Alt] oder [F10] und dann [→] drücken, bis das gewünschte Menü markiert ist. Um das Menü aufzuklappen, wenden Sie sich einfach an die Taste [↓].

Sobald Sie ein Menü in der Menüleiste geöffnet haben, können Sie dort jeden beliebigen Befehl wählen, indem Sie mit der Maus auf den Befehl klicken, den unterstrichenen Buchstaben des Befehlsnamens eingeben oder mit [↓] den Befehl markieren und anschließend [Eingabe] drücken.

Wenn Sie die Excel-Befehle nach einiger Zeit besser kennen, können Sie das Öffnen eines Menüs und die Auswahl eines Menübefehls miteinander kombinieren.

- ✔ Mit der Maus klicken Sie zuerst einmal auf das Menü. Dann fahren Sie lässig mit dem Mauszeiger nach unten, bis der gewünschte Befehl markiert ist. Dann klicken Sie einfach noch mal – und schon ist der Befehl gewählt.
- ✔ Wenn Sie mit der Tastatur arbeiten, halten Sie [Alt] gedrückt und geben den unterstrichenen Buchstaben des gewünschten Menüs und anschließend den des Befehls ein. Um z.B. das aktive Dokumentfenster mit dem Befehl SCHLIESSEN im Menü DATEI zu schließen, drücken Sie lediglich [Alt])[D], [C].

Wem all diese Möglichkeiten noch nicht ausreichen – eine habe ich noch: Einige Befehle in den Menüs der Menüleiste können auch durch sogenannte Tastaturbefehle aufgerufen werden. (Diese werden hinter dem Befehl angezeigt.) Sie können mit diesen Tasten direkt den gewünschten Befehl auswählen, anstatt den Umweg über die Menüs zu gehen. Wenn Sie also z. B. das aktive Dokument speichern wollen, drücken Sie die Abkürzungstaste [Strg]+[S], anstatt den Befehl SPEICHERN im Menü DATEI zu wählen. Sollten Sie allerdings erst im Menü nachschlagen müssen, wie der entsprechende Tastaturbefehl lautet, dann können Sie auch gleich den Befehl im bereits aufgeklappten Menü wählen.

Manchmal kann es passieren, daß Sie einen Befehl in einem Menü wählen und ein Dialogfeld angezeigt wird, das weitere Befehle und Optionen enthält. (Nur kein Streß! Der Abschnitt »Wie man eine intelligente Unterhaltung mit einem Dialogfeld führt« weiter unten in diesem Kapitel zeigt Ihnen, wo's langgeht.) Befehle, nach deren Auswahl sich ein Dialogfeld öffnet, sind daran zu erkennen, daß hinter dem Befehl drei Punkte stehen. Wie Sie ja vielleicht schon wissen, öffnet Excel nach der Wahl des Befehls SPEICHERN UNTER im Menü DATEI ein Dialogfeld.

Beim näheren Hinsehen entdecken Sie jetzt auch den Grund dafür. Genau: Der Befehl endet mit drei Punkten!

Es kann allerdings auch sein, daß manchmal bestimmte Menübefehle einfach Pause machen. Sie klicken drauf, und nichts passiert. Wenn Sie genau hinsehen, werden Sie merken, daß der faule Befehl hellgrau dargestellt ist. (ExpertInnen sprechen hier auch von *abgeblendet*). Das bedeutet, daß der Befehl derzeit nicht verfügbar ist. Da hilft es auch nicht, wenn Sie mehrmals drauf klicken. Ein Befehl bleibt so lange abgeblendet, bis die Bedingungen, die seinen Einsatz erfordern, im Dokument vorhanden sind. Was heißt das denn? Sie können beispielsweise nichts aus der Zwischenablage in das Tabellenblatt einfügen, wenn Sie nicht zuvor etwas dort abgelegt (kopiert oder ausgeschnitten) haben. Also verweigert der Befehl Einfügen im Menü Bearbeiten so lange die Arbeit, bis Sie etwas in die Zwischenablage legen.

Das Menü-Versteckspiel

2000

Die Menüs der Menüleiste in Excel 2000 zeigen sich bei jedem Aufruf in einem anderen Gewand. Dank einer weiteren (un)sinnigen Erfindung von Microsoft, werden Ihnen die meisten Menüs beim ersten Öffnen nicht ganz vollständig angezeigt. Diese "Kurzversion" des Menüs soll nur die Menübefehle enthalten, die Sie in der letzten Zeit verwendet haben. Alle, die länger nicht gebraucht wurden, bleiben in der Versenkung. Ob ein Menü verkürzt wurde, können Sie an den zwei übereinander stehenden v's erkennen, die wie eine nach unten zeigende Pfeilspitze aussehen und am unteren Rand des Menüs angezeigt werden.

Wenn Sie ein paar Sekunden Zeit und Geduld haben, um sich so ein abgeschnittenes Menü anzuzeigen, dann ersetzt Excel automatisch die Kurzversion durch das komplette Menü. Wenn Sie diese Zeit und Geduld nicht aufbringen können oder wollen, dann zwingen Sie Excel zur vollständigen Anzeige des Menüs, indem Sie am Ende der Menüliste auf die Schaltfläche mit den zwei v's klicken.

Wenn das komplette Menü angezeigt wird, werden die zuvor verborgenen Menübefehle in einem helleren Grau als ihre bereits sichtbaren Kollegen angezeigt und sehen dadurch wie gedrückte Schaltflächen aus. So erkennen Sie auf einen Blick, welche Befehle diese Vollversion im Gegensatz zur Kurzversion zusätzlich enthält. Leider hilft Ihnen die unterschiedliche Farbgestaltung nicht bei der Suche nach den Menübefehlen, deren Anordnung nämlich durch das Hinzufügen der neu angezeigten Befehle durcheinander geraten sein kann!

Wenn Sie keinen Bock haben, sich an diesem Menü-Versteckspiel zu beteiligen, dann können Sie diese tolle neue Funktion mit den folgenden Schritten ausschalten:

1. **Klicken Sie mit der rechten Maus auf eine beliebige Stelle in der Menüleiste oder in der Leiste mit den Standard- und Format-Symbolleisten, um das Kontextmenü zu öffnen.**

2. **Wählen Sie im Kontextmenü den Befehl Anpassen, um das Dialogfeld »Anpassen« zu öffnen.**

3. **Klicken Sie in diesem Dialogfeld auf das Register Optionen.**

4. **Deaktivieren Sie das Kontrollkästchen Menüs zeigen zuletzt verwendete Befehle zuerst an, indem Sie auf das Häkchen im Kontrollkästchen klicken.**

5. **Klicken Sie auf die Schaltfläche für Schließen, um das Dialogfeld zu schließen.**

Wenn Sie noch nie zuvor mit Excel gearbeitet haben, dann rate ich Ihnen dringend, diese neue Funktion zu deaktivieren, denn sonst werden Ihnen immer nur die Befehle angezeigt, die Sie ständig verwenden und andere vielleicht auch ganz interessante, bleiben im Verborgenen, weil Sie von Ihrer Existenz gar nichts wissen.

Wenn Ihnen das Menü-Versteckspiel zwar gefällt, Sie jedoch gar nichts damit anfangen können, daß das vollständige Menü automatisch nach einigen Sekunden angezeigt wird, dann können Sie diese Funktion deaktivieren, indem Sie das Häkchen aus dem Kontrollkästchen Nach kurzer Verzögerung vollständige Menüs anzeigen entfernen. (Dieses Kontrollkästchen befindet sich direkt unter dem Kontrollkästchen Menüs zeigen zuletzt verwendete Befehle zuerst an und ist natürlich nur verfügbar, wenn letzteres auch aktiviert ist.)

Wenn Sie in Excel 2000 im Dialogfeld »Anpassen« auf der Registerkarte Optionen die Einstellungen für Personalisierte Menüs und Symbolleisten ändern, wirken sich diese Änderungen auch auf die Symbolleisten und Menüs in allen anderen auf Ihrem Rechner installierten Office 2000-Programmen aus, beispielsweise auf Word 2000 oder PowerPoint 2000.

Arbeitsverkürzung mit Kontextmenüs

Anders als bei den Menüs der Menüleiste, die Sie sowohl mit der Maus als auch mit der Tastatur aktivieren können, brauchen Sie für die Kontextmenüs die Maus. Da die Kontextmenüs mit einem bestimmten Bildschirmelement (z. B. Dokumentfenster, Symbolleiste oder Zelle) verknüpft sind, verwendet Excel die *rechte* Maustaste, um die Kontextmenüs zu öffnen. (Durch Klicken mit der *linken* Maustaste wird ein Element, z. B. eine Zelle, nur markiert.)

In Abbildung 1.8 sehen Sie das Kontextmenü, das mit allen Excel-Symbolleisten verknüpft ist. Wenn Sie dieses Menü aktivieren möchten, zeigen Sie mit dem Mauszeiger auf eine beliebige Stelle in einer Symbolleiste und klicken mit der rechten Maustaste. Denken Sie daran, nicht die linke Taste zu drücken, da Sie sonst die Schaltfläche aktivieren, auf dem der Mauszeiger steht!

Sobald Sie das Kontextmenü für Symbolleisten öffnen, können Sie mit diesen Befehlen die integrierten Symbolleisten anzeigen oder anpassen. (In Kapitel 12 erfahren Sie hierzu Näheres.)

In Abbildung 1.9 sehen Sie das Kontextmenü, das mit jeder beliebigen Zelle des Tabellenblatts verknüpft ist. Um dieses Kontextmenü zu öffnen, zeigen Sie lässig auf eine Zelle und klicken mit der rechten Maustaste. Sie können dieses Kontextmenü mit den dazugehörigen Befehlen auch für einen markierten Zellbereich verwenden. (Wie Sie Zellen markieren, erfahren Sie in Kapitel 3.)

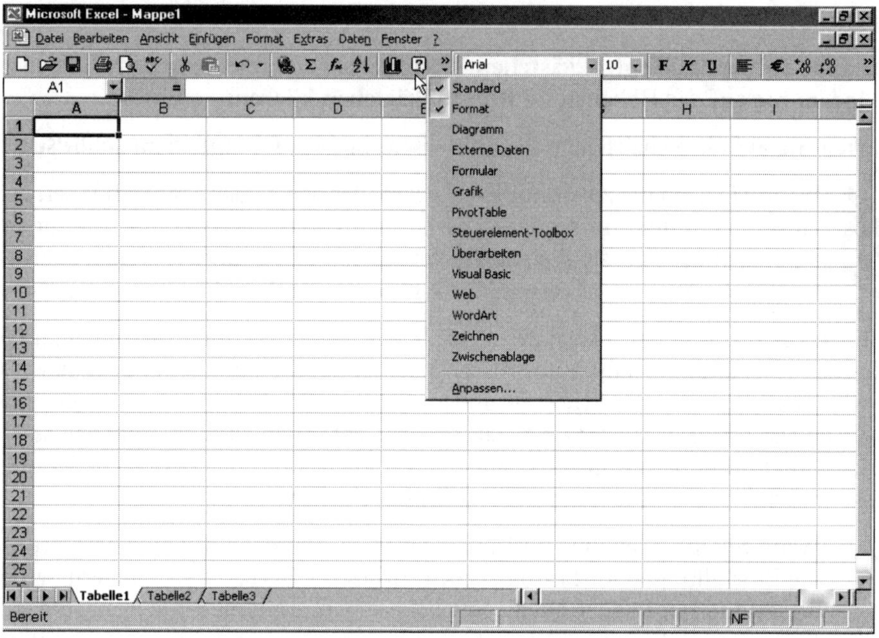

Abbildung 1.8: Das Kontextmenü für Symbolleisten

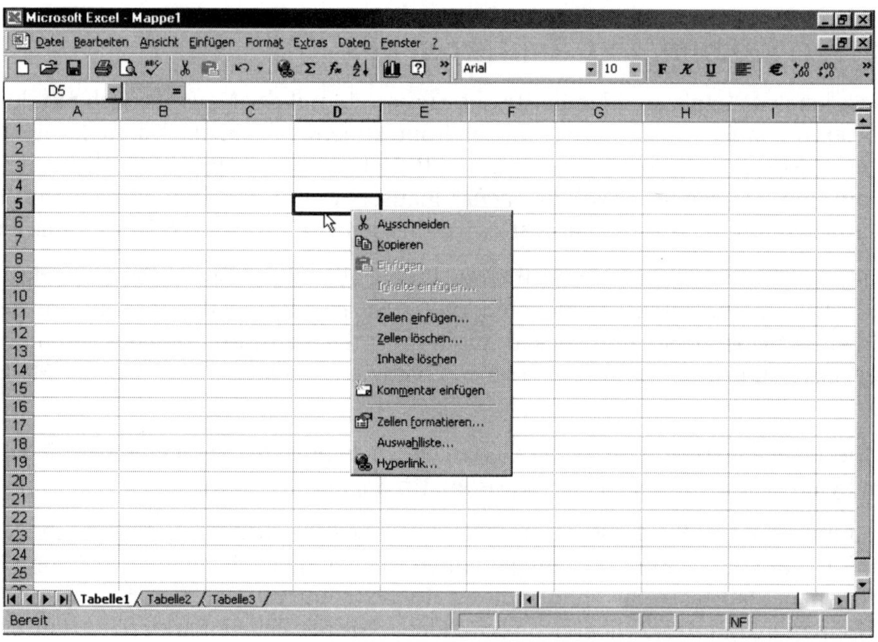

Abbildung 1.9: Das Kontextmenü für Zellen

Da auch die Befehle der Kontextmenüs Befehlsbuchstaben haben, können Sie sie entweder darüber aufrufen, oder Sie klicken mit der Maus auf den Befehl bzw. drücken [↓] bzw. [↑], bis der Befehl markiert ist, und drücken dann [Eingabe].

Wie man eine intelligente Unterhaltung mit einem Dialogfeld führt

Viele Excel-Befehle sind mit einem Dialogfeld verknüpft, das Ihnen eine Vielfalt an Optionen für den betreffenden Befehl bietet. In den Abbildungen 1.10 und 1.11 sind die Dialogfelder »Speichern unter« und »Optionen« zu sehen. Dort finden Sie quasi alle Typen von Schaltflächen, Registern und Feldern, die Excel zu bieten hat. In Tabelle 1.5 habe ich dann die möglichen Bestandteile eines Dialogfelds nochmals zusammengefaßt, damit auch ja alle (Un)Klarheiten beseitigt werden.

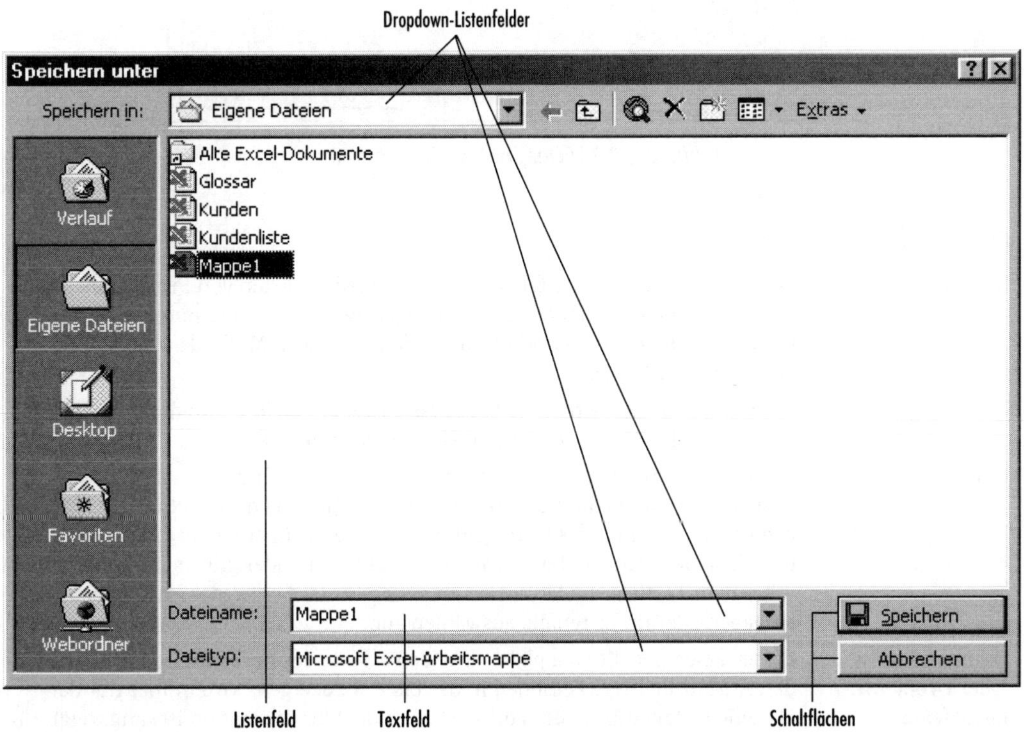

Abbildung 1.10: Das Dialogfeld »Speichern unter«

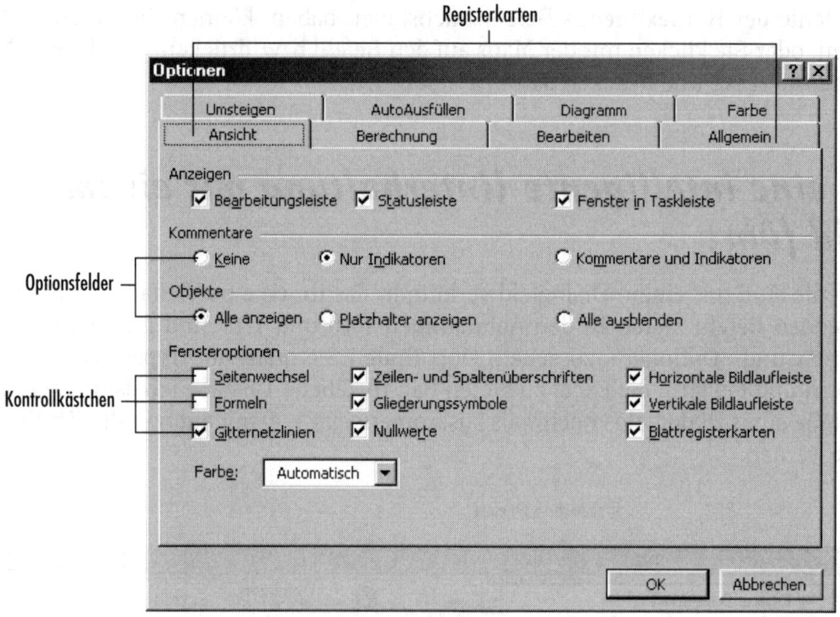

Abbildung 1.11: Das Dialogfeld »Optionen«

Bezeichnung	Funktion
Register	Mit Hilfe von Registerkarten können verschiedene Arten von Programmeinstellungen in einem einzigen Dialogfeld angezeigt werden; mit anderen Worten: Sie brauchen nur solch ein Dialogfeld zu öffnen, um von Milliarden von Optionen erschlagen zu werden.
Textfelder	In diese Felder können Sie selbst etwas eingeben. Viele Textfelder enthalten bereits Einträge, die Sie bearbeiten oder überschreiben können.
Listenfelder	Diese Felder enthalten eine Liste mit verschiedenen Einträgen, aus denen Sie wählen können. Wenn das Listenfeld mehr Optionen enthält, als angezeigt werden können, verfügt das Listenfeld sinnvollerweise über eine Bildlaufleiste, mit der Sie in der Liste blättern können. Einige Listenfelder gibt es in Kombination mit einem Textfeld, so daß Sie einen neuen Eintrag entweder im Textfeld direkt eingeben oder im Listenfeld auswählen können.
Popup- (oder Dropdown-) Listenfelder	Dieser Feldtyp stellt eine platzsparende Variante des herkömmlichen Listenfelds dar. Anstatt mehrere Optionen in der Liste anzuzeigen, wird immer nur der aktuelle Listeneintrag (der zunächst auch die Standardoption ist) angezeigt. Um das Listenfeld zu öffnen und die anderen Optionen zu Gesicht zu bekommen, klicken Sie auf die Schaltfläche mit dem nach unten zeigenden Pfeil neben dem Listenfeld. In der aufgeklappten Liste wählen Sie einen neuen Eintrag wie in jedem anderen normalen Listenfeld aus.

Bezeichnung	Funktion
Kontrollkästchen	Mit diesem Kästchen können Sie eine Option aktivieren oder deaktivieren, d.h. einschalten oder ausschalten. Enthält das Kontrollkästchen ein Häkchen, dann ist die Option aktiviert. Ist das Kontrollkästchen leer, ist die Option deaktiviert.
Optionsfelder	Dieser Feldtyp steht für Optionen, die sich gegenseitig ausschließen. Das Optionsfeld ist ein Kreis, hinter dem die Optionsbezeichnung steht. Optionsfelder sind immer in Gruppen angeordnet, wobei Sie aber aus einer Gruppe jeweils nur eine Option auswählen können. Excel versieht das aktuell aktivierte Optionsfeld mit einem schwarzen Punkt.
Drehfelder	Dieser Feldtyp besteht aus zwei übereinander angeordneten Kästchen. Das obere Kästchen enthält einen nach oben zeigenden Pfeil (eher ein Dreieck), das untere einen nach unten zeigenden Pfeil (auch eher ein Dreieck). Durch Klicken auf die Pfeile können Sie in einer Optionsliste blättern (meist fortlaufende Zahlen). Ein Beispiel für ein Drehfeld finden Sie im Dialogfeld »Drucken« (Befehl DRUCKEN im Menü DATEI) – das Feld ANZAHL DER EXEMPLARE. Ein Drehfeld tritt meistens zusammen mit einem Textfeld auf, in das Sie den Eintrag auch manuell eingeben können.
Schaltflächen	Mit einer Schaltfläche wird eine Aktion ausgeführt. Schaltflächen sind rechteckig und haben natürlich auch einen Namen. Stehen hinter einem Schaltflächennamen drei Punkte (...), so wird Excel ein weiteres Dialogfeld mit noch mehr Optionen anzeigen, wenn Sie die Schaltfläche wählen.

Tabelle 1.5: Das alles können Sie in Dialogfeldern finden.

Sie können zwar ein Dialogfeld in Ihrem Tabellenblatt umherschieben, um darunterliegende Daten sichtbar zu machen, die Größe oder Form des Dialogfelds kann jedoch nicht verändert werden. Da stellt sich Excel stur und gibt einfach seine Größen vor.

In vielen Dialogfeldern sind bestimmte Optionen und Einträge standardmäßig eingestellt. Wenn Sie dort nichts ändern, verwendet Excel automatisch seine Vorgaben.

- ✔ Um das Dialogfeld zu schließen und die von Ihnen getroffene Auswahl zu aktivieren, wählen Sie die Schaltfläche »OK« oder »Schließen«. (In einigen Dialogfeldern gibt es kein »OK«.)
- ✔ Wenn die Schaltfläche »OK« fett umrahmt ist, und das ist meistens so, können Sie auch [Eingabe] drücken, um Ihre Auswahl zu bestätigen.
- ✔ Um das Dialogfeld zu schließen, ohne die geänderten Einstellungen auszuführen (weil Sie es sich doch anders überlegt haben), wählen Sie entweder die Schaltfläche »Abbrechen« oder »Schließen« (das »X« ganz rechts in der Titelleiste) bzw. drücken ganz einfach [Esc].

In den meisten Dialogfeldern werden verwandte Optionen in einer Gruppe zusammengefaßt, d.h., sie werden zusammen in einem mit einem Rahmen versehenen Bereich dargestellt. Wenn Sie die Einstellungen in einem Dialogfeld mit der Maus festlegen, klicken Sie auf die gewünschte Option; falls es sich um einen Texteintrag handelt, klicken Sie mit dem Mauszeiger auf den Eintrag, um die Einfügemarke zu setzen, und schreiben dann, was Sie wollen.

Wenn Sie die Tastatur bemühen, um die Einstellungen zu ändern, müssen Sie zuerst die Gruppe aktivieren, bevor Sie dort Optionen wählen können.

- ✔ Drücken Sie so oft Tab, bis eine der Optionen in der betreffenden Gruppe aktiviert ist. (Mit Umschalt+Tab aktivieren Sie die vorherige Gruppe.)
- ✔ Wenn Sie Tab bzw. Umschalt+Tab drücken, markiert Excel entweder die aktivierte Option mit einem dunklen Hintergrund oder umrahmt den Namen der Option mit einer gestrichelten Linie.
- ✔ Nachdem Sie eine Option markiert haben, können Sie deren Einstellung ändern, indem Sie entweder ↑ oder ↓ drücken (bei mehreren Optionsfeldern, Optionen in einem Listenfeld oder in einem Dropdown-Listenfeld), die Leertaste drücken (zum Aktivieren und Deaktivieren der Kontrollkästchen) oder einen neuen Eintrag eingeben (bei Textfeldern).

Sie können eine Option auch wählen, indem Sie Alt drücken und dann gleichzeitig den unterstrichenen Buchstaben des Options- oder Gruppennamens eingeben.

- ✔ Wenn Sie Alt drücken und den unterstrichenen Buchstaben eines Textfelds eingeben, wird der Eintrag in diesem Textfeld markiert, damit Sie ihn durch einen neuen Eintrag ersetzen können.
- ✔ Wenn Sie Alt drücken und den unterstrichenen Buchstaben eines Kontrollkästchens eingeben, wird die Option aktiviert bzw. deaktiviert, d. h., das Häkchen wird hinzugefügt oder entfernt.
- ✔ Wenn Sie Alt drücken und den unterstrichenen Buchstaben eines Optionsfelds eingeben, wählen Sie diese Option und deaktivieren dabei gleichzeitig das zuvor aktivierte Optionsfeld.
- ✔ Wenn Sie Alt drücken und dann den Buchstaben einer Schaltfläche eingeben, wird die entsprechende Aktion ausgeführt oder – wenn Sie Pech haben – ein weiteres Dialogfeld angezeigt.

Wenn ein Listenfeld besonders lang ist, und Sie ausgerechnet einen Eintrag suchen, der mit – sagen wir mal – »V« beginnt, dann habe ich für Sie noch einen kleinen Trick parat. Tippen Sie im Listenfeld einfach die ersten Buchstaben des »V«-Eintrags. Sobald Sie mit dem Schreiben beginnen, öffnet Excel ein Textfeld für Ihre Eingabe und springt zu der ersten Option im Listenfeld, deren Name mit den von Ihnen eingegebenen Zeichen beginnt. Ein echt guter Service.

Neben den aufwendigen Dialogfeldern, die in Abbildung 1.10 und 1.11 dargestellt sind, werden Sie auch auf ganz einfache Dialogfelder treffen, die Mitteilungen oder Warnungen enthalten. Die meisten dieser Dialogfelder verfügen lediglich über die Schaltfläche »OK«, die Sie wählen müssen, um das Dialogfeld zu schließen, nachdem Sie die Mitteilung brav gelesen haben.

Hilfe ist schon unterwegs

Wer kennt das nicht: Sie wollen unbedingt noch schnell etwas im Programm erledigen, und haben völlig vergessen, wie es funktioniert (bzw. wußten überhaupt noch nie, wie es funktioniert). Was tun? Wenden Sie sich vertrauensvoll an die Hilfefunktion von Excel, die so gründlich überarbeitet worden ist, daß man manchmal überhaupt nichts mehr findet. Das Problem mit dem traditionellen Hilfesystem ist z. B., daß man es allenfalls dann richtig einsetzen kann, wenn man sich mit der Excel-Terminologie auskennt. Wenn Sie nicht wissen, wie eine bestimmte Funktion in Excel bezeichnet wird, werden Sie diese unter den Hilfethemen auch nur schwer finden können. Versuchen Sie mal ein Wort im Wörterbuch nachzuschlagen, von dem Sie nicht wissen, wie es geschrieben wird ...! Hier wurde aber Abhilfe geschaffen – und zwar in Form eines netten Assistenten: dem Office-Assistenten. Bei dem können Sie reden, wie Ihnen der Schnabel gewachsen ist. Sie formulieren also ganz simple deutsche Sätze, die der Assistent anschließend in den schrecklichen Excel-Techno-Jargon übersetzt. Anschließend bietet er Ihnen verschiedene Themen an, von denen er glaubt, daß sie Ihnen weiterhelfen werden.

Der Office-Assistent – stets zu Ihren Diensten

Der Office-Assistent ist das personifizierte Hilfesystem, d. h., Sie können den Assistenten in ganz normalem Deutsch mit jeder nur denkbaren Frage behelligen. Wenn Sie den Office-Assistenten zum ersten Mal aufrufen, meldet sich eine Büroklammer namens Karl Klammer. Karl ist ein grafisches Objekt, das Sie auf dem Bildschirm an jede beliebige Position verschieben können.

Wenn Sie Karl Klammer aufrufen und ihm eine Frage zum Arbeiten mit Excel stellen wollen, dann müssen Sie so vorgehen:

1. **Klicken Sie auf die Schaltfläche für die Microsoft Excel-Hilfe in der Standard-Symbolleiste (die letzte Schaltfläche in der Reihe), oder drücken Sie F1.**

   Karl Klammer wird mit einer Sprechblase angezeigt, die Fragen und Antworten enthält. Lesen Sie sich den Text durch, und teilen Sie Karl mit, was Sie möchten. (Abbildung 1.12 zeigt diese Sprechblase.)

2. **Schreiben Sie Ihre Frage zu Excel in ganz normalem Deutsch, und klicken Sie dann auf die Schaltfläche »Suchen«, oder drücken Sie Eingabe.**

   Während Sie schreiben, tut Karl so, als ob er sich die Frage notiert. Nachdem Sie auf die Schaltfläche »Suchen« geklickt haben, sucht Karl nach verwandten Hilfethemen und zeigt dann das Ergebnis in einer Liste in der besagten Sprechblase an.

   Wenn Karl zu Ihrer Frage mehr verwandte Hilfethemen findet als in die Sprechblase passen, dann sehen Sie am Ende der Themenliste ein nach unten zeigendes Dreieck (Abbildung 1.13). Um also weitere Hilfethemen anzuzeigen, klicken Sie auf dieses Dreieck.

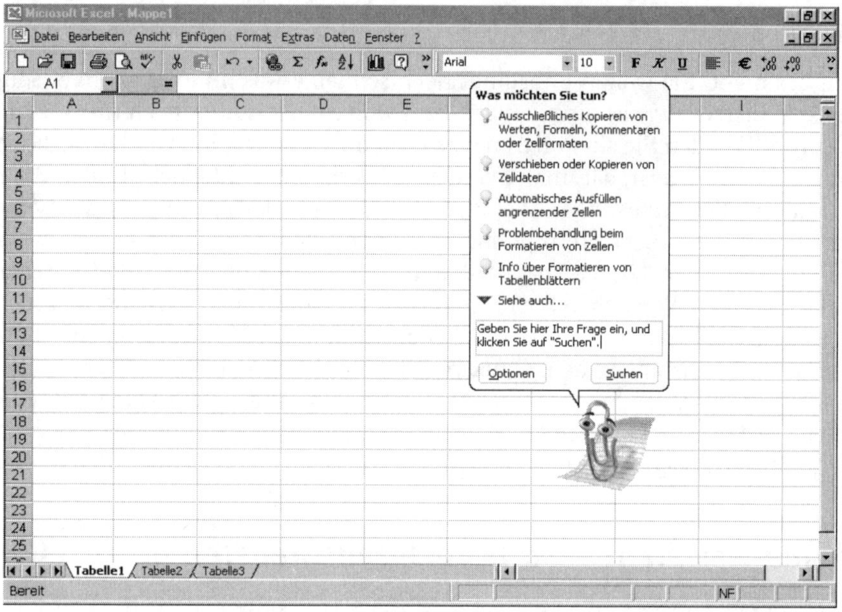

Abbildung 1.12: Machen Sie die Bekanntschaft von Karl Klammer, Ihrem persönlichen Office-Assistenten, der bemüht ist, auf alle Ihre Fragen zu Excel eine Antwort zu finden.

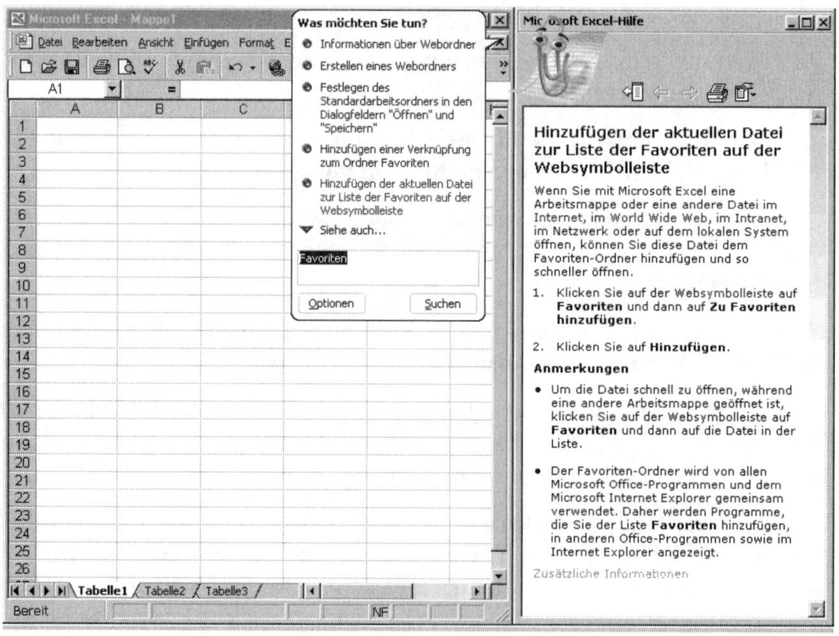

Abbildung 1.13: Karls Antwort auf die Frage nach Favoriten

3. **Klicken Sie in der Liste auf das Hilfethema, das Sie am meisten interessiert, um ein neues Fenster anzuzeigen, das das Hilfethema enthält.**

   Wenn Sie ein Hilfethema auswählen, öffnet Excel ein separates Hilfefenster auf der rechten Seite des Excel-Fensters. Um Platz für dieses neue Fenster zu schaffen, wird das Excel-Fenster zur Seite geschoben, und Karl verdrückt sich nach links, um Ihnen die Sicht auf das Hilfefenster nicht zu versperren (Abbildung 1.13).

4. **Lesen Sie das Hilfethema in Ruhe durch, oder drucken Sie es aus. Klicken Sie hierzu auf die Schaltfläche mit dem Drucker, die oben im Microsoft Excel-Hilfefenster angezeigt wird. Im angezeigten Dialogfeld »Drucken« klicken Sie auf »OK«, und der Druckvorgang wird gestartet.**

   Wenn Sie sich die Hilfe noch zu einem anderen Thema anzeigen lassen möchten, das Karl Klammer ebenfalls als Antwort auf Ihre Frage angezeigt hat, dann brauchen Sie nur auf dieses Thema in der Sprechblase zu klicken. Die Informationen zu dem neuen Hilfethema ersetzen dann im Hilfefenster auf der rechten Bildschirmseite die alten Infos.

5. **Sobald Sie fertig sind, klicken Sie auf die Schaltfläche zum Schließen, um das Hilfefenster wieder zu schließen.**

   Sobald das Hilfefenster geschlossen ist, breitet sich das Excel-Fenster wieder über den gesamten Bildschirm aus.

Was tun, wenn Karl Sie nicht versteht?

Wie reagiert der Office-Assistent, wenn Sie ihn mal was Privates fragen? Probieren Sie es aus, und fragen Sie z.B., ob Sie demnächst im Lotto gewinnen werden.

Oh, wie frustrierend! Die Antwort ist zwar höflich, aber eindeutig: »Ich verstehe Ihre Eingaben nicht. Bitte formulieren Sie Ihre Frage neu.«

In den meisten Fällen wird der Office-Assistent Sie aber mit einem Schwall von Hilfethemen überschütten, ziemlich egal, wie unsinnig oder unwichtig die gestellte Frage war. Fragen Sie ihn mal, warum es so schwer ist, mit Excel zu arbeiten ...

Wow! Zu diesem Thema hat Excel allerhand zu sagen. Alle möglichen Hilfethemen über die Eingabe von Text, die Verwendung von Excel-Daten in Mailing-Listen bis hin zum Arbeiten mit Excel 2000-Dateien in alten Excel-Versionen, aber genauso gut unmögliche Hilfethemen, wie das Kopieren von Excel-Daten in Word oder PowerPoint werden jetzt vom Office-Assistenten angeboten. Aber vielleicht ist gerade die Vielzahl der Antworten die beste Antwort auf diese Frage.

Um zu vermeiden, daß der Office-Assistent Ihnen quasi die gesamte Hilfe anbietet, sollten Sie Ihre Frage so präzise wie möglich stellen. Gut ist es auch, wenn Sie die Schlüsselwörter ganz vorne unterbringen (d. h. vergessen Sie also die deutsche Grammatik). Ganz so, wie einem der Schnabel gewachsen ist, kann man wohl doch nicht mit dem Office-Assistenten sprechen.

Manchmal werden Sie das Gefühl haben, daß die Hilfethemen, die Ihnen der Office-Assistent als Antwort auf Ihre Frage anbietet, überhaupt nichts mit Ihrem Problem zu tun haben. Irgendwann werden Sie allerdings herausfinden, daß die komischen Themen genau zu Ihrem Problem passen. Die Ursache dafür ist ganz einfach, daß Sie sich erst an den Excel-Jargon gewöhnen müssen.

So verschwindet Karl wieder in seiner Schublade

Wenn Ihr Fragenkatalog erschöpft ist, können Sie die Sprechblase schließen, ohne gleich den ganzen Office-Assistenten vom Bildschirm verschwinden zu lassen. Sie schließen die Sprechblase ganz einfach mit [Esc] oder indem Sie irgendwo auf das Klammersymbol klicken. Falls Ihnen auch Karl Klammer allmählich lästig wird, dann klicken Sie mit der rechten Maustaste auf die Klammer und wählen im Kontextmenü den Befehl AUSBLENDEN. (Wenn Sie Karl wieder brauchen, klicken Sie einfach in der Standard-Symbolleiste auf die Schaltfläche für die Microsoft Excel-Hilfe oder drücken [F1].)

Auch wenn Sie keine Fragen haben (vor allem nicht an eine Büroklammer), dann kann es trotzdem ganz nützlich sein, Karl auf dem Bildschirm zu haben, vor allem, wenn Sie sich gerade erst mit Excel anfreunden. (Abgesehen davon ist Karl Klammer ja auch ganz nett anzuschauen, zumindest in der ersten Zeit.) Karl reagiert nämlich auf so grundlegende Befehle, wie das Speichern einer Arbeitsmappe oder das Drucken einer Tabelle, indem er Ihnen durch seine Körpersprache zeigt, daß Ihr Befehl auch ausgeführt wird. Karl wickelt sein Drahtgestell um das Papier, auf dem er normalerweise sitzt, um Sie wissen zu lassen, daß die Datei gespeichert wird. Oder er zeigt Ihnen durch eine Glühbirne an, daß er einen ganz heißen Tip für Sie hat, der Ihnen das Arbeiten mit Excel erleichert. Karl kann sich also auch nützlich machen, wenn er keine Fragen beantworten muß. Besonders am Anfang, wenn Sie noch unsicher im Umgang mit Excel sind, können Sie sicherlich von ihm und seiner Körpersprache profitieren.

Für den Office-Assistenten ein anderes Gesicht auswählen

Karl Klammer ist nur eine der neun *Persönlichkeiten*, die Sie für den Office-Assistenten wählen können. Da gibt es noch:

- ✔ Hüpfer, den superflexiblen, der Sie immer an die richtige Stelle verweist.
- ✔ den Professor, dessen Geist mit Lichtgeschwindigkeit arbeitet.
- ✔ F1, den ersten Roboter der 300/M-Serie, der sich für Sie nützlich macht.
- ✔ das Office-Logo, das Sie mit sich drehenden farbigen Puzzleteilen durch Ihre täglichen Arbeiten begleitet.
- ✔ Mutter Natur, die Sie mit der Weisheit von Jahrhunderten bei der Erfüllung Ihrer Aufgaben unterstützt.

- ✔ Minki, die auf sanften Pfoten für Sie durch Office schleicht und
- ✔ Rocky, der stets zur Stelle ist, wenn Sie Hilfe mit Office brauchen.

Jeder Office-Assistent aus diesem Katalog ist eine eigenständige kleine Trickfilmpersönlichkeit mit eigenem Sound (manche lauter, manche leiser). Sie wollen endlich Ihren Lieblingsassistenten auswählen. Dann mal los:

1. **Falls der Office-Assistent noch nicht geöffnet ist, dann sollten Sie das jetzt mit einem Klick auf die Schaltfläche für den Office-Assistenten oder Drücken von F1 tun.**
2. **Klicken Sie auf die Schaltfläche »Optionen« am Ende von Karls Sprechblase, um das Dialogfeld »Office-Assistent« zu öffnen.**
3. **Klicken Sie in diesem Dialogfeld auf das Register »Katalog«.**
4. **Klicken Sie auf die Schaltfläche »Weiter«, um die Persönlichkeit anzuzeigen, die Sie zu Ihrem Office-Assistenten machen wollen.**
5. **Klicken Sie auf die Schaltfläche »OK«, um das Dialogfeld »Office-Assistent« zu schließen und Karl Klammer als Office-Assistenten abzulösen.**

Falls Ihnen das immer gleiche statische Aussehen Ihres Assistenten mal zu langweilig wird, dann lassen Sie ihn (bzw. sie, falls Sie sich eine Assistentin gewählt haben) tanzen, indem Sie im Kontextmenü des Office-Assistenten (das sich mit der rechten Maustaste öffnen läßt) den Befehl ANIMIEREN! wählen.

Da geht Ihnen ein Licht auf

Während Sie in aller Unschuld und aller Ruhe Ihre Tabellenblätter aufbauen und bearbeiten, werden Sie heimlich im Hintergrund beobachtet: »Big Office-Assistent is watching you!«. Dieser Heimlichtuer analysiert alle Ihre Schritte. Und – ein Besserwisser ist er auch noch! Sobald er ein effektiveres Verfahren für Ihre Arbeitsweise zu kennen glaubt, möchte er Ihnen das auch mitteilen. Im Fenster des Office-Assistenten erscheint nicht nur der Assistent höchstpersönlich, sondern auch eine Glühbirne!

Wenn Sie an seinen Tips interessiert sind, dann klicken Sie einfach in der Sprechblase auf das mit einer Glühbirne markierte Thema. Wenn Sie genug von den Tips haben, klicken Sie einfach auf die Schaltfläche zum Schließen.

Wie wär's mit direkter Hilfe?

An die Direkthilfe kommen Sie, indem Sie im Hilfemenü (das mit dem ?) den Befehl DIREKTHILFE oder schlicht und einfach Umschalt+F1 drücken. In beiden Fällen wächst dem Mauszeiger ein Fragezeichen. Mit diesem Mauszeigerderivat klicken Sie dann auf einen Befehl oder ein Bildschirmelement, über den bzw. das Sie schon immer mehr wissen wollten. Sie wissen beispielsweise nicht, wie man die Schaltfläche für AutoSumme in der Standard-

Symbolleiste einsetzt, um eine Zahlenreihe zu addieren. Sie aktivieren also die Direkthilfe und klicken dann mit dem Fragezeichenzeiger auf die Schaltfläche für AutoSumme (das mit dem Â). Das Programm öffnet daraufhin ein kleines Fenster mit einer Kurzbeschreibung dieser Schaltfläche.

Sie können mit der Direkthilfe auch Informationen zu den Befehlen der Menüs in der Menüleiste nachschlagen. Angenommen, Sie möchten gerne wissen, wie der Befehl GANZER BILDSCHIRM im Menü ANSICHT funktioniert: Sie rufen also die Direkthilfe auf und klicken dann mit dem Fragezeichenzeiger auf das Menü ANSICHT. Wenn das Menü geöffnet ist, klicken Sie auf den Befehl GANZER BILDSCHIRM. Excel zeigt sofort, was es zu diesem Thema zu sagen hat.

Und noch mehr Hilfe!

Neben dem hilfreichen Office-Assistenten und der Direkthilfe, haben Sie noch eine weitere Möglichkeit, sich schlau zu machen. Sie können nämlich auch die *Hilfethemen* im Microsoft Excel-Hilfefenster zu Rate ziehen. Und das geht so:

1. **Wenn der Office-Assistent nicht angezeigt wird, blenden Sie ihn ein, indem Sie auf die Schaltfläche für Microsoft Excel-Hilfe klicken oder `F1` drücken.**
2. **Klicken Sie auf eines der Hilfethemen in der Sprechblase des Assistenten, um das Microsoft-Hilfefenster zu öffnen. (Es spielt keine Rolle, auf welches Thema Sie klikken.) Wenn der Assistent gerade keine Hilfethemen anzeigt, dann geben Sie eine einfache Hilfefrage ein, die der Assistent beantworten soll, und drücken Sie dann `Eingabe`.**
3. **Klicken Sie im oberen Teil des Microsoft Hilfefensters auf die Schaltfläche für Einblenden, um das Fenster nach links zu erweitern, damit auch die Register INHALT, ANTWORT-ASSISTENT und INDEX angezeigt werden.**

Klicken Sie auf das Register INHALT, wenn Sie Informationen zu grundlegenden Techniken wie das Erstellen, Drucken oder Speichern von Arbeitsblättern suchen. Arbeiten Sie mit dem Register ANTWORT-ASSISTENT, wenn Sie eine Frage eingeben wollen, wie Sie es bereits vom Office-Assistenten gewöhnt sind. Wählen Sie das Register INDEX, um Informationen zu einem bestimmten Thema oder Begriff anzuzeigen.

Wenn Sie im Register INHALT ein Thema auswählen möchten, klicken Sie zunächst auf das Thema, um es zu markieren und dann auf die Seite, die im Hilfefenster auf der rechten Seite angezeigt werden soll. Im Register INDEX geben Sie einfach die ersten Buchstaben eines Begriffs oder Themas, zu dem Sie Hilfe suchen, in das Textfeld SCHLÜSSELWÖRTER EINGEBEN ein, oder Sie klicken auf das entsprechende Thema im Listenfeld ODER SCHLÜSSELWÖRTER AUSWÄHLEN. Nun müssen Sie nur noch im Listenfeld THEMA AUSWÄHLEN auf das Thema doppelklicken, das Sie interessiert, und schon wird die Hilfeinformation auf der rechten Seite in einem Fenster angezeigt.

Wenn Sie in der Excel-Hilfe schmökern, wird Ihnen auffallen, daß bestimmte Begriffe unterstrichen (und bei Farbmonitoren zusätzlich noch in Blau) dargestellt werden. Ein Begriff, der mit einer durchgehenden Linie unterstrichen ist, wird als *Hyperlink* bezeichnet. Wenn Sie darauf klicken, springt Excel eiligst zum entsprechenden Hilfethema.

Wenn Sie auf ein Hilfethema stoßen, das Sie gerne ausdrucken möchten, klicken Sie auf die Schaltfläche für Drucken im oberen Teil des Microsoft Excel-Hilfefensters.

Schluß, aus und vorbei

Wenn Sie den Feierabend einläuten und Excel beenden wollen, haben Sie hierzu mehrere Möglichkeiten.

- ✔ Klicken Sie auf die Schaltfläche zum Schließen im Excel-Fenster.
- ✔ Wählen Sie den Befehl Beenden im Menü Datei.
- ✔ Doppelklicken Sie auf das Systemmenüfeld im Excel-Fenster (das XL ganz links in der Titelleiste).
- ✔ Drücken Sie Alt+F4.

Wenn Sie Excel beenden wollen, aber die letzten Änderungen in einem Dokument noch nicht gespeichert haben, wird Excel Sie anpiepsen und ein Dialogfeld öffnen, in dem abgefragt wird, ob Sie die Änderungen speichern möchten. Falls Sie den Office-Assistenten geöffnet haben, wird sich dieser fürchterlich anstellen, daß Sie ohne zu speichern, das Feld räumen wollen, und Sie in einer Sprechblase fragen, ob Sie die Änderungen speichern möchten. Wählen Sie »Ja«, wenn Sie die Änderungen speichern wollen (mehr dazu in Kapitel 2). Wenn Sie sich nur ein bißchen die Zeit vertrieben haben und die Änderungen mit Sicherheit nicht speichern wollen, wählen Sie »Nein«.

Ihr Office-Assistent Karl wird der letzte sein, der geht, wenn Sie Excel 2000 beenden. Nachdem das Excel-Fenster geschlossen ist, verwandelt sich Herr Klammer in ein Fahrrad (wobei seine Augen zu lustig zwinkernden Rädern werden) und radelt über sein Blatt Papier hinweg und verschwindet dann vom Bildschirm.

Die erste Arbeitsmappe

2

In diesem Kapitel erfahren Sie, wie Sie ...

- eine neue Arbeitsmappe anlegen.
- die drei verschiedenen Datentypen in eine Arbeitsmappe eingeben.
- Excel dazu bringen, das Dezimalkomma für Sie zu setzen.
- einfache Formeln erstellen.
- Eingabefehler korrigieren.
- mit der AutoKorrektur arbeiten.
- sich mit der AutoEingabe anfreunden.
- die Funktion AutoAusfüllen verwenden, um eine Datenreihe zu erweitern.
- die Dateneingabe auf einen bestimmten Zellbereich beschränken können.
- in einem Arbeitsgang denselben Eintrag in ganz viele Zellen eingeben.
- die im Programm integrierten Funktionen mit dem Funktions-Assistenten eingeben.
- sich einer Formel mit der Schaltfläche für Formeln bearbeiten nähern.
- mit der Schaltfläche für AutoSumme herumaddieren.
- eine Arbeitsmappe speichern.

Jetzt, da Sie wissen, wie Sie Excel 2000 aufrufen, ist es höchste Zeit, daß Sie auch lernen, damit umzugehen. In diesem Kapitel erfahren Sie, wie Sie die unterschiedlichsten Daten in diese kleinen weißen Zellen des Tabellenblatts bringen, von denen ich im ersten Kapitel berichtet habe. Dieses Kapitel befaßt sich mit den Excel-Funktionen AutoKorrektur und AutoEingabe, und ich zeige Ihnen, wie Sie damit Fehlerquellen ausschalten und Ihre Arbeit beschleunigen können. Natürlich erzähle ich Ihnen auch einiges über andere schlaue Wege, um sich die Dateneingabe zu erleichtern, z. B. mit der Funktion AutoAusfüllen, mit der Sie denselben Eintrag in ganz viele Zellen auf einmal eingeben.

Wenn Sie dann wissen, wie Sie ein Tabellenblatt mit den erforderlichen Daten und Formeln füllen, sollen Sie auch noch das Wichtigste von allem erfahren, nämlich das Speichern der Daten auf einem Datenträger, damit Sie nicht alles noch einmal eingeben müssen.

Die Arbeit beginnt

Wenn Sie Excel aufrufen, ohne dabei ein bestimmtes Dokument zu öffnen (falls Sie nicht mehr wissen, wie das geht, blättern Sie zurück ins Kapitel 1), wird eine leere Arbeitsmappe in einem neuen Dokumentfenster am Bildschirm angezeigt, die zunächst als MAPPE1 bezeichnet wird. Diese Arbeitsmappe enthält drei leere Tabellenblätter (TABELLE1, TABELLE2 und TABELLE3). Ihre Arbeit beginnt also mit der Eingabe der ersten Daten in die erste Tabelle der Arbeitsmappe MAPPE1.

Das Wichtigste zur Dateneingabe

Hier ein paar Richtlinien, die Sie beachten sollten, wenn Sie das erste Tabellenblatt in TABELLE1 Ihrer neuen Arbeitsmappe anlegen:

- ✔ Wann immer es möglich ist, sollten Sie Ihre Daten in Tabellenform anordnen. Das heißt, die Spalten und Zeilen sollten neben- bzw. untereinander liegen. Beginnen Sie mit der Dateneingabe in der oberen linken Tabellenblattecke, und arbeiten Sie sich lieber senkrecht anstatt waagerecht vor. Lassen Sie zwischen den einzelnen Datenbereichen (z. B. einer Liste von Zahlen, die addiert werden sollen) einen Abstand von höchstens einer Spalte oder Zeile.
- ✔ Wenn Sie Tabellen erstellen, sollten Sie keine Spalten oder Zeilen überspringen, nur um mehr Platz zwischen den einzelnen Einträgen zu schaffen. In Kapitel 3 lernen Sie, wie Sie die Spaltenbreite, die Zeilenhöhe und die Ausrichtung ändern, um ausreichend Leerraum zwischen den Daten in benachbarten Spalten und Zeilen zu schaffen.
- ✔ Reservieren Sie eine Spalte auf der linken Seite der Tabelle für die Zeilenüberschriften der Tabelle.
- ✔ Reservieren Sie eine Zeile oben in der Tabelle für die Spaltenüberschriften der Tabelle.
- ✔ Wenn Ihre Tabelle eine Überschrift erhalten soll, schreiben Sie diese in die Zeile über den Spaltenüberschriften und zwar in dieselbe Spalte wie die Zeilenüberschriften. Wie Sie den Titel über den Spalten der gesamten Tabelle zentrieren, erzähle ich Ihnen ebenfalls in Kapitel 3.

Sie fragen sich vielleicht, warum ich im ersten Kapitel so viel Aufhebens um die Größe des Excel-Tabellenblatts gemacht habe, wenn ich jetzt ständig betone, daß die Daten im Tabellenblatt möglichst eng zusammengehalten werden sollen. Wozu bietet die Excel-Arbeitsmappe soviel Platz, wenn nicht dazu, diesen Platz auch ausgiebig zu nutzen!

Sie haben natürlich recht, wenn da nicht diese kleine unangenehme Sache wäre, die es zu bedenken gilt: Wer im Tabellenblatt mit dem Platz ökonomisch umgeht, der spart auch Speicherplatz! Wenn die Tabelle immer weiter wächst und sich in neue Bereiche ausdehnt, wird Excel auch Speicherplatz für mögliche Zelleinträge bereithalten, für den Fall, daß Sie beschließen, die freigelassenen Zellen doch noch zu füllen. Wenn Sie also Spalten oder Zeilen überspringen, ohne daß dies erforderlich ist, verbrauchen Sie damit Speicherplatz, der andererseits für das Speichern anderer Daten im Tabellenblatt genutzt werden könnte.

Vergißmeinnicht

Die endgültige Größe eines Tabellenblatts wird also durch den verfügbaren Speicherplatz Ihres Computers bestimmt und nicht durch die Anzahl der Zellen in einem leeren Tabellenblatt. Wenn Sie nicht mehr genug Speicherplatz haben, ist definitiv Schluß, egal wie viele Spalten und Zeilen noch nicht beschrieben sind.

Das ABC der Dateneingabe

Lassen Sie uns mit der Grundregel für die Dateneingabe in das Tabellenblatt beginnen. Und jetzt alle zusammen:

Um Daten in ein Tabellenblatt einzugeben, setze ich den Zellcursor in die Zelle, in der der Eintrag erfolgen soll, und beginne zu schreiben.

Denken Sie jedoch daran, daß Sie, bevor Sie den Zellcursor zur Dateneingabe in eine Zelle setzen, Excel für Sie bereit sein muß (d.h., in der Statusleiste muß das Wörtchen »Bereit« angezeigt werden). Sobald Sie mit der Eingabe beginnen, ändert Excel die Modusanzeige in »Eingeben«. (Wenn Sie's nicht glauben wollen, dann sehen Sie doch in die Statusleiste!)

Sollten Excel sich nicht im Bereit-Modus befinden, so versuchen Sie mal, [Esc] zu drücken.

Sobald Sie das erste Zeichen im Eingabe-Modus tippen, wird es sowohl in der markierten Zelle im Tabellenblatt als auch in der Bearbeitungsleiste oberhalb des Tabellenblatts angezeigt. Damit aber nicht genug. Die Bearbeitungsleiste hat sich grundlegend geändert. Vor den gerade eingegebenen Zeichen stehen jetzt zwei neue Felder. Die Schaltflächen für Eingeben und Abbrechen werden jetzt zwischen dem Namenfeld und der Schaltfläche für Formeln bearbeiten angezeigt.

Wenn Sie weiterschreiben, wird die Eingabe sowohl in der Bearbeitungsleiste als auch in der aktiven Tabellenblattzelle angezeigt (Abbildung 2.1). Die Einfügemarke (der blinkende senkrechte Strich) steht jedoch nur am Ende der in der Zelle angezeigten Zeichen.

Wenn Sie alle Daten eingetragen haben, müssen Sie diese noch in die aktive Zelle übertragen. Excel schaltet dann automatisch vom Eingabe- in den Bereit-Modus um, damit Sie den Zellcursor zu einer anderen Zelle bewegen und auch dort Daten eingeben oder bearbeiten können.

Um nun genau dies zu tun (nämlich den Zelleintrag abzuschließen und gleichzeitig Excel vom Eingabemodus in den Bereit-Modus zu schalten), klicken Sie in der Bearbeitungsleiste auf die Schaltfläche für Eingeben (die Schaltfläche mit dem Häkchen) oder drücken [Eingabe] bzw. eine der Pfeiltasten.

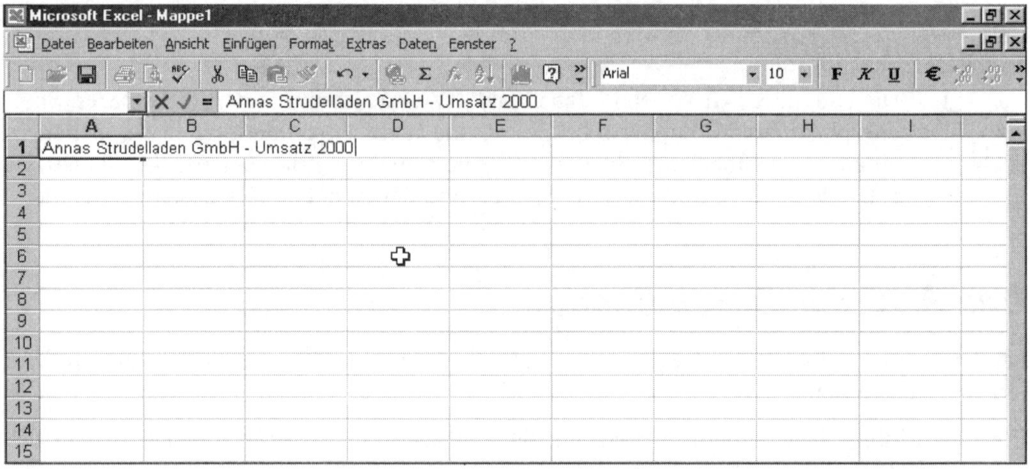

Abbildung 2.1: Ihre Dateneingabe wird sowohl in der Zelle als auch in der Bearbeitungsleiste angezeigt.

Denken Sie jedoch immer daran: Auch wenn jede dieser drei Möglichkeiten Ihre Daten in die Zelle überträgt, so sind doch die Folgen jeweils ein bißchen anders.

✔ Wenn Sie auf die Schaltfläche für Eingeben in der Bearbeitungsleiste klicken, wird der Zellcursor nach der Datenübergabe in die Zelle nicht bewegt.

✔ Wenn Sie [Eingabe] drücken, wird die Eingabe abgeschlossen, und Excel markiert die nächste Zelle in der darunterliegenden Zeile.

✔ Wenn Sie eine der Pfeiltasten drücken, wird die Eingabe übertragen und der Zellcursor springt zur nächsten Zelle in Richtung des Pfeils. Wenn Sie also [↓] drücken, bewegt sich der Zellcursor in die nächste Zelle der darunterliegenden Zeile, so als ob Sie die [Eingabe]-Taste gedrückt haben. Drücken Sie jedoch [→], bewegt sich der Zellcursor nach rechts in die nächste Spalte. Bei [←] wird der Zellcursor in die nächste Zelle der auf der linken Seite liegenden Spalte gesetzt. Der Zellcursor bewegt sich in die Zelle in der darüberliegende Zeile, wenn Sie – na? – [↑] drücken.

Sobald Sie die Dateneingabe in der aktiven Zelle abgeschlossen haben, deaktiviert Excel die Bearbeitungsleiste und blendet die Schaltflächen für Eingeben und Abbrechen aus. Die eingegebenen Daten werden weiterhin in der Tabellenblattzelle angezeigt (von einigen Ausnahmen abgesehen, auf die ich aber erst später eingehe). Jedesmal, wenn Sie den Zellcursor auf diese Zelle setzen, wird der Zelleintrag wieder in der Bearbeitungsleiste angezeigt.

Wenn Sie merken, daß Sie Ihre Daten gerade in eine falsche Zelle eingeben, können Sie, bevor Sie den Eintrag abschließen, alles wieder rückgängig machen, indem Sie auf die Schaltfläche für Abbrechen (das mit dem »X«) klicken oder [Esc] drücken. Sollten Sie Ihren Fehler jedoch zu spät bemerken, und der Eintrag ist bereits in der falschen Zelle festgeschrieben, dann können Sie den Eintrag entweder in die richtige Zelle verschieben (davon mehr in Kapitel 4) oder den Eintrag löschen (auch hierzu in Kapitel 4 nachschauen) und dann die Daten in die richtige Zelle eingeben.

Wie man der Eingabe-Taste sagt, wo der Zellcursor hin soll

Excel bewegt den Zellcursor automatisch zur nächsten Zelle in der darunterliegenden Zeile, wenn Sie [Eingabe] drücken, um die Eingabe abzuschließen. Wenn es Ihnen jedoch lieber ist, daß der Zellcursor auf der Zelle stehen bleibt, in die Sie gerade Daten eingegeben haben, oder wenn er in die nächste Zelle in der danebenliegenden Spalte springen soll, dann wählen Sie den Befehl OPTIONEN im Menü EXTRAS, um das Dialogfeld »Optionen« zu öffnen. Klicken Sie hier auf das Register BEARBEITEN.

Wenn sich der Zellcursor nach der Dateneingabe nicht mehr von der Stelle rühren soll, dann deaktivieren Sie im Gruppenfeld EINSTELLUNGEN das Kontrollkästchen MARKIERUNG NACH DEM DRÜCKEN DER EINGABETASTE VERSCHIEBEN, d. h., Sie klicken einfach auf das Kästchen, um das Häkchen zu entfernen. Soll der Zellcursor in eine andere Richtung als die vorgegebene springen, dann wählen Sie im Dropdown-Listenfeld RICHTUNG (direkt unter dem Kontrollkästchen MARKIERUNG NACH DEM DRÜKKEN DER EINGABETASTE VERSCHIEBEN) die gewünschte Richtung (RECHTS, OBEN oder LINKS). Wählen Sie anschließend »OK«, oder drücken Sie [Eingabe].

Welche Daten sind denn Ihr Typ?

Von Ihnen vollkommen unbemerkt, prüft Excel bei jeder Eingabe in das Tabellenblatt, um welchen der drei möglichen Datentypen es sich gerade handelt: *Text, Zahl* oder *Formel*.

Wird die Dateneingabe als Formel erkannt, berechnet das Programm die Formel und zeigt das Ergebnis in der Tabellenblattzelle an. (Die Formel selbst wird weiterhin in der Bearbeitungsleiste angezeigt.) Wenn es sich bei der Eingabe nicht um eine Formel handelt (was eine richtige Formel ausmacht, erfahren Sie gleich), entscheidet das Programm, ob es die Eingabe als Text oder Zahl klassifizieren soll.

Excel muß diese Unterscheidungen treffen, da Text in Zellen anders ausgerichtet wird als Zahlen (Text wird linksbündig, Zahlen werden rechtsbündig ausgerichtet). Die meisten Formeln funktionieren nur dann fehlerfrei, wenn Zahlen eingegeben werden. Wenn Sie Text in eine Zelle schreiben, in der eine Zahl stehen müßte, können Sie Formeln ganz schön aus dem Konzept bringen.

Text (weder Fisch noch Fleisch)

Text ist für Excel jede Dateneingabe, die nicht als Formel oder Zahl erkannt wird. Die meisten Texteingaben bestehen aus einer Kombination von Buchstaben und Satzzeichen oder Buchstaben und Zahlen, die für die Titel und Überschriften des Tabellenblatts verwendet werden.

Wenn Excel eine Eingabe als Texteintrag erkennt, wird der Text in der Zelle automatisch linksbündig ausgerichtet. Wenn die Texteingabe länger als die Zelle ist, wird der Text in der rechts angrenzenden Zelle weitergeschrieben, vorausgesetzt, daß diese Zelle leer ist (Abbildung 2.2).

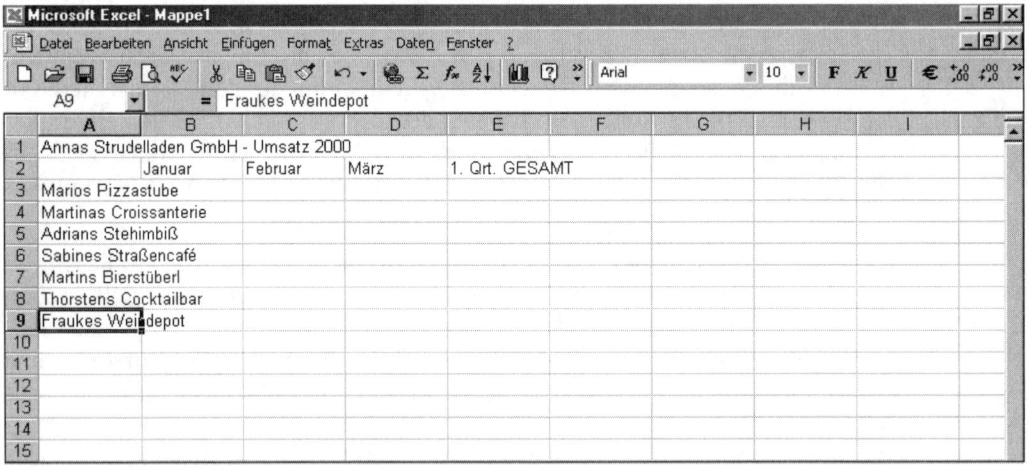

Abbildung 2.2: Lange Texteingaben fließen in die angrenzenden leeren Zellen über.

Wenn Sie zu einem späteren Zeitpunkt in diese benachbarte Zelle Daten eingeben, schneidet Excel den Textteil, der in der linken Zelle keinen Platz mehr hatte und sich deshalb in der Nachbarzelle breitgemacht hat, einfach ab (Abbildung 2.3). Aber keine Sorge: Excel läßt diesen Teil des Zelleintrags nicht einfach verschwinden, sondern verkürzt nur die Anzeige, um der neuen Eingabe Platz zu machen. Wenn Sie in diesem Zusammenhang unter »Trennungsängsten« leiden sollten, verbreitern Sie einfach die Spalte der Zelle mit dem überlangen Eintrag. Wie das geht, erfahren Sie in Kapitel 3.

Jede Menge Zahlen

Zahlen sind der Grundstock für die meisten Formeln, die Sie mit Excel erstellen. Excel unterscheidet dabei zwei Arten von Zahlen: Mengenangaben (z.B. 10 Unternehmen oder 100 DM) und Datums- (z.B. 30. Juli 1999) bzw. Zeitangaben (z.B. 13:10 Uhr).

Wenn Excel einen Zelleintrag als Zahl interpretiert, wird dieser in der Zelle automatisch rechtsbündig ausgerichtet. Wenn die eingegebene Zahl länger als die Spaltenbreite ist, stellt Excel den Wert automatisch im sogenannten *wissenschaftlichen Darstellungsformat* dar.

(6E+8 bedeutet z. B., daß hinter der 6 noch 8 Nullen kommen, also 600 Millionen.) Wenn ein derart merkwürdig dargestellter Wert wieder als ganz normale Zahl angezeigt werden soll, verbreitern Sie einfach nur die entsprechende Spalte. (In Kapitel 3 steht, wie das geht.)

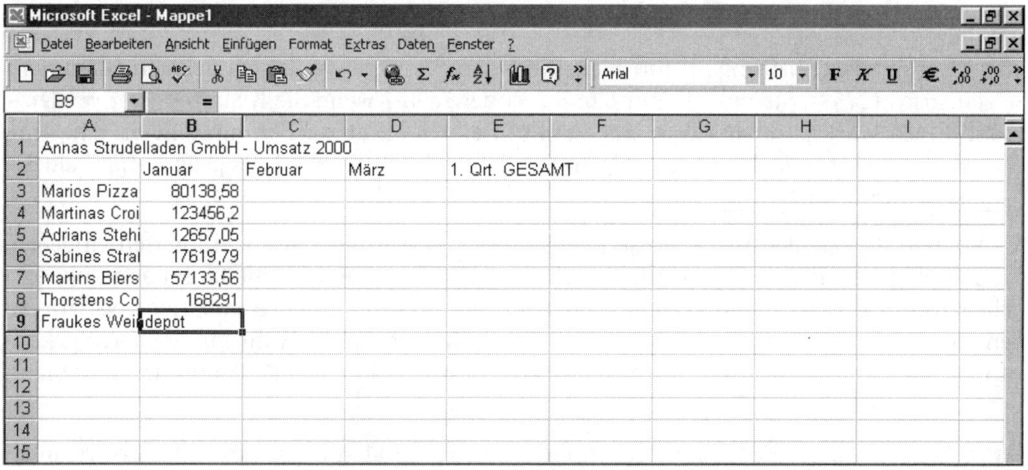

Abbildung 2.3: Hat sich ein langer Zelleintrag auch in der Nachbarzelle breitgemacht, wird er rigoros abgeschnitten, sobald Sie dort etwas eingeben.

Für Excel ist Text stets eine Null

Wenn Sie das nicht glauben wollen, dann prüfen Sie es doch einfach nach. Immer wenn Sie Text in eine Zelle eingeben, wird in der Statusleiste im Feld AutoBerechnung als Wert 0 angezeigt. Geben Sie doch einfach in eine Zelle die Zahl 10 und in die Zeile darunter einen vollkommen unsinnigen Text, z. B. *Excel ist wie Kaffee und Kuchen*, ein. Wenn Sie jetzt diese beiden Zellen markieren und dann einen Blick auf das Feld für AutoBerechnung werfen, dann werden Sie sehen, daß dort »SUMME = 10« steht, womit bewiesen wäre, daß für Excel Text absolut Luft ist.

Eine Zahl, bitte!

Beim Aufbau eines neuen Tabellenblatts werden Sie viel Zeit damit verbringen, Zahlen einzugeben, die darstellen sollen, wieviel Geld Sie aus dem Budget entnommen oder noch nicht verbraucht haben (z. B. wie hoch der Brotzeitanteil am Abteilungsbudget ist). Jetzt sagen Sie bloß nicht, Ihre Brotzeit müssen Sie aus Ihrer eigenen Tasche bezahlen ...?

Um eine Zahl einzugeben, die einen positiven Wert darstellt, z. B. Ihre Einnahmen im letzten Jahr, dann markieren Sie hierzu eine Zelle, schreiben die Zahlen – z. B. »459600« – und übergeben den Eintrag in die Zelle mit einem Klick auf die Schaltfläche für Eingeben, einem Druck auf `Eingabe` etc. Soll eine Zahl eingegeben werden, die einer Ausgabe entspricht, z. B. wieviel Geld die Abteilung im letzten Jahr für Brotzeit aufgewendet hat, dann setzen Sie vor den Eintrag ein Minuszeichen oder einen Bindestrich, z. B.: »-175« (das ist doch nicht zuviel für Brotzeit, wenn man gerade 459.600,- DM eingenommen hat, oder?), und schließen den Eintrag ab.

Wenn Sie mit Buchhaltung zu tun haben, können Sie negative Zahlen auch in Klammern setzen, also »(175)«. Sie müssen nur damit rechnen, daß – wenn Sie Klammern verwenden – Excel diesen Wert automatisch in eine Zahl mit einem Minuszeichen umwandelt, d.h., Ihre Ausgabe »(175)« für die Brotzeit wird von Excel eigenmächtig in »-175« geändert, sobald Sie `Eingabe` drücken.

Sie können Ihre Zahlen mit Währungszeichen (z. B. DM) und Tausenderpunkten eingeben. Sie sollten dabei allerdings folgendes beachten: Wenn Sie eine Zahl mit Tausenderpunkt eingeben, weist Excel dem Eintrag ein Zahlenformat zu, das Ihrer Eingabe entspricht. Näheres zu den Zahlenformaten finden Sie in Kapitel 3. Dies gilt auch für die Währungsangabe. Sie können für die Zahl ein Währungsformat wählen, bei dem die DM-Angabe und der Tausenderpunkt automatisch eingefügt werden.

Wenn Sie eine Zahl mit Dezimalstellen eingeben, verwenden Sie das Komma als Dezimaltrennzeichen. Wenn Sie Dezimalzahlen eingeben, fügt das Programm automatisch eine Null vor dem Dezimalkomma ein – Sie schreiben »,34« und der Zelleintrag lautet »0,34«. Außerdem streicht Excel eigenmächtig Nullen am Ende der Zahl: Sie schreiben »12,50«, und der Zelleintrag lautet »12,5«.

Sie können einen Wert anstatt als Dezimalzahl auch als Bruch eingeben. Sie geben z. B. »2 3/16« (mit einem Leerzeichen zwischen 2 und 3) anstatt »2,1875« ein. Wenn Sie eine Dezimalzahl als Bruch eingeben, wird in der Bearbeitungsleiste die entsprechende Dezimalzahl angezeigt, obwohl in der Zelle der Bruch angezeigt wird. In Kapitel 3 erfahren Sie, wie einfach es ist, die Anzeige 2 3/16 in der Zelle so zu formatieren, daß sie der Anzeige 2,1875 in der Bearbeitungsleiste entspricht.

Wenn Sie einfache Brüche wie 2/3 oder 5/8 eingeben, müssen Sie den Brüchen eine Null voranstellen, d. h., Sie geben »0 2/3« oder »0 5/8« ein, wobei Sie das Leerzeichen zwischen der Null und dem Bruch nicht vergessen dürfen. Sonst bringen Sie Excel ziemlich durcheinander! Seien Sie aber vorsichtig bei der Eingabe von 1/2, 1/4 oder 3/4, da die AutoKorrektur Ihnen das automatisch in ½, ¼ und ¾ umwandelt. Und dann versteht Excel nur noch Bahnhof! (Was es mit der AutoKorrektur auf sich hat, erfahren Sie weiter unten im Abschnitt »Einmal AutoKorrektur, bitte«.)

Wenn Sie eine Prozentzahl in eine Zelle eingeben möchten, so können Sie das auf zweierlei Arten tun:

✔ Sie können entweder die Zahl durch 100 teilen und die entsprechende Dezimalzahl eingeben (das Dezimalkomma um zwei Stellen nach links verschieben, so wie Sie's in der Schule gelernt haben). Also: »,12« anstatt 12%. (Das funktioniert natürlich nur, wenn der Zelle ein Prozentformat zugewiesen ist. Dazu mehr in Kapitel 3.)

✔ Sie können die Zahl gleich mit einem Prozentzeichen eingeben (z. B. 12%). Excel weist der Zahl dann automatisch ein Prozentformat zu. Welch ein Service!

Können Sie meinen Dezimalstellen Ordnung beibringen?

Wenn Sie eine ganze Kolonne Zahlen eingeben müssen, die alle dieselbe Anzahl an Dezimalstellen enthalten sollen, können Sie sich der Option FESTE DEZIMALSTELLE SETZEN bedienen und das Programm die Dezimalstellen für Sie eingeben lassen. Dies ist besonders hilfreich, wenn Sie Zahlen eingeben müssen, die alle zwei Dezimalstellen für die Pfennigbeträge verwenden.

Um die Anzahl der Dezimalstellen für einen Zahleneintrag festzulegen, gehen Sie folgendermaßen vor:

1. **Wählen Sie den Befehl OPTIONEN im Menü EXTRAS.**

   Das Dialogfeld »Optionen« wird geöffnet.

2. **Wählen Sie das Register BEARBEITEN.**

3. **Klicken Sie im Gruppenfeld EINSTELLUNGEN auf das Kontrollkästchen FESTE DEZIMALSTELLE SETZEN.**

   In der Standardeinstellung zeigt Excel zwei Dezimalstellen hinter dem Komma an.

4. **Um die Standardeinstellung zu ändern, schreiben Sie eine neue Zahl in das Textfeld STELLENANZAHL.**

   Schreiben Sie beispielsweise 3 in das Textfeld STELLENANZAHL, um Zahlen mit drei Nachkommastellen einzugeben.

5. **Wählen Sie »OK«, oder drücken Sie [Eingabe].**

   In der Statusleiste wird jetzt »FIX« angezeigt, um Sie wissen zu lassen, daß die Dezimalstellenfunktion aktiviert ist.

Excel fügt nun in Eigeninitiative bei jeder Zahleneingabe für Sie das Komma ein. Sie müssen nur noch die Zahlen eingeben und [Eingabe] drücken. Beispiel: Um die Zahl 100,99 in eine Zelle einzugeben, nachdem Sie die Dezimalstelle auf zwei Nachkommastellen festgelegt haben, schreiben Sie »10099«. Sobald Sie auf die Schaltfläche für Eingeben klicken, [Eingabe] oder eine Pfeiltaste drücken, um den Zelleintrag abzuschließen, fügt Excel den Wert »100,99« in die Zelle ein.

Wenn Sie wieder zur normalen Zahleneingabe (bei der Sie das eventuelle Dezimalkomma selbst eingeben) zurückkehren wollen, öffnen Sie erneut das Dialogfeld »Optionen«, deaktivieren das Kontrollkästchen FESTE DEZIMALSTELLE SETZEN und wählen dann »OK« bzw. drücken [Eingabe]. Die Anzeige FIX verschwindet aus der Statusleiste.

Dezimalstelle hin, Dezimalstelle her!

Denken Sie daran, daß Excel bei allen Zahleneingaben Dezimalkommas einfügt, solange die Dezimalstellenfunktion aktiviert ist. Wenn Sie eine Zahl ohne Dezimalkomma oder mit mehr bzw. weniger Dezimalstellen eingeben möchten, müssen Sie das Dezimalkomma selbst eingeben. Beispiel: Um die Zahl 1099 anstatt 10,99 einzugeben, wenn das Dezimalkomma bei zwei Nachkommastellen festgelegt ist, schreiben Sie »1099,« in die Zelle. (Komma am Schluß nicht vergessen!)

Und vergessen Sie bloß nicht, die Dezimalstellenfunktion wieder zu deaktivieren, bevor Sie mit einem neuen Tabellenblatt beginnen oder Excel beenden. Ansonsten wird Ihnen jedesmal, wenn Sie einen Wert, z.B. 20, eingeben, 0,2 in der Zelle angezeigt werden, und Sie werden sich wundern, was das Programm für eine neue Macke hat ...

Eingabe wie mit dem Taschenrechner

Um mit der Dezimalstellenfunktion noch effektiver arbeiten zu können, markieren Sie den Zellbereich, in dem die Zahlen eingegeben werden sollen (siehe auch »Das große Zellcursorspringen« weiter unten in diesem Kapitel), drücken die Num-Taste und geben dann die Zahlen auf der Zehnertastatur ein.

Auf diese Weise können Sie die Zahlen wie auf einem Taschenrechner eingeben und müssen nur noch Eingabe auf der Zehnertastatur drücken, damit Excel die Dezimalstelle an die richtige Stelle setzt und den Zellcursor in die nächste Zelle der darunterliegenden Zeile verschiebt. Und noch was: Sobald Sie den letzten Zahlenwert in einer Spalte eingegeben und Eingabe gedrückt haben, setzt Excel den Zellcursor automatisch auf die erste Zelle der nächsten Spalte des markierten Zellbereichs.

In den Abbildungen 2.4 und 2.5 sehen Sie, wie das Ganze funktioniert. In Abbildung 2.4 ist die Dezimalstellenfunktion aktiviert, die standardmäßig zwei feste Dezimalstellen anzeigt. Der Zellbereich von Zelle B3 bis D9 ist markiert. Sechs Einträge sind bereits erfolgt. Die siebte Zahl (30834,63) wird gerade in Zelle B9 eingegeben. Um diese Zahl bei aktivierter Dezimalstellenfunktion einzugeben, brauchen Sie nur auf der Zehnertastatur »3083463« einzugeben.

Abbildung 2.5 zeigt bereits das Resultat dieser Eingabe (nachdem Sie Eingabe auf der Tastatur oder der Zehnertastatur gedrückt haben). Wie Sie sehen, hat Excel den Wert in Zelle B9 nicht nur automatisch mit dem Dezimalkomma versorgt, sondern auch den Zellcursor auf Zelle C3 weitergerückt, damit Sie in dieser Spalte mit der Eingabe fortfahren können.

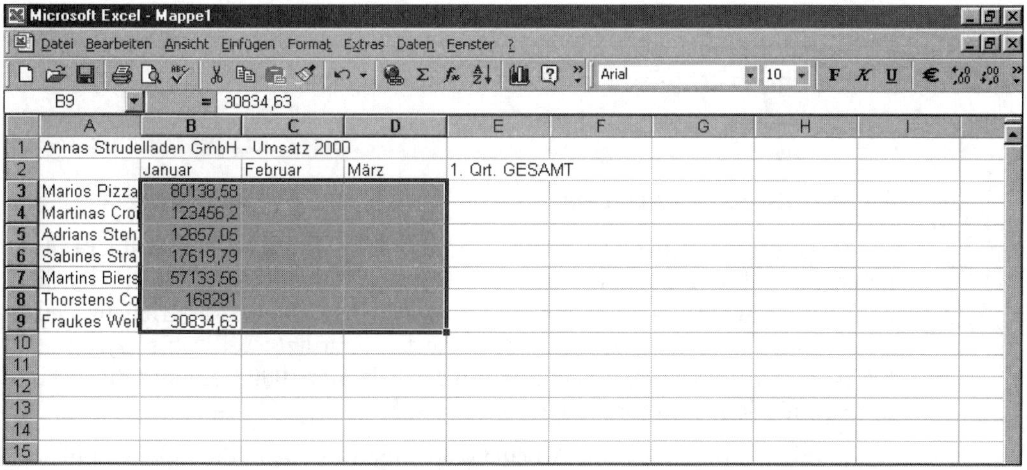

Abbildung 2.4: Um den Wert 30834,63 in die Zelle B9 einzugeben, schreiben Sie »3083463«.

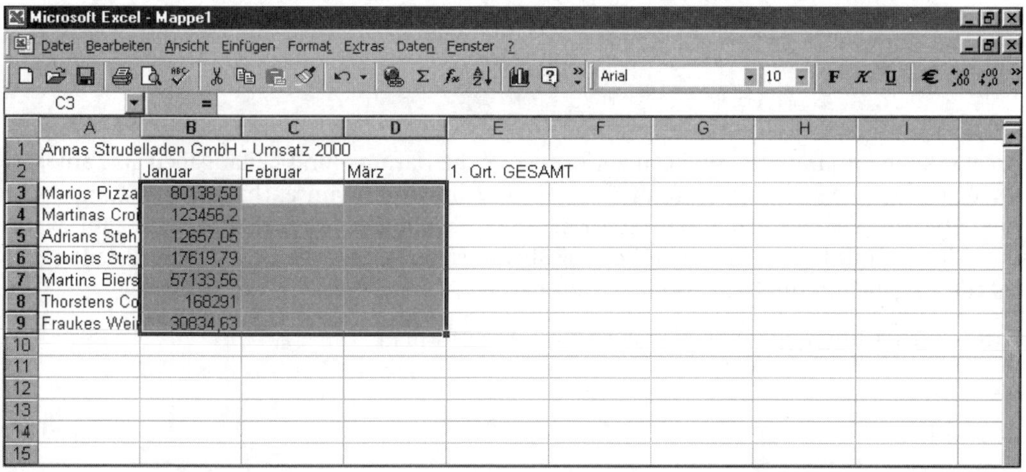

Abbildung 2.5: Sobald Sie in Zelle B9 Eingabe drücken, verschiebt Excel den Zellcursor auf Zelle C3.

Und jetzt ein Datum!

Es mag Ihnen komisch vorkommen, daß Datums- und Zeitangaben in die Zellen eines Tabellenblatts als Zahlen anstatt als Text eingegeben werden. Dies hat seinen Grund: Sie können nämlich mit Datums- und Zeitangaben auch rechnen. Ehrlich!

Sie können Datumsangaben natürlich auch als Text eingeben, ohne daß Ihnen oder Ihrem Tabellenblatt etwas passiert; Sie werden dann diese Datumsangaben allerdings nicht mehr in Formeln verwenden können. Wenn Sie z.B. zwei Datumsangaben als Zahlen eingeben, können Sie damit eine Formel erstellen, in der das neuere Datum vom älteren abgezogen und als Ergebnis die Differenz zwischen beiden in Tagen errechnet wird. Geben Sie die Datumsangaben jedoch als Text ein, versteht Excel in der Formel nur Bahnhof.

Mein Datum, Dein Datum

Datumsangaben werden als serielle Zahlen – d. h. als fortlaufende Zahlenreihe – gespeichert, die anzeigen, wie viele Tage seit dem Anfangsdatum verstrichen sind. Zeitangaben werden als Dezimalbrüche gespeichert, die die verstrichene Zeit in einem 24-Stunden-Zeitraum anzeigen. Excel unterstützt zwei Datumssysteme: In Excel für Windows ist das Anfangsdatum der 1. Januar 1900 (serielle Zahl = 1) und in Excel für den Macintosh der 2. Januar 1904.

Sollte Ihnen also jemals eine Arbeitsmappe unterkommen, die mit Excel für den Macintosh erstellt wurde und äußerst seltsame Daten enthält, dann können Sie dieses Problem vielleicht lösen, indem Sie im Menü EXTRAS den Befehl OPTIONEN wählen, im Dialogfeld »Optionen« auf das Register BERECHNEN klicken und dort im Gruppenfeld ARBEITSMAPPE das Kontrollkästchen 1904-DATUMSWERTE aktivieren. Schließen Sie das Dialogfeld mit »OK«.

Excel erkennt am Datums- und Uhrzeitformat, ob die Datums- und Zeitangaben als Zahl oder als Text eingegeben wurden. Wenn Sie eines der im Programm enthaltenen Datums- oder Uhrzeitformate verwenden, interpretiert Excel das Datum oder die Zeitangabe als Zahl. Wenn Ihre Eingabe mit keinem internen Format übereinstimmt, wird die Datums- oder Zeitangabe als Texteingabe interpretiert. So einfach ist das!

Excel erkennt unter anderem die folgenden Uhrzeitformate:

3:21 PM

3:21:04 PM

15:21

15:21:04

12.08.1999 15:21

... und mindestens die folgenden Datumsformate:

12.08.99 und 12.08.1999

12.8.99 und 12.8.1999

12. Aug. 99 und 12. August 1999

12. Aug. und 12.8.

Aug. 99 und August 99

12.08.1999 15:21

Gut gerüstet für das Jahr 2000

Sie fragen sich bestimmt, was nun passiert, wenn Sie ein Datum für das Jahr 2000 in eine Zelle eingeben? Entgegen der Horrorgeschichten, die Sie sicherlich schon über das *Jahr-2000-Problem* gehört haben, wird die Eingabe eines Datums irgendwann im nächsten Jahrtausend nicht, ich wiederhole, *nicht* dazu führen, daß Ihr Rechner in die Luft fliegt oder das Unternehmen Ihre Erfolgsbeteiligung nicht mehr berechnen kann. Sie werden es wahrscheinlich nicht so recht glauben können, aber wenn Sie im 21. Jahrhundert Datumsangaben eingeben, dann verwenden Sie dazu nur die letzten zwei Stellen der Jahreszahl. Wenn also in einem Tabellenblatt 6. Januar 2000 stehen soll, dann geben Sie in die Zelle ein:

```
6.1.00
```

Genauso gut könnten Sie 15. Februar 2010 in ein Tabellenblatt eingeben:

```
15.02.10
```

Ich muß allerdings gestehen, daß die Eingabe mit den letzten zwei Stellen der Jahreszahl im 21. Jahrhundert nur für die ersten drei Jahrzehnte gilt, also nur von 2000 bis 2029. Danach müssen die Jahreszahlen vierstellig eingegeben werden.

Dies bedeutet natürlich auch, daß Sie bei Datumseingaben für die ersten drei Jahrzehnte des 20. Jahrhunderts (1900 bis 1929) auch mit vier Stellen arbeiten müssen. Für den 21. Juli 1925 geben Sie also in Zelle ein:

```
21.07.1925
```

Wenn Sie nämlich nur die letzten zwei Stellen (25) für die Jahreszahl eingeben, interpretiert Excel dies als 2025 und nicht als 1925. Wenn Sie also noch Zahlen aus vergangenen Rechnungsperioden manipulieren wollen, dann erledigen Sie das noch in diesem Jahrtausend!

Es gibt da jedoch noch ein kleines Problem. Bekannterweise hat Excel die Angewohnheit, standardmäßig nur die letzten beiden Stellen einer Jahreszahl anzuzeigen, auch wenn Sie diese vierstellig eingeben. Das würde natürlich dazu führen, daß die Datumseingaben 30. Juli 1925 und 30. Juli 2025 in ihren Zellen identisch angezeigt werden, nämlich:

```
30.07.25
```

Sie können diese beiden Zellen dann nur noch unterscheiden, indem Sie den Zellcursor auf der entsprechenden Stelle positionieren und dann den Inhalt der Zelle in der Bearbeitungsleiste ablesen. Dort steht dann 30.07.1925 bzw. 30.07.2025. Oder aber Sie entscheiden sich für ein Datumsformat, das die Jahreszahl in den Zellen stets vierstellig darstellt. (Mehr dazu in Kapitel 3 im Abschnitt »Auch ein Dialogfeld zeigt Format«.)

Formeln, die der Aufgabe gewachsen sind

Formeln sind die eigentlichen Arbeiter des Tabellenblatts. Wenn Sie eine Formel richtig aufbauen, wird das Ergebnis berechnet, sobald Sie [Eingabe] drücken. Danach wird der Wert der Zelle immer dann aktualisiert, wenn Sie Werte ändern, die in der Formel verwendet werden.

Wie weiß Excel nun, daß Sie eine Formel eingeben möchten? Ganz einfach: Jede Formel beginnt mit einem Gleichheitszeichen (=). Bei den meisten einfachen Formeln steht nach dem Gleichheitszeichen eine Funktion, die Excel bereits fix und fertig für Sie bereitstellt, z. B. SUMME oder MITTELWERT. (Näheres zum Einsatz von Funktionen in Formeln erfahren Sie im Abschnitt »Viel Spaß mit dem Funktions-Assistenten und der neuen Formelpalette« am Ende dieses Kapitels.) Andere einfache Formeln verwenden Zahlenreihen oder Bezüge auf Zellen (die wiederum Zahlen enthalten). Formelelemente werden durch einen oder mehrere der folgenden mathematischen Operatoren voneinander getrennt:

+ zur Addition

- zur Subtraktion

* zur Multiplikation

/ zur Division

^ zur Potenzierung

Beispiel: Wenn Sie in Zelle C2 die Werte in A2 und B2 miteinander multiplizieren wollen, geben Sie folgende Formel in Zelle C2 ein:

```
=A2*B2
```

Hier nun die Einzelschritte für die Eingabe dieser Formel in Zelle C2.

1. **Aktivieren Sie die Zelle C2.**
2. **Geben Sie die vollständige Formel »=A2*B2« in der Bearbeitungsleiste ein.**

   Oder:

1. **Aktivieren Sie die Zelle C2.**
2. **Geben Sie ein Gleichheitszeichen (=) ein.**
3. **Markieren Sie die Zelle A2 im Tabellenblatt mit der Maus oder mit der Tastatur.**

   Der Zellbezug A2 wird jetzt in der Formel in der Zelle angezeigt (Abbildung 2.6).

4. **Geben Sie [*] ein.**

   Das Sternchen (*) ist der Operator für die Multiplikation.

5. **Markieren Sie die Zelle B2 im Tabellenblatt.**

   Der Zellbezug B2 wird jetzt in die Formel eingefügt (Abbildung 2.7).

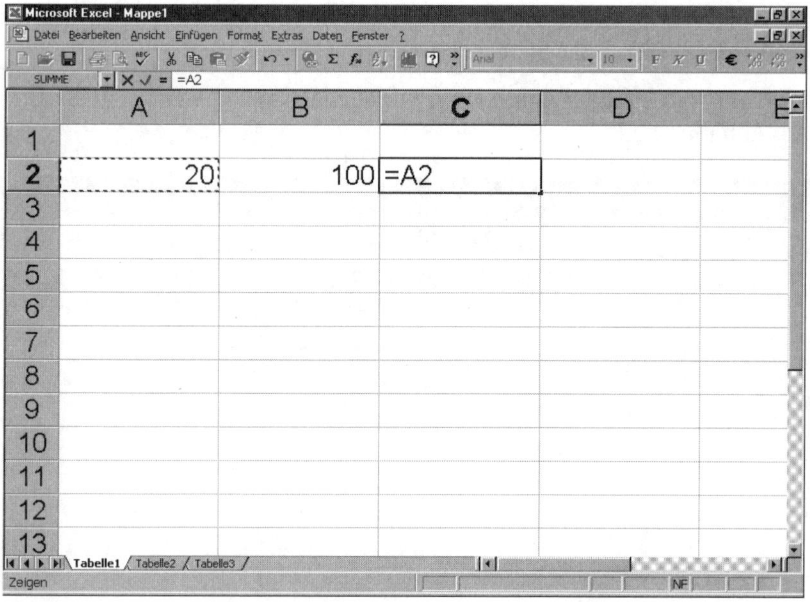

Abbildung 2.6: Sie beginnen die Formel, indem Sie ein Gleichheitszeichen (=) eingeben. Danach markieren Sie die Zelle A2.

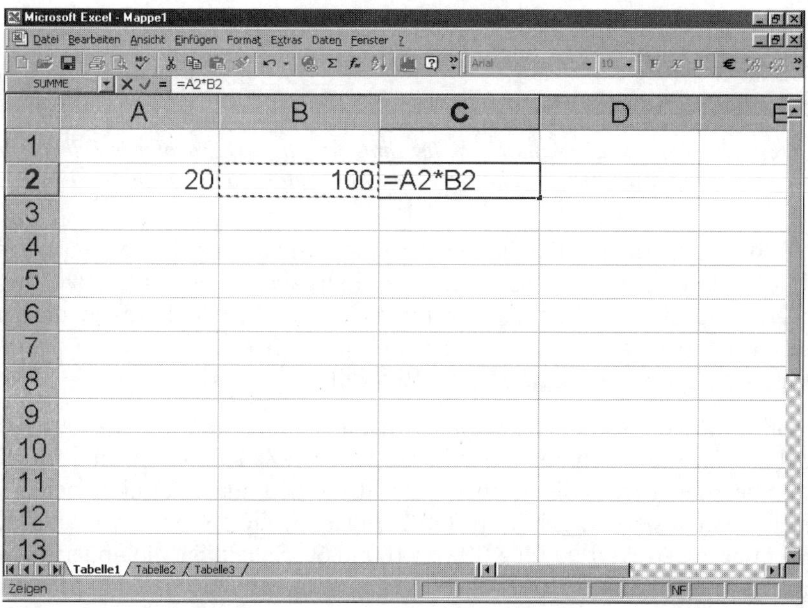

*Abbildung 2.7: Für den zweiten Teil der Formel geben Sie * ein und markieren anschließend die Zelle B2.*

6. **Klicken Sie auf die Schaltfläche für Eingeben, oder drücken Sie** `Eingabe`**. (Der Zellcursor sollte in der Zelle C2 bleiben.)**

   Excel zeigt das Rechenergebnis in Zelle C2 und die Formel »=A2*B2« in der Bearbeitungsleiste an (Abbildung 2.8).

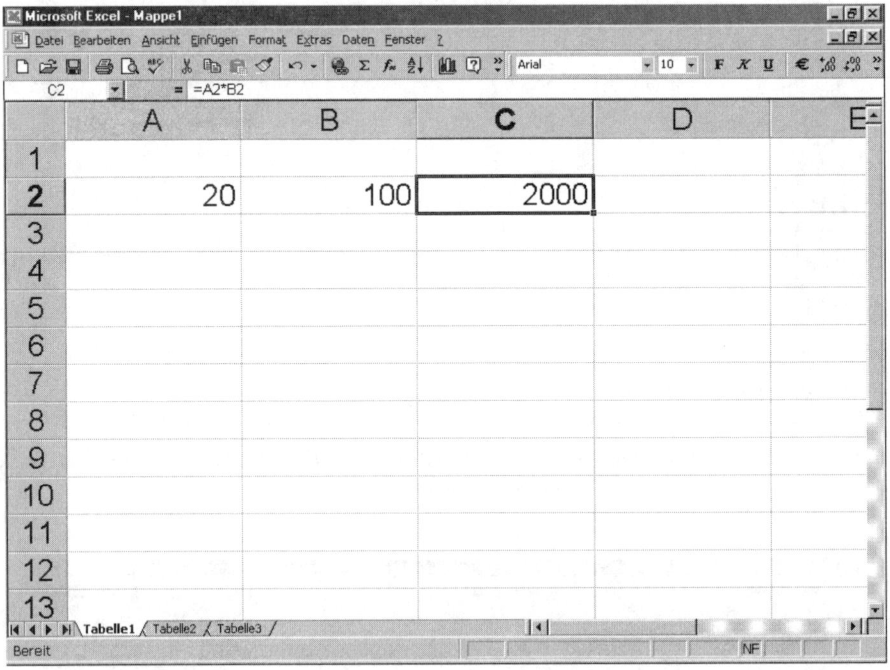

Abbildung 2.8: Klicken Sie auf die Schaltfläche für Einfügen, um das Ergebnis in Zelle C2 anzuzeigen. (Die Formel wird noch immer in der Bearbeitungsleiste angezeigt.)

Nachdem Sie die Formel »=A2*B2« in Zelle C2 eingeben haben, zeigt Excel das Resultat entsprechend den aktuell in den Zellen A2 und B2 eingegebenen Werten an. Die große Stärke eines Tabellenkalkulationsprogramms ist nämlich die Fähigkeit der Formeln, die berechneten Ergebnisse automatisch anzupassen, wenn sich die Werte in den Zellen ändern, die als Zellbezüge in den Formeln eingegeben sind. Was will man mehr?

Vielleicht sollten wir dieses Spielchen gleich mal ausprobieren. Also, wie gesagt: Wenn Sie eine Formel erstellen, die sich auf Werte in bestimmten Zellen bezieht und Sie diese Werte ändern, dann berechnet Excel die Formel automatisch neu, indem es diese neuen Werte verwendet und das aktualisierte Ergebnis im Tabellenblatt anzeigt. Nehmen wir Abbildung 2.8 als Beispiel: Sie ändern den Wert in Zelle B2 von 100 in 50. Sobald Sie die Änderung in Zelle B2 abgeschlossen haben, berechnet Excel die Formel neu und zeigt als neues Ergebnis in Zelle C2 1000 an.

Würden Sie mir das bitte mal markieren?

Zellen zu markieren, die in einer Formel verwendet werden sollen, anstatt die Zellbezüge über die Tastatur einzugeben, ist nicht nur schneller, sondern auch sicherer. Wenn Sie einen Zellbezug eingeben, kann es leicht passieren, daß Sie den falschen Spaltenbuchstaben oder die falsche Zeilennummer schreiben und Sie Ihren Fehler unter Umständen nicht einmal bemerken.

Wenn Sie einen Zellbezug in eine Formel einfügen, indem Sie auf die entsprechende Zelle klicken oder den Zellcursor dorthin bewegen (mit Hilfe der Pfeiltasten), ist die Gefahr eines falschen Zellbezugs um einiges geringer.

Vorfahrt achten!

Viele der Formeln, die Sie erstellen werden, werden mehr als eine mathematische Operation durchführen. Excel führt jede Rechenoperation von links nach rechts aus und hält sich dabei strikt an die mathematischen Vorfahrtsregeln, d. h. Multiplikation und Division vor Addition und Subtraktion. Kurz: Punktrechnung vor Strichrechnung.

Betrachten Sie die Rechenoperationen in der folgenden Formel:

```
=A2+B2*C2
```

Wenn in der Zelle A2 der Wert `5`, in B2 der Wert `10` und in C2 der Wert `2` steht, dann setzt Excel die Werte wie folgt in die Formel ein:

```
=5+10*2
```

In dieser Formel multipliziert Excel nun 10 mit 2 (= 20) und addiert dann zu diesem Ergebnis 5 hinzu (= 25).

Wenn Excel die Addition der Werte in den Zellen A2 und B2 vor der Multiplikation ausführen soll, dann müssen Sie die zu addierenden Werte in Klammern setzen:

```
=(A2+B2)*C2
```

Die Klammer verrät Excel, daß diese Rechenoperation vor der Multiplikation ausgeführt werden soll. Wenn die Zelle A2 den Wert `5`, B2 den Wert `10` und C2 den Wert `2` enthält, dann addiert Excel 5 und 10 (= 15) und multipliziert dieses Ergebnis dann mit 2 (= 30).

Bei aufwendigeren Formeln kann unter Umständen mehr als eine Klammer oder auch eine Klammer in einer Klammer erforderlich sein, um die Reihenfolge der Rechenoperationen zu kennzeichnen. Wird in eine Klammer eine weitere eingefügt, so berechnet Excel zuerst die in der inneren Klammer stehenden Werte und verwendet dann dieses Ergebnis für die weiteren Berechnungen. Sehen Sie sich z. B. die folgende Formel an:

```
=(A4+(B4-C4))*D4
```

Excel subtrahiert zuerst den Wert in Zelle C4 von dem in Zelle B4, addiert die Differenz zu dem Wert in Zelle A4 und multipliziert zuletzt das Summenergebnis mit dem Wert in Zelle D4.

Ohne die beiden Klammern hätte Excel zuerst den Wert der Zelle C4 mit dem der Zelle D4 multipliziert, dann den Wert von A4 und den von B4 addiert und zuletzt die Subtraktion durchgeführt.

Wenn Sie in einer Formel mehrere Klammern verwenden, hilft Ihnen Excel, falls Sie mal vergessen, einer linken Klammer auch wieder eine rechte zuzuordnen. In einem solchen Fall wird Excel eine Warnmeldung anzeigen, sobald Sie [Eingabe] drücken, und Ihnen einen Korrekturvorschlag für eine richtige Klammersetzung machen. Wenn Sie mit diesem Vorschlag konform gehen, brauchen Sie nur noch auf die Schaltfläche »Ja« zu klicken, und der Schaden ist behoben.

Wenn Formeln spinnen

Unter bestimmten Umständen können selbst die besten Formeln verrückt spielen. Sie können sofort erkennen, daß eine Formel ihrer Sache nicht mehr gewachsen ist, wenn anstatt des errechneten Werts eine merkwürdige unverständliche Meldung angezeigt wird, die in Großbuchstaben geschrieben ist, mit dem Zeichen # beginnt und mit einem Ausrufezeichen (in einem Fall mit einem Fragezeichen) aufhört. Diese Meldungen werden als *Fehlerwert* bezeichnet und wollen Ihnen mitteilen, daß irgendein Element – entweder in der Formel selbst oder in einem Zellbezug – die Ausgabe des erwarteten Ergebnisses verhindert.

Das Schlimmste an Fehlerwerten ist, daß sie andere Formeln im Tabellenblatt anstecken können. Wenn das Programm einen Fehlerwert in eine Zelle schreibt und sich eine andere Formel auf den von der ersten Formel errechneten Wert bezieht, gibt die zweite Formel denselben Fehlerwert aus.

Sobald ein Fehlerwert in einer Zelle angezeigt wird, müssen Sie herausfinden, was den Fehler verursacht hat, und den Fehler korrigieren. In Tabelle 2.1 sind die Fehlerwerte, die Ihnen in einem Tabellenblatt begegnen können, und ihre gängigsten Ursachen aufgeführt.

Fehlerwert	Ursache
#BEZUG!	Die Formel enthält einen ungültigen Zellbezug. Das kann der Fall sein, wenn Sie Zellen löschen oder überschreiben, die als Zellbezug in einer Formel angegeben sind.
#DIV/0!	Die Formel versucht, durch Null zu teilen, da entweder eine Zelle den Wert »0« enthält oder, was meistens der Fall ist, die Zelle leer ist. Eine Division durch Null darf es aber in der Mathematik nicht geben. Haben wir alle in der Schule gelernt!
#NAME?	Excel erkennt den in der Formel benutzten Bereichsnamen nicht (siehe Kapitel 6 im Abschnitt »Wie heißt denn die Zelle?«). Dieser Fehlerwert wird ausgegeben, wenn Sie einen falschen Bereichsnamen eingegeben oder Text in der Formel nicht in Anführungszeichen gesetzt haben; Excel behandelt diesen Text dann wie einen Bereichsnamen und kann ihn natürlich nicht finden, da es ihn nicht gibt.

Fehlerwert	Ursache
#NULL!	Sie haben wahrscheinlich ein Leerzeichen anstelle eines Kommas eingegeben, um Zellbezüge als Funktionsargumente voneinander zu trennen.
#WERT!	Das Argument oder der Operator, das/den Sie verwendet haben, hat den falschen Typ, oder Sie haben eine mathematische Operation aufgerufen, die sich auf Zellen bezieht, die Texteingaben enthalten.
#ZAHL!	Ein Problem mit einer Zahl, z. B. ein falsches Argument in einer Excel-Funktion oder eine Berechnung, die als Ergebnis eine Zahl ausgibt, die zu groß oder zu klein für die Darstellung im Tabellenblatt ist.

Tabelle 2.1: Mögliche Fehlerwerte

Habe ich Sie jetzt etwas überfordert? Bleiben Sie ganz ruhig. Warum soll ausgerechnet bei Ihnen eine Fehlermeldung angezeigt werden ...?

Fehlersuche und -bekämpfung

Wir wären ja alle zu gerne perfekt, aber leider sind es nur einige wenige von uns. Daher sollten wir uns gegen die Mißgeschicke des Alltags wappnen und lernen, wie wir ihnen begegnen können. Wenn wir viele Daten eingeben, machen wir es diesen kleinen schrecklichen Tippfehlern leicht, sich in unsere Arbeit einzuschleichen. Damit Ihr Tabellenblatt weitestgehend sauber bleibt, hier ein paar Erste-Hilfe-Maßnahmen: 1. Lassen Sie Excel bestimmte Tippfehler sofort mit der AutoKorrektur-Funktion korrigieren. 2. Korrigieren Sie die lästigen Fehlerchen während der Eingabe gleich manuell.

Einmal AutoKorrektur, bitte

Die AutoKorrektur-Funktion ist eine Supererfindung für alle, die immer und immer wieder dieselben Tippfehler machen. Mit Hilfe dieser Funktion geben Sie Excel den Auftrag, ganz bestimmte blödsinnige Tippfehler zu erkennen und diese dann auch noch automatisch zu korrigieren.

Bei der Installation von Excel hat die AutoKorrektur-Funktion bereits einige Standardeinstellungen im Repertoire: Sie korrigiert automatisch zwei Großbuchstaben am Wortanfang (indem sie den zweiten Buchstaben klein schreibt), sie schreibt die Wochentage groß und ersetzt eine ganze Reihe von typischen Schreibfehlern durch den richtigen Text.

Während Ihrer Arbeit mit Excel können Sie dieser Liste weitere zu korrigierende Eingaben hinzufügen. Excel unterscheidet hierbei zwei verschiedene Typen: Tippfehler, die Ihnen ständig unterlaufen, zusammen mit der dazugehörigen richtigen Schreibweise, sowie Abkürzungen und Kurzformen mit den dazugehörigen ausgeschriebenen Versionen.

Sie wollen von dieser schicken Funktion auch Gebrauch machen? Nun dann:

1. **Wählen Sie im Menü Extras die Option AutoKorrektur.**
2. **Geben Sie den Tippfehler oder die Abkürzung in das Feld Ersetzen ein.**
3. **Geben Sie die Korrektur oder die Langform in das Feld Durch ein.**
4. **Klicken Sie auf die Schaltfläche »Hinzufügen«, oder drücken Sie [Eingabe], um den neuen Eintrag in das Listenfeld einzufügen.**
5. **Klicken Sie auf »OK«, um das Dialogfeld »AutoKorrektur« zu schließen.**

Abbildung 2.9 zeigt das Dialogfeld »AutoKorrektur«, nachdem ich »as« in das Feld Ersetzen und »Annas Strudelladen GmbH« in das Feld Durch eingegeben habe. Jetzt kann ich mir die Mühe sparen, jedesmal in den Tabellenblättern Annas Strudelladen GmbH auszuschreiben, denn die AutoKorrektur-Funktion erledigt das für mich, sobald ich »as« eingebe.

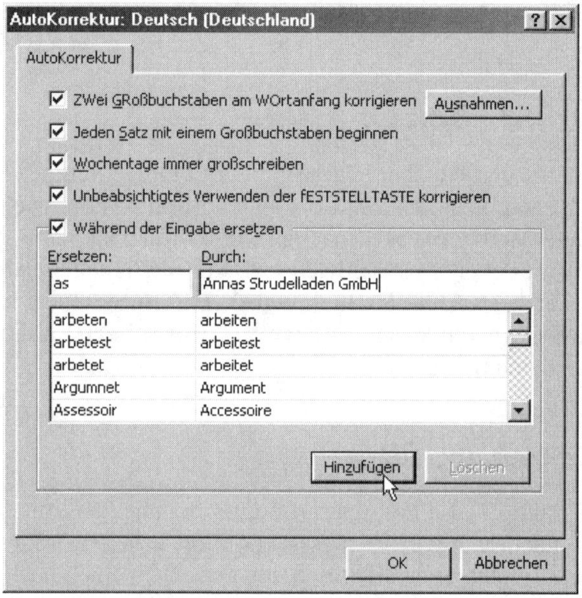

Abbildung 2.9: Eingabe einer Kurzform und die Anweisung an Excel, durch welche Langform diese zu ersetzen ist.

Die Regeln der Zellbearbeitung

Die AutoKorrektur-Funktion ist zwar eine wunderbare Hilfe, aber ein Wundermittel ist sie trotzdem nicht. Sie werden sich also darauf einstellen müssen, daß sich immer wieder mal Fehler einschleichen werden. Wie Sie diese dann beheben, hängt ganz davon ab, ob Sie den Fehler entdecken, bevor oder nachdem Sie die Eingabe abgeschlossen haben. Die nachstehende Liste soll Ihnen bei der Schadensbehebung Erste Hilfe leisten. Denn nur ein Fehler, der unentdeckt bleibt, ist ein wirklicher Fehler!

- ✔ Wenn Sie den Fehler entdecken, bevor Sie die Eingabe abschließen, können Sie den Eintrag löschen, indem Sie so lange Rück (direkt über Eingabe) drücken, bis Sie alle falschen Zeichen aus der Zelle gelöscht haben. Geben Sie dann den Rest des Eintrags oder der Formel neu ein, bevor Sie den Zelleintrag abschließen.
- ✔ Wenn Sie den Fehler erst entdecken, wenn Sie den Zelleintrag bereits abgeschlossen haben, können Sie entweder den Eintrag vollständig überschreiben oder nur den falschen Teil überschreiben.
- ✔ Wenn der Eintrag relativ kurz ist, ist es vermutlich am einfachsten, ihn einfach komplett zu ersetzen. Dazu brauchen Sie nur den Zellcursor auf die Zelle zu setzen, die neuen Daten eingeben und das Ganze abzuschließen, indem Sie auf die Schaltfläche für Eingeben klicken, Eingabe oder eine der Pfeiltasten drücken.
- ✔ Wenn sich der Fehler in einem Eintrag leicht beheben läßt, dieser aber unheimlich lang ist, so möchten Sie das Ganze vermutlich lieber bearbeiten, anstatt es zu überschreiben. Um den Zelleintrag zu bearbeiten, doppelklicken Sie auf die Zelle bzw. markieren sie und drücken dann F2.
- ✔ In beiden Fällen zeigt Excel in der Bearbeitungsleiste die Schaltflächen für Eingeben und Abbrechen sowie die Schaltfläche für Formeln bearbeiten an und setzt die Einfügemarke in den Zelleintrag im Tabellenblatt. (Wenn Sie doppelklicken, wird die Einfügemarke an der Stelle angezeigt, auf die Sie klicken; drücken Sie F2, so steht die Einfügemarke am Ende des Zelleintrags.)
- ✔ Achten Sie darauf, daß auch in der Statusleiste der Modus »Bearbeiten« angezeigt wird. Sie können nun mit der Maus oder den Pfeiltasten die Einfügemarke an die Stelle in der Zelle bewegen, die bearbeitet werden muß.

In Tabelle 2.2 sind die Tastenkombinationen aufgeführt, mit denen Sie die Einfügemarke im Zelleintrag oder in der Bearbeitungsleiste verschieben und die lästigen Fehler löschen können. Wenn Sie an der Position der Einfügemarke neue Zeichen eingeben wollen, schreiben Sie einfach drauflos. Wenn Sie bestehende Zeichen an der Position der Einfügemarke durch Überschreiben löschen möchten, drücken Sie Einfg, um vom Einfügemodus in den Überschreibemodus umzuschalten. Wenn Sie wieder in den Einfügemodus zurückschalten wollen, drücken Sie noch mal Einfg. Wenn Sie die Korrekturen für Ihren Zelleintrag beendet haben, müssen Sie das Ganze – wie gehabt – ganz offiziell in die Zelle übergeben.

Solange Sie sich im Bearbeitenmodus befinden, können Sie den bearbeiteten Zellinhalt nur in die Zelle übergeben, indem Sie auf die Schaltfläche für Eingeben klicken oder Eingabe drücken, nicht aber durch Drücken der Pfeiltasten. Wenn Sie einen Zelleintrag bearbeiten, dienen die Pfeiltasten nur dazu, die Einfügemarke im Eintrag zu bewegen – ansonsten geht nichts!

Taste(n)	Funktion
Entf	Löscht das Zeichen rechts neben der Einfügemarke
Rück	Löscht das Zeichen links von der Einfügemarke
→	Verschiebt die Einfügemarke um ein Zeichen nach rechts
←	Verschiebt die Einfügemarke um ein Zeichen nach links
↑	Verschiebt die Einfügemarke, wenn sie sich am Ende eines Zelleintrags befindet, nach links auf ihre vorherige Position
Pos1	Verschiebt die Einfügemarke vor das erste Zeichen des Zelleintrags
Ende oder ↓	Verschiebt die Einfügemarke hinter das letzte Zeichen des Zelleintrags
Strg + →	Verschiebt die Einfügemarke vor das nächste Wort des Zelleintrags
Strg + ←	Verschiebt die Einfügemarke vor das vorangegangene Wort des Zelleintrags
Einfg	Wechselt zwischen Einfüge- und Überschreibemodus

Tabelle 2.2: Tastenkombinationen zur Bearbeitung von Zelleinträgen in der Bearbeitungsleiste

Das Märchen von den zwei Bearbeitungswegen

Excel bietet Ihnen die Möglichkeit, den Inhalt einer Zelle entweder in der Zelle selbst (hatten wir bereits!) oder in der Bearbeitungsleiste zu bearbeiten. In den meisten Fällen werden Sie wohl den Inhalt direkt in der Zelle bearbeiten. Bei extrem langen Einträgen (wahnsinnig wissenschaftlichen Formeln oder Texteinträgen, die über mehrere Absätze gehen) könnte die Bearbeitungsleiste jedoch hilfreicher sein, da Excel die Bearbeitungsleiste so erweitert, daß der gesamte Inhalt angezeigt werden kann. In der Anzeige im Tabellenblatt könnte Ihnen in diesem Fall der Inhalt der Zelle einfach rechts aus dem Bild laufen ...

Um den Inhalt in der Bearbeitungsleiste anstatt in der Zelle zu bearbeiten, positionieren Sie den Zellcursor in der Zelle und doppelklicken dann in der Bearbeitungsleiste auf die Stelle, die überarbeitet werden muß.

Keine Angst vor der Dateneingabe

Bevor ich dieses Thema nun endgültig abschließe, fühle ich mich doch genötigt, noch kurz auf die Beschleunigerfunktionen einzugehen, die uns die Dateneingaben dann doch ein wenig versüßen. Hierzu zählen z. B. die Funktionen AutoEingabe und AutoAusfüllen sowie die Dateneingabe in einem ausgewählten Zellbereich und die gleichzeitige Eingabe derselben Daten in andere markierte Zellen.

Ohne AutoEingabe bin ich ein Nichts

Die AutoEingabe-Funktion ist alles andere als ein Spielzeug. Sie sollten während der Dateneingabe dann und wann an ihre (nicht an Ihre!) Existenz denken, denn sie ist eine nützliche Funktion, die freundliche Softwareentwickler bei Microsoft erfunden haben, um uns die Last der Dateneingabe so angenehm wie möglich zu machen.

AutoEingabe ist so etwas wie eine Hellseherin, die voraussieht, was Sie als nächstes eingeben werden (sie stützt sich dabei auf die zuvor von Ihnen eingegebenen Daten). Diese Funktion kommt immer dann ins Spiel, wenn Sie in eine *Spalte* Text eingeben (also nicht bei Werten oder Formeln bzw. wenn Sie eine *Zeile* mit Text vollschreiben). Wenn Sie also Text in eine Spalte schreiben, merkt sich die AutoEingabe, was für Einträge Sie in der Spalte vorgenommen haben und kopiert diese dann automatisch in nachfolgende Zeilen, wann immer Sie einen neuen Eintrag beginnen, der mit demselben Buchstaben anfängt wie ein bestehender Eintrag.

Angenommen, ich gebe »Marios Pizzastube« in Zelle A3 ein (eines der Unternehmen, die zu Annas Strudelladen gehören) und setze dann den Zellcursor eine Zeile tiefer in Zelle A4 und drücke »M« (Groß- oder Kleinschreibung – das ist völlig egal). Die AutoEingabe-Funktion fügt sofort in diese Zelle hinter dem M die restlichen Buchstaben »arios Pizzastube« ein (Abbildung 2.10).

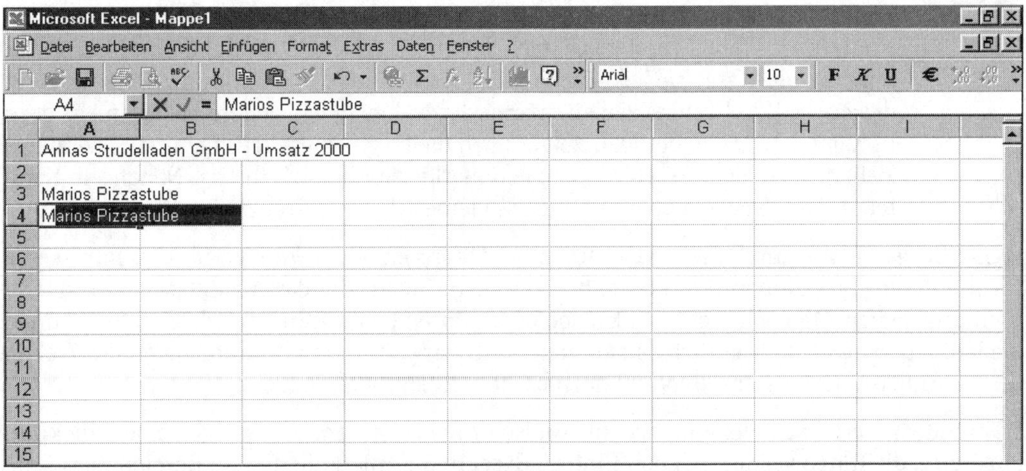

Abbildung 2.10: AutoEingabe dupliziert einen Eintrag, wenn Sie einen neuen Eintrag in derselben Spalte mit demselben Anfangsbuchstaben zu schreiben beginnen.

Das ist natürlich eine ganz phantastische Sache, wenn ich Marios Pizzastube als Zeilenüberschrift sowohl in Zelle A3 als auch in Zelle A4 brauche. Nehmen wir aber mal an, ich will einen ganz anderen Eintrag schreiben, der aber zufälligerweise auch mit M beginnt. Nun, die AutoEingabe füllt natürlich die Zelle mit dem zuvor eingegebenen Text. Sobald ich aber weiterschreibe, zieht die Funktion ihren Vorschlag zurück und läßt mich die Zelle mit meinem neuen Eintrag beschreiben (z.B.: Martinas Croissanterie, auch ein Tochterunternehmen von Annas Strudelladen). Die AutoEingabe wird dann nicht mehr sofort reagieren, wenn ich einen Eintrag mit »M« beginne; ich muß jetzt zumindest so viele Buchstaben eingeben, bis Excel eindeutig weiß, welcher Eintrag nun gemeint ist (in diesem Fall mindestens »Mart«).

Abrakadabra – AutoAusfüllen!

In vielen Tabellenblättern, die Sie mit Excel erstellen, werden Sie irgendwann Datums- oder Zahlenreihen eingeben müssen. Angenommen, Sie möchten in einem Tabellenblatt als Spaltenüberschrift die zwölf Monatsnamen oder als Zeilenbeschriftungen die Zahlen von 1 bis 100 anzeigen – was für ein Schreibaufwand!

Mit der Funktion AutoAusfüllen wird diese mühselige Arbeit zum Kinderspiel. Sie müssen nur den Anfangswert einer Reihe eingeben, und in den meisten Fällen ist die Funktion AutoAusfüllen intelligent genug zu erkennen, wie die Reihe fortzuführen ist, wenn Sie das Ausfüllkästchen nach rechts ziehen (um die Reihe über die Spalten nach rechts aufzufüllen) oder nach unten ziehen (um die Reihe auf darunterliegende Zeilen auszuweiten).

Ich habe noch nicht erwähnt, was das (Auto-)*Ausfüllkästchen* ist? Es ist das schwarze Viereck, das rechts unten in einer markierten Zelle oder rechts unten in der letzten Zelle eines markierten Zellbereichs angezeigt wird. Sobald Sie den Mauszeiger auf dieses Viereck setzen, nimmt er die Form eines schmalen schwarzen Kreuzes an. Wenn Sie jetzt wie oben beschrieben ziehen, nimmt das AutoAusfüllen seinen Lauf. Wenn Sie jedoch einen Zellbereich mit dem Mauszeiger in Form eines dicken weißen Kreuzes ziehen, markiert Excel lediglich weitere Zellen (mehr dazu in Kapitel 3). Wenn der Mauszeiger noch die Form eines Pfeils hat und Sie drauflos ziehen, verschiebt Excel lediglich den markierten Bereich (hierzu Näheres in Kapitel 4). Also: Erst ziehen, wenn Sie das kleine schwarze Kreuz sehen!

Wenn Sie eine Reihe durch Ziehen des Ausfüllkästchens erstellen, können Sie dies nur in eine Richtung tun. Sie können also die Reihe erweitern, indem Sie das Ausfüllkästchen in *eine* Richtung ziehen. Ob nach rechts, links, oben oder unten bleibt Ihnen überlassen. Sie können die Reihe nur nicht in zwei Richtungen gleichzeitig erweitern (z.B. durch diagonales Ziehen des Ausfüllkästchens nach unten und nach rechts). Eigentlich schade!

Während Sie die Maus ziehen, wird am Bildschirm neben dem Mauszeiger eine QuickInfo angezeigt, die Ihnen verrät, welchen Eintrag Excel in die zuletzt in diesem Bereich markierte Zelle eingeben würde. Wenn Sie die Maustaste loslassen, nachdem Sie das Ausfüllkästchen gezogen haben, kann Ihnen folgendes passieren: 1. Excel hat in alle von Ihnen markierten Zellen eine fortlaufende Reihe geschrieben (z.B. Januar, Februar, März etc.) oder 2. den gesamten Bereich mit dem Anfangswert ausgefüllt (wenn Sie nur einen Wert, z.B. 1, eingegeben haben und Excel deswegen nicht erkennen kann, welche Art von fortlaufender Reihe Sie wohl gerne hätten).

Die Abbildungen 2.11 und 2.12 zeigen, wie die Funktion AutoAusfüllen eingesetzt werden kann, um eine Reihe von Monaten zu erstellen, die in Zelle B2 mit Januar beginnt und in Zelle G2 mit Juni endet. Um die Reihe zu erstellen, geben Sie in Zelle B2 »Januar« ein, setzen den

Mauszeiger auf das Ausfüllkästchen in der rechten unteren Ecke dieser Zelle und ziehen dann das kleine schwarze Kreuz nach rechts bis zur Zelle G2 (Abbildung 2.11). Wenn Sie die Maustaste loslassen, fügt Excel die restlichen Monatsnamen (Februar bis Juni) automatisch in die markierten Zellen ein (Abbildung 2.12). Die Zellen mit der Monatsnamenreihe bleiben markiert, damit Sie gegebenenfalls Änderungen durchführen können. Falls Sie zu viele Zellen markiert haben, können Sie das Ausfüllkästchen nach links zurückschieben, um die Liste mit den Monatsnamen zu kürzen. Wenn Sie nicht genug Zellen markiert haben, ziehen Sie das Ausfüllkästchen weiter nach rechts, um weitere Monatsnamen hinzuzufügen.

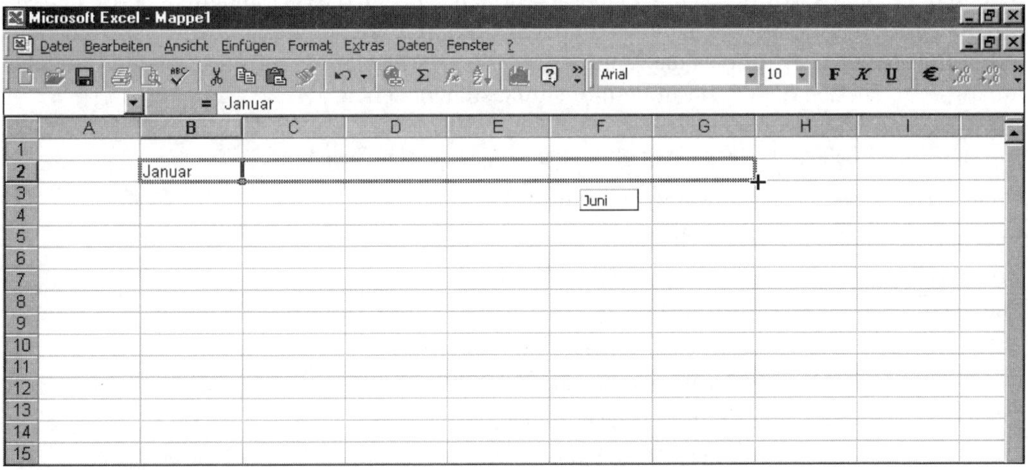

Abbildung 2.11: Um eine Reihe mit Monatsnamen zu erstellen, geben Sie in die erste Zelle »Januar« ein und ziehen dann das Ausfüllkästchen, um den Zellbereich zu markieren, in dem die noch fehlenden Monatsnamen angezeigt werden sollen.

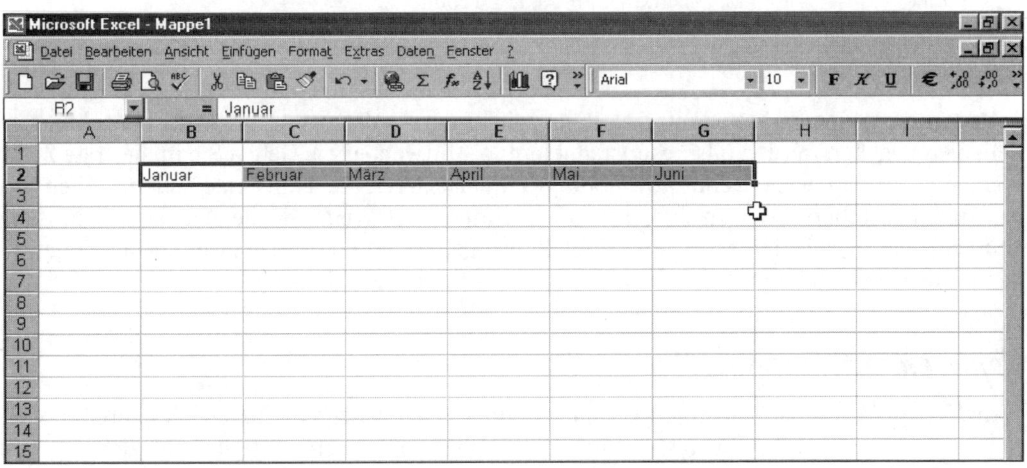

Abbildung 2.12: Sobald Sie die Maustaste loslassen, fügt Excel die restlichen Monatsnamen ein.

Tabelle 2.3 zeigt einige Anfangswerte, mit denen Sie mit der Funktion AutoAusfüllen im Handumdrehen fortlaufende Reihen erstellen können.

Alles serienmäßig

Die Funktion AutoAusfüllen verwendet den von Ihnen markierten Anfangswert (Datum, Zeitangabe, Tag, Jahr etc.), um die Reihe anzulegen. Alle Beispielreihen in Tabelle 2.3 ändern sich um das Inkrement 1 (ein Tag, ein Monat, ein Jahr). Was ist aber, wenn Sie eine Reihe erstellen möchten, die sich z. B. um das Inkrement 2 erhöhen soll? Auch das ist möglich! Schreiben Sie in zwei benachbarte Zellen je einen Wert. Die Differenz zwischen diesen beiden Werten zeigt Excel, in welchen Schritten es die Reihe fortsetzen soll. Markieren Sie diese beiden Daten als Anfangsbereich, den Sie dann mit dem Ausfüllkästchen ziehen.

Daten in erster Zelle	Erstellte Datenreihe in den nächsten Zellen
Juni	Juli, August, September ...
Aug	Sep, Okt, Nov ...
Dienstag	Mittwoch, Donnerstag, Freitag ...
Mo	Di, Mi, Do ...
4.7.99	5.7.99, 6.7.99, 7.7.99 ...
Aug 99	Sep 99, Okt 99, Nov 99 ...
15. Jan.	16. Jan., 17. Jan, 18. Jan. ...
10:00	11:00, 12:00, 13:00 ...
1. Quartal	2. Quartal, 3. Quartal, 4. Quartal
Qrt1	Qrt2, Qrt3, Qrt4 ...
Produkt 1	Produkt 2, Produkt 3, Produkt 4 ...
1. Produkt	2. Produkt, 3. Produkt, 4. Produkt ...

Tabelle 2.3: Beispiele für Datenreihen, die Sie mit AutoAusfüllen erstellen können

Angenommen, eine Reihe soll mit Samstag beginnen und jeder zweite Tag in die benachbarten Zellen eingegeben werden (also: Samstag, Montag, Mittwoch etc.). Geben Sie in die erste Zelle »Samstag« und in die benachbarte »Montag« ein. Markieren Sie dann beide Zellen, ziehen Sie das Ausfüllkästchen soweit nach rechts, wie es Ihnen paßt. Wenn Sie die Maustaste loslassen, ist Excel dem Beispiel in den ersten beiden Zellen gefolgt und hat jeden zweiten Tag eingetragen (»Mittwoch« neben »Montag«, »Freitag« neben »Mittwoch« usw.).

Kopieren mit AutoAusfüllen

Wenn Sie mit AutoAusfüllen einen Texteintrag über einen ganzen Zellbereich kopieren möchten (anstatt eine Reihe verwandter Einträge zu erstellen), brauchen Sie sich nur der [Strg]-Taste zu bedienen. Drücken Sie [Strg], klicken Sie gleichzeitig mit dem kleinen schwarzen

Kreuz (das jetzt den Mauszeiger darstellt) auf die rechte untere Ecke der Zelle, und ziehen Sie das Ausfüllkästchen. Ein Pluszeichen wird neben dem Mauszeiger angezeigt, das Zeichen für Sie, daß AutoAusfüllen den Eintrag in der aktiven Zelle tatsächlich *kopieren* wird. (Eine weitere Kontrollmöglichkeit bietet die QuickInfo, die beim Kopieren natürlich denselben Text enthält wie die Originalzelle.)

Die Methode mit der [Strg]-Taste kopiert zwar einen Texteintrag, bei Werten geht dieser Schuß jedoch nach hinten los. Wenn Sie z. B. die Zahl 17 in eine Zelle eingeben und dann das Ausfüllkästchen ziehen, dann kopiert Ihnen Excel die Zahl 17 in alle markierten Zellen. Drücken Sie jetzt jedoch [Strg], während Sie das Ausfüllkästchen ziehen, dann schreibt Excel eine Reihe (17, 18, 19 etc.). Na, so was!

Designer-Serien

Sie können nicht nur die Schrittweite einer Serie mit AutoAusfüllen variieren, sondern auch eigene Reihen erstellen.

So gehören zu Annas Strudelladen GmbH folgende Firmen:

- ✔ Marios Pizzastube
- ✔ Martinas Croissanterie
- ✔ Adrians Stehimbiß
- ✔ Sabines Straßencafé
- ✔ Martins Bierstüberl
- ✔ Thorstens Cocktailbar
- ✔ Fraukes Weindepot

Damit Sie nun diese Liste nicht immer wieder in jedes neue Tabellenblatt eingeben (oder gar aus einem bereits bestehenden Tabellenblatt kopieren) müssen, können Sie eine eigene Datenreihe erstellen, mit der die ganze Unternehmensliste eingefügt wird, wenn Sie in die erste Zelle »Marios Pizzastube« eingeben und dann das Ausfullkastchen uber die leeren Zellen ziehen, in denen die restlichen Unternehmen angezeigt werden sollen.

Das wollen Sie auch können? Also, dann los:

1. **Wählen Sie den Befehl Optionen im Menü Extras, um das Dialogfeld »Optionen« zu öffnen.**

2. **Wählen Sie das Register AutoAusfüllen, um die Listenfelder Benutzerdefinierte Listen und Listeneinträge anzuzeigen.**

   Falls Sie sich bereits die Mühe gemacht haben und die Liste mit den Unternehmen in einem Zellbereich eingegeben haben, dann machen Sie mit Schritt 3a weiter. Wenn Sie Ihre Daten noch nicht in eine aktive Arbeitsmappe eingegeben haben, dann geht's für Sie mit Schritt 3b weiter.

3a. Klicken Sie auf das Textfeld Liste aus Zellen importieren, verschieben Sie das Dialogfeld, damit Sie Ihre Liste sehen können, und markieren Sie den Zellbereich.

(Ich beschreibe das mit dem Markieren noch mal ganz genau in Kapitel 3.) Nachdem Sie Ihre Liste markiert haben, wählen Sie die Schaltfläche »Importieren«, um diese Liste in das Listenfeld Listeneinträge zu kopieren, und machen dann mit Schritt 5 weiter.

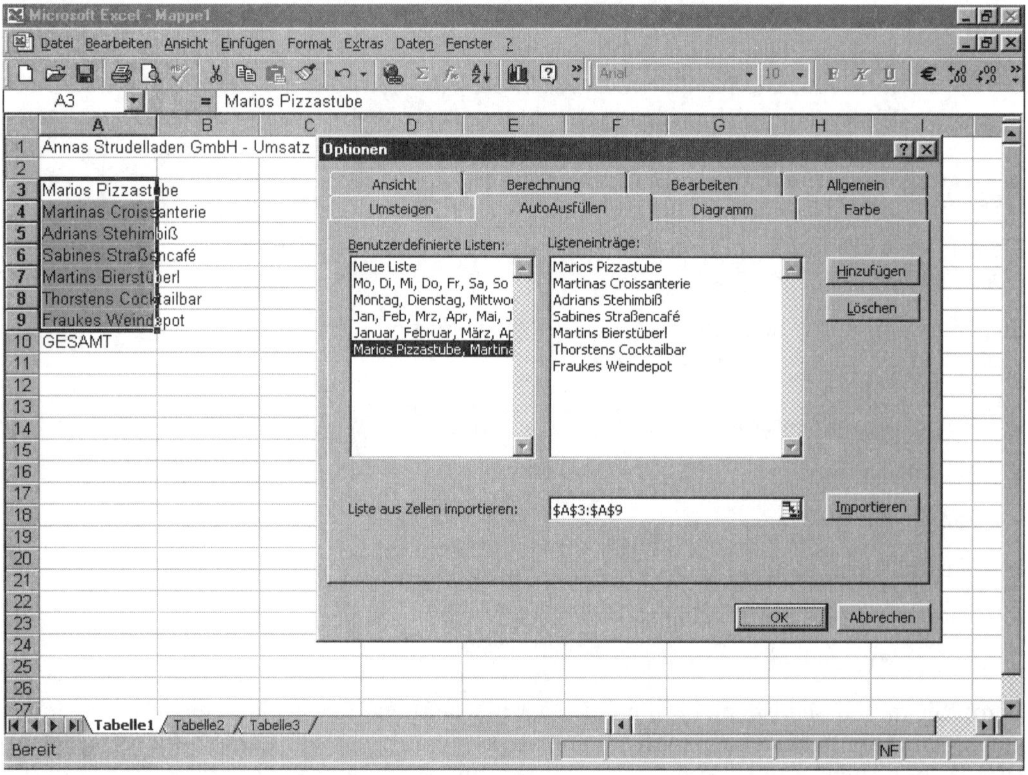

Abbildung 2.13: So erstellen Sie eine Unternehmensliste aus bestehenden Einträgen aus dem Tabellenblatt.

3b. Wenn Sie die Unternehmensliste noch nicht in ein Tabellenblatt eingetragen haben, markieren Sie statt dessen das Listenfeld Listeneinträge und geben jeden einzelnen Eintrag (in der gewünschten Reihenfolge) ein, wobei Sie nach jedem Eintrag [Eingabe] **drücken müssen.**

Wenn alle Unternehmen in der gewünschten Reihenfolge im Listenfeld Listeneinträge angezeigt werden, machen Sie bei Schritt 4 weiter.

4. Wählen Sie die Schaltfläche »Einfügen«, um die Liste in das Listenfeld Benutzerdefinierte Listen einzufügen.

Erstellen Sie so viele Benutzerlisten, wie Sie brauchen, und machen Sie dann mit Schritt 5 weiter.

5. **Sobald Sie Ihre Arbeit beendet haben, wählen Sie »OK« oder drücken Eingabe, um das Dialogfeld »Optionen« zu schließen und wieder zum aktuellen Tabellenblatt in der aktiven Arbeitsmappe zurückzuschalten.**

Sobald Sie in Excel eine benutzerdefinierte Liste erstellt haben, brauchen Sie nur noch den ersten Eintrag in eine Zelle einzugeben und dann mit dem Ausfüllkästchen die Zellen in der gewünschten Richtung zu erweitern. Alles andere erledigt Excel!

Wenn es Ihnen jedoch zu umständlich ist, die ganze Liste einzugeben, dann können Sie auch mit der AutoKorrektur-Funktion arbeiten – so wie ich es im Abschnitt »Einmal AutoKorrektur, bitte« vorgestellt habe – und eine Abkürzung, z. B. »mp« für »Marios Pizzastube«, festlegen, die dann die AutoKorrektur durch die entsprechende Langform ersetzt.

Das große Zellcursorspringen

Wenn Sie eine Datentabelle in ein neues Tabellenblatt eingeben möchten, können Sie sich die Dateneingabe erleichtern, indem Sie alle leeren Zellen markieren, in die Sie Daten eingeben wollen. Setzen Sie hierzu den Zellcursor auf die erste Zelle der neuen Datentabelle, und markieren Sie alle Zellen in den folgenden Spalten und Zeilen. Weitere Informationen zum Markieren von Zellbereichen finden Sie in Kapitel 3. Nachdem Sie den Zellbereich markiert haben, beginnen Sie mit der Eingabe Ihrer Daten.

Wenn Sie einen *Zellbereich* markieren, bevor Sie mit der Dateneingabe beginnen, begrenzt Excel die Dateneingabe in diesem Bereich wie folgt:

- ✔ Der Zellcursor wird automatisch zur nächsten Zelle im Bereich verschoben, wenn Sie auf die Schaltfläche für Eingeben klicken oder Eingabe drücken, um den Zelleintrag abzuschließen.
- ✔ In einem Zellbereich mit mehreren unterschiedlichen Spalten und Zeilen verschiebt Excel den Zellcursor in einer Spalte jeweils um eine Zeile nach unten. Wenn der Zellcursor die Zelle in der letzten Zeile der Spalte erreicht, springt der Zellcursor zur ersten Zeile des Bereichs in der nächsten Spalte auf der rechten Seite. Wenn der Zellbereich nur aus einer Zeile besteht, bewegt sich der Zellcursor in der Zeile von links nach rechts.
- ✔ Wenn Sie die Dateneingabe in der letzten Zelle des Zellbereichs beendet haben, markiert Excel die erste Zelle der gerade erstellten Tabelle. Um die Markierung für den Zellbereich aufzuheben, klicken Sie mit dem Mauszeiger auf eine andere Zelle im Tabellenblatt (innerhalb oder außerhalb des Bereichs), oder Sie drücken eine der Pfeiltasten.

Achten Sie darauf, innerhalb eines markierten Zellbereichs keine Pfeiltaste zu drücken, um einen Eintrag abzuschließen. Klicken Sie immer auf die Schaltfläche für Eingeben, oder drücken Sie [Eingabe]. Wenn Sie eine Pfeiltaste drücken, heben Sie die Markierung des Zellbereichs auf. Um den Zellcursor innerhalb des Zellbereichs zu bewegen, ohne dessen Markierung aufzuheben, benutzen Sie die folgenden Tasten:

- ✔ Drücken Sie [Eingabe], um zur nächsten Zelle in der jeweils darunterliegenden Zeile und dann zur nächsten Spalte im Zellbereich zu gelangen. Mit [Umschalt]+[Eingabe] springen Sie nach oben zur vorherigen Zelle.
- ✔ Drücken Sie [Tab], um zur nächsten Zelle in der rechts liegenden Spalte zu gelangen. Drücken Sie [Umschalt]+[Tab], um nach links zur vorherigen Zelle zu springen.
- ✔ Drücken Sie [Strg]+[Umschalt]+['] (Apostroph), um von einer Ecke des Zellbereichs zur anderen zu hüpfen.

Do it again, Excel!

Sie können sich viel Zeit und Arbeit ersparen, wenn Sie denselben Eintrag (Text, Zahl oder Formel) in vielen Zellen des Tabellenblatts einfügen wollen, da Sie mit Excel die Daten in einem Arbeitsgang in alle Zellen eingeben können. Markieren Sie zunächst die Zellbereiche, in die die Daten eingegeben werden sollen. (Excel läßt Sie mehrere Zellbereiche markieren. Näheres hierzu finden Sie in Kapitel 3.) Schreiben Sie den Eintrag, und drücken Sie [Strg]+[Eingabe], um den Eintrag in alle markierten Bereiche einzufügen.

Wenn diese Aktion erfolgreich sein soll, dann müssen Sie [Strg] drücken und gleichzeitig [Eingabe] betätigen. Excel fügt den Eintrag dann in alle markierten Zellen ein. Wenn Sie nur [Eingabe] drücken, wird der Eintrag nur in die erste Zelle des markierten Zellbereichs geschrieben.

Sie können die Dateneingabe in einer Liste beschleunigen, die Formeln enthält, indem Sie das Kontrollkästchen LISTENFORMAT UND FORMELN ERWEITERN im Register BEARBEITEN des Dialogfelds »Optionen« aktivieren. Das Dialogfeld »Optionen« öffnen Sie, indem Sie im Menü EXTRAS den Befehl OPTIONEN wählen. Wenn diese Funktion aktiviert ist, formatiert Excel automatisch alle neuen Daten, die Sie in die letzte Zeile einer Liste eingeben, so wie die in den vorangegangenen Zeilen und kopiert außerdem eventuelle Formeln, die in vorstehenden Zeilen verwendet wurden. Damit diese neue Funktion jedoch greifen kann, müssen Sie wenigstens in den letzten drei Zeilen Formeln manuell eingegeben und Dateneingaben manuell formatiert haben. Sie sehen, auch bei Excel gibt es nichts umsonst!

Funktionieren die Funktionen?

Sie haben in diesem Kapitel bereits erfahren, wie Formeln erstellt werden, die einfache Rechenoperationen wie Addition, Subtraktion, Multiplikation und Division durchführen. Anstatt nun kompliziertere Formeln aus dem Nichts zu erstellen, können Sie sich eine Excel-Funktion suchen, die diese Aufgabe für Sie erledigt.

Eine *Funktion* ist eine Art vordefinierte Formel, die eine oder mehrere Rechenoperationen durchführt. Und was müssen Sie dabei noch tun? Sie geben die Werte ein, die die Funktion für ihre Berechnungen benötigt. Diese Werte werden auch als Funktionsargumente bezeichnet. Wie bei einfachen Formeln können Sie die Argumente für die meisten Funktionen entweder als numerischen Wert (z.B. »22« oder »-4,56«) oder – was üblicher ist – als Zellbezug (z.B. »B10«) oder als Zellbereich (z. B. »C3:F3«) eingeben.

Wie bei einer Formel, die Sie selbst erstellen, muß auch eine Funktion mit einem Gleichheitszeichen (=) beginnen, damit Excel weiß, daß es die Funktion als Formel und nicht als Text interpretieren soll. Nach dem Gleichheitszeichen schreiben Sie den Namen der Funktion (in Groß- oder Kleinbuchstaben, aber ohne Tippfehler). Hinter den Funktionsnamen schreiben Sie die für die Berechnung erforderlichen Argumente. Alle Funktionsargumente werden in runde Klammern gesetzt.

Denken Sie daran, auf keinen Fall ein Leerzeichen zwischen das Gleichheitszeichen, den Funktionsnamen und die in Klammern stehenden Argumente zu setzen. Einige Funktionen verwenden mehr als einen Wert für ihre Berechnungen. In diesem Fall trennen Sie jedes Argument durch ein Semikolon (nicht durch ein Leerzeichen).

Nachdem Sie das Gleichheitszeichen, den Funktionsnamen und die linke Klammer, die den Anfang eines Funktionsarguments kennzeichnet, geschrieben haben, können Sie mit dem Mauszeiger auf eine Zelle oder einen Zellbereich klicken, die/den Sie als erstes Argument verwenden wollen, anstatt die Zellbezüge selbst zu schreiben. Wenn die Funktion mehr als ein Argument verwendet, zeigen Sie auf die Zelle oder den Zellbereich, den Sie als zweites Argument verwenden wollen. (Aber erst nachdem Sie das Semikolon »;« eingegeben haben, mit dem Sie das erste Argument abschließen.)

Wenn Sie das letzte Argument abgeschlossen haben, geben Sie eine schließende runde Klammer ein, um Excel mitzuteilen, daß Ihnen nun die Argumente ausgegangen sind. Klicken Sie anschließend auf die Schaltfläche für Eingeben, oder drücken Sie [Eingabe], um die Funktion in die Zelle zu übertragen und Excel das Ergebnis berechnen zu lassen.

Viel Spaß mit dem Funktions-Assistenten und der neuen Formelpalette

Auch wenn Sie eine Funktion direkt in eine Zelle eingeben können, ist es für Sie sicherlich einfacher, wenn Sie dies mit dem Funktions-Assistenten erledigen. Wenn Sie auf die Schaltfläche mit dem *fx* in der Standard-Symbolleiste klicken, wird das Dialogfeld »Funktion einfügen« angezeigt, aus dem Sie sich die Funktion aussuchen können, die Sie brauchen. Nachdem Sie eine Funktion ausgewählt haben, öffnet Excel unterhalb der Bearbeitungsleiste ein weiteres Fenster, die sogenannte *Formelpalette*, in dem Sie die Argumente für die Funktion festlegen können. Das hört sich in der Theorie ziemlich kompliziert an, ist es aber überhaupt nicht. Ihnen steht nämlich, wenn es wirklich haarig werden sollte, auch noch der Office-Assistent zu Diensten (den kennen Sie ja schon aus Kapitel 1). Klicken Sie in der Formelpalette auf die Schaltfläche für Microsoft Excel-Hilfe, wenn Sie nicht wissen, wie Sie die Argumente eingeben sollen, oder Sie sichergehen wollen, daß Sie bei der Eingabe der Funktion weder ein Semikolon noch eine Klammer übersehen.

Sie öffnen das Dialogfeld »Funktion einfügen«, indem Sie die Zelle markieren, in die die Formel eingefügt werden soll, und dann in der Standard-Symbolleiste auf die Schaltfläche mit dem *fx* klicken. Das Dialogfeld »Funktion einfügen« (Abbildung 2.14) wird geöffnet.

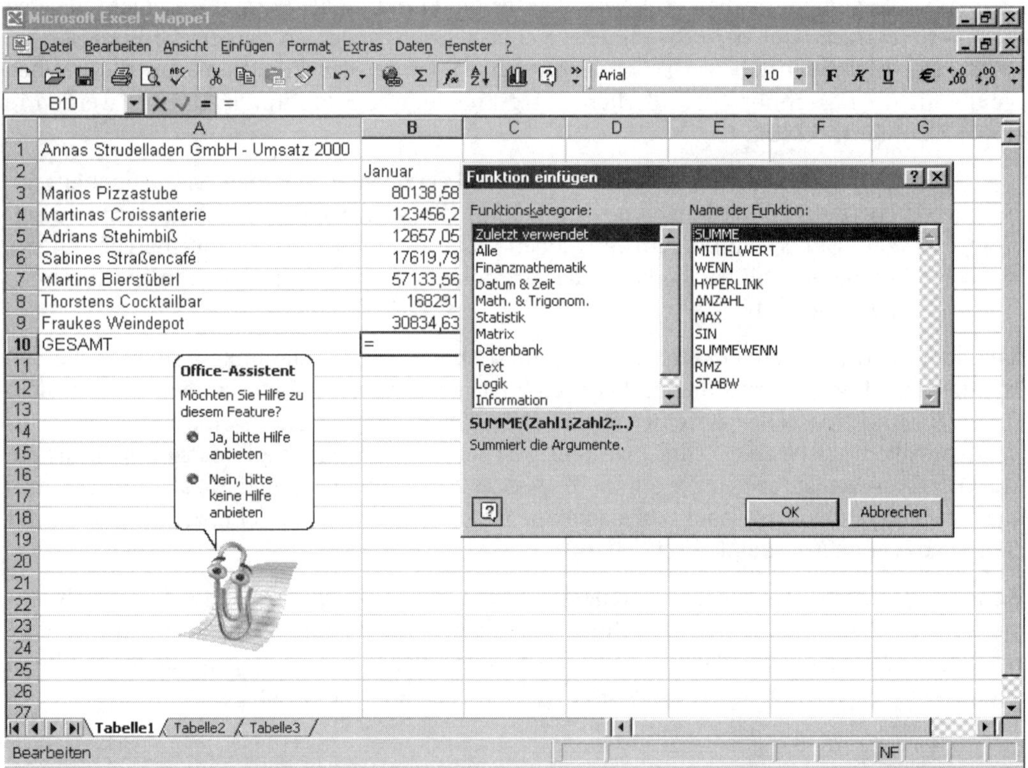

Abbildung 2.14: Markieren Sie im Dialogfeld »Funktion einfügen« die gewünschte Funktion.

Dieses Dialogfeld enthält die Listenfelder Funktionskategorie und Name der Funktion. Wenn Sie das Dialogfeld öffnen, markiert Excel im Listenfeld Kategorie automatisch die Kategorie Zuletzt

VERWENDET und zeigt im Listenfeld NAME DER FUNKTION die Funktionen an, die Sie in der Regel einsetzen.

Wenn die von Ihnen gesuchte Funktion nicht in dieser Liste enthalten ist, müssen Sie die entsprechende Kategorie im Listenfeld FUNKTIONSKATEGORIE markieren (wenn Sie die Kategorie nicht kennen, markieren Sie ALLE). Danach müssen Sie natürlich noch im Listenfeld NAME DER FUNKTION die entsprechende Funktion markieren.

Sobald Sie eine Funktion im Listenfeld NAME DER FUNKTION markieren, zeigt Excel die für diese Funktion benötigten Argumente am unteren Rand des Dialogfelds an und fügt den Funktionsnamen samt Argumenten und den obligatorischen Klammern in die aktuelle Zelle ein. Angenommen, Sie wollen die Funktion SUMME im Listenfeld NAME DER FUNKTION markieren (der Hit in der Kategorie ZULETZT VERWENDET). Sobald Sie die Funktion markieren, werden in der markierten Zelle und in der Bearbeitungsleiste ein Gleichheitszeichen und im unteren Teil des Dialogfelds als Argumente

```
SUMME(Zahl1;Zahl2;...)
```

angezeigt.

Um die Funktion zu vervollständigen und die Zahlenargumente für die SUMME-Funktion einzugeben, klicken Sie auf »OK« oder drücken [Eingabe]. Excel fügt daraufhin

```
SUMME ()
```

sowohl in die aktuelle Zelle als auch in die Bearbeitungsleiste (hinter dem Gleichheitszeichen) ein. Die Formelpalette mit den Argumenten für die SUMME-Funktion wird unterhalb der Bearbeitungsleiste geöffnet (Abbildung 2.15).

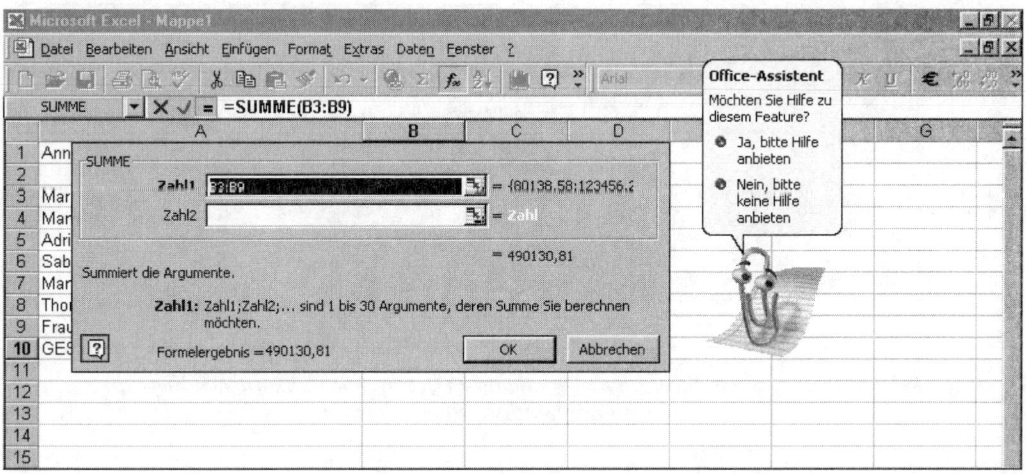

Abbildung 2.15: In der Formelpalette legen Sie fest, welche Argumente in der ausgewählten Funktion verwendet werden sollen.

In der Formelpalette können Sie bis zu 30 Argumente für die Berechnung der Summe eingeben. Was jedoch nirgendwo steht, ist, daß sich diese Werte nicht in einer Zelle befinden müssen. Sie werden sicherlich in der Regel eine ganze Reihe von Werten aus verschiedenen Zellen (das ist die Sache mit der Mehrfachauswahl, zu der Sie in Kapitel 3 mehr erfahren) addieren wollen.

Um das erste Zahlenargument in die Formelpalette einzugeben, klicken Sie auf die Zelle (oder ziehen Sie den Mauszeiger über einen Zellenbereich) im Tabellenblatt. Die Einfügemarke befindet sich bei dieser Aktion im Textfeld Zahl1. Excel zeigt daraufhin die Zelladresse (oder den Zellbereich) im Textfeld Zahl1 und gleichzeitig den Wert der Zelle (bzw. die Werte, falls mehrere Zellen markiert wurden) im Feld rechts neben dem Textfeld sowie die Gesamtsumme (Formelergebnis =) am unteren Dialogfeldrand.

Wenn Sie Zellen markieren wollen, ist Ihnen unter Umständen die Formelpalette im Weg. Aber Excel wäre nicht Excel, wenn es da nicht eine schlaue Möglichkeit gäbe, dies Problem zu beheben. Klicken Sie am Ende des Textfelds Zahl1 auf die Schaltfläche für Dialog reduzieren (das Feld mit dem roten Pfeil), und schon sehen Sie von der Formelpalette nur noch die Zeile des Textfelds Zahl1 und das Gegenstück zur obigen Schaltfläche an dessen rechtem Ende. Nachdem Sie die Zellen markiert haben, die Sie für das erste Argument benötigen, klicken Sie einfach auf die Schaltfläche für Dialog reduzieren (die einzige, die ganz rechts angezeigt wird), und, schwuppdiwupp, ist die ganze Formelpalette wieder sichtbar. Natürlich können Sie die Formelpalette auch ganz einfach aus dem Weg ziehen. Sie wissen schon: Drauf klicken und an eine Stelle auf dem Bildschirm ziehen, an der sie nicht stört.

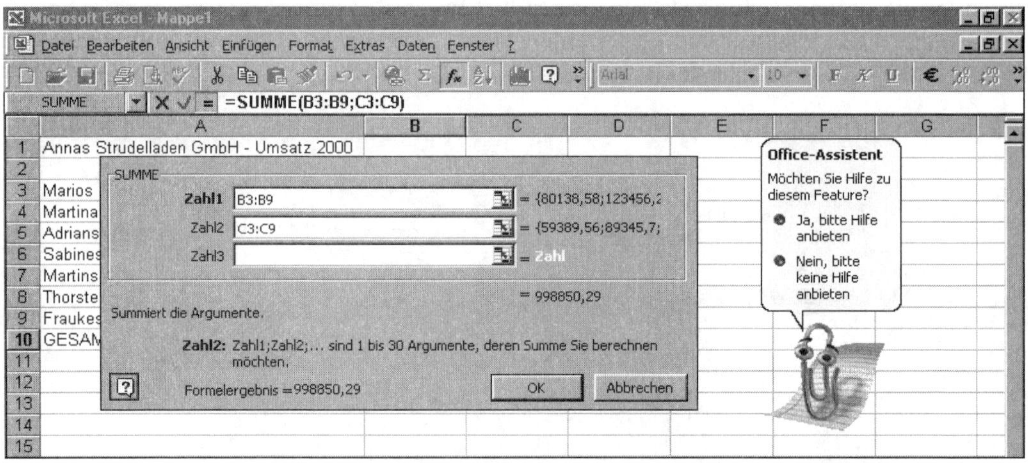

Abbildung 2.16: Wenn Sie weitere Argumente eingeben möchten, drücken Sie Tab, um die Argumentliste zu erweitern.

Wenn Sie mehr als eine Zelle (oder mehrere Zellbereiche) in einem Tabellenblatt addieren wollen, drücken Sie anschließend [Tab] oder klicken auf das Textfeld Zahl2, um die Einfügemarke dorthin zu bewegen. (Excel erweitert daraufhin die Argumentliste um das Textfeld Zahl3.) Im Textfeld Zahl2 definieren Sie die zweite Zelle (bzw. den zweiten Zellbereich), der zum Argument im Textfeld ZAHL1 addiert werden soll. Nachdem Sie auf die Zelle geklickt (bzw. den Mauszeiger über den zweiten Zellbereich gezogen haben), zeigt das Programm die Zelladressen und die Werte im rechten Feld neben dem Textfeld ZAHL2 und die aktuelle Gesamtsumme (aus den Argumenten ZAHL1 und ZAHL2) hinter den Worten *Formelergebnis* = am unteren Dialogfeldrand an.

Wenn Sie alle Summenargumente zusammengetragen haben, klicken Sie auf die Schaltfläche »OK«, um die Formelpalette zu schließen und die SUMME-Funktion in die aktuelle Zelle einzufügen.

So werden Formeln bearbeitet

Mit der Schaltfläche für Formeln bearbeiten bietet Ihnen Excel 2000 die Möglichkeit, Formeln (insbesondere die mit Funktionen) direkt von der Bearbeitungsleiste aus zu bearbeiten. Sie markieren hierzu einfach die Zelle mit der Formel, die Sie bearbeiten möchten, bevor Sie auf die Schaltfläche für Formeln bearbeiten (die mit dem Gleichheitszeichen, die direkt vor dem aktuellen Zelleintrag in der Bearbeitungsleiste angezeigt wird) klicken.

Zwei Dinge passieren, wenn Sie auf die Schaltfläche klicken:

- ✔ Der Inhalt des Namenfelds am Anfang der Bearbeitungsleiste zeigt anstatt der aktuellen Zelladresse die Funktion an, die im Listenfeld mit den zuletzt verwendeten Funktionen an erster Stelle steht. Wenn Sie das Listenfeld aufklappen (auf den kleinen nach unten zeigenden Pfeil klicken), werden alle Funktionen angezeigt, die Sie in der Regel verwenden.
- ✔ Ein Dialogfeld, ähnlich der Formelpalette, mit dem Ergebnis der Formel in der aktuellen Zelle wird im Arbeitsmappenfenster angezeigt. Wenn in dieser Formel eine Funktion verwendet wird, zeigt das Dialogfeld auch die aktuellen Argumente der Funktion an (fast wie in den Abbildungen 2.15 und 2.16).

Sie können jetzt die Formel bearbeiten. Wenn Sie eine Funktion, die in der Formel verwendet wurde, ersetzen wollen, markieren Sie den Funktionsnamen in der Bearbeitungsleiste und klicken dann auf den nach unten zeigenden Pfeil neben dem Namenfeld. Wählen Sie eine neue Funktion aus der Liste aus, durch die Sie die markierte Funktion ersetzen wollen (um weitere Funktion anzuzeigen, klicken Sie am Ende des Listenfelds auf den Eintrag WEITERE FUNKTIONEN, um das Dialogfeld »Funktion einfügen« zu öffnen, das Sie bereits aus den Abbildung 2.14 kennen).

Wenn Sie lediglich die Argumente einer Funktion bearbeiten wollen, dann markieren Sie die Zellbezüge in den jeweiligen Textfeldern (ZAHL1, ZAHL2, ZAHL3 etc.) und führen die entsprechenden Änderungen aus, oder Sie markieren neue Zellbereiche. Achten Sie jedoch darauf, daß Excel automatisch jede markierte Zelle und jeden markierten Zellbereich dem aktuellen Argument hinzufügt. Sie können das gesamte Argument ersetzen, indem Sie es markieren und `Entf` drücken, um die Zelladressen endgültig los zu werden. Danach markieren Sie einen neuen Zellbereich, der dann als Argument verwendet wird. (Denken Sie an die schicke Sache mit dem Reduzieren dieses Dialogfelds, falls es Ihnen bei der Auswahl des Zellbereichs im Weg ist!)

Alles richtig eingegeben? Prima! Dann klicken Sie jetzt in diesem Dialogfeld auf »Ende«, oder drücken Sie [Eingabe], um die Formel zu aktualisieren und aus dem Namenfeld wieder ein Namenfeld zu machen, das ordnungsgemäß die aktuelle Zelladresse anzeigt.

Ich lasse addieren!

Bevor wir die faszinierende Diskussion über die Eingabe von Funktionen beenden, möchte ich Sie doch noch auf die Schaltfläche für AutoSumme in der Standard-Symbolleiste aufmerksam machen. Dies ist die Schaltfläche mit dem griechischen Buchstaben S (vgl. Tabelle 1.2). Diese kleine Schaltfläche ist sein Geld wirklich wert, denn es läßt sich damit nicht nur die SUMME-Funktion aufrufen. Mit der Schaltfläche für AutoSumme können Sie Excel auch auffordern, einen Zellbereich in der aktuellen Spalte oder Zeile mit den zu addierenden Werten zu markieren. In neun von zehn Fällen markiert Excel den richtigen Zellbereich. Im zehnten Fall können Sie den Bereich korrigieren, indem Sie den richtigen Zellbereich markieren.

In Abbildung 2.17 sehen Sie, wie man die Schaltfläche für AutoSumme einsetzt, um die Umsätze von Marios Pizzastube in Zeile 3 zu addieren: Setzen Sie den Zellcursor auf Zelle E3, in der die Summe der Umsätze des 1. Quartals angezeigt werden soll, und klicken Sie auf die Schaltfläche mit dem S. Excel fügt die SUMME-Funktion in die Bearbeitungsleiste ein, zeigt einen *Laufrahmen* (die sich bewegende gestrichelte Linie) um die Zellen B3, C3 und D3 an und verwendet den Zellbereich B3:D3 als Argument in der SUMME-Funktion.

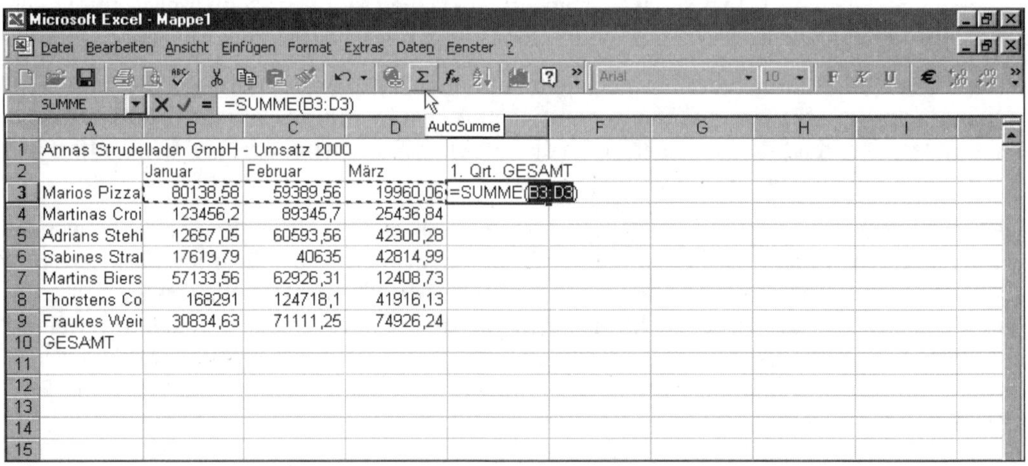

Abbildung 2.17: Mit der Schaltfläche für AutoSumme wird der Gesamtumsatz von Marios Pizzastube in Zeile 3 berechnet.

Abbildung 2.18 zeigt das Tabellenblatt, nachdem die Funktion in Zelle E3 eingefügt wurde. Die errechnete Gesamtsumme erscheint in Zelle E3, in der Bearbeitungsleiste wird die folgende SUMME-Formel angezeigt:

```
=SUMME(B3:D3)
```

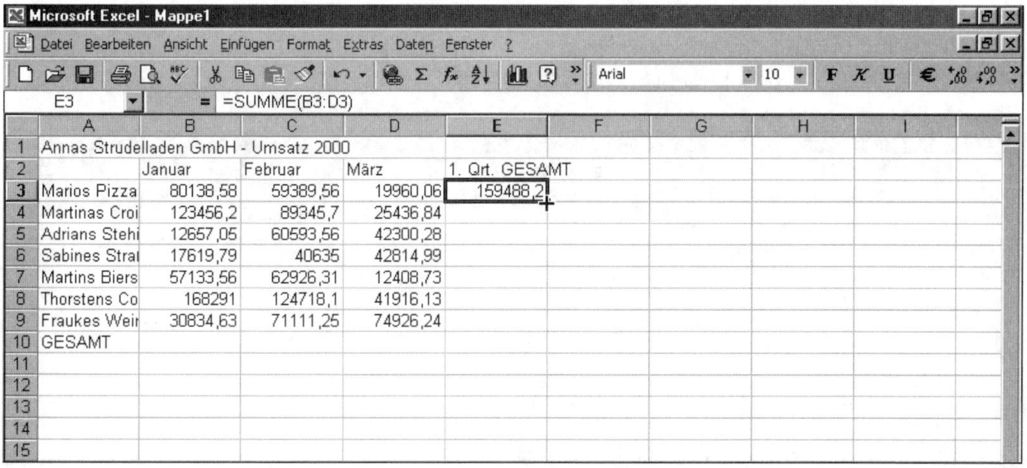

	A	B	C	D	E
1	Annas Strudelladen GmbH - Umsatz 2000				
2		Januar	Februar	März	1. Qrt. GESAMT
3	Marios Pizza	80138,58	59389,56	19960,06	159488,2
4	Martinas Croi	123456,2	89345,7	25436,84	
5	Adrians Stehi	12657,05	60593,56	42300,28	
6	Sabines Strai	17619,79	40635	42814,99	
7	Martins Biers	57133,56	62926,31	12408,73	
8	Thorstens Co	168291	124718,1	41916,13	
9	Fraukes Weir	30834,63	71111,25	74926,24	
10	GESAMT				

Abbildung 2.18: Das Tabellenblatt mit dem Gesamtumsatz für Marios Pizzastube für das 1. Quartal.

Nachdem Sie die SUMME-Funktion für die Berechnung der Umsätze von Marios Pizzastube eingegeben haben, können Sie diese Formel zur Addition der Umsätze der restlichen Unternehmen kopieren, indem Sie das Ausfüllkästchen in Spalte E nach unten ziehen, bis der Zellbereich E3:E9 markiert wird.

In Abbildung 2.19 sehen Sie, wie Sie die Schaltfläche für AutoSumme benutzen, um die Umsätze für den Monat Januar für alle Unternehmen von Annas Strudelladen GmbH in Spalte B zu addieren. Setzen Sie den Zellcursor auf Zelle B10, um hier die Gesamtsumme anzuzeigen. Wenn Sie auf die Schaltfläche mit dem S klicken, wird ein Laufrahmen um die Zellen B3 bis B9 angezeigt und als Argument für die SUMME-Funktion der Zellbereich B3:B9 angegeben.

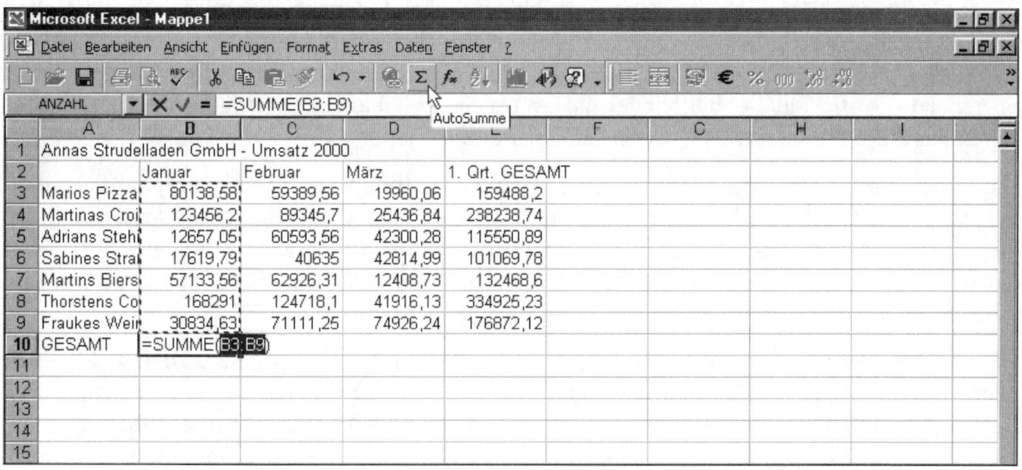

	A	B	C	D	E
1	Annas Strudelladen GmbH - Umsatz 2000				
2		Januar	Februar	März	1. Qrt. GESAMT
3	Marios Pizza	80138,58	59389,56	19960,06	159488,2
4	Martinas Croi	123456,2	89345,7	25436,84	238238,74
5	Adrians Stehi	12657,05	60593,56	42300,28	115550,89
6	Sabines Strai	17619,79	40635	42814,99	101069,78
7	Martins Biers	57133,56	62926,31	12408,73	132468,6
8	Thorstens Co	168291	124718,1	41916,13	334925,23
9	Fraukes Weir	30834,63	71111,25	74926,24	176872,12
10	GESAMT	=SUMME(B3:B9)			

Abbildung 2.19: Mit der SUMME-Funktion werden die Umsätze für Januar in Spalte B addiert.

Abbildung 2.20 zeigt das Tabellenblatt, nachdem ich die Funktion in Zelle B10 eingefügt und mit der AutoAusfüllen-Funktion die Formel in die Zellen C10, D10 und E10 kopiert habe. (Ziehen Sie das Ausfüllkästchen nach rechts bis zur Zelle E10, bevor Sie die Maustaste loslassen.)

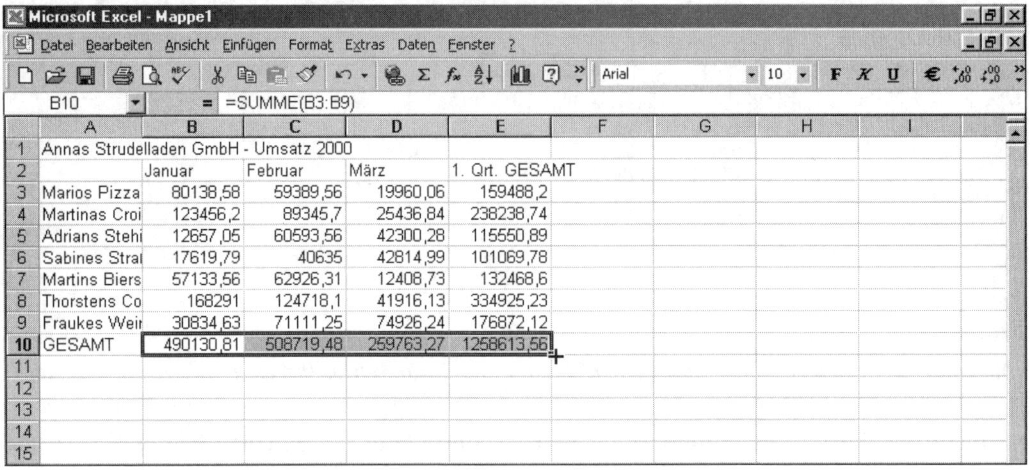

	A	B	C	D	E	F	G	H	I
1	Annas Strudelladen GmbH - Umsatz 2000								
2		Januar	Februar	März	1. Qrt. GESAMT				
3	Marios Pizza	80138,58	59389,56	19960,06	159488,2				
4	Martinas Croi	123456,2	89345,7	25436,84	238238,74				
5	Adrians Stehi	12657,05	60593,56	42300,28	115550,89				
6	Sabines Strai	17619,79	40635	42814,99	101069,78				
7	Martins Biers	57133,56	62926,31	12408,73	132468,6				
8	Thorstens Co	168291	124718,1	41916,13	334925,23				
9	Fraukes Weir	30834,63	71111,25	74926,24	176872,12				
10	GESAMT	490130,81	508719,48	259763,27	1258613,56				
11									
12									
13									
14									
15									

Abbildung 2.20: Das Tabellenblatt nach dem Kopieren der SUMME-Formel

Jetzt wird gespeichert

Die gesamte Arbeit, die Sie in ein Tabellenblatt stecken, ist so lange gefährdet, bis Sie das Dokument auf einem Datenträger (auf einer Diskette oder auf Ihrer Festplatte) speichern. Wenn der Strom ausfällt oder Ihr Rechner aus irgendeinem Grund zusammenbricht, bevor Sie das Dokument gespeichert haben, dann haben Sie Pech gehabt. Sie müssen dann Zeichen für Zeichen alles neu erstellen – eine nervtötende Angelegenheit, zumal sie so unnötig ist. Um sich dieses unangenehme Erlebnis zu ersparen, sollten Sie sich an eine goldene Regel halten: Speichern Sie Ihr Tabellenblatt jedesmal, wenn Sie so viele Daten eingeben haben, daß es Ihnen das Herz brechen würde, wenn sie abhanden kämen.

Um Sie zu häufigerem Speichern zu ermuntern, bietet Ihnen Excel in der Standard-Symbolleiste die Schaltfläche für Speichern an. (Dies ist in der Regel die dritte Schaltfläche von links, die mit der Diskette.) Sie müssen also nicht einmal den Befehl SPEICHERN im Menü DATEI wählen (oder [Strg]+[S] drücken), sondern brauchen nur auf diese Schaltfläche zu klicken, wenn Sie Ihre Arbeit auf einem Datenträger speichern möchten.

Das erste Mal, wenn Sie auf die Schaltfläche für Speichern klicken, wird das Dialogfeld »Speichern unter« angezeigt (Abbildung 2.21). In diesem Dialogfeld ersetzen Sie den temporären Dateinamen (MAPPE1, MAPPE2 etc.) durch einen eigenen Dateinamen und wählen gegebenenfalls ein anderes Laufwerk und einen anderen Ordner, bevor Sie das Dokument speichern. Also los:

- ✔ Um die Arbeitsmappe neu zu benennen, schreiben Sie den Dateinamen in das Textfeld DATEINAME. Wenn Sie das Dialogfeld »Speichern unter« aufrufen, ist der aktuelle Dateiname (z.B. MAPPE1) markiert, und Sie können diesen sogleich durch den neuen Dateinamen ersetzen.
- ✔ Um das Laufwerk zu ändern, auf dem die Datei gespeichert werden soll, klicken Sie auf das Dropdown-Listenfeld SPEICHERN IN und markieren dort das entsprechende Laufwerk, also Festplatte (C:) oder 3,5-Diskette (A:).
- ✔ Um den Ordner zu ändern, in dem die Arbeitsmappe gespeichert werden soll, wählen Sie gegebenenfalls das entsprechende Laufwerk und klicken dann auf den entsprechenden Ordner. Wenn Sie die Arbeitsmappe in einem Ordner ablegen möchten, der sich in einem der im Listenfeld angezeigten Ordner befindet, so müssen Sie auf diesen Ordner nur doppelklicken. Damit dürfte alles erledigt sein. Der Name des Ordners, in dem die Arbeitsmappe gespeichert werden soll, sollte jetzt im Dropdown-Listenfeld SPEICHERN IN angezeigt werden. Wenn die Datei in einem ganz neuen Ordner gespeichert werden soll, klicken Sie auf die Schaltfläche für Neuen Ordner erstellen, bevor Sie »Speichern« wählen oder `Eingabe` drücken.

2000

Das Dialogfeld »Speichern unter« zeigt sich in Excel 2000 in neuem Gewand. Es hat nämlich fünf neue Schaltflächen bekommen: »Verlauf«, »Eigene Dateien«, »Desktop«, »Favoriten« und »Webordner«. Hinter diesen neuen Schaltflächen verbergen sich die folgenden Speichermöglichkeiten:

- ✔ Klicken Sie auf die Schaltfläche »Verlauf«, um Ihre Arbeitsmappe im Ordner ZULETZT VERWENDET abzulegen. Dieser Ordner ist ein Unterordner des Ordners OFFICE, der wiederum ein Unterordner des Ordners MICROSOFT ist, der sich im Ordner ANWENDUNGSDATEN im Windows-Ordner auf der Festplatte befindet.
- ✔ Klicken Sie auf die Schaltfläche »Eigene Dateien«, um die Arbeitsmappe im Ordner EIGENE DATEIEN abzulegen.
- ✔ Wenn Sie auf die Schaltfläche »Desktop« klicken, wird die Arbeitsmappe direkt auf dem Desktop Ihres Rechners gespeichert.
- ✔ Wählen Sie die Schaltfläche »Favoriten«, wenn Sie die Arbeitsmappe im Ordner FAVORITEN speichern möchten. Dies ist auch ein Unterordner des Windows-Ordners.
- ✔ Klicken Sie auf die Schaltfläche »Webordner«, wenn die Arbeitsmappe in einem der Webordner auf dem Webserver Ihrer Firma abgelegt werden soll. Mit dieser Schaltfläche sollten Sie insbesondere dann arbeiten, wenn Sie eine Excel-Tabelle als Webseite auf der Website Ihres Unternehmens oder im Firmenintranet veröffentlichen wollen. (Mehr dazu können Sie in Kapitel 10 nachlesen.)

Denken Sie daran, daß bei Windows 95/98 die Dateinamen Leerzeichen enthalten und bis zu 255 Zeichen lang sein dürfen (wer schreibt denn soooo lange Dateinamen?). Das ist natürlich eine erfreuliche Tatsache für alle, die diesbezüglich unter DOS oder Windows 3.1 gelitten haben, weil sie sich mit acht Zeichen für den Dateinamen und drei Zeichen für die Dateierweiterung begnügen mußten. Sie sollten jedoch bei der Benennung der Arbeitsmappen auch daran denken, daß Sie diese vielleicht mal auf einem PC einsetzen müssen, auf dem Windows 95/98 nicht installiert ist. Dann werden die Dateinamen empfindlich gekürzt und mit der Excel-Dateierweiterung .XLS versehen. (Ihre mit Excel 2000 erstellten Arbeitsmappen enthalten diese Dateierweiterung natürlich auch, nur Windows 95/98 ist so nett und bietet Ihnen die Möglichkeit, diese verschwinden zu lassen.)

Wenn Sie Ihre Änderungen im Dialogfeld »Speichern unter« vorgenommen haben, wählen Sie »Speichern« oder drücken [Eingabe], um das Dokument zu speichern. Wenn Excel die Arbeitsmappendatei speichert, werden alle Daten aus sämtlichen Tabellenblättern Ihrer Arbeitsmappe (einschließlich der letzten Position des Zellcursors) in dem angegebenen Ordner abgelegt. Sie brauchen also das Dialogfeld »Speichern unter« nicht wieder zu bemühen, es sei denn, Sie möchten die Arbeitsmappe umbenennen oder eine Kopie davon in einem anderen Ordner ablegen. Dann müssen Sie natürlich, statt auf die Schaltfläche für Arbeitsmappe speichern zu klikken oder [Strg]+[S] zu drücken, den Befehl SPEICHERN UNTER im Menü DATEI wählen.

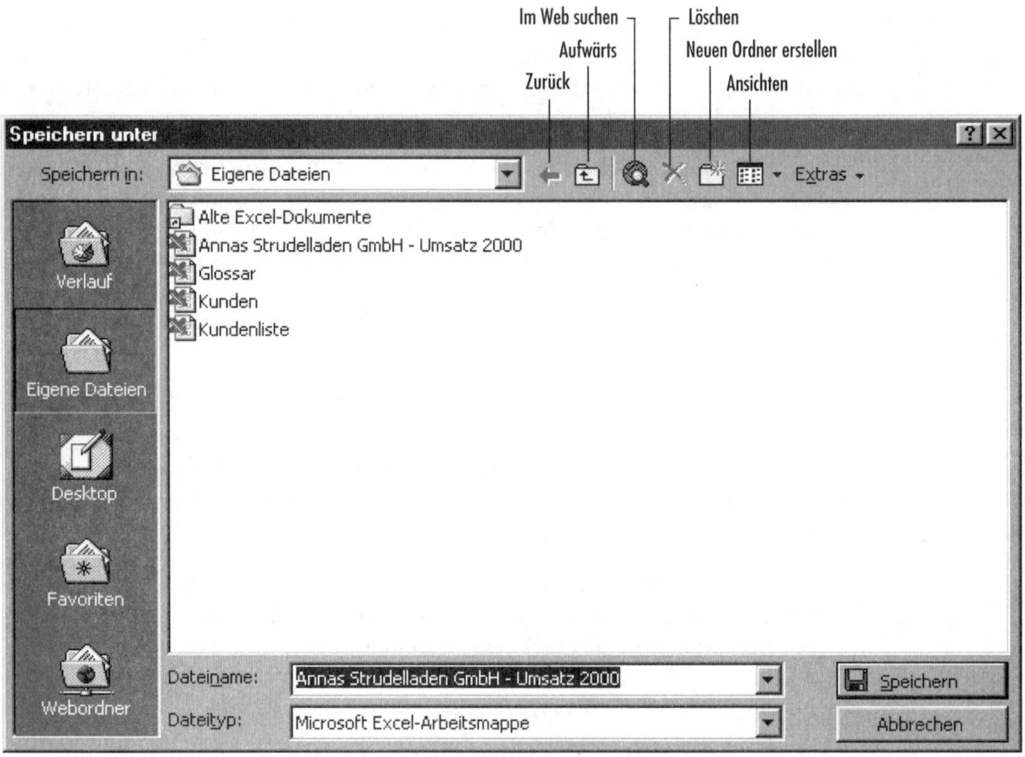

Abbildung 2.21: Das Dialogfeld »Speichern unter«

Teil II

Ändern nach Lust und Laune

The 5th Wave By Rich Tennant

In diesem Teil...

Die Sache mit der Arbeit wäre eigentlich gar nicht so schlimm, wenn nicht immer genau in dem Moment, in dem Sie mit sich und Ihrem Job zufrieden sind, jemand vorbeikäme und alles anders haben wollte. Wenn das Leben von Ihnen Flexibilität verlangt, dann wird das ewige Hin und Her Sie mitunter sicherlich kann schön schaffen. Leider besteht auch der Großteil der Arbeit mit Excel 2000 darin, all das, wofür Sie zuerst stundenlang gearbeitet haben, um es so wunderbar einzugeben, mal eben wieder umzuschmeißen und anders zu gestalten.

Der zweite Teil präsentiert Ihnen diesen ganzen Bearbeitungskram in drei Phasen: Formatieren der Rohdaten, Anordnen der formatierten Daten bzw. Löschen derselben und Senden der endgültig formatierten und bearbeiteten Daten an den Kollegen Drucker. Glauben Sie mir, sobald Sie sich mit der Bearbeitung der Daten auskennen (das, was Sie jetzt in diesem Teil erwartet), fühlen Sie sich in Excel 2000 schon mindestens zu 50% zu Hause.

Ein bißchen Glanz für nüchterne Zahlen

3

In diesem Kapitel erfahren Sie, wie Sie ...

- Zellen, die formatiert werden sollen, markieren.
- mit der Funktion AutoFormat eine Tabelle auf Vordermann bringen.
- integrierte Zahlenformate auf Zellen anwenden, die Werte enthalten.
- eigene Zahlenformate für Ihr Tabellenblatt erstellen.
- die Breite der Spalten im Tabellenblatt ändern.
- die Höhe der Zeilen im Tabellenblatt anpassen.
- Spalten und Zeilen im Tabellenblatt verstecken.
- Zellen eine neue Schriftart und Schriftgröße zuweisen.
- die Ausrichtung der Einträge in einem Zellbereich ändern.
- Zellen mit Rahmen, Schatten oder Farben versehen.
- eine Formatvorlage für einen Zellbereich auswählen.
- Zellen mit der neuen bedingten Formatierung formatieren.

In Tabellenkalkulationsprogrammen wie Excel brauchen Sie sich in der Regel über die Formatierung erst Gedanken zu machen, wenn Sie alle Daten in das Tabellenblatt eingegeben haben (das wissen Sie ja bereits aus den Kapiteln 1 und 2). Dann jedoch wird es Zeit, daß Sie erfahren, wie man diese Daten wirkungsvoller darstellen kann.

Wenn Sie sich zur Formatierung eines Tabellenblattbereichs entschlossen haben, markieren Sie alle gewünschten Zellen und klicken dann auf die entsprechende Schaltfläche oder wählen den entsprechenden Menübefehl. Bevor Sie aber etwas über diese wunderbaren Formatierungsfunktionen erfahren werden, müssen Sie erst einmal wissen, wie Sie einen *Zellbereich markieren* (so heißt das nämlich).

Die Dateneingabe in eine Zelle und die Formatierung dieser Daten sind zwei vollkommen verschiedene Verfahren. Wenn Sie den Eintrag in einer formatierten Zelle ändern, so erhält der neue Eintrag das entsprechende Zellformat. Sie können daher auch leere Zellen in einem Tabellenblatt formatieren und die Daten, die Sie in diese Zellen eingeben, erhalten dann sofort dieses Format.

Sie haben die Wahl!

Aufgrund der überaus rechteckigen Form des Tabellenblatts und seiner Bestandteile sollte es nicht weiter verwundern, daß man beim Markieren von Zellen an diese Form gebunden ist. Letztendlich ist es ja nichts anderes als ein Zellenverband mit unterschiedlichen Zahlen für Spalten und Zeilen.

Ein *Zellbereich* (auch *Zellauswahl* genannt) besteht aus lauter benachbarten Zellen, die Sie markiert haben, um sie anschließend zu formatieren oder zu bearbeiten. Der kleinstmögliche Zellbereich im Tabellenblatt ist eine Zelle (die sogenannte *aktive Zelle*). Der größtmögliche Zellbereich im Tabellenblatt ist das gesamte Tabellenblatt. In der Regel wird die Größe des Zellbereichs, den Sie formatieren wollen, wohl eher zwischen diesen beiden Extremen liegen und aus Zellen in mehreren benachbarten Spalten und Zeilen bestehen.

Ein Zellbereich wird in Excel stets dunkel hervorgehoben dargestellt. In Abbildung 3.1 sehen Sie verschiedene Größen und Formen möglicher Zellbereiche.

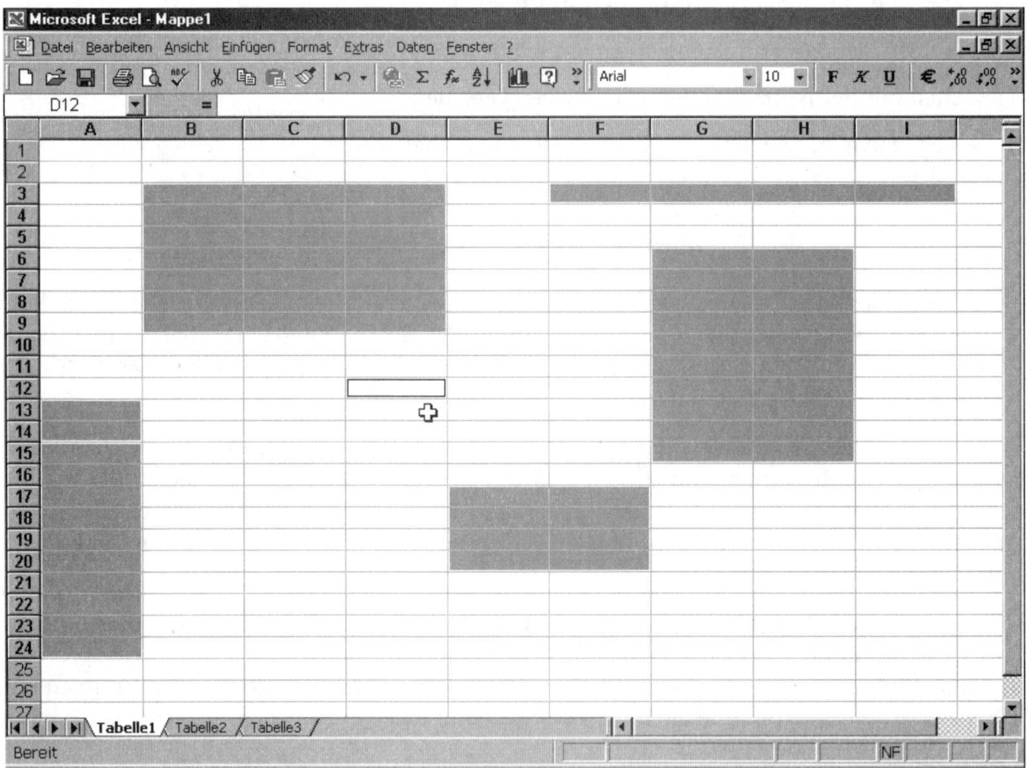

Abbildung 3.1: Verschiedene Formen und Größen von Zellbereichen

Wie Sie sehen, können Sie mit Excel mehrere Zellbereiche auf einmal markieren (die sogenannte *Mehrfachauswahl*). Eigentlich handelt es sich dabei aber nicht um verschiedene Zellbereiche, auch wenn ich es hier so bezeichne, sondern nur um einen großen nicht zusammenhängenden Zellbereich, in dem die Zelle D12 (die aktive Zelle) zuletzt markiert wurde. Wenn Sie es auch mal probieren möchten, dann sprinten Sie doch eben vor zum Abschnitt »Eine Mehrfachauswahl treffen«.

Zellauswahl à la Maus

Die Maus ist für das Markieren von Zellbereichen wie geschaffen. Setzen Sie den Mauszeiger (der jetzt die Form eines dicken, weißen Kreuzes hat) auf die erste Zelle, und ziehen Sie in die Richtung, in die Sie den Zellbereich erweitern möchten.

- ✔ Um den Zellbereich auf Spalten auf der rechten Seite zu erweitern, ziehen Sie nach rechts und markieren so alle benachbarten Zellen.
- ✔ Um den Zellbereich auf darunterliegende Zeilen auszuweiten, ziehen Sie nach unten.
- ✔ Um den Zellbereich gleichzeitig nach rechts und nach unten auszuweiten, ziehen Sie diagonal in Richtung auf die Zelle in der unteren rechten Ecke des von Ihnen gewählten Bereichs.

Der Umschalt-Klick

Um die Auswahl zu beschleunigen, können Sie die `Umschalt`+Klicken-Methode anwenden:

1. **Klicken Sie auf die erste Zelle im Zellbereich.**

   Hiermit markieren Sie diese Zelle.

2. **Setzen Sie den Zellcursor auf die letzte Zelle des gewünschten Zellbereichs.**
3. **Drücken Sie `Umschalt`, und klicken Sie dabei auf die Zelle.**

   Sobald Sie auf die letzte Zelle klicken, markiert Excel alle Zellen in den Spalten und Zeilen zwischen der ersten und der letzten Zelle.

Die `Umschalt`-Taste funktioniert mit der Maus wie eine *Erweiterungstaste*, um eine Auswahl vom ersten ausgewählten Element bis zum letzten Element einschließlich zu erweitern (hierzu mehr etwas später unter »Die Erweiterung des Zellbereichs«). Mit `Umschalt` können Sie also die erste und die letzte Zelle sowie alle dazwischenliegenden Zellen eines Tabellenblatts oder alle Einträge in einem Listenfeld markieren.

Wenn Sie bemerken – bevor Sie die Maustaste loslassen –, daß Sie eine falsche Zelle in Ihre Auswahl eingeschlossen haben, dann können Sie die Markierung für diese Zelle wieder aufheben, indem Sie den Mauszeiger in die entgegengesetzte Richtung ziehen. Falls Sie die Maustaste bereits losgelassen haben, klicken Sie auf die erste Zelle im markierten Bereich, um nur diese Zelle zu markieren (und die Markierung für alle anderen aufzuheben), und fangen mit der ganzen Prozedur noch einmal von vorne an.

Eine Mehrfachauswahl treffen

Um mehrere nicht zusammenhängende Bereiche gleichzeitig auszuwählen, markieren Sie den ersten Zellbereich und halten dann Strg gedrückt, während Sie auf die erste Zelle des zweiten Bereichs klicken und den Mauszeiger über die Zellen in diesem Bereich ziehen. Solange Sie Strg bei der Auswahl weiterer Bereiche drücken, wird die Markierung der vorherigen Bereiche nicht aufgehoben.

Die Strg-Taste funktioniert mit der Maus wie eine selektive Markierungstaste, um nicht nebeneinanderliegende Bereiche zu markieren. (Näheres hierzu finden Sie etwas weiter unten unter »Mehrfachauswahl mit der Tastatur«.) Mit Strg können Sie also mehrere Zellbereiche oder Einträge in einem Listenfeld markieren, ohne daß die Zellen bzw. Einträge nebeneinander liegen müssen.

Ganze Spalten und Zeilen markieren

Sie können durch Klicken und Ziehen im Tabellenblattrahmen ganze Spalten und Zeilen, ja sogar alle Zellen eines Tabellenblatts markieren.

- ✔ Um alle Zellen in einer bestimmten Spalte zu markieren, klicken Sie auf den entsprechenden Spaltenbuchstaben oben im Dokumentfenster.
- ✔ Um alle Zellen in einer bestimmten Zeile zu markieren, klicken Sie auf die entsprechende Zeilennummer auf der linken Seite im Dokumentfenster.
- ✔ Um einen Bereich mit ganzen Spalten oder Zeilen gleichzeitig zu markieren, ziehen Sie den Mauszeiger über die Spaltenbuchstaben oder Zeilennummern des Tabellenblattrahmens.
- ✔ Um ganze Spalten und Zeilen zu markieren, die nicht genau nebeneinander liegen (die Sache mit der Mehrfachauswahl), drücken Sie Strg, während Sie auf die Spaltenbuchstaben oder die Zeilennummern klicken, die zu dem Zellbereich gehören sollen.

Um das gesamte Tabellenblatt zu markieren, klicken Sie auf das leere Eck (sieht aus wie eine Art Schaltfläche) in der oberen linken Ecke des Rahmens (dort, wo Spaltenbuchstaben und Zeilennummern sich schneiden).

AutoMarkieren Sie doch mal mit Ihrer Maus!

Excel bietet Ihnen einen besonders schnellen Weg, alle Zellen eines Datenbereichs zu markieren. (Sie sollten dies allerdings nicht bei leeren Zellen oder einer Datentabelle, in der die ersten Spalte oder Reihe leere Zellen enthält, versuchen.) Befolgen Sie hierzu nur die folgenden Schritte:

1. **Klicken Sie auf die erste Zelle des Bereichs, um sie zu markieren.**

   Die erste Zelle ist immer die, die sich links oben in der Tabelle befindet.

2. **Halten Sie `Umschalt` gedrückt, und doppelklicken Sie auf den Rand der Zelle (rechts oder unten). Der Mauszeiger hat die übliche Pfeilform (nicht das kleine Kreuz).**

   Abbildung 3.2 zeigt, wie's gehen soll. Wenn Sie auf den unteren Rand der Zelle doppelklicken, erweitert sich der Zellbereich bis zur Zelle in der letzten Zeile der ersten Spalte (Abbildung 3.3). Ein Doppelklick auf den rechten Rand der aktiven Zelle markiert die Zellen bis zu der letzten Spalte der ersten Zeile.

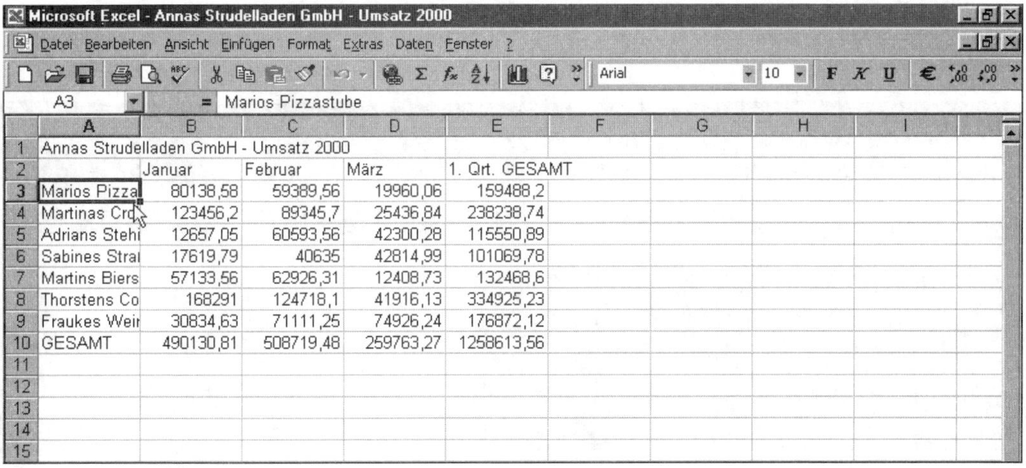

Abbildung 3.2: Setzen Sie den Mauszeiger auf den unteren Rand der ersten Zelle, um die Ausgangszelle zu markieren.

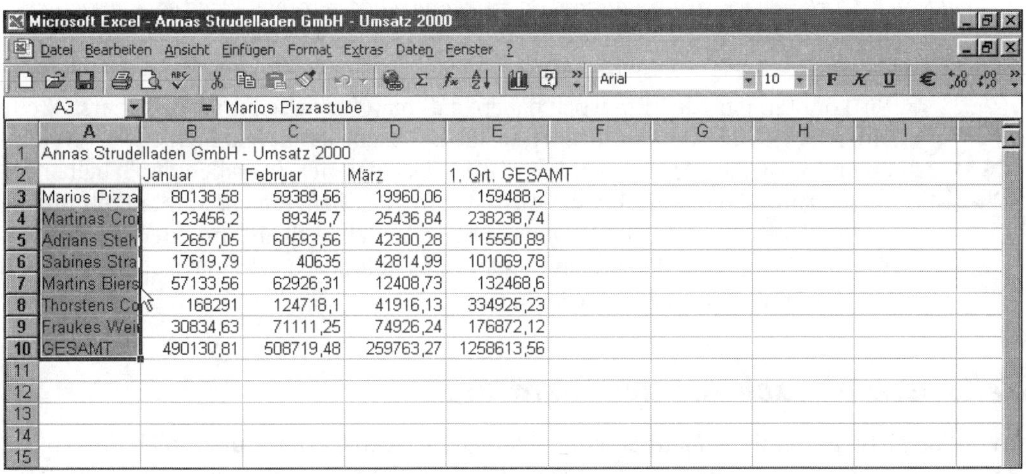

Abbildung 3.3: Drücken von Umschalt und Doppelklicken auf den unteren Rand der aktiven Zelle markiert dann die erste Spalte der Tabelle.

3a. Halten Sie `Umschalt` gedrückt, und doppelklicken Sie irgendwo auf den rechten Rand des Zellbereichs (Abbildung 3.3), wenn der Zellbereich bis jetzt aus der ersten Spalte der Tabelle besteht.

Jetzt haben Sie alle anderen Spalten der Tabelle markiert (Abbildung 3.4).

3b. Halten Sie `Umschalt` gedrückt, und doppelklicken Sie irgendwo auf den unteren Rand des aktiven Zellbereichs, wenn der Zellbereich bis jetzt aus der ersten Zeile der Tabelle besteht.

Jetzt haben Sie alle weiteren Zeilen der Tabelle markiert.

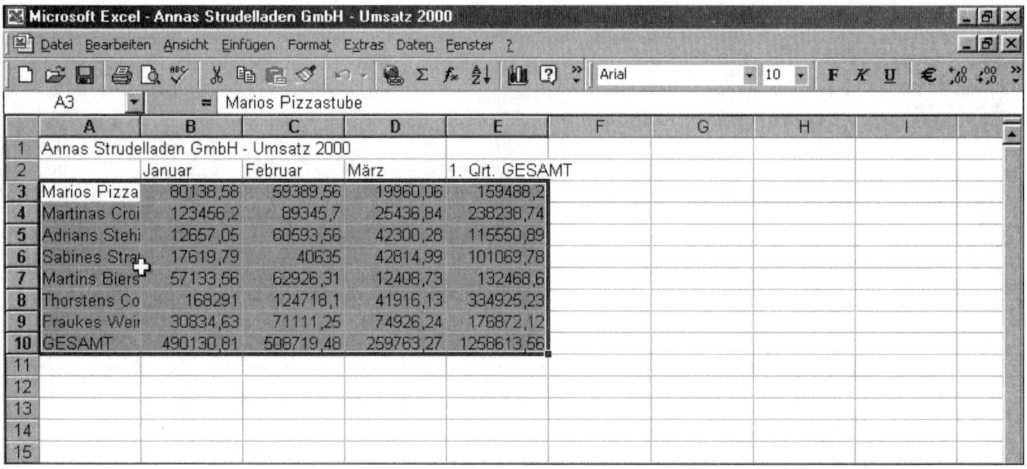

Abbildung 3.4: Drücken von `Umschalt` *und Doppelklicken auf den rechten Rand der markierten Spalte führt zur Markierung aller Spalten in dieser Tabelle.*

Sie könnten jetzt den Eindruck haben, daß man für diese Funktion die erste Zelle einer Tabelle markieren muß. Ich wollte die Sache damit lediglich etwas vereinfachen. Im Grunde genommen können Sie jede der vier Eckzellen der Tabelle nehmen. Dann können Sie bei der Erweiterung des Zellbereichs wählen, ob Sie die erste oder die letzte Zeile bzw. die erste oder letzte Spalte markieren möchten. Klicken Sie also auf den linken Rand, um nach links zu erweitern, auf den oberen Rand, um nach oben zu erweitern, usw.

Zellauswahl nach Art der Tastatur

Wenn Sie nicht gern mit der Maus arbeiten, können Sie auch die Tastatur zum Markieren von Zellen verwenden. Analog zur `Umschalt`+Klicken-Methode, besteht auch mit der Tastatur der einfachste Weg darin, die `Umschalt`-Taste mit anderen Tasten, die den Zellcursor verschieben, zu kombinieren. In Kapitel 1 finden Sie eine Liste dieser Tastenkombinationen.

Setzen Sie zuerst den Zellcursor auf die erste Zelle, drücken Sie dann Umschalt, während Sie die entsprechenden Pfeiltasten (↑, ←, ↓, →, Bild≠ oder Bild↓) drücken. Excel markiert nun die Zellen ab der aktuellen Zelle. Das heißt also, daß der Zellcursor nicht nur wie sonst verschoben wird, sondern beim Verschieben auch gleich alle entsprechenden Zellen markiert werden.

Wenn Sie Zellen auf diese Weise markieren, können Sie die Größe und Form des Zellbereichs mit den Pfeiltasten ändern, solange Sie Umschalt gedrückt halten. Sobald Sie Umschalt loslassen und eine der Pfeiltasten drücken, ist die Markierung futsch.

Die Erweiterung des Zellbereichs

Wenn Ihnen das Drücken der Umschalt-Taste zu ermüdend erscheint, aktivieren Sie den Erweiterungsmodus, indem Sie F8 drücken, bevor Sie eine der Pfeiltasten betätigen. In der Statusleiste wird daraufhin ERW (= Erweiterungsmodus) angezeigt, um Ihnen mitzuteilen, daß das Programm alle Zellen markiert, über die Sie den Zellcursor bewegen.

Wenn Sie alle gewünschten Zellen markiert haben, drücken Sie nochmals F8, um den Erweiterungsmodus zu deaktivieren. Die Anzeige »ERW« verschwindet wieder aus der Statusleiste, und der Mauszeiger bewegt sich wieder über Ihr Tabellenblatt, als wenn nichts geschehen sei. Allerdings wird auch die Markierung aller zuvor ausgewählten Zellen wieder aufgehoben, sobald Sie nun den Mauszeiger wieder bewegen.

AutoMarkieren mit der Tastatur

Nicht nur mit der Maus läßt sich prima markieren (hatten wir gerade unter »AutoMarkieren Sie doch mal mit der Maus!«), auch mit der Tastatur läßt sich ein Zellbereich ganz schnell im Tabellenblatt markieren, wenn Sie hierzu F8 (oder Umschalt) mit den Pfeiltasten, mit Strg+Pfeiltasten oder mit Ende, Pfeiltasten kombinieren, um den Zellcursor von einem Ende des Zellbereichs zum anderen hüpfen zu lassen.

Um eine ganze Tabelle auszuwählen, gehen Sie folgendermaßen vor:

1. **Setzen Sie den Zellcursor auf die erste Zelle (die Zelle in der oberen linken Ecke der Tabelle).**
2. **Drücken Sie F8 (oder halten Sie die Umschalt-Taste gedrückt) und anschließend Strg)→ (oder Ende,→, wenn Ihnen das sympathischer ist), um die Zellauswahl auf die rechts daneben liegenden Spalten zu erweitern.**
3. **Drücken Sie dann Strg+↓ (bzw. Ende,↓), um die Auswahl auf die darunterliegenden Zeilen auszuweiten.**

Welche Richtung Sie zuerst angeben, bleibt wiederum Ihnen überlassen – Sie können genausogut zuerst Strg+↓ (oder Ende,↓) drücken, bevor Sie Strg+→ (bzw. Ende,→) drücken. Sie sollten nur eines bedenken: Wenn Sie Umschalt anstelle von F8 drücken, dürfen Sie Umschalt erst loslassen, nachdem Sie beide Richtungsmanöver beendet haben. Sie sollten vielleicht auch nicht vergessen, nochmals [F8] zu drücken, um den Erweiterungsmodus zu beenden. Sonst sitzen Sie morgen noch da und markieren Zellen.

Mehrfachauswahl mit der Tastatur

Mit der Tastatur ist die Auswahl mehrerer nicht zusammenhängender Zellbereiche etwas umständlicher als mit der Maus. Wenn Sie mit der Tastatur einen Zellbereich markiert haben, müssen Sie den Zellcursor erst mit [Umschalt]+[F8] lösen, bevor Sie ihn zum nächsten Bereich verschieben können. Mit dieser Tastenkombination aktivieren Sie den Einfügemodus, d. h., Sie können jetzt den Zellcursor zur ersten Zelle des nächsten Bereichs verschieben, ohne dabei weitere Zellen auszuwählen. Excel zeigt jetzt in der Statusleiste ADD an.

Um mehrere Zellbereiche mit der Tastatur zu markieren, versuchen Sie mal folgendes:

1. **Setzen Sie den Zellcursor auf die erste Zelle des ersten Zellbereichs.**
2. **Drücken Sie [F8], um den Erweiterungsmodus zu aktivieren.**

   Verschieben Sie den Zellcursor, um alle Zellen im ersten Zellbereich zu markieren. Sie können statt dessen auch [Umschalt] drücken, während Sie den Zellcursor bewegen.
3. **Drücken Sie [Umschalt]+[F8], um den Einfügemodus zu aktivieren.**

   In der Statuszeile wird ADD angezeigt.
4. **Verschieben Sie den Zellcursor auf die erste Zelle des nächsten (nicht angrenzenden) Bereichs.**
5. **Drücken Sie [F8], um in den Erweiterungsmodus zurückzuschalten, und verschieben Sie den Zellcursor, um alle Zellen des zweiten Bereichs zu markieren.**
6. **Wenn Sie noch weitere nicht angrenzende Bereiche markieren möchten, wiederholen Sie die Schritte 3 bis 5.**

Zellauswahl mit Gehe zu

Wenn Sie einen sehr großen Zellbereich markieren möchten und das Betätigen der verschiedenen Pfeiltasten leid sind, verwenden Sie den Befehl Gehe zu im Menü Bearbeiten, um den Bereich zu erweitern. Gehen Sie hierzu wie folgt vor:

1. **Setzen Sie zuerst den Zellcursor auf die erste Zelle des Bereichs, und drücken Sie dann [F8], um den Zellcursor zu verankern.**
2. **Drücken Sie [F5], um das Dialogfeld »Gehe zu« zu öffnen, geben Sie die Adresse der letzten Zelle des Bereichs (die Zelle diagonal zur ersten Zelle) an, und drücken Sie dann [Eingabe].**

Da sich Excel im Erweiterungsmodus befindet, bewegt sich der Zellcursor nicht nur zur angegebenen Zelladresse, sondern markiert gleichzeitig alle dazwischenliegenden Zellen. Nachdem Sie auf diese Weise den Zellbereich markiert haben, sollten Sie nicht vergessen, wieder F8 zu drücken, um das Programm daran zu hindern, Ihrem mühsam markierten Zellbereich noch weitere Zellen hinzuzufügen.

AutoFormatieren – wirklich ein Kinderspiel

Jetzt, da Sie alles über das Markieren von Zellen wissen, die Sie formatieren möchten, erzähle ich Ihnen was von einer Formatierungsart, die keinerlei Zellauswahl erfordert. (Sie sind der Meinung, damit hätte ich auch schon vorher herausrücken können? Na, seien Sie mal ehrlich: Hätten Sie dann die vorangegangenen Seiten gelesen? Sehen Sie ...) Die AutoFormat-Funktion arbeitet nämlich so automatisch, daß Sie den Zellcursor nur irgendwo in der zu formatierenden Tabelle positionieren müssen, wenn Sie den Befehl AutoFormat im Menü Format wählen.

Sobald das Dialogfeld »AutoFormat« angezeigt wird, markiert das Programm alle Zellen in der Tabelle. (Wenn Sie den Befehl gewählt haben, und der Zellcursor befindet sich nicht innerhalb der Tabelle oder auf einer direkt angrenzenden Zelle, macht Excel Sie dezent darauf aufmerksam.)

Mit dem Dialogfeld »AutoFormat« wird die Formatierungsarbeit zum Kinderspiel. Um eines der 16 integrierten Formate zu wählen, brauchen Sie nur die folgenden Schritte auszuführen:

1. **Wählen Sie im Menü Format den Befehl AutoFormat.**
2. **Klicken Sie im Listenfeld auf ein Beispielformat, um das Format auszuwählen, das für die Datentabelle im Arbeitsblatt verwendet werden soll (Abbildung 3.5).**

   Blättern Sie im Listenfeld, um sich alle möglichen Tabellenformate anzuzeigen. Wenn Sie auf ein Beispielformat klicken, wird dieses mit einem schwarzem Rahmen versehen, um anzuzeigen, daß Sie sich für dieses Format entschieden haben.
3. **Wenn Sie sich für ein Format entschieden haben, schließen Sie das Dialogfeld mit einem energischen Klick auf die Schaltfläche »OK« oder drücken Eingabe. Das gewählte Format wird sofort auf Ihre Tabelle angewendet.**

Wenn Sie sich erst einmal mit den unterschiedlichen Formaten auskennen, können Sie auch direkt auf das gewünschte Format im Listenfeld des Dialogfelds »AutoFormat« doppelklicken und damit sowohl das Dialogfeld schließen als auch die Formatierung auf die markierte Tabelle übertragen.

Wenn Sie sich wirklich mal vertan und ein Tabellenformat gewählt haben, das Sie absolut unmöglich finden, wählen Sie den Befehl Rückgängig: AutoFormat im Menü Bearbeiten (oder drücken Sie Strg+Z), bevor Sie irgend etwas anderes tun. Excel stellt dann wieder den alten Tabellenzustand her. Mehr zu dieser überaus wichtigen Rückgängig-Funktion finden Sie in Kapitel 4. Wenn Sie sich ganz zum

Schluß doch gegen jedwedes automatisches Tabellenformat entscheiden, so können Sie dieses komplett wieder loswerden (auch wenn es für den Rückgängig-Befehl bereits zu spät ist), indem Sie das Dialogfeld »AutoFormat« öffnen und sich im Listenfeld für den Eintrag KEINE entscheiden (steht ganz am Ende der Liste), bevor Sie »OK« wählen oder [Eingabe] drücken.

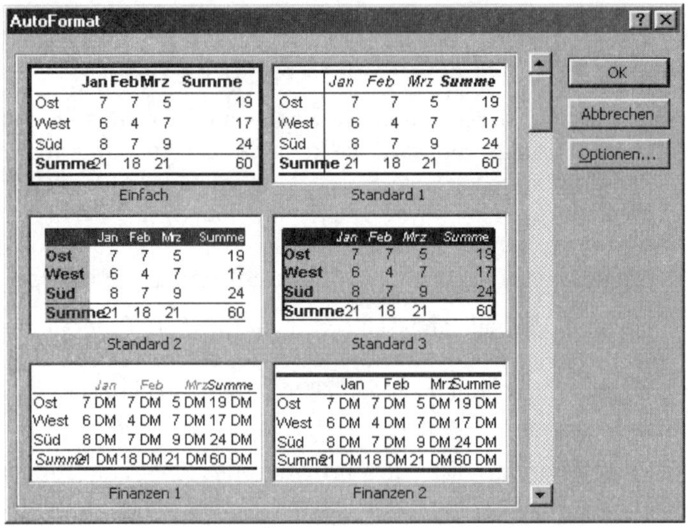

Abbildung 3.5: Im Dialogfeld »AutoFormat« das Tabellenformat EINFACH auswählen

Die integrierten Tabellenformate des Dialogfelds »AutoFormat« sind im Grunde genommen nichts weiter als eine bestimmte Kombination aus verschiedenen Zell- und Datenformatierungen, die Excel einem ausgewählten Zellbereich in einem einzigen Arbeitsgang zuweist. Jedes Format stellt die Überschriften und Daten der Tabelle auf etwas andere Weise dar.

Abbildung 3.5 zeigt das Dialogfeld »AutoFormat«, in dem ich bereits das Tabellenformat EINFACH ausgewählt habe. Dieses Format soll nun auf die Umsätze des ersten Quartals für Annas Strudelladen GmbH, die Sie ja bereits aus Kapitel 2 kennen, angewendet werden. Abbildung 3.6 stellt die Umsatztabelle im neuen Kleid dar. Excel hat die Überschrift und die Spaltenbezeichnungen fett formatiert (Zeile 1 und 2) und zwischen Zeile 2 und 3 eine Linie gezogen, um so die Überschriften von den Daten zu trennen. Außerdem wird jetzt »Annas Strudelladen GmbH – Umsatz 2000« über den Spalten A bis E und die Überschriften in den Zellen B2 bis E2 in ihren entsprechenden Zellen zentriert. Mit dem einfachen Tabellenformat kommen allerdings die Zahlen in der Tabelle nicht besonders gut raus.

In Abbildung 3.7 habe ich das einfache Format (mit Hilfe von [Strg]+[Z]) wieder aus der Tabelle entfernt und ihr dann das Tabellenformat FINANZEN 1 zugewiesen. Na, wie gefällt Ihnen diese Version? Excel hat nun alle Zahlen mit dem Währungsformat versehen (zu erkennen am DM hinter der Zahl). Außerdem wird das Tausendertrennzeichen verwendet (ein Punkt hinter der Tausenderstelle). Bei diesem Tabellenformat werden ebenfalls Linien gezogen, um die Zeile mit den Spaltenüberschriften und die Zeile mit den Monats- und Quartalsumsätzen von den restlichen Zahlen zu trennen. Letztendlich wird die Zeile mit den Gesamtumsätzen auch noch doppelt unterstrichen. Macht sich ganz gut, oder?

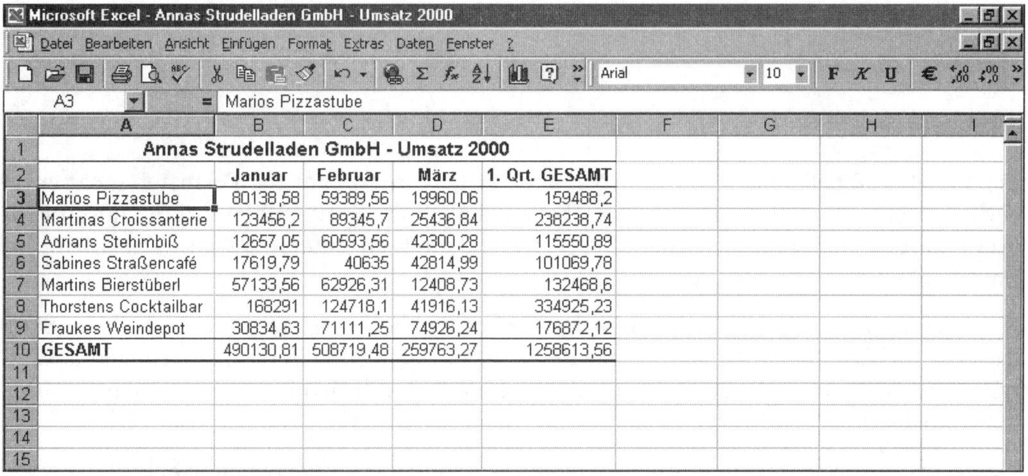

Microsoft Excel - Annas Strudelladen GmbH - Umsatz 2000

	A	B	C	D	E
1	Annas Strudelladen GmbH - Umsatz 2000				
2		Januar	Februar	März	1. Qrt. GESAMT
3	Marios Pizzastube	80138,58	59389,56	19960,06	159488,2
4	Martinas Croissanterie	123456,2	89345,7	25436,84	238238,74
5	Adrians Stehimbiß	12657,05	60593,56	42300,28	115550,89
6	Sabines Straßencafé	17619,79	40635	42814,99	101069,78
7	Martins Bierstüberl	57133,56	62926,31	12408,73	132468,6
8	Thorstens Cocktailbar	168291	124718,1	41916,13	334925,23
9	Fraukes Weindepot	30834,63	71111,25	74926,24	176872,12
10	GESAMT	490130,81	508719,48	259763,27	1258613,56

Abbildung 3.6: Das Tabellenblatt für Annas Strudelladen im einfachen Tabellenformat

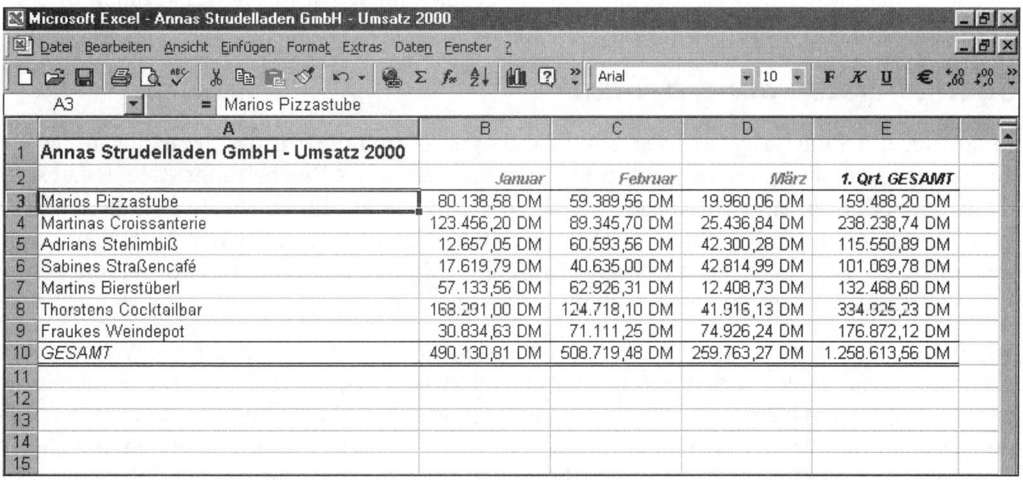

Microsoft Excel - Annas Strudelladen GmbH - Umsatz 2000

	A	B	C	D	E
1	Annas Strudelladen GmbH - Umsatz 2000				
2		Januar	Februar	März	1. Qrt. GESAMT
3	Marios Pizzastube	80.138,58 DM	59.389,56 DM	19.960,06 DM	159.488,20 DM
4	Martinas Croissanterie	123.456,20 DM	89.345,70 DM	25.436,84 DM	238.238,74 DM
5	Adrians Stehimbiß	12.657,05 DM	60.593,56 DM	42.300,28 DM	115.550,89 DM
6	Sabines Straßencafé	17.619,79 DM	40.635,00 DM	42.814,99 DM	101.069,78 DM
7	Martins Bierstüberl	57.133,56 DM	62.926,31 DM	12.408,73 DM	132.468,60 DM
8	Thorstens Cocktailbar	168.291,00 DM	124.718,10 DM	41.916,13 DM	334.925,23 DM
9	Fraukes Weindepot	30.834,63 DM	71.111,25 DM	74.926,24 DM	176.872,12 DM
10	GESAMT	490.130,81 DM	508.719,48 DM	259.763,27 DM	1.258.613,56 DM

Abbildung 3.7: Das Tabellenblatt in neuem Finanzen 1-Gewand

Wenn Sie eine Tabelle formatieren, deren Überschrift Sie in einer Zelle zentriert haben, indem Sie in der Format-Symbolleiste auf die Schaltfläche für Verbinden und zentrieren geklickt haben, dann sollten Sie etwas beachten: Klicken Sie auf eine Zelle in der Tabelle, die keine mit dieser Schaltfläche zentrierte Überschrift enthält, bevor Sie im Menü FORMAT den Befehl AUTOFORMAT wählen. Wenn Sie dies nicht tun, wird sonst nämlich nur diese besonders zentrierte Zelle formatiert. Damit also Excel 2000 alle Zellen in der Tabelle erfaßt (also auch die mit der zentrierten Überschrift), positionieren Sie den Zellcursor auf irgendeiner anderen beliebigen Zelle, und wählen erst dann den AUTOFORMAT-Befehl.

Formate mit Klick

Bei manchen Tabellenblättern ist die gebotene Vielfalt an AutoFormat-Formaten nicht erforderlich. Vielleicht wollen Sie in einer Tabelle lediglich die Spaltenüberschriften durch Fettdruck hervorheben und die Zeile mit den Gesamtsummen unterstreichen. (Dabei wird die Unterkante der Zellen mit einem Rahmen versehen.)

Mit den Formatierungsschaltflächen in der Format-Symbolleiste, die sich unterhalb der Standard-Symbolleiste befindet, können Sie die meisten Daten- und Zellformatierungen ausführen, ohne sich durch Kontextmenüs (geschweige denn durch Menüs in der Menüleiste) kämpfen zu müssen.

Mit den Schaltflächen in der Format-Symbolleiste können Sie Zellen andere Schriftarten und Zahlenformate zuweisen, die Ausrichtung des Zellinhalts ändern sowie Zellen mit Rahmen, Mustern und Farben versehen. (Wenn Sie Ihr Gedächtnis hinsichtlich der Namen und Funktionen der Schaltflächen auffrischen wollen, sehen Sie sich noch mal Tabelle 1.3 in Kapitel 1 an.)

Symbolleisten ohne Heimat

In der Regel befinden sich in Excel 2000 die Standard- und die Format-Symbolleiste nebeneinander fest verankert an ihrer Position zwischen Menü- und Bearbeitungsleiste. Excel setzt diese Symbolleisten zwar automatisch an diese Stelle, es steht Ihnen jedoch frei, diese beiden (und alle anderen Symbolleisten, die Sie einblenden) an andere Positionen zu ziehen – und wenn sie sich noch so dagegen wehren. (In Kapitel 12 finden Sie weitere Informationen zum Umgang mit den anderen Symbolleisten.)

Wenn Sie die Standard- oder Format-Symbolleiste aus ihrer Verankerung lösen wollen, brauchen Sie sie nur in den Arbeitsbereich der aktiven Arbeitsmappe zu ziehen. Die Symbolleiste wird dann in einem kleinen separaten Fenster angezeigt. Wie dies aussieht, sehen Sie in Abbildung 3.8 am Beispiel der Format-Symbolleiste. Eine Symbolleiste, die sich in einem eigenen Fenster befindet, wird auch als *unverankert* oder *frei schwebend* bezeichnet, da sie wie eine Wolke über der aktiven Arbeitsmappe schwebt. (Ist das nicht romantisch?) Aber damit nicht genug: Sie können nämlich diese kleinen Dinger nicht nur verschieben, sondern auch deren Form beliebig verändern. Jetzt sind Sie platt, oder?

- ✔ Wenn Sie an der kleinen Titelleiste ziehen, können Sie eine frei schwebende Symbolleiste im Tabellenblatt beliebig verschieben.

- Wenn Sie einen Rand der frei schwebenden Symbolleiste ziehen, können Sie deren Form verändern. Setzen Sie den Mauszeiger auf einen Rand (der Mauszeiger nimmt die Form eines Doppelpfeils an), und ziehen Sie den Rand in die gewünschte Richtung.
- Während Sie einen Rand ziehen, nimmt der Umriß der Symbolleiste eine neue Form an, um die Schaltfläche in einer festgelegten Anordnung einzupassen. Wenn der Umriß die von Ihnen gewünschte Form hat, lassen Sie die Maustaste los; Excel zeichnet daraufhin die Symbolleiste neu.
- Um eine frei schwebende Symbolleiste zu schließen, d. h. sie aus dem Dokumentfenster zu verbannen, klicken Sie auf die Schließen-Schaltfläche in der oberen rechten Fensterecke der Symbolleiste.

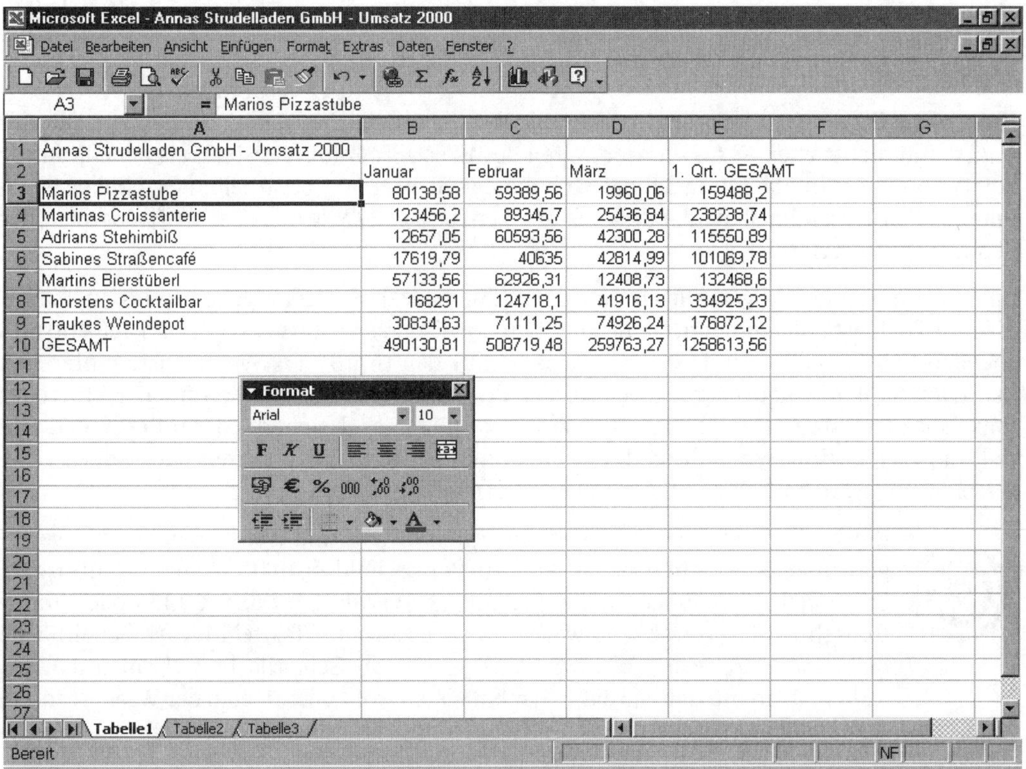

Abbildung 3.8: Die Format-Symbolleiste schwebt frei über der Arbeitsmappe.

Klicken Sie auf den Ziehpunkt zum Verschieben – so heißen die beiden senkrechten Balken am linken Rand der Symbolleiste –, wenn Sie eine Symbolleiste an eine neue Position auf dem Bildschirm ziehen wollen. Um die Symbolleiste wieder auf ihren angestammten Platz zurückzuschicken, doppelklicken Sie einfach auf die Titelleiste der jeweiligen Symbolleiste.

Die Standard- und die Format-Symbolleiste sind nicht das einzige, was in Excel 2000 frei schwebend ist. Sie können jetzt sogar die Menüleiste mit all ihren Menüs beliebig verschieben. (Das ist auch der Grund, warum die Menüleiste wie die beiden anderen über diesen neuen Ziehpunkt verfügt, solange sie an ihrem Stammplatz unterhalb der Excel-Titelleiste hockt.) Wenn Sie ein Menü in einer frei schwebenden Menüleiste wählen, dann kann es Ihnen passieren, daß die Menübefehle oberhalb anstatt unterhalb der Menüleiste angezeigt werden. Das hängt ganz davon ab, wieviel Platz noch bis zum unteren Bildschirmrand ist.

Symbolleisten mit festem Wohnsitz

Mal ehrlich: Manchmal kann so eine frei umher schwebende Symbolleiste ganz schön lästig sein. Ständig muß man sie woanders positionieren, weil sie beim Einfügen oder Bearbeiten von Daten im Tabellenblatt im Weg ist. Aber nichts ist leichter als das. Sie brauchen nur den Anker zu werfen.

Excel bietet Ihnen vier Docks an, in denen Sie Ihre Symbolleisten verankern können. Die vier *Docks* sind nichts anderes als die vier Seiten des Excel-Programmfensters, also oben, unten, rechts und links. In Abbildung 3.9 habe ich die Zeichnen- und Überarbeiten-Symbolleiste am unteren Fensterrand nebeneinander aufs Trockendock gelegt, für das der Platz oberhalb der Statusleiste reserviert ist.

Um eine unverankerte Symbolleiste an einem dieser Docks vor Anker gehen zu lassen, ziehen Sie ihre Titelleiste (die mit dem Namen der Symbolleiste) so weit wie möglich an den entsprechenden Fensterrand. Damit zerren Sie wieder nur den Umriß der Symbolleiste hinter sich her. Lassen Sie die Maustaste los, sobald der Umriß im Hochformat (wenn das rechte oder linke Dock angesteuert wird) oder im Querformat (wenn es das obere oder untere Dock sein soll) angezeigt wird. Symbolleisten, die Sie an ein Dock auf der rechten oder linken Seite verschieben, ordnen ihre Schaltflächen von oben nach unten an.

Einige Symbolleisten, z.B. die Standard-, Format- und Web-Symbolleisten, verfügen über eine Schaltfläche, die ein Popup-Feld enthält. Wenn Sie nun eine Symbolleiste, die über so eine Schaltfläche verfügt, auf der rechten oder linken Bildschirmseite verankern wollen, wird das Popup-Textfeld dieser Schaltfläche nicht mehr angezeigt. Wenn Sie also von dieser Schaltfläche Gebrauch machen wollen, dann müssen Sie diese Symbolleisten wohl oder übel in der Waagerechten, also am oberen oder unteren Bildschirmrand, anordnen.

Was noch passieren kann, wenn Sie mehrere Symbolleisten nebeneinander in einer Zeile im Excel-Fenster anordnen, ist, daß Excel von sich aus festlegt, in welcher Größe und mit welchen Schaltflächen die Symbolleisten angezeigt werden. Alles, von dem das Programm meint, daß es nicht unbedingt direkt und sofort angezeigt werden muß, wird in der Palette versteckt, die Sie durch einen Klick auf die Schaltfläche für Weitere Schaltflächen öffnen können. Natürlich läßt sich die Größe einer Symbolleiste individuell änder. Ziehen Sie dazu den grauen senkrechten Balken am Anfang der jeweiligen Symbolleiste – der Mauszeiger wird zum

Vierfachpfeil – nach links oder rechts (nach links, um die Symbolleiste zu vergrößern, nach rechts, um sie zu verkleinern).

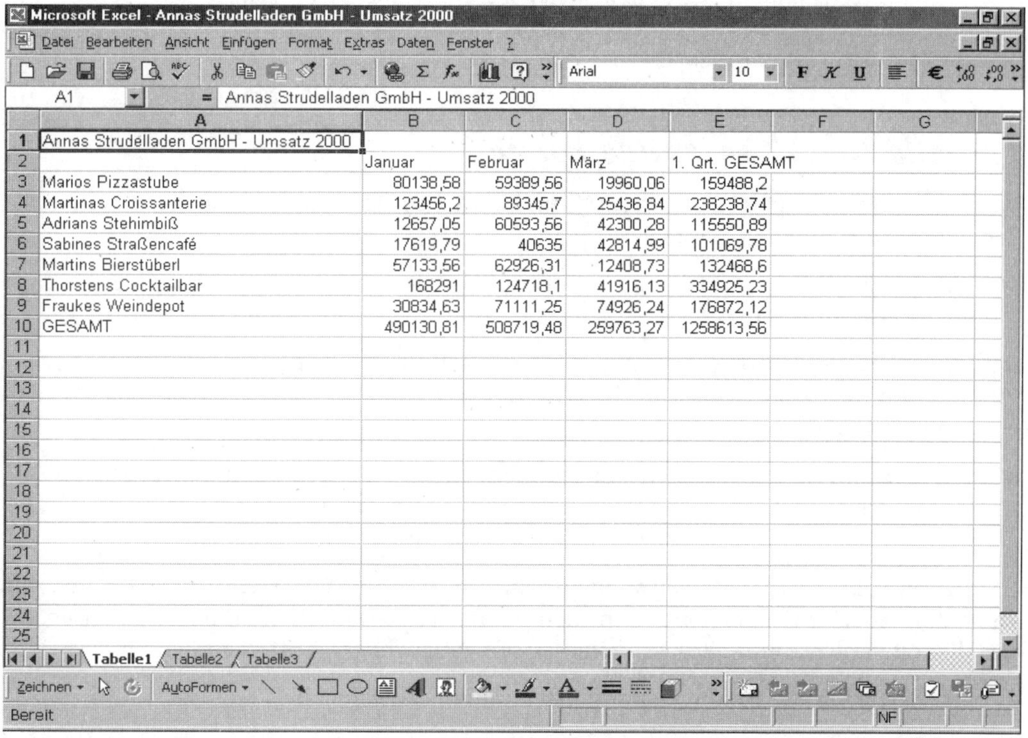

Abbildung 3.9: Die Zeichnen- und Überarbeiten-Symbolleisten auf dem Trockendock am unteren Dokumentfensterrand

Auch ein Dialogfeld zeigt Format

Excel verfügt über einen Befehl, mit dem Sie einem Zellbereich eine ganze Palette unterschiedlicher Formatierungen zuweisen können. Wählen Sie den Befehl ZELLEN im Menü FORMAT (oder drücken Sie [Strg]+[1]), um das Dialogfeld »Zellen formatieren« zu öffnen, das insgesamt sechs Registerkarten enthält: ZAHLEN, AUSRICHTUNG, SCHRIFT, RAHMEN, MUSTER und SCHUTZ. In den nächsten Abschnitten dieses Kapitels erzähle ich Ihnen alles Wissenswerte zu den ersten fünf Registerkarten. Über die letzte Registerkarte, SCHUTZ, lasse ich mich erst in Kapitel 6 aus.

[Strg]+[1], die Tastenkombination für das Dialogfeld »Zellen formatieren«, sollten Sie sich merken, denn sie ist ihr Geld wert. Sie werden mit Sicherheit ebenso oft Zellen formatieren wie Daten eingeben. Sie sollten sich jedoch unbedingt merken, daß Sie schlicht und einfach [1] und nicht etwa [F1] drücken müssen. Und erschwerend für diejenigen, die Zahlen gerne über die Zehnertastatur eingeben, kommt noch hinzu, daß Sie die [1] der Zehnertastatur in diesem Fall nicht einsetzen können. Wenn Sie's nicht glauben, versuchen Sie's doch mal: [Strg]+[F1] oder [Strg]+[1] auf der Zehnertastatur führt zu ein und demselben Ergebnis: Es rührt sich gar nichts!

Für jede Zahl das richtige Format

Wie Sie bereits aus Kapitel 2 wissen, bestimmt die Art der Zahleneingabe im Tabellenblatt das Zahlenformat. Hier einige Beispiele:

✔ Wenn Sie eine Zahl mit DM und zwei Dezimalstellen eingeben, weist Excel der Zelle ein Währungsformat zu.

✔ Wenn Sie einen prozentualen Wert als ganze Zahl zusammen mit einem Prozentzeichen und ohne Dezimalstellen eingeben, weist Excel der Zelle das entsprechende Prozentzahlenformat zu.

✔ Wenn Sie ein Datum eingeben – Sie erinnern sich noch? Auch Datumsangaben sind Zahlen! –, das einem der integrierten Excel-Datumsformaten entspricht (z. B. 18.08.1999 oder 18. Aug 99), weist Excel ein dementsprechendes Datumsformat zu.

Es ist zwar nicht verkehrt, Zahlen so zu formatieren, aber Sie müssen es nicht. Sie können ein Zahlenformat einer Gruppe von Zellen auch erst nach abgeschlossener Eingabe zuweisen, zumal dies oft der effektivste Weg ist, da hierzu nur zwei Arbeitsschritte erforderlich sind:

1. **Markieren Sie alle Zellen, die formatiert werden sollen.**

2. **Wählen Sie das gewünschte Zahlenformat aus.**

   In vielen Fällen können Sie eine der Schaltflächen in der Format-Symbolleiste verwenden. Wenn nicht, wählen Sie im Dialogfeld »Zellen formatieren« auf der Registerkarte ZAHLEN ein Zahlenformat aus. (Denken Sie an [Strg]+[1]!)

Selbst wenn Sie mit der Tastatur umzugehen wissen und jede Zahl lieber genau so eingeben, wie sie letztendlich im Tabellenblatt angezeigt werden soll, müssen Sie früher oder später die Zahlenformate verwenden, wenn die von Ihnen eingegebenen Zahlen so aussehen sollen wie die, die Excel errechnet. Die Sache ist nämlich die: Excel weist allen berechneten Werten das Standard-Zahlenformat zu. (Im Dialogfeld »Zellen formatieren« wird dieses Format so definiert: »Standardzellen haben kein bestimmtes Zahlenformat.«.) Das gilt auch für von Ihnen eingegebenen Werte, die nicht exakt den anderen Excel-Formaten entsprechen. Das größte Problem mit dem Standardformat ist, daß es Nullen wegläßt, die am Anfang und Ende eines Zahleneintrags stehen. Wenn man eine Zahlenkolonne mit untereinanderstehendem Dezimalkomma eingeben möchte, kann das sehr lästig sein. Nun ja, wir sind alle nur Sklaven unserer Programme.

In Abbildung 3.10 sehen Sie den eben beschriebenen mißlichen Zustand: Im Beispieltabellenblatt mit den Umsatzzahlen für das erste Quartal 2000 wurden die Zahlen noch nicht formatiert. Wie Sie sehen, verlaufen die Einträge in den Spalten mit den Monatsumsätzen im Zickzack. Das liegt, wie schon erwähnt, am Standard-Zahlenformat; Abhilfe schafft nur die Zuweisung eines anderen Zahlenformats.

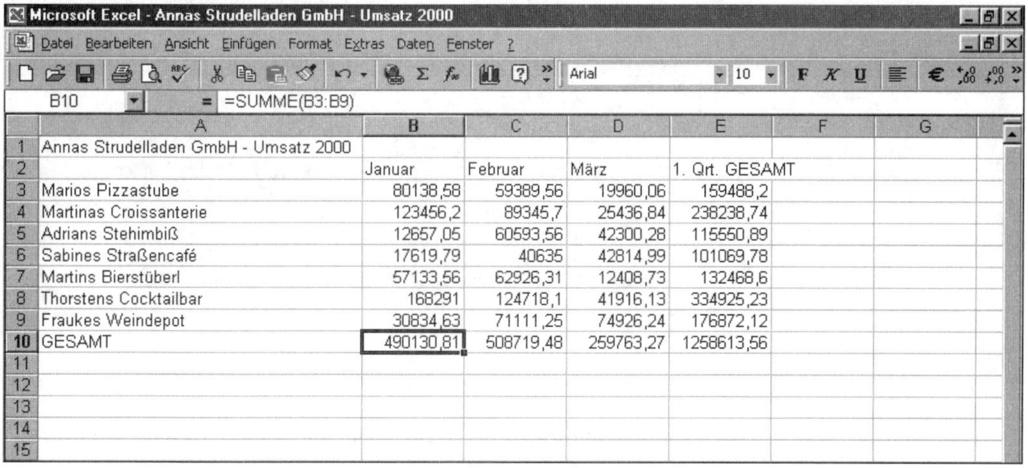

	A	B	C	D	E	F	G
1	Annas Strudelladen GmbH - Umsatz 2000						
2		Januar	Februar	März	1. Qrt. GESAMT		
3	Marios Pizzastube	80138,58	59389,56	19960,06	159488,2		
4	Martinas Croissanterie	123456,2	89345,7	25436,84	238238,74		
5	Adrians Stehimbiß	12657,05	60593,56	42300,28	115550,89		
6	Sabines Straßencafé	17619,79	40635	42814,99	101069,78		
7	Martins Bierstüberl	57133,56	62926,31	12408,73	132468,6		
8	Thorstens Cocktailbar	168291	124718,1	41916,13	334925,23		
9	Fraukes Weindepot	30834,63	71111,25	74926,24	176872,12		
10	GESAMT	490130,81	508719,48	259763,27	1258613,56		
11							
12							
13							
14							
15							

Abbildung 3.10: Die Umsätze für das erste Quartal im Zickzack-Muster

Money, money, money

Da die meisten Berechnungen in der Regel irgend etwas mit Geld zu tun haben, werden Sie wohl das Währungsformat häufiger als alle anderen Formate verwenden. Dieses Format ist sehr einfach zuzuweisen, da sich die Schaltfläche für Währung in der Format-Symbolleiste befindet, das den ausgewählten Zellen ein Währungsformat mit DM, Tausendertrennzeichen und zwei Nachkommastellen zuweist. Sollte eine Zahl in der Zellauswahl negativ sein, wird sie mit einem Minuszeichen versehen. Sie können sie, wenn Ihnen das lieber ist, auch rot anzeigen.

Abbildung 3.11 zeigt das Beispieltabellenblatt, nachdem nur die Zellen mit den Gesamtumsätzen (E3:E10 und B10:D10) markiert wurden. Außerdem habe ich auf die Schaltfläche für Währung in der Format-Symbolleiste (das mit dem Geldschein und den Geldstücken) geklickt, um diese Zellen mit dem Währungsformat zu formatieren.

Manchmal kann es des Guten zuviel sein, wenn alle Zellen einer Tabelle mit dem Währungsformat formatiert werden (immer dieses DM, DM, DM ...). Schließlich lassen sich ja die Dezimalstellen auch noch auf andere Weise anordnen. Aus diesem Grund habe ich mich in Abbildung 3.11 entschieden, nur die Gesamtumsätze nach Währungsart zu formatieren.

Das Währungsformat hat jetzt in den Zellbereichen E3:E10 und B10:D10 die Zahlen mit Tausendertrennzeichen, zwei Dezimalstellen nach dem Komma und Währungszeichen versehen. Aber nicht nur das! Anders als in älteren Excel-Versionen, in denen es zu merkwürdigen Zeichen – ######### – in den Zeilen kam, um anzuzeigen, daß die Breite der Spalte nicht ausreicht, um dies alles anzuzeigen, werden jetzt die Spalten B, C, D und E automatisch in der Größe so angepaßt, daß alles schön ordentlich zu sehen ist.

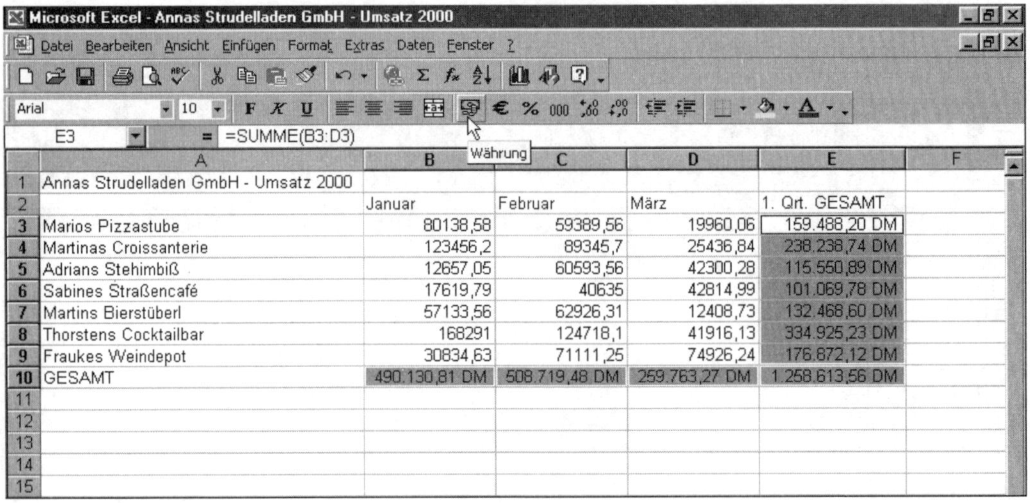

	A	B	C	D	E	F
1	Annas Strudelladen GmbH - Umsatz 2000					
2		Januar	Februar	März	1. Qrt. GESAMT	
3	Marios Pizzastube	80138,58	59389,56	19960,06	159.488,20 DM	
4	Martinas Croissanterie	123456,2	89345,7	25436,84	238.238,74 DM	
5	Adrians Stehimbiß	12657,05	60593,56	42300,28	115.550,89 DM	
6	Sabines Straßencafé	17619,79	40635	42814,99	101.069,78 DM	
7	Martins Bierstüberl	57133,56	62926,31	12408,73	132.468,60 DM	
8	Thorstens Cocktailbar	168291	124718,1	41916,13	334.925,23 DM	
9	Fraukes Weindepot	30834,63	71111,25	74926,24	176.872,12 DM	
10	GESAMT	490.130,81 DM	508.719,48 DM	259.763,27 DM	1.258.613,56 DM	
11						
12						
13						
14						
15						

Abbildung 3.11: Die Gesamtumsätze der Tabelle, nachdem ich auf die Schaltfläche für Währung geklickt habe.

Wenn Sie die Werte in den Zellen formatieren, paßt Excel 2000 die Spaltenbreite immer automatisch an, so daß Ihnen diese komischen ######### nur noch über den Weg laufen werden, wenn Sie die Spaltenbreite manuell so verändern, daß Excel nicht mehr alle Zeichen in der Zelle mit den formatierten Werten anzeigen kann. Diese merkwürdigen Zeichen wollen Sie also darauf aufmerksam machen, daß Sie die Spaltenbreite verändern müssen, wenn Sie wissen wollen, welcher Wert in dieser Zelle steht. (Wie Sie die Spaltenbreite von Hand verändern, erzähle ich Ihnen im Abschnitt »Wem die Spaltenbreite paßt ...«.)

Das Tausendertrennzeichen oder bringen wir es auf den Punkt

Das Zahlenformat mit Tausendertrennzeichen bietet eine gute Alternative zum Währungsformat. Ebenso wie das Währungsformat fügt es in längere Zahlen Punkte ein, um Tausender, Zehntausender, Hunderttausender, Millionen etc. zu trennen.

Mit diesem Format werden die Zahlen mit zwei Nachkommastellen angezeigt und negative Zahlen mit einem Minuszeichen versehen sowie (am Farbbildschirm) rot dargestellt. Auf das Währungszeichen müssen Sie bei diesem Format allerdings verzichten. Aus diesem Grund ist dieses Format ideal für die Formatierung von Tabellen, bei denen es klar ersichtlich ist, daß es um Mark und Pfennig geht, bzw. für die Darstellung von größeren Zahlen, die nichts mit Finanzen zu tun haben.

Das Zahlenformat mit den Tausendertrennzeichen eignet sich daher hervorragend für die Beispielzahlen aus den Monatsumsätzen. Abbildung 3.12 zeigt diese Tabelle, nachdem die Zellen mit den Monatsumsätzen für die einzelnen Unternehmen der Annas Strudelladen GmbH mit dem Zahlenformat für Tausendertrennzeichen formatiert wurden. Ich habe hierzu den Zellbereich B3:D9 markiert und auf die Schaltfläche für Tausendertrennzeichen (das mit den drei Nullen »000«) direkt neben der für das Prozentformat) in der Format-Symbolleiste geklickt.

Wie Sie in Abbildung 3.12 sehen, ist durch das neue Format das Problem mit der Ausrichtung der monatlichen Umsatzzahlen gelöst worden. Vielleicht haben Sie auch bemerkt, daß die Dezimalkommata sowohl der Umsatzzahlen als auch der Gesamtumsatzzahlen präzise untereinander ausgerichtet wurden.

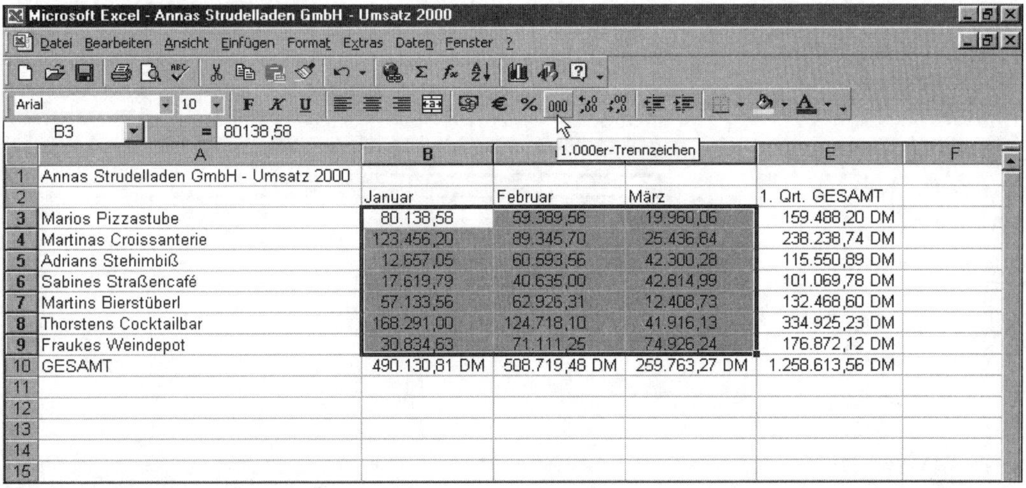

Abbildung 3.12: Die Monatsumsätze, nachdem ich sie mit dem 1.000er-Format formatiert habe

Jonglieren mit Prozentzahlen

Viele Tabellenblätter verwenden Prozentangaben in Form von Zinssätzen, Wachstumsraten, Inflationsraten etc. Um eine Prozentangabe in eine Zelle einzufügen, schreiben Sie das Prozentzeichen (%) hinter die Zahl. Wenn Sie z. B. einen Zinssatz von 12 Prozent eingeben wollen, schreiben Sie »12%« in die Zelle. Excel weist der Zelle dann automatisch ein Prozentformat zu, dividiert den Wert durch 100 und zeigt in der Bearbeitungsleiste den errechneten Dezimalwert (0,12 in diesem Fall) an.

Sie werden sicherlich nicht alle Prozentangaben in einem Tabellenblatt auf diese Weise eingeben. Manchmal werden Prozentzahlen auch mit einer Formel errechnet und dann von Excel in den entsprechenden Zellen als Dezimalwerte angezeigt. In diesen Fällen sollten Sie den Werten ein Prozentformat zuweisen, um die errechneten Dezimalwerte durch Prozentzahlen zu ersetzen, d. h., der Dezimalwert wird mit 100 multipliziert und mit Prozentzeichen versehen.

In unserer Beispieltabelle sind in Abbildung 3.13 in Zeile 12 einige Prozentangaben eingetragen, die mit einer Formel errechnet wurden. Um diese Dezimalwerte als Prozentzahlen darzustellen, weisen Sie ihnen ganz einfach das Prozentformat zu. In Abbildung 3.13 sehen Sie die bereits formatierten Zahlen. Markieren Sie lediglich die Zellen, und klicken Sie auf die Schaltfläche für Prozent (das mit dem %-Zeichen) in der Format-Symbolleiste.

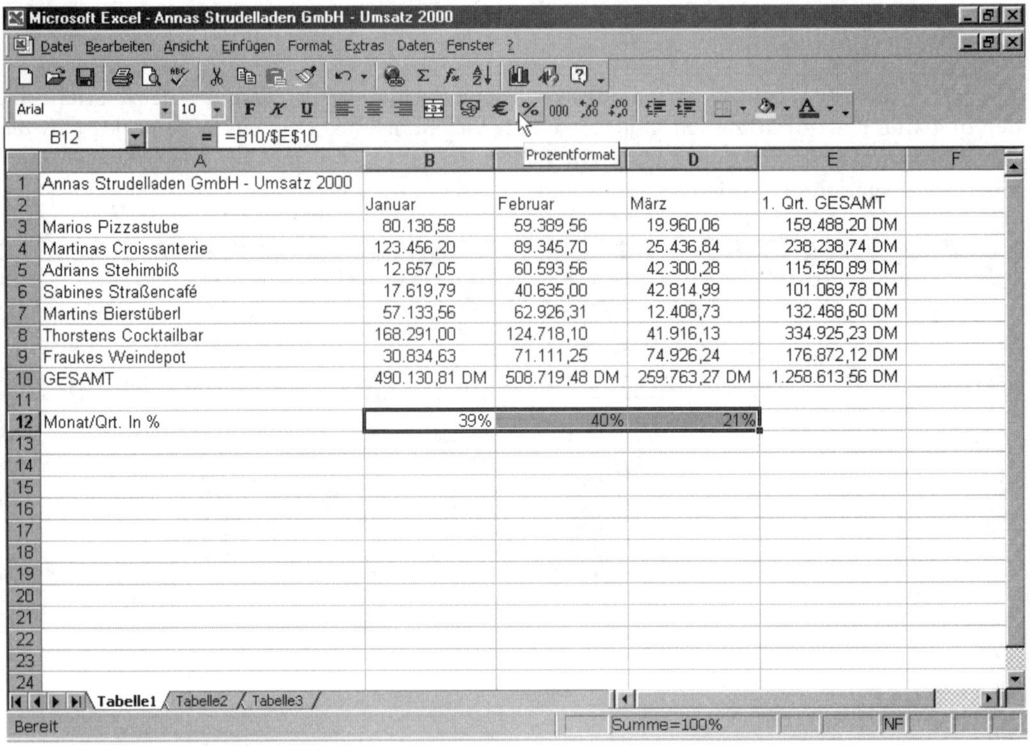

	A	B	C	D	E
1	Annas Strudelladen GmbH - Umsatz 2000				
2		Januar	Februar	März	1. Qrt. GESAMT
3	Marios Pizzastube	80.138,58	59.389,56	19.960,06	159.488,20 DM
4	Martinas Croissanterie	123.456,20	89.345,70	25.436,84	238.238,74 DM
5	Adrians Stehimbiß	12.657,05	60.593,56	42.300,28	115.550,89 DM
6	Sabines Straßencafé	17.619,79	40.635,00	42.814,99	101.069,78 DM
7	Martins Bierstüberl	57.133,56	62.926,31	12.408,73	132.468,60 DM
8	Thorstens Cocktailbar	168.291,00	124.718,10	41.916,13	334.925,23 DM
9	Fraukes Weindepot	30.834,63	71.111,25	74.926,24	176.872,12 DM
10	GESAMT	490.130,81 DM	508.719,48 DM	259.763,27 DM	1.258.613,56 DM
11					
12	Monat/Qrt. In %	39%	40%	21%	

Abbildung 3.13: Verhältnis Monatsumsätze/Quartalsumsätze im Prozentformat

Was kommt nach dem Komma?

Sie können die Anzahl der Dezimalstellen, die in den Währungs-, Prozent- und Tausendertrennzeichenformaten verwendet werden, erhöhen oder reduzieren, indem Sie in der Format-Symbolleiste auf die Schaltfläche für Dezimalstelle hinzufügen bzw. auf das für Dezimalstelle löschen (direkt neben der Schaltfläche mit den drei Nullen) klicken. (Es kann gut sein, daß sie sich auf der Palette mit den weiteren Schaltflächen befindet, die sich öffnet, wenn Sie in der Format-Symbolleiste auf die Schaltfläche für Weitere Schaltflächen klicken.) Sie müssen natürlich einen Zellbereich markiert haben, wenn Sie auf eine dieser Schaltflächen klicken.

Jedesmal, wenn Sie auf die Schaltfläche für Dezimalstelle hinzufügen klicken, fügt Excel dem zugewiesenen Zahlenformat eine weitere Dezimalstelle hinzu. Abbildung 3.14 zeigt die Prozentangaben des Zellbereichs B12:D12, nachdem ich die Anzahl der Dezimalstellen im Prozentformat von 0 auf 2 erhöht habe. (Das Prozentformat verwendet keine Dezimalstellen.) Hierzu müssen Sie zweimal hintereinander auf die Schaltfläche für Dezimalstelle hinzufügen klicken.

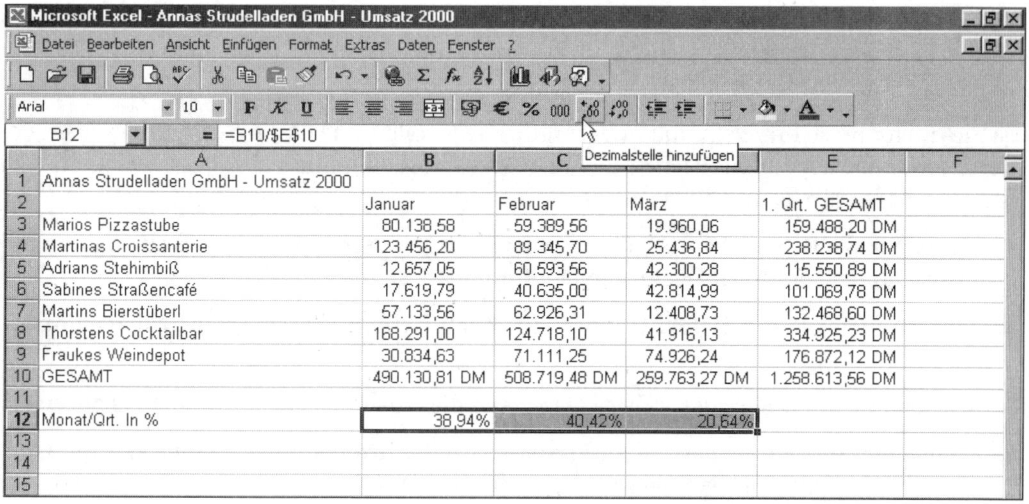

Abbildung 3.14: Verhältnis Monatsumsätze/Quartalsumsätze im Prozentformat mit zwei Dezimalstellen

Nicht immer ist es so, wie es scheint

Lassen Sie sich nicht von den Zahlenformaten täuschen. Sie polieren die Präsentation Ihrer Tabellenblattdaten auf; aber auch wenn sie manchen Eintrag vollkommen neu erscheinen lassen, bleiben es doch immer dieselben alten Zahlen, die Sie eingegeben haben. Nehmen wir beispielsweise an, daß eine Formel den folgenden Wert errechnet hat:

```
25,6456
```

Weiter angenommen, daß Sie die Zelle, die diesen Eintrag enthält, mit dem Währungsformat formatieren:

```
25,65 DM
```

Diese Änderung könnte Sie nun glauben machen, daß Excel den Wert auf zwei Dezimalstellen aufgerundet hat. Tatsache ist aber, daß das Programm nur die Anzeige des errechneten Werts aufgerundet hat – die Zelle enthält noch immer 25,6456! Falls Sie also diese Zelle an einer anderen Stelle in einer Formel verwenden, dann denken Sie daran, daß Excel den »wahren« Wert für seine Berechnungen verwendet und nicht den in der Zelle angezeigten. (Der »wahre« Wert einer Zelle wird stets in der Bearbeitungsleiste angezeigt.)

Wenn Sie jedoch unbedingt möchten, daß die Zahlen mit den formatierten Werten im Tabellenblatt übereinstimmen, können Sie dies in einem Arbeitsschritt ausführen. Diese Entscheidung können Sie allerdings nicht wieder rückgängig machen. Sie können alle im Hintergrund versteckten Zahlen in die am Bildschirm angezeigten Zahlen umwandeln und müssen dazu nur ein einziges Kontrollkästchen aktivieren; Sie können diese Auswahl allerdings nicht durch Deaktivieren dieses Kontrollkästchens wieder rückgängig machen. Diese Aktion ist also mit Vorsicht zu genießen.

Da Sie mich nun so drängeln und unbedingt wissen wollen, wie das mit dem Umwandeln der Werte geht, sage ich Ihnen, welche Schritte hierfür notwendig sind – aber beschweren Sie sich später nicht bei mir, denn ich habe Sie gewarnt:

1. **Bevor Sie die Genauigkeit der Werte ändern, vergewissern Sie sich, daß alle Zahlen mit der richtigen Anzahl an Dezimalstellen formatiert sind.**

2. **Wählen Sie dann den Befehl Optionen im Menü Extras, um das Dialogfeld »Optionen« zu öffnen.**

3. **Klicken Sie auf das Register Berechnung, um die entsprechenden Optionen anzuzeigen.**

4. **Aktivieren Sie im Gruppenfeld Arbeitsmappe das Kontrollkästchen Genauigkeit wie angezeigt, und klicken Sie dann auf die Schaltfläche »OK«.**

   Excel warnt Sie ein letztes Mal mit der Meldung »Daten verlieren damit endgültig an Genauigkeit«.

5. **Wenn Sie es nicht lassen können und unbedingt mit dem Feuer spielen müssen, dann klicken Sie jetzt auf die Schaltfläche »OK« oder drücken Eingabe. Das Programm wandelt alle Daten entsprechend ihren angezeigten Werten um – und das für immer!**

Nachdem Sie alle Werte eines Tabellenblatts mit der Option Genauigkeit wie angezeigt umgewandelt haben, wäre es vielleicht nicht schlecht, den Befehl Speichern unter im Menü Datei zu wählen und den Dateinamen im Feld Dateiname zu ändern (z. B. durch Anhängen des Zusatzes WIE ANGEZEIGT an den aktuellen Dateinamen), bevor Sie auf die Schaltfläche »Speichern« klicken oder Eingabe drükken. Auf diese Weise bleibt Ihnen immer noch eine Kopie der ursprünglichen Arbeitsmappe mit den von Ihnen eingegebenen und von Excel berechneten Werten, die Sie im Notfall dann hervorholen können.

Maßgeschneiderte Zahlenformate

Excel unterstützt eine ganze Reihe von Zahlenformaten, die Sie wahrscheinlich nur selten, wenn überhaupt, verwenden werden. Wenn Sie diese Zahlenformate aufrufen möchten, markieren Sie den zu formatierenden Zellbereich und wählen den Befehl Zellen formatieren im Kontextmenü für die Zellen – mit der rechten Maustaste irgendwo innerhalb des Zellbereichs klicken – oder den Befehl Zellen im Menü Format (bzw. drücken Strg + 1), um das Dialogfeld »Zellen formatieren« zu öffnen.

Wählen Sie in diesem Dialogfeld das Register Zahlen, und markieren Sie das gewünschte Format im Listenfeld Kategorie. Die Kategorien Datum, Uhrzeit, Bruch und Sonderformat bieten Ihnen im Listenfeld Typ weitere Formatierungsmöglichkeiten. Andere Kategorien – wie Zahl und WÄHRUNG – verfügen über eigene Listenfelder, in denen man noch speziellere Formate wählen kann. Bei der Suche nach dem geeigneten Format werden Sie feststellen, daß Excel in einem Vorschaufeld anzeigt, wie sich das ausgewählte Format auf die Werte in der aktiven Zelle auswirken würde. Wenn Sie ein Format gefunden haben, das Ihren Wünschen entspricht, klicken Sie auf die Schaltfläche »OK« oder drücken `Eingabe`.

Die raffinierten Sonderformate

Eine besonders schicke Kategorie unter den Zahlenformaten stellen die *Sonderformate* dar. Hierin sind vier Zahlenformate enthalten, die ganz interessant sein könnten:

- ✔ POSTLEITZAHL: Hier können Sie zwischen einem neutralen Format sowie Postleitzahlen mit vorangestelltem Länderkennbuchstaben wählen (D für Deutschland, A für Österreich, CH für Schweiz und L für Luxemburg).
- ✔ VERSICHERUNGSNACHWEIS-NR: Dieses Format ist speziell für die deutschen Anwender entworfen worden.
- ✔ SOZIALVERSICHERUNGSNUMMER: Hier stehen Ihnen wieder zwei verschiedene Schreibweisen zur Verfügung, eine für Österreich und eine für die Schweiz.
- ✔ ISBN-FORMAT: Hier können Sie aus drei verschiedenen Schreibweisen auswählen.

Diese Sonderformate werden Ihnen sicherlich bei der Erstellung von Datenbanken äußerst nützlich sein, da Sie hier ja ständig so Dinge wie Postleitzahlen oder Versicherungsnummern eingeben müssen. (Mehr zum Erstellen von Datenbanken erfahren Sie in Kapitel 9.)

Zahlenformate selbstgemacht

Wenn keines der vordefinierten Zahlenformate in den verschiedenen Kategorien Ihren Vorstellungen entspricht, dann können Sie sich Ihre Zahlenformate immer noch selbst schnitzen. Hierzu wählen Sie auf der Registerkarte ZAHLEN im Listenfeld KATEGORIE den Eintrag BENUTZERDEFINIERT und entscheiden sich dann im Listenfeld TYP für den Zahlenformatcode, der Ihren Vorstellungen am nächsten kommt. Im dazugehörigen Textfeld können Sie diesen Code dann noch weiter bearbeiten.

Ein kleines Problem gibt es dabei allerdings. Warum ich diese Zahlenformate *Codes* nenne, ist wohl offensichtlich. Im Listenfeld TYP werden auch wirklich die merkwürdigsten Zeichen bestehend aus #, 0, ?, T, M und J angezeigt. Bevor Sie aber schon gleich zu Beginn das Handtuch schmeißen, werfen Sie lieber mal einen Blick auf das Beispielfeld oberhalb des Textfelds. Hier zeigt Excel, wie der von Ihnen gerade im Listenfeld markierte Code in der aktiven Zelle Ihres Tabellenblatts aussehen würde. Wenn eine Auswahl Ihren Wünschen entspricht, dann sollten Sie nicht mehr lange zögern und auf »OK« klicken bzw. `Eingabe` drücken.

Zahlenformate für besonders Vorwitzige

Sie wollen also unbedingt wissen, was diese Zahlenformatcodes bedeuten? Also gut: Jedes Zahlenformat kann steuern, wie positive Zahlen, negative Zahlen und sonstige Eingaben aussehen. Die 0 ist der Platzhalter für eine Stelle und wird durch eine Null ersetzt, wenn die entsprechende Zahl an dieser Position keinen Eintrag hat. # ist der Platzhalter für eine Stelle, die leer bleibt, falls die Zahl an dieser Position nicht vorhanden ist. *TT* steht für Tage, *MM* für Monate, *JJ* für Jahreszahl, *hh* für Stunden, *mm* für Minuten und *ss* für Sekunden.

Sie müssen sich aber nicht unbedingt an den vordefinierten Zahlenformaten auf der Registerkarte Zahlen orientieren, sondern können dort auch Ihre ganz eigenen Formate erstellen. Es bleibt Ihnen jedoch nicht erspart, hier ebenfalls mit Codes zu arbeiten. Sie müssen hierzu zwar kein Atomphysiker sein – schaden würde es aber sicherlich nicht!

Um Sie nicht mit einer Unmenge von lästigen Beispielen für benutzerdefinierte Formate zu langweilen, möchte ich Ihnen nur eines vorstellen, das Sie vielleicht wirklich brauchen können: Sie können damit nämlich Einträge in ihren Zellen verstecken. Wenn Sie dieses versteckte Format auf eine Zelle anwenden, verschwindet deren Zellinhalt. (Der Inhalt wird allerdings noch in der Bearbeitungsleiste angezeigt, wenn die Zelle markiert ist.) Dieses Format ist sehr nützlich, wenn Sie bestimmte Informationen aus einem zu druckenden Bericht entfernen wollen, ohne diese aus dem Tabellenblatt zu löschen.

Um ein benutzerdefiniertes Zahlenformat zu erstellen, öffnen Sie das Dialogfeld »Zellen formatieren«. Wählen Sie das Register Zahlen, und markieren Sie im Listenfeld Kategorie den Eintrag Benutzerdefiniert und dann im Listenfeld Typ den Eintrag Standard. Ersetzen Sie jetzt den aktuellen Text durch die folgenden Zeichen:

```
;;;
```

Dieses benutzerdefinierte Zahlenformat, mit dem die Anzeige eines Zellinhalts im Tabellenblatt ausgeblendet werden kann, besteht nur aus drei Semikolons (ohne Leerzeichen). Dieses Format bedeutet, daß weder ein positiver Wert, noch ein negativer Wert, noch sonst irgend etwas in der Zelle angezeigt werden soll.

Nachdem Sie die Formatcodes in das Textfeld Typ eingegeben haben, klicken Sie auf die Schaltfläche »OK«, um das benutzerdefinierte Format auf den aktuellen Zellbereich anzuwenden. Benutzerdefinierte Formate werden als Teil des Tabellenblatts beim nächsten Speichern des Dokuments gespeichert. (Denken Sie ab und zu daran, mit der Schaltfläche für Speichern zu arbeiten!)

Wenn Sie dieses Format auf eine Zelle anwenden, wird in dieser Zelle im Tabellenblatt kein Inhalt mehr angezeigt. (Noch mal zur Wiederholung: Wenn Sie die Zelle markieren, wird der Inhalt in der Bearbeitungsleiste angezeigt. Er ist also nicht verloren!) Wenn Sie diese versteckten Zelleinträge wieder anzeigen möchten, wählen Sie einfach eines der »sichtbaren« Zahlenformate.

Die von Ihnen selbst erstellten Zahlenformate werden im Listenfeld Typ ganz unten in der Liste angezeigt. Wenn Sie also das nächste Mal das Dialogfeld »Zellen formatieren« öffnen, um Ihr eigenes Format auszuwählen, so machen Sie sich darauf gefaßt, daß Sie durch das Listenfeld Typ blättern müssen, bevor Sie fündig werden.

Wem die Spaltenbreite paßt ...

Wenn Excel 2000 die Spaltenbreite zwar automatisch, aber doch nicht so ganz zu Ihrer Zufriedenheit angepaßt hat, dann können Sie von Glück sagen, daß das Ändern der Spaltenbreite mit Excel ein Kinderspiel ist. Der einfachste Weg ist die Einstellung der optimalen Breite. Mit dieser Methode bestimmt Excel automatisch die Spaltenbreite entsprechend dem längsten Eintrag in der Spalte.

Und so stellen Sie die optimale Spaltenbreite ein:

1. **Setzen Sie den Mauszeiger im Spaltenrahmen auf die rechte Spaltenumrandung der zu ändernden Spalte.**

   Der Mauszeiger nimmt die Form eines Kreuzes mit Doppelpfeil an, der nach links und rechts zeigt.

2. **Doppelklicken Sie.**

   Excel richtet daraufhin die Spaltenbreite nach dem längsten Eintrag in dieser Spalte aus.

Diese Methode können Sie für mehrere Spalten gleichzeitig anwenden. Markieren Sie einfach alle zu ändernden Spalten (bei angrenzenden Spalten durch Ziehen, bei nichtangrenzenden durch Drücken von [Strg] und gleichzeitigem Klicken auf die einzelnen Spaltenbuchstaben). Sobald alle Spalten markiert sind, doppelklicken Sie auf eine der rechten Spaltenumrandungen der markierten Spalten. (Denken Sie wieder daran, daß der Mauszeiger die Form eines Kreuzes mit Doppelpfeil haben muß.)

Das Einstellen der optimalen Breite mit der Maus liefert leider nicht immer das gewünschte Ergebnis. Für eine lange Überschrift, die über die anderen Spalten hinweg angezeigt wird, wird beispielsweise mit der optimalen Breite eine extrem breite Spalte angelegt.

Wenn die optimale Breite einfach keine Lösung für ihr Problem ist, *ziehen* Sie (anstatt zu doppelklicken) den rechten Rand der Spalte (am Spaltenrahmen), bis diese die gewünschte Breite hat. Diese Technik funktioniert auch mit mehreren Spalten; Sie sollten allerdings bedenken, daß dadurch alle Spalten die Breite der Spalte erhalten, die Sie gerade ziehen.

Sie können die Spaltenbreite auch im Dialogfeld »Spaltenbreite« einstellen. Wenn Sie mit dem Dialogfeld arbeiten, geben Sie die Anzahl der Zeichen ein, die in der Spalte angezeigt werden sollen. Um dieses Dialogfeld zu öffnen, wählen Sie im Kontextmenü für Spalten den Befehl SPALTENBREITE (das Dialogfeld öffnet sich, wenn Sie mit der rechten Maustaste auf eine markierte Spalte oder einen Spaltenbuchstaben klicken) oder den Befehl SPALTE im Menü FORMAT und dort im Untermenü den Befehl BREITE.

Das Textfeld SPALTENBREITE im gleichnamigen Dialogfeld zeigt die Anzahl Zeichen an, die in Spalten mit Standardbreite eingegeben werden können. Um die Breite aller Spalten des Tabellenblatts zu ändern (mit Ausnahme derer, die bereits manuell oder mit dem Befehl OPTIMALE BREITE BESTIMMEN angepaßt wurden), geben Sie einen neuen Wert in das Textfeld SPALTENBREITE ein und klicken auf die Schaltfläche »OK«.

Wenn Sie die optimale Spaltenbreite mit Hilfe der Menüs in der Menüleiste erstellen wollen, wählen Sie den Befehl SPALTE im Menü FORMAT und dort im Untermenü den Befehl OPTIMALE BREITE BESTIMMEN. Mit diesem Befehl können Sie einer Spalte eine optimale Breite zuweisen, die sich lediglich an einigen der Zelleinträgen orientiert. Wenn Sie z. B. mit diesem Befehl eine Spalte gerade breit genug machen wollen, um darin mehrere Überschriften, nicht aber den Arbeitsmappentitel (der sich nach rechts über mehrere leere Spalten erstreckt) unterzubringen, brauchen Sie nur die Zellen der Spalte zu markieren, die die Überschriften enthalten, an denen sich die neue Spaltenbreite orientieren soll. Jetzt können Sie den Befehl OPTIMALE BREITE BESTIMMEN wählen.

Wenn eine markierte Spalte wieder die Standardspaltenbreite erhalten soll, wählen Sie in der Menüleiste den Befehl SPALTE im Menü FORMAT und dort im Untermenü den Befehl STANDARDBREITE. Im Dialogfeld »Standardbreite« wird im Textfeld STANDARDSPALTENBREITE der Wert `10,71` angezeigt. (Standardbreite aller Spalten in einem neuen Tabellenblatt sind 10,71 Zeichen in der Standardschrift.) Um alle markierten Spalten wieder auf ihre Standardbreite zurückzusetzen, wählen Sie die Schaltfläche »OK« oder drücken einfach [Eingabe].

Das ist doch die Zeilenhöhe

Das Ändern der Zeilenhöhe funktioniert eigentlich ähnlich wie das Anpassen der Spaltenbreite. Sie werden allerdings seltener in die Verlegenheit kommen, die Zeilenhöhe anpassen zu müssen, da Excel diese automatisch anpaßt, falls z. B. Änderungen in der Schriftgröße oder ein Zeilenumbruch eine größere Zeilenhöhe erforderlich machen. Das Anpassen der Zeilenhöhe ist eigentlich nur dann nötig, wenn Sie den Abstand zwischen einer Tabellenüberschrift und der eigentlichen Tabelle bzw. zwischen einer Zeile mit Spaltenüberschriften und der Tabelle vergrößern möchten, ohne dafür eine leere Zeile einzufügen. Weitere Details hierzu finden Sie weiter unten im Abschnitt »Alles in Reih und Glied bringen«.

Um die Zeilenhöhe zu vergrößern, ziehen Sie den unteren Rand des Zeilenrahmens (der mit den Zeilennummern), bis die Zeile die erforderliche Höhe hat, und lassen dann die Maustaste los. Um eine Zeile zu verschmälern, ziehen Sie den unteren Zeilenrand in die andere Richtung. Wenn Sie eine optimale Zeilenhöhe für ihre Einträge gewährleisten möchten, doppelklicken Sie auf den unteren Rand der Zeile im Zeilenrahmen.

Genau wie bei den Spalten können Sie die Höhe der markierten Zeilen auch über ein Dialogfeld anpassen. Um das Dialogfeld »Zeilenhöhe« zu öffnen, wählen Sie im Kontextmenü für Zeilen den Befehl ZEILENHÖHE (das Sie durch Klicken mit der rechten Maustaste auf die markierte Zeile oder die betreffende Zeilennummer öffnen) oder den Befehl ZEILE im Menü FORMATE und dort im Untermenü den Befehl HÖHE. Um eine neue Zeilenhöhe für die markierte(n) Zeile(n) festzulegen, geben Sie die Anzahl der Zeichen im Textfeld ZEILENHÖHE ein und klicken anschließend auf »OK«. (Die Standardhöhe sind 12,75 Punkt – falls Sie's interessiert!) Um für eine bestimmte Zeile wieder die optimale Höhe einzustellen, wählen Sie den Befehl ZEILE im Menü FORMAT und dort im Untermenü den Befehl OPTIMALE HÖHE.

Das Tabellenblattversteckspiel

Wenn Sie vor lauter Anpasserei etwas übertreiben und eine Spalte bzw. eine Zeile zu schmal werden lassen, wird sie im Tabellenblatt nicht mehr angezeigt. Sie fragen sich natürlich, warum Sie Ihre Zeit mit der Eingabe und Formatierung von Daten verschwenden sollen, nur um diese dann hinterher zu *verstecken*.

Wenn Sie allerdings einen Bericht drucken, werden Sie sicherlich häufiger Tabellenblattdaten verstecken wollen. Sie haben z. B. ein Tabellenblatt angelegt, das eine Spalte mit den Angestelltengehältern enthält, die Sie zur Berechnung des Abteilungsbudgets benötigen. Wenn Sie dieses Tabellenblatt drucken wollen, möchten Sie die Gehaltsangaben ganz gerne für sich behalten. Anstatt nun die Spalte mit den Gehaltszahlen aus dem Druckbereich herauszuschieben (auch das lernen Sie noch), können Sie diese Spalte auch vorübergehend verstecken.

Die einfache Variante des Versteckspiels

Um Ihnen eine Menge Frust zu ersparen, erfahren Sie von mir zunächst, wie Sie Spalten und Zeilen mit Hilfe des Menüs FORMAT oder der Kontextmenüs für Spalten und Zeilen verstecken und wiederfinden. Angenommen, Sie wollen Spalte B verstecken, da sie Daten enthält, die nicht gedruckt werden sollen. Um diese Spalte zu verstecken, gehen Sie folgendermaßen vor:

1. **Klicken Sie auf den Buchstaben »B« des Spaltenrahmens, um die Spalte zu markieren.**
2. **Wählen Sie im Menü FORMAT den Befehl SPALTE und dann im angezeigten Untermenü den Befehl AUSBLENDEN.**

Das war's schon. Spalte B hat sich in Luft aufgelöst! Die gesamten Daten dieser Spalte sind aus dem Tabellenblatt verschwunden. Wenn Sie die Spalte B verstecken, fehlt das »B« auch in der Leiste mit den Spaltenbuchstaben, so daß dort A, C, D, E, F etc. steht.

Wenn Sie das Tabellenblatt gedruckt haben und Änderungen in Spalte B vornehmen müssen, können Sie die Spalte natürlich auch wieder aus ihrem Versteck hervorholen:

1. **Positionieren Sie den Mauszeiger auf dem Spaltenbuchstaben A, und ziehen Sie den Mauszeiger nach rechts, um die Spalten A und C zu markieren.**

Sie müssen den Mauszeiger von A nach C ziehen, um die versteckte Spalte B in die Spaltenauswahl einzuschließen. Arbeiten Sie nicht mit [Strg], sonst funktioniert's nicht.

2. **Wählen Sie im Menü Format den Befehl Spalte und dort im angezeigten Untermenü den Befehl Einblenden.**

Excel zeigt die Spalte B wieder im Tabellenblatt an und markiert alle drei Spalten (A, B und C). Klicken Sie mit der Maus auf eine beliebige Zelle im Tabellenblatt, um die Markierung aufzuheben.

Das Ganze funktioniert auch mit den Kontextmenüs für Spalten und Zeilen, die ebenfalls die Befehle Ausblenden bzw. Einblenden enthalten.

Die schwierigere Variante des Versteckspiels

Das Verstecken und Wiederanzeigen von Spalten mit der Maus kann sich zuweilen als trickreich erweisen und erfordert außerdem ein hohes Maß an Genauigkeit, über das Sie vielleicht noch nicht verfügen (vor allem wenn Sie mit Nagetieren nicht so viel Erfahrung haben). Wenn Sie jedoch meinen, daß Sie den Umgang mit der Maus beherrschen, können Sie dieses Versteckspiel auch nur mit Ziehen des Mauszeigers spielen.

- ✔ Um eine Spalte mit der Maus zu verstecken, ziehen Sie im Spaltenrahmen die rechte Spaltenumrandung nach links auf die rechte Umrandung der Nachbarspalte, so daß sie übereinanderstehen und lassen dann die Maustaste los.

- ✔ Um eine Zeile mit der Maus zu verstecken, ziehen Sie im Zeilenrahmen den unteren Zeilenrand bis auf den oberen Zeilenrand.

Während Sie einen Rand ziehen, zeigt Excel eine QuickInfo mit der aktuellen Spaltenbreite bzw. Zeilenhöhe direkt neben dem Mauszeiger an. Wenn die Anzeige der Breite bzw. Höhe »0,00« erreicht hat, ist es an der Zeit, die Maustaste loszulassen.

Eine Spalte oder Zeile mit der Maus wieder sichtbar zu machen, funktioniert genau umgekehrt. Ziehen Sie jetzt den Spalten- oder Zeilenrand, der sich zwischen den jeweiligen Spalten oder Zeilen befindet, in die entgegengesetzte Richtung, d. h. nach rechts bei Spalten und nach unten bei Zeilen. Sie müssen nur aufpassen, daß Sie den Mauszeiger ganz exakt auf dem Spalten- oder Zeilenrand positionieren und dieser nicht wie zuvor die Form eines schwarzen Kreuzes mit Doppelpfeil annimmt, sondern aus zwei parallelen Linien mit jeweils einem Pfeil besteht. (Sehen Sie sich die beiden Mauszeigerformen noch mal in Tabelle 1.1 an.)

Für den Fall, daß Sie eine Zeile oder Spalte mit Hilfe der Maus verstecken, und es Ihnen partout nicht gelingt, sie wieder anzuzeigen, weil sich der Mauszeiger hartnäckig weigert, die dafür erforderliche Form anzunehmen, so verzweifeln Sie nicht! Markieren Sie einfach die Spalten oder Zeilen, zwischen denen sich die Spalte bzw. Zeile versteckt hält (also z. B. die Zeilen 8 und 10, wenn die Zeile 9 wieder angezeigt werden soll), und wählen Sie dann im Kontextmenü den Befehl Einblenden. So einfach kann's auch gehen!

Das ist aber schriftartig!

Wenn Sie ein neues Tabellenblatt erstellen, weist Excel allen Zelleinträgen dieselbe Schriftart und -größe zu. Diese Schriftart ändert sich entsprechend dem angeschlossenen Drucker – für einen Laserdrucker wie den HP LaserJet oder den Apple LaserWriter verwendet Excel die Schriftart Arial in der Schriftgröße 10 Punkt. Obwohl sich diese Schriftart für normale Einträge gut eignet, wollen Sie vielleicht doch etwas Aufregenderes für die Überschriften des Tabellenblatts.

Wenn Ihnen die Standardschriftart, die Excel verwendet, nicht sonderlich gefällt, können Sie diese selbstverständlich ändern. Wählen Sie hierzu den Befehl OPTIONEN im Menü EXTRAS, und klicken Sie im Dialogfeld »Optionen« auf das Register ALLGEMEIN. Im unteren Teil des Dialogfelds sehen Sie das Dropdown-Listenfeld STANDARDSCHRIFTART, in dem Sie sich eine neue Schriftart aussuchen können, die Sie als Standard für alle Ihre Arbeitsmappen verwenden möchten. Falls es auch eine andere Schriftgröße sein soll, dann wählen Sie im Dropdown-Listenfeld SCHRIFTGRAD gleich noch die neue Schriftgröße aus, oder geben Sie sie gleich direkt in das Textfeld ein.

Mit den Schaltflächen in der Format-Symbolleiste können Sie die meisten der Schriftartänderungen vornehmen sowie eine neue Schriftart und -größe wählen, ohne den Befehl ZELLEN FORMATIEREN im Kontextmenü für Zellen oder den Befehl ZELLEN im Menü FORMAT aufrufen zu müssen.

- ✔ Um eine neue Schriftart für einen Zellbereich zu wählen, klappen Sie das Dropdown-Listenfeld für die Schriftart in der Format-Symbolleiste auf und wählen die gewünschte Schriftart in der Liste aus.
- ✔ Wenn Sie die Schriftgröße ändern möchten, klappen Sie das Dropdown-Listenfeld für den Schriftgrad in der Format-Symbolleiste auf und wählen hier die neue Schriftgröße aus.

Sie können den von Ihnen verwendeten Schriftarten auch verschiedene Stilarten, z. B. Fett, Kursiv, Unterstrichen oder Durchgestrichen, zuweisen. In der Format-Symbolleiste sind die Schaltflächen für Fett, Kursiv und für Unterstrichen enthalten. Und vergessen Sie nicht: Diese Schaltflächen werden nicht nur verwendet, um diese Stilarten einer Zellauswahl zuzuweisen, sondern auch, um sie wieder zu entfernen. Wenn Sie auf eine dieser Schaltflächen klicken, verändert sich ihre Darstellung. Es sieht aus, als wären sie nach innen gedrückt. Durch nochmaliges Klicken auf eine »gedrückte« Schaltfläche wechselt die Schaltfläche wieder zurück zu ihrer ursprünglichen Form.

Auch wenn Sie die meisten Änderungen der Schriftart und des Schriftstils über die Schaltflächen der Symbolleiste steuern, wird es vielleicht einmal den einen oder anderen Fall geben, in dem Sie lieber auf die Registerkarte SCHRIFT im Dialogfeld »Zellen formatieren« zurückgreifen wollen (öffnet sich mit [Strg]+[1]).

In Abbildung 3.15 sehen Sie dieses Dialogfeld mit der Registerkarte SCHRIFT, auf der Sie aus verschiedenen Schriftarten, Schriftgrößen, Schriftstilarten (z. B. Fett- oder Kursivdruck), Darstellungsarten (z. B. Durchgestrichen oder Hochgestellt) und Farben auswählen können.

Wenn Sie bei einem Zellbereich sehr viele Änderungen bei der Schrift vornehmen möchten, eignet sich die Registerkarte Schrift hierzu am besten. Besonders vorteilhaft beim Arbeiten mit diesem Dialogfeld ist vor allem, daß es ein Vorschaufeld enthält, in dem Sie sehen können, wie sich die vorgenommenen Änderungen (zumindest auf dem Bildschirm) auswirken.

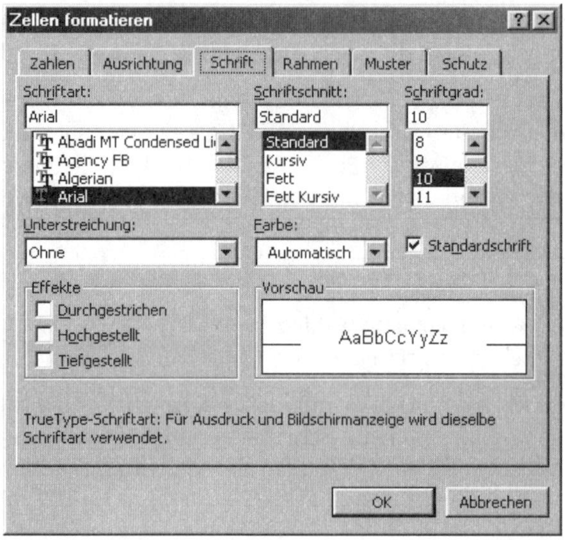

Abbildung 3.15: Im Dialogfeld »Zellen formatieren« können Sie auf der Registerkarte Schrift jede Menge Änderungen für die Schrift in einem Aufwasch ausführen.

Wenn Sie die Farbe der Schrift ändern (entweder auf der Registerkarte Schrift im Dialogfeld »Zellen« oder mit der Schaltfläche für die Farbpalette in der Format-Symbolleiste), das Tabellenblatt dann aber auf einem Schwarzweißdrucker drukken, werden die Farben in Grauabstufungen gedruckt. Das Dropdown-Listenfeld Farbe enthält neben einer Farbpalette auch den Eintrag Automatisch; mit dieser Option wählen Sie die Farbe, die Sie in Windows als Fenstertextfarbe definiert haben. (Die Windows-Standardeinstellung für die Fenstertextfarbe ist schwarz, es sei denn, Sie haben über die Windows-Systemsteuerung eine andere Farbe eingestellt. – Falls Sie gerne mehr über Windows 95/98 wissen möchten, dann sollten Sie zu »Windows 95 für Dummies« bzw. »Windows 98 für Dummies« greifen!)

Alles in Reih und Glied bringen

Ich habe Ihnen bereits erzählt, daß die Ausrichtung eines Zelleintrags lediglich durch die Art des Eintrags gesteuert wird: Alle Texteingaben werden linksbündig ausgerichtet, alle Zahlen rechtsbündig. Sie können diese Standardeinstellungen jedoch ändern, wann immer es Ihnen einfällt.

Die Format-Symbolleiste enthält drei Schaltflächen für die Ausrichtung: die Schaltflächen für Linksbündig, für Zentriert und für Rechtsbündig. Direkt neben der Schaltfläche für Rechtsbündig befindet sich die Schaltfläche für Verbinden und zentrieren.

Trotz des langen Namens werden Sie diese Schaltfläche kennenlernen wollen, da sie Ihnen eine Tabellenblattüberschrift in Sekundenschnelle über die gesamte Tabellenbreite zentriert. In den Abbildungen 3.16 und 3.17 sehen Sie, wie das funktioniert. In Abbildung 3.16 ist die Überschrift für das Tabellenblatt mit den Umsätzen für 2000 in Zelle A1 eingegeben worden. Da es sich um einen langen Eintrag handelt, fließt der Text in die rechts angrenzende Zelle (B1). Um die Überschrift über die gesamte Tabellenbreite (also von Spalte A bis E) zu zentrieren, markieren Sie den Zellbereich A1:E1 (die Breite der Tabelle), wie in Abbildung 3.16 dargestellt, und klicken dann auf die Schaltfläche für Verbinden und zentrieren in der Format-Symbolleiste. Abbildung 3.17 zeigt Ihnen das Ergebnis: Die Überschrift steht jetzt ganz genau in der Mitte über der Tabelle.

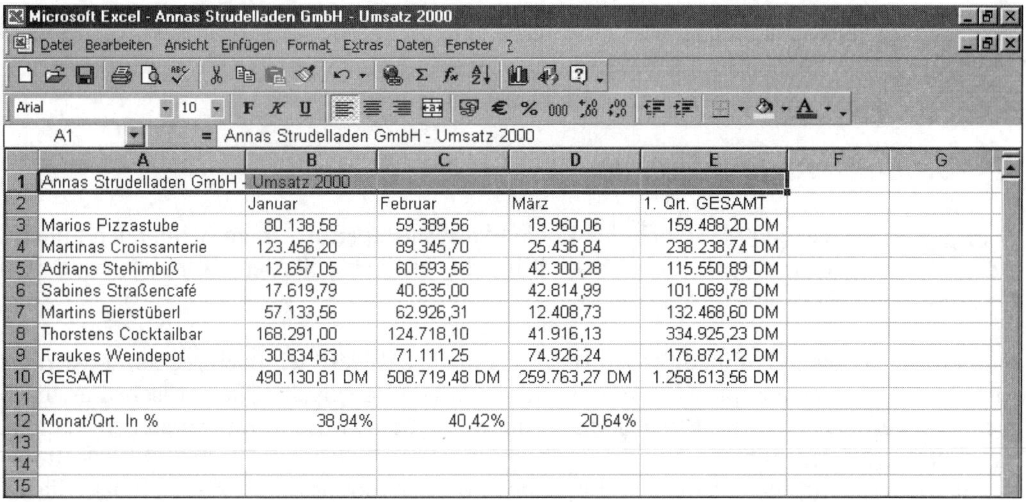

	A	B	C	D	E	F	G
1	Annas Strudelladen GmbH - Umsatz 2000						
2		Januar	Februar	März	1. Qrt. GESAMT		
3	Marios Pizzastube	80.138,58	59.389,56	19.960,06	159.488,20 DM		
4	Martinas Croissanterie	123.456,20	89.345,70	25.436,84	238.238,74 DM		
5	Adrians Stehimbiß	12.657,05	60.593,56	42.300,28	115.550,89 DM		
6	Sabines Straßencafé	17.619,79	40.635,00	42.814,99	101.069,78 DM		
7	Martins Bierstüberl	57.133,56	62.926,31	12.408,73	132.468,60 DM		
8	Thorstens Cocktailbar	168.291,00	124.718,10	41.916,13	334.925,23 DM		
9	Fraukes Weindepot	30.834,63	71.111,25	74.926,24	176.872,12 DM		
10	GESAMT	490.130,81 DM	508.719,48 DM	259.763,27 DM	1.258.613,56 DM		
11							
12	Monat/Qrt. In %	38,94%	40,42%	20,64%			
13							
14							
15							

Abbildung 3.16: Erst einmal die Zellen der Spalten markieren, über denen die Überschrift zentriert werden soll.

Wenn Sie mal einen superlangen Zelleintrag, den Sie mit der Schaltfläche für Verbinden und zentrieren ausgerichtet haben, wieder in seinen ursprünglichen Zustand zurückversetzen wollen, dann markieren Sie dazu die Zelle, öffnen das Dialogfeld »Zellen formatieren« (`Strg`+`1`), klicken auf das Register AUSRICHTUNG und deaktivieren dort das Kontrollkästchen ZELLEN VERBINDEN. Klicken Sie dann auf »OK«, oder drücken Sie `Eingabe`.

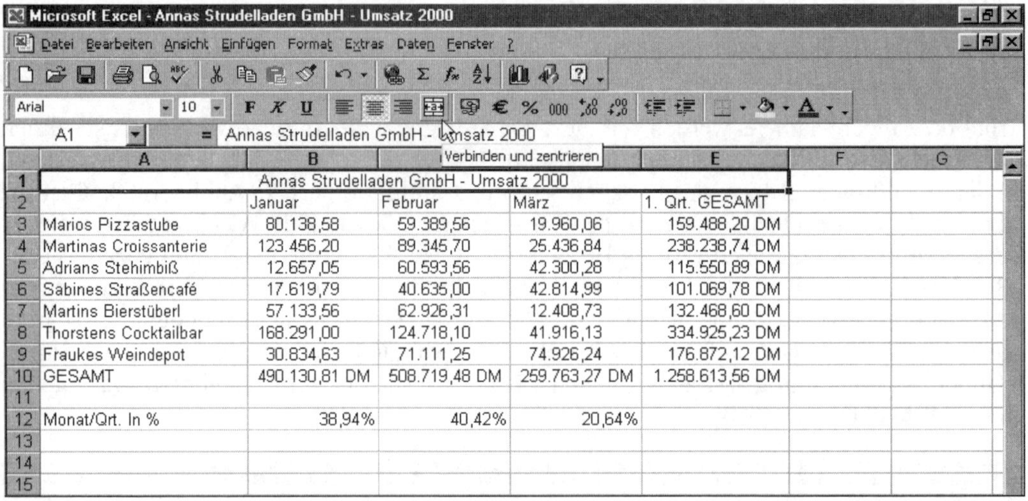

Abbildung 3.17: So sieht's aus, wenn die Überschrift über den Spalten A bis E zentriert ist.

Die Sache mit dem Einzug

2000 In Excel 2000 läßt sich der Einzug von Einträgen in einem Zellbereich ändern. Die Format-Symbolleiste enthält hierzu zwei Schaltflächen – Einzug verkleinern und Einzug vergrößern.

Mit der Schaltfläche für Einzug vergrößern (bei dem zeigt der Pfeil nach rechts) werden die Einträge im aktuellen Zellbereich um die Breite eines Zeichens der Standardschriftart nach rechts eingerückt. (Wenn Sie sich jetzt nichts unter Standardschriftart vorstellen können, dann blättern Sie noch mal zurück zum Abschnitt »Das ist aber schriftartig!«.) Wenn Ihnen das mit dem Einzug doch nicht so gefällt, dann entfernen Sie das Ganze wieder, indem Sie auf die Gegenschaltfläche – nämlich die Schaltfläche für Einzug verkleinern – klicken. Aber das ist noch nicht alles! Sie können auch die Anzahl Zeichen, um die ein Einzug verkleinert bzw. vergrößert werden soll, festlegen. Öffnen Sie dazu das Dialogfeld »Zellen«, klicken Sie auf das Register AUSRICHTUNG, und ändern Sie dort im Textfeld EINZUG den eingestellten Wert, indem Sie einen neuen Wert in dieses Feld manuell oder mit Hilfe der Drehfelder eingeben.

Ausrichten in der Vertikalen

Die Befehle für linksbündige, rechtsbündige und zentrierte Ausrichtung beziehen sich alle auf die Ausrichtung eines Eintrags im Verhältnis zum linken und rechten Zellenrand. In der Vertikalen werden alle Einträge standardmäßig am unteren Zellenrand ausgerichtet. Das können Sie natürlich ändern: Sie können ebensogut einen Eintrag in der Zelle vertikal zentrieren oder am oberen Zellenrand ausrichten.

Um die vertikale Ausrichtung eines Zellbereichs zu ändern, öffnen Sie das Dialogfeld »Zellen formatieren«. Wählen Sie das Register AUSRICHTUNG (Abbildung 3.18), und wählen Sie OBEN, ZENTRIEREN, UNTEN oder IM BLOCKSATZ AUSRICHTEN im Listenfeld VERTIKAL.

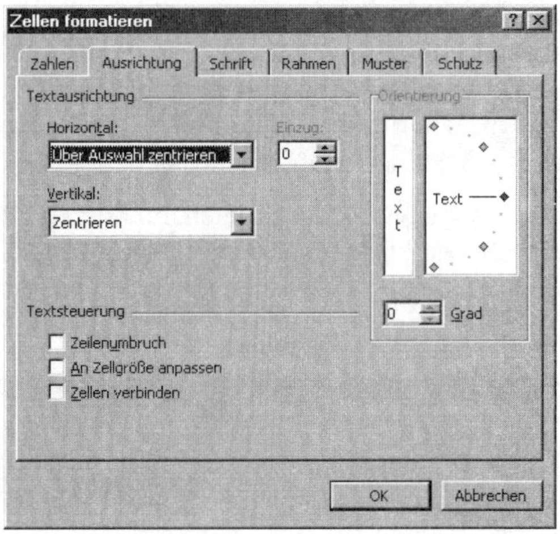

Abbildung 3.18: Die vertikale Ausrichtung eines Zelleintrags ändern Sie mit Hilfe der Registerkarte AUSRICHTUNG im Dialogfeld »Zellen formatieren«.

Abbildung 3.19 zeigt die Überschrift für die Tabelle mit den Umsatzzahlen für 2000, nachdem diese vertikal in der Zelle zentriert wurde. (Zuvor wurde dieser Texteintrag über dem Zellbereich A1:E1 zentriert; die Höhe der Zeile 1 wurde von standardmäßig 12,75 Zeichen auf 33,75 Zeichen erhöht. Sie erinnern sich an den Abschnitt »Das ist doch die Zeilenhöhe!« in diesem Kapitel?)

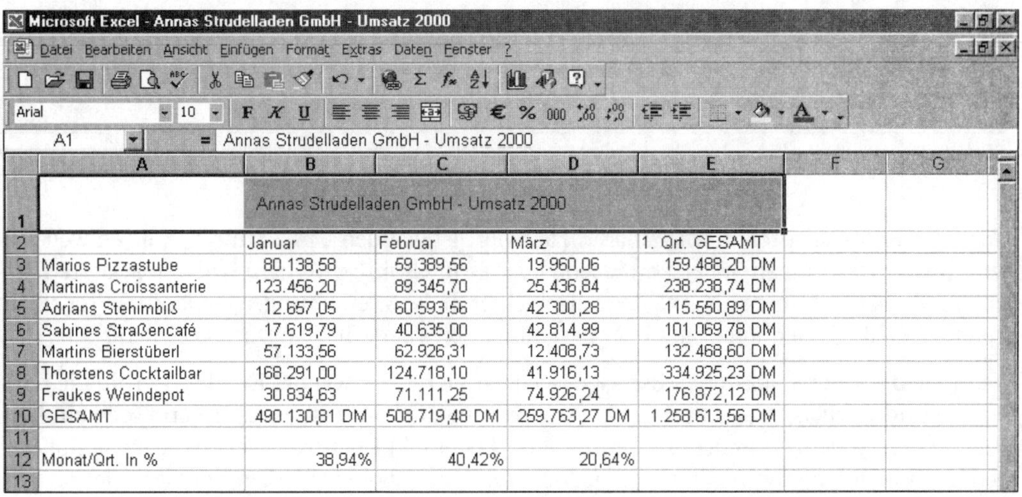

	A	B	C	D	E
2		Januar	Februar	März	1. Qrt. GESAMT
3	Marios Pizzastube	80.138,58	59.389,56	19.960,06	159.488,20 DM
4	Martinas Croissanterie	123.456,20	89.345,70	25.436,84	238.238,74 DM
5	Adrians Stehimbiß	12.657,05	60.593,56	42.300,28	115.550,89 DM
6	Sabines Straßencafé	17.619,79	40.635,00	42.814,99	101.069,78 DM
7	Martins Bierstüberl	57.133,56	62.926,31	12.408,73	132.468,60 DM
8	Thorstens Cocktailbar	168.291,00	124.718,10	41.916,13	334.925,23 DM
9	Fraukes Weindepot	30.834,63	71.111,25	74.926,24	176.872,12 DM
10	GESAMT	490.130,81 DM	508.719,48 DM	259.763,27 DM	1.258.613,56 DM
11					
12	Monat/Qrt. In %	38,94%	40,42%	20,64%	
13					

Abbildung 3.19: Die Tabellenüberschrift wurde in Zeile 1 vertikal zentriert.

Alles im Umbruch!

Die Spaltenüberschriften im Tabellenblatt sind schon immer ein Problem gewesen, da man sie entweder knapp formulieren oder abkürzen mußte, um die Spalte nicht unnötig breit werden zu lassen. Mit Excel können Sie dieses Problem ganz einfach lösen, und zwar, indem Sie mit der Funktion ZEILENUMBRUCH arbeiten. In Abbildung 3.20 sehen Sie ein neues Tabellenblatt, in dem die Spaltenüberschriften mit den Namen der zu Annas Strudelladen GmbH gehörenden Unternehmen umbrochen wurden, um die Spalten nicht breiter machen zu müssen, als für die Länge der Firmennamen unbedingt erforderlich ist.

Um den in Abbildung 3.20 gezeigten Effekt zu erzielen, markieren Sie die Zellen mit den Spaltenüberschriften (also B2:H2) und klicken dann auf das Kontrollkästchen ZEILENUMBRUCH auf der Registerkarte AUSRICHTUNG im Dialogfeld »Zellen formatieren«. (Abbildung 3.18 zeigt dieses Kontrollkästchen.)

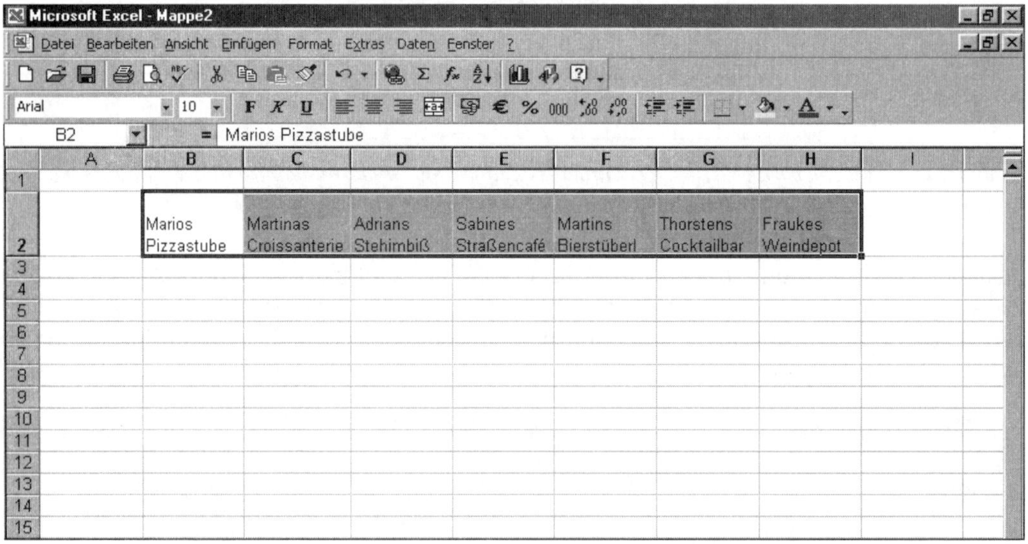

Abbildung 3.20: Ein neues Tabellenblatt, dessen Spaltenüberschriften umbrochen wurden

Wenn das Kontrollkästchen ZEILENUMBRUCH aktiviert ist, werden lange Einträge (die entweder in benachbarte leere Zellen »überschwappen« oder abgeschnitten werden) in den markierten Zellen umbrochen. Um mehr als eine Textzeile in einer Zelle unterzubringen, ändert das Programm automatisch die Zeilenhöhe, damit der gesamte umbrochene Text angezeigt werden kann.

Wenn Sie das Kontrollkästchen ZEILENUMBRUCH aktivieren, verwendet Excel weiterhin die horizontale und vertikale Ausrichtung, die Sie zuvor für die Zelle festgelegt haben. Noch ein Hinweis sei gestattet: Sie können die Einträge im Listenfeld HORIZONTAL relativ bedenkenlos verwenden. Bei der Option AUSFÜLLEN ist jedoch Vorsicht geboten. Wählen Sie diese Option nur, wenn Sie einen Eintrag über die gesamte Breite der Zelle wiederholen wollen.

Wenn Sie einen Zeilenumbruch in einem Texteintrag durchführen möchten und Excel den Text in der Zelle zentrieren soll, markieren Sie die Zelle und wählen in einem der Listenfelder die Option IM BLOCKSATZ AUSRICHTEN (gibt es sowohl für die vertikale als auch für die horizontale Ausrichtung) auf der Registerkarte AUSRICHTUNG im Dialogfeld »Zellen formatieren«.

Sie können in einem langen Texteintrag einen Zeilenumbruch durchführen, indem Sie die Einfügemarke in der Zelle (Sie müssen dazu auf die Zelle doppelklicken) oder in der Bearbeitungsleiste an der Stelle positionieren, an der der Text umbrochen werden soll, und anschließend `Alt`+`Eingabe` drücken. Excel weitet daraufhin die Zelle bzw. die Bearbeitungsleiste aus und fängt eine neue Textzeile an. Wenn Sie `Eingabe` drücken, um den Text in die Zelle zu übergeben, führt Excel automatisch einen Zeilenumbruch an der gewünschten Stelle entsprechend der jeweiligen Spaltenbreite durch.

Richtungsänderungen

Anstatt Texteinträge in Zellen zu umbrechen, finden Sie vielleicht mehr Gefallen daran, die Ausrichtung des Texts zu ändern. Abbildung 3.21 zeigt einen Fall, bei dem die Änderung der Richtung der Spaltenüberschriften besser aussieht als der Zeilenumbruch. (Über Geschmack läßt sich zwar bekanntlich streiten, aber mal ehrlich, ganz objektiv betrachtet sind Sie doch auch meiner Ansicht.)

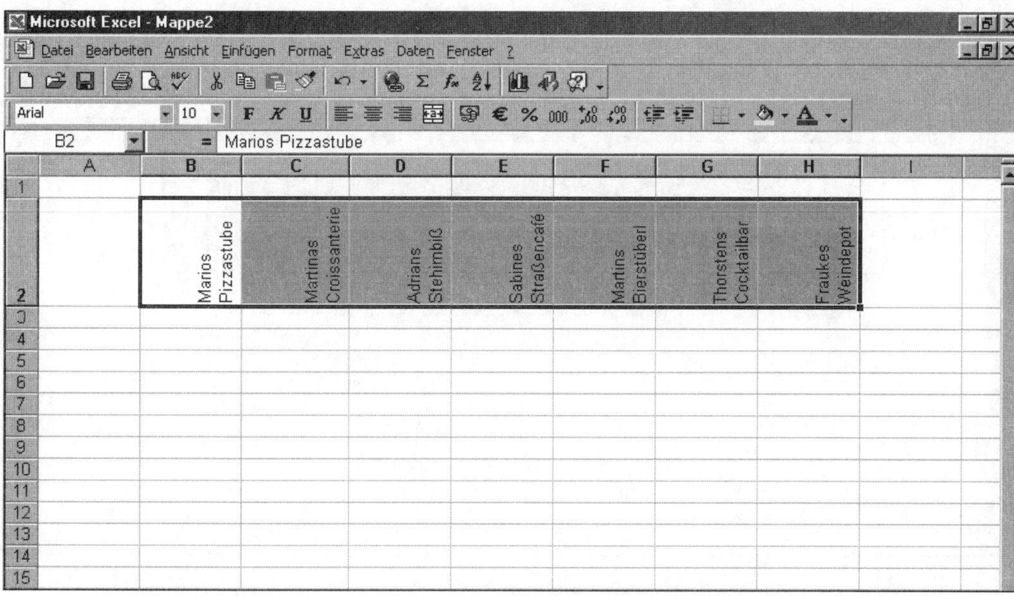

Abbildung 3.21: Das Tabellenblatt mit hochkant verlaufenden Spaltenüberschriften

Ich habe als Beispiel hierzu das Tabellenblatt aus Abbildung 3.20 gewählt und die Ausrichtung der Spaltenüberschriften für die verschiedenen Unternehmen von Annas Strudelladen GmbH geändert. Jetzt sind die Spalten ziemlich schmal.

Um die Richtung des Texts zu ändern, markieren Sie zunächst einmal den Zellbereich (B2:G2), öffnen dann das Register AUSRICHTUNG im Dialogfeld »Zellen« und klicken dort im Gruppenfeld ORIENTIERUNG ganz oben auf die kleine schwarze Raute. (Wenn Sie sich das Ganze als Uhr vorstellen, dann klicken Sie auf 12 Uhr.) Im darunterliegenden Textfeld GRAD, in das Sie die jeweilige Gradzahl natürlich auch manuell eingeben können, wird 90 Grad angezeigt, d. h., der Text wird so gedreht, daß er von unten nach oben verläuft. Das Kontrollkästchen ZEILENUMBRUCH bleibt aktiviert, um den Text sowohl auf den Kopf zu stellen als auch zu umbrechen. Auf diese Weise wird verhindert, daß zu lange, schmale Spalten entstehen. Sollten Ihnen die Zeilenumbrüche mißfallen, so passen Sie einfach die Zeilenhöhe etwas an. Na? Sieht schon besser aus, nicht wahr? (Habe ich in Abbildung 3.21 übrigens auch gemacht!) Ganz Penible ändern jetzt natürlich auch noch die Spaltenbreite.

Ich habe noch ein bißchen mit der Orientierungsoption im Register AUSRICHTUNG gespielt, und die Spaltenüberschriften um nur 45 Grad zu ihrer horizontalen Ausrichtung gedreht. Wie ich das gemacht habe? Nun, ich habe wieder auf die kleine schwarze Raute geklickt, und zwar dieses Mal zwischen 12 und 3 Uhr. Ich hätte natürlich auch die Zahl 45 in das Textfeld GRAD eingeben können. Das wäre auf dasselbe rausgekommen!

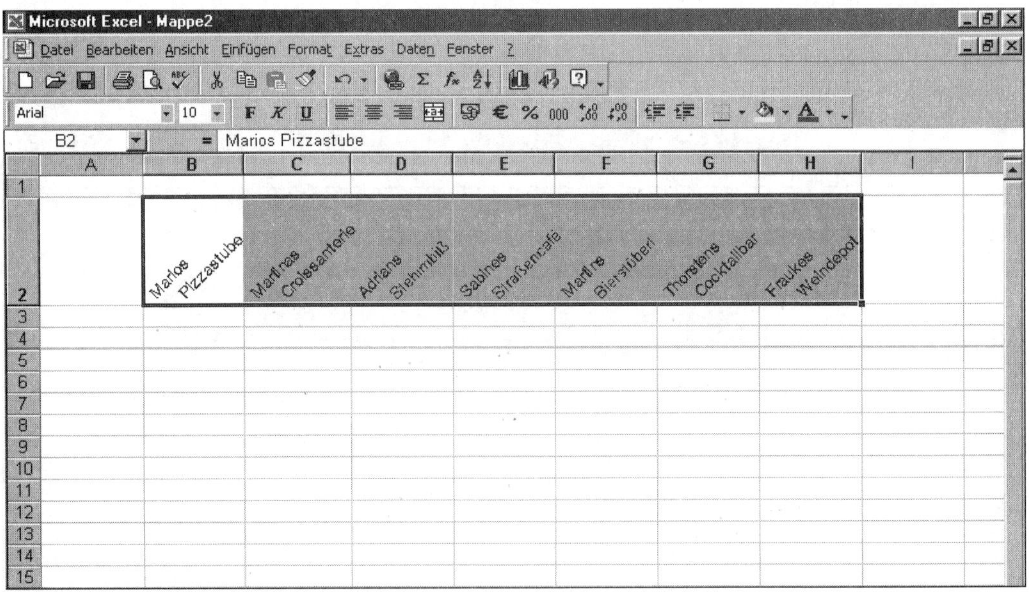

Abbildung 3.22: Das Tabellenblatt mit um 45 Grad geneigten Spaltenüberschriften

Sie können in das Textfeld Grad jede beliebige Zahl zwischen -90 und 90 Grad für die Ausrichtung des Texts eingeben oder auf die entsprechende Stelle im dargestellten Halbkreis klicken. Eine weitere Möglichkeit ist, die Linie, die im Halbkreis vor dem Wort *Text* angezeigt wird, auf den gewünschten Winkel zu ziehen. Wenn der Text vertikal so ausgerichtet werden soll, daß die einzelnen Buchstaben in einer Spalte übereinanderstehen, dann klicken Sie im Gruppenfeld Orientierung auf das Wort Text, bei dem die Buchstaben in dieser Weise ausgerichtet sind.

Raum ist in der kleinsten Zelle

Wenn Sie mal nicht möchten, daß Excel die Spaltenbreite an die Zelleinträge anpaßt, weil sich das im Ausdruck nicht immer so gut macht, dann können Sie das neue Kontrollkästchen An Zellgrösse anpassen auf der Registerkarte Ausrichtung im Dialogfeld »Zellen formatieren« aktivieren. Mit dieser Option wird die Schriftgröße der Einträge im Zellbereich so verkleinert, daß sie genau in die vorgegebene Spaltenbreite passen. Allerdings kann diese Option je nach Länge der Einträge und Breite der Spalten den Text so verkleinern, daß Sie ihn kaum noch mit der Lupe erkennen können!

Auf den äußeren Rahmen kommt es an

Die Gitternetzlinien, die im Tabellenblatt angezeigt werden, sollen Ihnen bei der Arbeit als Orientierungshilfe dienen. Sie können sie zusammen mit Ihren Daten ausdrucken, Sie müssen aber nicht. Um Bereiche des Tabellenblatts oder Teile einer Tabelle besonders hervorzuheben, können Sie bestimmte Zellen mit einem Rahmen oder mit einem Schatten versehen. Verwechseln Sie also einen Rahmen nicht mit einer Gitternetzlinie, da von Ihnen eingefügte Rahmen immer gedruckt werden – ob mit oder ohne Gitternetzlinien.

Um die hinzugefügten Rahmen im Tabellenblatt besser sehen zu können, entfernen Sie die standardmäßig im Tabellenblatt angezeigten Gitternetzlinien.

1. **Wählen Sie den Befehl Optionen im Menü Extras, und klicken Sie im Dialogfeld »Optionen« auf das Register Ansicht.**
2. **Deaktivieren Sie im Gruppenfeld Fensteroptionen das Kontrollkästchen Gitternetzlinien.**
3. **Wählen Sie »OK«, oder drücken Sie** `Eingabe`**.**

Mit dem Kontrollkästchen Gitternetzlinien legen Sie nur fest, ob Ihr Tabellenblatt in der Bildschirmanzeige Gitternetzlinien enthalten soll. Um die Gitternetzlinien auch für den Ausdruck Ihres Tabellenblatts zu entfernen, wählen Sie den Befehl Seite einrichten im Menü Datei, klicken im angezeigten Dialogfeld auf das Register Tabelle und deaktivieren im Gruppenfeld Drucken das Kontrollkästchen Gitternetzlinien.

Um einen Zellbereich mit einem Rahmen zu versehen, öffnen Sie das Dialogfeld »Zellen formatieren« (immer noch am schnellsten mit [Strg]+[1]) und klicken dann auf das Register RAHMEN (Abbildung 3.23). Wählen Sie im Gruppenfeld LINIEN die gewünschte Rahmenart und dann im Gruppenfeld RAHMEN die Zellenränder, die mit diesem Rahmen versehen werden sollen.

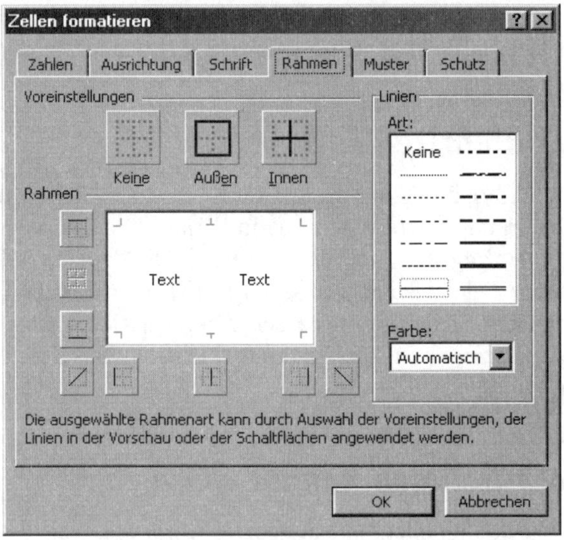

Abbildung 3.23: Auf der Registerkarte RAHMEN im Dialogfeld »Zellen formatieren« geben Sie Ihren Zellen den entsprechenden Rahmen.

- ✔ Um die markierten Zellen vollständig einzurahmen, aktivieren Sie im Gruppenfeld VOREINSTELLUNGEN die Schaltfläche »Außen«.
- ✔ Wenn die vier Ränder jeder einzelnen Zelle eines Zellbereichs mit einer Linie versehen werden sollen, aktivieren Sie im Gruppenfeld VOREINSTELLUNGEN die Schaltfläche »Außen«.

Wenn Sie eine einzelne Zelle oder die äußeren Kanten eines Zellbereichs mit einem Rahmen versehen möchten, können Sie dies auch ohne die Registerkarte RAHMEN tun. Markieren Sie einfach die Zelle oder den Zellbereich, und klicken Sie dann auf den Pfeil neben der Schaltfläche für Rahmen in der Format-Symbolleiste, hinter dem sich eine Palette verbirgt, aus der Sie einen Rahmenlinientyp für Ihren Zellbereich auswählen können.

Um die Rahmen wieder zu entfernen, müssen Sie die Zellen markieren, die mit einem Rahmen bzw. mit Linien versehen sind, das Dialogfeld »Zellen formatieren« öffnen, auf das Register RAHMEN und dann im Gruppenfeld VOREINSTELLUNGEN auf die Schaltfläche »Außen« klicken. Wenn Sie lieber mit der Schaltfläche für Rahmen in der Format-Symbolleiste arbeiten, dann klicken Sie in der angezeigten Palette auf die erste Schaltfläche (die, die nur gepunktete Linien außen und innen hat).

Mustern Sie mal Ihre Zelle!

Sie können bestimmte Bereiche des Tabellenblatts hervorheben, indem Sie die Farbe und/oder das Muster der Zellen ändern. Wenn Sie mit einem Schwarzweißdrucker arbeiten, dann sollten Sie sich bei der Farbauswahl in der Farbpalette vielleicht auf Hellgrau beschränken. Bei der Verschönerung von Zellbereichen, die Daten enthalten, sollten Sie bei der Wahl eines Musters vorsichtig sein und eher ein schlichtes mit wenigen Punkten wählen. (Unter Umständen ist nämlich der Inhalt der Zellen im Ausdruck nicht mehr lesbar.)

Um eine andere Farbe und/oder ein anderes Muster für einen Teil des Tabellenblatts auszuwählen, markieren Sie die Zellen, die Sie etwas aufpolieren möchten, öffnen mit [Strg]+[1] das Dialogfeld »Zellen formatieren« und klicken dann auf das Register MUSTER (Abbildung 3.24). Wenn Sie die Farbe der Zellen ändern möchten, klicken Sie im Gruppenfeld ZELLENSCHATTIERUNG in der Farbpalette auf die gewünschte Farbe. Soll das Muster der Zellen geändert werden, klicken Sie auf den Pfeil des Dropdown-Listenfelds MUSTER, um eine erweiterte Palette anzuzeigen, die eine Reihe Schwarzweißmuster enthält. Klicken Sie auf ein Muster, das Ihnen gefällt. Excel zeigt im Beispielfeld, wie Ihre Kreation aussehen würde.

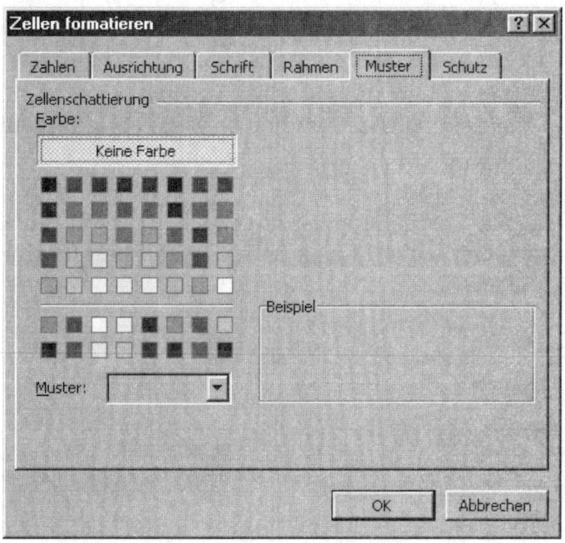

Abbildung 3.24: Auf der Registerkarte MUSTER können Sie Farben und Muster für Ihre Zellen auswählen.

Um ein Muster wieder zu entfernen, markieren Sie den entsprechenden Zellbereich, öffnen das Dialogfeld »Zellen formatieren« und klicken auf das Register MUSTER. Wählen Sie dann ganz oben in der Farbpalette die Option KEINE FARBE.

Sie können Zellbereichen auch andere Farben (jedoch keine Muster) mit der Schaltfläche für Füllfarbe (in der Format-Symbolleiste) zuweisen. Sie brauchen hierzu nur die Zellen zu markieren, die einen neuen Anstrich benötigen, und dann die Palette zu dieser Schaltfläche aufzuklappen. Wählen Sie die Farbe in der angezeigten Palette aus, nach der Ihnen heute gerade ist. (Denken Sie auch ab und zu mal daran, daß die Farbpalette zu denen gehört, die man aus der Format-Symbolleiste ziehen und geöffnet über dem Tabellenblatt schweben lassen kann.)

Sie können mit dieser Schaltfläche Zellbereichen zwar keine anderen Muster zuweisen, dafür aber Muster und Farbe auf einen Schlag aus markierten Zellen entfernen. Klicken Sie auf die Schaltfläche für Füllfarbe, und wählen Sie in der angezeigten Farbpalette die Option Keine Farbe.

Wenn Sie den Text in einem Zellbereich farblich passend zum Hintergrund gestalten möchten, so können Sie die Textfarbe mit Hilfe der Schaltfläche für Schriftfarbe schnell ändern. Klicken Sie in der Format-Symbolleiste (das letzte in dieser Leiste) auf diese Schaltfläche, um die Farbe für den Text zu ändern, und auf die Schaltfläche für die Füllfarbe, um die Hintergrundfarbe zu ändern. Falls der Text dann irgendwann mal wieder wie üblich schwarz werden soll, dann brauchen Sie nur die Zellen zu markieren und die Option Automatisch zu wählen.

Der Zauber der freischwebenden Rahmenlinien-Palette

Wie bei der Schaltfläche für Füllfarbe und der Schaltfläche für Schriftfarbe läßt sich die Rahmen-Palette aus der Format-Symbolleiste ziehen. Klicken Sie hierzu mit der Maustaste auf den oberen grauen Rand der geöffneten Palette, und ziehen Sie sie an die gewünschte Stelle im Tabellenblatt. Auf diese Weise bleibt die Palette während Ihrer Arbeit ständig geöffnet und damit jederzeit zugriffsbereit. Wenn Sie die Palette wieder schließen wollen, brauchen Sie nur auf die Schließen-Schaltfläche in der rechten oberen Ecke des kleinen Fensters zu klicken, und schwupp ist sie auf und davon.

Jetzt wird's formatvorlagig!

Mit den Formatvorlagen versucht Excel die verschiedenen Formatierungsarten unter einen Hut zu bringen. Excel verfügt über sechs integrierte Formatvorlagen, die Sie in jedem Tabellenblatt einsetzen können: Dezimal, Dezimal [0], Prozent, Standard, Währung und Währung [0]. Wenn Sie Hyperlinks einfügen (die ich Ihnen in Kapitel 10 näherbringe), fügt Excel noch zwei weitere Formatvorlagen hinzu: Hyperlink und Besuchter Hyperlink.

Am häufigsten wird die Standard-Formatvorlage verwendet, die allen Zellen in einem neuen Tabellenblatt automatisch zugewiesen wird. Die anderen fünf Formatvorlagen werden zur Formatierung ganz bestimmter Zellen mit verschiedenen Zahlenformaten eingesetzt. (Die Formatvorlagen Hyperlink und Besuchter Hyperlink brauchen Sie, um Hyperlinks in einem Arbeitsblatt zu formatieren. Wie das geht, erfahren Sie in Kapitel 10.)

Um eine dieser integrierten Formatvorlagen (oder eine benutzerdefinierte) zu verwenden, müssen Sie lediglich den Befehl Formatvorlage im Menü Format wählen und im Dropdown-Listenfeld Formatvorlagenname eine andere Vorlage auswählen.

Es gibt nichts Einfacheres, als neue Formatvorlagen für ein Tabellenblatt zu erstellen. Sie brauchen lediglich einen der Zelleinträge im Tabellenblatt zu formatieren und dabei alle für die neue Formatvorlage gewünschten Formatierungsmöglichkeiten anzuwenden – auch Zahlenformate, Schriftart, Ausrichtung, Rahmen, Muster und Schutzstatus. (In Kapitel 6 finden Sie alles Wissenswerte zum Schutz der Zellinhalte.)

Wenn der Zellcursor sich auf der formatierten Beispielzelle befindet, wählen Sie den Befehl Formatvorlage im Menü Format, um das Dialogfeld »Formatvorlage« zu öffnen. Setzen Sie die Einfügemarke in das Dropdown-Listenfeld Formatvorlagenname, und geben Sie den Namen für Ihre neue Formatvorlage in das Textfeld ein. Klicken Sie dann auf die Schaltfläche »Hinzufügen«, und wählen Sie »OK«, oder drücken Sie [Eingabe].

Wenn Sie Ihre Arbeitsmappe das nächste Mal speichern, speichert Excel die neue Formatvorlage als Bestandteil des Dokuments. Um nun diese neue Formatvorlage auch für andere Zellen zu verwenden, brauchen Sie nur die betreffenden Zellen zu markieren, das Dialogfeld »Formatvorlage« zu öffnen und den Namen der Formatvorlage aus dem Dropdown-Listenfeld auszuwählen.

Mit Hilfe einer Formatvorlage lassen sich benutzerdefinierte Zahlenformate viel einfacher in einer Arbeitsmappe einsetzen. Sie erstellen beispielsweise eine Formatvorlage Unsichtbar, bei der Sie ein benutzerdefiniertes Zahlenformat verwenden, um alle Dateneinträge zu verstekken. Sie brauchen dazu nur die entsprechenden Zahlenformate erstellen, diese einer Beispielzelle zuweisen und dann eine Formatvorlage erstellen, die Sie Unsichtbar nennen. (Wenn Sie nicht mehr wissen, wie das mit den Zahlenformaten geht, dann blättern Sie zurück zum Abschnitt »Maßgeschneiderte Zahlenformate« in diesem Kapitel.) Nachdem Sie die Arbeitsmappe mit diesen neuen Formatvorlagen gespeichert haben, können Sie die Vorlage vom Dialogfeld »Formatvorlage« aus auch für alle anderen Zellen der Mappe verwenden.

Mit Excel können Sie Formatvorlagen, die Sie in anderen Arbeitsmappen erstellt haben, mit der aktuellen Arbeitsmappe zusammenführen:

1. **Öffnen Sie die Arbeitsmappe, die die Formatvorlagen enthält, die Sie in die aktuelle Arbeitsmappe kopieren möchten.**

2. **Wählen Sie dann den Befehl Fenster, und aktivieren Sie die Arbeitsmappe, in die Sie diese Formatvorlagen einfügen möchten.**

3. **Wählen Sie den Befehl Formatvorlage im Menü Format, um das Dialogfeld »Formatvorlage« in der Arbeitsmappe zu öffnen, in die die Kopie der Formatvorlagen der anderen Arbeitsmappe eingefügt werden soll.**

4. **Klicken Sie auf die Schaltfläche »Zusammenführen«, um das Dialogfeld »Formatvorlagen zusammenführen« zu öffnen, und doppelklicken Sie dann auf den Namen der Arbeitsmappe, aus der Sie Formatvorlagen in das Listenfeld Formatvorlagenname kopieren wollen.**

5. **Drücken Sie »OK«, um das Dialogfeld »Formatvorlage« zu schließen und die Formatvorlagen zusammenzuführen.**

Falls die aktuelle Arbeitsmappe benutzerdefinierte Formatvorlagen enthält, die dieselben Namen haben wie die, die Sie kopieren, fragt Excel in einer Meldung ab, ob Sie fortfahren und die Formatvorlagen mit den identischen Namen überschreiben möchten. Um die Formatvorlagen mit identischen Namen in der aktuellen Arbeitsmappe zu überschreiben, wählen Sie »Ja«. Um nur Formatvorlagen mit unterschiedlichen Namen zusammenzuführen, wählen Sie »Nein«. Wenn Ihnen das Ganze zu ungeheuer wird, wählen Sie »Abbrechen«.

Hiermit übertrage ich Dir mein Format!

Wenn Sie es sich zur Gewohnheit machen, für Formatierungen, die sich in Ihren Arbeitsmappen ständig wiederholen, mit den Formatvorlagen zu arbeiten, dann sind Sie bereits auf dem besten Weg, ein Excel-Profi zu werden. Mitunter möchten Sie aber vielleicht einfach nur das Format einer ganz bestimmten Zelle auf eine andere übertragen, ohne dazu großartig eine Formatvorlage zu erstellen.

In diesem Fall, wenn Sie also mal eben schnell ein Format von einer Zelle auf eine andere übertragen wollen, arbeiten Sie mit der Schaltfläche für Format übertragen in der Standard-Symbolleiste (die mit dem Pinsel neben der Schaltfläche für Einfügen). Mit dieser wunderbaren Schaltfläche können Sie das Format einer Zelle, die Sie vielleicht ganz besonders nett formatiert haben, auf andere Zellen im Tabellenblatt übertragen.

Um nun mit der Schaltfläche für Format übertragen ein Zellformat in andere Zellen des Tabellenblatts zu kopieren, brauchen Sie nur die folgenden drei Schritte auszuführen:

1. **Formatieren Sie eine Beispielzelle oder einen Beispielzellbereich ganz nach Belieben mit Schriftart, Ausrichtung, Rahmen, Muster oder Farbe.**

2. **Setzen Sie den Zellcursor auf eine dieser schick formatierten Zellen, und klicken Sie auf die Schaltfläche für Format übertragen in der Standard-Symbolleiste.**

   Der Mauszeiger ist jetzt ein dickes weißes Kreuz mit einem Pinsel. Die Zelle, deren Format übertragen werden soll, umgibt ein Laufrahmen.

3. **Ziehen Sie mit diesem Mauszeiger über alle Zellen, die mit dem Format der Beispielzelle formatiert werden sollen.**

   Sobald Sie die Maustaste loslassen, wendet Excel alle Formatierungsoptionen der Beispielzelle auf die von Ihnen markierte(n) Zelle(n) an.

Wenn Sie ein bestimmtes Format auf verschiedene Zellbereiche anwenden möchten, dann kann ich Ihnen einen Trick verraten, wie Sie den Format-Mauszeiger aktiviert lassen können: *Doppelklicken* Sie einfach auf die Schaltfläche für Format übertragen, nachdem Sie die Zelle mit der zu übertragenden Formatierung markiert haben. (Daß es geklappt hat, sehen Sie daran, daß die Schaltfläche »gedrückt«

bleibt!) Sobald Sie alle gewünschten Zellen mit dem Format-Mauszeiger formatiert haben, klicken Sie wieder auf die Schaltfläche für Format übertragen, um dem Mauszeiger seine normale Form zurückzugeben.

Mit der Schaltfläche für Format übertragen können Sie auch einen Zellbereich wieder auf das Standardformat zurücksetzen, falls Sie mal übertrieben und in Ihren Zellen ein heilloses Durcheinander angestellt haben. Markieren Sie hierzu einfach eine leere noch unformatierte Zelle im Tabellenblatt, klicken Sie auf die Schaltfläche für Format übertragen, und ziehen Sie dann den Format-Mauszeiger über den Zellbereich, der wieder das Standardformat erhalten soll.

Ganz schön raffiniert: Bedingtes Formatieren

2000

Excel 2000 bietet Ihnen etwas ganz Spezielles in Sachen Formatierung. Und zwar können Sie eine Formatierung nur dann ausführen, wenn die Zelle einen ganz bestimmten Wert enthält. Sagen wir mal, Sie möchten ein bedingtes Format erstellen, mit dem der Inhalt einer Zelle in Schriftgröße 14 (statt den üblichen 10) und obendrein noch fett angezeigt werden soll, wenn die Zelle z. B. den Wert 150.000 oder aber einen Wert zwischen 50.000 und 100.000 enthält. Sie könnten den Zellinhalt auch in Rot anzeigen, wenn der Wert negativ (kleiner als 0) ist. Alles ist machbar!

In Abbildung 3.25 habe ich diese Art der Formatierung auf die Zelle C26 der prognostizierten Gewinn- und Verlustrechnung für Marios Pizzastube für 2000 angewendet. In dieser Zelle steht nämlich der Reingewinn (oder Verlust, je nachdem).

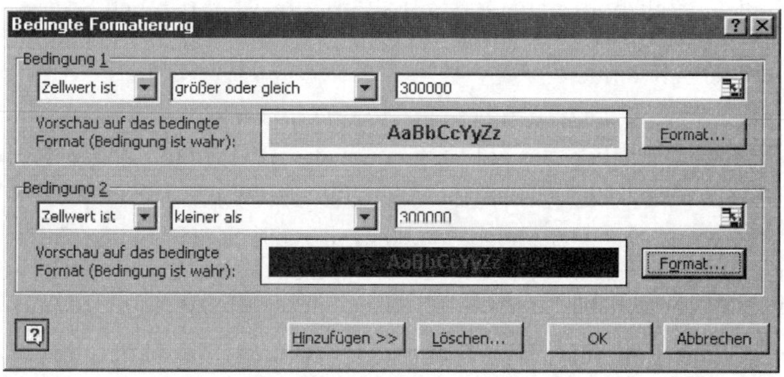

Abbildung 3.25: In der Gewinn- und Verlustrechnung wird ein besonderes Format für die Zelle mit dem Reingewinn (Verlust) im Dialogfeld »Bedingte Formatierung« festgelegt.

Für dieses Beispiel habe ich die bedingte Formatierung eingesetzt, um den Inhalt der Zelle in fetter schwarzer Schrift auf einem hellgrauen Hintergrund anzuzeigen, wenn der prognostizierte Reingewinn größer oder gleich 300.000 DM ist und in fetter roter Schrift auf schwarzem Hintergrund, wenn der Reingewinn kleiner als 300.000 DM ausfallen wird.

1. **Markieren Sie die Zelle C26, die bedingt formatiert werden soll.**

   Bevor Sie diese neue Formatierungsart anwenden können, müssen Sie Excel natürlich mitteilen, für welche Zelle oder welchen Zellbereich das Ganze gelten soll.

2. **Wählen Sie im Menü FORMAT den Befehl BEDINGTE FORMATIERUNG, um das Dialogfeld »Bedingte Formatierung« zu öffnen.**

3. **Prüfen Sie, ob im ersten Textfeld des Gruppenfelds BEDINGUNG 1 die Option ZELLWERT IST und nicht FORMEL IST ausgewählt ist.**

   Wenn Sie ein bedingtes Format erstellen, dann können Sie entweder festlegen, daß die Zelle formatiert werden soll, wenn sie einen bestimmten Wert oder einen Wertebereich enthält – in diesem Fall würden Sie die Option ZELLWERT IST wählen –, oder wenn eine Formel, die Sie in der bedingten Formatierung festlegen, den Wert *Wahr* ausgibt – in diesem Fall würden Sie die Option FORMEL IST wählen.

4. **Ändern Sie im zweiten Textfeld die Option ZWISCHEN in GRÖSSER ODER GLEICH.**

   Wenn Sie im ersten Textfeld die Option ZELLWERT IST gewählt haben, dann können Sie im zweiten Textfeld je nach Bedarf folgende Optionen auswählen: ZWISCHEN, NICHT ZWISCHEN, GLEICH, UNGLEICH, GRÖSSER ALS, KLEINER ALS, GRÖSSER ODER GLEICH, KLEINER ODER GLEICH.

5. **Geben Sie in das dritte Textfeld »300000« ein.**

6. **Wählen Sie im Gruppenfeld BEDINGUNG 1 die Schaltfläche »Format«, um das Dialogfeld »Zellen formatieren« zu öffnen, in dem Sie das Format für die ausgewählte Zelle festlegen.**

   Das Dialogfeld »Zellen formatieren« enthält drei Register, nämlich SCHRIFT, RAHMEN und MUSTER, die Sie für die Formatierung der Zelle, wenn ihr Wert der ersten Bedingung entspricht, verwenden können.

7. **Wählen Sie auf den Registerkarten SCHRIFT und MUSTER die Formateinstellungen für die erste Bedingung. Klicken Sie auf »OK«, um das Dialogfeld »Zellen formatieren« zu schließen und wieder zum Dialogfeld »Bedingte Formatierung« zu wechseln.**

   Wenn der Wert größer oder gleich 300.000 DM ist, habe ich für das Zellformat auf der Registerkarte SCHRIFT als Schriftschnitt FETT und als Farbe AUTOMATISCH gewählt. Auf der Registerkarte MUSTER habe ich mich bei der Zellenschattierung für Hellgrau entschieden.

8. **Klicken Sie am unteren Rand des Dialogfelds »Bedingte Formatierung« auf die Schaltfläche »Hinzufügen«, um das Dialogfeld um die zweite Bedingung zu erweitern.**

   Mit der neuen Formatierungsfunktion können Sie so viele Bedingungen festlegen, wie Sie für Ihre Zwecke brauchen. Ich habe mich in meinem Beispiel auf zwei Bedingungen beschränkt: entweder ist der Wert größer oder gleich 300000 oder kleiner als 300000.

9. **Geben Sie die entsprechenden Informationen für die zweite Bedingung in die Textfelder ein.**

   Bei der zweiten Bedingung habe ich im ersten Textfeld wieder die Option ZELLWERT IST, und im zweiten Textfeld KLEINER ALS gewählt. Im dritten Textfeld habe ich »300000« eingegeben (Abbildung 3.26).

10. **Klicken Sie auf die Schaltfläche »Format« im Gruppenfeld BEDINGUNG 2, und formatieren Sie die ausgewählte Zelle mit den angezeigten Optionen auf den Registerkarten SCHRIFT, RAHMEN und MUSTER im Dialogfeld »Zellen formatieren«.**

    Für die Formatierung der zweiten Bedingung habe ich auf der Registerkarte SCHRIFT als Schriftschnitt Fett und als Farbe Rot gewählt. Auf der Registerkarte MUSTER habe ich mich bei der Zellenschattierung für Schwarz entschieden.

11. **Wenn Sie die Formatierung für die zweite Bedingung festgelegt haben, schließen Sie das Dialogfeld »Zellen« mit »OK«. Klicken Sie im Dialogfeld »Bedingte Formatierung« auf »OK«, um es zu schließen und die bedingte Formatierung auf die ausgewählte Zelle anzuwenden.**

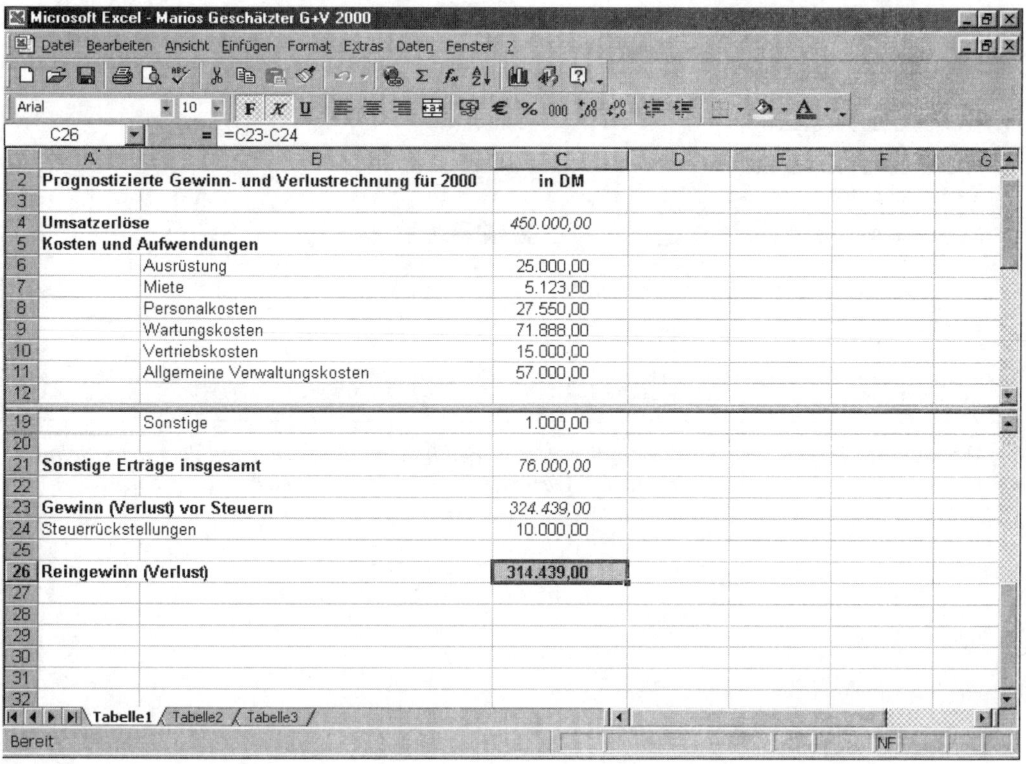

Abbildung 3.26: Das Format der ersten Bedingung wird auf die Zelle mit dem Reingewinn angewendet, da der Wert dort größer als 300.000 ist.

In Abbildung 3.26 sehen Sie, wie sich diese bedingte Formatierung auf die Zelle C26 mit dem Reingewinn auswirkt. Da der aktuelle Wert der Zelle größer als 300.000 ist, formatiert Excel ihn entsprechend der ersten Bedingung (fett, schwarz und hellgrauer Zellenhintergrund). Abbildung 3.27 zeigt, was passiert, wenn sich die Werte ändern und der Reingewinn unter 300.000 DM liegt. In diesem Fall wendet Excel das Format für die zweite Bedingung an und zeigt den Wert in C26 mit fetter roter Schrift auf einem schwarzen Zellenhintergrund an.

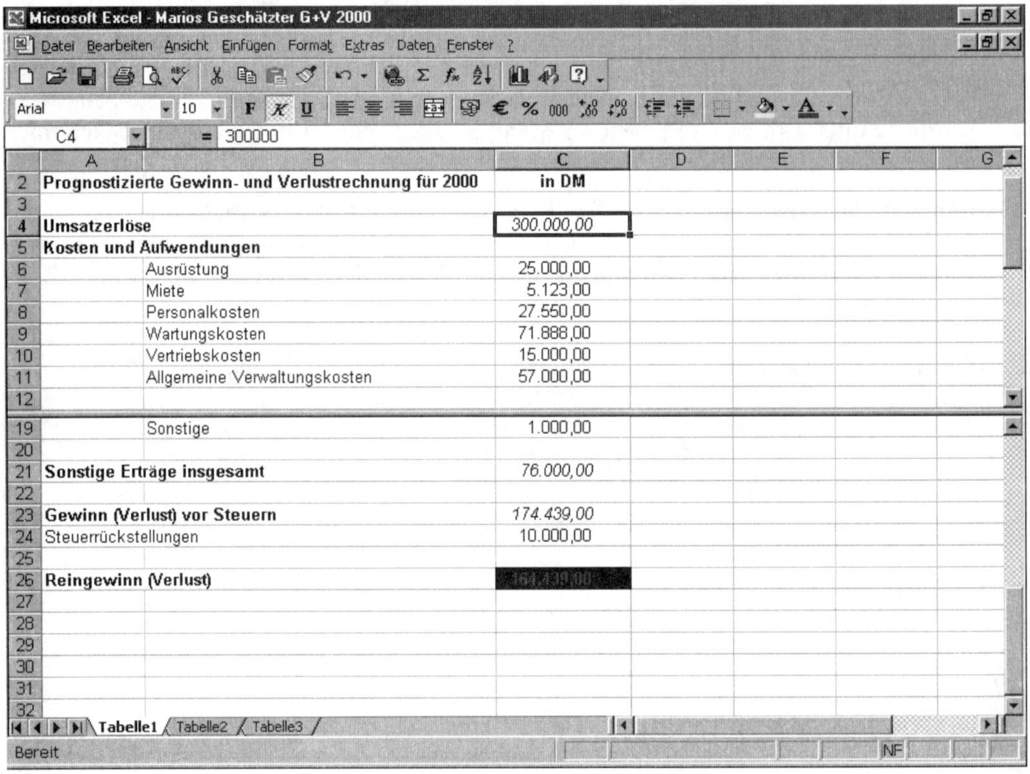

Abbildung 3.27: Jetzt wird das Format der zweiten Bedingung auf die Zelle mit dem Reingewinn angewendet, da der Wert nun kleiner als 300.000 ist.

Wie Sie Änderungen durchführen, ohne ein Chaos zu veranstalten

4

In diesem Kapitel erfahren Sie, wie Sie ...

- eine Arbeitsmappe öffnen, die bearbeitet werden soll.
- mit der Rückgängig-Funktion arbeiten, um einen Fehler auszumerzen.
- mit »Ziehen und Ablegen« Einträge innerhalb eines Dokuments verschieben und kopieren.
- die Befehle AUSSCHNEIDEN, KOPIEREN und EINFÜGEN verwenden, um Informationen zu verschieben oder zu kopieren.
- Formeln kopieren.
- Zellen wieder von ihren Einträgen befreien.
- Zeilen und Spalten aus einem Tabellenblatt löschen.
- neue Zeilen und Spalten in ein Tabellenblatt einfügen.
- mit der Rechtschreibprüfung Rechtschreibfehler aufspüren.

Stellen Sie sich folgende Situation vor: Sie haben gerade ein größeres Projekt mit Excel erstellt, formatiert und gedruckt, z.B. eine Arbeitsmappe mit dem Budget Ihrer Abteilung für das kommende Geschäftsjahr. Da Sie sich mittlerweile schon einigermaßen mit Excel auskennen, sind Sie vor dem eigentlichen Termin fertig geworden. Sie geben also die Unterlagen weiter, damit Ihre Chefin (oder Ihr Chef) die Zahlen noch mal prüfen kann. Es ist ausreichend Zeit für die unweigerlichen Änderungen auf den letzten Drücker – Sie haben alles im Griff.

Doch dann wird's doch noch ernst: Sie kriegen die Unterlagen zurück, versehen mit einer ellenlangen Notiz: »Sie haben die Zeitarbeitskräfte und die Überstunden vergessen! Die müssen unbedingt noch eingefügt werden. Könnten Sie dann auch noch die gekennzeichneten Zahlenreihen nach oben und die Spalten nach rechts verschieben?«

Ihre Euphorie läßt allmählich nach, und Sie werden jetzt doch noch nervös. Sie haben eher so etwas erwartet wie: »Ändern Sie bitte diese Spaltenüberschriften von Fett- in Kursivdruck, und gestalten Sie die Zeile mit den Endsummen farbig.« Mit den jetzigen Änderungswünschen ist mehr Aufwand verbunden, als Sie eingeplant haben. Schlimmer noch, Sie müssen gravierende Änderungen vornehmen, und der Aufbau Ihres wundervollen Dokuments ist in Gefahr.

Was ich Ihnen mit dieser rührenden Geschichte sagen wollte, ist eigentlich nur, daß die Bearbeitung eines Tabellenblatts in einer Arbeitsmappe auf verschiedenen Ebenen ablaufen kann:

- ✔ Sie können Änderungen vornehmen, die den Inhalt der Zellen betreffen, z.B. Kopieren einer Zeile mit Spaltenüberschriften oder Verschieben einer Tabelle in einen anderen Bereich des Tabellenblatts.
- ✔ Sie können Änderungen vornehmen, die die Struktur des Tabellenblatts betreffen, z.B. neue Spalten und Zeilen einfügen (um Daten einzufügen, die vergessen wurden) oder nicht erforderliche Spalten und Zeilen aus einer bestehenden Tabelle löschen, ohne dadurch Lücken entstehen zu lassen.
- ✔ Sie können sogar die Anzahl der Tabellenblätter in einer Arbeitsmappe ändern, indem Sie Blätter einfügen oder löschen.

In diesem Kapitel erfahren Sie, wie Sie diese Arten von Änderungen problemlos durchführen. Sie werden sehen, daß das Kopieren und Verschieben von Daten oder das Einfügen und Löschen von Zeilen eine ganz einfache Sache ist. Die einzige Schwierigkeit liegt darin, die Reichweite zu erkennen, die derartige Aktionen haben können. Aber lassen Sie sich darüber (noch) keine grauen Haare wachsen! Es bleibt Ihnen immer noch die Notbremse mit dem Befehl RÜCKGÄNGIG – für den Fall, daß Sie durch eine kleine Änderung das gesamte Tabellenblatt auf den Kopf gestellt haben!

Arbeitsmappen, wo seid ihr?

Bevor Sie einer Arbeitsmappe überhaupt irgendwelchen Schaden zufügen können, müssen Sie sie erst einmal öffnen. Klicken Sie also auf die Schaltfläche für Arbeitsmappe öffnen (meistens die zweite von links mit dem Bild eines sich öffnenden Dateiordners) in der Standard-Symbolleiste, oder wählen Sie den Befehl ÖFFNEN im Menü DATEI, bzw. drücken Sie die Tastenkombination [Strg]+[O] (oder [Strg]+[F12], falls Ihnen die Funktionstasten lieber sind).

Egal, was Sie machen: In jedem Fall wird das Dialogfeld »Öffnen« angezeigt (Abbildung 4.1). Wählen Sie in der Liste das Dokument aus, das Sie bearbeiten wollen, und klicken Sie anschließend auf die Schaltfläche »Öffnen«, oder drücken Sie [Eingabe], um die Arbeitsmappe zu öffnen. Wenn Sie die Technik mit der Maus souverän beherrschen, können Sie auch auf den Dokumentnamen doppelklicken, um die Mappe zu öffnen.

Mehr als eine Arbeitsmappe gleichzeitig öffnen

Wenn Sie wissen, daß Sie mehr als eine Arbeitsmappe bearbeiten wollen, markieren Sie im Dialogfeld »Öffnen« mehrere Dateinamen gleichzeitig. Excel öffnet dann alle in der aufgeführten Reihenfolge, sobald Sie »Öffnen« wählen oder [Eingabe] drücken.

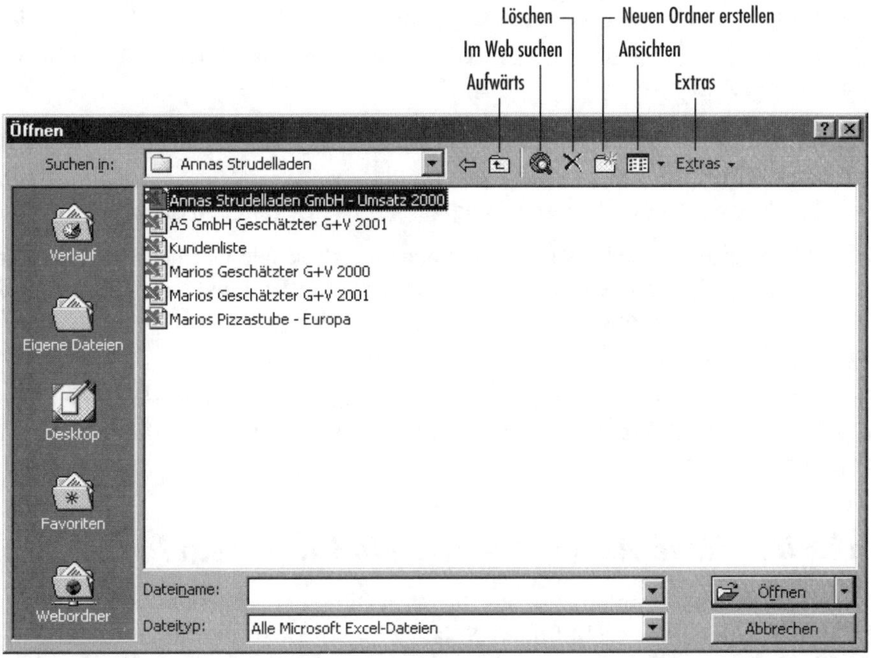

Abbildung 4.1: Das Dialogfeld »Öffnen«

Falls Sie nicht mehr wissen, wie Sie mehrere Dateinamen gleichzeitig markieren: Stehen die Dateinamen alle hintereinander im Listenfeld, klicken Sie auf den ersten Dateinamen, drükken dann [Umschalt] und klicken gleichzeitig auf den letzten Dateinamen. Falls die gewünschten Dateinamen kunterbunt durcheinander stehen, halten Sie die [Strg]-Taste gedrückt, während Sie auf die einzelnen Dateinamen klicken.

Wenn alle Dateien geöffnet sind, können Sie zwischen den einzelnen Arbeitsmappen hin- und herschalten, indem Sie deren Dateinamen im Menü FENSTER wählen. (In Kapitel 7 erfahren Sie Näheres zum gleichzeitigen Arbeiten mit mehreren Tabellenblättern und Arbeitsmappen.)

Arbeitsmappen im Menü DATEI öffnen

Wenn Sie wissen, daß Sie mit der Arbeitsmappe, die Sie öffnen wollen, erst vor kurzem gearbeitet haben, dann können Sie das Dialogfeld »Öffnen« elegant umgehen. Öffnen Sie einfach das Menü DATEI, und wählen Sie den entsprechenden Dateinamen im unteren Teil des Menüs. (Excel listet die vier Dokumente auf, die Sie zuletzt geöffnet haben.) Wenn also die Arbeitsmappe, mit der Sie arbeiten wollen, eine von diesen Vieren ist, können Sie sie öffnen, indem Sie mit der Maus auf den entsprechenden Dateinamen im Menü DATEI klicken oder den Dateinamen markieren und dann [Eingabe] bzw. [Alt]+Zahl (1, 2, 3 oder 4) drücken.

Ob Excel mehr oder weniger Dateinamen am Ende des Menüs Datei anzeigen soll, können Sie individuell einstellen. Wenn Sie wissen wollen, wie das geht, dann lesen Sie weiter:

1. **Wählen Sie im Menü Extras den Befehl Optionen, um das Dialogfeld »Optionen« zu öffnen.**
2. **Klicken Sie in diesem Dialogfeld auf das Register Allgemein.**
3. **Klicken Sie auf das Drehfeld neben dem Textfeld Einträge (direkt neben dem Kontrollkästchen Liste zuletzt geöffneter Dateien), um die Anzahl der Dateien zu erhöhen oder zu verringern, oder geben Sie in dieses Textfeld die gewünschte Zahl direkt ein.**

Wenn Sie die Liste am Ende des Menüs stört, können Sie im Dialogfeld »Optionen« natürlich genauso gut das Kontrollkästchen **Liste zuletzt geöffneter Dateien** deaktivieren (das Häkchen entfernen!).

Wo habe ich diese Arbeitsmappe bloß abgelegt?

Eigentlich ist das einzige Problem, auf das Sie beim Öffnen einer Arbeitsmappe stoßen könnten, daß Sie den Dateinamen nicht finden. Solange Sie Ihr Dokument im Dialogfeld »Öffnen« sehen, ist alles in Butter. Was aber, wenn eine Datei sich anscheinend aus dem Staub gemacht hat und nirgendwo im Listenfeld zu finden ist?

Auf der Suche nach dem Dokument

Wenn Sie den Dateinamen absolut nicht finden können, dann sollten Sie zuerst herausfinden, ob Sie überhaupt im richtigen Ordner suchen. Welcher Ordner gerade geöffnet ist, erfahren Sie mit einem Blick auf das Dropdown-Listenfeld Suchen in am oberen Rand des Dialogfelds »Öffnen« (Abbildung 4.1).

Falls sich nun herausstellt, daß der verkehrte Ordner geöffnet ist, dann öffnen Sie jetzt bitte den richtigen! Benutzen Sie hierzu die Schaltfläche für Aufwärts (Abbildung 4.1) im Dialogfeld »Öffnen«, um alle Ebenen zu durchsuchen, bis der gesuchte Ordner im Listenfeld angezeigt wird. Um diesen neuen Ordner nun zu öffnen, klicken Sie auf dessen Schaltfläche im Listenfeld und wählen dann die Schaltfläche »Öffnen« oder drücken [Eingabe] (mit Doppelklicken auf die Schaltfläche funktioniert's auch).

Befindet sich die Datei auf einem anderen Laufwerk, dann klicken Sie so lange auf die Schaltfläche für Aufwärts, bis im Dropdown-Listenfeld Suchen in das Symbol für Laufwerk C: angezeigt wird. Im Listenfeld werden jetzt alle Ordner angezeigt, die auf diesem Laufwerk ablegt sind. Klicken Sie auf den gewünschten Ordner, um die darin enthaltenen Dateien anzuzeigen.

Sobald Sie die gesuchte Datei im Listenfeld sehen, öffnen Sie diese mit einem energischen Klick auf das Dateisymbol und einem Klick auf die Schaltfläche »Öffnen« oder Drücken von [Eingabe] (Doppelklicken auf das Dateisymbol tut's bekanntlich auch).

2000 Mit den Schaltflächen in der Umgebungsleiste ganz links im Dialogfeld »Öffnen« (»Verlauf«, »Eigene Dateien«, »Desktop«, »Favoriten« und »Webordner«) können Sie jeden Ordner, der mit diesen Schaltflächen verknüpft ist und Arbeitsmappen enthält, öffnen:

- ✔ Klicken Sie auf die Schaltfläche »Verlauf«, um Arbeitsmappen zu öffnen, die im Ordner ZULETZT VERWENDET abgelegt sind. Dieser Ordner ist ein Unterordner des Ordners OFFICE, der wiederum ein Unterordner des Ordners MICROSOFT ist, der sich im Ordner ANWENDUNGSDATEN im Windows-Ordner auf der Festplatte befindet. (Konnten Sie mir folgen?)
- ✔ Klicken Sie auf die Schaltfläche »Eigene Dateien«, um Arbeitsmappen zu öffnen, die im Ordner EIGENE DATEIEN abgelegt sind.
- ✔ Wenn Sie auf die Schaltfläche »Desktop« klicken, können Sie Arbeitsmappen öffnen, die Sie direkt auf dem Desktop Ihres Rechners abgelegt haben.
- ✔ Wählen Sie die Schaltfläche »Favoriten«, um Arbeitsmappen zu öffnen, die im Ordner FAVORITEN gespeichert sind. Dies ist auch ein Unterordner des Windows-Ordners.
- ✔ Klicken Sie auf die Schaltfläche »Webordner«, um Arbeitsmappen zu öffnen (insbesondere solche, die als Webseiten gespeichert wurden), die in einem der Webordner abgelegt sind, der wiederum auf Ihrem Rechner eingerichtet ist. (Mehr dazu können Sie in Kapitel 10 nachlesen.)

Favoriten

Gehen wir mal vom günstigsten Fall aus und nehmen wir an, daß Sie Ihre Datei gefunden haben, indem Sie genau wie eben beschrieben, sich durch die Ordnerstruktur gekämpft haben. Wenn Sie sich für alle Zukunft diese Arbeit ersparen wollen, dann legen Sie den soeben gefundenen Ordner jetzt lieber im Ordner FAVORITEN ab. Wie man das macht? Ganz einfach:

1. **Markieren Sie den Ordner oder das Dateisymbol im Dialogfeld »Öffnen« auf die gewohnte beschwerliche Weise (hatten wir gerade im vorangegangenen Abschnitt).**
2. **Wählen Sie im Dialogfeld »Öffnen« im Menü EXTRAS den Befehl ZU FAVORITEN HINZUFÜGEN.**

   Der Ordner bzw. die Datei, den/die Sie im Dialogfeld »Öffnen« markiert haben, wird in den Ordner FAVORITEN eingefügt.

Sobald Sie einen Ordner oder eine Datei im Ordner FAVORITEN abgelegt haben, können Sie diesen bzw. diese im Dialogfeld »Öffnen« öffnen, indem Sie in der Umgebungsleiste auf der linken Seite des Dialogfelds »Öffnen« auf die Schaltfläche »Favoriten« klicken und dann entweder auf den Ordner oder das Dateisymbol doppelklicken, bzw. indem Sie den Ordner/die Datei markieren und auf die Schaltfläche »Öffnen« klicken bzw. `Eingabe` drücken. Alles klar?

Das Datei-Suchspiel

Das Dialogfeld »Öffnen« verfügt über eine Suchfunktion, mit der sich eine bestimmte Datei im geöffneten Ordner suchen (und vielleicht auch finden) läßt. Mit Hilfe dieser Funktion kann die Suche im Listenfeld des Dialogfelds »Öffnen« auf diejenigen Dateien beschränkt werden, die bestimmten Kriterien entsprechen (z.B. Dateien, die Sie heute oder irgendwann in dieser Woche geändert haben, Dateien, die einen bestimmten Text enthalten, oder Dateien, die über eine bestimmte Eigenschaft verfügen – z.B. Name des Autors, Stichwort).

Wenn Sie mit der Suchfunktion im Dialogfeld »Öffnen« arbeiten, können Sie Excel exakt vorschreiben, wie die Suche durchgeführt werden soll. Suchen Sie beispielsweise nach:

- ✔ Arbeitsmappen, deren Dateinamen einen bestimmten Text enthalten.
- ✔ Dateien, die keine Microsoft Excel-Dateien sind.
- ✔ Arbeitsmappen, die einen bestimmten Text oder eine Eigenschaft enthalten, beispielsweise Titel, Autor oder Schlüsselwörter, die als Dateizusammenfassung abgelegt wurden.
- ✔ Arbeitsmappen, die an einem bestimmten Tag oder innerhalb eines bestimmten Zeitraums erstellt wurden.

Sie öffnen das Dialogfeld »Suchen«, indem Sie im Dialogfeld »Öffnen« im Menü EXTRAS den Befehl SUCHEN wählen. Im Dialogfeld »Suchen« legen Sie alle Kriterien fest, nach denen eine Suche durchgeführt werden soll (Abbildung 4.2).

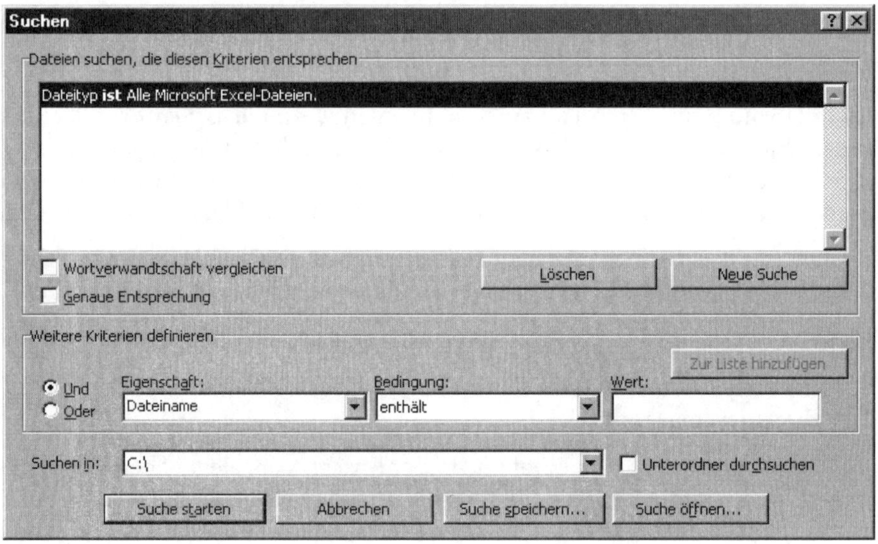

Abbildung 4.2: Das Dialogfeld »Suchen«

- ✔ In der Regel sind die Suchkriterien, die Sie im Dialogfeld »Suchen« definieren, kumulativ, was bedeutet, daß alle Kriterien übereinstimmen müssen, damit Excel die passende Datei finden kann. (Das Optionsfeld UND ist automatisch aktiviert.) Falls Excel jedoch eine Datei suchen soll, die nur einem der festgelegten Kriterien entsprechen soll, dann müssen Sie das Optionsfeld ODER mit einem Mausklick aktivieren.
- ✔ Standardmäßig sucht Excel nach dem Dateinamen und vergleicht diesen mit dem Eintrag im Textfeld WERT. Wenn Excel nach anderen Eigenschaften suchen soll (z. B. Autor, Inhalt, Erstellungsdatum), dann öffnen Sie das Dropdown-Listenfeld EIGENSCHAFT und wählen die gewünschte Eigenschaft in diesem Listenfeld aus.
- ✔ Für gewöhnlich schaut Excel, ob ein bestimmter Wert oder ein Textelement in der angegebenen Eigenschaft enthalten ist (z. B. Dateiname, Autor). Wenn nun Excel nur Dateien finden soll, deren Eigenschaft mit diesem Wert oder Text beginnt oder endet, dann öffnen Sie das Dropdown-Listenfeld BEDINGUNG und wählen die Option BEGINNT MIT bzw. ENDET MIT.
- ✔ In das Textfeld WERT geben Sie den Wert oder Text ein, den die gesuchte Datei enthält. Wenn Sie beispielsweise alle Dateien finden möchten, deren INHALT den Text »Excel« enthält, dann schreiben Sie »Excel« in das Textfeld. Sollen alle Dateien gefunden werden, deren INHALT die Zahl 1.250.750 enthält, dann geben Sie »1250750« in das Textfeld WERT ein.

Wenn Sie alle Suchkriterien im Gruppenfeld WEITERE KRITERIEN DEFINIEREN festgelegt haben, können Sie diese in das Listenfeld DATEIEN SUCHEN, DIE DIESEN KRITERIEN ENTSPRECHEN einfügen, indem Sie die Schaltfläche »Zur Liste hinzufügen« wählen. Falls bei der Suche zwischen Groß- und Kleinschreibung (wenn es um Text geht) unterschieden werden soll, dann brauchen Sie nur das Kontrollkästchen GENAUE ENTPSPRECHUNG zu aktivieren.

In der Regel führt Excel die Suche nur in dem Ordner durch, der gerade im Dropdown-Listenfeld SUCHEN IN im unteren Teil des Dialogfelds »Suchen« angezeigt wird. Sie können selbstverständlich die Ordner ändern, in denen Excel suchen soll. Öffnen Sie hierzu das Dropdown-Listenfeld SUCHEN IN, und wählen Sie eine andere Ebene in der Hierarchie. Für den Fall, daß Excel auch in allen Unterordnern des im Listenfeld SUCHEN IN angezeigten Ordners suchen soll, müssen Sie das Kontrollkästchen UNTERORDNER DURCHSUCHEN aktivieren. Wenn also Excel beispielsweise die gesamte Festplatte C: mit allen Ordnern und Unterordnern durchsuchen soll, dann wählen Sie im Dropdown-Listenfeld SUCHEN IN das Laufwerk C: aus und aktivieren gleichzeitig das Kontrollkästchen UNTERORDNER DURCHSUCHEN.

Sobald Sie alle weiteren Kriterien für die Suche eingeben haben, wählen Sie die Schaltfläche »Suche starten«, um Excel den Startschuß für die Suche zu geben. Während der Suche wird das Dialogfeld »Suchen« geschlossen, lediglich das Dialogfeld »Öffnen« bleibt aktiviert. Wenn das Programm die Suche beendet hat, wird das Ergebnis im Listenfeld des Dialogfelds »Öffnen« angezeigt. (Hoffentlich sind alle gewünschten Arbeitsmappen dabei!) Vielleicht ist das Suchergebnis ja auch so umfangreich (alle Ordner auf der Festplatte oder so), daß Sie durch die angezeigten Dateisymbole blättern müssen.

Falls Sie Ihre Suchkriterien aufbewahren möchten

Sie können diese so mühsam ausgetüftelten Suchkriterien speichern, um sie vielleicht irgendwann noch mal wieder zu verwenden. Um also die Suchkriterien aus dem Listenfeld Dateien suchen, die diesen Kriterien entsprechen im Dialogfeld »Suchen« zu speichern, wählen Sie die Schaltfläche »Suche speichern«, geben einen schönen Namen für diese Suche ein (vielleicht »Alle Dateien auf C: mit Stichwörtern ›Nur für Dich‹« oder so ähnlich) und wählen dann »OK«.

Wenn Sie nun diese Suchkriterien mal wieder benutzen möchten, um Dateien im Dialogfeld »Öffnen« zu suchen, brauchen Sie nur im Dialogfeld »Suchen« auf die Schaltfläche »Suche öffnen« zu klicken und den Namen des Suchlaufs im Dialogfeld »Suchlauf öffnen« auszuwählen.

Dateien – Eure Pässe, bitte!

Normalerweise zeigt Excel die Ordner und Dateien im Dialogfeld »Öffnen« nur ganz knapp mit Ordner- oder Dateisymbol plus dem dazugehörigen Namen an.

Die Anzeige im Dialogfeld »Öffnen« läßt sich jedoch kinderleicht ändern, indem Sie eine der folgenden Optionen aus dem Popup-Menü wählen, das angezeigt wird, wenn Sie in der Symbolleiste des Dialogfelds auf die Schaltfläche für Ansichten klicken (Abbildung 4.1):

- ✔ Wählen Sie Details, um die Dateigröße in Kilobytes, den Dateityp und das Datum der letzten Änderung zusammen mit dem Dateisymbol und dem Dateinamen anzuzeigen (Abbildung 4.3).

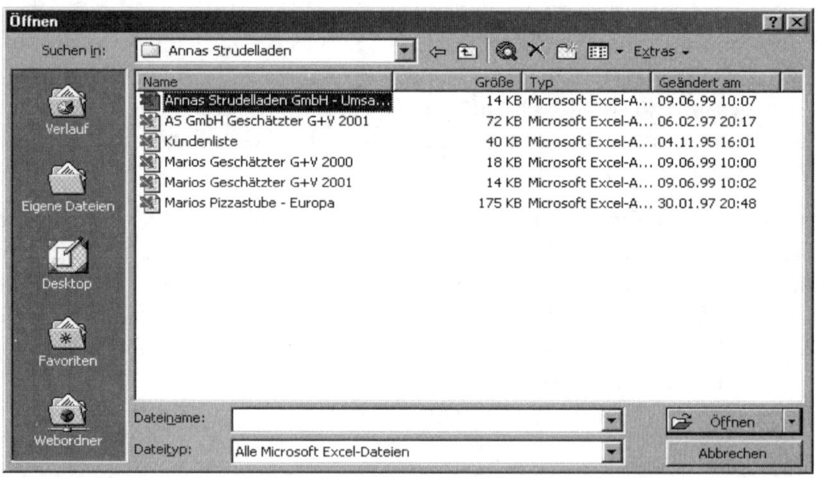

Abbildung 4.3: So sieht das Dialogfeld »Öffnen« aus, nachdem Sie Details gewählt haben.

- Wählen Sie EIGENSCHAFTEN, um Datei-Informationen neben dem Dateisymbol und dem Dateinamen anzuzeigen, sobald Sie die entsprechende Datei im Listenfeld markieren (Abbildung 4.4). (Wenn Sie Datei-Informationen für eine Datei erstellen wollen, markieren Sie die Datei im Dialogfeld »Öffnen«, und wählen Sie im Menü EXTRAS den Befehl EIGENSCHAFTEN. Klicken Sie dann im Dialogfeld »Eigenschaften« auf das Register ZUSAMMENFASSUNG.)
- Wählen Sie VORSCHAU, um eine Minivorschau anzuzeigen. Excel zeigt jeweils die linke obere Ecke des ersten Tabellenblatts (Abbildung 4.5).

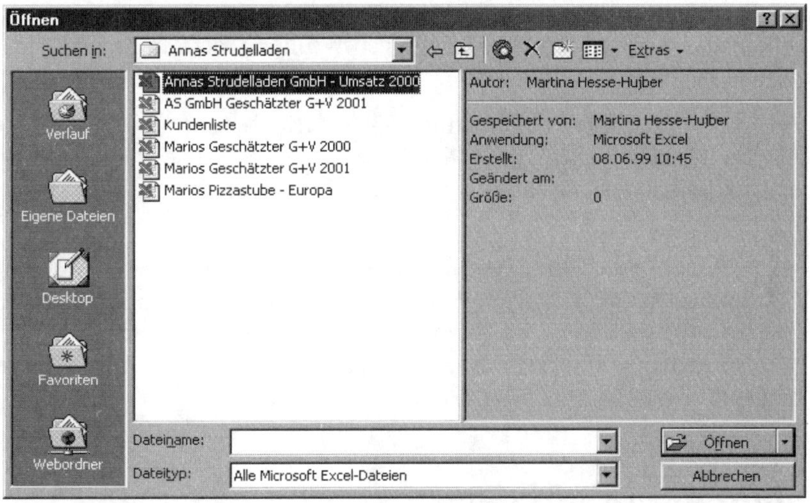

Abbildung 4.4: So sieht das Dialogfeld »Öffnen« in der Ansicht EIGENSCHAFTEN aus.

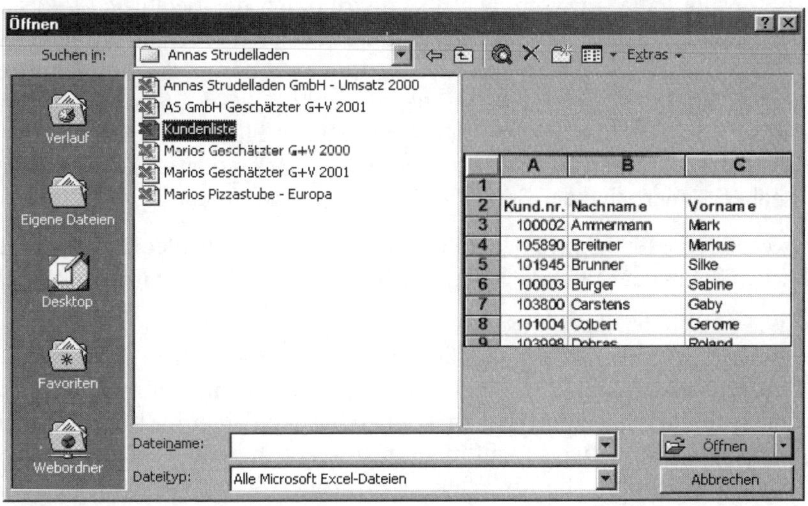

Abbildung 4.5: So sieht das Dialogfeld »Öffnen« in der Ansicht VORSCHAU aus.

Was gibt es noch im Dialogfeld »Öffnen«?

Das Dialogfeld »Öffnen« verfügt über eine Schaltfläche Öffnen, zu der ein Popup-Menü gehört, mit dem sich die ausgewählten Arbeitsmappen auf besondere Weise öffnen lassen:

- ✔ Schreibgeschützt öffnen: Dieser Befehl öffnet die Dokumente, die im Listenfeld des Dialogfelds »Öffnen« markiert sind, als schreibgeschützte Dateien. Was heißt das nun schon wieder? Schreibgeschützt heißt, daß Sie die Dateien anschauen dürfen, aber – falls Sie in den Dateien herumpfuschen – die Änderungen nicht speichern können. Und was machen Sie dann? Dann müssen Sie im Excel-Menü Datei den Befehl Speichern unter wählen und der Arbeitsmappe einen neuen Dateinamen geben (hierzu mehr in Kapitel 2 im Abschnitt »Jetzt wird gespeichert«).

- ✔ Als Kopie öffnen: Mit diesem Befehl öffnen Sie eine Kopie der Dateien, die Sie im Dialogfeld »Öffnen« markiert haben. Eigentlich keine schlechte Sache, denn wenn Sie mal ein heilloses Durcheinander anrichten, können Sie immer wieder auf das Original zurückgreifen.

In Browser öffnen: Dieser Befehl öffnet die Arbeitsmappen, die als Webseiten gespeichert wurden (wird in Kapitel 10 beschrieben), in Ihrem persönlichen Lieblingsbrowser (beispielsweise im Microsoft Internet Explorer). Dieser Befehl ist natürlich nur verfügbar, wenn das Programm die ausgewählte Datei als gespeicherte Webseite erkennt.

Bitte rückgängig machen!

Bevor Sie nun in Ihrer wertvollen Arbeitsmappe mit der großen Änderungsaktion beginnen, sollten Sie – für alle Fälle – wissen, wie überaus hilfreich der Befehl Rückgängig im Menü Bearbeiten sein kann. Zunächst einmal sei gesagt, daß es sich hierbei um das reinste Chamäleon handelt, denn der Befehl ändert sich je nach der von Ihnen gerade ausgeführten Aktion: Wenn Sie soeben den Inhalt einer Zelle mit dem Befehl Löschen im Menü Bearbeiten entfernt haben, ändert sich der Befehl in Rückgängig: Löschen. Wenn Sie mit den Befehlen Ausschneiden und Einfügen (beide im Menü Bearbeiten) Einträge in einen anderen Teil des Tabellenblatts verschoben haben, ändert sich der Befehl in Rückgängig: Einfügen.

Hier noch zwei andere Möglichkeiten, den Befehl Rückgängig aufzurufen: Drücken Sie [Strg]+[Z], oder klicken Sie in der Standard-Symbolleiste auf die Schaltfläche für Rückgängig.

Wie gesagt, der Befehl Rückgängig im Menü Bearbeiten ändert sich je nach der von Ihnen ausgeführten Aktion. Da der Befehl sich also nach jeder Aktion entsprechend wandelt, müssen Sie schnell reagieren, denn wenn Sie erst einmal den nächsten Befehl gewählt haben, können Sie den Fehler in Ihrem Tabellenblatt mit dem Befehl Rückgängig nicht mehr ausmerzen. In einem solchen Fall müssen Sie sich der Schaltfläche für Rückgängig in der Standard-Symbolleiste bedienen. Wenn Sie nämlich auf den Pfeil neben dieser Schaltfläche klicken, werden Ihnen die Befehle angezeigt, die Sie zuletzt ausgeführt haben. Klicken Sie auf den Befehl, der rückgängig gemacht werden soll, und Excel macht diesen und alle bis zu diesem Befehl in der Liste enthaltenen Aktionen auf einen Schlag rückgängig.

Das Rückgängigmachen rückgängig machen

Nachdem Sie auf eine der vielen Arten den Befehl Rückgängig gewählt haben, fügt Excel 2000 einen neuen Befehl im Menü Bearbeiten ein: Wiederholen. Wenn Sie also einen Eintrag aus einer Zelle mit dem Unterbefehl Alles des Befehls Löschen im Menü Bearbeiten (kommen Sie noch mit?) löschen und anschließend im Menü Bearbeiten den Befehl Rückgängig: Inhalte Löschen wählen, dann sehen Sie beim nächsten Öffnen des Menüs Bearbeiten den folgenden Befehl direkt unter dem Befehl Rückgängig.

```
Wiederholen: Inhalte löschen  STRG + Y
```

Wenn Sie diesen Befehl wählen, führt Excel den Befehl nochmals aus, den Sie gerade zuvor rückgängig gemacht haben. Das hört sich ein bißchen merkwürdig an. Diese Option ist aber äußerst nützlich, wenn Sie sich nicht entscheiden können, ob Sie eine bestimmte Änderung vornehmen sollen oder nicht. Schalten Sie also einfach zwischen den Befehlen Rückgängig und Wiederholen hin und her, und lassen Sie sich so einmal den Zustand vorher und einmal nachher anzeigen.

Sie werden es sicher viel bequemer finden, mit den Schaltflächen für Rückgängig und Wiederholen zu arbeiten, anstatt diese Befehle über die Menüleiste aufzurufen. Die beiden Schaltflächen finden Sie übrigens in der Standard-Symbolleiste und fallen durch ihre geschwungenen Pfeile angenehm auf. Es ist durchaus möglich, daß Sie die Schaltfläche für Wiederholen, wenn Sie sie zum ersten Mal verwenden möchten, nicht in der Standard-Symbolleiste finden. Wenn nur die Schaltfläche für Rückgängig angezeigt wird, dann müssen Sie die Wiederholen-Schaltfläche über die Schaltfläche für Weitere Schaltflächen (die mit den zwei >>) in der daraufhin angezeigten Palette auswählen.

Das Schöne an der Rückgängig-Funktion ist, daß man mehrere Aktionen auf einmal ungeschehen machen kann, wenn man in dem Dropdown-Listenfeld dieser Schaltfläche auf die Aktion klickt, die nicht hätte ausgeführt werden sollen. Daß alle anderen Aktionen, die Sie ausgeführt haben, bis Ihnen der Fehler aufgefallen ist, auch wieder rückgängig gemacht werden, müssen Sie leider in Kauf nehmen.

Wenn mit Rückgängig nichts mehr vorwärts geht

Jetzt glauben Sie bestimmt, daß bei soviel Netz und doppeltem Boden nichts mehr schiefgehen kann. Nun, dann sollte ich Sie vielleicht wieder auf den Boden der Tatsachen zurückholen und Ihnen sagen, daß Sie mit Rückgängig nicht alles rückgängig machen können. Sie können zwar die letzte Löschung eines Zellinhalts oder das letzte Ausschneiden, Kopieren und Einfügen von Zellen widerrufen, nicht aber das Löschen einer Datei oder ein falsches Speichern. (Wenn Sie z. B. anstatt des Befehls SPEICHERN UNTER im Menü DATEI, mit dem Sie die bearbeitete Arbeitsmappe unter einem anderen Namen ablegen wollten, den Befehl SPEICHERN wählen und damit alle Änderungen als Teil des aktuellen Dokuments speichern – Pech gehabt!)

Leider teilt Excel Ihnen nicht mit, wann Sie im Begriff sind, etwas zu tun, von wo es kein Zurück mehr gibt. Erst wenn Sie das, was Sie nicht hätten tun sollen, ausgeführt haben, und Sie das Menü BEARBEITEN öffnen und hoffnungsfroh nun den Befehl RÜCKGÄNGIG: ... erwarten, wird ganz keck angezeigt:

```
Rückgängig: Nicht möglich
```

Um dem Ganzen noch die Krone aufzusetzen, wird dieser ganz und gar nicht hilfreiche Befehl auch noch abgeblendet dargestellt, d. h., der Befehl kann noch nicht einmal gewählt werden – was natürlich auch nichts ändern würde!

Es gibt allerdings eine Ausnahme von dieser Regel, nämlich wenn das Programm Sie vor einer Änderung, die in der Regel rückgängig gemacht werden kann, mit einer Meldung warnt. Wenn der Speicherplatz nur noch minimal ist und/oder die Änderung sich grundlegend auf das Tabellenblatt auswirken würde, dann erkennt Excel, daß es nicht in der Lage wäre, diese Änderung rückgängig zu machen. Das Programm meldet Ihnen dann, daß nicht genügend Speicherplatz vorhanden ist, um diese Aktion rückgängig zu machen, und fragt, ob Sie fortfahren möchten. Wenn Sie auf die Schaltfläche »Ja« klicken und die Bearbeitung damit abschließen, sollten Sie sich bewußt sein, daß es jetzt kein Pardon mehr gibt. Falls Sie später – zu spät – bemerken, daß Sie eine Zeile mit wichtigen Formeln gelöscht haben (die Sie vergessen haben, weil sie nicht angezeigt wurden), dann gibt es kein Zurück bzw. Rückgängig mehr. In diesem Fall hilft nur noch eins: Die Datei schließen und die Frage, ob Sie die Änderungen speichern wollen, entschieden verneinen!

Ziehen, bis zum Ablegen

Die bedeutendste Bearbeitungstechnik, die Sie unbedingt kennen sollten, heißt *Ziehen und Ablegen* oder auch Drag & Drop. Wie der Name irgendwie schon sagt, ist dies eine Maustechnik, die Sie einsetzen, um markierte Zellen »aufzunehmen« und an einer anderen Stelle im Tabellenblatt wieder »abzulegen«. In erster Linie verschiebt man mit »Ziehen und Ablegen« Zellinhalte im Tabellenblatt; Sie können aber auch markierte Zellen damit kopieren. (Falls Sie's nicht mehr, noch nicht oder noch nie wußten: »Ziehen« heißt, daß Sie ein Element markieren und die linke Maustaste gedrückt halten, während Sie die Maus bewegen, um das Element an die gewünschte Stelle zu verschieben.)

Um »Ziehen und Ablegen« zum Verschieben eines Zellbereichs (das geht immer nur mit *einem*) einzusetzen, gehen Sie so vor:

1. **Markieren Sie den Bereich wie gewohnt.**
2. **Setzen Sie den Mauszeiger auf einen Rand des markierten Bereichs.**

   Ihr Startzeichen wird gegeben, wenn sich der Mauszeiger in einen Pfeil verwandelt: Jetzt können Sie den Zellbereich an die neue Position im Tabellenblatt ziehen.

3. **Ziehen Sie los.**

   Sie ziehen, indem Sie die Maustaste (in der Regel die linke) drücken und diese so lange gedrückt lassen, wie Sie die Maus bewegen.

   Während Sie ziehen, bewegen Sie nur die Umrisse des Zellbereichs. In einer kleinen QuickInfo sagt Excel Ihnen, wo Sie den Zellbereich ablegen würden, wenn Sie jetzt die Maus losließen. Ziehen Sie den Umriß weiter bis an die gewünschte Position.

4. **Lassen Sie die Maustaste los.**

   Die Zellinhalte dieses Zellbereichs werden an der neuen Position angezeigt, sobald Sie die Taste loslassen.

In den Abbildungen 4.6 und 4.7 sehen Sie, wie Sie mit »Ziehen und Ablegen« einen Zellbereich verschieben. In Abbildung 4.6 ist der Zellbereich A10:E10 markiert, der in die Zeile 12 verschoben werden soll, damit die Umsatzzahlen von zwei neuen Firmen (Silkes Pilspub und Gabys Pfannkuchenhaus) eingefügt werden können, die bei der Erstellung dieses Tabellenblatts noch nicht zu Annas Strudelladen GmbH gehörten. Abbildung 4.7 zeigt das Tabellenblatt nach dem Verschieben.

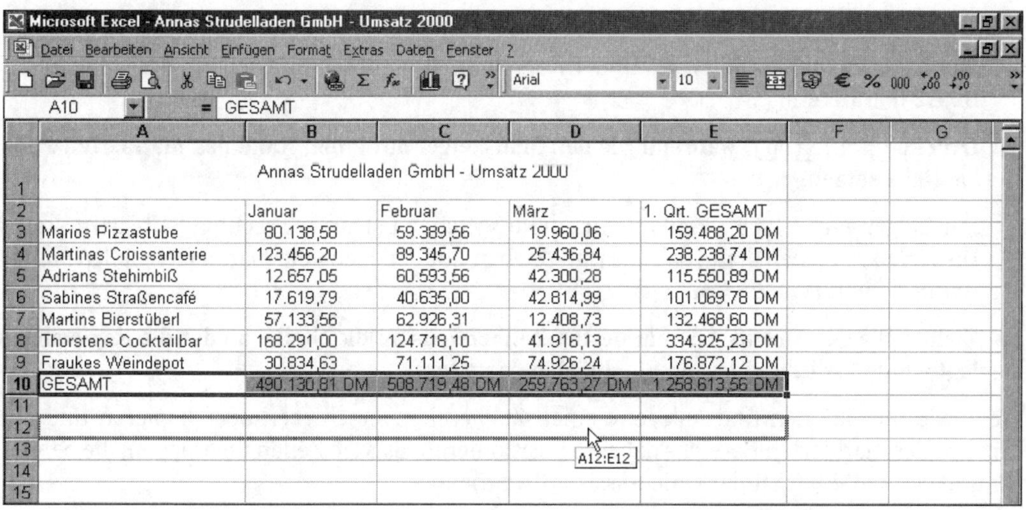

Abbildung 4.6: Ein markierter Zellbereich wird an eine neue Position im Tabellenblatt gezogen.

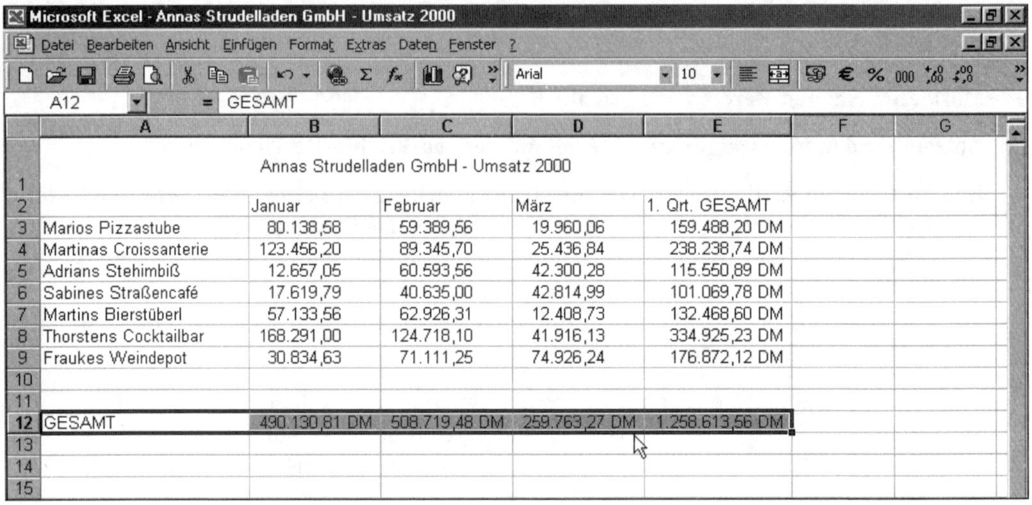

	A	B	C	D	E	F	G
1		Annas Strudelladen GmbH - Umsatz 2000					
2		Januar	Februar	März	1. Qrt. GESAMT		
3	Marios Pizzastube	80.138,58	59.389,56	19.960,06	159.488,20 DM		
4	Martinas Croissanterie	123.456,20	89.345,70	25.436,84	238.238,74 DM		
5	Adrians Stehimbiß	12.657,05	60.593,56	42.300,28	115.550,89 DM		
6	Sabines Straßencafé	17.619,79	40.635,00	42.814,99	101.069,78 DM		
7	Martins Bierstüberl	57.133,56	62.926,31	12.408,73	132.468,60 DM		
8	Thorstens Cocktailbar	168.291,00	124.718,10	41.916,13	334.925,23 DM		
9	Fraukes Weindepot	30.834,63	71.111,25	74.926,24	176.872,12 DM		
10							
11							
12	GESAMT	490.130,81 DM	508.719,48 DM	259.763,27 DM	1.258.613,56 DM		
13							
14							
15							

Abbildung 4.7: Das Tabellenblatt nach Ausführen der Aktion »Ziehen und Ablegen«

Kopieren mit Ziehen und Ablegen

Das war also die Sache mit dem »Ziehen und Ablegen«. Aber was, wenn Sie lieber einen Zellbereich kopieren möchten? Sie müssen z. B. eine neue Tabelle in demselben Tabellenblatt anlegen und wollen den Zellbereich mit der formatierten Überschrift und den Spaltenüberschriften für diese neue Tabelle kopieren. Spielen wir das Ganze mal für die Spaltenüberschriften durch:

1. **Markieren Sie den Zellbereich.**

   Wenn wir die Abbildungen 4.6 und 4.7 als Beispiel nehmen, müßten Sie den Zellbereich B2:E2 markieren.

2. **Drücken Sie `Strg`, während Sie den Mauszeiger auf einen Rand des markierten Zellbereichs setzen.**

   Der Zeiger wird jetzt als Pfeil mit einem Pluszeichen (+) auf der rechten Seite dargestellt. Dies ist das Zeichen dafür, daß Sie mit »Ziehen und Ablegen« die markierten Zellen *kopieren* und nicht *verschieben*.

3. **Ziehen Sie den Umriß des markierten Zellbereichs an die Stelle, an der die Kopie abgelegt werden soll, und lassen Sie die Maustaste los.**

Wenn Sie mit »Ziehen und Ablegen« einen Zellbereich verschieben oder kopieren und die Umrisse des markierten Bereichs dabei so positionieren, daß sie Zellen überlappen, die bereits Einträge enthalten, fragt der Office-Assistent warnend:

```
Sollen die Inhalte des Zielbereichs überschrieben werden?
```

Um keine bereits bestehenden Einträge zu überschreiben, wählen Sie lieber die Schaltfläche »Abbrechen« des Office-Assistenten. Wenn Sie auf die Inhalte dieser Zellen verzichten können, wählen Sie »OK« oder drücken `Eingabe`.

Darf ich mal eben dazwischen?

Wenn Sie einen neuen Eintrag in eine bereits belegte Zelle schreiben oder dorthin verschieben bzw. kopieren, überschreibt der neue Eintrag vollständig den alten, als ob der alte Eintrag nie bestanden hätte.

Wenn Sie einen Zellbereich in einen stark frequentierten Bereich des Tabellenblatts verschieben oder kopieren wollen, ohne dabei versehentlich vorhandene Einträge zu überschreiben, drücken Sie `Umschalt`, während Sie den markierten Bereich ziehen. (Wenn Sie kopieren, drücken Sie `Umschalt`+`Strg` während des Ziehens.) Anstatt einen rechteckigen Umriß des Zellbereichs zu ziehen, ziehen Sie jetzt einen schraffierten Balken, der je nach Position die Breite und Höhe des markierten Bereichs darstellt. Wenn Sie diesen Balken auf dem Spalten- oder Zeilenrand positionieren, wo der Zellbereich eingefügt werden soll (Excel zeigt wieder in einer QuickInfo an, an welcher Position Sie sich befinden), lassen Sie die Maustaste los. Excel fügt den Zellbereich ein und verweist bestehende Einträge in benachbarte leere Zellen.

In den Abbildungen 4.8 und 4.9 sehen Sie, wie dieser schraffierte Balken eingesetzt wird, um die Umsatzzahlen des ersten Quartals aus Spalte E in Spalte B zu verschieben. Wenn Sie den Zellbereich E2:E9 zum Zellbereich B2:B9 ziehen, können Sie sicher sein, daß Excel die Umsatzzahlen *einfügt* und die bestehenden Spalten mit den Monatsumsätzen nach rechts verschiebt.

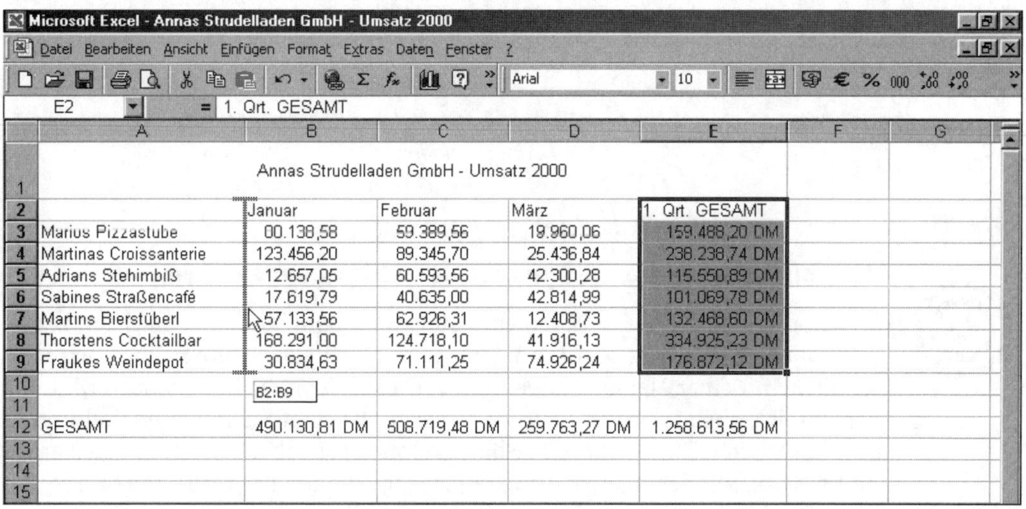

Abbildung 4.8: Ziehen der Gesamtumsatzzahlen von Spalte E nach Spalte B, ohne bestehende Einträge zu überschreiben

Abbildung 4.8 zeigt das Tabellenblatt, nachdem ich den Zellbereich mit den Umsatzzahlen (E2:E9) markiert, `Umschalt` gedrückt und den schraffierten Balken gezogen habe, bis er sich genau auf dem Rand zwischen Spalte A und B (also zwischen den Zeilenüberschriften mit den einzelnen Unternehmen und den Umsatzzahlen für Januar) befindet. In Abbildung 4.9 sehen Sie das Ergebnis meiner Bemühungen, nachdem ich die Maustaste losgelassen habe.

In Abbildung 4.8 läuft der schraffierte Balken parallel zum Spaltenrand. Die Linie in diese Position zu bekommen, kann mitunter recht schwierig sein. Bevor Sie mit dem Ziehen des Zellbereichs beginnen, sollten Sie daher den Mauszeiger auf den linken oder rechten Rand des Zellbereichs setzen. Während Sie dann ziehen, bleiben Sie mit dem Mauszeiger eher etwas hinter dem schraffierten Balken.

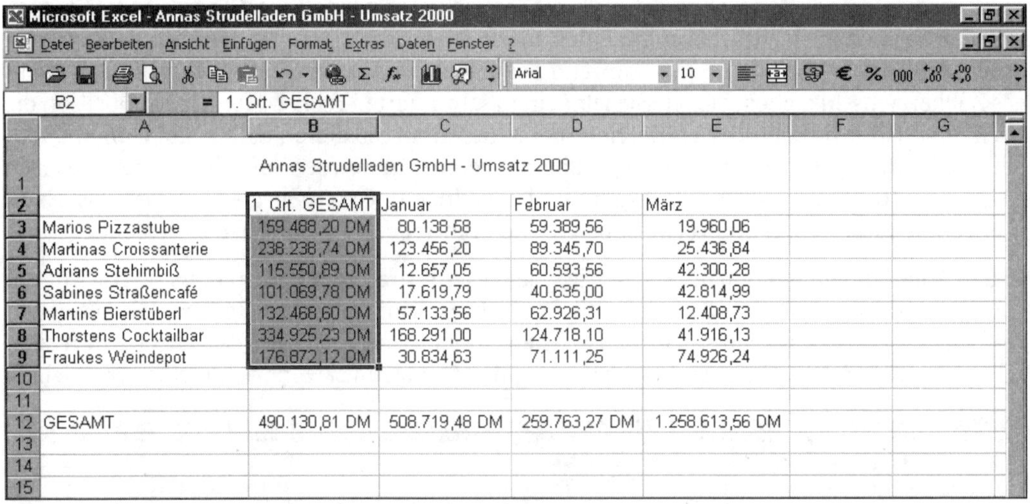

	A	B	C	D	E	F	G
1		Annas Strudelladen GmbH - Umsatz 2000					
2		1. Qrt. GESAMT	Januar	Februar	März		
3	Marios Pizzastube	159.488,20 DM	80.138,58	59.389,56	19.960,06		
4	Martinas Croissanterie	238.238,74 DM	123.456,20	89.345,70	25.436,84		
5	Adrians Stehimbiß	115.550,89 DM	12.657,05	60.593,56	42.300,28		
6	Sabines Straßencafé	101.069,78 DM	17.619,79	40.635,00	42.814,99		
7	Martins Bierstüberl	132.468,60 DM	57.133,56	62.926,31	12.408,73		
8	Thorstens Cocktailbar	334.925,23 DM	168.291,00	124.718,10	41.916,13		
9	Fraukes Weindepot	176.872,12 DM	30.834,63	71.111,25	74.926,24		
10							
11							
12	GESAMT	490.130,81 DM	508.719,48 DM	259.763,27 DM	1.258.613,56 DM		
13							
14							
15							

Abbildung 4.9: Das Tabellenblatt, nachdem der Zellbereich mit den Umsatzzahlen des ersten Quartals in Spalte B eingefügt wurde

Aber ich habe doch nur gemacht, was Sie gesagt haben ...

»Ziehen und Ablegen«, um Daten einzufügen, ist wohl eine der heikelsten Excel-Funktionen. Manchmal, selbst wenn Sie alles richtig ausgeführt haben, wird ein Dialogfeld mit einer Meldung angezeigt, daß Excel jetzt die bestehenden Einträge überschreibt, anstatt sie zur Seite zu schieben. Klicken Sie in diesen Fall immer auf »Abbrechen«. Glücklicherweise bleiben Ihnen ja noch die Befehle AUSSCHNEIDEN und EINFÜGEN, mit denen es sich auch nicht schlecht arbeiten läßt. (Mehr dazu im Abschnitt »Man muß auch einfügen können« weiter unten in diesem Kapitel.)

Was Ihnen natürlich auch passieren kann, wenn Sie einen Zellbereich an eine neue Position ziehen, ist, daß anstatt der Daten nur diese ########## angezeigt werden, da Excel die Spaltenbreite jetzt nicht wie bei der Formatierung der Daten automatisch anpaßt. Es ist aber ein Leichtes, diese ######### wieder verschwinden zu lassen. Doppelklicken Sie auf die rechte Spaltenbegrenzung, und die Spalte wird in der Breite so angepaßt, daß wieder alle Daten samt Währungszeichen angezeigt werden können.

Die Formel und das AutoAusfüllen

Sie sollten immer dann mit »Ziehen und Ablegen« arbeiten, wenn Sie mehrere angrenzende Zellen an eine andere Stelle im Tabellenblatt kopieren möchten. Es wird aber sicherlich häufiger vorkommen, daß Sie eine Formel, die Sie gerade erstellt haben, in eine Reihe angrenzender Zellen kopieren wollen, da dort dieselbe Berechnung durchgeführt werden soll (z. B. Errechnen der Gesamtsumme einer Zahlenreihe). Diese Art des Kopierens kann jedoch nicht mit »Ziehen und Ablegen« ausgeführt werden. Verwenden Sie hierzu die bereits in Kapitel 2 beschriebene AutoAusfüllen-Funktion oder die Befehle KOPIEREN und EINFÜGEN (siehe »Man muß auch einfügen können« weiter unten in diesem Kapitel).

In den Abbildungen 4.10 und 4.11 habe ich mit AutoAusfüllen eine Formel in einen Zellbereich kopiert. Abbildung 4.10 zeigt das Tabellenblatt mit den Umsatzzahlen für 2000 von Annas Strudelladen GmbH, nachdem ich in die Liste die beiden neuen Firmen »Silkes Pilspub« und »Gabys Pfannkuchenhaus« eingefügt habe. (Sehen Sie sich noch mal die Abbildung 4.7 an, wenn Sie nicht mehr wissen, wie ich die Zeile mit den Gesamtsummen in die Zeile 12 verschoben habe.)

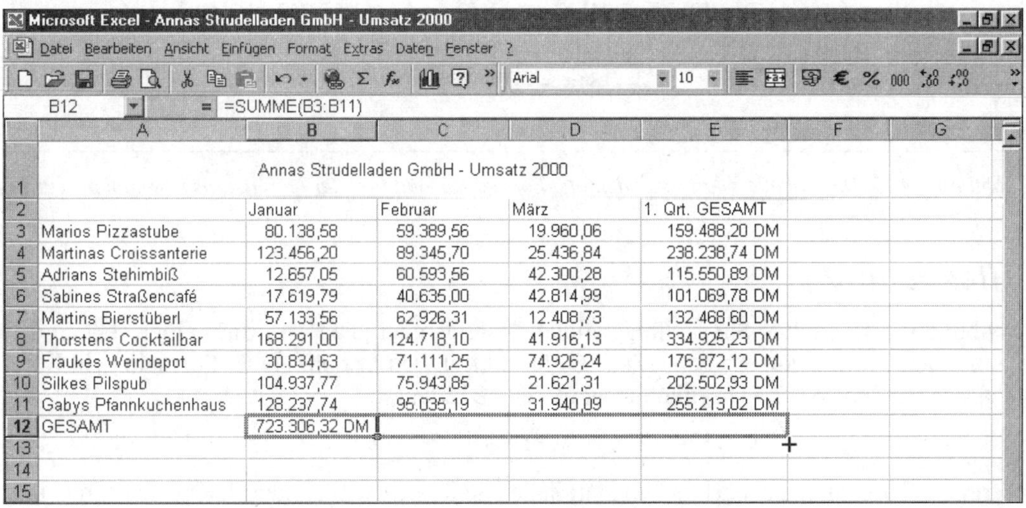

	A	B	C	D	E
1		Annas Strudelladen GmbH - Umsatz 2000			
2		Januar	Februar	März	1. Qrt. GESAMT
3	Marios Pizzastube	80.138,58	59.389,56	19.960,06	159.488,20 DM
4	Martinas Croissanterie	123.456,20	89.345,70	25.436,84	238.238,74 DM
5	Adrians Stehimbiß	12.657,05	60.593,56	42.300,28	115.550,89 DM
6	Sabines Straßencafé	17.619,79	40.635,00	42.814,99	101.069,78 DM
7	Martins Bierstüberl	57.133,56	62.926,31	12.408,73	132.468,60 DM
8	Thorstens Cocktailbar	168.291,00	124.718,10	41.916,13	334.925,23 DM
9	Fraukes Weindepot	30.834,63	71.111,25	74.926,24	176.872,12 DM
10	Silkes Pilspub	104.937,77	75.943,85	21.621,31	202.502,93 DM
11	Gabys Pfannkuchenhaus	128.237,74	95.035,19	31.940,09	255.213,02 DM
12	GESAMT	723.306,32 DM			
13					
14					
15					

Abbildung 4.10: Zellen markieren, um mit AutoAusfüllen eine Formel in einen Zellbereich kopieren

Leider hat Excel die Summenformeln nicht aktualisiert. Die SUMME-Funktion verwendet noch immer B3:B9 als Argument, obwohl doch mittlerweile die Zeilen 10 und 11 dazugehören. Um dies zu ändern, positionieren Sie den Zellcursor auf Zelle B12 und klicken auf die Schaltfläche für AutoSumme in der Standard-Symbolleiste. Excel schlägt daraufhin als neuen Bereich für die SUMME-Funktion B3:B11 vor. Na also, es geht doch! Man muß nur ein bißchen nachhelfen.

Abbildung 4.10 zeigt das Tabellenblatt, nachdem ich die Summenformel in Zelle B12 mit der Schaltfläche für Summe neu definiert habe. Dann habe ich das Ausfüllkästchen gezogen (der Mauszeiger nimmt die Form eines kleinen schwarzen Kreuzes an – siehe Tabelle 1.1 in Kapitel 1), um den Zellbereich C12:E12 (in den die Summenformel kopiert werden soll) zu markieren. Ich habe hierzu die ursprünglichen Formeln aus diesem Zellbereich entfernt, um die Darstellung deutlicher zu machen. In der Regel kopieren Sie einfach die neue Formel in die Zelle und überschreiben dadurch die alte.

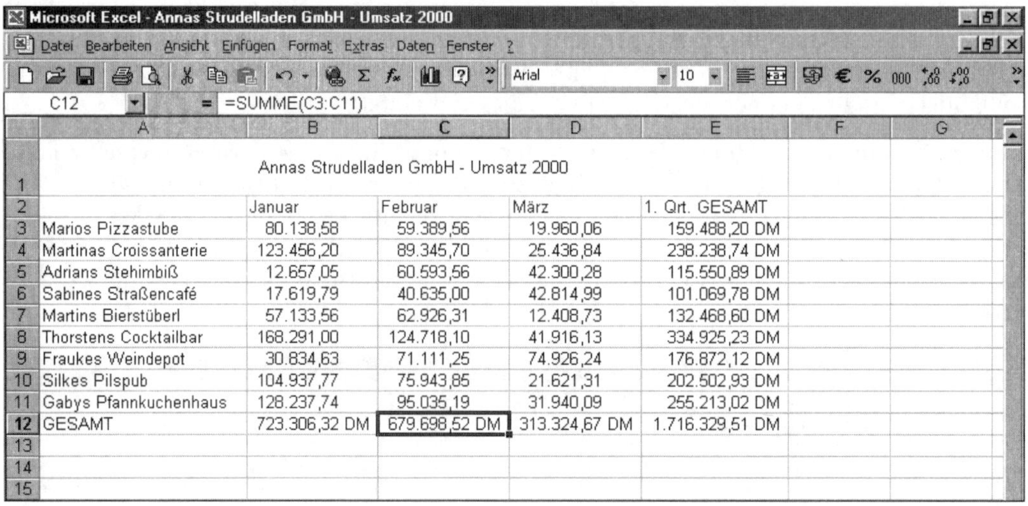

	A	B	C	D	E
1		Annas Strudelladen GmbH - Umsatz 2000			
2		Januar	Februar	März	1. Qrt. GESAMT
3	Marios Pizzastube	80.138,58	59.389,56	19.960,06	159.488,20 DM
4	Martinas Croissanterie	123.456,20	89.345,70	25.436,84	238.238,74 DM
5	Adrians Stehimbiß	12.657,05	60.593,56	42.300,28	115.550,89 DM
6	Sabines Straßencafé	17.619,79	40.635,00	42.814,99	101.069,78 DM
7	Martins Bierstüberl	57.133,56	62.926,31	12.408,73	132.468,60 DM
8	Thorstens Cocktailbar	168.291,00	124.718,10	41.916,13	334.925,23 DM
9	Fraukes Weindepot	30.834,63	71.111,25	74.926,24	176.872,12 DM
10	Silkes Pilspub	104.937,77	75.943,85	21.621,31	202.502,93 DM
11	Gabys Pfannkuchenhaus	128.237,74	95.035,19	31.940,09	255.213,02 DM
12	GESAMT	723.306,32 DM	679.698,52 DM	313.324,67 DM	1.716.329,51 DM

Abbildung 4.11: Das Tabellenblatt, nachdem die Formel zur Addition der Monatsumsätze kopiert wurde

Alles relativ

In Abbildung 4.11 sehen Sie das Tabellenblatt, nachdem ich die Formel aus einer Zelle in den Zellbereich C12:E12 kopiert habe (Zelle C12 ist aktiv). Beim Kopieren der Formeln geht Excel folgendermaßen vor. Die Originalformel in Zelle B12 lautet:

```
=SUMME(B3:B11)
```

Wenn die Originalformel nach nebenan in Zelle C12 kopiert wird, ändert Excel die Formel und zeigt jetzt an:

```
=SUMME(C3:C11)
```

Excel paßt also den Spaltenbezug an und ändert B in C, da ich von links nach rechts gezogen habe.

Wenn Sie eine Formel in einen Zellbereich kopieren, der sich über mehrere Zeilen innerhalb einer Spalte erstreckt, paßt Excel die Zeilennummern anstatt der Spaltenbuchstaben an. Die Zelle E3 im Tabellenblatt mit den Umsatzzahlen von Annas Strudelladen GmbH enthält beispielsweise die Formel:

```
=SUMME(B3:D3)
```

Wenn Sie diese Formel in Zelle E4 kopieren, ändert Excel die Kopie der Formel in:

```
=SUMME(B4:D4)
```

Excel paßt den Zeilenbezug der neuen Position in Zeile 4 an. Da Excel den Zellbezug in den kopierten Formeln relativ zur Kopierrichtung anpaßt, werden die Zellbezüge auch als *relative Zellbezüge* bezeichnet.

Absolut richtig

Alle neuen Formeln, die Sie erstellen, enthalten automatisch relative Zellbezüge. Da die meisten Kopien, die Sie von Formeln erstellen, eine Anpassung der Zellbezüge erforderlich machen, brauchen Sie sich darüber keine weiteren Gedanken zu machen. Ab und zu werden Sie allerdings der berühmten Ausnahme begegnen und festlegen müssen, wann und wie Zellbezüge in Kopien angepaßt werden sollen.

Eine der häufigsten Ausnahmen ist wohl, wenn Sie einen Bereich mit verschiedenen Werten mit einem Einzelwert vergleichen wollen, also wenn Sie beispielsweise berechnen wollen, welchen prozentualen Anteil ein bestimmter Bereich am Gesamtbereich hat. Angenommen, Sie wollen im Tabellenblatt mit den Umsätzen für Annas Strudelladen GmbH eine Formel erstellen und kopieren, die den prozentualen Anteil des jeweiligen Monatsumsatzes (aus den Zellen B12 bis D12) am Quartalsumsatz (aus Zelle E12) errechnet.

Weiter angenommen, Sie möchten diese Formeln in Zeile 14 des Tabellenblatts eingeben und dabei in Zelle B14 beginnen. Die Formel in Zelle B14 zur Berechnung des prozentualen Anteils des Januarumsatzes am Quartalsumsatz ist recht simpel:

```
=B12/E12
```

Diese Formel dividiert die Gesamtumsätze für Januar aus Zelle B12 durch den Quartalsumsatz in E12. Das war ein Kinderspiel, oder? Wenn Sie jetzt allerdings das Ausfüllkästchen eine Zelle nach rechts ziehen, um die Formel in Zelle C14 zu kopieren, lesen Sie in der Bearbeitungsleiste:

```
=C12/F12
```

Die Anpassung des ersten Zellbezugs von B12 nach C12 hat ja geklappt. Was man allerdings von der Anpassung des zweiten Zellbezugs von E12 auf F12 nicht behaupten kann. Nicht nur, daß dies keineswegs den gewünschten Anteil der Umsätze im Februar aus Zelle C12 am Umsatz des 1. Quartals aus Zelle E12 berechnet, das Ganze endet obendrein in C14 in der Fehlermeldung #DIV/0!.

Um Excel daran zu hindern, einen Zellbezug beim Kopieren einer Formel anzupassen, ändern Sie den relativen Zellbezug in einen absoluten. Wie? Nun, Sie drücken ganz einfach die Funktionstaste [F4], nachdem Sie die entsprechende Zelle markiert haben. Das Programm zeigt Ihnen den absoluten Zellbezug an, indem es $-Zeichen vor den Spaltenbuchstaben und die Zeilennummer einfügt. In Abbildung 4.12 enthält die Zelle B14 die korrekte Formel, die in den Zellbereich C14:D14 kopiert werden kann:

```
=B12/$E$12
```

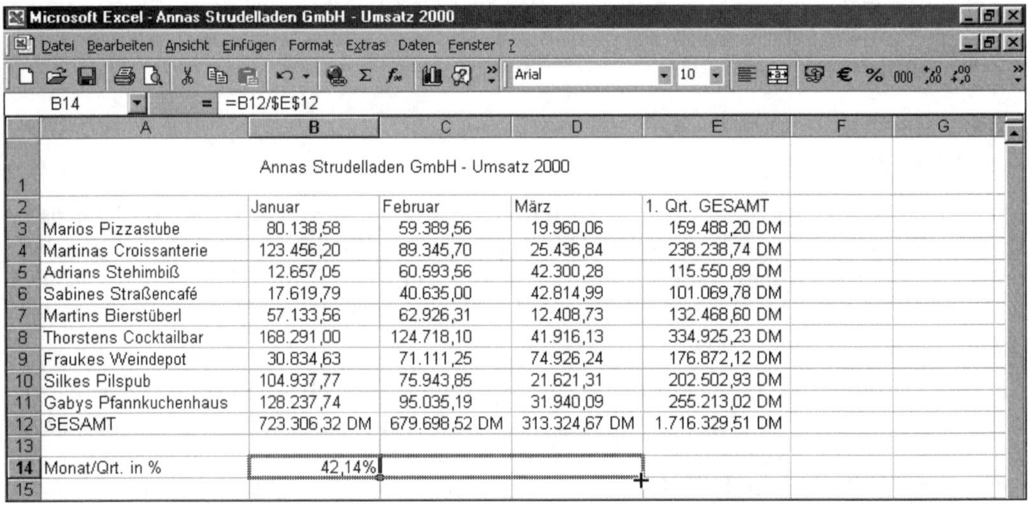

Abbildung 4.12: Die Formel zur Berechnung des prozentualen Anteils der Monatsumsätze am Quartalsumsatz enthält einen absoluten Zellbezug.

Abbildung 4.13 zeigt das Tabellenblatt, nachdem diese Formel mit dem Ausfüllkästchen in den Zellbereich C14:D14 kopiert wurde. Die Zelle C14 ist markiert und in der Bearbeitungsleiste wird die folgende Formel angezeigt:

```
=C12/$E$12
```

Da in der ursprünglichen Formel E12 in $E$12 geändert wurde, enthalten jetzt alle Kopien denselben absoluten Zellbezug.

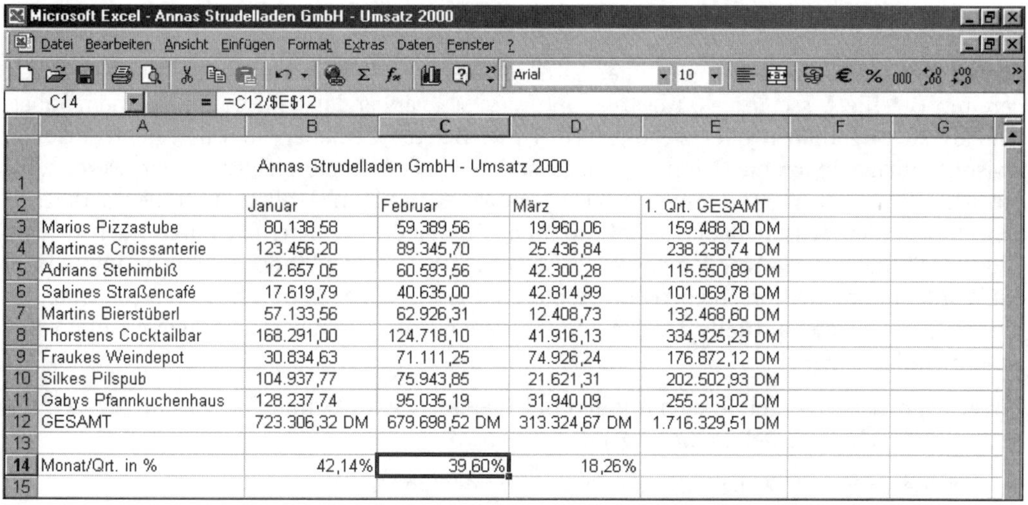

	A	B	C	D	E	F	G
1		Annas Strudelladen GmbH - Umsatz 2000					
2		Januar	Februar	März	1. Qrt. GESAMT		
3	Marios Pizzastube	80.138,58	59.389,56	19.960,06	159.488,20 DM		
4	Martinas Croissanterie	123.456,20	89.345,70	25.436,84	238.238,74 DM		
5	Adrians Stehimbiß	12.657,05	60.593,56	42.300,28	115.550,89 DM		
6	Sabines Straßencafé	17.619,79	40.635,00	42.814,99	101.069,78 DM		
7	Martins Bierstüberl	57.133,56	62.926,31	12.408,73	132.468,60 DM		
8	Thorstens Cocktailbar	168.291,00	124.718,10	41.916,13	334.925,23 DM		
9	Fraukes Weindepot	30.834,63	71.111,25	74.926,24	176.872,12 DM		
10	Silkes Pilspub	104.937,77	75.943,85	21.621,31	202.502,93 DM		
11	Gabys Pfannkuchenhaus	128.237,74	95.035,19	31.940,09	255.213,02 DM		
12	GESAMT	723.306,32 DM	679.698,52 DM	313.324,67 DM	1.716.329,51 DM		
13							
14	Monat/Qrt. in %	42,14%	39,60%	18,26%			
15							

Abbildung 4.13: Das Tabellenblatt, nachdem ich die Formel mit den absoluten Zellbezügen kopiert habe

Wenn Sie aus Versehen eine Formel kopieren, in der ein oder mehrere Zellbezüge absolut hätten sein sollen, dann können Sie den Schaden mit den folgenden Schritten beheben:

1. **Doppelklicken Sie auf die Zelle, die die falsche Formel enthält, bzw. markieren Sie die Zelle, und drücken Sie [F2], um sie zu bearbeiten.**
2. **Positionieren Sie die Einfügemarke vor dem relativen Zellbezug, der absolut werden soll.**
3. **Drücken Sie [F4].**
4. **Wenn Sie den Bearbeitungsvorgang abgeschlossen haben, drücken Sie [Eingabe] und kopieren dann die Formel mit dem Ausfüllkästchen in den betreffenden Zellbereich. Jetzt ist der Schaden behoben, den die Formel mit dem relativen Zellbezug angerichtet hat.**

Sie sollten [F4] wirklich nur drücken, um einen Zellbezug – wie oben beschrieben – als absolut zu definieren. Wenn Sie [F4] ein zweites Mal drücken, enden Sie mit einem gemischten Zellbezug, bei dem die Zeile absolut und die Spalte relativ ist (wie bei E$12). Wenn Sie [F4] zum dritten Mal drücken, kommt es zu einer neuen Zellbezugsmischung, bei der die Spalte absolut und die Zeile relativ ist (wie bei $E12). Drücken Sie nun, weil es so schön ist, [F4] ein viertes Mal, ändert Excel den Zellbezug wieder in relativ, also in E12. Sie sind jetzt wieder an der Ausgangssituation und können nun [F4] wieder so lange drücken, bis Sie die gewünschte Mischung an Zellbezügen erhalten.

Man muß auch einfügen können

Anstatt mit »Ziehen und Ablegen« oder AutoAusfüllen zu arbeiten, können Sie auch die allzeit bereiten Befehle AUSSCHNEIDEN, KOPIEREN und EINFÜGEN verwenden, um Daten in einem Tabellenblatt zu verschieben oder zu kopieren. Diese Befehle bedienen sich der elektronischen Zwischenablage, in der die Daten, die Sie ausschneiden oder kopieren, gespeichert werden, bis Sie sich dazu entschließen, diese Daten irgendwo einzufügen. Weil es diese hervorragende Einrichtung der Zwischenablage gibt, können Sie mit diesen Befehlen Daten auch in eine andere geöffnete Excel-Arbeitsmappe oder sogar in eine andere Windows-Anwendung (z.B. in ein Word-Dokument) verschieben oder kopieren. Das Verschieben und Kopieren von Daten in ein anderes als das aktuelle Dokument ist weder mit »Ziehen und Ablegen« noch mit AutoAusfüllen möglich!

Um einen markierten Zellbereich mit den Befehlen AUSSCHNEIDEN und EINFÜGEN im Menü BEARBEITEN zu verschieben, gehen Sie folgendermaßen vor:

1. **Markieren Sie die Zellen, die verschoben werden sollen.**
2. **Klicken Sie auf die Schaltfläche für Ausschneiden in der Standard-Symbolleiste.**

   Oder, falls Ihnen das lieber ist, wählen Sie den Befehl AUSSCHNEIDEN im Kontextmenü für Zellen bzw. im Menü BEARBEITEN.

   Den Umweg über die Menüs und Schaltflächen können Sie sich sparen, indem Sie ganz einfach [Strg]+[X] drücken. Egal auf welche Weise Sie den Befehl AUSSCHNEIDEN aufrufen, Excel versieht in jedem Fall die markierten Zellen mit einem *Laufrahmen* (eine sich bewegende gestrichelte Linie, die den Zellbereich umgibt) und zeigt folgende Meldung in der Statusleiste an:

   `Markieren Sie den Zielbereich, und drücken Sie die Eingabetaste.`

3. **Markieren Sie die Zelle in der oberen linken Ecke des Zellbereichs, in dem die Daten dann abgelegt werden sollen.**
4. **Drücken Sie [Eingabe], um die Aktion abzuschließen.**

   Wenn Ihnen keine Anstrengung zuviel ist, dann erzielen Sie dasselbe Ergebnis auch über die Menüleiste mit dem Befehl EINFÜGEN im Menü BEARBEITEN bzw. im Kontextmenü für Zellen oder ganz einfach durch Drücken von [Strg]+[V]. Last but not least, gibt es in der Standard-Symbolleiste auch noch die Schaltfläche für Einfügen.

Wenn Sie den Zielbereich festlegen, müssen Sie keinen leeren Zellbereich markieren, dessen Form und Größe den markierten Zellen entspricht, die Sie verschieben. Excel muß nur die Position der Zelle in der oberen linken Ecke des Zielbereichs kennen, um die restlichen Zellen unterzubringen.

Sie können nämlich alles durcheinanderbringen, wenn Sie mehr als die erste Zelle des Zielbereichs markieren und dieser Zielbereich dann nicht exakt mit der Form und Größe der Zellen übereinstimmt, die Sie verschieben. Sobald Sie in einem solchen Fall [Eingabe] drücken, zeigt Excel ein Dialogfeld mit folgender Meldung an:

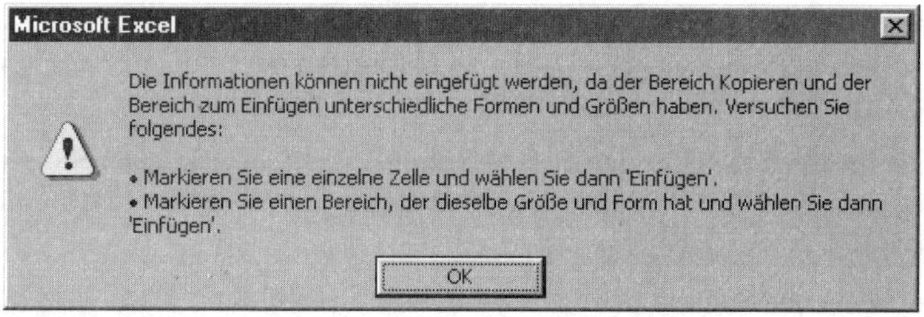

Nachdem Sie »OK« gewählt haben, um dieses Dialogfeld wieder zu schließen, müssen Sie die Größe des Zielbereichs ändern, um das Verschieben erfolgreich abschließen zu können.

Das Kopieren markierter Zellen mit den Befehlen Kopieren und Einfügen verläuft nach demselben Schema wie das Ausschneiden und Einfügen. Nachdem Sie den zu kopierenden Zellbereich markiert haben, stehen Ihnen wieder viele Möglichkeiten offen, um die Daten in die Zwischenablage zu kopieren. Sie können nicht nur im Kontextmenü für Zellen bzw. im Menü Bearbeiten den Befehl Kopieren wählen. Es gibt da auch noch die Tastenkombination [Strg]+[C] oder die Schaltfläche für Kopieren in der Standard-Symbolleiste.

Kopieren wird erst beim zweiten Mal schön

Wenn Sie einen markierten Zellbereich mit den Befehlen Kopieren und Einfügen über die Zwischenablage kopiert haben, können Sie diese Daten beliebig oft einfügen. Sie müssen nur darauf achten, den ersten Kopiervorgang nicht mit [Eingabe] abzuschließen, sondern den Befehl Einfügen (im Kontextmenü oder im Menü Bearbeiten) zu wählen oder [Strg]+[V] zu drücken.

Wenn Sie den Befehl Einfügen verwenden, um einen Kopiervorgang abzuschließen, kopiert Excel die markierten Zellen in den Zielbereich, ohne den Laufrahmen zu entfernen. Das heißt für Sie, daß Sie noch weitere Zielbereiche (in diesem oder einem anderen Dokument) wählen können.

Nachdem Sie die erste Zelle des nächsten Zielbereichs markiert haben, wählen Sie wiederum den Befehl Einfügen. Sie können jetzt beliebig lange so weitermachen. Wenn Sie die letzte Kopie machen, drücken Sie [Eingabe], anstatt den Befehl Einfügen zu wählen. Sollten Sie statt [Eingabe] doch (in alter Gewohnheit) wieder Einfügen gewählt haben, müssen Sie [Esc] drücken, um den Laufrahmen um den ursprünglichen Zellbereich zu entfernen.

2000

Und da wäre auch gleich noch eine Neuheit, die alle Office 2000-Programme (also auch Excel 2000) betrifft: Es können nämlich jetzt mehrere Ausschneiden-und-Einfügen-Vorgänge (bis zu 12) in der sogenannten Office-Zwischenablage gespeichert werden. Sie können also aus dieser Zwischenablage etwas in eine Arbeitsmappe zum wiederholten Mal einfügen, auch wenn Sie gerade einen anderen Kopier- oder Einfügevorgang abgeschlossen haben. (Dies funktioniert auch dann noch, wenn Sie statt des Befehls Einfügen [Eingabe] gedrückt haben.)

Wenn Sie Daten aus der Office-Zwischenablage in eine Arbeitsmappe einfügen wollen, die nicht zu denen gehören, die Sie als letztes ausgeschnitten oder kopiert haben, dann müssen Sie hierzu die Zwischenablage-Symbolleiste öffnen. Und das geht so:

1. **Wählen Sie im Menü Ansicht den Befehl Symbolleisten, oder klicken Sie mit der rechten Maustaste auf die Menüleiste und wählen dann aus dem Kontextmenü den Befehl Zwischenablage.**

   Die frei schwebende Zwischenablage-Symbolleiste (Abbildung 4.14) wird geöffnet. Diese Symbolleiste enthält mehrere Schaltflächen für XL-Seiten, die jeweils einen Eintrag oder eine Gruppe von Daten enthalten, die ausgeschnitten und in der Zwischenablage abgelegt oder dorthin kopiert wurden.

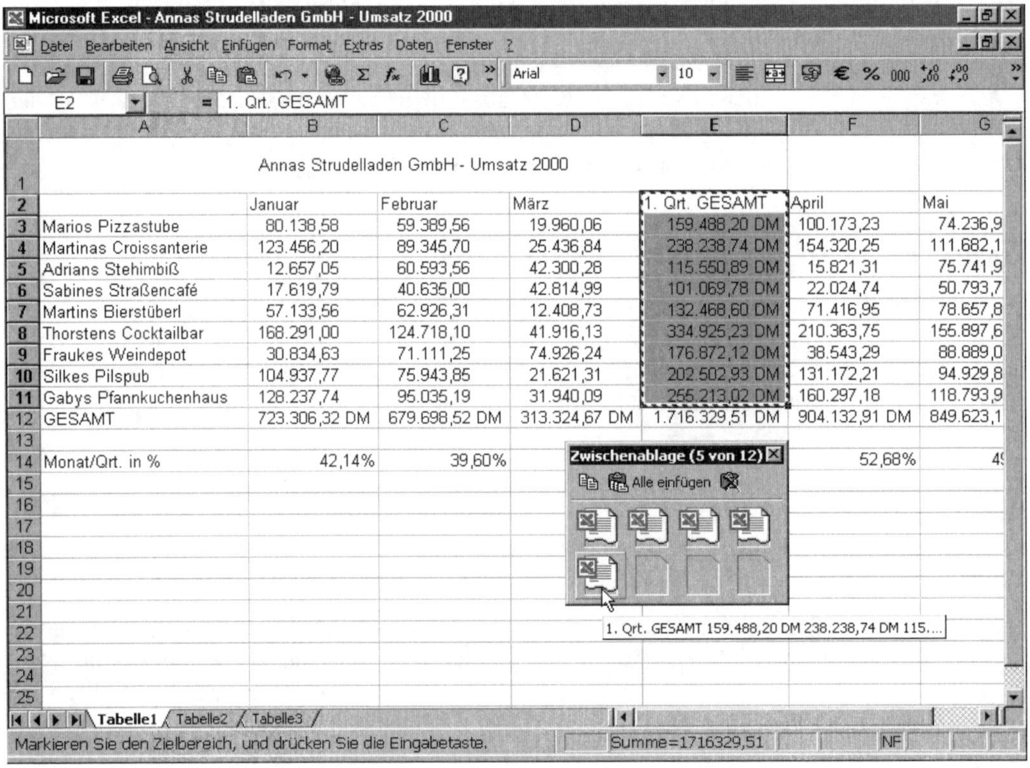

Abbildung 4.14: Eine Arbeitsmappe mit geöffneter Zwischenablage-Symbolleiste

2. **Wenn Sie wissen wollen, welche Daten sich hinter den einzelnen XL-Schaltflächen in der Zwischenablage-Symbolleiste verbergen, zeigen Sie mit dem Mauszeiger so lange auf die jeweilige XL-Schaltfläche, bis die Inhaltsliste als QuickInfo angezeigt wird.**

3. **Um die Daten aus einem Zwischenablageeintrag an die aktuelle Zelladresse in der Arbeitsmappe zu kopieren, klicken Sie auf die Schaltfläche für die XL-Seite.**

Wenn Sie alle in der Office-Zwischenablage gespeicherten Daten in die aktuelle Arbeitsmappe einfügen möchten, dann klicken Sie auf die Schaltfläche für Alle einfügen im oberen Teil der Symbolleiste. Sie dürfen jedoch nicht vergessen, daß sobald Sie mehr als zwölf Vorgänge in der Zwischenablage gespeichert haben, Excel automatisch den ersten Vorgang durch den zuletzt ausgeschnittenen oder kopierten ersetzt. Wahrscheinlich kommt Ihnen das jetzt alles noch recht verwirrend und neu vor, aber diese neue Funktion hat durchaus ihre Vorteile!

Auch beim Einfügen sollte man wählerisch sein

In der Regel kopiert Excel die gesamten Informationen, die der markierte Zellbereich enthält, d. h. Formatierungen ebenso wie Formeln, Text und sonstige Daten. Sie haben allerdings die Möglichkeit festzulegen, ob nur der Zellinhalt (ohne Formatierung) oder nur die Formate (ohne den Zellinhalt) kopiert werden. Sie können sogar nur die Werte markierter Zellen kopieren, d. h., Texteinträge und Werte werden kopiert, nicht aber Formeln oder Formate. Wenn Sie Werte einfügen, werden alle in den markierten Zellen enthaltenen Formeln herausgefiltert und nur die errechneten Werte beibehalten – diese Werte werden in dem neuen Zellbereich angezeigt, als ob sie manuell eingegeben worden wären.

Wenn Sie nur ganz bestimmte Inhalte des markierten Zellbereichs einfügen möchten, wählen Sie den Befehl Inhalte einfügen im Menü Bearbeiten. Das Dialogfeld »Inhalte einfügen« wird geöffnet (Abbildung 4.15), in dem Sie festlegen, welchen Inhalt des aktuellen Zellbereichs Sie einfügen möchten:

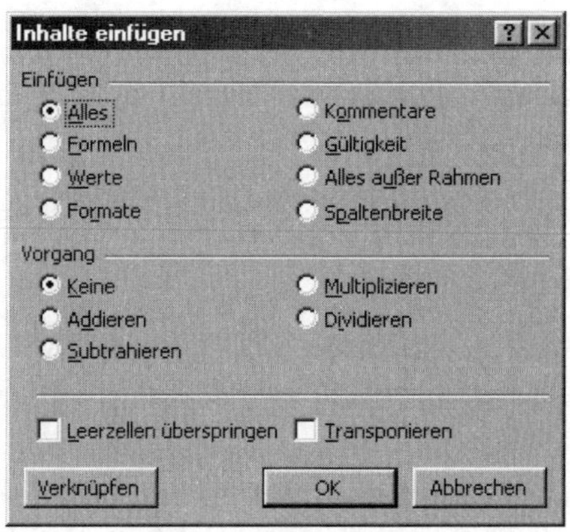

Abbildung 4.15: Das Dialogfeld »Inhalte einfügen«

- ✔ Standardmäßig wählt Excel das Optionsfeld Alles im Gruppenfeld Einfügen und fügt damit den gesamten Zellinhalt (Formeln, Formate etc.) des markierten Zellbereichs ein.
- ✔ Wählen Sie das Optionsfeld Formeln im Gruppenfeld Einfügen, um Text, Zahlen und Formeln des aktuell markierten Zellbereichs einzufügen, ohne dessen Format zu übernehmen.

- ✔ Wählen Sie das Optionsfeld WERTE im Gruppenfeld EINFÜGEN, um anstelle der Formeln nur die berechneten Werte aus dem markierten Zellbereich zu übernehmen.
- ✔ Wählen Sie das Optionsfeld FORMATE im Gruppenfeld EINFÜGEN, um lediglich die Formatierung des markierten Zellbereichs einzufügen. Alle anderen Zellinhalte bleiben bei dieser Option unberücksichtigt.
- ✔ Wählen Sie das Optionsfeld KOMMENTARE im Gruppenfeld EINFÜGEN, um nur die Kommentare der Zellen einzufügen (hierzu mehr in Kapitel 6).
- ✔ Wählen Sie das Optionsfeld GÜLTIGKEIT im Gruppenfeld EINFÜGEN, um nur die Gültigkeitskriterien in den Zellbereich einzufügen, die Sie mit dem neuen Befehl GÜLTIGKEIT im Menü DATEN festgelegt haben. Mit diesem schicken Befehl legen Sie Gültigkeitskriterien für eine Zelle oder einen Zellbereich fest.
- ✔ Wählen Sie das Optionsfeld ALLES AUSSER RAHMEN im Gruppenfeld EINFÜGEN, um den gesamten Zellinhalt des markierten Zellbereichs ohne die dort verwendeten Rahmen einzufügen.
- ✔ Klicken Sie im Gruppenfeld EINFÜGEN auf das Optionsfeld SPALTENBREITE, um die Spaltenbreite des Zellbereichs, in den eingefügt werden soll, den aus der Zwischenablage einzufügenden Zellen anzupassen.
- ✔ Standardmäßig ist im Gruppenfeld VORGANG das Optionsfeld KEINE aktiviert. Diese Auswahl soll uns signalisieren, daß Excel keine Rechenoperation zwischen den Daten, die Sie in der Zwischenablage abgelegt haben, und den Daten in dem Zellbereich, in den Sie einfügen wollen, ausführen wird.
- ✔ Wählen Sie das Optionsfeld ADDIEREN im Gruppenfeld VORGANG , um die Daten, die Sie in der Zwischenablage abgelegt haben, zu den Daten in dem Zellbereich, in den Sie einfügen wollen, hinzu zu addieren.
- ✔ Wählen Sie das Optionsfeld SUBTRAHIEREN im Gruppenfeld VORGANG , um die Daten, die Sie in der Zwischenablage abgelegt haben, von den Daten in dem Zellbereich, in den Sie einfügen wollen, zu subtrahieren.
- ✔ Wählen Sie das Optionsfeld MULTIPLIZIEREN im Gruppenfeld VORGANG , um die Daten, die Sie in der Zwischenablage abgelegt haben, mit den Daten in dem Zellbereich, in den Sie einfügen wollen, zu multiplizieren.
- ✔ Wählen Sie das Optionsfeld DIVIDIEREN im Gruppenfeld VORGANG , um die Daten, die Sie in der Zwischenablage abgelegt haben, durch die Daten in dem Zellbereich, in den Sie einfügen wollen, zu dividieren.
- ✔ Aktivieren Sie das Kontrollkästchen LEERZELLEN ÜBERSPRINGEN, wenn Sie vermeiden wollen, daß Werte im Einfügebereich durch Leerzellen im Kopierbereich ersetzt werden. Denn: Eine leere Zelle kann Ihre aktuellen Zellinhalte nicht überschreiben.
- ✔ Aktivieren Sie das Kontrollkästchen TRANSPONIEREN, wenn Excel die Ausrichtung der eingefügten Inhalte ändern soll. Beispiel: Die ursprünglichen Zellinhalte nehmen mehrere Zei-

len in einer Spalte ein, die transponierten eingefügten Zellinhalte stehen in einer Zeile, die sich aber über mehrere Spalten erstreckt.

- ✔ Wählen Sie die Schaltfläche »Verknüpfen«, wenn Sie Zellinhalte kopieren und gleichzeitig eine Verknüpfung zwischen den Kopien, die Sie einfügen, und den Originalinhalten herstellen möchten, damit es bei Änderungen im Original gleichzeitig zu einer Aktualisierung der eingefügten Kopien kommt.

Inhalt oder Zelle löschen, das ist hier die Frage

Ich kann natürlich der Bearbeitung von Daten in Excel kein ganzes Kapitel widmen, ohne Ihnen zum Schluß auch noch zu erzählen, wie Sie Einträge aus einem Tabellenblatt wieder entfernen können. Hierzu stehen Ihnen zwei Möglichkeiten zur Auswahl:

- ✔ Sie können den Inhalt einer Zelle löschen, ohne damit die Zelle selbst aus dem Tabellenblatt zu entfernen, da sich dadurch die Struktur der angrenzenden Zellen ändern würde.
- ✔ Sie können jedoch auch die Zelle selbst löschen, wobei nicht nur der Inhalt und das Format der Zelle gelöscht werden, sondern die Zelle selbst aus dem Tabellenblatt entfernt wird. Wenn Sie eine Zelle löschen, muß Excel die Anordnung der Inhalte in den angrenzenden Zellen neu gestalten, um mögliche Lücken zu stopfen.

Inhalte löschen

Um den Inhalt eines Zellbereichs und nicht die Zellen selbst zu löschen, markieren Sie den Bereich und drücken `Entf` oder wählen im Untermenü LÖSCHEN des Menüs BEARBEITEN den Befehl INHALTE.

Wenn Sie allerdings mehr als den Inhalt eines Zellbereichs loswerden wollen, dann wählen Sie in diesem Untermenü einen der drei anderen Befehle, die Ihnen freundlicherweise angeboten werden:

- ✔ Wählen Sie ALLE, um einfach alles, d. h. Formate, Notizen und Einträge, aus der Zelle zu entfernen.
- ✔ Wählen Sie FORMATE, wenn Sie außer mit dem Format mit dem Inhalt der Zelle einverstanden sind.
- ✔ Wählen Sie KOMMENTARE, falls Sie nur die Kommentare aus der Zelle entfernen möchten und alles andere beim alten belassen wollen.

Das absolute Ende für einen Zellbereich

Um Zellen an sich und nicht nur deren Inhalte zu löschen, markieren Sie den Zellbereich und wählen den Befehl ZELLEN LÖSCHEN im Kontextmenü der Zellen bzw. im Menü BEARBEITEN. Das

Dialogfeld »Löschen« wird geöffnet, in dem Sie festlegen können, in welche Richtung Excel die verbleibenden Zellen verschieben soll, um die entstehende Lücke zu schließen. Die folgenden Optionen stehen Ihnen zur Verfügung:

✔ Standardmäßig ist das Optionsfeld ZELLEN NACH LINKS VERSCHIEBEN aktiviert, damit Excel die Einträge aus den benachbarten Zellen auf der rechten Seite nach links verschiebt und dort die Lücken schließt, wenn Sie den Zellbereich mit »OK« oder [Eingabe] löschen.

✔ Wenn Excel die Einträge aus den unten angrenzenden Zeilen nach oben verschieben soll, aktivieren Sie das Optionsfeld ZELLEN NACH OBEN VERSCHIEBEN.

✔ Wenn Sie in einem Zellbereich alle Zeilen löschen wollen, dann sollten Sie das Optionsfeld GANZE ZEILE wählen.

✔ Wenn Sie alle Spalten im markierten Zellbereich löschen möchten, klicken Sie auf das Optionsfeld GANZE SPALTE.

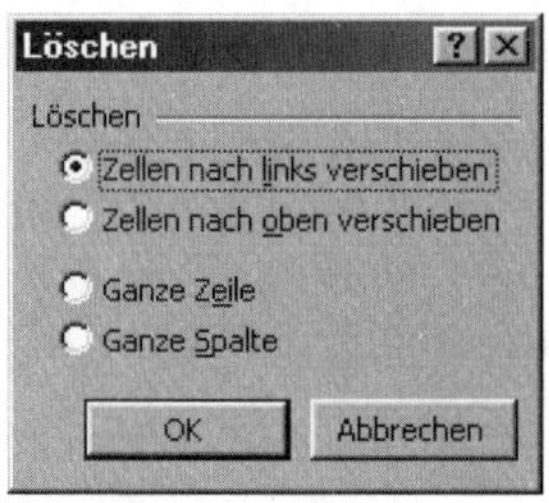

Abbildung 4.16: Das Dialogfeld »Löschen«

Wenn Sie bereits im voraus wissen, daß Sie eine ganze Spalte oder Zeile aus dem Tabellenblatt löschen wollen, können Sie den Spaltenbuchstaben bzw. die Zeilennummer markieren und dann den Befehl ZELLEN LÖSCHEN im Kontextmenü für Zellen bzw. im Menü BEARBEITEN wählen. Sie können auch mehrere Spalten oder Zeilen gleichzeitig löschen. Allerdings wird beim Löschen ganzer Spalten und Zeilen kein Dialogfeld mehr angezeigt (zu erkennen an den fehlenden drei Punkten hinter dem Befehl). Wenn Sie also auf ZELLEN LÖSCHEN klicken, nimmt das Geschehen sofort seinen Lauf.

Ganze Spalten und Zeilen aus einem Tabellenblatt zu löschen, ist eine riskante Angelegenheit. Sie sollten sich ganz sicher sein, daß diese Spalten und Zellen nichts Wertvolles enthalten. Wenn Sie nämlich eine vollständige Zeile aus dem Tabellenblatt entfernen, löschen Sie alle *Daten in den Spalten A bis IV* in dieser Zeile (angezeigt werden ja immer nur einige wenige). Entsprechend gilt: Wenn Sie eine ganze Spalte löschen, entfernen Sie alle *Daten in den Zeilen 1 bis 65.536* in dieser Spalte. Das könnte gefährlich werden ...

Vorsicht, Bauarbeiten!

Es wird wahrscheinlich sehr häufig vorkommen, daß Sie neue Einträge in einen bereits belegten Bereich des Tabellenblatts einfügen müssen. Sie können hierzu neue Zellen in den Bereich einfügen, anstatt einzelne Zellbereiche zu verschieben und neu anzuordnen. Um einen Zellbereich einzufügen, markieren Sie die Zellen (von denen einige bereits belegt sein werden), an deren Stelle die neuen Zellen angezeigt werden sollen, und wählen dann den Befehl ZELLEN EINFÜGEN im Kontextmenü für Zellen bzw. den Befehl ZELLEN im Menü EINFÜGEN, um das Dialogfeld »Zellen einfügen« zu öffnen. Wenn Sie neue Zellen einfügen, können Sie bestimmen, in welche Richtung Excel die bestehenden Einträge verschieben soll:

- ✔ Sollen die bestehenden Zelleinträge nach rechts verschoben werden, klicken Sie auf das Optionsfeld ZELLEN NACH RECHTS VERSCHIEBEN und wählen dann »OK« oder drücken [Eingabe].
- ✔ Wenn das Programm die bestehenden Zellen nach unten verschieben soll, klicken Sie auf das Optionsfeld ZELLEN NACH UNTEN VERSCHIEBEN und wählen dann »OK« oder drücken [Eingabe].
- ✔ Ebenso wie beim Löschen von Zellen, können Sie beim Einfügen von Zellen mit dem Dialogfeld »Zellen einfügen« ganze Zeilen und Spalten in den Zellbereich einfügen. Klikken Sie hierzu entweder auf das Optionsfeld GANZE ZEILE oder GANZE SPALTE. Sie können auch direkt die Zeilennummer oder den Spaltenbuchstaben markieren und dann den Befehl ZELLEN im Menü EINFÜGEN wählen.

Sie können ganze Spalten und Zeilen in einem Tabellenblatt auch einfügen, indem Sie den Befehl SPALTEN bzw. ZEILEN im Menü EINFÜGEN wählen, d. h., Sie brauchen das Dialogfeld »Zellen einfügen« gar nicht erst zu öffnen.

Denken Sie daran, daß sich – genau wie beim Löschen ganzer Spalten und Zeilen – das Einfügen ganzer Spalten und Zeilen auf das gesamte Tabellenblatt auswirkt und nicht nur auf den Teil, den Sie momentan auf dem Bildschirm sehen. Wenn Sie also nicht wissen, was alles noch in der großen Weite des Tabellenblatts verborgen ist, können Sie nicht mit Gewißheit sagen, ob sich das Einfügen nicht irgendwie auf Einträge in nicht angezeigten Bereichen auswirkt.

Letzte Rettung – die Rechtschreibprüfung

Ich denke, daß es Sie beruhigt zu wissen, daß Excel über eine Rechtschreibprüfung verfügt, die alle diese kleinen mitunter peinlichen Rechtschreibfehler aufspürt und verbessert. Es gibt also keine Entschuldigung mehr für ein Tabellenblatt mit »Tippfehlern« in den Überschriften.

Um die Rechtschreibung in einem Tabellenblatt zu prüfen, wählen Sie entweder den Befehl RECHTSCHREIBUNG im Menü EXTRAS, oder Sie klicken auf die Schaltfläche für Rechtschreibung in der Standard-Symbolleiste (die mit dem ABC und dem Häkchen), bzw. drücken Sie [F7].

Egal, wie Sie die Sache angehen, Excel beginnt sofort mit der Rechtschreibprüfung aller Texteinträge im Tabellenblatt. Wenn das Programm auf ein unbekanntes Wort trifft, wird dieses im Dialogfeld »Rechtschreibung« angezeigt (Abbildung 4.17).

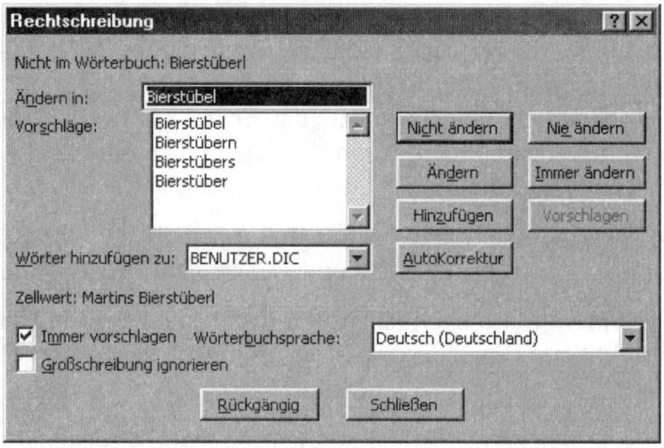

Abbildung 4.17: Die Rechtschreibprüfung im Dialogfeld »Rechtschreibung«

Excel bietet Vorschläge für das unbekannte Wort an, wobei das höchstwahrscheinlich richtige Wort im Listenfeld ÄNDERN IN angezeigt wird. Lassen Sie mich auch noch ein paar Worte über die Schaltflächen im Dialogfeld »Rechtschreibung« verlieren. Denn davon gibt es ja wirklich mehr als genug.

- ✔ Um das Wort hinter NICHT IM WÖRTERBUCH durch das Wort im Listenfeld ÄNDERN IN zu ersetzen, klicken Sie auf die Schaltfläche »Ändern«.
- ✔ Um alle Vorkommen dieses falsch geschriebenen Worts im Tabellenblatt zu ändern, klikken Sie auf »Immer ändern«.
- ✔ Wenn das unbekannte Wort in ein Benutzerwörterbuch eingefügt werden soll, damit es bei einer späteren Rechtschreibprüfung nicht mehr als falsch angezeigt wird, klicken Sie auf »Hinzufügen«.
- ✔ Wenn Sie in ein anderes Wörterbuch wechseln möchten (etwa in Deutsch (Österreich) oder Deutsch (Schweiz) oder aber in Englisch, wenn Sie englische Ausdrücke in einer Arbeitsmappe überprüfen wollen), dann klappen Sie hierzu das Dropdown-Listenfeld WÖRTERBUCHSPRACHE auf und wählen in der angezeigten Liste den Namen des Wörterbuchs aus.
- ✔ Wenn Excel von jetzt an den gerade angezeigten Fehler automatisch durch den Vorschlag ersetzen soll, der im Listenfeld ÄNDERN IN angezeigt wird, dann klicken Sie auf die Schaltfläche »AutoKorrektur« (das falsch geschriebene Wort und der Vorschlag werden dem Dialogfeld »AutoKorrektur« hinzugefügt – mehr dazu in Kapitel 2 im Abschnitt »Einmal AutoKorrektur, bitte«).

- ✔ Wenn Sie der Ansicht sind, daß Excel sich irrt (d.h., Sie haben das Word zumindest Ihrer Meinung nach korrekt geschrieben), dann klicken Sie lässig auf die Schaltfläche »Nicht ändern« (oder »Nie ändern«, wenn Excel – zumindest in der aktuellen Arbeitssitzung – nie wieder ein Wort über diese Schreibweise verlieren soll).

Mit der Rechtschreibprüfung werden nicht nur Wörter angezeigt, die im integrierten oder benutzerdefinierten Wörterbuch nicht gefunden werden, sondern auch Wortwiederholungen in einem Zelleintrag (z.B. in in DM) oder Wörter mit eigenartiger Groß-/Kleinschreibung (z.B. UMsatz).

Sie können die Rechtschreibung auch nur für eine bestimmte Gruppe von Einträgen prüfen, indem Sie den Zellbereich markieren, bevor Sie den Befehl RECHTSCHREIBUNG im Menü EXTRAS wählen oder auf die Schaltfläche für Rechtschreibung in der Standard-Symbolleiste klicken bzw. F7 drücken.

Und jetzt alles aufs Papier gebracht (oder Druckversuch – der 101.)

5

In diesem Kapitel erfahren Sie, wie Sie ...

- schon mal vorab einen Blick in die Seitenansicht von Excel werfen, um zu prüfen, wie Ihre Daten auf dem Papier aussehen werden.
- mit der Schaltfläche für Drucken das aktuelle Tabellenblatt im Handumdrehen an den Drucker schicken.
- alle Tabellenblätter einer Arbeitsmappe auf einen Streich drucken.
- nur einen ganz bestimmten Bereich des Tabellenblatts drucken.
- ein ganzes Tabellenblatt auf nur einer Seite drucken.
- vom Hochformat zum Querformat und umgekehrt wechseln.
- die Ränder für den Ausdruck ändern.
- Ihren Ausdruck mit Kopf- und Fußzeilen informativer gestalten.
- auf jeder Druckseite die Spalten- und Zeilenköpfe wiederholen.
- selbst bestimmen, wo im Ausdruck eine neue Seite beginnen soll.
- die Formeln anstelle der Ergebnisse ausdrucken.

Wenn alles gesagt und getan ist, wird es höchste Zeit, die Daten aufs Papier zu bringen. Alles, was Sie sich bisher mühsam erarbeitet haben, Dateneingabe, Formatierungen, Formeleingabe etc., hat ja eigentlich hauptsächlich dem Zweck gedient, das Ganze irgendwann einmal schwarz auf weiß in Händen zu halten. In diesem Kapitel erfahren Sie endlich, wie Sie mit Excel drucken. Es wurde auch Zeit, oder? Wie Sie sehen werden, gilt es dabei nur ein paar Formalitäten einzuhalten, und schon erhalten Sie einen Top-Ausdruck – und das bereits beim ersten Versuch (hoffentlich!).

Sie müssen sich lediglich ein bißchen mit der Seitenaufteilung von Excel beschäftigen und lernen, diese Ihren Wünschen entsprechend zu steuern. Angenommen, Sie möchten ein Dokument ausdrucken, das circa zwei Druckseiten lang ist. Da Sie aber recht viele Spalten mit wichtigen Zahlen versehen haben, ist das Tabellenblatt nicht nur länger als eine Seite, sondern auch noch breiter. Wie um alles in der Welt soll das jemals in ordentlicher Form aus dem Drucker kommen? Excel muß also sowohl einen horizontalen Seitenwechsel (für die Länge) als auch einen vertikalen (für die Breite) durchführen.

Excel geht dabei folgendermaßen vor: Es druckt zuerst in vertikaler Richtung, d. h. alle Zeilen und so viele Spalten, wie auf eine Seite passen (z.B. A bis E). Sobald eine Seite bis unten vollgeschrieben ist, wird eine neue Seite begonnen ... und das so lange, bis alle Zeilen mit den ersten Spalten gedruckt sind. Dann blättert Excel zurück zur ersten Zeile und springt nach rechts, um den zweiten Spaltenbereich (z.B. F bis K) für alle Zeilen zu drucken. Das Ganze wird so lange wiederholt, bis alle Daten gedruckt sind.

Wenn Excel seine Druckaufteilung vornimmt, käme es nie auf die Idee, die Daten innerhalb einer Zeile oder Spalte aufzuteilen. Paßt eine Zeile nicht mehr aufs Papier, wird sie vollständig auf die neue Seite geschrieben. Dasselbe gilt für die Spalten.

Sie haben nun mehrere Möglichkeiten, mit diesen Problemen fertig zu werden. Und Sie werden diese auch alle kennenlernen. Denn wenn Sie erst einmal gelernt haben, die Seitenaufteilung von Excel für Ihre Zwecke zu nutzen, dann muß nur noch der Drucker arbeiten. Sie selbst haben Ihre Schuldigkeit getan.

Eile mit Weile

Tun Sie sich und der Umwelt einen Gefallen. Verwenden Sie vor dem Drucken stets die wunderbare Einrichtung der Seitenansicht, und retten Sie so im Laufe der Zeit ein bis zwei Wälder. In der Seitenansicht können Sie genau sehen, wie Excel Ihre Daten auf dem Papier verteilen wird. Sie haben in der Seitenansicht noch eine Chance, die Ränder anzupassen oder Seiteneinstellungen zu ändern. Schaut alles okay aus, können Sie direkt aus der Seitenansicht heraus drucken.

Um zur Seitenansicht zu gelangen, klicken Sie auf die Schaltfläche für Seitenansicht in der Standard-Symbolleiste (das ist die mit dem weißen Blatt Papier und der Lupe) oder wählen den Befehl SEITENANSICHT im Menü DATEI. Excel wechselt in die Seitenansicht und zeigt alle Informationen der ersten Seite an. Jetzt können Sie zwar nichts mehr lesen, dafür sehen Sie aber genau, wie die erste Druckseite aussehen wird. In Abbildung 5.1 sehen Sie die Seitenansicht mit der ersten Seite eines dreiseitigen Dokuments und dem typischen Mauszeiger der Seitenansicht – dem Zoom-Zeiger (der Lupe).

Was machen Sie, wenn Sie doch zumindest ein bißchen von dem, was da geschrieben steht, lesen möchten, um sich im Tabellenblatt zu orientieren? Sie vergrößern einfach die Ansicht. Sie können die Darstellung bis zu 100 Prozent vergrößern, indem Sie auf die Schaltfläche »Zoom« klicken. Alternativ können Sie auch mit dem Mauszeiger auf den Bereich zeigen, den Sie entziffern möchten (der Mauszeiger stellt in weiser Voraussicht eine Lupe dar), und auf eine beliebige Stelle klicken. Abbildung 5.2 zeigt eine Vergrößerung der ersten Seite unseres dreiseitigen Dokuments. Um diese Vergrößerung zu erhalten, klicken Sie mit der Lupe auf den oberen linken Teil der Seite.

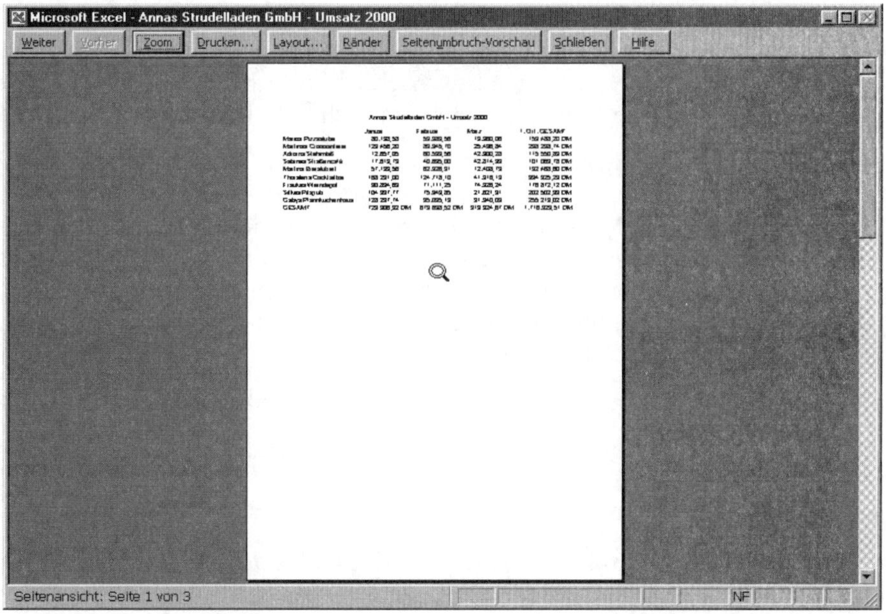

Abbildung 5.1: Die erste Seite eines dreiseitigen Ausdrucks in der Seitenansicht

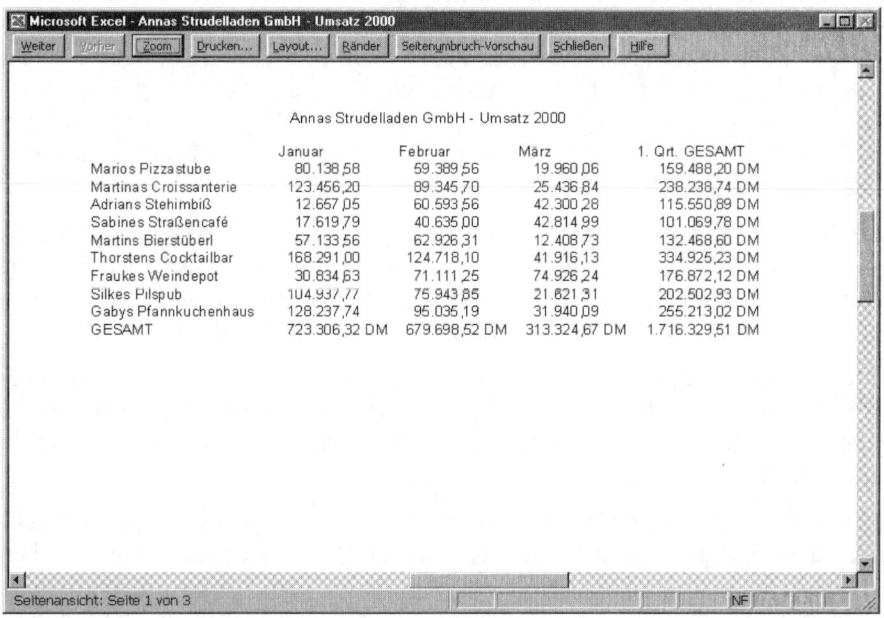

Abbildung 5.2: Die erste Seite in der Seitenansicht wurde durch Klicken auf den oberen linken Bereich vergrößert.

Nachdem Sie die Seite vergrößert haben, können Sie mit den Bildlaufleisten in Ruhe durch die Seiten blättern. Natürlich können Sie auch die Pfeiltasten [↑] und [↓] oder [Bild↓] bzw. [Bild↓] verwenden, um nach oben bzw. nach unten zu blättern, oder [←] und [→] bzw. [Strg]+[Bild↑] oder [Strg]+[Bild↓], um nach links bzw. nach rechts zu blättern.

Wenn Sie die ganze Druckseite wieder anzeigen lassen möchten, klicken Sie auf eine beliebige Stelle im Fenster (mit dem Pfeil-Mauszeiger) bzw. wählen erneut die Schaltfläche »Zoom«. Excel zeigt stets in der Statusleiste an, wie viele Seiten insgesamt gedruckt werden. Mit der Schaltfläche »Weiter« gelangen Sie zur nächsten, mit der Schaltfläche »Vorher« zur vorherigen Druckseite. Alternativ drücken Sie [↓] oder [Bild↓], um zur nächsten Seite zu gelangen, und [↑] oder [Bild↑], um zur vorherigen Seite zurückzublättern. Das funktioniert aber nur, wenn die gesamte Druckseite angezeigt wird.

Wenn Sie alles überprüft haben, stehen Ihnen folgende Möglichkeiten offen:

✔ Haben Sie alle Seiten für gut befunden, klicken Sie auf die Schaltfläche »Drucken«, um das Dialogfeld »Drucken« zu öffnen. Von dort aus gehen Ihre Daten dann endgültig an den Drucker.

✔ Einige Dinge waren nicht okay? Na gut, dann klicken Sie auf die Schaltfläche »Layout«, um das Dialogfeld »Seite einrichten« zu öffnen. Dort können Sie jede Menge reparieren: Papierformat, Seitenreihenfolge oder Ränder – ja sogar die Kopf- und/oder Fußzeile können Sie dort definieren bzw. ändern.

✔ Wenn Ihnen was am Seitenumbruch nicht gefällt, klicken Sie auf die Schaltfläche »Seitenumbruch-Vorschau«. Das führt Sie zurück zum Arbeitsmappenfenster, in dem das Tabellenblatt etwas verkleinert angezeigt wird. Ziehen Sie die Seitenränder nach Lust und Laune mit der Maus, um so den Seitenumbruch zu ändern. Wenn Sie genug davon haben, wählen Sie im Menü ANSICHT den Befehl NORMAL. Sollten Sie endlich zufrieden sein, drukken Sie die Tabelle mit dem Befehl DRUCKEN im Menü DATEI, oder klicken Sie auf die Schaltfläche für Drucken in der Standard-Symbolleiste.

✔ Wenn Sie mit den Rändern oder den Spaltenbreiten nicht einverstanden sind, klicken Sie in der Seitenansicht auf die Schaltfläche »Ränder«. Anschließend ziehen Sie einfach die Randmarkierungen (die Ihnen Excel jetzt nicht mehr vorenthält) an die gewünschte Position (siehe »Marginales Denken ist angesagt« weiter unten in diesem Kapitel).

✔ Sollten Sie allerdings auf einen Tippfehler oder eine falsche Zahl stoßen, dann bleibt Ihnen nichts anderes übrig, als auf die Schaltfläche »Schließen« zu klicken, um zur gewohnten Ansicht des Tabellenblatts zurückzuschalten. Denn nur dort können Sie Ihre Daten direkt bearbeiten.

✔ Wenn Sie Ihre Änderungen im Tabellenblatt durchgeführt haben, müssen Sie nicht unbedingt zur Seitenansicht zurückschalten, es sei denn, Sie wollen auf Nummer Sicher gehen und alles noch einmal prüfen. Wenn Sie nur kleine Korrekturen vorgenommen haben, können Sie auch direkt den Befehl DRUCKEN im Menü DATEI wählen oder auf die Schaltfläche für Drucken in der Standard-Symbolleiste klicken.

Wo hört die Seite auf, wo fängt die nächste an?

Wenn Sie aus der Seitenansicht in die normale Ansicht zurückschalten, zeigt Excel im Arbeitsmappenfenster automatisch an, wie es sich die Aufteilung der Daten auf den Seiten vorstellt. Dort, wo es eine neue Seite beginnen will (Kenner sprechen hier vom Seitenwechsel), wird eine gepunktete Linie angezeigt. Dies gilt sowohl für den vertikalen als auch für den horizontalen Umbruch.

Manchmal kann das ganz schön störend sein – immer diese Punkte. Das läßt sich abschalten. Wählen Sie im Menü EXTRAS den Befehl OPTIONEN und anschließend das Register ANSICHT. Deaktivieren Sie dort das Kontrollkästchen SEITENWECHSEL. Einmal auf »OK« geklickt bzw. auf [Eingabe] gedrückt, und es ist Schluß mit den Punkten.

Drucken, wie es Euch gefällt

Solange Sie Excels Standardeinstellungen für das Drucken verwenden, ist das Drucken eines Tabellenblatts ein Kinderspiel: Einmal auf die Schaltfläche für Drucken in der Standard-Symbolleiste klicken (nicht zu übersehen, dort wird ein Drucker dargestellt), und schon geht die Post ab. Alle Daten des aktuellen Tabellenblatts werden gedruckt, einschließlich Diagrammen und grafischen Objekten. Die Ausnahme bilden die Kommentare; sie werden nicht automatisch gedruckt. (In Kapitel 8 kriegen Sie jede Menge Infos über Grafiken und Diagramme.)

Was passiert eigentlich beim Drucken? Wenn Sie auf die Schaltfläche für Drucken klicken, übergibt Excel die eigentliche Arbeit (den Druckjob) an die sogenannte Druckerwarteschlange von Windows. Diese ominöse Schlange fungiert als Bote zwischen Excel und Ihrem Drucker. Je nachdem, wieviel Sie drucken, kann die Übergabe an den Boten etwas Zeit in Anspruch nehmen. Excel hält Sie über ein Dialogfeld auf dem laufenden (z.B. »Druckt Seite 2 von 100«). Sobald das Dialogfeld verschwindet, können Sie wieder weiterarbeiten. (Excel ist dann unter Umständen ein bißchen schlapp, da die Warteschlange auch ihren Speicheranteil haben will.) Sollten Sie es sich jetzt doch noch anders überlegen, können Sie den Druckjob durch Klicken auf »Abbrechen« den Garaus machen. Ansonsten wird der Druckjob jetzt an den Drucker übergeben. Auch das kann wieder etwas dauern. Also keine Sorge, wenn der Drucker nicht sofort reagiert.

Manchmal will man eigentlich nicht drucken und hat es aber trotzdem irgendwie geschafft, riesige Datenmengen an den Drucker zu schicken. (Denken Sie an den Wald.) Wenn man es schnell genug merkt, sind die Daten vielleicht in der Warteschlange gelandet oder nur zum Teil bereits von dort an den Drucker weitergeleitet worden. Dann lohnt es sich, den Druck abzubrechen. Und wo? Im Druckerfenster.

Gehen Sie dabei folgendermaßen vor:

1. **Klicken Sie mit der rechten Maustaste in der Task-Leiste von Windows 95/98 auf das Druckersymbol (ganz rechts direkt neben der aktuellen Uhrzeit). Damit wird das Kontextmenü für den Drucker geöffnet.**

Wenn Sie lediglich mit dem Mauszeiger auf das Druckersymbol zeigen (nicht klicken!), wird dort folgende, grammatikalisch etwas fragwürdige Erläuterung eingeblendet: »1 Dokument(e) warten auf ...«.

2. **Wählen Sie im Kontextmenü für den Drucker den Befehl Aktive Drucker öffnen.**

   Damit öffnen Sie das Druckerfenster, in dem der Excel-Druckauftrag angezeigt wird.

3. **Markieren Sie den Excel-Druckauftrag, der gelöscht werden soll.**

4. **Wählen Sie im Menü Dokument den Befehl Druckauftrag abbrechen.**

5. **Warten Sie, bis der Auftrag abgebrochen ist. (Kann 'ne Weile dauern.) Klicken Sie anschließend auf das »X« ganz rechts in der Titelleiste, um das Druckerfenster zu schließen.**

Variationen zum Thema »Drucken«

Wenn Sie einen Ausdruck über die Schaltfläche für Drucken in der Standard-Symbolleiste starten, geht Excel davon aus, daß Sie alle Daten des aktuellen Tabellenblatts drucken möchten, wobei keine Kommentare ausgegeben werden. Außerdem wird vorausgesetzt, daß Sie nur eine Kopie drucken möchten, und daß Sie alle Standardseiteneinstellungen vorbehaltlos akzeptieren. Sobald eine dieser Vermutungen nicht mehr zutrifft, müssen Sie den Ausdruck über den Befehl Drucken im Menü Datei aktivieren. Denn nur so haben Sie die Möglichkeit, eigene Druckwünsche durchzusetzen – und zwar im Dialogfeld »Drucken« (Abbildung 5.3).

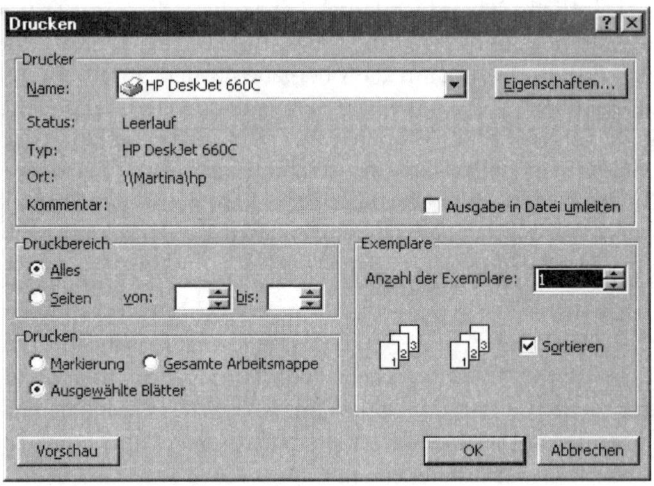

Abbildung 5.3: Das Dialogfeld »Drucken«

Insgesamt führen gleich drei Wege zu diesem Dialogfeld:

✔ Drücken Sie [Strg]+[P]. (Das »P« steht für den englischen Befehlsnamen »Print«.)

- ✔ Wählen Sie im Menü DATEI den Befehl DRUCKEN.
- ✔ Drücken Sie [Strg]+[Umschalt]+[F12] (wenn Sie sich das merken können).

Die guten ins Töpfchen, die schlechten ...

Im Dialogfeld »Drucken« können Sie ganz genau festlegen, was alles gedruckt werden soll. Außerdem können Sie dort bestimmen, mit wie vielen Kopien Sie Ihren Drucker belästigen möchten. Und hier die Auswahlmöglichkeiten:

- ✔ **ALLES:** Das ist der Standard. Excel druckt alle Daten Ihrer Mappe. Dieses Optionsfeld brauchen Sie nur dann zu wählen, wenn Sie sich zuvor beim Drucken auf ein paar Seiten beschränkt haben.
- ✔ **SEITEN VON/BIS:** Manchmal möchten Sie vielleicht nur eine bestimmte Seite oder einen bestimmten Bereich drucken, die/den Sie geändert haben. Wenn Sie nur eine Seite drukken möchten, geben Sie die entsprechende Seitenzahl in den beiden Feldern VON und BIS ein. Logischerweise müssen Sie dann für das Drucken eines Seitenbereichs die erste Seite im Feld VON und die letzte Seite im Feld BIS eingeben.
- ✔ **MARKIERUNG:** Wählen Sie dieses Optionsfeld aus, wenn nur die Zellen gedruckt werden sollen, die Sie in Ihrer Arbeitsmappe markiert haben. Allerdings müssen Sie die Zellen zuerst markieren, bevor Sie das Dialogfeld »Drucken« öffnen und das Optionsfeld auswählen.
- ✔ **AUSGEWÄHLTE BLÄTTER:** Dieses Optionsfeld ist standardmäßig ausgewählt. Das heißt, wenn Sie hier nichts ändern, werden immer die Tabellenblätter gedruckt, die in Ihrer Arbeitsmappe gerade markiert sind. In der Regel ist dies das Tabellenblatt, mit dem Sie gerade arbeiten. Wollen Sie mehrere Blätter gleichzeitig drucken, müssen Sie noch mal zurück in Ihre Arbeitsmappe. Klicken Sie dort mit gedrückter [Strg]-Taste auf die Register der Tabellenblätter, die Sie drucken möchten. Wenn Sie alle Blätter der Mappe drucken möchten, klicken Sie auf das erste Blattregister und anschließend mit gedrückter [Umschalt]-Taste auf das letzte Blattregister. Damit werden automatisch alle Tabellenblätter in der Arbeitsmappe markiert.
- ✔ **GESAMTE ARBEITSMAPPE:** Entscheiden Sie sich für dieses Optionsfeld, wenn Excel alle Daten in der Mappe drucken soll.
- ✔ **EXEMPLARE:** Manchmal möchten Sie für Ihre lieben KollegInnen gleich eine Kopie miterstellen. Kein Problem. Geben Sie im Textfeld ANZAHL DER EXEMPLARE einfach die Anzahl der gewünschten Kopien ein, oder stellen Sie sie über die Drehfelder ein.
- ✔ **SORTIEREN:** Für den Fall, daß Sie mehrere Kopien drucken, brauchen Sie keine Angst zu haben, daß Sie die Seiten hinterher mühselig zusammensuchen müssen. Wenn Sie dieses Kontrollkästchen aktivieren, wird jede Datei einmal komplett gedruckt, dann noch einmal, dann noch einmal ... – eben so oft, wie Sie im Feld ANZAHL DER EXEMPLARE angegeben haben.

Wenn alles nach Ihren Wünschen eingestellt ist, klicken Sie auf »OK« oder drücken [Eingabe]. Wenn Sie Ihr Dokument sicherheitshalber vor dem Ausdruck noch einmal in der Seitenansicht sehen möchten, klicken Sie auf die Schaltfläche »Vorschau«. Und falls Sie das Ganze auf einem anderen Drucker ausgeben möchten (muß in Windows installiert sein), öffnen Sie das Dropdown-Listenfeld NAME (ganz oben im Dialogfeld) und wählen dort den Drucker aus. Sehr komfortabel!

Das mit dem Druckbereich muß noch geklärt werden

Excel verfügt über eine besondere Druckfunktion, mit der sich ein *Druckbereich* festlegen läßt. Dazu markieren Sie zunächst alle Zellen im Tabellenblatt, die Sie drucken möchten. Dann wählen Sie den Befehl DRUCKBEREICH im Menü DATEI und anschließend den Befehl DRUCKBEREICH FESTLEGEN. Wenn Sie nun auf die Schaltfläche für Drucken klicken oder den Befehl DRUCKEN im Menü DATEI wählen, dann wird genau dieser Druckbereich gedruckt – nicht mehr und nicht weniger. Auch wenn Sie versuchen, im Dialogfeld »Drucken« irgendeinen anderen Bereich zum Drucken einzustellen – es hilft nichts! Der Druckbereich setzt sich durch!

Und wie werden Sie einen einmal festgelegten Druckbereich wieder los? Dazu wählen Sie den Befehl DRUCKBEREICH im Menü DATEI und anschließend den Befehl DRUCKBEREICH AUFHEBEN. Dann haben die Einstellungen im Dialogfeld »Drucken« wieder das Sagen.

Sie können einen Druckbereich auch auf der Registerkarte TABELLE im Dialogfeld SEITE EINRICHTEN definieren bzw. löschen. Um auf dieser Registerkarte den Druckbereich zu definieren, setzen Sie die Einfügemarke in das Textfeld DRUCKBEREICH und markieren dann den Zellbereich im Tabellenblatt. (Dieses Dialogfeld läßt sich mit der Schaltfläche für Dialog reduzieren am Ende des Textfelds so minimieren, daß nur noch das Druckbereichfeld angezeigt wird!) Sollten Sie den Druckbereich in diesem Dialogfeld wieder loswerden wollen, brauchen Sie nur die Zelladressen im Textfeld DRUCKBEREICH zu markieren und [Entf] zu drücken.

Auf der Jagd nach der perfekten Seite

Wie ich bereits am Anfang dieses Kapitels angekündigt habe, ist die Steuerung der Seitenaufteilung die einzige Schwierigkeit beim Drucken. Gott sei Dank bietet das Dialogfeld »Seite einrichten« jede Menge Möglichkeiten zu bestimmen, wo was wie gedruckt wird. Alle Wege führen nach Rom und einige zum Dialogfeld »Seite einrichten«: Wählen Sie den Befehl SEITE EINRICHTEN im Menü DATEI, oder klicken Sie auf die Schaltfläche »Layout« in der Seitenansicht. Das Dialogfeld »Seite einrichten« enthält gleich vier verschiedene Register: PAPIERFORMAT, SEITENRÄNDER, KOPFZEILE/FUSSZEILE und TABELLE.

Die Optionen auf der Registerkarte PAPIERFORMAT hängen davon ab, mit welchem Drucker Sie arbeiten. Wenn das Dialogfeld auf Ihrem Bildschirm also etwas anders aussieht als das in Abbildung 5.4, brauchen Sie sich keine Sorgen zu machen. In Abbildung 5.4 wurde der Drucker HP DeskJet 550C als Drucker gewählt. (Alle in dieser Abbildung enthaltenen Optionen stehen auch zur Verfügung, wenn Sie mit einem HP LaserJet arbeiten.)

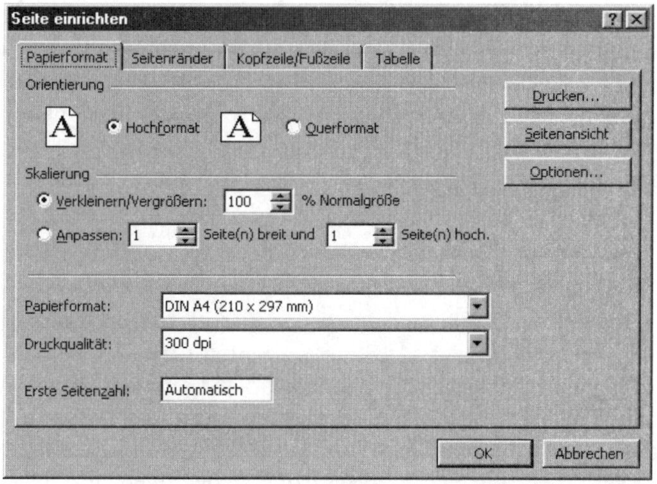

Abbildung 5.4: Die Registerkarte PAPIERFORMAT im Dialogfeld »Seite einrichten«

Für nahezu alle Drucker können Sie auf der Registerkarte PAPIERFORMAT im Dialogfeld »Seite einrichten« die Orientierung, die Größe des Ausdrucks, das Papierformat und die Druckqualität ändern. Folgende Optionen stehen Ihnen dort zur freien Verfügung:

✔ **ORIENTIERUNG:** Im HOCHFORMAT wird die kurze Seite des Papiers horizontal bedruckt. Im QUERFORMAT wird – na klar – die lange Seite des Papiers horizontal bedruckt. (Über das Für und Wider dieser beiden Möglichkeiten plaudere ich gleich noch im nächsten Abschnitt etwas ausführlicher.)

✔ **VERKLEINERN/VERGRÖSSERN:** Hier können Sie die Größe des Ausdrucks in Prozent angeben (ähnlich wie beim Zoomen auf dem Bildschirm). Wenn Sie einen Wert in das Textfeld eingeben, denken Sie dran, daß 100% die Normalgröße ist. Alles, was unter 100% liegt, verkleinert den Ausdruck. Das heißt, daß mehr Daten auf eine Seite passen. Alles über 100% vergrößert den Ausdruck, was wiederum bedeutet, daß Sie mehr Papier brauchen.

✔ **ANPASSEN:** Wenn Sie dieses Optionsfeld auswählen, versucht Excel, alle Daten auf eine einzige Seite (das ist die Standardeinstellung) oder auf die von Ihnen angegebene Anzahl von Seiten zu pressen (gleich mehr dazu im Abschnitt »Man quetsche alles auf eine Seite«).

✔ **PAPIERFORMAT:** In diesem Dropdown-Listenfeld können Sie eine Papiergröße auswählen. Die Liste enthält nur die Größen, mit denen Ihr Drucker etwas anfangen kann.

✔ **DRUCKQUALITÄT:** Für manche Drucker (z.B. Matrixdrucker) können Sie die Druckqualität einstellen, d.h. entweder eine Art Rohfassung oder einen perfekten Superausdruck.

✔ **ERSTE SEITENZAHL:** Hier legen Sie fest, mit welcher Seitenzahl der Ausdruck beginnen soll. Verwenden Sie diese Option nur, wenn Sie in der Kopf- oder Fußzeile eine Seitenzahl eingefügt haben. (Mehr hierzu im Abschnitt »Wenn der Kopf nicht weiß, was der Fuß macht« weiter unten in diesem Kapitel.)

- **Optionen:** Wenn Sie auf diese Schaltfläche klicken, wird ein Dialogfeld geöffnet, das jede Menge Eigenschaften zu dem Drucker enthält, den Sie eingestellt haben. Das Dialogfeld sieht von Drucker zu Drucker anders aus. Enthält Ihres vielleicht Register zu den Themen »Papier«, »Grafiken«, »Geräteeinstellungen« oder »Servicefunktionen«? Oder enthält Ihr Dialogfeld gar keine Register? Ist ganz egal. Ein paar Optionen wird jeder haben. Und mit diesen können Sie dann zusätzliche Einstellungen für Ihren Drucker festlegen.

Wie wär's im Querformat?

Für die meisten Drucker (z. B. Matrix-, Laser- oder Tintenstrahldrucker) gibt es auf der Registerkarte Papierformat im Dialogfeld »Seite einrichten« ein Gruppenfeld für die Orientierung, in dem Sie zwischen Hoch- und Querformat wählen können. Normalerweise können Sie für diese Drucker auch die Optionen Verkleinern/Vergrössern und Anpassen verwenden, um die Größe des Ausdrucks zu bestimmen (siehe den folgenden Abschnitt). Sie geben einfach einen Prozentsatz für die Verkleinerung bzw. Vergrößerung an oder legen fest, ob alle Daten auf eine Seite gequetscht oder auf mehrere Seiten ausgewalzt werden sollen.

Da viele Tabellenblätter breiter als hoch sind (denken Sie nur an ein Budgetblatt mit zwölf Monaten nebeneinander), kann es nur von Vorteil sein, wenn Ihr Drucker in der Lage ist, auch einmal querzudenken, d. h. das Papier im Querformat zu bedrucken. (Pech, wenn Ihr Drucker das nicht kann.)

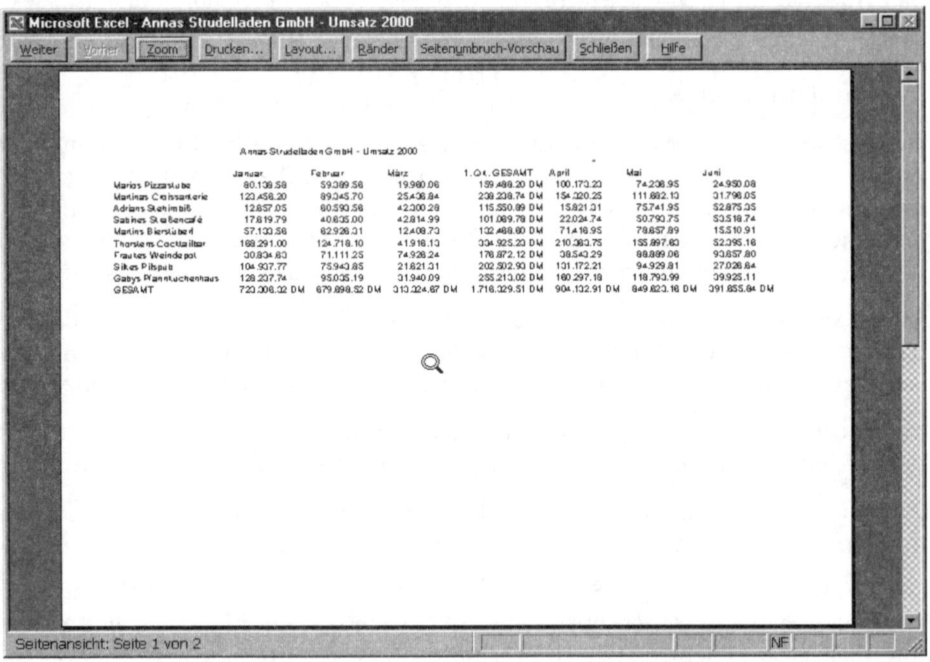

Abbildung 5.5: Die Seitenansicht mit einer Seite im Querformat

In Abbildung 5.5 sehen Sie das Seitenansichtsfenster mit der ersten Seite eines zukünftigen Ausdrucks im Querformat. In diesem Beispiel kann Excel drei Spalten mehr auf eine Seite bekommen als im Hochformat (vgl. Abbildung 5.1). Und die Anzahl der Seiten wird dadurch von drei auf zwei reduziert.

Man quetsche alles auf eine Seite

Es hängt von Ihrem Drucker ab, ob Sie die Option ANPASSEN verwenden können. Mit Hilfe dieser Option können Sie alle Daten Ihres Tabellenblatts auf eine Seite quetschen. Excel berechnet dabei automatisch, um wieviel es das Tabellenblatt verkleinern muß, damit alles auf einer Seite Platz hat.

Sie werden dabei aber häufig in der Seitenansicht bemerken, daß es einfach zu klein geworden ist. Was nützt es, wenig Papier zu verbrauchen, wenn man das Ergebnis hinterher nicht mehr entziffern kann. Wenn es wirklich unleserlich ist, öffnen Sie erneut das Dialogfeld »Seite einrichten« und wechseln dann zur Registerkarte PAPIERFORMAT. Geben Sie eine höhere Anzahl Seiten für die Höhe oder Breite an. Bei einer recht breiten Tabellen geben Sie z. B. im Textfeld SEITE(N) BREIT »2« ein und belassen den Eintrag im Textfeld SEITE(N) HOCH bei »1«. Bei einer recht langen Tabelle verfahren Sie genau umgekehrt.

Sollten Sie nach dem automatischen Anpassen einsehen, daß das Verkleinern des Tabellenblatts sinnlos ist, klicken Sie einfach auf das Optionsfeld VERKLEINERN/VERGRÖSSERN (es liegt direkt über dem Feld zum Anpassen der Größe) und geben dort in das Textfeld »100« ein – schon ist die alte Größe wiederhergestellt.

Marginales Denken ist angesagt

Wie ärgerlich, alles paßt eigentlich recht gut auf eine Seite – nur die letzte Spalte flutscht auf eine zweite Seite. Dafür lohnt es sich fast gar nicht, ein Blatt Papier zu opfern. Kein Problem. Sie haben bei der Seitenplanung immer noch etwas Spielraum, da Excel standardmäßig oben und unten einen Rand von 2,5 cm und rechts und links einen Rand von 2 cm setzt. Wenn Sie nun den rechten und linken Rand etwas kleiner machen, paßt in den meisten Fällen der Ausreißer (die letzte Spalte) doch noch auf die Seite. Reduzieren Sie den oberen und unteren Rand, wenn Sie ein paar Zeilen zuviel haben.

Sie können die Ränder auf zwei Arten ändern:

- ✔ Öffnen Sie das Dialogfeld »Seite einrichten«, und klicken Sie auf das Register SEITENRÄNDER (Abbildung 5.6). Geben Sie dort die neuen Randeinstellungen in die Textfelder LINKS, RECHTS, OBEN und UNTEN ein.
- ✔ Öffnen Sie die Seitenansicht, und klicken Sie dort auf die Schaltfläche »Ränder«. Ziehen Sie dann die Randmarkierungen in die gewünschte Richtung (Abbildung 5.7).

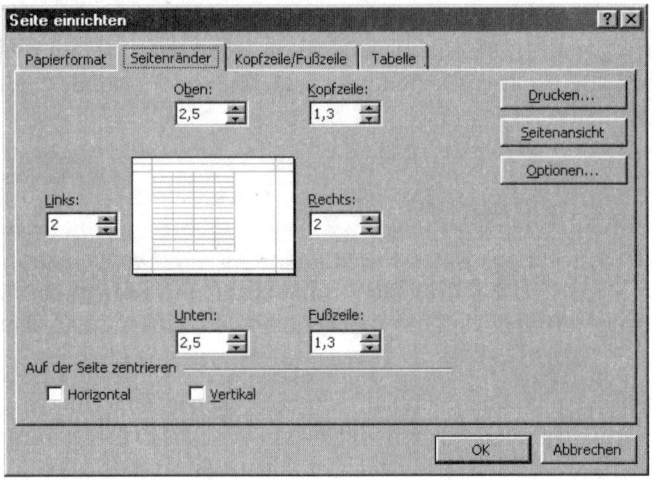

Abbildung 5.6: Die Registerkarte SEITENRÄNDER *im Dialogfeld »Seite einrichten«*

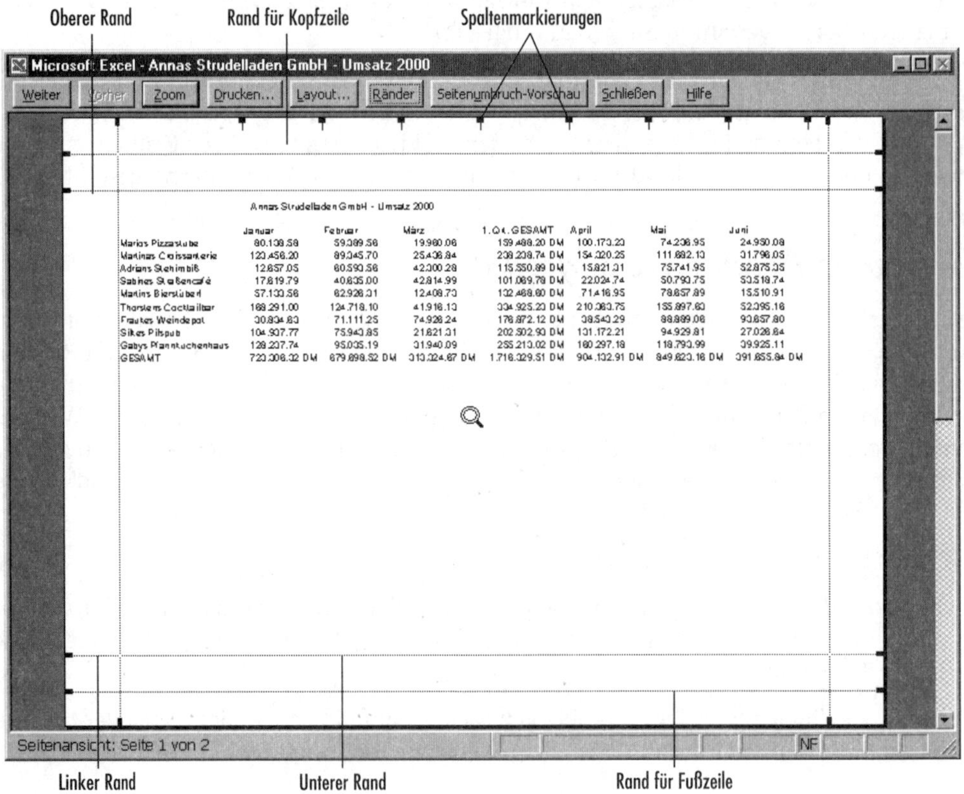

Abbildung 5.7: Die Seitenansicht, nachdem die Schaltfläche »Ränder« aktiviert wurde

Im Gruppenfeld Auf der Seite zentrieren des Registers Seitenränder können Sie außerdem eine Seite innerhalb der aktuellen Ränder ausrichten. Mit Horizontal wird die Seite zwischen dem linken und dem rechten, mit Vertikal zwischen dem oberen und dem unteren Seitenrand ausgerichtet.

Wenn Sie die Ränder in der Seitenansicht ändern, können Sie – falls alle Stricke reißen – auch noch die Spaltenbreite verändern. (In Abbildung 5.7 sehen Sie die Rand- und Spaltenmarkierungen, die eingeblendet werden, wenn Sie auf die Schaltfläche »Ränder« in der Seitenansicht klicken.) Um einen Rand zu ändern, setzen Sie den Mauszeiger auf die gewünschte Randmarkierung. (Der Mauszeiger wird zum Doppelpfeil.) Ziehen Sie dann die Markierung ganz einfach in die gewünschte Richtung. Sobald Sie die Maustaste loslassen, zeichnet Excel die Seite neu und berücksichtigt dabei die geänderten Randeinstellungen. Dabei kann es passieren, daß Sie Spalten oder Zeilen auf der aktuellen Seite »verlieren«. Aber mit etwas Übung bekommen Sie schnell ein Gefühl dafür, wie weit Sie gehen können. Die Spaltenbreite wird analog dazu geändert. Für jede Spalte zeigt Excel am oberen Seitenrand eine Markierung an, die Sie beliebig ziehen können.

Wenn der Kopf nicht weiß, was der Fuß macht

Kopf- und Fußzeilen sind ganz einfach Textzeilen, die im Ausdruck auf jeder Seite ganz oben bzw. ganz unten gedruckt werden. Dabei wird die Kopfzeile innerhalb des oberen Seitenrands und die Fußzeile innerhalb des unteren Seitenrands gedruckt. Beide werden innerhalb ihrer Randbegrenzung vertikal zentriert. Wenn Sie das schick finden, können Sie Excel anweisen, jede neue Arbeitsmappe automatisch mit Kopf- oder Fußzeile auszustatten.

Die Kopf- und Fußzeilen sind u.U. recht hilfreich, da sie Zusatzinformationen zum Dokument enthalten können, z.B. den Dateinamen, die Seitennummer, das Druckdatum oder die Druckuhrzeit.

Kopf- und Fußzeilen von der Stange

Wenn Sie die Kopf- und/oder Fußzeile rauswerfen oder ändern möchten, öffnen Sie zunächst das Dialogfeld »Seite einrichten« und klicken dann auf das Register Kopfzeile/Fusszeile (Abbildung 5.8). Die beiden Dropdown-Listenfelder Kopfzeile und Fusszeile enthalten eine Fülle von Daten, die Sie in die Kopf- und Fußzeilen einfügen können. Selbstverständlich können Sie diese Einträge auch kombinieren. Wer die Wahl hat, hat die Qual:

- ✔ Name des Tabellenblatts: Excel holt sich diese Informationen aus dem Blattregister. (In Kapitel 7 erfahren Sie, wie Sie ein Blattregister umbenennen.)
- ✔ Name der Person, die das Tabellenblatt erstellt hat: Diese Informationen stammen aus der Registerkarte Allgemein im Textfeld Benutzername, wenn Sie den Befehl Optionen im Menü Extras wählen.

- Seitennummer
- Aktuelles Datum
- Name der Arbeitsmappe
- und verschiedene Kombinationen aus diesen Angaben.

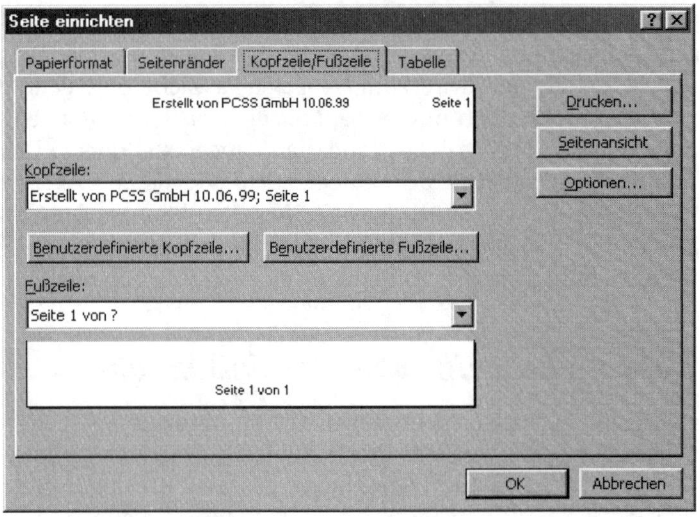

Abbildung 5.8: Die Registerkarte KOPFZEILE/FUSSZEILE im Dialogfeld »Seite einrichten«

In Abbildung 5.8 sehen Sie die Registerkarte KOPFZEILE/FUSSZEILE im Dialogfeld »Seite einrichten«, nachdem ich für die Kopfzeile den folgenden Eintrag gewählt habe:

```
Erstellt von PCSS GmbH 10.06.99; Seite 1
```

Für die Fußzeile habe ich mich für den folgenden Listeneintrag entschieden:

```
Seite 1 von ?
```

Der Name in der Kopfzeile steht für den Benutzernamen, den Sie mit dem Befehl OPTIONEN im Menü EXTRAS (Registerkarte ALLGEMEIN) ändern können. Excel ersetzt den Fußzeileneintrag »Seite 1 von ?« im Ausdruck durch die aktuelle Seitenzahl und die Gesamtanzahl der gedruckten Seiten. Diese Option können Sie sowohl im Dropdown-Listenfeld KOPFZEILE als auch im Dropdown-Listenfeld FUSSZEILE wählen.

In Abbildung 5.9 sehen Sie die erste Seite eines Dokuments in der Seitenansicht. Hier können Sie prüfen, was aus der Kopf- und Fußzeile im Ausdruck wird. Glücklicherweise können Sie in der Seitenansicht auch wunderbar sehen, wie die Kopfzeilendaten in der Kopfzeile verteilt werden. In der Fußzeile sehen Sie den Eintrag »Seite 1 von 3«. Auf der zweiten Seite steht dann »Seite 2 von 3« (was Sie natürlich in Abbildung 5.9 nicht sehen können).

Wenn Sie weder Kopf- noch Fußzeile in Ihrem Ausdruck haben möchten, klicken Sie einfach im Dialogfeld »Seite einrichten« auf das Register KOPFZEILE/FUSSZEILE und wählen in beiden Dropdown-Listenfeldern den Eintrag (KEINE) ganz oben in der Liste.

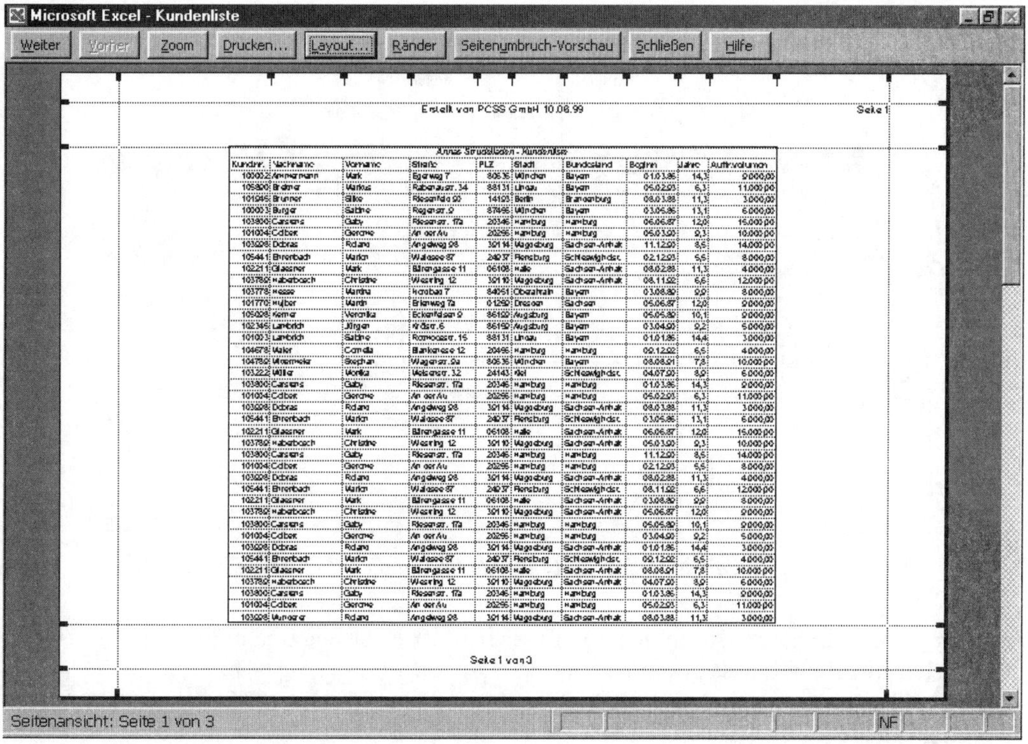

Abbildung 5.9: Die erste Seite eines dreiseitigen Dokuments mit der Kopf- und der Fußzeile

Wenn nur noch selbstgeschneiderte Kopf- und Fußzeilen weiterhelfen

Meistens reichen die Auswahlmöglichkeiten in den Dropdown-Listenfeldern KOPFZEILE und FUSSZEILE völlig aus. Aber hin und wieder kann es schon mal vorkommen, daß Sie Informationen in die Kopf- oder Fußzeilen einfügen möchten, die es dort nicht gibt oder die es dort nicht in der von Ihnen gewünschten Kombination gibt. Was tun? Sie wenden sich auf der Registerkarte KOPFZEILE/FUSSZEILE im Dialogfeld »Seite einrichten« den Schaltflächen »Benutzerdefinierte Kopfzeile« und »Benutzerdefinierte Fußzeile« zu. Mit Hilfe dieser Schaltflächen können Sie Kopf- und Fußzeilen nach Ihrem ganz persönlichen Geschmack erstellen.

In Abbildung 5.10 sehen Sie das Dialogfeld »Kopfzeile«. Ich habe zuvor den Kopfzeileneintrag aus Abbildung 5.8 ausgewählt und anschließend auf die Schaltfläche »Benutzerdefinierte Kopfzeile« geklickt.

Wie Sie sehen, ist das Dialogfeld in drei Bereiche unterteilt: LINKER BEREICH, MITTLERER BEREICH und RECHTER BEREICH. Alles, was Sie im linken Bereich eingeben, wird links in der Kopfzeile angezeigt. Alles, was Sie im mittleren Bereich eingeben, wird zentriert zwischen dem linken und rechten Rand dargestellt. Und alles, was Sie im rechten Bereich eingeben ... Sie wissen schon, oder?

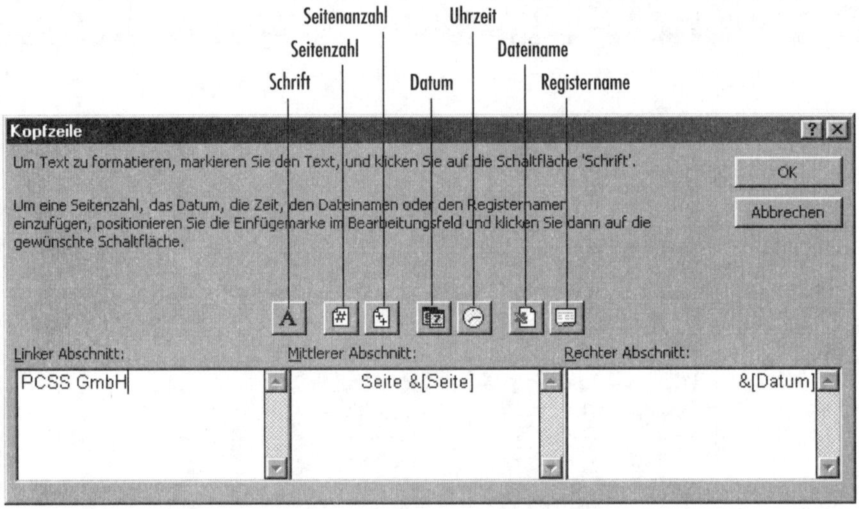

Abbildung 5.10: Benutzerdefinierte Kopfzeile im Dialogfeld »Kopfzeile« erstellen

Mit [Tab] wechseln Sie zwischen den drei Bereichen der Kopfzeile und markieren den jeweiligen Bereichsinhalt. Statt dessen können Sie auch [Alt]+[L], [Alt]+[M] bzw. [Alt]+[R] drükken. Wenn Sie [Eingabe] drücken, fügen Sie einen Zeilenumbruch ein. Mit [Entf] können Sie den Inhalt eines Bereichs löschen.

Wie Sie in Abbildung 5.10 sehen, gibt es in den Bereichen einige äußerst mysteriöse Codes mit so komischen &-Zeichen. In benutzerdefinierten Kopf- und Fußzeilen können Sie diese seltsamen Codes mit konkretem Text vermischen. Um diese Codes in einen Bereich der Kopf- oder Fußzeile einzufügen, klicken Sie einfach auf die entsprechende Schaltfläche in der Schaltflächenreihe über den drei Bereichen. Es funktioniert so:

- ✔ Wenn Sie auf die Schaltfläche ganz links klicken, können Sie für Ihre Kopf- und Fußzeilen die Schriftart, Schriftgröße und Schriftattribute ändern. Excel öffnet daraufhin das Dialogfeld »Schrift«, in dem Sie sich austoben können.
- ✔ Klicken Sie auf die Schaltfläche für die Seitenzahl. Excel schreibt daraufhin den Eintrag »&[Seite]« in den entsprechenden Bereich.
- ✔ Klicken Sie auf die Schaltfläche für die Gesamtseitenzahl, um den Code »&[Seiten]« einzufügen. Wenn Sie Excel dazu bringen möchten, die Information »Seite 1 von 3« in einer benutzerdefinierten Kopf- oder Fußzeile anzuzeigen, dann geben Sie zunächst das Wort

»Seite« ein und drücken einmal die Leertaste. Klicken Sie anschließend auf die Schaltfläche für die Seitenzahl, drücken Sie erneut die Leertaste, geben Sie von ein, und drükken Sie noch mal die Leertaste. Klicken Sie abschließend auf die Schaltfläche für die Gesamtseitenzahl. Damit fabrizieren Sie folgenden Eintrag im entsprechenden Bereich: »Seite &[Seite] von &[Seiten]«.

- ✔ Wenn Sie auf die Schaltfläche für das Datum klicken, wird der Code »&[Datum]« eingefügt. Im Ausdruck wird dann das entsprechende aktuelle Datum angezeigt.
- ✔ Analog zum Datum fügen Sie durch Klicken auf die Schaltfläche für die Uhrzeit den Code »&[Zeit]« ein. Im Ausdruck wird er dann durch die aktuelle Uhrzeit ersetzt.
- ✔ Klicken Sie auf die Schaltfläche für den Dateinamen, um den Arbeitsmappennamen in Form von »&[Datei]« einzufügen. Im Ausdruck wird hier dann der Arbeitsmappenname – sprich der Dateiname – eingefügt.
- ✔ Und dann gibt es da noch die Schaltfläche für den Registernamen. Wenn Sie darauf klikken, wird der Code »&[Register]« eingefügt. Im Ausdruck wird der Name des Tabellenblatts angezeigt.

Wenn Sie alles im Dialogfeld »Kopfzeile« erledigt haben, klicken Sie auf »OK«, um das Dialogfeld zu schließen. Danach befinden Sie sich wieder auf der Registerkarte KOPFZEILE/FUSSZEILE im Dialogfeld »Seite einrichten«. In den Vorschaufeldern können Sie prüfen, was Sie so angestellt haben.

Der Tabelle zeigen, wo's langgeht

Eine Registerkarte müssen wir noch durchkauen: die Registerkarte TABELLE (Abbildung 5.11). Sie enthält eine Flut von Optionen für den Ausdruck, die Sie sicherlich hier und da gebrauchen können:

- ✔ **DRUCKBEREICH:** Hier wird der aktuelle Druckbereich angezeigt, den Sie mit dem Unterbefehl DRUCKBEREICH FESTLEGEN des Befehls DRUCKBEREICH im Menü DATEI (puh) festgelegt haben. Hier können Sie also noch in letzter Sekunde einen anderen Bereich zum Drucken definieren. Markieren Sie dazu das Feld, und markieren Sie im Tabellenblatt die gewünschten Zellen. Wer es gerne etwas komplizierter hat, gibt den Zellbereich oder die Bereichsnamen (keine Angst, das lernen Sie in Kapitel 6) in das Textfeld ein. Und stellen Sie sich vor, Sie können dort auch mehrere, nicht zusammenhängende Bereiche eingeben (z. B. A1:G72;K50:M75). Die Bereiche trennen Sie einfach durch ein Semikolon voneinander ab. Dann weiß Excel Bescheid. Wenn Ihnen beim Markieren der Zellen das Dialogfeld im Weg ist, dann können Sie es mit einem Klick auf die Schaltfläche für Dialog reduzieren (unten rechts im Textfeld – das komische Feld mit dem roten Pfeil) auf die Größe des Textfelds für den Druckbereich verkleinern.

Wann braucht man denn den komischen Druckbereich? Nun, Sie könnten ja vielleicht einen Bereich in Ihrer Arbeitsmappe haben, der ziemlich oft gedruckt werden soll. Und Sie wollen nicht jedesmal diesen Bereich markieren und das Optionsfeld Markierung im Dialogfeld »Drucken« aktivieren. Warum auch, wenn es so viel einfacher geht.

- **Wiederholungszeilen oben:** Mit dieser Option legen Sie einen Drucktitel fest. Das heißt, Sie geben an, welche Zeilen auf jeder Seite oben als eine Art Titel gedruckt werden sollen (gleich mehr dazu im nächsten Abschnitt). Setzen Sie die Einfügemarke in das Textfeld, und geben Sie den Zeilenbezug ein (z. B. `$2:$3`), oder ziehen Sie mit der Maus über die entsprechenden Zeilen. Im letzteren Fall wird das Dialogfeld auf das Feld Wiederholungszeilen reduziert. Dasselbe erreichen Sie auch, wenn Sie auf das Feld zum Minimieren (das mit dem kleinen roten Pfeil drin) am Ende des Textfelds klicken.

- **Wiederholungsspalten links:** Das ist das Drucktitelpendant für die Spalten. Alle Spalten, die Sie hier angeben, werden auf jeder Seite links gedruckt (gleich mehr dazu im nächsten Abschnitt). Setzen Sie die Einfügemarke in das Textfeld, und geben Sie den Spaltenbezug ein (z. B. `A:B`), oder ziehen Sie mit der Maus über die entsprechenden Spalten. Im letzteren Fall wird das Dialogfeld auf das Feld Wiederholungsspalten reduziert. Dasselbe erreichen Sie auch, wenn Sie auf das Feld zum Minimieren (das mit dem kleinen roten Pfeil drin) am Ende des Textfelds klicken.

- **Gitternetzlinien:** Mit diesem Kontrollkästchen können Sie bestimmen, ob die Gitternetzlinien der Zellen gedruckt bzw. nicht gedruckt werden sollen.

- **Schwarzweissdruck:** Wenn Sie dieses Kontrollkästchen aktivieren, druckt Excel die verschiedenen Farben, die Sie Zellbereichen zwecks optischer Gestaltung zugewiesen haben, in Schwarzweiß. »Geht mich nichts an«, werden Sie sagen: »Ich habe eh keinen Farbdrucker«. Es könnte Sie aber doch etwas angehen: Wenn Sie dieses Kontrollkästchen nämlich nicht aktivieren, werden die verschiedenen Farben im Ausdruck in Graustufen umgesetzt. Und das sieht auch recht hübsch aus.

- **Entwurfsqualität:** Aktivieren Sie dieses Kontrollkästchen, wenn es mal ganz schnell mit dem Ausdruck gehen soll. Gitternetzlinien werden dann grundsätzlich nicht gedruckt (egal, ob das entsprechende Kontrollkästchen aktiviert ist), und Grafiken werden ebenfalls ignoriert.

- **Zeilen- und Spaltenüberschriften:** Aktivieren Sie dieses Kontrollkästchen, wenn die Zeilennummern und Spaltenbuchstaben ebenfalls gedruckt werden sollen. Das hat den Vorteil, daß Sie auch im Ausdruck genau nachvollziehen können, in welchen Zellen sich die entsprechenden Daten befinden. Mehr Infos zu diesem Thema gibt es im Abschnitt »Auch Formeln wollen gedruckt werden« am Ende dieses Kapitels.

- **Kommentare:** Diese Option macht natürlich nur Sinn, wenn Ihre Tabelle Kommentare enthält, und Sie diese auch drucken möchten. (Mehr zu Kommentaren in Kapitel 6.) Wählen Sie dazu im Dropdown-Listenfeld Kommentare den Eintrag Am Ende des Blattes oder Wie auf dem Blatt angezeigt. Im ersten Fall werden alle Kommentare »kommentarlos« am

Ende des Ausdrucks hintereinander aufgelistet. Im zweiten Fall werden nur die Kommentare gedruckt, die aktuell im Tabellenblatt angezeigt werden. (Wie gesagt, Kapitel 6, Abschnitt »Elektronische Kommentare« weiß mehr dazu.)

- ✔ **Seiten nach unten, dann nach rechts:** Mit diesem Optionsfeld legen Sie fest, daß in einem mehrseitigen Dokument zuerst von oben nach unten und dann von links nach rechts gedruckt wird. Das ist die Standardeinstellung in Excel.
- ✔ **Seiten nach rechts, dann nach unten:** Mit diesem Optionsfeld legen Sie fest, daß in einem mehrseitigen Dokument zuerst von links nach rechts und dann von oben nach unten gedruckt wird.

Jeder hat Anspruch auf einen Titel

Sie erinnern sich noch? Sie können auf dem Bildschirm Zeilen und Spalten »einfrieren« oder – korrekt gesagt – fixieren, damit Sie beliebig im Tabellenblatt blättern können, ohne den Überblick zu verlieren. Dasselbe ist auch beim Ausdruck möglich. Sie können einen Drucktitel definieren – nicht zu verwechseln mit der Kopfzeile des Dokuments. Sie können Zeilen und Spalten als Drucktitel definieren. Im Fall von Zeilen wird der Drucktitel stets direkt oberhalb der ersten Daten und im Falle von Spalten links neben den ersten Daten ausgegeben.

Und so legen Sie einen Drucktitel für den Ausdruck fest:

1. **Öffnen Sie das Dialogfeld »Seite einrichten«, und klicken Sie dort auf das Register Tabelle.**

   In Abbildung 5.11 sehen Sie die Registerkarte Tabelle. Wenn Sie Zeilen als Drucktitel definieren möchten, fahren Sie mit Schritt 2a fort, im Fall von Spalten mit Schritt 2b.

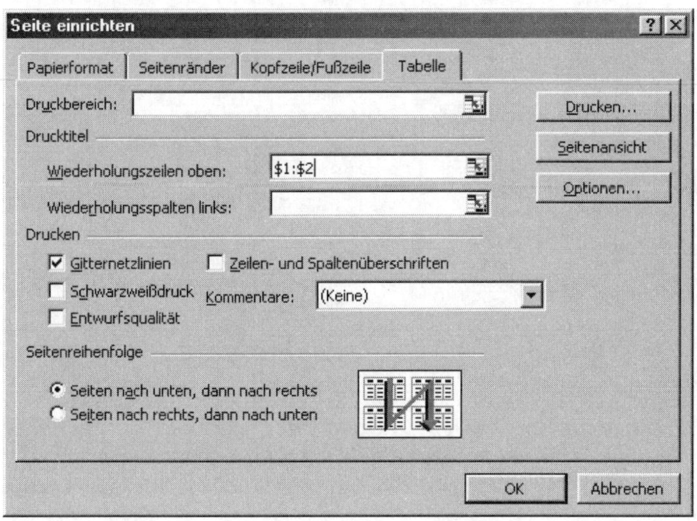

Abbildung 5.11: Drucktitel für die Kundendatenbank aus Abbildung 5.9 festlegen

2a. Setzen Sie die Einfügemarke in das Textfeld WIEDERHOLUNGSZEILEN OBEN, und ziehen Sie dann mit der Maus über die Zeilen, deren Inhalt oben auf jeder Seite gedruckt werden soll. Das Dialogfeld wird auf das Feld WIEDERHOLUNGSZEILEN OBEN reduziert. Dasselbe erreichen Sie auch, wenn Sie auf die Schaltfläche für Dialog reduzieren (die mit dem kleinen roten Pfeil drin) am Ende des Textfelds klicken.

Zur Not müssen Sie das Dialogfeld »Seite einrichten« in eine andere Ecke zerren, um die gewünschten Zeilen erspähen zu können. In Abbildung 5.11 habe ich die Zeilen 1 und 2 von Spalte A des Tabellenblatts DATENBANK der Arbeitsmappe KUNDEN.XLS (vgl. Abbildung 5.12) als Drucktitel ausgewählt. Folglich steht im Textfeld WIEDERHOLUNGSZEILEN der Eintrag »$1:$2«.

Haben Sie gesehen, daß Excel beim Ziehen mit der Maus um den Drucktitel einen Laufrahmen setzt – eine gepunktete Linie, die »herumläuft«? Sie soll den Titel und Rest optisch voneinander trennen und Ihnen als Orientierung dienen.

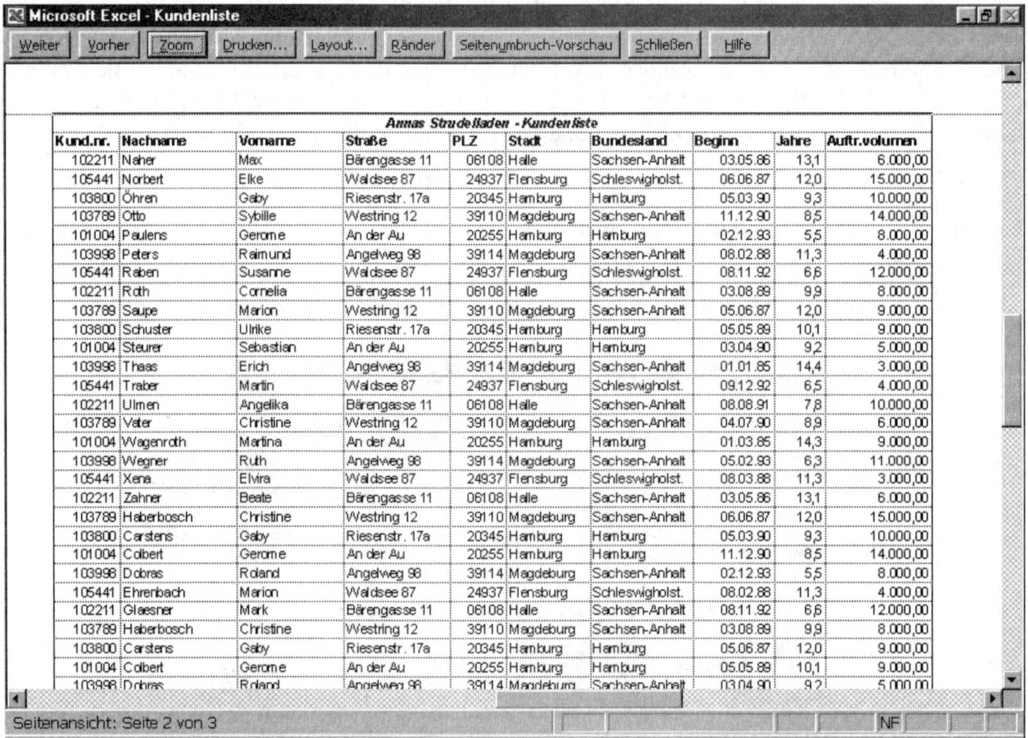

Annas Strudelladen - Kundenliste

Kund.nr.	Nachname	Vorname	Straße	PLZ	Stadt	Bundesland	Beginn	Jahre	Auftr.volumen
102211	Naher	Max	Bärengasse 11	06108	Halle	Sachsen-Anhalt	03.05.86	13,1	6.000,00
105441	Norbert	Elke	Waldsee 87	24937	Flensburg	Schleswigholst.	06.06.87	12,0	15.000,00
103800	Öhren	Gaby	Riesenstr. 17a	20345	Hamburg	Hamburg	05.03.90	9,3	10.000,00
103789	Otto	Sybille	Westring 12	39110	Magdeburg	Sachsen-Anhalt	11.12.90	8,5	14.000,00
101004	Paulens	Gerome	An der Au	20255	Hamburg	Hamburg	02.12.93	5,5	8.000,00
103998	Peters	Raimund	Angelweg 98	39114	Magdeburg	Sachsen-Anhalt	08.02.88	11,3	4.000,00
105441	Raben	Susanne	Waldsee 87	24937	Flensburg	Schleswigholst.	08.11.92	6,6	12.000,00
102211	Roth	Cornelia	Bärengasse 11	06108	Halle	Sachsen-Anhalt	03.08.89	9,9	8.000,00
103789	Saupe	Marion	Westring 12	39110	Magdeburg	Sachsen-Anhalt	05.06.87	12,0	9.000,00
103800	Schuster	Ulrike	Riesenstr. 17a	20345	Hamburg	Hamburg	05.05.89	10,1	9.000,00
101004	Steurer	Sebastian	An der Au	20255	Hamburg	Hamburg	03.04.90	9,2	5.000,00
103998	Thaas	Erich	Angelweg 98	39114	Magdeburg	Sachsen-Anhalt	01.01.85	14,4	3.000,00
105441	Traber	Martin	Waldsee 87	24937	Flensburg	Schleswigholst.	09.12.92	6,5	4.000,00
102211	Ulmen	Angelika	Bärengasse 11	06108	Halle	Sachsen-Anhalt	08.08.91	7,8	10.000,00
103789	Vater	Christine	Westring 12	39110	Magdeburg	Sachsen-Anhalt	04.07.90	8,9	6.000,00
101004	Wagenroth	Martina	An der Au	20255	Hamburg	Hamburg	01.03.85	14,3	9.000,00
103998	Wegner	Ruth	Angelweg 98	39114	Magdeburg	Sachsen-Anhalt	05.02.93	6,3	11.000,00
105441	Xena	Elvira	Waldsee 87	24937	Flensburg	Schleswigholst.	08.03.88	11,3	3.000,00
102211	Zahner	Beate	Bärengasse 11	06108	Halle	Sachsen-Anhalt	03.05.86	13,1	6.000,00
103789	Haberbosch	Christine	Westring 12	39110	Magdeburg	Sachsen-Anhalt	06.06.87	12,0	15.000,00
103800	Carstens	Gaby	Riesenstr. 17a	20345	Hamburg	Hamburg	05.03.90	9,3	10.000,00
101004	Colbert	Gerome	An der Au	20255	Hamburg	Hamburg	11.12.90	8,5	14.000,00
103998	Dobras	Roland	Angelweg 98	39114	Magdeburg	Sachsen-Anhalt	02.12.93	5,5	8.000,00
105441	Ehrenbach	Marion	Waldsee 87	24937	Flensburg	Schleswigholst.	08.02.88	11,3	4.000,00
102211	Glaesner	Mark	Bärengasse 11	06108	Halle	Sachsen-Anhalt	08.11.92	6,6	12.000,00
103789	Haberbosch	Christine	Westring 12	39110	Magdeburg	Sachsen-Anhalt	03.08.89	9,9	8.000,00
103800	Carstens	Gaby	Riesenstr. 17a	20345	Hamburg	Hamburg	05.06.87	12,0	9.000,00
101004	Colbert	Gerome	An der Au	20255	Hamburg	Hamburg	05.05.89	10,1	9.000,00
103998	Dobras	Roland	Angelweg 98	39114	Magdeburg	Sachsen-Anhalt	03.04.90	9,2	5.000,00

Abbildung 5.12: Die zweite Seite der Kundendatenbank in der Seitenansicht mit dem Drucktitel aus Abbildung 5.11

2b. Im Fall von Spalten aktivieren Sie das Textfeld WIEDERHOLUNGSSPALTEN LINKS und ziehen dann über den Spaltenbereich, der auf jeder Seite links gedruckt werden soll. Das Dialogfeld wird auf das Feld WIEDERHOLUNGSSPALTEN LINKS reduziert. Dasselbe erreichen Sie auch, wenn Sie auf die Schaltfläche für Dialog reduzieren (die mit dem kleinen roten Pfeil drin) am Ende des Textfelds klicken.

3. Wählen Sie »OK«, oder drücken Sie [Eingabe].

Sobald das Dialogfeld »Seite einrichten« verschwindet, verduftet auch der Laufrahmen.

In Abbildung 5.11 wurden die Zeilen 1 und 2, die den Tabellentitel und die Spaltenbeschriftung für die Kundendatenbank enthalten, als Drucktitel definiert. Abbildung 5.12 zeigt die Seitenansicht mit der zweiten Seite des Ausdrucks. Wie Sie sehen können, werden Zeile 1 und Zeile 2 wiederholt.

Wenn Sie genug von den Drucktiteln haben, können Sie sie einfach entfernen, indem Sie im Dialogfeld »Seite einrichten« auf das Register TABELLE klicken und die Einträge in den Textfeldern WIEDERHOLUNGSZEILEN OBEN und WIEDERHOLUNGSSPALTEN LINKS löschen. Auf »OK« klicken, und weg ist der Drucktitel.

Alles an seinem Platz

Wenn Excel Ihre Daten auf die Druckseiten verteilt, nimmt es natürlich keine Rücksicht darauf, was eigentlich zusammengehört und folglich nicht auf zwei Druckseiten verteilt werden sollte. In Abbildung 5.13 sehen Sie ein typisches Beispiel für einen sinnlosen vertikalen Umbruch in einem Tabellenblatt. Aber dagegen läßt sich was tun. Was genau stört denn hier? Seite 2 endet mit dem ersten Monat des dritten Quartals. Ne! So wollen wir das nicht. Die Monate eines Quartals gehören zusammen auf eine Seite. Excel würde also zwischen den Spalten J und K einen vertikalen Seitenumbruch ausführen. Nicht mit mir! So geht es nun doch nicht. Lieber verschwenden Sie ein bißchen Platz und haben dafür alle Daten für das dritte Quartal auf einer Seite. Das heißt, der vertikale Seitenumbruch soll zwischen den Spalten I und J eingefügt werden. (Dieses Beispiel geht davon aus, daß alle anderen Möglichkeiten zur Anpassung des Umbruchs versagt haben.)

An die Arbeit! Einen vertikalen Seitenumbruch selbst definieren, das geht so:

1. Wählen Sie im Menü ANSICHT den Befehl SEITENUMBRUCH-VORSCHAU.

Die Seitenumbruch-Vorschau wird geöffnet. Dort werden alle Daten verkleinert angezeigt (ca. 60% der Normalanzeige). Die Seitenzahlen sind in großen hellgrauen Buchstaben unterlegt, und die Seitenumbrüche sind an den fetten Linien zwischen den Zeilen und Spalten im Tabellenblatt zu erkennen.

2. Klicken Sie auf »OK«, oder drücken Sie [Eingabe], um den störenden Willkommensbildschirm zu schließen. Den kriegen Sie übrigens jetzt immer zu sehen, es sei denn, Sie aktivieren dort das Kontrollkästchen, das dafür sorgt, daß Sie dieses Dialogfeld endgültig los sind.

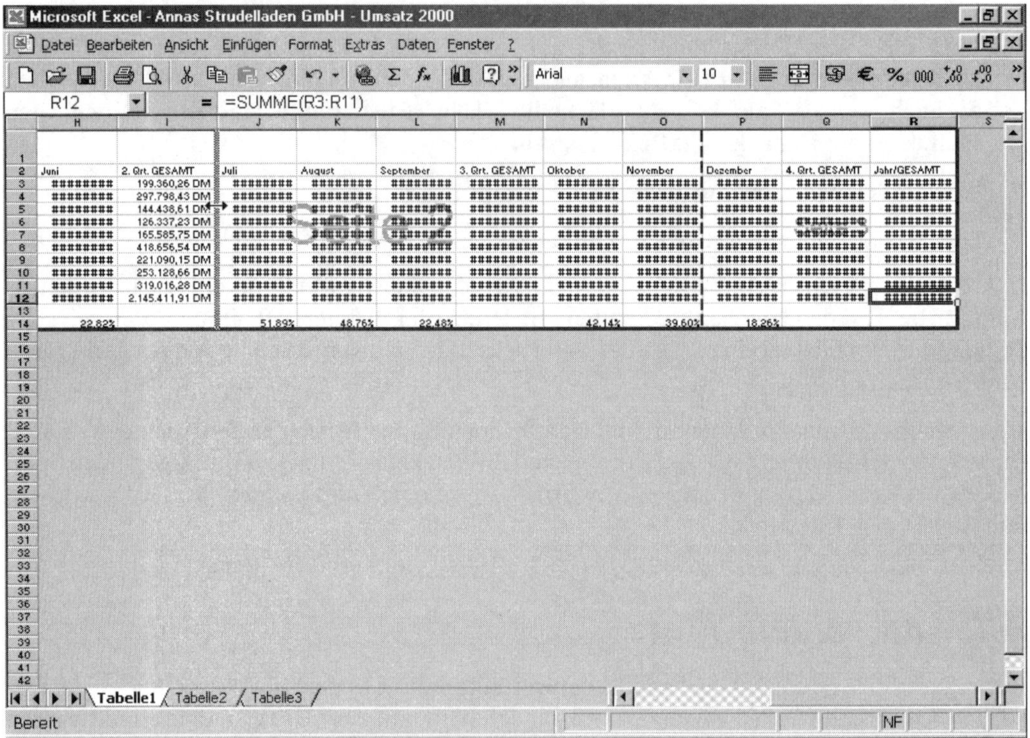

Abbildung 5.13: Die Seitenumbruchslinie wird so verschoben, daß jeweils die Umsätze eines Quartals auf einer Seite stehen.

3. **Zeigen Sie auf die Seitenumbruchslinie (die fetten, Sie wissen schon), die Sie anpassen möchten. Wenn sich der Mauszeiger dienstbeflissen in einen horizontalen Doppelpfeil wandelt, drücken Sie die linke Maustaste und ziehen die fette Linie bis zur gewünschten Spalte (bzw. Zeile). Dann lassen Sie die Maustaste wieder los.**

   In Abbildung 5.13 bin ich beispielsweise gerade dabei, die Seitenumbruchslinie zwischen Seite 2 und 3 um eine Spalte nach links zu verschieben. Der Umbruch soll zwischen den Spalten I und J stattfinden, damit das gesamte dritte Quartal friedlich nach Seite 3 von dannen ziehen kann. Das Ergebnis sehen Sie in Abbildung 5.14.

4. **Wenn alle Umbruchslinien so stehen, wie Sie sie haben wollen, wählen Sie den Befehl NORMAL im Menü ANSICHT. Alle Zahlen noch da? Dann kann ja gedruckt werden, oder?**

Denken Sie dran, daß Sie den Seitenumbruch auch jederzeit mit dem Befehl SEITENWECHSEL im Menü EINFÜGEN ändern können. Seitenumbruch? Seitenwechsel? Zwei Wörter, die dasselbe meinen! Wenn Sie also einen manuellen Seitenwechsel mit diesem Befehl einfügen möchten, dann müssen Sie sich zunächst die Stelle im Tabellenblatt suchen, an der das Ganze stattfinden soll. Markieren Sie die Zelle, über der ein horizontaler Umbruch bzw. neben der (links!) ein vertikaler Umbruch eingefügt werden soll. Danach fix SEITENWECHSEL im Menü EINFÜGEN gewählt, und schon haben Sie eine gestrichelte Linie für den vertikalen und eine gestrichelte Linie für den horizontalen Umbruch im Tabellenblatt. Soll's nur ein vertikaler Umbruch sein? Dann muß sich der Cursor in Zeile 1 der entsprechenden Spalte befinden. Was? Nur ein horizontaler Umbruch? Auch gut – dann muß sich der Cursor eben in Spalte A der entsprechenden Zeile tummeln.

Was ist, wenn Sie sich geirrt haben und den Umbruch wieder rückgängig machen möchten? Sie setzen den Cursor in die Zeile unterhalb eines horizontalen Umbruchs bzw. in die Spalte rechts neben einem vertikalen Seitenumbruch (Umbrüche sind unfehlbar an ihren gestrichelten Linien zu erkennen) und wählen den Befehl SEITENWECHSEL AUFHEBEN im Menü EINFÜGEN. Der Befehl SEITENWECHSEL im Menü EINFÜGEN ändert sich automatisch in die Bezeichnung SEITENWECHSEL AUFHEBEN, wenn Sie den Cursor unterhalb oder rechts neben einem Seitenumbruch setzen. Wenn Sie sowohl einen vertikalen als auch einen horizontalen Seitenwechsel festgelegt haben und wieder aufheben möchten, setzen Sie den Cursor auf exakt dieselbe Stelle wie beim Definieren des Umbruchs, um ihn wieder loszuwerden.

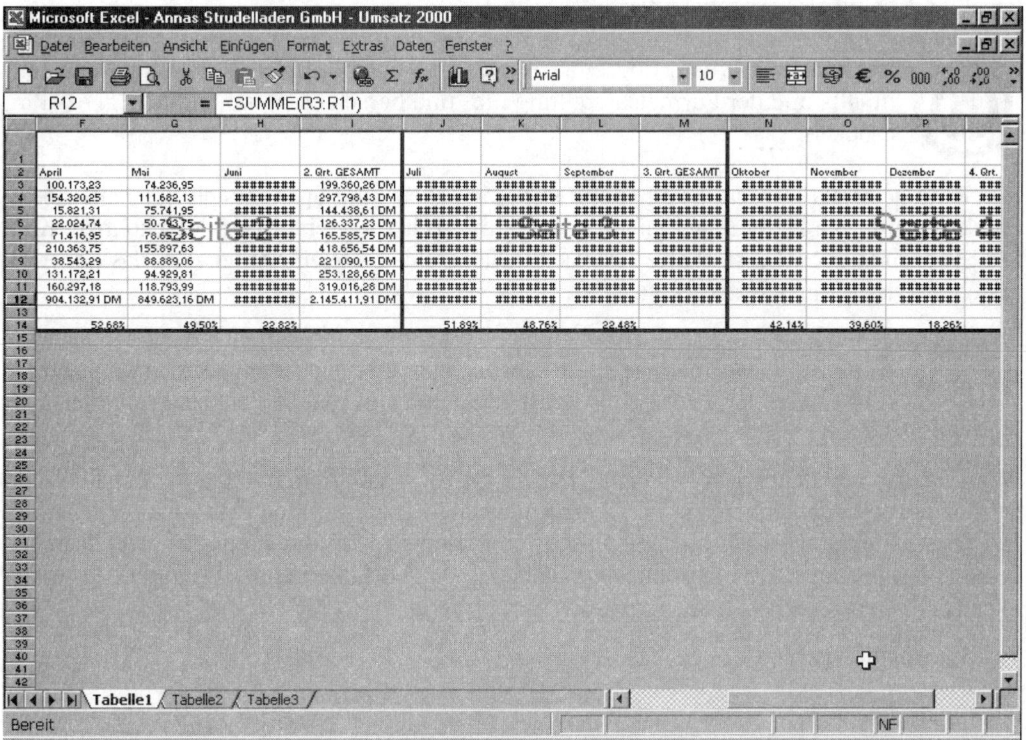

Abbildung 5.14: Jetzt sitzt der Seitenumbruch. Jedes Quartal wird übersichtlich auf einer Seite dargestellt.

Auch Formeln wollen gedruckt werden

Jetzt wissen Sie nur noch nicht, wie man Formeln anstelle der berechneten Werte ausdrucken kann. Wozu? Das kann manchmal ganz nützlich sein, wenn Sie in einem recht großen Tabellenblatt mit vielen Formeln rechnen und irgendwann feststellen: Da ist ein Fehler drin. Wenn man alles schwarz auf weiß sieht, besteht eher die Möglichkeit, eine fehlerhafte Formel zu finden. Dazu ist es aber nötig, die Formeln selbst aufs Papier zu bringen.

Zunächst müssen im Tabellenblatt die Formeln anstelle ihrer berechneten Werte stehen:

1. **Wählen Sie dazu den Befehl Optionen im Menü Extras.**
2. **Klicken Sie dort auf das Register Ansicht.**
3. **Aktivieren Sie das Kontrollkästchen Formeln.**
4. **Klicken Sie auf »OK«, bzw. drücken Sie [Eingabe].**

Nun zeigt Excel im Tabellenblatt alle Formeln an, wie sie ansonsten nur in der Bearbeitungsleiste zu sehen sind. Excel vergrößert dabei automatisch die Spaltenbreite, da Formeln in der Regel länger sind als berechnete Werte.

Sie können bequem und einfach zwischen der normalen Darstellung des Zellinhalts und der Formeldarstellung hin- und herschalten, indem Sie [Strg]+[⇧] drücken.

Nun kann gedruckt werden. Es empfiehlt sich, die Zeilen- und Spaltenköpfe ebenfalls auszudrucken, damit Sie Zellbezüge in den Formeln im Ausdruck leichter verfolgen können. Klikken Sie dazu auf der Registerkarte Tabelle im Dialogfeld »Seite einrichten« auf das Kontrollkästchen Zeilen- und Spaltenüberschriften.

Wenn Sie die Formeln in einem Tabellenblatt anzeigen lassen, werden alle Einträge – Text, Werte und Formeln – linksbündig und ohne ein Zahlenformat angezeigt.

Wenn Sie das Tabellenblatt mit seinen Formeln gedruckt und hoffentlich auch den Fehler in der Formel gefunden haben, können Sie zur normalen Anzeige (ohne Formeln) zurückschalten, indem Sie auf der Registerkarte Ansicht im Dialogfeld »Optionen« das Kontrollkästchen Formeln deaktivieren. Auf »OK« klicken oder [Eingabe] drücken und weg sind die Formeln. [Strg]+[⇧] tut's natürlich auch.

Viel Spaß beim Drucken.

Teil III

Den Daten auf der Spur

In diesem Teil...

Wir wissen alle zur Genüge, wie lebenswichtig und schwierig zugleich es heutzutage ist, stets alles im Griff zu haben. Worauf ich damit hinaus will ist, daß auch die Organisation der Arbeitsmappen, die Sie in Excel 2000 erstellen, von ziemlicher Bedeutung und gelegentlich auch nicht minder problembehaftet ist.

Teil III will Ihnen helfen, das nötige Hintergrundwissen zu bekommen, und Sie werden erfahren, wie Sie stets, ob nun beim Erstellen oder Bearbeiten eines Tabellenblatts, das Oberwasser behalten. In Kapitel 6 lernen Sie, die Daten in einem Tabellenblatt nicht aus den Augen zu verlieren, und Kapitel 7 geht sogar so weit, Ihnen zu zeigen, wie Sie Informationen von einem Tabellenblatt zum anderen – ja sogar von einer Arbeitsmappe zur anderen – schieben.

Wie Sie Ihre Daten in den Griff kriegen

6

In diesem Kapitel erfahren Sie, wie Sie ...

- mit der Zoom-Funktion das Tabellenblatt in der Bildschirmanzeige vergrößern oder verkleinern.
- ein Dokumentfenster in zwei oder vier Ausschnitte teilen.
- Spalten und Zeilen am Bildschirm als Überschriften »einfrieren«.
- in Zellen Kommentare einfügen.
- Daten im Tabellenblatt aufspüren und ersetzen.
- Zellbereichen allgemeinverständliche Namen zuweisen.
- selbst entscheiden können, wann ein Tabellenblatt neu berechnet wird.
- ein Tabellenblatt vor unbefugten Änderungen schützen.

Sie wissen ja mittlerweile, daß das Excel-Tabellenblatt Ihnen unsagbar viel Raum für die Unterbringung Ihrer Daten bietet und daß obendrein jede Arbeitsmappe drei von diesen netten Blättchen enthält. Da Ihr Bildschirm Sie aber nur jeweils einen kleinen Ausschnitt von diesem großen Blatt sehen läßt, kann es manchmal zum Problem werden, den Überblick über die Daten zu behalten.

Das Excel-Tabellenblatt verwendet zwar ein zusammenhängendes Zellkoordinatensystem, mit dem Sie sich in dem großen Tabellenblatt zurechtfinden können. Sie werden aber sicherlich zugeben, daß die Bezeichnungen A1, B2 etc. zwar äußerst logisch, jedoch für den menschlichen Denkapparat schwer zu verdauen sind. Ich meine damit, daß »Gehe zu Zelle IV88« bei weitem nicht die Aussagekraft besitzt wie »Gehe zur Ecke Badstraße und Turmgasse«. Denken Sie mal darüber nach, wie schwierig es ist, sich eine vernünftige Eselsbrücke für den Abschreibungsplan 1998 und dessen Standort im Zellbereich AC50:AN75 einfallen zu lassen.

In diesem Kapitel lernen Sie, welche Möglichkeiten Ihnen im Kampf gegen das plötzliche Verschwinden von Daten zur Verfügung stehen. Zunächst einmal erfahren Sie, wie Sie die Anzeigegröße für ein Tabellenblatt ändern, indem Sie die Anzeige vergrößern oder verkleinern, wie Sie das Dokumentfenster in mehrere kleine Ausschnitte unterteilen und bestimmte Zeilen und Spalten als festen Bestandteil der Bildschirmanzeige fixieren.

Aber damit noch nicht genug! Sie werden auch erfahren, wie Sie Zellen mit Kommentaren versehen, Zellbereichen beschreibende allgemeinverständliche Namen zuweisen und mit den Befehlen SUCHEN und ERSETZEN arbeiten, um Einträge irgendwo im Tabellenblatt zu finden und, falls erforderlich, zu ersetzen. Zu guter Letzt erzähle ich Ihnen dann, wie Sie Excel dazu bringen, das Tabellenblatt neu zu berechnen, und wie Sie eingrenzen können, wo Änderungen durchgeführt werden sollen.

Zoom, zoom, zoom, Fenster zoom herum

Der Chef hat gesagt, es gibt keinen 21-Zoll-Bildschirm für Ihren Rechner. Na, und jetzt? Den ganzen Tag quälen Sie sich und Ihre Augen damit, die Daten in den winzigen Zellen zu lesen, oder führen wilde Bildläufe durch, um eine Tabelle zu suchen, die heute einfach nicht aufzufinden ist. Bleiben Sie gelassen, schließlich gibt es die Zoom-Funktion, die Sie wie ein Vergrößerungsglas zum Vergrößern und Verkleinern einsetzen können.

In Abbildung 6.1 sehen Sie ein Tabellenblatt in der Vergrößerungsstufe 200%, d. h., die Darstellung ist doppelt so groß wie normal. Um ein Tabellenblatt derart zu vergrößern, klicken Sie auf den Pfeil der Zoom-Schaltfläche in der Standard-Symbolleiste und wählen dort den Eintrag 200%. (Wenn Sie's lieber etwas umständlicher mögen, können Sie auch im Menü ANSICHT den Befehl ZOOM wählen. Im Dialogfeld »Zoom« klicken Sie dann im Gruppenfeld VERGRÖSSERN/VERKLEINERN auf das Optionsfeld 200%. (Glauben Sie wirklich, daß sich dieser Aufwand lohnt?) Um jetzt die Daten in diesen Zellen zu lesen, werden Sie noch nicht einmal Ihre Lesebrille brauchen! Das einzige Problem mit der 200%igen Vergrößerungsstufe ist, daß Sie nur wenige Zellen gleichzeitig anzeigen lassen können.

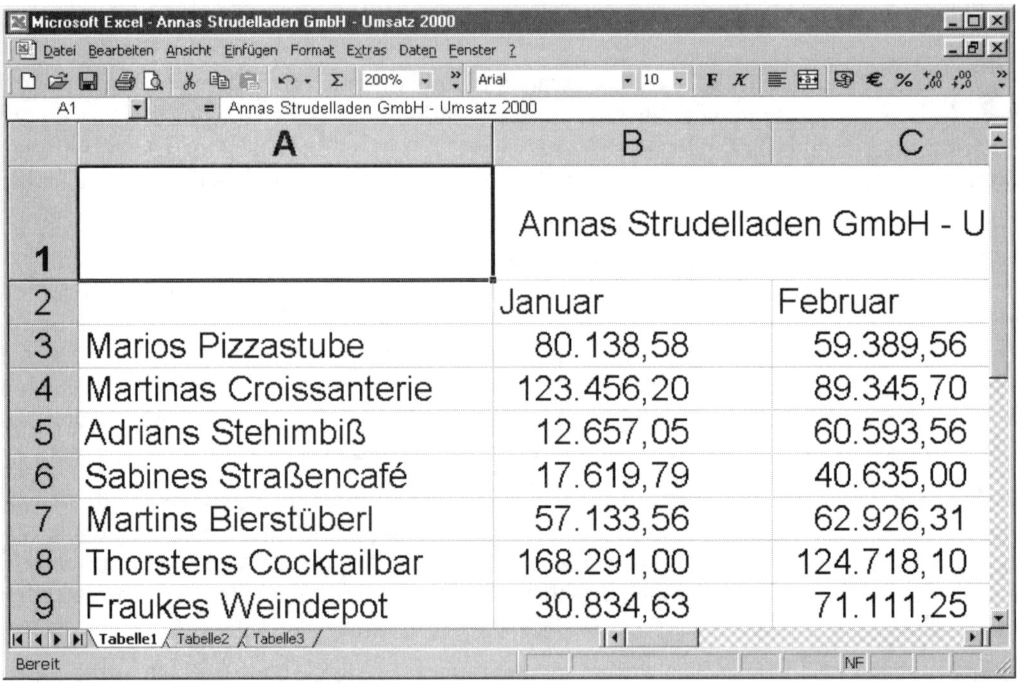

Abbildung 6.1: So sieht das Tabellenblatt in der Vergrößerungsstufe 200% aus.

Abbildung 6.2 zeigt wieder das Tabellenblatt aus Abbildung 6.1, jetzt allerdings in der Vergrößerungsstufe 25% (etwa ein Viertel der normalen Größe). Um die Anzeige auf diese Größe zu verkleinern, klicken Sie wieder in der Standard-Symbolleiste auf den Pfeil der Zoom-Schaltfläche und wählen dort die Einstellung 25% (falls Sie es nicht lassen können, steht es Ihnen jedoch ohne weiteres frei, das Dialogfeld »Zoom« zu öffnen und auf das Optionsfeld 25% zu klicken).

Nun ja, bei dieser Größe können Sie dann wenigstens sicher sein, daß Sie garantiert nichts lesen können. Aus dieser Vogelperspektive können Sie jedoch auf einen Blick erkennen, wie sich die Daten in Ihrem Tabellenblatt verteilen.

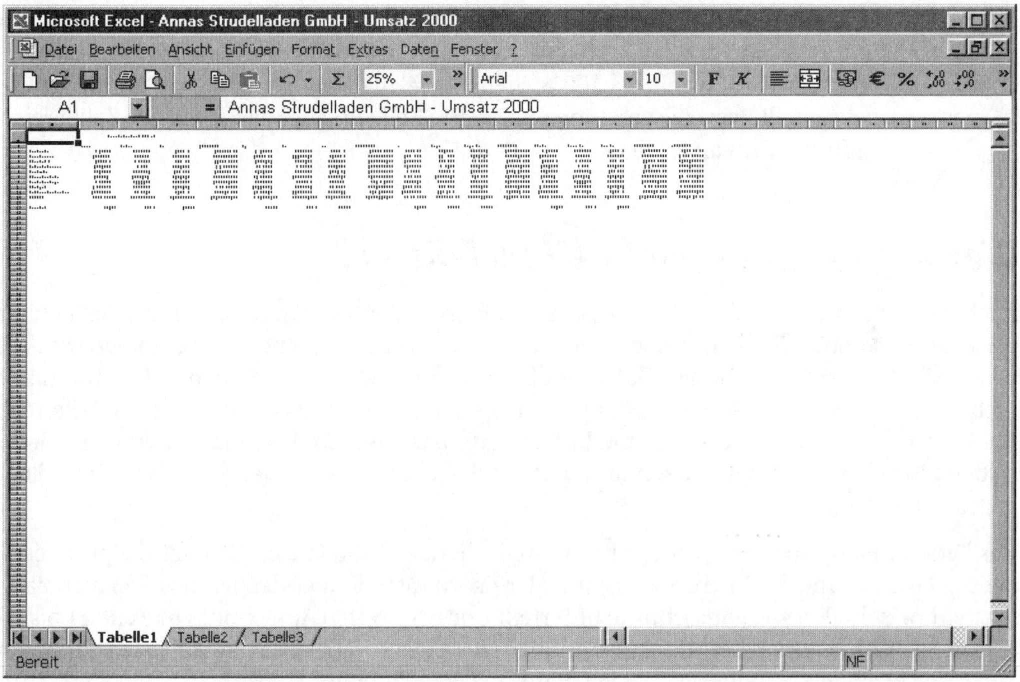

Abbildung 6.2: Darf's auch etwas kleiner sein? Das Tabellenblatt in der Vergrößerungsstufe 25%

Der Befehl ZOOM verfügt über fünf integrierte Vergrößerungsstufen (200%, 100% (das ist die normale Bildschirmanzeige), 75%, 50% und 25%). Wenn Sie andere Vergrößerungen einstellen möchten, verwenden Sie eine der beiden folgenden Optionen:

✔ Wenn Sie Vergrößerungsstufen einstellen wollen, die zwischen den vorgegebenen liegen (z.B. 150% oder 85%) oder größer bzw. kleiner als die größte bzw. die kleinste Stufe sind (z.B. 400% oder 15%), markieren Sie das Eingabefeld der Zoom-Schaltfläche in der Standard-Symbolleiste und geben dort die gewünschte Vergrößerungsstufe ein. Jetzt brauchen Sie nur noch `Eingabe` zu drücken. Im Dialogfeld »Zoom« geben Sie die gewünschte Größe im Textfeld neben dem Optionsfeld BENUTZERDEFINIERT ein.

✔ Wenn Sie nicht wissen, welche Vergrößerung Sie eingeben sollen, um einen bestimmten Zellbereich am Bildschirm anzuzeigen, markieren Sie den Zellbereich und wählen in der

Zoom-Schaltfläche den Eintrag Markierung. Sie können auch, wie gehabt, das Dialogfeld »Zoom« öffnen, auf das Optionsfeld An Markierung anpassen klicken und dann »OK« wählen oder Eingabe drücken. Excel berechnet daraufhin, welche Vergrößerung benötigt wird, um den gesamten aktuell markierten Zellbereich am Bildschirm anzeigen zu können. Das ist doch was, oder?

Sie können den Befehl Zoom auch dazu verwenden, einen neuen Zellbereich im Tabellenblatt anzeigen zu lassen. Wählen Sie zuerst eine kleine Vergrößerungsstufe, z. B. 50%. Suchen Sie dann den gewünschten Zellbereich heraus, und markieren Sie eine der Zellen. Wählen Sie dann nochmals den Befehl Zoom, und markieren Sie die Einstellung 100%. Wenn Excel die Anzeige wieder auf Normalgröße zurückstellt, wird die von Ihnen markierte Zelle und der dazugehörige Zellbereich am Bildschirm angezeigt.

Wer klopft da an mein Unterfenster?

Auch wenn Sie sich mit Vergrößern und Verkleinern einen Überblick über Ihr Tabellenblatt verschaffen, können Sie damit noch lange nicht zwei separate Bereiche zusammenbringen, damit Sie die darin enthaltenen Daten am Bildschirm vergleichen können (oder zumindest nicht in einer Größe, in der Sie die Daten auch lesen können). Um das zu erreichen, teilen Sie das Dokumentfenster in verschiedene Unterfenster bzw. Ausschnitte und führen dann einen Bildlauf in jedem einzelnen Ausschnitt durch, so daß alle Daten, die verglichen werden sollen, angezeigt werden.

Das Teilen des Fensters ist eine der leichtesten Übungen. Abbildung 6.3 zeigt die prognostizierte Gewinn- und Verlustrechnung für Marios Pizzastube, bei der ich das Tabellenblattfenster horizontal in zwei Ausschnitte unterteilt und im zweiten Ausschnitt zur Zeile 21 bis 26 geblättert habe. Jeder Ausschnitt verfügt über eine eigene vertikale Bildlaufleiste, mit deren Hilfe Sie verschiedene Teile des Tabellenblatts anzeigen können.

Um ein Tabellenblatt horizontal in zwei Ausschnitte zu teilen, ziehen Sie das Teilungsfeld, das sich direkt oberhalb des oberen Bildlaufpfeils in der vertikalen Bildlaufleiste befindet, nach unten, bis das Fenster so aufgeteilt ist, wie es Ihnen gefällt. Das hört sich jetzt vielleicht etwas kompliziert an, ist aber eigentlich ganz einfach!

1. **Klicken Sie auf das vertikale Teilungsfeld, und halten Sie die Maustaste gedrückt.**

   Der Mauszeiger ändert seine Form in einen Doppelpfeil, der in der Mitte geteilt ist (wie der zur Anzeige versteckter Zeilen).

2. **Ziehen Sie nach unten, bis Sie bei der Zeile sind, an der das Dokumentfenster geteilt werden soll.**

   Ein grauer Balken wird im Dokumentfenster angezeigt, der die Zeile markiert, in der das Fenster geteilt wird.

3. **Lassen Sie die Maustaste los.**

   Excel unterteilt das Fenster an der Position des Mauszeigers in zwei horizontale Ausschnitte und fügt in den neuen Ausschnitt eine vertikale Bildlaufleiste ein.

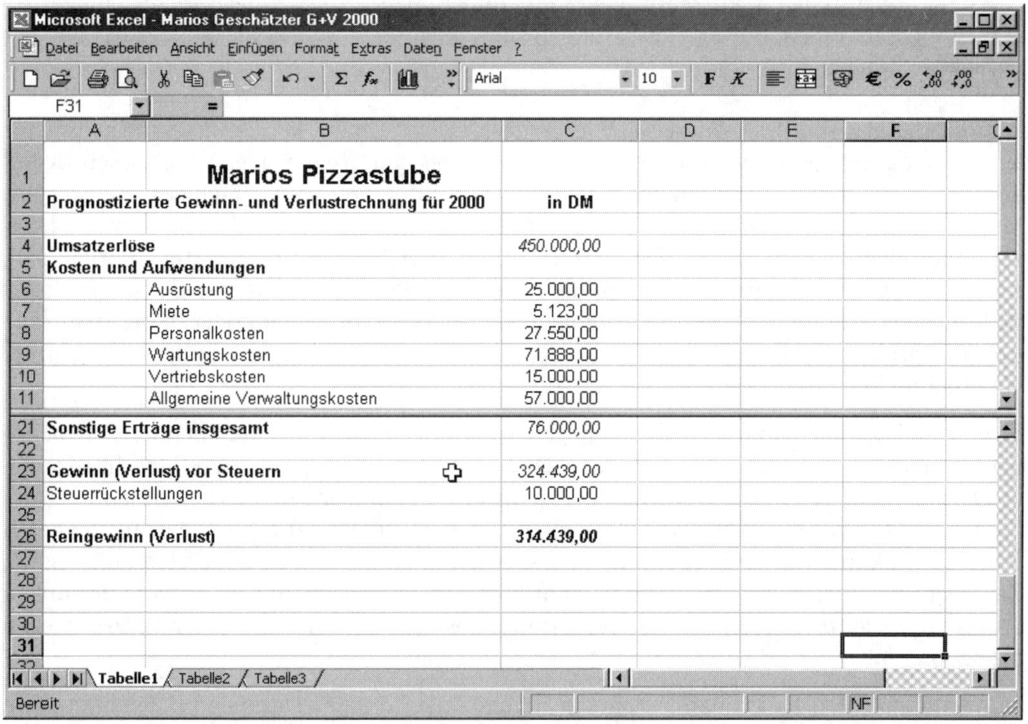

Abbildung 6.3: Das Tabellenblatt in einem geteilten Dokumentfenster, nachdem ich im unteren Ausschnitt mit der Bildlaufleiste nach unten geblättert habe.

Sie können das Dokumentfenster auch vertikal unterteilen. Das geht so:

1. **Klicken Sie auf das Teilungsfeld am rechten Rand der horizontalen Bildlaufleiste.**
2. **Ziehen Sie nach links, bis Sie die Spalte erreicht haben, an der das Fenster unterteilt werden soll.**
3. **Lassen Sie die Maustaste los.**

   Excel unterteilt das Fenster an dieser Spalte und stattet den neuen Ausschnitt mit einer eigenen horizontalen Bildlaufleiste aus.

Verwechseln Sie das Teilungsfeld nicht mit dem Registerteilungsfeld zwischen den Blattregistern und der horizontalen Bildlaufleiste. Sie ziehen das Registerteilungsfeld, nach rechts, um zusätzliche Blattregister anzuzeigen bzw. nach links, um mit einer größeren horizontalen

Bildlaufleiste zu arbeiten. Zur Sicherheit noch mal: An der rechten Seite der horizontalen Bildlaufleiste befindet sich das Teilungsfeld, mit dem Sie das Dokumentfenster vertikal in zwei Ausschnitte teilen.

Wenn Sie die Ausschnitte stören, können Sie sie ganz einfach verschwinden lassen, indem Sie irgendwo auf den Bildschirmteiler doppelklicken, der das Fenster unterteilt.

Wenn Ihnen das mit der Zieherei des Teilungsfelds nicht gefällt, können Sie ein Dokumentfenster auch mit dem Befehl TEILEN im Menü FENSTER unterteilen. Wenn Sie diesen Befehl wählen, wird durch die Position des Zellcursors bestimmt, an welcher Stelle das Fenster unterteilt wird. Das Programm teilt das Fenster vertikal am linken Rand des Cursors und horizontal am oberen Rand. Wenn das Fenster nur in zwei Ausschnitte unterteilt werden soll, setzen Sie den Zellcursor entweder auf die erste Spalte der gewünschten Zeile (um in dieser Zeile eine Unterteilung in zwei horizontale Ausschnitte vorzunehmen) oder in die erste Zeile der gewünschten Spalte (um in dieser Spalte eine Unterteilung in zwei vertikale Ausschnitte vorzunehmen).

Wenn sich der linke Rand des Zellcursors genau am linken Rand des Dokumentfensters befindet (wenn der Cursor sich in einer Zelle in der ersten Spalte befindet, die am Bildschirm angezeigt wird), teilt das Programm das Fenster nicht vertikal, sondern horizontal entlang des oberen Rands des Zellcursors. Befindet sich der obere Rand des Zellcursors genau am oberen Rand des Dokumentfensters (wenn der Cursor sich in einer Zelle in der ersten angezeigten Zeile befindet), dann wird das Fenster nicht horizontal, sondern vertikal entlang des linken Rands des Zellcursors geteilt. Etwas verwirrend, was? Da hilft nur ausprobieren. Das kriegen Sie schon hin!

In Abbildung 6.4 habe ich den Zellcursor auf die Zelle C6 gesetzt und den Befehl TEILEN im Menü FENSTER gewählt. Wie erwartet hat Excel das Fenster in vier Ausschnitte geteilt: horizontal zwischen den Zeilen 5 und 6 und vertikal zwischen den Spalten B und C.

Wenn Sie den Zellcursor auf die Zelle A1 setzen und den Befehl TEILEN im Menü FENSTER wählen, dann teilt Excel das Fenster ungefähr in der Mitte der Bildschirmanzeige in vier Ausschnitte.

Wenn das Fenster in Ausschnitte unterteilt ist, können Sie den Zellcursor in die einzelnen Ausschnitte verschieben, indem Sie entweder auf eine Zelle im entsprechenden Ausschnitt klicken oder `Umschalt`+`F6` drücken. (Sie verschieben damit den Zellcursor entgegen dem Uhrzeigersinn in den einzelnen Ausschnitten.) Um die Ausschnitte wieder zu entfernen, wählen Sie den Befehl TEILUNG AUFHEBEN im Menü FENSTER.

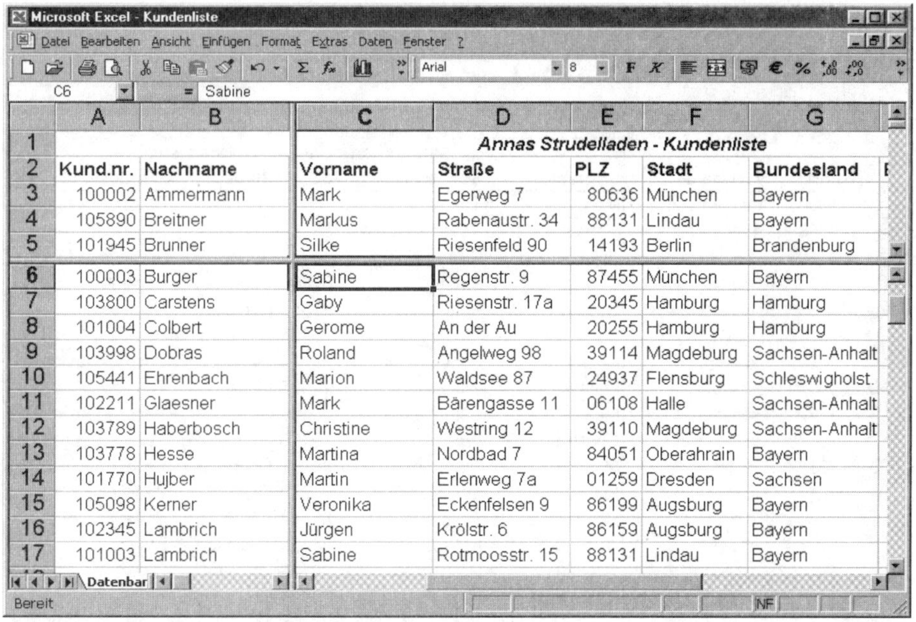

	A	B	C	D	E	F	G
1			Annas Strudelladen - Kundenliste				
2	Kund.nr.	Nachname	Vorname	Straße	PLZ	Stadt	Bundesland
3	100002	Ammermann	Mark	Egerweg 7	80636	München	Bayern
4	105890	Breitner	Markus	Rabenaustr. 34	88131	Lindau	Bayern
5	101945	Brunner	Silke	Riesenfeld 90	14193	Berlin	Brandenburg
6	100003	Burger	Sabine	Regenstr. 9	87455	München	Bayern
7	103800	Carstens	Gaby	Riesenstr. 17a	20345	Hamburg	Hamburg
8	101004	Colbert	Gerome	An der Au	20255	Hamburg	Hamburg
9	103998	Dobras	Roland	Angelweg 98	39114	Magdeburg	Sachsen-Anhalt
10	105441	Ehrenbach	Marion	Waldsee 87	24937	Flensburg	Schleswigholst.
11	102211	Glaesner	Mark	Bärengasse 11	06108	Halle	Sachsen-Anhalt
12	103789	Haberbosch	Christine	Westring 12	39110	Magdeburg	Sachsen-Anhalt
13	103778	Hesse	Martina	Nordbad 7	84051	Oberahrain	Bayern
14	101770	Hujber	Martin	Erlenweg 7a	01259	Dresden	Sachsen
15	105098	Kerner	Veronika	Eckenfelsen 9	86199	Augsburg	Bayern
16	102345	Lambrich	Jürgen	Krölstr. 6	86159	Augsburg	Bayern
17	101003	Lambrich	Sabine	Rotmoosstr. 15	88131	Lindau	Bayern

Abbildung 6.4: Das Fenster teilt sich entlang der Zelle C6, in der sich der Zellcursor befindet, in vier Ausschnitte.

Festgemauert in meinem Fenster sitzt die Überschrift

Ausschnitte sind eine tolle Erfindung, wenn man verschiedene Teile desselben Tabellenblatts anzeigen lassen will, die man normalerweise nicht gleichzeitig betrachten könnte. Und da gibt es noch eine andere Art von Ausschnitt, die sogenannten *fixierten Ausschnitte*. Was heißt das denn schon wieder? Sie können mit Hilfe von fixierten Ausschnitten Überschriften in den oberen Zeilen und ersten Spalten »festmauern«, damit sie stets am Bildschirm angezeigt werden, ungeachtet dessen, wie oft und wie weit Sie im Tabellenblatt blättern. Derart fixierte Überschriften sind besonders hilfreich, wenn Sie mit einer Tabelle arbeiten, die mehr Daten enthält, als am Bildschirm angezeigt werden können.

In Abbildung 6.5 habe ich so eine Tabelle dargestellt. Das Tabellenblatt mit der Kundenliste enthält mehr Zeilen und Spalten, als Sie auf einmal anzeigen lassen können (es sei denn durch Verkleinern, aber dann wird's unleserlich).

Werden nun im Dokumentfenster die ersten beiden Zeilen fixiert, so können Sie die oberen zwei Zeilen mit der Tabellenüberschrift und den Spaltenüberschriften am Bildschirm anzeigen lassen, während Sie im restlichen Tabellenblatt nach oben oder unten blättern, um die verschiedenen Kundendaten zu prüfen. Wenn Sie im Fenster dann noch die ersten beiden Spalten fixieren, bleiben auch die Kundennummer und der Nachname am Bildschirm »kleben«, wenn Sie nach rechts oder nach links blättern.

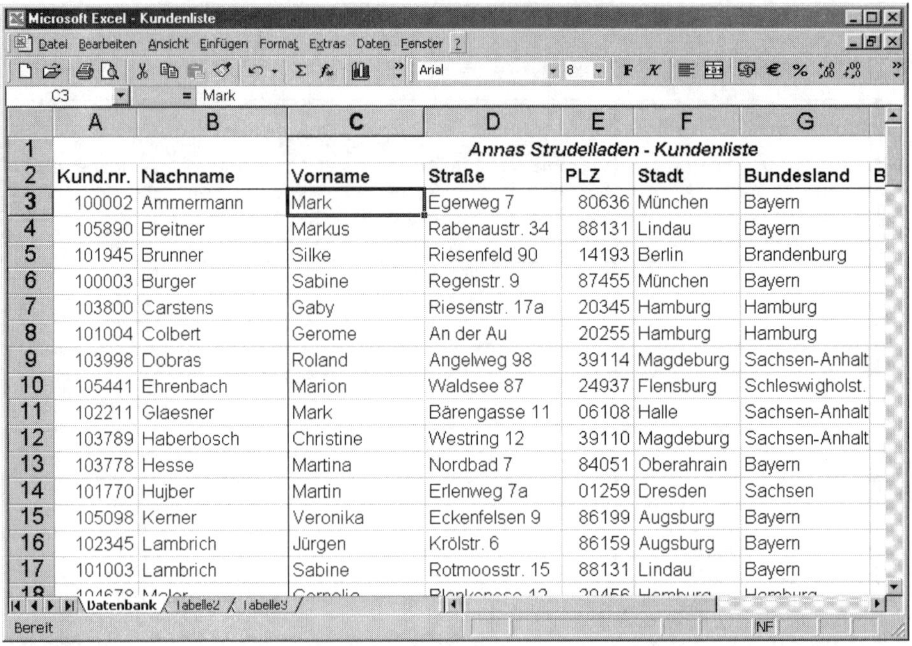

Microsoft Excel - Kundenliste

	A	B	C	D	E	F	G
1			Annas Strudelladen - Kundenliste				
2	Kund.nr.	Nachname	Vorname	Straße	PLZ	Stadt	Bundesland
3	100002	Ammermann	Mark	Egerweg 7	80636	München	Bayern
4	105890	Breitner	Markus	Rabenaustr. 34	88131	Lindau	Bayern
5	101945	Brunner	Silke	Riesenfeld 90	14193	Berlin	Brandenburg
6	100003	Burger	Sabine	Regenstr. 9	87455	München	Bayern
7	103800	Carstens	Gaby	Riesenstr. 17a	20345	Hamburg	Hamburg
8	101004	Colbert	Gerome	An der Au	20255	Hamburg	Hamburg
9	103998	Dobras	Roland	Angelweg 98	39114	Magdeburg	Sachsen-Anhalt
10	105441	Ehrenbach	Marion	Waldsee 87	24937	Flensburg	Schleswigholst.
11	102211	Glaesner	Mark	Bärengasse 11	06108	Halle	Sachsen-Anhalt
12	103789	Haberbosch	Christine	Westring 12	39110	Magdeburg	Sachsen-Anhalt
13	103778	Hesse	Martina	Nordbad 7	84051	Oberahrain	Bayern
14	101770	Hujber	Martin	Erlenweg 7a	01259	Dresden	Sachsen
15	105098	Kerner	Veronika	Eckenfelsen 9	86199	Augsburg	Bayern
16	102345	Lambrich	Jürgen	Krölstr. 6	86159	Augsburg	Bayern
17	101003	Lambrich	Sabine	Rotmoosstr. 15	88131	Lindau	Bayern

Abbildung 6.5: In den fixierten Ausschnitten stehen die Tabellenüberschrift und die Spaltenüberschriften sowie die Kundennummern und Nachnamen unbeweglich am Bildschirm.

Abbildung 6.5 zeigt die Kundenliste, nachdem im Fenster die ersten beiden Spalten und Zeilen fixiert wurden. Sie wollen wissen, wie das geht? Dann bitte:

1. **Positionieren Sie den Zellcursor in Zelle C3.**
2. **Wählen Sie im Menü Fenster den Befehl Fenster fixieren.**

   Excel fixiert den Ausschnitt oberhalb der Zeile 3 und den Ausschnitt links von Spalte C.

Die Rahmen der fixierten Ausschnitte werden als eine Linie und nicht wie bei den herkömmlichen Ausschnitten als schmaler Balken dargestellt.

In Abbildung 6.6 sehen Sie, was passiert, wenn Sie nach dem Fixieren der Ausschnitte im Tabellenblatt blättern. In dieser Abbildung habe ich so lange geblättert, bis die Zeilen 11 bis 26 am Bildschirm angezeigt werden. Da der horizontale Ausschnitt mit der Überschrift des Tabellenblatts und mit den Spaltenüberschriften in den Zeilen 1 und 2 fixiert ist, hat der Bildlauf auf sie überhaupt keinen Einfluß.

In Abbildung 6.7 sehen Sie, was passiert, wenn Sie nach rechts blättern, so daß die Spalten E bis J zu sehen sind. Die fixierten Spalten A und B lassen sich hiervon nicht beirren und werden weiterhin am Bildschirm angezeigt. Ohne die Information in diesen Spalten hätten Sie ganz schöne Schwierigkeiten, die Daten zuzuordnen!

Microsoft Excel - Kundenliste

C17 = Sabine

	A	B	C	D	E	F	G
1			Annas Strudelladen - Kundenliste				
2	Kund.nr.	Nachname	Vorname	Straße	PLZ	Stadt	Bundesland
11	102211	Glaesner	Mark	Bärengasse 11	06108	Halle	Sachsen-Anhalt
12	103789	Haberbosch	Christine	Westring 12	39110	Magdeburg	Sachsen-Anhalt
13	103778	Hesse	Martina	Nordbad 7	84051	Oberahrain	Bayern
14	101770	Hujber	Martin	Erlenweg 7a	01259	Dresden	Sachsen
15	105098	Kerner	Veronika	Eckenfelsen 9	86199	Augsburg	Bayern
16	102345	Lambrich	Jürgen	Krölstr. 6	86159	Augsburg	Bayern
17	101003	Lambrich	Sabine	Rotmoosstr. 15	88131	Lindau	Bayern
18	104678	Maler	Cornelia	Blankenese 12	20456	Hamburg	Hamburg
19	104789	Mittermeier	Stephan	Wagenstr. 9a	80636	München	Bayern
20	103222	Müller	Monika	Meisenstr. 32	24143	Kiel	Schleswigholst.
21	103800	Carstens	Gaby	Riesenstr. 17a	20345	Hamburg	Hamburg
22	101004	Colbert	Gerome	An der Au	20255	Hamburg	Hamburg
23	103998	Dobras	Roland	Angelweg 98	39114	Magdeburg	Sachsen-Anhalt
24	105441	Ehrenbach	Marion	Waldsee 87	24937	Flensburg	Schleswigholst.
25	102211	Glaesner	Mark	Bärengasse 11	06108	Halle	Sachsen-Anhalt

Datenbank / Tabelle2 / Tabelle3

Bereit

Abbildung 6.6: Blättern Sie in der Kundenliste nach unten, um weitere Zeilen des Tabellenblatts anzuzeigen.

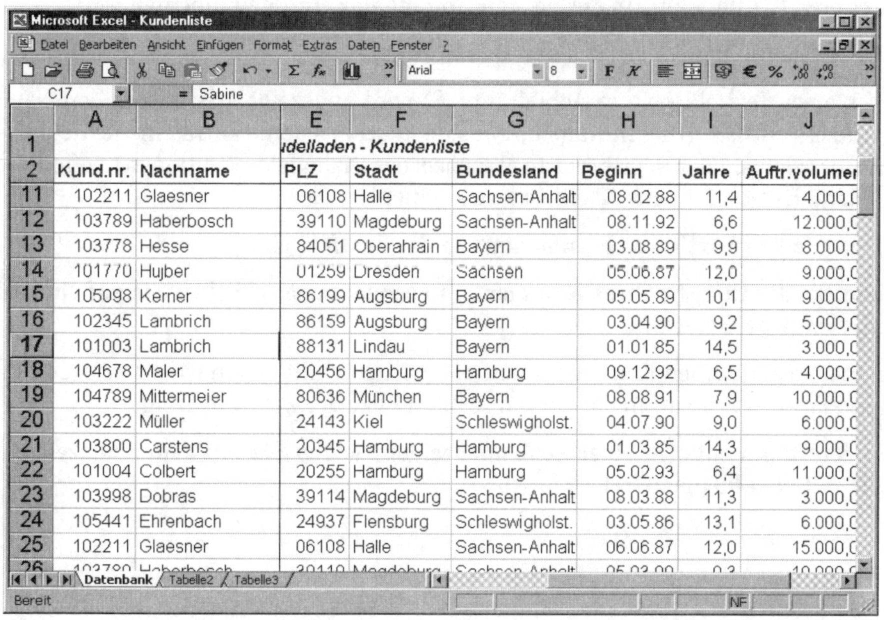

Microsoft Excel - Kundenliste

C17 = Sabine

	A	B	E	F	G	H	I	J
1			delladen - Kundenliste					
2	Kund.nr.	Nachname	PLZ	Stadt	Bundesland	Beginn	Jahre	Auftr.volumen
11	102211	Glaesner	06108	Halle	Sachsen-Anhalt	08.02.88	11,4	4.000,0
12	103789	Haberbosch	39110	Magdeburg	Sachsen-Anhalt	08.11.92	6,6	12.000,0
13	103778	Hesse	84051	Oberahrain	Bayern	03.08.89	9,9	8.000,0
14	101770	Hujber	01259	Dresden	Sachsen	05.06.87	12,0	9.000,0
15	105098	Kerner	86199	Augsburg	Bayern	05.05.89	10,1	9.000,0
16	102345	Lambrich	86159	Augsburg	Bayern	03.04.90	9,2	5.000,0
17	101003	Lambrich	88131	Lindau	Bayern	01.01.85	14,5	3.000,0
18	104678	Maler	20456	Hamburg	Hamburg	09.12.92	6,5	4.000,0
19	104789	Mittermeier	80636	München	Bayern	08.08.91	7,9	10.000,0
20	103222	Müller	24143	Kiel	Schleswigholst.	04.07.90	9,0	6.000,0
21	103800	Carstens	20345	Hamburg	Hamburg	01.03.85	14,3	9.000,0
22	101004	Colbert	20255	Hamburg	Hamburg	05.02.93	6,4	11.000,0
23	103998	Dobras	39114	Magdeburg	Sachsen-Anhalt	08.03.88	11,3	3.000,0
24	105441	Ehrenbach	24937	Flensburg	Schleswigholst.	03.05.86	13,1	6.000,0
25	102211	Glaesner	06108	Halle	Sachsen-Anhalt	06.06.87	12,0	15.000,0

Datenbank / Tabelle2 / Tabelle3

Bereit

Abbildung 6.7: Blättern Sie nach rechts, um weitere Spalten anzuzeigen.

Um die Fixierung der Ausschnitte aufzuheben, wählen Sie den Befehl FIXIERUNG AUFHEBEN im Menü FENSTER.

Elektronische Kommentare

Mit Excel können Sie in Zellen *Kommentare* erstellen. Sie können sich beispielsweise selbst einen Kommentar schreiben, daß Sie eine bestimmte Zahl nochmals überprüfen müssen, bevor Sie das Tabellenblatt drucken, oder daß Sie daran denken sollten, daß ein bestimmter Wert nur ein Schätzwert ist. Vielleicht hinterlegen Sie aber auch einen Kommentar, um einen Geburtstag oder eine Einladung nicht zu vergessen.

Ein Kommentar kann also dazu dienen, Sie an etwas zu erinnern, das Sie getan haben oder noch tun müssen; Sie können damit jedoch auch die Position markieren, an der Sie sich gerade in einem großen Tabellenblatt befinden. Wenn Sie dann das nächste Mal dieses Tabellenblatt bearbeiten, können Sie über die Position des Kommentars schnell die Stelle wiederfinden, an der Sie mit Ihrer Arbeit aufgehört haben.

So bekommt die Zelle ihren Kommentar

Um in eine Zelle einen Kommentar einzufügen, machen Sie folgendes:

1. **Markieren Sie die Zelle, in die Sie den Kommentar einfügen möchten.**
2. **Wählen Sie im Menü EINFÜGEN den Befehl KOMMENTAR.**

   Ein kleines Textfeld (wie in Abbildung 6.8) wird angezeigt, das bereits den Namen des Benutzers enthält. (Diesen Namen holt sich Excel aus dem Eintrag im Textfeld BENUTZERNAME, das sich auf der Registerkarte ALLGEMEIN des Dialogfelds »Optionen« befindet, das Sie im Menü EXTRAS mit dem Befehl OPTIONEN öffnen!)

3. **Geben Sie den Text Ihres Kommentars in das Textfeld ein.**
4. **Wenn Sie die Eingabe Ihres Kommentars beendet haben, klicken Sie auf eine beliebige Stelle im Arbeitsblatt.**

   Wenn eine Zelle einen Kommentar enthält, wird dies mit einem winzigen Dreieck (rot bei einem Farbbildschirm) in der oberen rechten Ecke der Zelle angezeigt.

5. **Um den Kommentar in einer Zelle anzuzeigen, zeigen Sie mit dem Mauszeiger auf die Zelle mit dem kleinen Dreieck.**

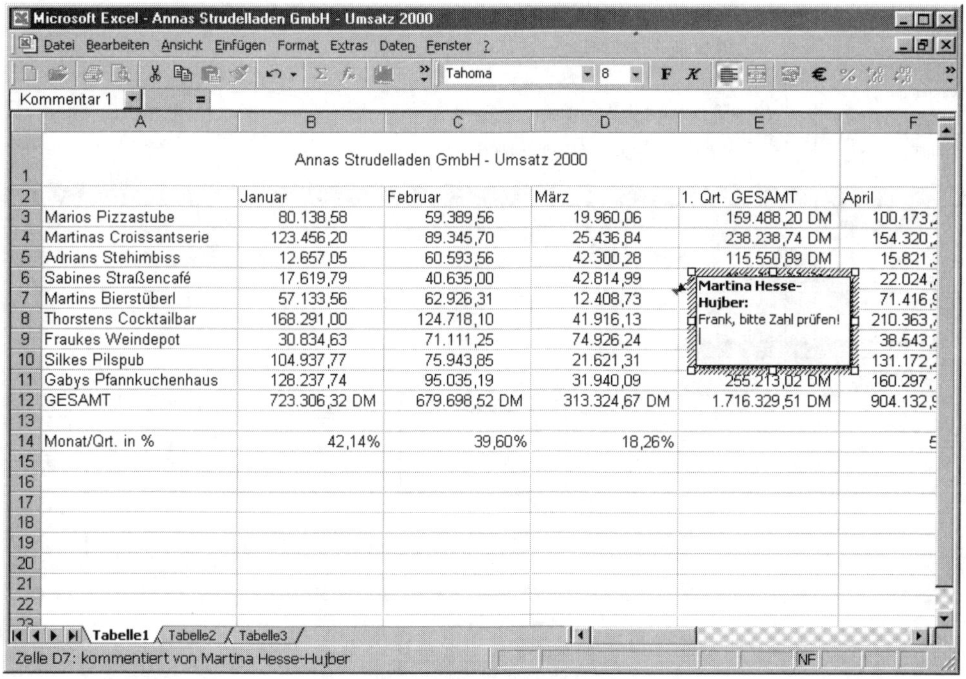

Abbildung 6.8: Geben Sie den Kommentar zu einer Zelle in dieses Textfeld ein.

Kommentare in Überarbeitung

Wenn Sie in einer Arbeitsmappe jede Menge Tabellenblätter haben, die die verschiedensten Kommentare enthalten, dann ist es sicherlich ein bißchen mühsam, auf jeden einzelnen mit dem Mauszeiger zu zeigen, um den Kommentar lesen zu können. Für diese Fälle steht der Befehl KOMMENTARE im Menü ANSICHT zur Verfügung. Damit zeigen Sie auf einen Schlag alle Kommentare in der Arbeitsmappe an und bekommen obendrein noch die Überarbeiten-Symbolleiste eingeblendet (Abbildung 6.9).

In der geöffneten Überarbeiten-Symbolleiste können Sie dann auf die Schaltflächen für Nächster Kommentar und Vorheriger Kommentar klicken, um zwischen den einzelnen Kommentaren hin und her zu wechseln. Wenn Sie beim letzten Kommentar in der Arbeitsmappe angekommen sind, erhalten Sie eine Meldung, ob mit der Überprüfung der Kommentare wieder von vorne begonnen werden soll. Falls Sie das möchten, wählen Sie »OK« und fahren mit der Überarbeitung fort. Nach getaner Arbeit lassen sich die Kommentare natürlich auch wieder ausblenden. Klicken Sie dafür einfach erneut auf die Schaltfläche für Alle Kommentare anzeigen (was jetzt allerdings Schaltfläche für Alle Kommentare ausblenden heißt) in der Überarbeiten-Symbolleiste. Wenn Sie diese Symbolleiste bereits wieder geschlossen haben, können Sie auch noch mal den Befehl KOMMENTARE im Menü ANSICHT wählen.

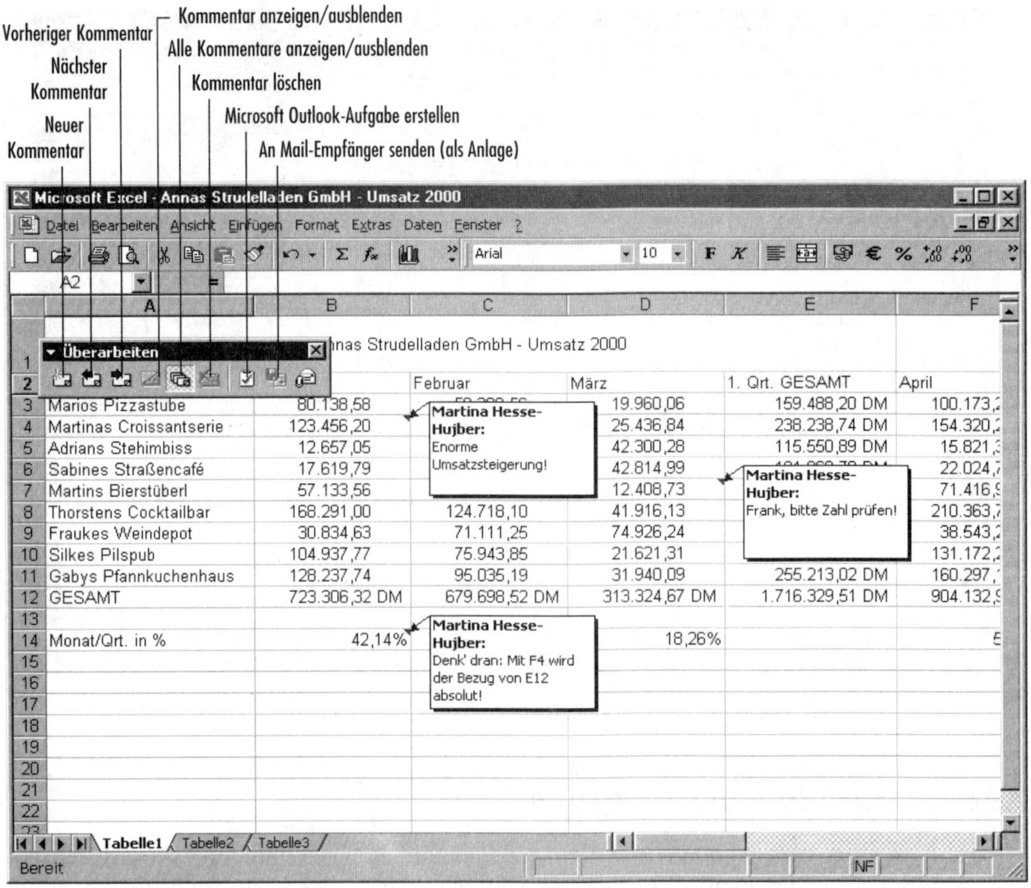

Abbildung 6.9: Die Überarbeiten-Symbolleiste

Was man mit Kommentaren so alles machen kann

Es gibt eine ganze Reihe von Methoden, um den Inhalt eines Kommentars zu bearbeiten. Welche Methode angewendet werden kann, hängt davon ab, ob der Kommentar bereits angezeigt wird oder nicht. Wenn er im Arbeitsblatt angezeigt wird, dann bearbeiten Sie ihn, indem Sie mit dem I-Mauszeiger in das Textfeld des Kommentars klicken. Aus dem I-Mauszeiger wird daraufhin eine Einfügemarke, das gesamte Textfeld wird markiert und erhält einen schraffierten Rahmen mit Ziehpunkten, um die Größe des Textfelds zu verändern. Bearbeiten Sie jetzt einfach den Kommentar, und klicken Sie dann auf irgendeine Zelle im Arbeitsblatt, um die Markierung für den Kommentar wieder aufzuheben.

Wird der Kommentar noch nicht angezeigt, dann müssen Sie die Zelle markieren, die den Kommentar enthält. Wählen Sie dann im Menü EINFÜGEN den Befehl KOMMENTAR BEARBEITEN bzw. im Kontextmenü der Zelle den Befehl KOMMENTAR BEARBEITEN.

Falls Sie den Kommentar nicht direkt neben der Zelle, sondern irgendwo anders in der Arbeitsmappe anzeigen wollen, dann markieren Sie den Kommentar und setzen den Mauszeiger auf einen der vier Ränder des Textfelds. Sobald aus dem Mauszeiger ein Vierfachpfeil wird, ziehen Sie das gesamte Textfeld an die neue Position im Tabellenblatt. Wenn Sie jetzt die Maustaste loslassen, sehen Sie, daß Excel die Linie mit dem Pfeil, der das Textfeld mit dem roten Dreieck in der oberen rechten Zellecke verbindet, neu gezeichnet hat.

Sie können die Größe dieses Textfeld auch verändern, indem Sie den Kommentar markieren und den Mauszeiger auf einen der Ziehpunkte setzen und in die gewünschte Richtung ziehen (zur Mitte des Textfelds, um es zu verkleinern, bzw. von der Mitte weg, um es zu vergrößern). Sobald Sie die Maustaste loslassen, wird das Textfeld neu gezeichnet. Wenn Sie die Größe und die Form des Textfelds ändern, umbricht Excel 2000 automatisch den Kommentartext so, daß dieser in die neue Form und Größe des Textfelds paßt.

Aber alles halb so schlimm! Denn auch die Schrift für den Kommentar läßt sich natürlich ändern. Klicken Sie auf den Kommentar, und wählen Sie im Menü FORMAT den Befehl KOMMENTAR. Das Dialogfeld »Kommentar formatieren« wird geöffnet, das nur das Register SCHRIFT enthält (dasselbe wie im Dialogfeld »Zellen« – Abbildung 3.15). Ändern Sie hier die Schriftart, Schriftgröße, Schriftfarbe etc. für den angezeigten Kommentar.

Ein Kommentar läßt sich natürlich auch wieder löschen. Markieren Sie dazu die Zelle, die den Kommentar enthält, und wählen Sie im Menü BEARBEITEN den Befehl LÖSCHEN und im angezeigten Untermenü den Befehl KOMMENTARE. Falls Ihnen das jetzt zu umständlich war, nehmen Sie den Befehl KOMMENTAR LÖSCHEN aus dem Kontextmenü der Zelle. Der Kommentar wird samt rotem Dreieck aus der Zelle entfernt.

Für die Bearbeitung der Kommentare läßt sich auch die Zeichnen-Symbolleiste ganz gut verwenden. Hiermit können Sie für das Textfeld die Hintergrundfarbe ändern oder auch eine neue Form oder Schattierung auswählen. (Kapitel 8 weiß im Abschnitt »Frei wie ein Vogel (nicht zugeordneter Text)« mehr dazu.)

Der Kommentar im Ausdruck

Wenn Sie ein Arbeitsblatt drucken, dann können Sie die Kommentare zusammen mit den ausgewählten Daten aus dem Arbeitsblatt drucken. Sie brauchen dazu nur im Dialogfeld »Seite einrichten« im Register TABELLE im Listenfeld KOMMENTARE eine Option auszuwählen. Wenn Sie wissen wollen, was es mit den Optionen AM ENDE DES BLATTES bzw. WIE AUF DEM BLATT ANGEZEIGT auf sich hat, dann lesen Sie in Kapitel 5 den Abschnitt »Der Tabelle zeigen, wo's langgeht«.

Wie heißt denn die Zelle?

Wenn Sie Zellen und Zellbereichen allgemeinverständliche Namen zuweisen, werden Sie sehr viel länger den Überblick über den Verbleib wichtiger Daten in einer Arbeitsmappe behalten.

Anstatt sich also zu bemühen, die merkwürdigen Zellkoordinaten mit bestimmten Informationen in Verbindung zu bringen, merken Sie sich einfach einen Namen. Und was noch besser ist: Nachdem Sie einen Namen für eine Zelle oder einen Zellbereich festgelegt haben, können Sie ihn mit der Gehe-Zu-Funktion anwählen und sogleich zum gewünschten Zellbereich springen.

Das Kind beim Namen nennen

Wenn Sie einen Namen für eine Zelle oder einen Zellbereich festlegen, sollten Sie sich an die folgenden kleinen Regeln halten:

- ✔ Der Name muß mit einem Buchstaben, nicht mit einer Zahl beginnen, also »Gewinn97« (nicht »97Gewinn«).
- ✔ Der Name darf keine Leerzeichen enthalten. Statt eines Leerzeichens verwenden Sie den Unterstrich (_), um die Bestandteile des Namens zu kennzeichnen (z.B. »Gewinn_97«).
- ✔ Der Name darf weder Zahlen noch Zellbezügen ähneln. Sie können z.B. eine Zelle nicht »Q1« nennen, da dies ein Zellbezug ist. Verwenden Sie statt dessen »Q1_Gesamt«.

Und so legen Sie einen Namen für eine Zelle oder einen Zellbereich fest:

1. **Markieren Sie die Zelle oder den Zellbereich.**
2. **Klicken Sie im Namensfeld in der Bearbeitungsleiste auf die Zelladresse.**

   Die Zelladresse im Namensfeld wird markiert.
3. **Geben Sie den Namen für die markierten Zellen in das Namensfeld ein.**

   Schauen Sie sich noch mal die obige Liste an, um sicherzugehen, daß Sie dem Zellbereich keinen ungültigen Namen zuweisen.
4. **Wählen Sie »OK«, oder drücken Sie [Eingabe].**

Wenn Sie jetzt eine benannte Zelle oder einen benannten Zellbereich in einem Tabellenblatt auswählen wollen, klicken Sie im Dropdown-Listenfeld des Namensfelds auf den entsprechenden Namen. Sie öffnen dieses Listenfeld, indem Sie auf den nach unten zeigenden Pfeil gleich rechts neben der Zelladresse klicken.

Um einen Zellbereich zu markieren, dem Sie bereits einen Namen zugewiesen haben, drücken Sie [F5] oder wählen den Befehl GEHE ZU im Menü BEARBEITEN. Daraufhin wird das Dialogfeld »Gehe zu« geöffnet (Abbildung 6.10). Doppelklicken Sie auf den gewünschten Namen im Listenfeld GEHE ZU (bzw. markieren Sie den Namen, und wählen Sie »OK«, oder drücken Sie [Eingabe]). Excel setzt den Zellcursor direkt auf die benannte Zelle bzw. markiert den benannten Zellbereich.

Abbildung 6.10: Das Dialogfeld »Gehe zu«

Auch Formeln haben einen Namen

Mit Zellnamen lassen sich Zellen nicht nur hervorragend aufspüren, mit ihrer Hilfe kann man Formeln zu einem logischeren Aufbau verhelfen. Gehen wir mal davon aus, daß Sie in der Zelle K3 eine ganz simple Formel eingegeben haben, die die Stunden, die Sie für einen Kunden tätig waren (in Zelle I3), mit Ihrem Stundensatz (in Zelle J3) multipliziert, um auszurechnen, wieviel Sie dem Kunden in Rechnung stellen können. Normalerweise würden Sie diese Formel in Zelle K3 so eingeben:

```
=I3*J3
```

Wenn Sie jedoch die Zelle I3 »Stunden« und die Zelle J3 »Stundensatz« genannt haben, dann könnten Sie als Formel in K3 auch eingeben:

```
=Stunden*Stundensatz
```

Es läßt sich wohl nicht bestreiten, daß man sich unter der Formel »=Stunden*Stundensatz« sehr viel mehr vorstellen kann als unter »=I3*J3«.

Wenn Sie von dieser Möglichkeit, Formeln zu gestalten, angetan sind, dann steht hier, wie's funktioniert:

1. **Geben Sie Ihren Zellen Namen, so wie Sie es bereits gelernt haben. (Jetzt kontrolliere ich, ob Sie auch aufgepaßt haben!)**

   Geben Sie für dieses Beispiel der Zelle I3 den Namen »Stunden« und der Zelle J3 den Namen »Stundensatz« .

2. **Setzen Sie den Zellcursor in die Zelle, in der die Formel angezeigt werden soll.**

   Setzen Sie den Zellcursor also in Zelle K3.

3. **Beginnen Sie die Formel mit dem Gleichheitszeichen (=).**

4. **Markieren Sie die erste Zelle, auf die sich die Formel bezieht, indem Sie entweder darauf klicken oder den Zellcursor dort positionieren.**

   Wählen Sie in diesem Fall I3, indem Sie in der Liste auf den Zellnamen »Stunden« klicken.

5. **Geben Sie den mathematischen Operator ein, der in der Formel verwendet werden soll.**

   Für dieses Beispiel geben Sie das Sternchen (*) als Multiplikationszeichen ein. (Kapitel 2 enthält eine Liste mit weiteren mathematischen Operatoren.)

6. **Markieren Sie die zweite Zelle, auf die sich die Formel bezieht, wie in Schritt 4 beschrieben.**

   Wählen Sie in diesem Fall J3, indem Sie in der Liste auf den Zellnamen »Stundensatz« klicken.

7. **Klicken Sie auf das Eingabefeld, oder drücken Sie [Eingabe], um die Formel zu beenden.**

   Wenn Sie alle Schritte ausgeführt haben, dann schreibt Excel in Zelle K3 die Formel »=Stunden*Stundensatz«.

Formeln, die Zellnamen enthalten, lassen sich mit dem Ausfüllkästchen nicht in andere Zellen einer Spalte oder Zeile kopieren, die dieselbe Funktion ausführen. (Mehr dazu in Kapitel 4 unter »Die Formel und das AutoAusfüllen«.) Wenn Sie also eine Formel kopieren, die im Original Zellnamen statt Zelladressen enthält, dann kopiert Excel diese Formel, ohne dabei die Zellbezüge an die neuen Zeilen und Spalten anzupassen. Wenn Sie jedoch gerne wissen möchten, wie Sie die Zellbezüge sowohl in den kopierten Formeln als auch in der Originalformel mit Zeilen- und Spaltenüberschriften benennen können, dann lesen Sie einfach das folgende Kapitel »Eine ganz besondere Form der Formelnamensgebung«.

Eine ganz besondere Form der Formelnamensgebung

Wenn Sie mit einer ganz normalen Datentabelle arbeiten, die Zeilen- und Spaltenüberschriften enthält (wie die in Abbildung 6.11), dann können Sie in Excel mit diesen Überschriften anstatt mit den entsprechenden Zelladressen arbeiten, um Zellen zu definieren, die in einer Formel verwendet werden sollen. Diese Funktion erspart Ihnen das lästige Zuweisen von Zellnamen, und stellt sicher, daß diese Spalten- und Zeilenüberschriften auch in den Kopien, die Sie von der ursprünglichen Formel erstellen, angezeigt werden.

Bevor Sie sich jetzt jedoch ärgern, daß das folgende Beispiel bei Ihnen überhaupt nicht klappt, gebe ich Ihnen noch einen kleinen Tip! Wählen Sie, ehe Sie loslegen, im Menü Extras den Befehl Optionen, und klicken Sie im angezeigten Dialogfeld auf das Register Berechnung. Dort gibt es im Gruppenfeld Arbeitsmappe das Kontrollkästchen Beschriftungen in Formeln zulassen. Wenn Sie das aktivieren, läuft alles wie geschmiert!

Die Abbildungen 6.11 und 6.12 zeigen, wie einfach es ist, eine Formel zu erstellen, die die Spalten- und Zeilenüberschriften aus der Tabelle verwendet, und dann diese Formel (mit diesen Überschriften) in andere Zellen in der Tabelle zu kopieren.

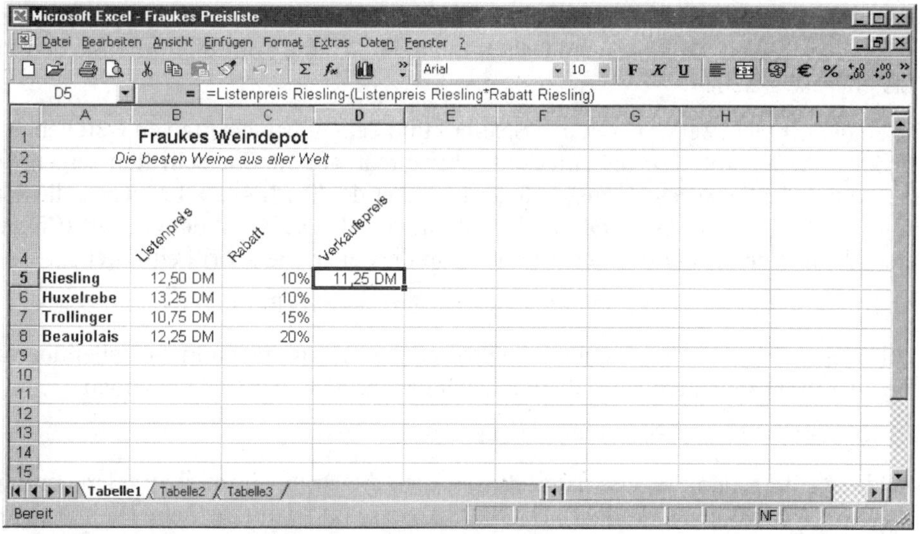

Abbildung 6.11: Ich habe mit den Spalten- und Zeilenüberschriften eine Formel zur Berechnung des Verkaufspreises erstellt.

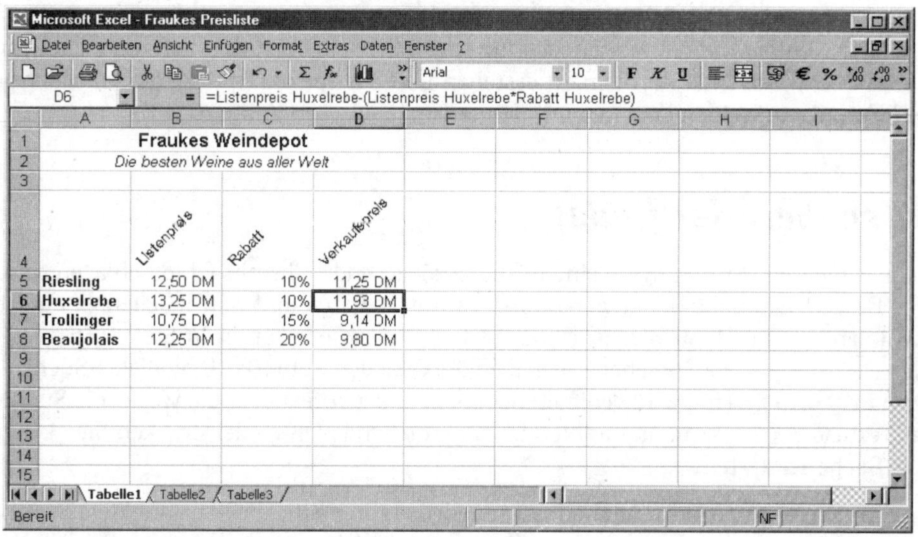

Abbildung 6.12: Diese Superformel habe ich dann in die Zellen kopiert, in denen ich ebenfalls den Verkaufspreis ermitteln will.

Abbildung 6.11 zeigt eine einfache Tabelle, in der der Verkaufspreis für eine Reihe von Weinen ermittelt wird, die in Fraukes Weindepot verkauft werden. Die erste Spalte der Tabelle enthält die Zeilenüberschriften mit den Bezeichnungen der Weine. In der zweiten Spalte stehen die Listenpreise für den jeweiligen Wein und in der dritten Spalte die gewährten Rabatte. Die vierte Spalte enthält dann die Verkaufspreise für jeden dieser Weine. Um nun den Verkaufspreis für die einzelnen Weine zu ermitteln, brauchen Sie eine Formel, in der Sie den Rabatt vom Listenpreis abziehen.

Um die erste Formel in Zelle D5 mit den Spalten- und Zeilenüberschriften zu erstellen, mußte ich zunächst die gesamte Formel eingeben. (Wenn man auf die Überschriften zeigen würde, ließen sich nur die Zelladressen auswählen, nicht aber der Text!) Anstatt nun also die Adresse der Zelle, die den Listenpreis enthält (z. B. B5), und die der Zelle mit dem Rabatt (C5) auszuwählen, habe ich die Spaltenüberschrift und dann die Zeilenüberschrift eingegeben:

```
Listenpreis Riesling-(Listenpreis Riesling*Rabatt Riesling)
```

Es ist übrigens ganz egal, ob ich zuerst die Spaltenüberschrift und dann die Zeilenüberschrift eingebe oder umgekehrt. Ich hätte diese Formel genausogut so erstellen können:

```
Riesling Listenpreis-(Riesling Listenpreis*Riesling Rabatt)
```

In Abbildung 6.12 sehen Sie, was passiert, wenn ich die Originalformel zur Berechnung des Verkaufspreises in D5 in den Zellbereich D6:D8 kopiere und dann die Zelle D6 markiere. Der Inhalt der Formel für die Zelle D6 liest sich so:

```
Listenpreis Huxelrebe-(Listenpreis Huxelrebe*Rabatt Huxelrebe)
```

Stark, nicht? Das heißt also, wenn Sie eine Formel mit Spalten- und Zeilenüberschriften erstellen, dann werden diese in neue Zellbereiche kopiert und automatisch an die Zellen angepaßt, die diese neue Formel verwendet. Nun sagen Sie selbst: Ist das nicht eine einfache Methode, um beschreibende Formeln zu erstellen und das sowohl im Original als auch in der Kopie?! Ade, ihr schnöden Formeln mit den unverständlichen Zellbezügen!

Wer suchet, der findet

Wenn alle anderen Bemühungen, einen Zelleintrag zu finden, bereits fehlgeschlagen sind, sollten Sie Excels Suchfunktion aktivieren, um bestimmte Daten in Ihrem Tabellenblatt aufzuspüren. Wählen Sie im Menü BEARBEITEN den Befehl SUCHEN, oder drücken Sie `Strg`+`F` oder `Umschalt`+`F5` – wie Sie sehen, Sie haben die Qual der Wahl. Das Dialogfeld »Suchen«, wie in Abbildung 6.13 gezeigt, wird geöffnet. Schreiben Sie den Text oder die Werte, die Sie suchen, in das Textfeld SUCHEN NACH, und wählen Sie anschließend »OK«, oder drücken Sie `Eingabe`, um die Suche zu starten.

Wenn Sie nach einem Eintrag suchen, achten Sie bei Ihrer Eingabe in das Textfeld SUCHEN NACH darauf, ob der Text oder der Wert ein vollständiger Zelleintrag ist oder nur einen Ausschnitt aus einem Zelleintrag darstellt. In Abbildung 6.11 ist im Textfeld SUCHEN NACH `nr` eingegeben. Da das Kontrollkästchen NUR GANZE ZELLEN SUCHEN nicht aktiviert ist, findet Excel

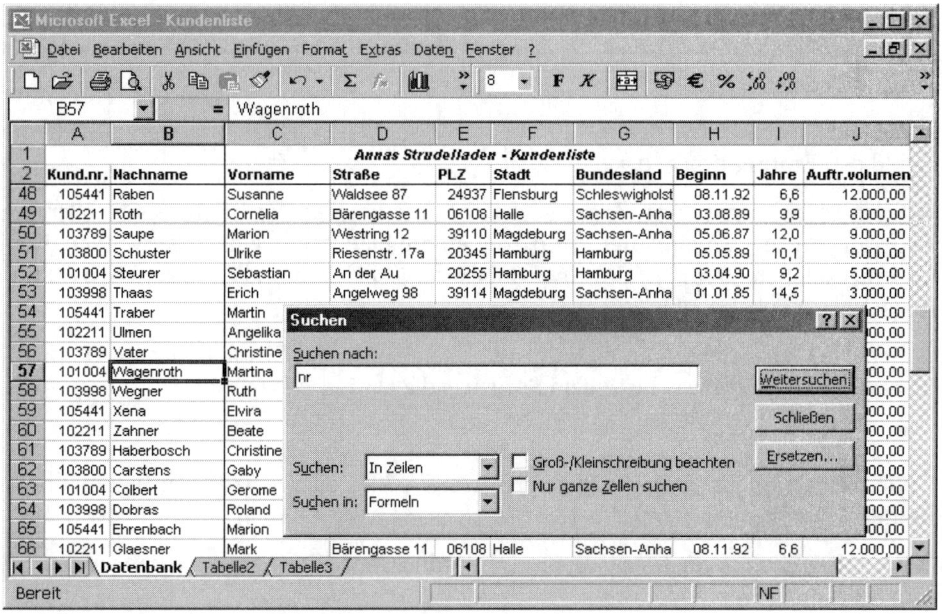

Abbildung 6.13: Das Dialogfeld »Suchen«

- ✔ den Eintrag »nr« im Feldnamen »Kund.nr« in Zelle A2 sowie
- ✔ den Eintrag »nr« in »Wagenroth« in Zelle B57.

Wenn Sie vor Suchbeginn das Kontrollkästchen Nur ganze Zellen suchen aktiviert hätten, hätte Excel keinen Eintrag gefunden, da ja die beiden zuvor gefundenen Einträge den Ausdruck nr ja nur als Bestandteile des Zelleintrags enthalten.

Wenn Sie nach Text suchen, können Sie auch festlegen, ob Excel bei der Suche auf die Groß- bzw. Kleinschreibung achten soll. Standardmäßig legt Excel auf diesen kleinen (aber oft wichtigen) Unterschied keinen Wert. Ist es aber für die Eingrenzung Ihres Suchbegriffs erforderlich, daß Excel zwischen der Groß- und Kleinschreibung unterscheidet, dann sollten Sie das Kontrollkästchen Groß-/Kleinschreibung beachten aktivieren.

Wenn Sie in einem Tabellenblatt nach Werten suchen, denken Sie immer an den Unterschied zwischen Formeln und Werten. In Abbildung 6.7 wird z. B. in Zelle I6 der Kundenliste der Wert 10,1 angezeigt. Wenn Sie jedoch »10,1« in das Textfeld Suchen nach eingeben und [Eingabe] drücken, um die Suche zu starten, wird sofort eine Meldung angezeigt, daß Excel keine übereinstimmenden Daten finden kann.

Excel konnte den Wert 10,1 in Zelle I6 nicht finden, da dieser Wert mit der folgenden Formel errechnet wurde und Excel standardmäßig in den Formeln (d. h. nicht im Wert selbst) nach einer Übereinstimmung sucht:

```
=(JETZT()-H15)/365
```

Um nach dem Wert 10,1, der in I6 mit dieser Formel errechnet wurde, zu suchen, markieren Sie im Dropdown-Listenfeld SUCHEN IN den Eintrag WERTE. Standardmäßig ist hier die Option FORMELN aktiviert.

Wenn Sie nach Text oder Werten in Kommentaren suchen möchten, markieren Sie in diesem Listenfeld den Eintrag KOMMENTARE.

Wenn Sie nicht wissen, wie ein Wort oder ein Name korrekt geschrieben wird oder wie der Wert oder die Formel genau lautet, dann können Sie Platzhalterzeichen verwenden. Nehmen Sie das Fragezeichen (?) für ein einzelnes unbekanntes Zeichen und das Sternchen (*) für eine beliebige Anzahl unbekannter Zeichen.

Versuchen Sie's mal: Geben Sie die folgenden Zeichen in das Textfeld SUCHEN NACH ein, und markieren Sie im Dropdown-Listenfeld SUCHEN IN die Option WERTE.

```
7*4
```

Excel sucht daraufhin nach Zellen, die Werte wie »74.704« oder »75234« enthalten, und findet auch einen Texteintrag wie »Badstr. 73 4. Stock«.

Wenn Sie tatsächlich einmal nach einem (Multiplikations-)Sternchen suchen wollen, stellen Sie dem Sternchen eine Tilde voran:

```
~*4
```

Auf diese Art und Weise können Sie nach einer Formel suchen, in der mit 4 multipliziert wird.

Wenn Sie den folgenden Eintrag im Textfeld SUCHEN NACH verwenden, werden Zelleinträge wie »Jan, Januar, Juni« etc. gefunden:

```
J?n*
```

In der Regel sucht Excel nur im aktuellen Tabellenblatt nach dem von Ihnen eingegebenen Suchtext. Wenn das Programm alle Tabellenblätter einer Arbeitsmappe durchsuchen soll, müssen Sie alle Tabellenblätter markieren, bevor Sie Ihre Suchaktion starten. Um alle Tabellenblätter einer Arbeitsmappe auszuwählen, klicken Sie mit der rechten Maustaste auf eines der Register am unteren Rand des Dokumentfensters und wählen dann im angezeigten Kontextmenü den Befehl ALLE BLÄTTER AUSWÄHLEN. Wie Sie mit mehr als einem Tabellenblatt in einer Arbeitsmappe arbeiten, erzähle ich Ihnen in Kapitel 7.

Wenn Excel eine Zelle im Tabellenblatt findet, die den gesuchten Text oder Wert enthält, wird diese Zelle markiert. Das Dialogfeld »Suchen« bleibt geöffnet. (Sollte es die Sicht auf die gesuchte Zelle versperren, ziehen Sie es einfach auf die Seite.) Um die nächste Übereinstimmung zu suchen, wählen Sie die Schaltfläche »Weitersuchen« bzw. drücken [Eingabe].

Excel sucht normalerweise die Zeilen von oben nach unten durch. Wenn Sie jedoch lieber spaltenweise suchen möchten, markieren Sie im Dropdown-Listenfeld SUCHEN den Eintrag IN SPALTEN. Wenn Sie einen zuvor gefundenen Eintrag nochmals anzeigen lassen wollen, drücken Sie [Umschalt] und klicken dabei auf die Schaltfläche »Weitersuchen«.

Passen Sie auf bei Zellersatzteilen!

Wenn Sie einen Zelleintrag nur suchen, um ihn anschließend zu ersetzen, können Sie diesen Vorgang automatisch ablaufen lassen, indem Sie den Befehl Ersetzen im Menü Bearbeiten wählen oder [Strg]+[H] drücken. In das Dialogfeld »Ersetzen« geben Sie im Textfeld Suchen nach den Wert oder Text ein, der ersetzt werden soll, und in das Textfeld Ersetzen durch den Wert oder Text ein, durch den ersetzt werden soll.

Wenn Sie den Ersatztext eingeben, achten Sie darauf, den Text genau so zu schreiben, wie er am Bildschirm angezeigt werden soll. Mit anderen Worten: Wenn Sie jedesmal, wenn *Jan* im Tabellenblatt steht, dies durch *Januar* ersetzen möchten, muß folgendes im Textfeld Ersetzen durch stehen:

```
Januar
```

Denken Sie daran, daß Sie im Textfeld Ersetzen durch genau auf die Groß- oder Kleinschreibung eines Worts achten müssen, auch wenn Sie im Textfeld Suchen nach hierauf keine Rücksicht zu nehmen brauchen (immer vorausgesetzt natürlich, daß das Kontrollkästchen Gross-/Kleinschreibung beachten nicht aktiviert ist).

Nachdem Sie eingegeben haben, was gesucht und durch was ersetzt werden soll, lassen Sie Excel die übereinstimmenden Einträge im Tabellenblatt entweder von Fall zu Fall (auf »Ersetzen« klicken) oder alle in einem Arbeitsgang ersetzen (auf »Alle ersetzen« klicken).

Seien Sie vorsichtig mit der Wahl der Schaltfläche »Alle ersetzen«. Ihr ganzes Tabellenblatt kann mit einem Mal durcheinander gewirbelt werden, wenn Sie damit – nichts Böses ahnend – Werte, Teile von Formeln oder Zeichen in Überschriften ersetzen, die Sie eigentlich gar nicht ersetzen wollten. Als Vorsichtsmaßnahme lege ich Ihnen folgende goldene Regel ans Herz:

Führen Sie niemals die Funktion »Alle ersetzen« in einem nicht gespeicherten Dokument durch.

Vergewissern Sie sich vor dem Ersetzen auch, daß das Kontrollkästchen Nur ganze Zellen suchen aktiviert ist. Es könnte Ihnen eine ganze Reihe ungewollter Änderungen bescheren, wenn Sie dieses Kontrollkästchen nicht aktivieren, und Sie wirklich nur ganze Zelleinträge ersetzen wollen.

Wenn Sie aber tatsächlich einmal einen Wurm reingebracht haben, wählen Sie den Befehl Rückgängig im Menü Bearbeiten (bzw. drücken [Strg]+[Z]), um das Tabellenblatt wieder in seinen alten Zustand zu versetzen. Wenn Sie das Problem erst zu spät erkennen und nichts mehr rückgängig gemacht werden kann, schließen Sie das Dokument, ohne es zu speichern, und öffnen dann die vor dem Ersetzen gespeicherte Version. Was für ein Glück, daß Sie dies gelesen haben!

Wenn Excel Ihnen alle gefundenen Einträge zuerst anzeigen soll, klicken Sie auf die Schaltfläche »Weitersuchen« oder drücken [Eingabe]. Excel markiert dann die nächste Zelle, die den Text oder Wert enthält, den Sie im Textfeld Suchen nach eingegeben haben. Soll Excel den markierten Text ersetzen, dann klicken Sie auf die Schaltfläche »Ersetzen«. Falls Sie gerade diese Übereinstimmung nicht ersetzen wollen, klicken Sie auf »Weitersuchen«, um mit der Suche fortzufahren. Um das Dialogfeld »Ersetzen« zu schließen, weil der Suchen-und Ersetzen-Vorgang für Sie beendet ist, klicken Sie kurz entschlossen auf »Schließen«.

Berechnen oder nicht berechnen

Die Suche nach Daten in einem Tabellenblatt ist zwar zugegebenermaßen außerordentlich wichtig; sie ist aber nur eine der Möglichkeiten, die Daten in den Griff zu kriegen. In wirklich umfangreichen Tabellenblättern kann es z.B. vorteilhaft sein, die Neuberechnung von Einträgen manuell zu steuern. Dies ist dann von Vorteil, wenn durch das ständige Neuberechnen geänderter oder neu eingegebener Daten das Arbeiten mit Excel nur noch im Schneckentempo vorangeht. Wenn Sie diese Neuberechnungen erst durchführen lassen, wenn Sie das Tabellenblatt speichern oder drucken wollen, werden Sie von dererlei Verzögerungen nichts mitbekommen.

Um die Neuberechnungen manuell zu steuern, wählen Sie den Befehl OPTIONEN im Menü EXTRAS und klicken dann im Dialogfeld »Optionen« auf das Register BERECHNUNG. Wählen Sie dann im Gruppenfeld BERECHNUNG das Optionsfeld MANUELL. Deaktivieren Sie auf keinen Fall das Kontrollkästchen VOR DEM SPEICHERN NEU BERECHNEN (d. h., in dem Kästchen *muß* ein Häkchen sein!), damit Excel automatisch alle Formeln neu berechnet, wenn Sie das Tabellenblatt speichern. Wenn Sie dieses Kontrollkästchen aktiviert lassen, können Sie davon ausgehen, daß Sie stets die aktuellsten Werte mit Ihrer Arbeitsmappe speichern.

Wenn Sie das Optionsfeld MANUELL aktiviert haben, wird in der Statusleiste die Meldung `Berechnen` angezeigt, sobald Sie im Tabellenblatt eine Änderung vornehmen, die sich irgendwie auf die aktuellen Werte Ihrer Formeln auswirkt. Die Meldung `Berechnen` will Sie darauf aufmerksam machen, daß Excel die Formeln aktualisieren, d. h. neu berechnen sollte, bevor Sie die Arbeitsmappe speichern oder drucken.

Um die Formeln in einem Tabellenblatt neu zu berechnen, drücken Sie [F9] oder klicken auf die Schaltfläche »Neu berechnen (F9)« auf der Registerkarte BERECHNUNG im Dialogfeld »Optionen«.

Excel berechnet daraufhin alle Formeln in allen geöffneten Tabellenblättern einer Arbeitsmappe neu. Falls Sie Änderungen nur im aktuellen Tabellenblatt vorgenommen haben und nicht warten wollen, bis Excel jedes einzelne Tabellenblatt neu berechnet hat, können Sie die Neuberechnung auf das aktuelle Tabellenblatt beschränken, indem Sie auf der Registerkarte BERECHNUNG im Dialogfeld »Optionen« auf die Schaltfläche »Datei berechnen« klicken oder [Umschalt]+[F9] drücken.

Schützen Sie sich!

Sobald Sie ein Tabellenblatt so gut wie fertiggestellt haben, d.h. die Formeln überprüft und den Text nochmals gelesen haben, möchten Sie Ihr Dokument doch sicherlich gern vor unplanmäßigen Änderungen schützen.

Jede Zelle in einem Tabellenblatt kann *gesperrt* bzw. *nicht gesperrt* sein. Excel sperrt alle Zellen in einem Tabellenblatt, wenn Sie meinen Anweisungen Folge leisten:

1. **Wählen Sie den Befehl SCHUTZ im Menü EXTRAS und dann im angezeigten Untermenü den Befehl BLATT SCHÜTZEN.**

   Excel öffnet das Dialogfeld »Blatt schützen«, in dem die Kontrollkästchen INHALTE, OBJEKTE und SZENARIEN bereits aktiviert sind.

2. **Wenn Sie ein Kennwort zuweisen wollen, das eingegeben werden muß, bevor der Schutz für ein Tabellenblatt wieder entfernt werden kann, dann geben Sie ein Kennwort in das Textfeld KENNWORT (OPTIONAL) ein.**

3. **Klicken Sie auf »OK«, oder drücken Sie `Eingabe`.**

   Wenn Sie ein Kennwort eingegeben haben, dann wird ein neues Dialogfeld »Kennwort bestätigen« geöffnet. Geben Sie hier das Kennwort erneut ein, und achten Sie darauf, es genau so zu schreiben wie im Textfeld KENNWORT (OPTIONAL) im Dialogfeld »Blatt schützen«. Klicken Sie dann auf »OK«, oder drücken Sie `Eingabe`.

Sie können auch noch einen Schritt weitergehen und das gesamte Layout der Tabellenblätter in einer Arbeitsmappe schützen. Das geht so:

1. **Wählen Sie den Befehl SCHUTZ im Menü EXTRAS und dann im angezeigten Untermenü den Befehl ARBEITSMAPPE SCHÜTZEN.**

   Excel öffnet das Dialogfeld »Arbeitsmappe schützen«, in dem das Kontrollkästchen AUFBAU bereits aktiviert ist, das Kontrollkästchen FENSTER jedoch nicht. Wenn Sie den Aufbau einer Arbeitsmappe schützen, dann können die Tabellenblätter z. B. nicht mehr gelöscht oder umbenannt werden. Die Fenster in einer Arbeitsmappe zu schützen, ist dann sinnvoll, wenn Sie Teilungen oder Fixierungen vorgenommen haben, wie ich sie am Anfang dieses Kapitels beschrieben habe.

2. **Wenn Sie ein Kennwort zuweisen wollen, das eingegeben werden muß, bevor der Schutz für ein Tabellenblatt wieder entfernt werden kann, dann geben Sie ein Kennwort in das Textfeld KENNWORT (OPTIONAL) ein.**

3. **Klicken Sie auf »OK«, oder wählen Sie `Eingabe`.**

   Wenn Sie ein Kennwort eingegeben haben, dann wird ein neues Dialogfeld »Kennwort bestätigen« geöffnet. Geben Sie hier das Kennwort erneut ein, und achten Sie darauf, es genau so zu schreiben wie im Textfeld KENNWORT (OPTIONAL) im Dialogfeld »Blatt schützen«. Klicken Sie dann auf »OK«, oder drücken Sie `Eingabe`.

Wenn Sie den Befehl BLATT SCHÜTZEN im Untermenü des Befehls SCHUTZ wählen, können in diesem Tabellenblatt die Inhalte der Zellen nicht mehr verändert werden. Ist die Arbeitsmappe geschützt, so scheitern alle Versuche an ihrem Layout etwas zu verändern.

Wenn Sie versuchen, einen Eintrag in einer gesperrten Zelle zu bearbeiten oder zu ersetzen, zeigt Excel eine Warnmeldung an, daß Sie versuchen, eine Zelle oder ein Diagramm zu ändern, das schreibgeschützt ist.

In der Regel wird es nicht in Ihrer Absicht liegen, in den Tabellenblättern einer Arbeitsmappe alle Zellen vor Änderungen zu schützen, sondern nur bestimmte Bereiche. In einem Budget-Tabellenblatt möchten Sie vielleicht alle Zellen schützen, die Überschriften und Formeln enthalten, und Änderungen in den Zellen zulassen, in die Sie die Budgetzahlen eingeben. Mit dieser Vorsichtsmaßnahme verhindern Sie, daß Sie aus Versehen eine Überschrift oder eine Formel aus dem Tabellenblatt löschen, bloß weil Sie einen Wert in eine falsche Spalte oder Zeile eingeben. (Das kommt häufiger vor, als Sie denken ...!)

Wenn Sie also bestimmte Zellen nicht sperren wollen, um sie auch dann noch ändern zu können, wenn Sie das Blatt geschützt haben, gehen Sie folgendermaßen vor (diese Schritte müssen Sie ausführen, *bevor* Sie ein Blatt schützen):

1. **Markieren Sie die Zellen, die weiterhin geändert werden sollen.**
2. **Öffnen Sie das Dialogfeld »Zellen formatieren«. (Wählen Sie den Befehl ZELLEN im Menü FORMAT (bzw. drücken Sie [Strg]+[1]), und klicken Sie auf das Register SCHUTZ.)**
3. **Deaktivieren Sie das Kontrollkästchen GESPERRT auf der Registerkarte SCHUTZ (d.h., Sie entfernen das Häkchen), und wählen Sie dann »OK«, oder drücken Sie [Eingabe].**
4. **Schützen Sie das Tabellenblatt, indem Sie den Befehl BLATT SCHÜTZEN im Untermenü zum Befehl SCHUTZ im Menü EXTRAS wählen.**
5. **Wählen Sie »OK«, oder drücken Sie [Eingabe].**

Um den Schutz für das aktuelle Tabellenblatt oder die Arbeitsmappe wieder aufzuheben und Änderungen durchführen zu können, wählen Sie den Befehl BLATTSCHUTZ AUFHEBEN bzw. ARBEITSMAPPENSCHUTZ AUFHEBEN im Untermenü zum Befehl SCHUTZ im Menü EXTRAS. Wenn Sie ein Kennwort für den Schutz der Arbeitsmappe oder des Tabellenblatts eingegeben haben, dann müssen Sie dieses jetzt in das Textfeld KENNWORT im Dialogfeld »Blattschutz aufheben« bzw. »Arbeitsmappenschutz aufheben« eingeben.

Schützen und freigeben

Wenn Sie eine Arbeitsmappe erstellen, deren Inhalt von verschiedenen Benutzern in Ihrem Netzwerk aktualisiert wird, dann können Sie mit dem neuen Befehl ARBEITSMAPPE SCHÜTZEN UND FREIGEBEN arbeiten. Diesen Befehl finden Sie im Untermenü des Befehls SCHUTZ im Menü EXTRAS. (Das haben Sie sich fast gedacht, oder?) Hiermit stellen Sie absolut sicher, daß Excel alle Änderungen verfolgt und auch daß niemand – sei es absichtlich oder unbewußt (man will ja niemandem etwas unterstellen) – diese Überwachungsfunktion wieder ausschaltet. Alles, was Sie zum Schutz der Arbeitsmappe tun müssen, ist das Kontrollkästchen FREIGABE MIT ÄNDERUNGSPROTOKOLL im Dialogfeld »Freigabe schützen« zu aktivieren, das angezeigt wird, wenn Sie den nun hinlänglich beschriebenen Befehl wählen. Nachdem Sie dieses Kontrollkästchen aktiviert haben, können Sie noch ein weiteres fieses Hindernis einbauen und im Textfeld KENNWORT (OPTIONAL) ein Kennwort vergeben. Auf diese Weise erhalten nur diejenigen einen Zugriff auf Ihre Arbeitsmappe, die das richtige Kennwort wissen.

Mit mehreren Tabellenblättern jonglieren

7

In diesem Kapitel erfahren Sie, wie Sie ...

- ✔ zwischen verschiedenen Tabellenblättern in einer Arbeitsmappe hin- und herspringen.
- ✔ Tabellenblätter in eine Arbeitsmappe einfügen.
- ✔ Tabellenblätter aus einer Arbeitsmappe löschen.
- ✔ mehrere Tabellenblätter markieren, um sie anschließend auf einen Schlag zu bearbeiten.
- ✔ Blattregister mit klangvollen Namen versehen.
- ✔ Tabellenblätter in einer Arbeitsmappe neu anordnen.
- ✔ verschiedene Tabellenblätter in unterschiedliche Fenster setzen und alle gleichzeitig am Bildschirm anzeigen.
- ✔ ein Tabellenblatt aus einer Arbeitsmappe in eine andere kopieren oder verschieben.
- ✔ Formeln fabrizieren, die sich auf Werte in anderen Tabellenblättern einer Arbeitsmappe beziehen.

Solange Sie noch ein(e) blutige(r) Anfänger(in) im Umgang mit Tabellen sind, haben Sie wahrscheinlich genug damit zu tun, ein einziges Tabellenblatt in den Griff zu bekommen. Allein der Gedanke an das Arbeiten mit mehreren Tabellenblättern bringt Sie schon zum Schwitzen. Sobald Sie aber etwas sicherer geworden sind, werden Sie feststellen, daß das Arbeiten mit mehreren Tabellenblättern in einer Arbeitsmappe auch nichts anderes ist als das Arbeiten mit einem.

Verwechseln Sie das Tabellenblatt nicht mit der Arbeitsmappe. Die *Arbeitsmappe* stellt das gesamte Dokument (die Datei) dar, das Sie öffnen und speichern, kopieren oder löschen etc. Jede Arbeitsmappe (= jede Datei) enthält standardmäßig drei leere *Tabellenblätter*. Stellen Sie sich diese drei leeren Tabellenblätter wie drei leere normale Blätter in einem Ringbuch vor, die Sie beschreiben, herausreißen etc. können. Damit Sie sich nicht in den drei Tabellenblättern verirren, ist jedes Tabellenblatt mit einem Blattregister versehen (TABELLE1 bis TABELLE3). Die Blätter entsprechen in etwa den Registerblättern in einem herkömmlichen Ringbuch. Sie sehen: Es ist alles mehr oder weniger so wie im wirklichen Leben.

Was ich an Tabellenblättern so liebe

Bevor Sie erfahren, *wie* Sie mit mehreren Tabellenblättern in Excel arbeiten, sollte ich vielleicht zunächst erklären, *warum* man so etwas überhaupt tut. Angenommen, Sie haben eine Bündel von Tabellenblättern erstellt, die alle thematisch zusammengehören und deshalb auch in derselben Arbeitsmappe abgelegt werden sollten. Nehmen wir beispielsweise Annas Strudelladen mit seinen Firmen. Jede Firma hat ihr eigenes Tabellenblatt in der Arbeitsmappe AS GMBH GESCHÄTZTER G+V 2000. In jedem einzelnen Tabellenblatt werden die Jahresumsätze pro Firma dokumentiert. Dadurch, daß Sie die Daten aller Firmen in einer Arbeitsmappe verwalten, haben Sie folgende Vorteile:

- ✔ Sie habe im Handumdrehen neue Tabellenblätter erstellt, da Sie die allgemeingültigen Daten, die in jedem Tabellenblatt vorkommen, nur einmal in der Arbeitsmappe eingeben müssen. (Mehr Infos zu diesem Thema gibt es im Abschnitt »Gruppenarbeit (oder alle für einen)« weiter unten in diesem Kapitel.)
- ✔ Sie können Makros, die Ihnen beim Erstellen des ersten Tabellenblatts geholfen haben, mit der aktuellen Arbeitsmappe verknüpfen. Warum denn das? Ganz einfach: Dadurch stehen die Makros in allen anderen Tabellenblättern der Arbeitsmappe zur Verfügung. Ein Makro enthält eine Abfolge von häufig ausgeführten, sich wiederholenden Aufgaben und Berechnungen, die Sie aufgezeichnet haben, um sie ganz einfach mit einem Mausklick wieder abzurufen. (Mehr über Makros finden Sie in Kapitel 11.)
- ✔ In Windeseile haben Sie die Umsätze der einzelnen Unternehmen miteinander verglichen. (Mehr hierzu finden Sie im Abschnitt »In Tabellenblättern fensterln« weiter unten in diesem Kapitel.)
- ✔ Sie können alle Tabellenblätter der Arbeitsmappe in einem Aufwasch drucken. (In Kapitel 5 habe ich beschrieben, wie Sie die gesamte Arbeitsmappe oder nur ganz bestimmte Tabellenblätter drucken.)
- ✔ Eine grafische Darstellung der Zahlen aller Tabellenblätter – nichts leichter als das. Infos hierzu finden Sie in Kapitel 8.
- ✔ Das Zusammenfassen der Daten aller Tabellenblätter einer Arbeitsmappe, z. B. nach Quartals- oder Jahresumsätzen, ist ein Kinderspiel. (Infos zu diesem Thema finden Sie im Abschnitt »Fassen wir zusammen!« weiter unten in diesem Kapitel.)

Blatt für Blatt aneinandergereiht

Ein kurzes Resümee: Jede Arbeitsmappe enthält drei Tabellenblätter mit den phantasievollen Bezeichnungen TABELLE1 bis TABELLE3. Diese Namen werden unten im Arbeitsmappenfenster in der Registerleiste angezeigt. Um nun zu einem anderen Tabellenblatt zu springen, klicken Sie einfach auf das entsprechende Register. Excel zeigt sofort diensteifrig das gewählte Tabellenblatt auf dem Bildschirm an. Und Sie wissen stets, mit welchem Tabellenblatt Sie gerade arbeiten, da das entsprechende Blattregister weiß statt grau und der Registername fett dargestellt ist.

Um mit Hilfe der Tastatur zum nächsten Tabellenblatt zu springen, drücken Sie `Strg`+`Bild ↓`. Zum vorherigen Tabellenblatt gelangen Sie durch Drücken von `Strg`+`Bild ↑`. Das Nette an diesen Tastenkombinationen ist, daß sie auch dann funktionieren, wenn das nächste bzw. das vorherige Tabellenblatt noch gar nicht in Sichtweite ist.

Wenn Sie eine ganze Reihe von Tabellenblättern eingfügt haben (mehr dazu später), werden wahrscheinlich nicht alle Blattregister gleichzeitig angezeigt. Praktisch, wie Excel nun mal denkt, stellt es deshalb eine Registerleiste mit Registerlaufpfeilen (links neben der Registerleiste) zur Verfügung, mit der Sie wie mit den Bildlaufleisten blättern können (Abbildung 7.1).

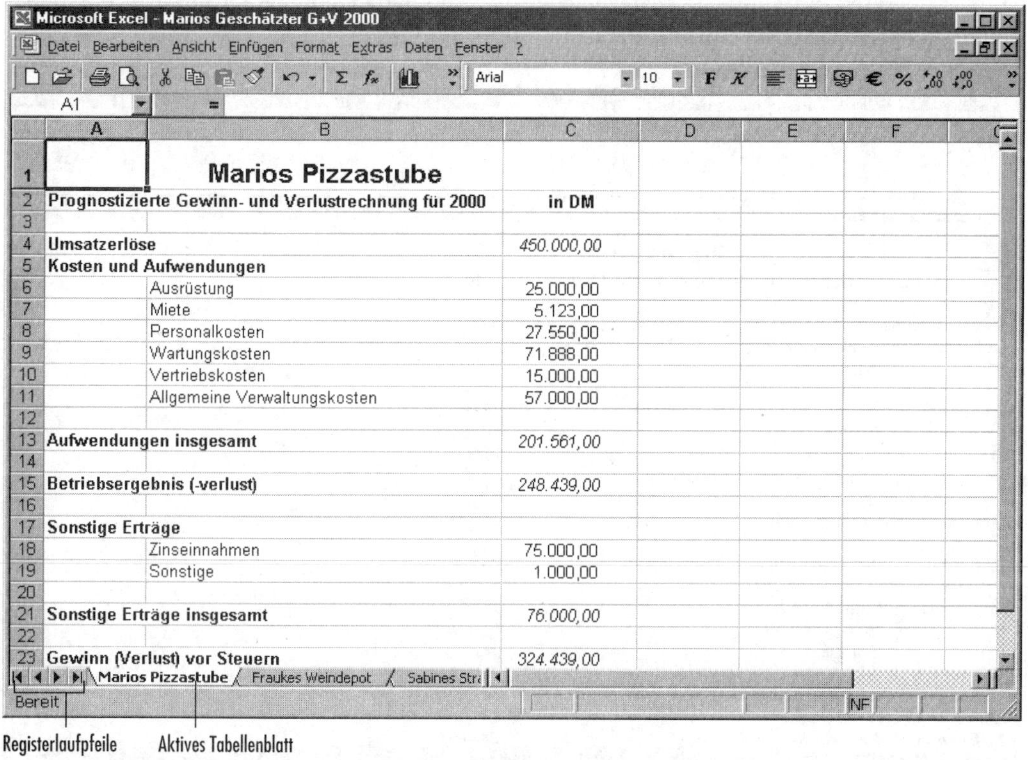

	A	B	C
1		Marios Pizzastube	
2	Prognostizierte Gewinn- und Verlustrechnung für 2000		in DM
3			
4	Umsatzerlöse		450.000,00
5	Kosten und Aufwendungen		
6		Ausrüstung	25.000,00
7		Miete	5.123,00
8		Personalkosten	27.550,00
9		Wartungskosten	71.888,00
10		Vertriebskosten	15.000,00
11		Allgemeine Verwaltungskosten	57.000,00
12			
13	Aufwendungen insgesamt		201.561,00
14			
15	Betriebsergebnis (-verlust)		248.439,00
16			
17	Sonstige Erträge		
18		Zinseinnahmen	75.000,00
19		Sonstige	1.000,00
20			
21	Sonstige Erträge insgesamt		76.000,00
22			
23	Gewinn (Verlust) vor Steuern		324.439,00

Abbildung 7.1: Haben Sie jede Menge Tabellenblätter eingefügt? Dann können Sie mit den Registerlaufpfeilen gemütlich durch die Register blättern.

- Wenn Sie auf den nach rechts zeigenden Registerlaufpfeil klicken, werden die nächsten Register angezeigt, die rechts in der Registerleiste stehen.
- Mit dem nach links zeigenden Registerlaufpfeil blättern Sie analog dazu nach links.
- Und da gibt es dann auch zwei Pfeile mit einem senkrechten Strich davor: Mit der nach rechts zeigenden Variante wird die letzte Registergruppe (einschließlich letztes Register)

angezeigt. Mit der nach links zeigenden Variante kriegen Sie analog dazu die erste Registergruppe (einschließlich erstes Register) zu Gesicht.

Bitte denken Sie stets daran: Das Blättern, um ein Register in der Registerleiste sichtbar zu machen, hat nichts mit dem Aktivieren eines Registers zu tun. Wenn das gewünschte Register endlich sichtbar geworden ist, müssen Sie trotzdem anschließend noch darauf klicken, um es zu aktivieren.

Damit das Hin- und Herhüpfen zwischen vielen Registern nicht zu kompliziert wird, gibt es noch das Registerteilungsfeld (Abbildung 7.2) ganz rechts in der Registerleiste. Damit können Sie die Registerleiste verlängern. Der Nachteil dabei ist, daß Sie dadurch die horizontale Bildlaufleiste verkürzen. Wenn Sie später wieder die Originallänge der Registerleiste herstellen wollen, doppelklicken Sie einfach auf das Registerteilungsfeld.

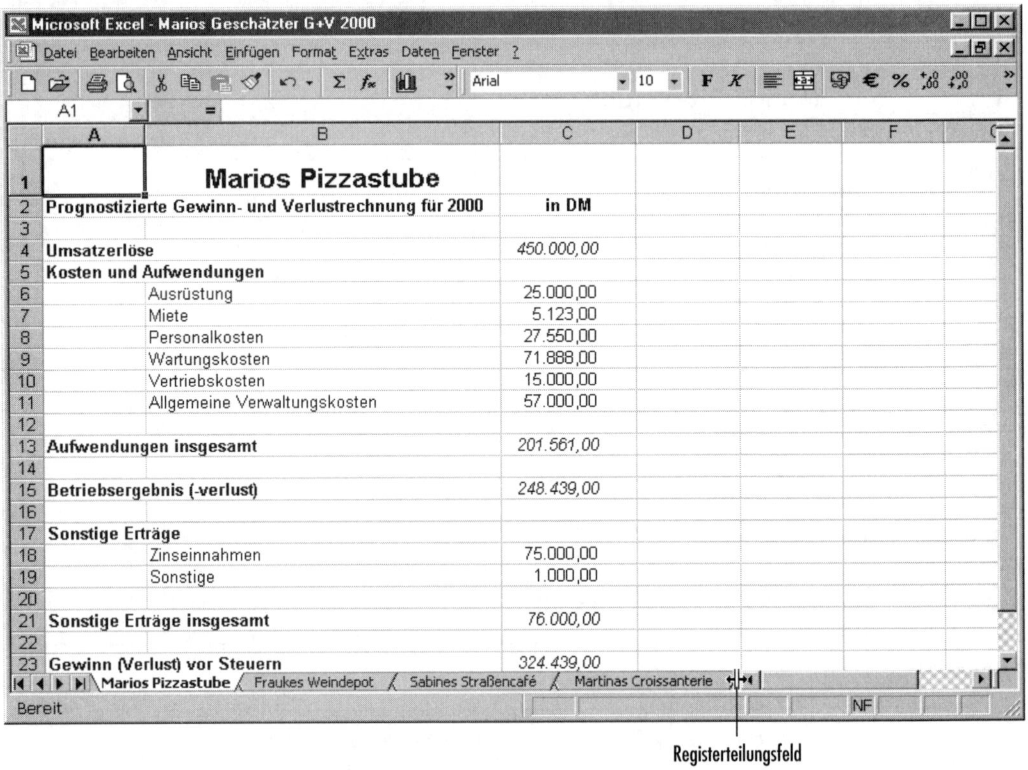

Abbildung 7.2: Mit dem Registerteilungsfeld können Sie die Registerleiste verlängern. Dadurch büßt aber die horizontale Bildlaufleiste an Länge ein.

Gruppenarbeit (oder alle für einen)

Wenn Sie also auf ein Blattregister klicken, wird das entsprechende Tabellenblatt angezeigt, und Sie können es nach Herzenslust bearbeiten. Was ist aber, wenn Sie in allen Tabellenblättern dieselben Änderungen vornehmen möchten. Jedes Blatt einzeln? Das kann nicht sein, oder? Nein! Sie können Gott sei Dank mehrere Blattregister markieren. Alles, was Sie anschließend ändern, wird in allen markierten Tabellenblättern übernommen.

Angenommen, Sie müssen drei Tabellenblätter in einer neuen Arbeitsmappe erstellen. Alle Blätter sollen die zwölf Monatsnamen in Zeile 3 ab Spalte B enthalten. Bevor Sie auch nur irgend etwas eingeben, markieren Sie zunächst die ersten drei Blattregister (Tabelle1, Tabelle2 und Tabelle3). Danach geben Sie im aktuellen Tabellenblatt in Zelle B3 `Januar` ein und ziehen das Ausfüllkästchen bis zur Zelle M3. Wer es nicht glauben will, der wechsle zum Tabellenblatt 2 oder 3. Unglaublich, aber wahr! Excel hat die Monatsnamen in alle drei Tabellenblätter eingefügt. Ganz schön clever, was?

Und noch ein Beispiel: Angenommen, Sie arbeiten in einer anderen Arbeitsmappe und wollen dort die Register Tabelle2 und Tabelle3 loswerden. Sie könnten nun natürlich auf das Register Tabelle2 klicken und den Befehl Blatt löschen im Menü Bearbeiten wählen und dann auf das Register Tabelle3 klicken und den Befehl erneut wählen. Zu umständlich! Markieren Sie die beiden Register, und eliminieren Sie sie in einem einzigen Schritt mit dem Befehl Blatt löschen im Menü Bearbeiten.

Jetzt habe ich soviel über das Markieren von Blattregistern erzählt. Aber Sie wissen wahrscheinlich immer noch nicht, wie das geht. Nun, dem kann abgeholfen werden:

- ✔ Wenn Sie eine Gruppe nebeneinander liegender Register markieren wollen, klicken Sie auf das erste Register und blättern in der Registerleiste so lange nach rechts, bis das letzte Register sichtbar wird, das Sie markieren möchten. Klicken Sie dann mit gedrückter `Umschalt`-Taste auf das letzte Register. Damit werden alle Register zwischen dem ersten und dem letzten markiert.
- ✔ Wenn die zu markierenden Register nicht nebeneinander liegen, klicken Sie auf das erste Register. Danach halten Sie `Strg` gedrückt und klicken nacheinander auf alle gewünschten Register.

Damit Sie auch wissen, welche Register markiert und welches Register das aktive ist, stellt Excel alle markierten Register in Weiß dar. Der Name des aktuellen Registers wird zusätzlich fett geschrieben. Außerdem wird in der Titelleiste der Arbeitsmappe hinter dem Dateinamen noch [Gruppe] angezeigt.

Um nach der Bearbeitung aller markierten Register die Markierung wieder aufzuheben, klicken Sie einfach auf ein nicht markiertes – sprich: graues – Register. Der Befehl Gruppierung aufheben im Kontextmenü für die Register tut's auch. Oder klicken Sie mit gedrückter `Umschalt`-Taste auf das aktuelle Blattregister.

Mal mehr, mal weniger

Vielleicht werden Sie die drei Tabellenblätter der Arbeitsmappe überhaupt nicht brauchen. Es kann aber durchaus Fälle geben, in denen Sie bedeutend mehr brauchen (wenn Sie beispielsweise die Daten eines Unternehmens mit 20 Niederlassungen oder das Budget für 30 Abteilungen verwalten wollen).

Aber das ist mit Excel kein Problem. Sie können jederzeit Tabellenblätter in eine Arbeitsmappe einfügen oder aus der Mappe löschen.

Um die Arbeitsmappe mit einem neuen Tabellenblatt zu verschönern, gehen Sie folgendermaßen vor:

1. **Markieren Sie das Register, vor dem das neue Tabellenblatt eingefügt werden soll.**
2. **Wählen Sie danach den Befehl TABELLENBLATT im Menü EINFÜGEN – schwupp – da ist sie schon.**

   Alternativ dazu können Sie auch den Befehl EINFÜGEN im Kontextmenü für die Register wählen. Daraufhin wird das Dialogfeld »Einfügen« geöffnet. Auf der Registerkarte ALLGEMEIN können Sie dann wählen, welche Art von Tabellenblatt Sie einfügen möchten. Also entweder TABELLE, DIAGRAMM, MICROSOFT EXCEL 4.0-MAKROVORLAGE, INTERNATIONALE MAKROVORLAGE oder MICROSOFT EXCEL 5.0-DIALOG. Und weiter geht's mit Schritt 3.

3. **Wählen Sie im Dialogfeld »Einfügen« auf der Registerkarte ALLGEMEIN die Schaltfläche für Tabellen. Drücken Sie nun** [Eingabe]**, oder wählen Sie »OK«, und schon wird das neue Tabellenblatt eingefügt.**

Wenn Sie gleich mehrere Tabellenblätter auf einen Schlag einfügen wollen, markieren Sie eine Gruppe von Registern (genau so viele Register, wie Sie einfügen wollen). Denken Sie daran, daß die neuen Blätter vor dem ersten markierten Register eingefügt werden. Wählen Sie danach den Befehl TABELLE im Menü EINFÜGEN oder den Befehl EINFÜGEN im Kontextmenü für die Register. (Im letzten Fall müssen Sie noch einmal »OK« wählen oder [Eingabe] drücken.)

Jetzt fehlt noch das Löschen von Tabellenblättern, und das geht so:

1. **Markieren Sie das Register des Tabellenblatts, das gelöscht werden soll.**
2. **Wählen Sie dann den Befehl BLATT LÖSCHEN im Menü BEARBEITEN. Der Befehl LÖSCHEN im Kontextmenü für die Register tut's auch.**

   Excel zeigt daraufhin eine furchterregende Meldung an, die besagt, daß das Blatt endgültig verlorengeht.

3. **Wenn Sie sich absolut sicher sind, daß Sie das Blatt nicht mehr brauchen, klicken Sie tapfer auf »OK«.**

Halten Sie sich aber stets vor Augen, daß Sie es hier mit einem der Fälle zu tun haben, bei denen der Befehl RÜCKGÄNGIG im Menü BEARBEITEN nicht verfügbar ist.

Und als allerletztes gibt es da noch das Löschen mehrerer Arbeitsblätter. Markieren Sie alle gewünschten Register, und wählen Sie dann den Befehl BLATT LÖSCHEN im Menü BEARBEITEN oder den Befehl LÖSCHEN im Kontextmenü für die Register. Auch hier erscheint diese schreckliche Meldung, die Sie mit »OK« bestätigen, wenn es Ihnen wirklich Ernst damit ist.

Sollten Sie feststellen, daß Sie immer wieder Tabellenblätter einfügen oder löschen müssen, wäre es vielleicht an der Zeit, die Standardzahl von drei Tabellenblättern zu ändern. Ja, das geht! Um diese magische Zahl in eine für Sie realistische Zahl umzuwandeln, wählen Sie den Befehl OPTIONEN im Menü EXTRAS und klicken auf das Register ALLGEMEIN. Dort gibt es das Feld BLÄTTER IN NEUER ARBEITSMAPPE, in dem Sie die Standardanzahl von Tabellenblättern in einer Arbeitsmappe ändern können.

Jedem Register seinen Namen

Sind wir mal ehrlich: Die Namen, die Excel standardmäßig für die Blattregister vergibt, sind nicht gerade das Gelbe vom Ei. TABELLE1 bis TABELLE3 – wer soll da noch wissen, was wo geschrieben steht. Das können Sie ändern. Sie haben die Möglichkeit, die Register einfach umzubenennen. Jeder Registername darf aber nicht länger als 31 Zeichen sein. Das müßte aber in den meisten Fällen reichen, oder?

Und so benennen Sie Ihre Register um:

1. **Doppelklicken Sie auf das entsprechende Register, oder klicken Sie auf das gewünschte Register, und wählen Sie dann den Befehl UMBENENNEN im Kontextmenü für die Register.**

   In beiden Fällen wird der Name des Blattregisters markiert.

2. **Überschreiben Sie den aktuellen Namen.**

3. **Klicken Sie auf »OK«.**

   Der neue Blattregistername wird nun im Arbeitsmappenfenster auf dem Blattregister angezeigt.

Einige gute Gründe dafür, warum Sie sich bei den Registernamen kurz fassen sollten

Auch wenn Excel Ihnen erlaubt, Registernamen mit bis zu 31 Zeichen (einschließlich Leerzeichen) zu vergeben, sollten Sie das nicht schamlos ausnützen, und zwar aus folgenden Gründen: Je länger der Registername, um so länger auch das Register selbst. Der Name muß ja irgendwie angezeigt werden. Und je länger das Register, um so weniger Register können angezeigt werden. Dies wiederum hat zur Folge, daß Sie ständig in der Registerleiste blättern müssen, weil dort ja nur so wenig Register angezeigt werden können. Das war der erste Grund.

Nun zum zweiten: Wenn Sie Formeln erstellen, die auf Zellen verweisen, die sich in verschiedenen Tabellenblättern befinden (ein Beispiel dafür finden Sie im Abschnitt »Fassen wir zusammen!« weiter unten in diesem Kapitel), verwendet Excel als Zellbezug unter anderem die Registernamen. (Denn wie soll Excel denn sonst zwischen der Zelle C1 in Tabelle1 und der in Tabelle2 unterscheiden?) Wenn Sie nun mit ellenlangen Registernamen arbeiten, werden auch Ihre Formeln dementsprechend lang. Das kann ganz schön anstrengend sein, wenn man mal einen Fehler in einer Formel sucht. Also, in der Kürze liegt die Würze!

Tabellenblätter nach Belieben anordnen

Manchmal werden Sie vielleicht bemerken, daß es besser wäre, wenn Ihre Tabellenblätter in der Arbeitsmappe anders angeordnet wären. Damit wären wir wieder beim guten alten »Ziehen und Ablegen« bzw. »Drag & Drop«. Sie können ein Blattregister problemlos an eine andere Position in der Registerleiste verschieben. Der Mauszeiger nimmt beim Ziehen die Form einer Seite mit Eselsohr in der oberen rechten Ecke an. Zusätzlich wird beim Ziehen die zukünftige Position der Registermarke durch einen kleinen nach unten zeigenden Pfeil verdeutlicht (Abbildungen 7.3 und 7.4). Sobald Sie die Maustaste loslassen, ordnet Excel die Tabellenblätter Ihren Wünschen entsprechend neu an. Das gezogene Tabellenblatt wird genau dort eingefügt, wo Sie es »fallengelassen« haben.

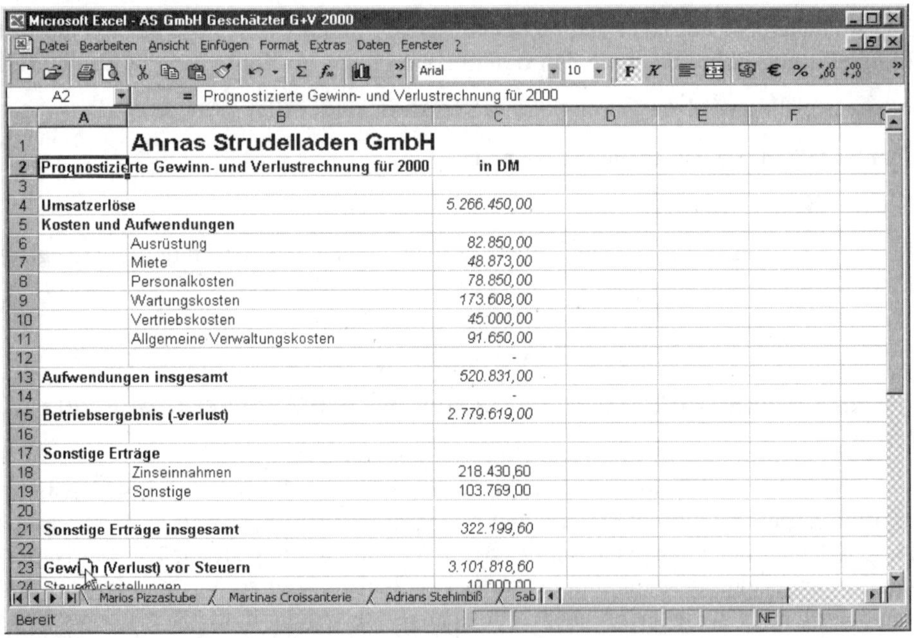

Abbildung 7.3: Die Blätter in der Arbeitsmappe AS GMBH GESCHÄTZTER G+V 2000 werden neu angeordnet, indem das Register Gesamt verschoben wird (siehe auch Abbildung 7.4).

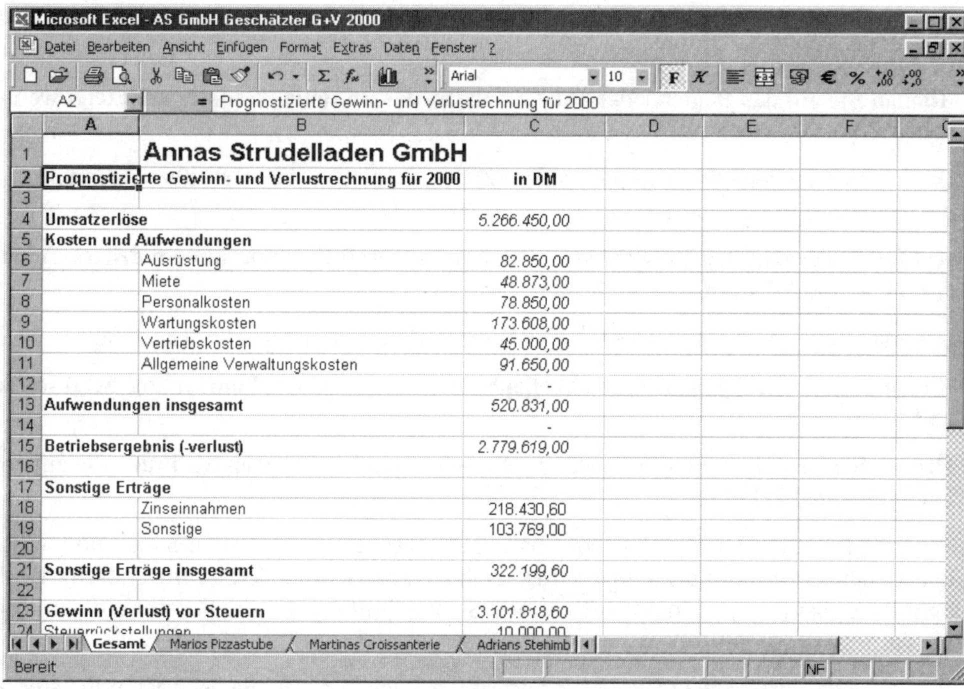

	A	B	C
1		Annas Strudelladen GmbH	
2	Prognostizierte Gewinn- und Verlustrechnung für 2000		in DM
3			
4	Umsatzerlöse		5.266.450,00
5	Kosten und Aufwendungen		
6		Ausrüstung	82.850,00
7		Miete	48.873,00
8		Personalkosten	78.850,00
9		Wartungskosten	173.608,00
10		Vertriebskosten	45.000,00
11		Allgemeine Verwaltungskosten	91.650,00
12			-
13	Aufwendungen insgesamt		520.831,00
14			-
15	Betriebsergebnis (-verlust)		2.779.619,00
16			
17	Sonstige Erträge		
18		Zinseinnahmen	218.430,60
19		Sonstige	103.769,00
20			
21	Sonstige Erträge insgesamt		322.199,60
22			
23	Gewinn (Verlust) vor Steuern		3.101.818,60
24	Steuerrückstellungen		10.000,00

Abbildung 7.4: Die Arbeitsmappe mit ihren neu angeordneten Registern

Wenn Sie beim Ziehen eines Registers `Strg` gedrückt halten, fügt Excel eine Kopie des entsprechenden Tabellenblatts ein, sobald Sie die Maustaste loslassen. Damit Sie auch ja wissen, daß Sie ein Register kopieren und nicht verschieben, enthält der Blattmauszeiger (nicht: Blattlauszeiger) zusätzlich ein Pluszeichen. Was macht Excel nach dem Kopieren mit dem Registernamen? Es hängt an den Namen des kopierten Tabellenblatts einfach `(2)` an. Wenn Sie beispielsweise TABELLE5 kopieren, erhält die Kopie den Namen TABELLE5 (2). Anschließend können Sie für das Register einen etwas verständlicheren Namen vergeben (siehe »Jedem Tabellenblatt seinen Namen« weiter oben in diesem Kapitel).

In Tabellenblättern »fensterln«

Genauso wie Sie ein einzelnes Tabellenblatt in mehrere Ausschnitte unterteilen können (siehe Kapitel 6), ist es auch möglich, eine Arbeitsmappe in mehrere Arbeitsblätterausschnitte aufzuteilen und diese Ausschnitte anschließend beliebig anzuordnen.

Dazu müssen Sie einfach neue Dokumentfenster einfügen (zusätzlich zu dem, das automatisch geöffnet wird, wenn Sie eine Arbeitsmappe laden) und anschließend jedem Fenster ein Tabellenblatt zuweisen. Folgende Schritte sind dafür notwendig:

1. **Wählen Sie den Befehl Neues Fenster im Menü Fenster, um ein zweites Fenster für die aktive Arbeitsmappe zu öffnen.**
2. **Klicken Sie auf das Register des Tabellenblatts, das im neuen Fenster angezeigt werden soll.**

   Das zweite Fenster erkennen Sie an dem Zusatz :2 hinter dem Arbeitsmappennamen in der Titelleiste.

3. **Wählen Sie erneut den Befehl Neues Fenster im Menü Fenster, um ein drittes Fenster für die aktive Arbeitsmappe zu öffnen.**

   Dreimal dürfen Sie raten, welchen Zusatz dieser Name in der Titelleiste enthält.

4. **Klicken Sie auf das Register des Tabellenblatts, das im dritten Fenster angezeigt werden soll.**
5. **Öffnen Sie so viele neuen Fenster, wie Sie benötigen, und weisen Sie ihnen die entsprechenden Tabellenblätter zu.**

So, hoffentlich hat diese mühselige Vorarbeit auch etwas gebracht. Testen Sie es, und wählen Sie den Befehl Anordnen im Menü Fenster. Noch etwas Geduld. Jetzt wird erst einmal das Dialogfeld »Anordnen« geöffnet. Dort können Sie bestimmen, wie die Fenster auf dem Bildschirm dargestellt werden sollen:

- ✔ Wenn Sie das Optionsfeld Unterteilt auswählen, ordnet Excel alle geöffneten Fenster neben- und untereinander an, so daß sie alle auf den Bildschirm passen. Dies bedeutet, daß Sie von jedem Fenster einen kleinen Ausschnitt sehen können. In Abbildung 7.5 sehen Sie ein Beispiel mit drei Fenstern für diese Anordnung.
- ✔ Mit dem Optionsfeld Horizontal können Sie alle Fenster untereinander anzeigen lassen. Ein Beispiel für diese Konstellation sehen Sie in Abbildung 7.6 (ebenfalls mit drei Fenstern).
- ✔ Was horizontal geht, muß auch vertikal möglich sein. Entscheiden Sie sich für das Optionsfeld Vertikal, um alle Fenster nebeneinander anzeigen zu lassen. Ein Beispiel dafür finden Sie in Abbildung 7.7.
- ✔ Last but not least gibt es da noch das Optionsfeld Überlappend. Damit werden die Fenster übereinander gestapelt, so daß von allen Fenstern nur die Titelleiste sichtbar ist. Die Ausnahme stellt natürlich das oberste Fenster dar. Von ihm sieht man alles (Abbildung 7.8).
- ✔ Dann wäre da auch noch das Kontrollkästchen Fenster der aktiven Arbeitsmappe. Wenn Sie es aktivieren, zeigt Excel nur die Fenster an, die Sie für die aktuelle Arbeitsmappe geöffnet haben. Sollten Sie beispielsweise drei Arbeitsmappen und für jede Arbeitsmappe drei Fenster geöffnet haben, werden normalerweise alle diese Fenster angezeigt. (Ja, ja, das geht schon. Ihr Rechner braucht dafür nur genügend Arbeitsspeicher.) Wenn Sie jedoch das Kontrollkästchen aktivieren, werden nur die drei Fenster für die aktuelle Arbeitsmappe angezeigt.

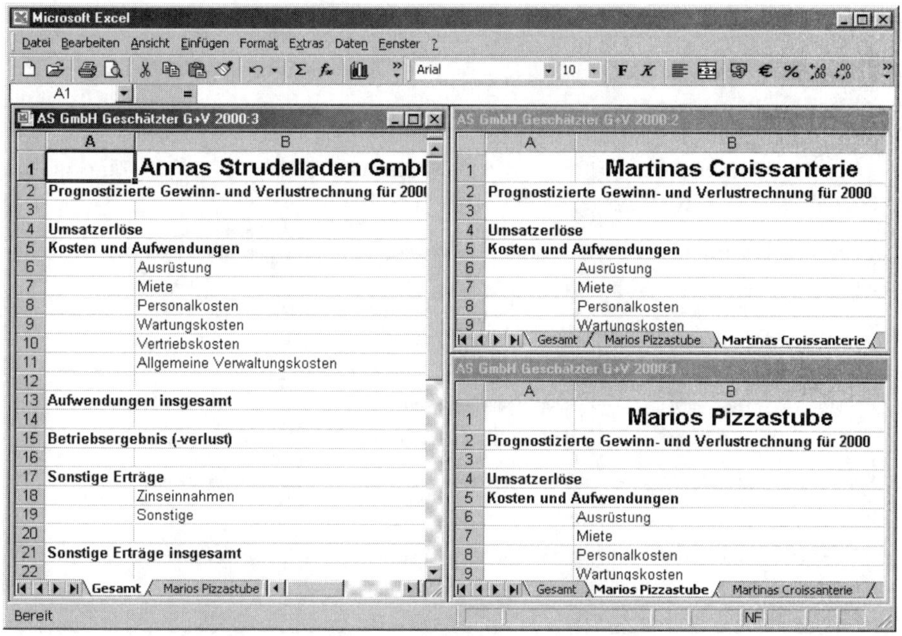

Abbildung 7.5: Fensterln in unterteilter Anordnung

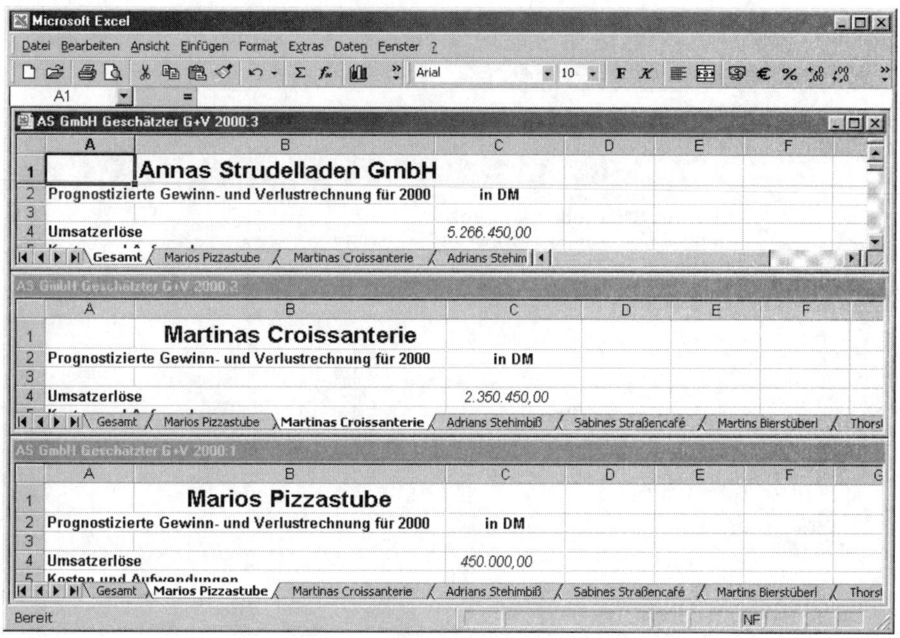

Abbildung 7.6: Horizontal fensterln

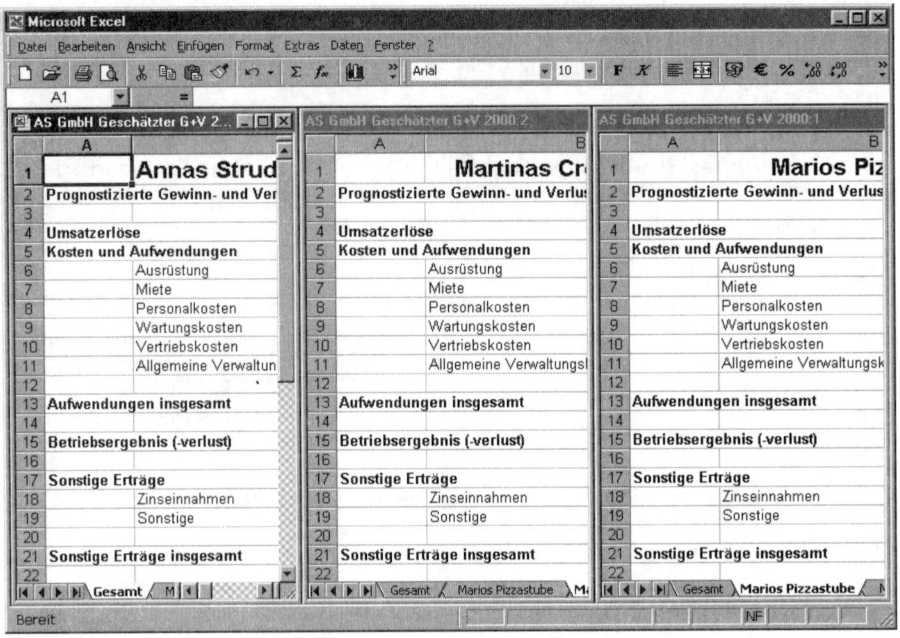

Abbildung 7.7: Vertikal fensterln

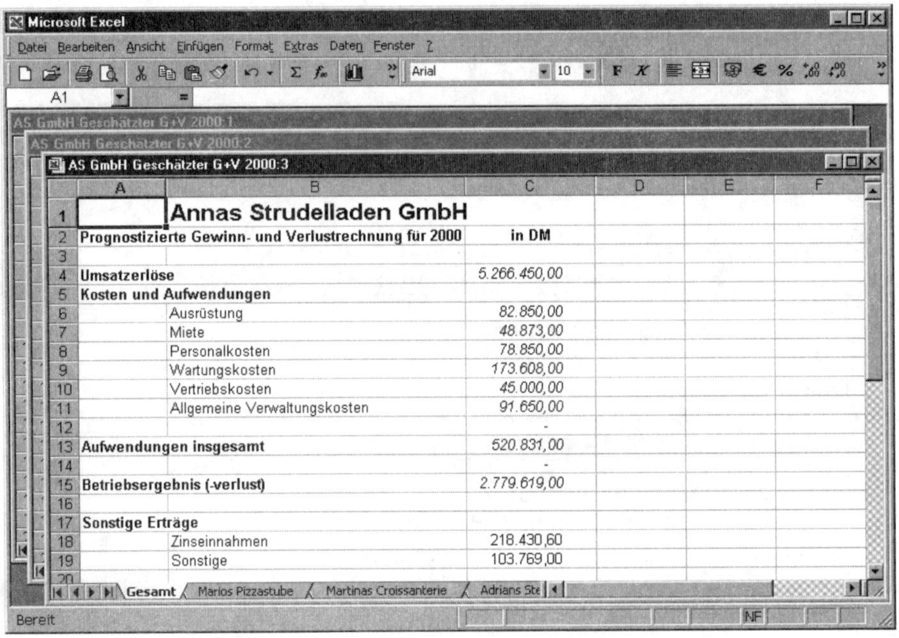

Abbildung 7.8: Fensterln in überlappender Anordnung

Haben Sie alles auf die eine oder andere Art angeordnet, müssen Sie nur auf das Fenster klikken, das Sie bearbeiten möchten. Im Fall der überlappenden Darstellung klicken Sie einfach auf die entsprechende Titelleiste. Sie können auch über die Windows-Taskleiste zu den verschiedenen Fenstern wechseln. Wenn dort auf den Schaltflächen aus Platzmangel nicht der komplette Name angezeigt werden kann (Sie müssen ja schließlich wissen, ob ganz hinten nun :1, :2 oder :3 steht), dann zeigen Sie einfach mit der Maus darauf, und schon sehen Sie eine QuickInfo mit dem vollständigen Namen.

Bei unterteilt, horizontal oder vertikal angeordneten Fenstern erkennen Sie das aktive Fenster an der dunkel hervorgehobenen Titelleiste und den eingeblendeten Bildlaufleisten. Wenn Sie in der überlappenden Darstellung auf eine Titelleiste klicken, wird das entsprechende Fenster in den Vordergrund geholt. Außerdem wird auch hier die Titelleiste dunkel hervorgehoben, und die Bildlaufleisten werden eingeblendet.

Wenn Sie vorübergehend mehr von einem bestimmten Fenster sehen möchten, klicken Sie auf seine Schaltfläche für Maximieren in der oberen rechten Ecke des Fensters (das vorletzte Symbol). Haben Sie alles gesehen, was Sie wollten, klicken Sie auf die Schaltfläche für Wiederherstellen (die mit den zwei Rechtecken – sprich zwei Fenstern), um zur vorherigen Fenstergröße zurückzuschalten.

Um das nächste der unterteilt, horizontal, vertikal oder überlappend angeordneten Fenster zu aktivieren, drücken Sie [Strg]+[F6]. Zum vorherigen Fenster springen Sie durch Drücken von [Strg]+[Umschalt]+[F6]. Diese beiden Möglichkeiten funktionieren selbst dann, wenn die Fenster als Vollbild angezeigt werden.

Sobald Sie eines der ach so sorgfältig angeordneten Fenster schließen (Doppelklicken auf das entsprechende Systemmenüfeld oder Klicken auf das »X« ganz rechts in der Titelleiste oder Drücken von [Strg]+[F4] bzw. [Strg]+[W]), ist es vorbei mit der Ordnung, da Excel die Lücke nicht automatisch auffüllt. Dasselbe Problem tritt auf, wenn Sie nachträglich ein neues Fenster mit dem Befehl NEUES FENSTER im Menü FENSTER öffnen. Hier entsteht zwar keine Lükke, das neue Fenster wird aber einfach über die bereits geöffneten Fenster geklatscht.

Egal, ob Lücke oder aufdringliches neues Fenster: Mit dem Befehl ANORDNEN im Menü FENSTER können Sie dem Chaos Einhalt gebieten. Sie müssen sich natürlich erneut im Dialogfeld »Anordnen« für eine Darstellungsform entscheiden bzw. die vorherige mit »OK« bestätigen.

Versuchen Sie ja nicht, irgendein Fenster mit dem Befehl SCHLIESSEN im Menü DATEI loszuwerden. Damit schließen Sie die Arbeitsmappe und verlieren alle Fenster, die Sie mühselig geöffnet und angeordnet haben.

Wenn Sie die Arbeitsmappe speichern, merkt sich Excel auch die aktuelle Fensteranordnung. Dies bedeutet, daß Sie genau dieselbe Anordnung wieder auf dem Bildschirm sehen, wenn Sie die Datei erneut öffnen. Sollten Sie dies nicht wollen, schließen Sie alle nicht benötigten Fenster (Doppelklicken auf die entsprechenden Systemmenüfelder oder Fenster aktivieren und danach [Strg]+[F4] drücken). Vergrößern Sie das letzte Fenster anschließend zum Vollbild, und klicken Sie auf das Register des Blatts, mit dem Sie später weiterarbeiten wollen. Jetzt dürfen Sie endlich speichern. Wenn Sie die Arbeitsmappe das nächste Mal laden, können Sie sofort loslegen.

Von Arbeitsmappe zu Arbeitsmappe

Es wird Ihnen sicherlich auch mal passieren, daß Sie ein Tabellenblatt in eine andere Arbeitsmappe verschieben oder kopieren möchten. Und das geht so:

1. **Öffnen Sie sowohl die Arbeitsmappe, die die zu verschiebenden bzw. zu kopierenden Tabellenblätter enthält, als auch die Arbeitsmappe, in die die Blätter verschoben bzw. kopiert werden sollen.**

   Verwenden Sie dazu die Schaltfläche für Öffnen in der Standard-Symbolleiste, oder wählen Sie im Menü DATEI den Befehl ÖFFNEN. (Strg+O wäre eine dritte Möglichkeit.)

2. **Aktivieren Sie die Arbeitsmappe, die die Tabellenblätter enthält, die Sie verschieben oder kopieren möchten.**

   Um die Arbeitsmappe mit den Tabellenblättern auszuwählen, die verschoben oder kopiert werden sollen, wählen Sie deren Namen ganz unten im Menü FENSTER aus

3. **Markieren Sie die Blattregister der Tabellenblätter, die verschoben oder kopiert werden sollen.**

   Um ein einzelnes Tabellenblatt zu markieren, klicken Sie einfach auf das entsprechende Register. Mehrere benachbarte Blätter markieren Sie, indem Sie auf das erste Register und mit gedrückter Umschalt-Taste auf das letzte Register klicken. Liegen die Tabellenblätter nicht nebeneinander, klicken Sie auf das erste Register und mit gedrückter Strg-Taste auf alle weiteren Register.

4. **Wählen Sie den Befehl BLATT VERSCHIEBEN/KOPIEREN im Menü BEARBEITEN oder den Befehl VERSCHIEBEN/KOPIEREN im Kontextmenü für die Register.**

   In beiden Fällen wird das Dialogfeld »Verschieben oder kopieren« geöffnet (Abbildung 7.9). Dort müssen Sie sich endgültig entscheiden, ob Sie verschieben oder kopieren möchten, und wohin Sie kopieren bzw. verschieben möchten.

5. **Wählen Sie im Dropdown-Listenfeld ZUR MAPPE die Arbeitsmappe aus, in die die markierten Tabellenblätter verschoben bzw. kopiert werden sollen.**

   Sollen die Blätter in eine brandneue Arbeitsmappe verschoben werden, wählen Sie im Dropdown-Listenfeld den Eintrag (NEUE ARBEITSMAPPE).

6. **Im Listenfeld EINFÜGEN VOR müssen Sie sich entscheiden, vor welchem Tabellenblatt die markierten Tabellenblätter eingefügt werden sollen.**

7. **Aktivieren Sie das Kontrollkästchen KOPIE ERSTELLEN, wenn die Tabellenblätter kopiert anstatt verschoben werden sollen.**

8. **Wählen Sie »OK«, oder drücken Sie [Eingabe].**

   Die markierten Tabellenblätter werden in die angegebene Arbeitsmappe verschoben bzw. kopiert.

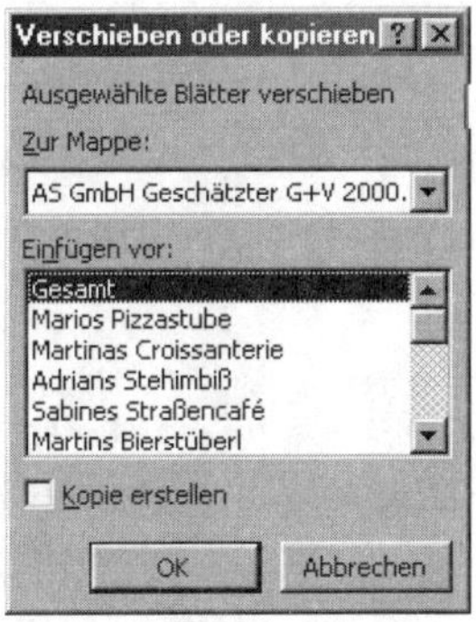

Abbildung 7.9: Das Dialogfeld »Verschieben oder kopieren«, in dem Sie die Arbeitsmappe wählen, in die die Tabellenblätter verschoben bzw. kopiert werden sollen

Wenn Sie den direkten Kontakt zu Blättern und Mappen bevorzugen, können Sie Tabellenblätter auch durch Ziehen und Ablegen in andere Arbeitsmappen verschieben oder kopieren. Das funktioniert auch mit mehreren Blättern. Prüfen Sie vor dem Ziehen aber noch einmal genau, ob Sie wirklich die Register der Blätter markiert haben, die verschoben bzw. kopiert werden sollen.

Wenn Sie also ein Tabellenblatt oder mehrere von dieser Sorte mit der Maus in eine andere Arbeitsmappe ziehen möchten, müssen Sie beide Arbeitsmappen öffnen und sie mit dem Befehl ANORDNEN im Menü FENSTER nebeneinander oder untereinander anordnen. Außerdem darf das Kontrollkästchen FENSTER DER AKTIVEN ARBEITSMAPPE im Dialogfeld »Anordnen« keinesfalls aktiviert sein.

Haben Sie die Arbeitsmappenfenster angeordnet, ziehen Sie die entsprechenden Blattregister aus dem einen Fenster heraus und legen sie im anderen Arbeitsmappenfenster ab. So viel zum Verschieben. Halten Sie beim Ziehen [Strg] gedrückt, werden die markierten Blätter kopiert. Der kleine nach unten zeigende Pfeil in der Registerleiste zeigt an, an welcher Stelle die Tabellenblätter eingefügt werden, wenn Sie die Maustaste loslassen.

In den Abbildungen 7.10 und 7.11 sehen Sie, wie einfach es ist, ein Tabellenblatt mit der Maus in eine andere Arbeitsmappe zu verschieben oder zu kopieren.

In Abbildung 7.10 sind zwei Arbeitsmappen bereits geöffnet, ANNAS STRUDELLADEN GMBH – UMSATZ 2000 links und AS GMBH GESCHÄTZTER G+V 2000 rechts (wurden mit dem Befehl ANORDNEN / UNTERTEILT im Menü FENSTER so angeordnet). Ich will nun die beiden Tabellenblätter MARIOS PIZZASTUBE und MARTINAS CROISSANTERIE aus der Arbeitsmappe AS GMBH GESCHÄTZTER G+V 2000 in die Arbeitsmappe ANNAS STRUDELLADEN GMBH – UMSATZ 2000 kopieren. Dazu markiere ich die beiden Register und ziehe sie mit gedrückter [Strg]-Taste in die Arbeitsmappe ANNAS STRUDELLADEN GMBH – UMSATZ 2000 über das Register TABELLE2. Der kleine Pfeil zeigt genau zwischen die Register TABELLE1 und TABELLE2.

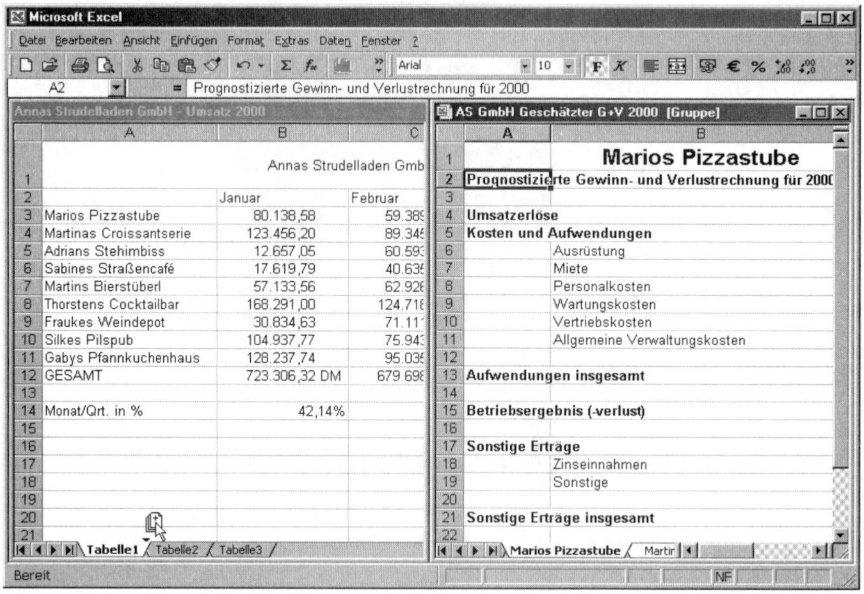

Abbildung 7.10: Die Tabellenblätter Marios Pizzastube *und* Martinas Croissanterie *werden mit der Maus in die Arbeitsmappe ANNAS STRUDELLADEN GMBH – UMSATZ 2000 gezogen.*

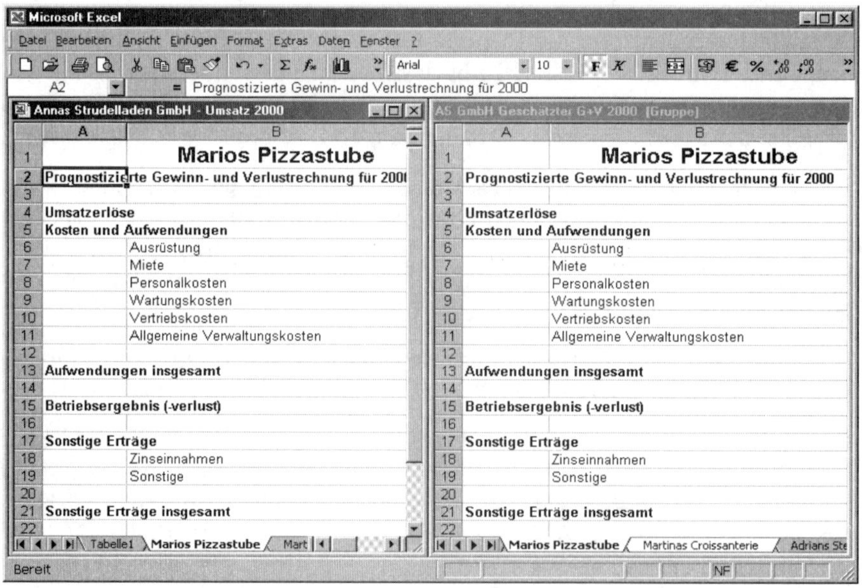

Abbildung 7.11: Die Tabellenblätter Marios Pizzastube *und* Martinas Croissanterie *wurden zwischen die Tabellenblätter* Tabelle1 *und* Tabelle2 *in die Arbeitsmappe ANNAS STRUDELLADEN GMBH – UMSATZ 2000 eingefügt.*

Fassen wir zusammen!

Wie immer kommen am Schluß die interessanten Dinge. Ich möchte Ihnen in diesem Abschnitt die faszinierende Welt des Zusammenfassens von Tabellenblättern zeigen. Sie können nämlich ein ganzes Bündel von verschiedenen Tabellenblättern einer Arbeitsmappe in einem separaten Tabellenblatt zusammenfassen. (ExpertInnen sprechen hier auch von *Konsolidieren*.) Am besten erkläre ich das Ganze an einem Beispiel. Ich werde in den folgenden Schritten erklären, wie ich das zusammenfassende Tabellenblatt mit dem Namen GESAMT in der Arbeitsmappe AS GMBH GESCHÄTZTER G+V 2000 erstellt habe, in dem die voraussichtlichen Gewinne und Verluste aller Firmen von Annas Strudelladen für das Jahr 2000 zusammengefaßt werden.

Da die Arbeitsmappe AS GMBH GESCHÄTZTER G+V 2000 mit den voraussichtlichen Gewinnen und Verlusten aller Firmen bereits existiert, ist die Zusammenfassung ein Kinderspiel. Gehen Sie folgendermaßen vor:

1. **Fügen Sie zunächst ein neues Tabellenblatt vor allen bereits vorhandenen Tabellenblättern ein, und benennen Sie das Blatt von TABELLE1 in »Gesamt« um.**

   Wer vergessen hat, wie's geht, sollte dieses Kapitel noch einmal lesen.

2. **Geben Sie nun den Titel für das neue Tabellenblatt in A1 und B1 ein: »Annas Strudelladen GmbH« und »Prognostizierte Gewinn- und Verlustrechnung für 2000«**

   Markieren Sie dazu die Zelle A1 bzw. B1, und geben Sie den Text ein.

3. **Kopieren Sie die Zeilenbeschriftungen (mit den Gewinnen und Verlusten) aus dem Tabellenblatt MARIOS PIZZASTUBE in das Tabellenblatt GESAMT.**

   Markieren Sie einfach den Zellbereich A2:B26 im Tabellenblatt MARIOS PIZZASTUBE, und drücken Sie [Strg]+[C]. Klicken Sie dann auf das Register GESAMT, und markieren Sie dort die Zelle A2. Anschließend müssen Sie nur noch [Eingabe] drücken.

Nun sind Sie bereit, die Summenformel in die Zelle C4 einzugeben. Mit dieser Formel werden die Erlöse aller Firmen berechnet:

1. **Markieren Sie im Tabellenblatt GESAMT die Zelle C4, und klicken Sie auf das Summen-Symbol in der Standard-Symbolleiste.**

   Excel fügt den Eintrag `=SUMME()` in C4 ein. Die Einfügemarke befindet sich einsatzbereit zwischen den beiden runden Klammern.

2. **Klicken Sie auf das Register MARIOS PIZZASTUBE, und markieren Sie in diesem Tabellenblatt die Zelle C4 mit den Umsatzerlösen von Marios Pizzastube.**

   In der Bearbeitungsleiste wird nun folgendes angezeigt: »=SUMME('Marios Pizzastube'!C4)«

3. **Geben Sie ein Semikolon (;) ein (damit beginnen Sie ein neues Argument), und klicken Sie auf das Register MARTINAS CROISSANTERIE. Markieren Sie auch dort C4, um die Erlöse für Martinas Croissanterie auszuwählen.**

In der Bearbeitungsleiste wird nun folgendes angezeigt: »=SUMME('Marios Pizzastube'!C4;'Martinas Croissanterie'!C4)«

4. **Das Ganze wiederholen Sie für alle weiteren Firmen.**

   In der Bearbeitungsleiste wird letztendlich die Riesenformel aus Abbildung 7.12 angezeigt.

5. **So, die Formel hätten wir. Jetzt müssen Sie nur noch** `Eingabe` **drücken.**

   Abbildung 7.12 zeigt das Ergebnis. In Zelle C4 des Tabellenblatts GESAMT werden die Erlöse aller Firmen addiert. In der Bearbeitungsleiste sehen Sie die imposante Summenformel.

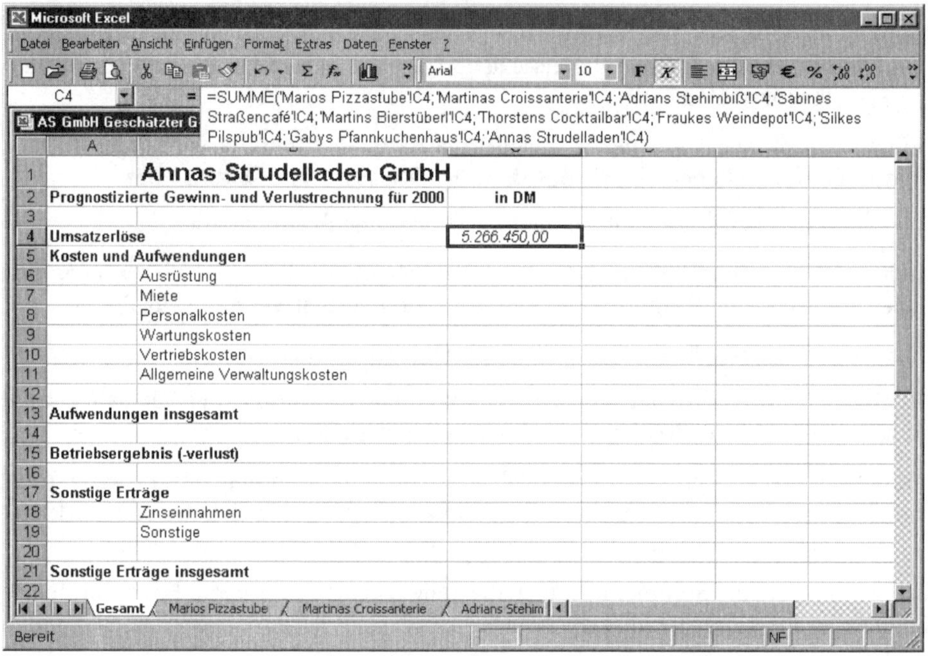

Abbildung 7.12: Das Tabellenblatt GESAMT mit der Summenformel für die Erlöse aller Firmen von Annas Strudelladen

Nun müssen Sie nur noch mit Hilfe des Ausfüllkästchens die Formel bis runter in Zelle C26 kopieren (so weit runter stehen Formeln):

1. **C4 ist immer noch markiert. Ziehen Sie dort das Ausfüllkästchen bis runter in Zelle C26. Damit werden die entsprechenden Werte für alle Firmen addiert.**

2. **Löschen Sie anschließend die Summenformel in den Zellen C5, C12, C14, C16 etc., kurzum in allen Zellen, die weder Einnahmen noch Ausgaben enthalten.**

In Abbildung 7.13 sehen Sie den ersten Teil des Zusammenfassungsblatts, nachdem die Formel aus Zelle C4 kopiert und in den entsprechenden Zellen wieder gelöscht wurde (die mit dem »-«).

Ich finde das Tabellenblatt GESAMT sieht nach recht viel Arbeit und Aufwand aus. Damit kann man schon Leute beeindrucken. Und dabei war alles recht einfach. Aber das Beste an der Sache habe ich noch gar nicht erwähnt: Die Formeln im Tabellenblatt GESAMT sind mit den entsprechenden Werten in den anderen Tabellenblättern verknüpft. Was heißt das? Nun, sobald Sie einen Wert in einem der anderen Tabellenblättern für die Firmen ändern, wird das Tabellenblatt GESAMT automatisch aktualisiert und zeigt die allerneuesten Werte an. Das nenne ich Service!

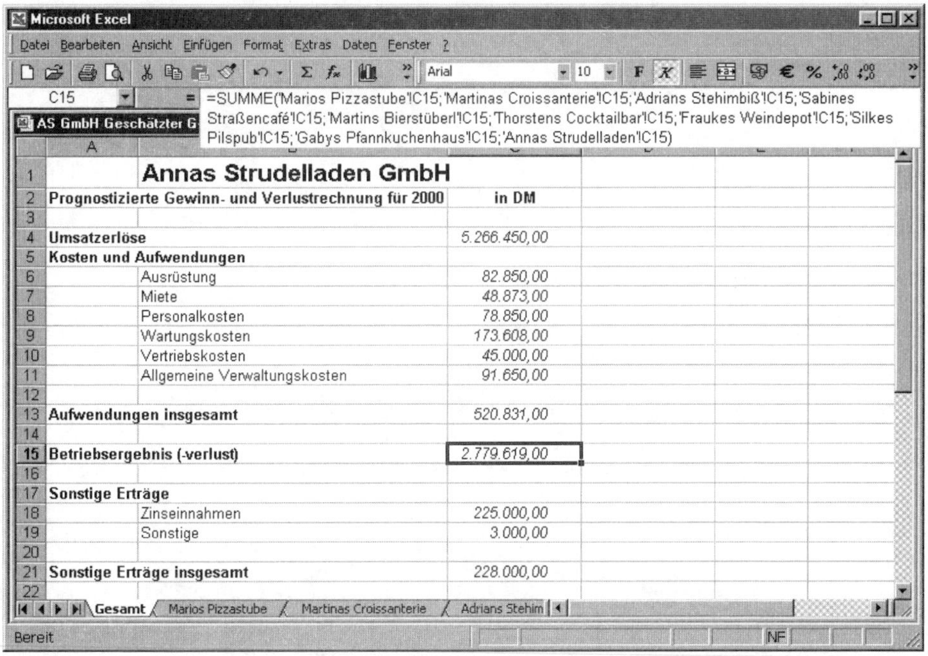

Abbildung 7.13: Der erste Teil des Tabellenblatts GESAMT, in dem die Gewinne und Verluste der Firmen von Annas Strudelladen zusammengefaßt sind

Teil IV

Ein Leben nach den Arbeitsblättern

»*Das ist richtig, Frau Banger. Er kassiert Lizenzen von jedem einzelnen auf der Welt. Und es gibt nichts, was wir dagegen tun können.«

In diesem Teil...

Sie entdecken, daß man mit Excel mehr als nur Kalkulationen durchführen kann. Zuerst erfahren Sie in Kapitel 8, wie einfach Sie Freunde, Bekannte und Kollegen mit eindrucksvollen Diagrammen begeistern und sogar überzeugen können. Diagramme bringen Leben in Ihre nüchternen Zahlen. Anschließend lernen Sie in Kapitel 9, wie Sie Ihre riesigen Mengen an Fakten und Zahlen pflegen und verwalten. Sie sortieren Ihre Daten nach beliebigen Kriterien, suchen nach bestimmten Informationen und filtern die Daten heraus, die Sie gerade benötigen. Kapitel 10 plaudert ein wenig über Tips und Tricks zum Erstellen von Hyperlinks und zum Speichern von Tabellenblättern als Webseiten (HTML-Format). Alles in allem sind Sie danach bestens vorbereitet, falls Sie jemals die Grenzen der Tabellenblätter überschreiten müssen bzw. wollen.

Ein Bild sagt mehr als tausend Worte

8

In diesem Kapitel erfahren Sie, wie Sie ...

- mit dem Diagramm-Assistenten ein Diagramm in ein Tabellenblatt zaubern.
- mit der Diagramm-Symbolleiste ein Diagramm auf den Kopf stellen.
- ein Diagramm mit einem Textfeld und einem Pfeil informativer gestalten.
- die Diagrammachsen aufpeppen.
- die Ausrichtung eines 3D-Diagramms ändern.
- Ihre Arbeitsmappen mit ClipArts verschönern.
- mit den Zeichenwerkzeugen in Ihren Diagrammen und Tabellenblättern herummalen.
- Diagramme ohne die restlichen Tabellendaten drucken.

»Ein Bild sagt mehr als tausend Worte« (bzw. mehr als tausend Zahlen). Wenn Sie Ihre Tabellenblätter mit Diagrammen versehen, wecken Sie damit nicht nur das Interesse des Betrachters, sondern betonen auch die Trends und Besonderheiten, die ansonsten vielleicht nicht sofort (oder nie) ersichtlich wären. Mit Excel ist die grafische Darstellung von Zahlenmaterial ein Kinderspiel. Experimentieren Sie einfach mit verschiedenen Diagrammtypen, bis Sie die aussagekräftigste Darstellungsform für Ihre Daten gefunden haben – das Bild, das mehr sagt als tausend Zahlen.

Erinnern Sie sich noch an Ihre Schulzeit? An den Algebralehrer, der mühsam versuchte, Ihnen beizubringen, wie man Gleichungen mit Hilfe verschiedener x- und y-Achsenwerte grafisch aufs Papier bringt? Wahrscheinlich hatten Sie damals auch Interessanteres zu tun und haben nicht im Traum daran gedacht, daß Sie diesen »Mist« einmal tatsächlich brauchen werden.

Nun, man sollte niemals »nie« sagen. Denn obwohl Excel die meiste Arbeit beim Umsetzen von Zahlen in Grafiken übernimmt, müssen Sie doch wenigstens die x- und die y-Achse voneinander unterscheiden können, um Excel, falls nötig, zu korrigieren, wenn das Ergebnis nicht Ihren Vorstellungen entspricht. Zur Erinnerung: Die x-Achse ist die horizontale, die y-Achse die vertikale Achse.

In der Regel werden in Diagrammen mit zwei Achsen die Rubriken entlang der x-Achse geschrieben, während die y-Achse die dazugehörigen Datenreihenwerte enthält. Man bezeichnet die x-Achse auch als Zeitachse, da in einem Diagramm Werte häufig über einen Zeitraum – Monate, Quartale, Jahre etc. – dargestellt werden.

Diagramme aus dem Nichts zaubern

Das reicht zunächst an Hintergrundinformationen. Kommen wir gleich zur Sache. Das Erstellen eines Diagramms im Tabellenblatt ist mit Excel ein Kinderspiel, da das Programm den sogenannten Diagramm-Assistenten zur Verfügung stellt. Dieser Assistent führt Sie in vier Schritten zu Ihrem ersten, beeindruckenden neuen Diagramm.

Bevor Sie den Diagramm-Assistenten aufrufen, müssen Sie den Zellbereich markieren, der die Informationen für das Diagramm enthält. Damit das Ergebnis Ihren Vorstellungen entsprechen kann, sollten die Daten in einem normalen rechteckigen Tabellenformat angeordnet sein (Abbildung 8.1).

Wenn Sie ein Diagramm mit einer x- und einer y-Achse erstellen (das ist bei den meisten Diagrammen so), verwendet der Diagramm-Assistent normalerweise die markierten Zeile mit den Spaltenbeschriftungen als Rubrikentext (entlang der x-Achse). Hat Ihre Tabelle Zeilenbeschriftungen, dann nimmt der Diagramm-Assistent diese als Text für die Legende (wenn Sie sich entschließen sollten, eine Legende anzeigen zu lassen). Mit der Legende wird deutlich gemacht, welche Punkte, Säulen oder Balken im Diagramm zu welchen Werten in der Tabelle gehören. Etwas verwirrend – aber das wird schon.

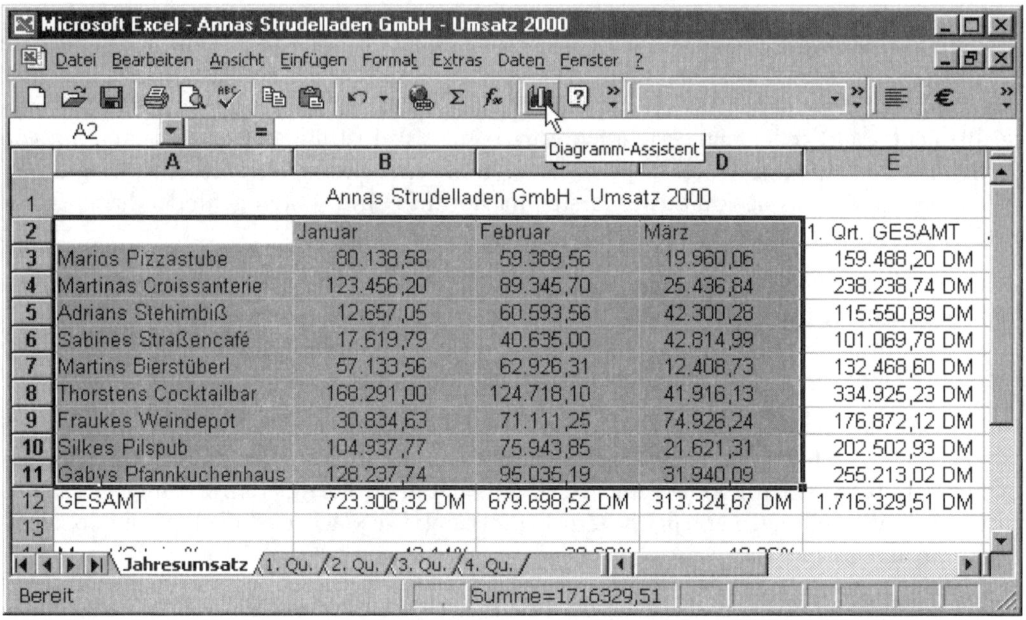

	A	B	C	D	E
1	Annas Strudelladen GmbH - Umsatz 2000				
2		Januar	Februar	März	1. Qrt. GESAMT
3	Marios Pizzastube	80.138,58	59.389,56	19.960,06	159.488,20 DM
4	Martinas Croissanterie	123.456,20	89.345,70	25.436,84	238.238,74 DM
5	Adrians Stehimbiß	12.657,05	60.593,56	42.300,28	115.550,89 DM
6	Sabines Straßencafé	17.619,79	40.635,00	42.814,99	101.069,78 DM
7	Martins Bierstüberl	57.133,56	62.926,31	12.408,73	132.468,60 DM
8	Thorstens Cocktailbar	168.291,00	124.718,10	41.916,13	334.925,23 DM
9	Fraukes Weindepot	30.834,63	71.111,25	74.926,24	176.872,12 DM
10	Silkes Pilspub	104.937,77	75.943,85	21.621,31	202.502,93 DM
11	Gabys Pfannkuchenhaus	128.237,74	95.035,19	31.940,09	255.213,02 DM
12	GESAMT	723.306,32 DM	679.698,52 DM	313.324,67 DM	1.716.329,51 DM
13					

Abbildung 8.1: Die Daten für das Diagramm sind markiert.

Nachdem Sie alle Daten für das Diagramm markiert haben, gehen Sie folgendermaßen vor:

1. **Klicken Sie in der Standard-Symbolleiste auf die Schaltfläche für den Diagramm-Assistenten, um den ersten Bildschirm des Diagramm-Assistenten zu öffnen.**

   Das ist die Schaltfläche mit dem Säulendiagramm. Wenn Sie darauf klicken, wird automatisch das Dialogfeld mit der langatmigen Bezeichnung »Diagramm-Assistent - Schritt 1 von 4 - Diagrammtyp« geöffnet (Abbildung 8.2).

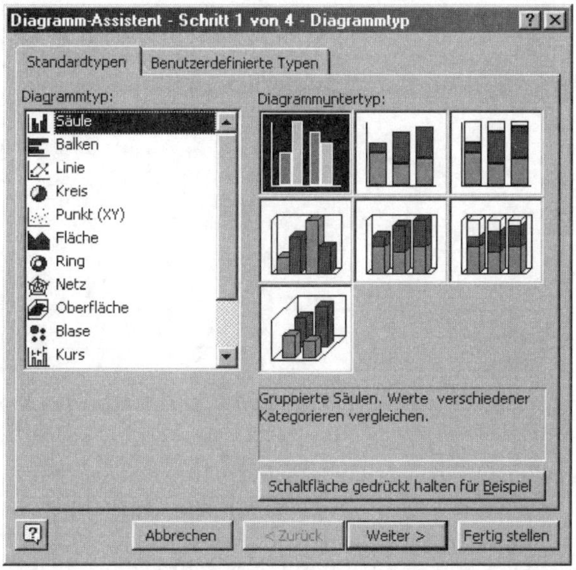

Abbildung 8.2: Das Dialogfeld »Diagramm-Assistent - Schritt 1 von 4 - Diagrammtyp«

2. **Wenn Sie einen anderen Diagrammtyp als das Standardsäulendiagramm erstellen möchten, wählen Sie einen im Listenfeld DIAGRAMMTYP und/oder DIAGRAMMUNTERTYP aus. Es gibt ja genug davon.**

   Klicken Sie dazu einfach auf den Diagrammtyp, der Ihnen gefällt, und anschließend auf eine Variante des gewählten Typs. Wenn Sie auf die Schaltfläche »Schaltfläche gedrückt halten für Beispiel« klicken und die Maustaste gedrückt halten, kriegen Sie ein Beispiel für den gewählten Diagrammtyp zu sehen.

3. **Klicken Sie auf »Weiter«, oder drücken Sie `Eingabe`, um zum Dialogfeld mit dem noch schrecklicheren Namen »Diagramm-Assistent - Schritt 2 von 4 - Diagrammquelldaten« zu gelangen.**

   Das Dialogfeld sieht so ähnlich wie das in Abbildung 8.3 aus. Dort können Sie den Datenbereich, der grafisch dargestellt werden soll, noch einmal korrigieren oder ganz neu markieren (falls Sie es am Anfang vergessen haben). Außerdem bestimmen Sie hier, ob die Datenreihen aus den Zeilen oder den Spalten gebildet werden sollen.

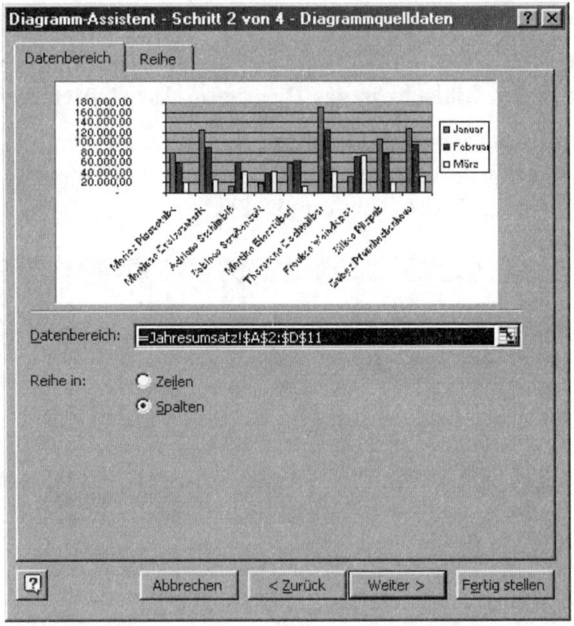

Abbildung 8.3: Das Dialogfeld »Diagramm-Assistent - Schritt 2 von 4 - Diagrammquelldaten«

Wenn Sie dieses Dialogfeld zu Gesicht kriegen, wird alles, was Sie zuvor im Tabellenblatt markiert haben, von diesem berühmt berüchtigten Laufrahmen umzingelt. Damit aber nicht genug. Der markierte Bereich wird auch noch im Textfeld DATENBEREICH als Formel mit absoluten Bezügen angezeigt. Ziemlich abschreckend. Wenn Sie sich den Datenbereich also anders vorstellen, dann können Sie entweder wieder wie wild im Tabellenblatt markieren oder die Angabe im Textfeld DATENBEREICH zu Fuß ändern. Sollte das Assistenten-Dialogfeld beim Markieren im Weg sein, können Sie es auf die Größe des Textfelds DATENBEREICH schrumpfen lassen, indem Sie auf die Schaltfläche mit dem roten Pfeil am Ende des Textfelds klicken. (Die heißt übrigens »Dialog reduzieren«.)

4. **Prüfen Sie also den Datenbereich im Textfeld DATENBEREICH, und ändern Sie ihn, falls nötig.**

Der Diagramm-Assistent macht in der Regel aus jeder Wertespalte des markierten Bereichs eine *Datenreihe* im Diagramm. In der *Legende* (das ist das Feld mit den Erläuterungen der Farben oder Muster, die im Diagramm verwendet werden) werden wiederum die verschiedenen Datenreihen aufgeschlüsselt.

Für die markierten Daten in Abbildung 8.1 bedeutet dies, daß jede Säule im Säulendiagramm jeweils einen Monatsumsatz darstellt, und daß die Monatsumsätze pro Firma zusammengefaßt sind. Wenn Sie möchten, können Sie die Datenreihen nach Zeilen anstatt nach Spalten bilden. Aktivieren Sie dazu einfach das Optionsfeld ZEILEN. Dann stellt jede Säule eine der Firmen dar, die wiederum nach Monaten zusammengefaßt werden.

Wenn das Diagramm die Datenreihen spaltenweise verwenden soll, nimmt der Diagramm-Assistent die Einträge in der ersten Spalte (die Zeilenüberschriften im Bereich A3:A9) als Beschriftungen für die x-Achse (die sogenannte *Rubrikenachse*). Die Einträge der ersten Zeile (die Spaltenbeschriftungen im Bereich B2:D2) werden automatisch als Überschriften für die Legende eingesetzt.

Wenn Sie noch irgendwelche Namen oder Zellen in den Datenreihen ändern möchten, klicken Sie auf das Register REIHE. Dort kann noch einiges über den Haufen geworfen werden.

5. **Klicken Sie auf »Weiter«, oder drücken Sie `Eingabe`, um zum Dialogfeld »Diagramm-Assistent - Schritt 3 von 4 - Diagrammoptionen« zu gelangen.**

Dieses Dialogfeld sehen Sie in Abbildung 8.4. Wahnsinn! Da wird was geboten. Hier legen Sie u.a. fest, wie der Diagrammtitel lautet, ob Gitternetzlinien verwendet werden, wo die Legende hin soll, ob Datenbeschriftungen neben den Datenreihen angezeigt werden, oder ob eine Datentabelle unterhalb des Diagramms mit den Diagrammwerten eingefügt werden soll.

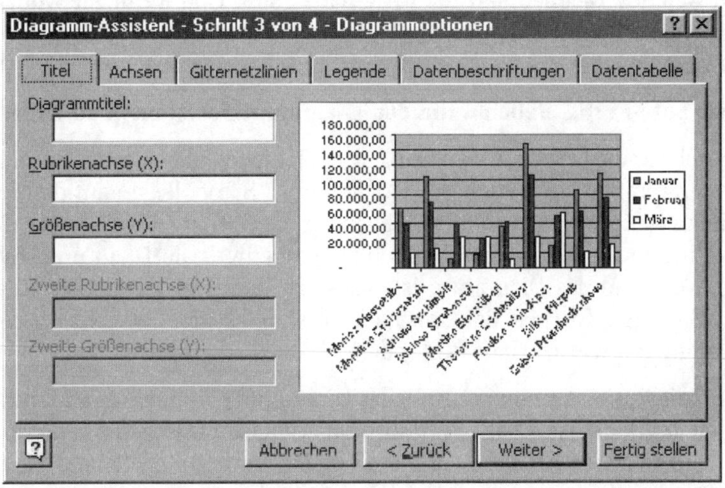

Abbildung 8.4: Das Dialogfeld »Diagramm-Assistent - Schritt 3 von 4 - Diagrammoptionen«

6. **Klicken Sie auf die Registerkarte, in der Sie Optionen einstellen möchten. Mehr dazu im Abschnitt »Diagrammoptionen wie Sand am Meer« weiter unten in diesem Kapitel.**

7. **Klicken Sie auf »Weiter«, oder drücken Sie `Eingabe`, um zum letzten Dialogfeld »Diagramm-Assistent - Schritt 4 von 4 - Diagrammplatzierung« zu gelangen.**

Das sehen Sie in Abbildung 8.5. Hier bestimmen Sie, ob das Diagramm in einem extra Diagrammblatt oder als Objekt in einem Tabellenblatt der aktuellen Arbeitsmappe eingefügt werden soll.

Abbildung 8.5: Das Dialogfeld »Diagramm-Assistent - Schritt 4 von 4 - Diagrammplatzierung«

8a. Soll das Diagramm sein eigenes Zuhause in einem Diagrammblatt bekommen, klicken Sie auf ALS NEUES BLATT und geben – wenn Sie wollen – in das Feld daneben einen Namen für das Diagrammblatt ein. (DIAGRAMM1, DIAGRAMM2 etc. ist doch arg langweilig.)

8b. Soll das Diagramm in irgendein Tabellenblatt der aktuellen Arbeitsmappe eingefügt werden, dann ist die Option ALS OBJEKT IN gefragt. Anschließend legen Sie im Feld daneben noch fest, welches Tabellenblatt die Ehre haben soll. Und wenn Sie wollen, können Sie das gewählte Tabellenblatt hier auch gleich noch umbenennen, indem Sie einfach einen neuen Namen eingeben.

9. Klicken Sie auf »Fertig stellen«, um den Diagramm-Assistenten zu entlassen.

Wenn Sie sich für die Option ALS NEUES BLATT entschieden haben, setzt Excel das Diagramm in sein Diagrammblatt und zaubert die Diagramm-Symbolleiste auf den Bildschirm, damit Sie gleich weiterwerkeln können. Haben Sie die Option ALS OBJEKT IN gewählt, wird das Diagramm im entsprechenden Tabellenblatt eingefügt. Die Diagramm-Symbolleiste ist auch schon da, und das Diagramm ist markiert, damit es gleich weitergehen kann. In Abbildung 8.6 sehen Sie, wie der Umsatz im ersten Quartal 2000 für Annas Strudelladen grafisch umgesetzt wurde. Ganz nett, oder?

Sie können nun die Position und die Größe des Diagramms problemlos ändern, da es nach der Erstellung noch markiert ist. (Daß ein grafisches Objekt markiert ist, erkennen Sie an den *Ziehpunkten* – die kleinen Quadrate – auf der Objektumrandung.) Sobald Sie ein Diagramm erstellt haben, wird die Diagramm-Symbolleiste »frei schwebend« im Dokumentfenster eingeblendet. Um das Diagramm zu verschieben, setzen Sie den Mauszeiger in das Diagramm und ziehen es an eine neue Position. Wenn Sie das Diagramm vergrößern oder verkleinern möchten (weil es vielleicht viel zu groß oder viel zu klein im Vergleich zur Tabelle ist), zeigen Sie mit dem Mauszeiger auf einen der Ziehpunkte. Daraufhin wird der Mauszeiger zu einem Doppelpfeil. Ziehen Sie die gewählte Seite bzw. Ecke (hängt davon ab, welchen Ziehpunkt Sie gewählt haben) in die gewünschte Richtung, um das Diagramm zu vergrößern bzw. zu verkleinern.

Stimmen Größe und Position mit Ihren Wünschen überein, verankern Sie das Diagramm im Tabellenblatt, indem Sie seine Markierung aufheben. (Klicken Sie dazu auf eine beliebige Stelle außerhalb des Diagramms.) Die Ziehpunkte und die Diagramm-Symbolleiste verschwinden daraufhin. Um das Diagramm erneut zu markieren (weil Sie Größe, Position etc. ändern möchten), klicken Sie einfach auf eine beliebige Stelle im Diagramm.

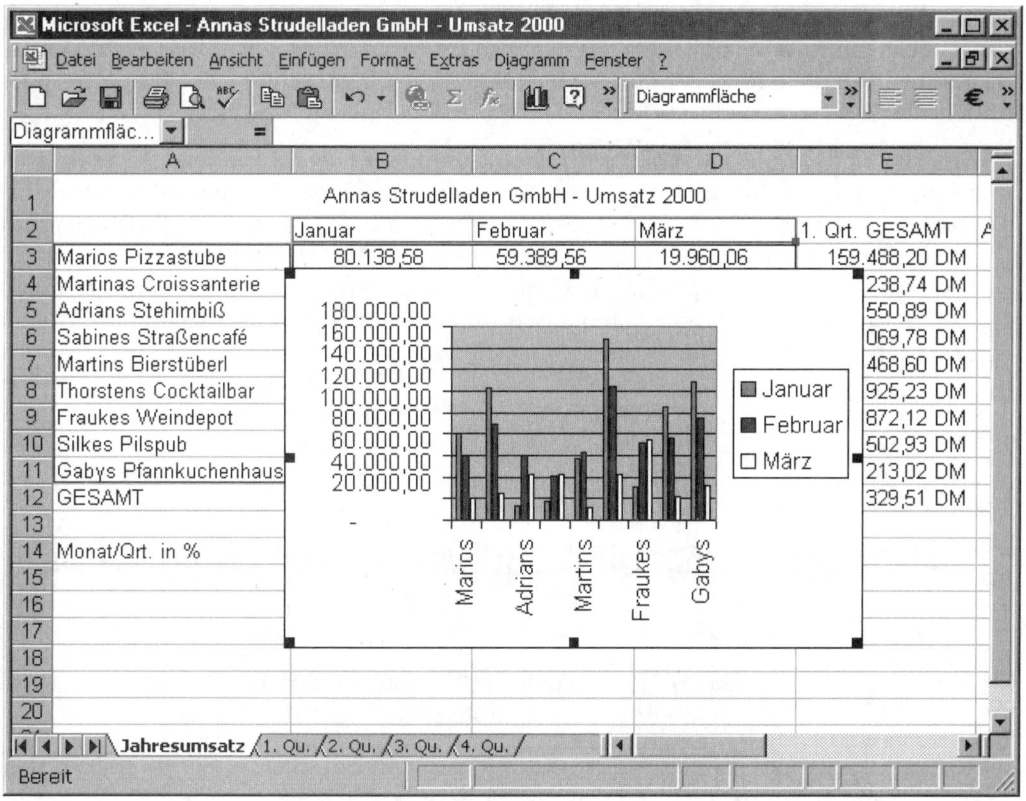

Abbildung 8.6: Das Werk ist vollbracht!

Fertigdiagramme

Wenn Sie für den Diagramm-Assistenten und seine vier Dialogfelder keine Zeit haben, können Sie auch ein fix und fertiges Säulendiagramm in einem Diagrammblatt per Tastendruck erstellen. Markieren Sie dazu den Bereich, der grafisch dargestellt werden soll, und drücken Sie `F11`. Schwupp, Ihre Daten werden in einem neuen Diagrammblatt als Säulendiagramm angezeigt. Selbstverständlich können Sie es anschließend hemmungslos mit allen Techniken quälen, die Sie in diesem Kapitel lernen.

Die Diagramm-Symbolleiste auf das Diagramm hetzen

Nachdem Sie das Diagramm erstellt haben, können Sie es mit den Schaltflächen der Diagramm-Symbolleiste (Abbildung 8.7) auf den Kopf stellen. Denken Sie dran: Diese Symbolleiste taucht immer dann auf, wenn Sie das Diagramm im Tabellenblatt markieren. Ist das Diagramm erst einmal markiert, können Sie mit Hilfe der Diagramm-Symbolleiste folgendes damit anstellen:

✔ *Diagrammobjekte*: Um das Element des Diagramms zu markieren, das Sie bearbeiten möchten, klicken Sie auf den nach unten zeigenden Pfeil des Dropdown-Listenfelds für Diagrammobjekte – gleich die erste Schaltfläche in der Diagramm-Symbolleiste. Wählen Sie dann das gewünschte Objekt aus der Liste aus. Natürlich können Sie auch mit der Maus direkt auf das entsprechende Element im Diagramm klicken. Wenn Sie getroffen haben, wird der Objektname automatisch im ersten Listenfeld der Diagramm-Symbolleiste angezeigt.

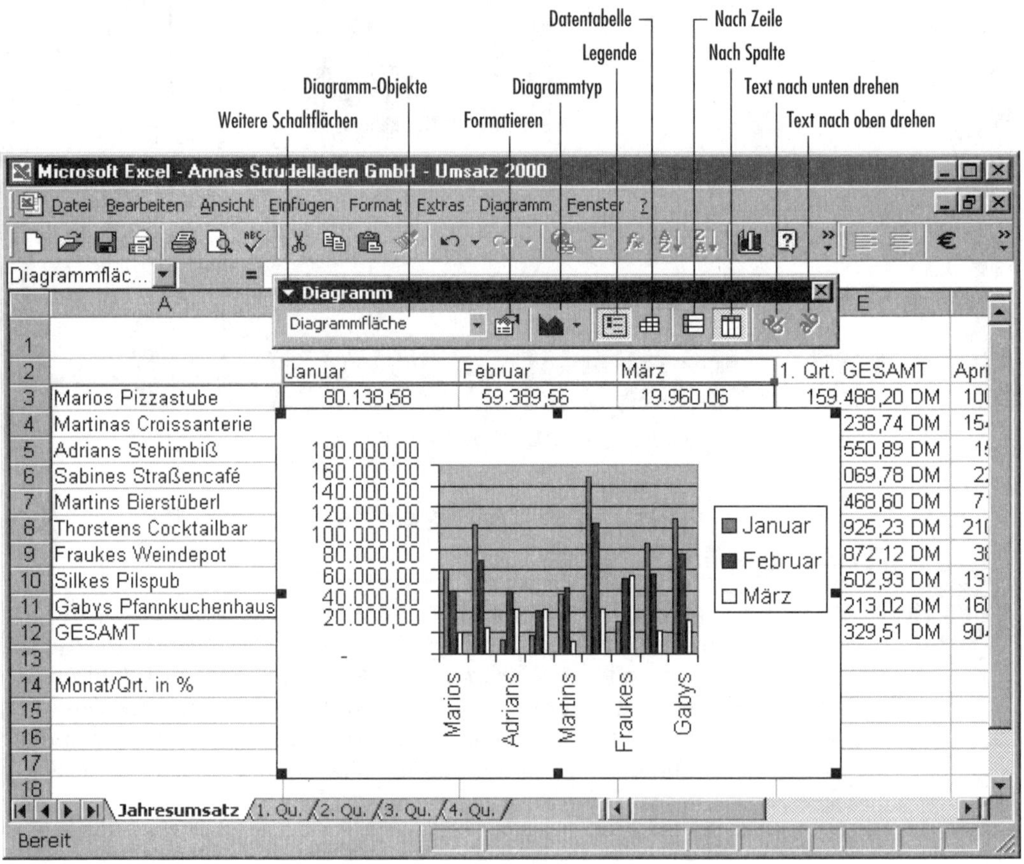

Abbildung 8.7: Die Diagramm-Symbolleiste

- *Formatieren*: Okay, jetzt ist geklärt, um welches Objekt es sich dreht – dann kann das Formatieren ja losgehen. Klicken Sie auf die Schaltfläche für Formatieren, und schon stehen Ihnen quasi alle Möglichkeiten offen. Wie die Schaltfläche für Formatieren genau heißt, hängt davon ab, für welches Diagrammobjekt Sie sich entschieden haben. Haben Sie beispielsweise als Objekt die Diagrammfläche gewählt, heißt die Schaltfläche »Diagrammfläche formatieren«. Das sehen Sie, wenn Sie mit dem Mauszeiger ein kleines Päuschen auf der Schaltfläche einlegen. Dann wird die sogenannte QuickInfo angezeigt, die wiederum den Namen für die Schaltfläche enthält. Sie haben die Legende als Objekt gewählt? Dreimal dürfen Sie raten! Richtig! Die Schaltfläche nennt sich »Legende formatieren«.
- *Diagrammtyp*: Wenn Ihnen die ewigen Säulen (oder was auch immer Sie verwenden) zum Hals raushängen, dann klicken Sie auf den nach unten zeigenden Pfeil der dritten Schaltfläche in der Diagramm-Symbolleiste. Klapp – eine Liste mit verschiedenen Diagrammtypen fällt Ihnen entgegen.
- *Legende*: Klicken Sie auf diese Schaltfläche, um die Legende ein- bzw. auszublenden.
- *Datentabelle*: Klicken Sie auf diese Schaltfläche, um eine Tabelle mit den Werten, die im Diagramm dargestellt werden, einzufügen bzw. zu entfernen. (In Abbildung 8.8 habe ich so eine Tabelle für das Diagramm in der Umsatz 2000-Datei reingebastelt.)

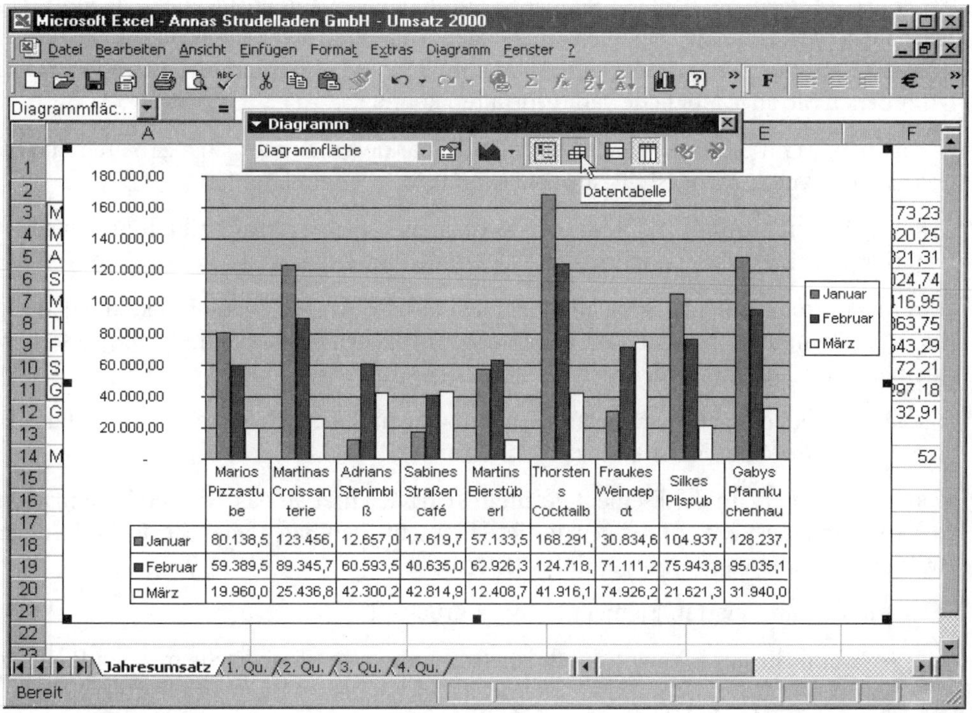

Abbildung 8.8: Ein etwas aufgepepptes Säulendiagramm mit einer Datentabelle für die Umsätze des ersten Quartals

- *Nach Zeile*: Ein Klick darauf, und schon werden die Datenreihen nach den Zeilen im markierten Datenbereich gebildet.
- *Nach Spalte*: Ein Klick darauf, und schon werden die Datenreihen nach den Spalten im markierten Datenbereich gebildet.
- *Text nach unten drehen*: Diese Schaltfläche funktioniert nur, wenn Sie die x- oder die y-Achse als Objekt ausgewählt haben. Das ist der Fall? Nun dann klicken Sie mal drauf. Die Achsenbeschriftungen werden um 45 Grad nach rechts unten gedreht (so wie die Buchstaben auf der Schaltfläche).
- *Text nach oben drehen*: Dasselbe wie bei der Schaltfläche für Text nach unten drehen – nur daß hier der Text nach links oben gedreht wird. Logisch, oder?

Das Diagramm direkt im Tabellenblatt bearbeiten

Also, wenn Sie mal so auf die schnelle ein bestimmtes Element des Diagramms bearbeiten möchten (um z. B. eine andere Schrift für den Titel zu wählen, oder um die Legende neu zu positionieren), dann doppelklicken Sie auf das entsprechende Element (z. B. auf den Titel, die Legende etc.). Excel markiert es dann brav und öffnet ein speziell für das markierte Objekt zugeschnittenes Formatdialogfeld. Sie haben auf die Legende doppelgeklickt? Wenn Sie gut gezielt haben, wird jetzt das Dialogfeld »Legende formatieren« mit seinen drei Registern MUSTER, SCHRIFT und PLATZIERUNG angezeigt (Abbildung 8.9). Jede Registerkarte ist voll von Optionen, mit denen Sie alles Mögliche vera(u)nstalten können.

Es reicht auch, wenn Sie einen Diagrammteil nur markieren, um ihn zu bearbeiten. Ich habe ein paar Punkte zusammengestellt, die dabei von Interesse sein könnten:

- Klicken Sie einfach auf das gewünschte Element. Die QuickInfo hilft Ihnen dabei, das richtige Teil zu erwischen. Ist manchmal gar nicht so einfach.
- Ein markiertes Element erkennen Sie an den komischen »eckigen« Punkten – den sogenannten Ziehpunkten. Manche Elemente können über die Ziehpunkte vergrößert, verkleinert oder gedreht werden.
- Sie können bei einigen markierten Elementen auch auf deren Mitte zeigen und das Element mit gedrückter Maustaste von dannen ziehen.
- Ein Kontextmenü für das Element gefällig? Nichts leichter als das. Klicken Sie einfach mit der rechten Maustaste auf das gewünschte Element. Den Befehl, der Sie dort interessiert, wählen Sie dann wieder mit der linken Maustaste.
- Weg mit dem markierten Element? `Entf` drücken!

Wenn Sie ein Element durch Klicken markieren, können Sie mit den Pfeiltasten ↑ und ↓ gemütlich durch alle vorhandenen Elemente blättern. Mit ← und → wechseln Sie innerhalb einer Gruppe, z.B. von der Größenachse zur Rubrikenachse.

Noch etwas zum Diagrammtitel. Wenn er markiert ist, können Sie ihn mit gedrückter Maustaste verschieben. Außerdem können Sie den Titel in mehrere Zeilen aufteilen. Im Dialogfeld »Diagrammtitel formatieren« gibt es dann im Register AUSRICHTUNG verschiedenen Möglichkeiten die einzelnen Zeilen auszurichten.

Um einen Zeilenumbruch im Titel einzufügen, setzen Sie die Einfügemarke an die gewünschte Stelle und drücken [Eingabe]. So einfach, daß man schon gar nicht mehr darauf kommt.

Aber nicht nur mit dem Titel läßt es sich spielen. Auch für die Datenreihen, die Legende und die beiden Achsen stehen im Kontextmenü jede Menge Befehle zum Ausprobieren zur Verfügung.

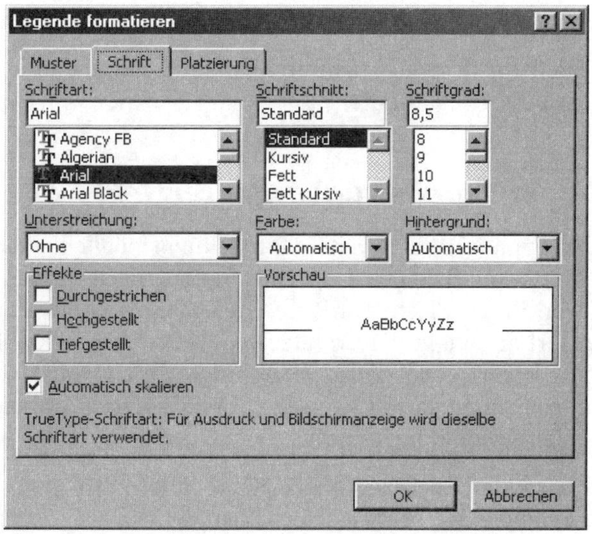

Abbildung 8.9: Wenn Sie beispielsweise auf die Legende doppelklicken, wird das Dialogfeld »Legende formatieren« geöffnet.

Diagrammoptionen wie Sand am Meer

Wenn Sie in Ihrem Diagramm grundlegende Änderungen durchführen möchten, empfiehlt sich hierfür das Dialogfeld »Diagrammoptionen«. Es enthält dieselben Registerkarten und Optionen wie das Dialogfeld »Diagramm-Assistent - Schritt 3 von 4 - Diagrammoptionen« (Abbildung 8.4). Wie kommen Sie dahin. Sie wählen den Befehl DIAGRAMMOPTIONEN im Menü DIAGRAMM. Sie können auch mit der rechten Maustaste irgendwo im Diagramm klicken (aber ohne dabei ein bestimmtes Objekt zu treffen) und im Kontextmenü den Befehl DIAGRAMMOPTIONEN wählen.

Mensch! Wahnsinn! Gleich sechs Registerkarten! Jedenfalls bei einem Säulendiagramm. Und das alles können Sie dort erledigen:

- ✔ **Titel:** Fügen Sie einen neuen Titel hinzu, oder werden Sie alte Titel los. Es gibt ja gleich mehrere in einem Diagramm – für das Diagramm, die x- und die y-Achse.
- ✔ **Achsen:** Hier legen Sie fest, ob überhaupt Achsen angezeigt werden sollen. Ja – rein theoretisch geht's auch ohne Achsen.
- ✔ **Gitternetzlinien:** Blenden Sie Haupt- und Hilfsgitternetzlinien ein bzw. aus. Das funktioniert sowohl für die Rubriken- als auch für die Größenachse.
- ✔ **Legende:** Legende ja oder nein, und, wenn ja, wohin!
- ✔ **Datenbeschriftungen:** Hier können Sie Beschriftungen für die einzelnen Datenreihen ein- und ausblenden und auch die Beschriftungsart bestimmen.
- ✔ **Datentabelle:** Datentabelle ja oder nein. In Abbildung 8.8 sehen Sie die Datentabelle für das Diagramm der Umsatz 2000-Datei.

Frei wie ein Vogel (nicht zugeordneter Text)

Das Diagramm in Abbildung 8.10 zeigt weitere Darstellungsmöglichkeiten. Die sollten für Sie kein Problem sein. Hier sehen Sie erneut das Diagramm für den Umsatz des ersten Quartals von Annas Strudelladen in der Flächenvariante. Außerdem habe ich ein Textfeld eingefügt. Ein Pfeil zeigt begeistert auf die guten Umsätze von Thorstens Cocktailbar (wird aus Platzgründen in der x-Achse leider etwas komisch getrennt und nicht vollständig angezeigt). Auch von der y-Achse konnte ich nicht die Finger lassen. Ihr habe ich ein Währungsformat zugewiesen, damit man die Taler besser klingeln hört.

Wie kommt nun das Textfeld in das Diagramm? Also, Sie klicken auf die Schaltfläche für Zeichnen in der Standard-Symbolleiste, um so die Zeichnen-Symbolleiste zu öffnen. Die Zeichnen-Symbolleiste macht sich automatisch unten im Arbeitsmappenfenster breit. Wenn Sie also jetzt in der Zeichnen-Symbolleiste auf die Schaltfläche für Textfeld klicken, ändert der Mauszeiger seine Form in einen länglichen vertikalen Strich mit kurzer horizontaler Linie, mit dem Sie erst einmal das Textfeld im Diagramm- oder Tabellenblatt ziehen. Wenn Sie nur klicken, zeichnet Excel ein kleines Textfeld; wenn Sie aber mit gedrückter Maustaste ziehen und die Maustaste anschließend loslassen, kriegt das Textfeld die von Ihnen vorgegebene Form.

Sobald Sie die Maustaste dann loslassen, springt die Einfügemarke an den Anfang des Textfelds, und Sie können sofort mit der Eingabe loslegen. Hack, hack – wenn das Ende des Textfelds erreicht ist, umbricht Excel die Zeile automatisch. (Wissen Sie's noch? Mit [Eingabe] können Sie einen Zeilenumbruch auch erzwingen.) Sobald Sie sich alles von der Seele geschrieben haben, klicken Sie auf eine beliebige Stelle außerhalb des Textfelds.

Anschließend können Sie ein Textfeld in einem Diagramm- oder Tabellenblatt folgendermaßen verunstalten:

- ✔ Sie können das Textfeld an eine andere Stelle setzen, indem Sie es einfach hinter sich herziehen.

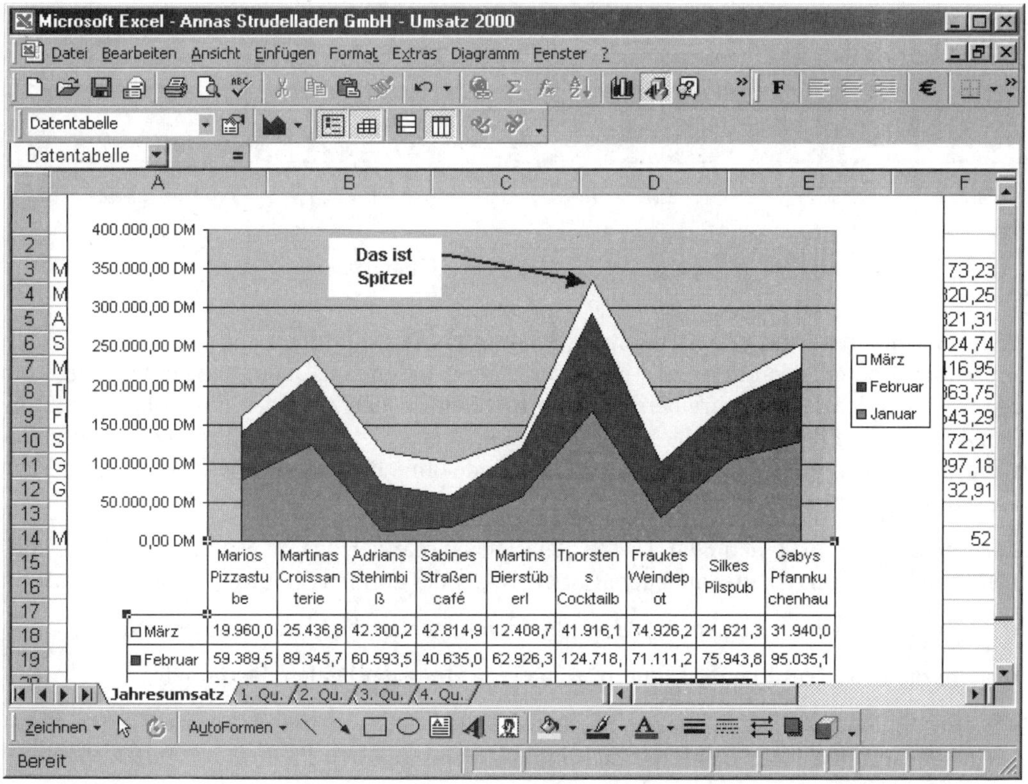

Abbildung 8.10: Hier habe ich ein Textfeld mit einem Pfeil eingefügt und die Werte der y-Achse mit dem Währungsformat formatiert.

- ✔ Sie können die Größe des Textfelds ändern, indem Sie den entsprechenden Ziehpunkt nach innen oder nach außen ziehen.
- ✔ Um den Rahmen zu ändern oder gar gänzlich zu eliminieren, klicken Sie in der Diagramm-Symbolleiste auf die Schaltfläche für Textfeld 1 formatieren. Hilfe! So viele Register. Also, klicken Sie auf das Register FARBEN UND LINIEN. Wählen Sie dann im Dropdown-Listenfeld FARBE die Option KEINE LINIE, um einem vorhandenen Rahmen den Garaus zu machen.
- ✔ Wie wäre es mit einem hübschen Schatten? Nichts leichter als das. Markieren Sie das Textfeld, und klicken Sie in der Zeichnen-Symbolleiste auf die Schaltfläche für Schatten (die zweite von rechts), und wählen Sie aus, was Ihnen gefällt.
- ✔ Und dann gäbe es da noch 3D. Markieren Sie das Textfeld, und klicken Sie in der Zeichnen-Symbolleiste auf die Schaltfläche für 3D (die allerallerletzte). Da ist bestimmt was für Sie dabei.

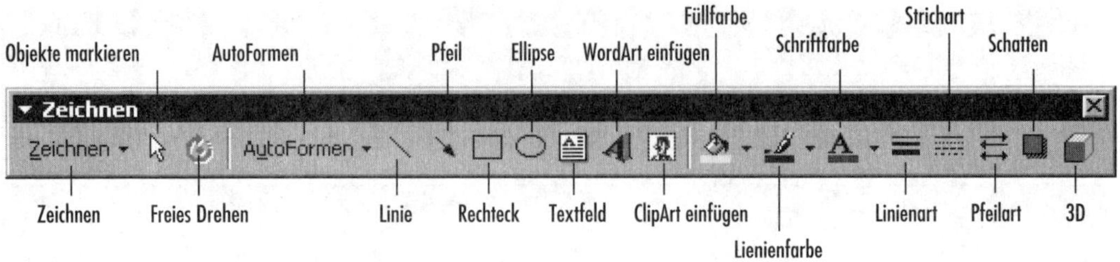

Abbildung 8.11: Die Zeichnen-Symbolleiste

Wenn Sie einem bestimmten Bereich des Diagramms Text zuordnen, möchten Sie sicherlich auch noch einen Pfeil einfügen, der direkt auf das entsprechende Diagrammelement zeigt, das Sie mit dem Textfeld beschreiben. Klicken Sie dazu in der Zeichnen-Symbolleiste auf die Schaltfläche für Pfeil (die mit dem Pfeil drauf, was sonst). Ziehen Sie das Fadenkreuz anschließend vom geplanten Ende des Pfeils (d. h. das Ende ohne Pfeilspitze) an die Stelle, an der die Pfeilspitze gesetzt werden soll.

Excel zeichnet sofort einen Pfeil. Dieser bleibt gleich markiert, damit Sie ihn bearbeiten können (zwei Ziehpunkte, einer an jedem Ende). Folgendes können Sie Ihrem neuen Pfeil antun:

- ✔ Um den Pfeil zu verschieben, ziehen Sie ihn einfach an die gewünschte Position.
- ✔ Um die Länge des Pfeils zu ändern, ziehen Sie einen der beiden Ziehpunkte.
- ✔ Beim Ändern der Länge können Sie auch die Pfeilrichtung ändern, indem Sie den Mauszeiger um den nicht bewegten Ziehpunkt drehen und den Pfeil in die andere Richtung ziehen.
- ✔ Last but not least können Sie auch noch die Form der Pfeilspitze und die Dicke des Schafts ändern. Klicken Sie dazu in der Zeichnen-Symbolleiste auf die Schaltfläche für Pfeilart, und suchen Sie sich was Hübsches aus. Was? Farbe, Linienstärke etc. ist auch noch nicht das, was Sie sich vorstellen? Dann wählen Sie im Popup-Menü der Schaltfläche für Pfeilart den letzten Eintrag WEITERE PFEILE. Das Dialogfeld »AutoForm formatieren« kommt dann ins Spiel. (Der Befehl AUSGEWÄHLTES OBJEKT im Menü FORMAT tut's auch.) Nun können Sie loslegen.

x- und y-Achsen aufpeppen

Wenn Sie ziemlich viele Werte in einem Diagramm darstellen, kümmert sich Excel recht wenig darum, wie diese Werte auf der y-Achse (bzw. im Fall von Balkendiagrammen auf der x-Achse) dargestellt werden. Da kann es einen manchmal richtig grausen. Das muß geändert werden, und zwar so:

1. **Doppelklicken Sie auf die x- oder die y-Achse im Diagramm, oder markieren Sie eine Achse, und wählen Sie den Befehl MARKIERTE ACHSE im Menü FORMAT.**

Excel zaubert das Dialogfeld »Achsen formatieren« auf den Bildschirm, das mit seinen fünf Registern (MUSTER, SKALIERUNG, SCHRIFT, ZAHLEN und AUSRICHTUNG) protzt.

2. **Um die Darstellung der Unterteilungsstriche auf der Achse zu ändern, wenden Sie sich vertrauensvoll an die Registerkarte MUSTER. Das liegt eh oben auf, wenn Sie das Dialogfeld öffnen.**
3. **Sie interessieren sich mehr für den Wertebereich auf der Achse? Dafür ist die Registerkarte SKALIERUNG zuständig.**
4. **Um die Schrift für die Achsenbeschriftungen zu ändern, entscheiden Sie sich für die Registerkarte SCHRIFT und ändern dort die Optionen nach Lust und Laune.**
5. **Für das Format der Zahlen der markierten Achse ist die Registerkarte ZAHLEN zuständig. Sie wählen dort einfach eine Zahlenkategorie, legen die Anzahl der Dezimalstellen fest und entscheiden sich eventuell noch für ein Währungssymbol.**

   Um beispielsweise die Zahlen im Währungsformat ohne Dezimalstellen anzuzeigen, wählen Sie auf der Registerkarte ZAHLEN im Listenfeld KATEGORIE den Eintrag WÄHRUNG und geben »0« im Textfeld DEZIMALSTELLEN ein.
6. **Für die Ausrichtung (Neigung) der Achsenbeschriftungen bleibt dann wohl nur noch die Registerkarte AUSRICHTUNG übrig. Hier legen Sie zunächst fest, ob der Text horizontal oder vertikal angezeigt werden soll. Einfach auf das entsprechende Beispielfeld klicken. Danach bestimmen Sie den Winkel. Geben Sie ihn entweder direkt in das Textfeld GRAD ein, oder klicken Sie im Beispielfeld nach Belieben, um sich das Ganze erst einmal in Ruhe anzusehen.**
7. **Klicken Sie auf »OK«, oder drücken Sie [Eingabe], um das Dialogfeld »Achsen formatieren« zu schließen und die Änderungen zu übernehmen.**

Danach zeichnet Excel die Achse des Diagramms sofort neu, um Ihre Änderungen auf dem Bildschirm anzuzeigen. Haben Sie sich z.B. für ein neues Zahlenformat entschieden, werden alle Zahlen der markierten Achse entsprechend angepaßt.

Diagrammwerte im Tabellenblatt ändern

Wenn Sie alle Änderungen im Diagramm ausgeführt haben, wollen Sie sicherlich zum Tabellenblatt zurückkehren. Klicken Sie dazu einfach auf eine Stelle außerhalb des Diagramms. Jetzt können Sie sich wieder frei in Ihrem Tabellenblatt bewegen. Sie sollten aber stets an folgendes denken: Wenn Sie den Zellcursor im Tabellenblatt mit den Pfeiltasten verschieben, verschwindet der Cursor, sobald Sie eine Zelle markieren, die sich hinter dem Diagramm verbirgt. Und natürlich erwischen Sie zwangsläufig das Diagramm, wenn Sie versuchen, eine solche Zelle mit der Maus zu markieren.

Die Werte im Tabellenblatt, die im Diagramm dargestellt werden, pflegen mit dem Diagramm einen intensiven Kontakt. Dies bedeutet, daß das Diagramm automatisch aktualisiert wird, wenn Sie Werte im Tabellenblatt ändern.

Warum nicht mal dreidimensional?

In Abbildung 8.12 sehen Sie das Diagramm in einem anderen Kleid – dieses Mal als 3D-Flächendiagramm. Excel zeichnet dreidimensionale Diagramme (dazu gehören auch 3D-Balken-, 3D-Linien- und 3D-Oberflächendiagramme) in einer perspektivischen Ansicht. Dazu wird eine dritte Achse benötigt. Das heißt, das Diagramm verfügt nun über eine Rubrikenachse (x) mit den Firmennamen, eine Datenreihenachse (y) mit den Monatsnamen und eine Größenachse (z) mit den Beträgen.

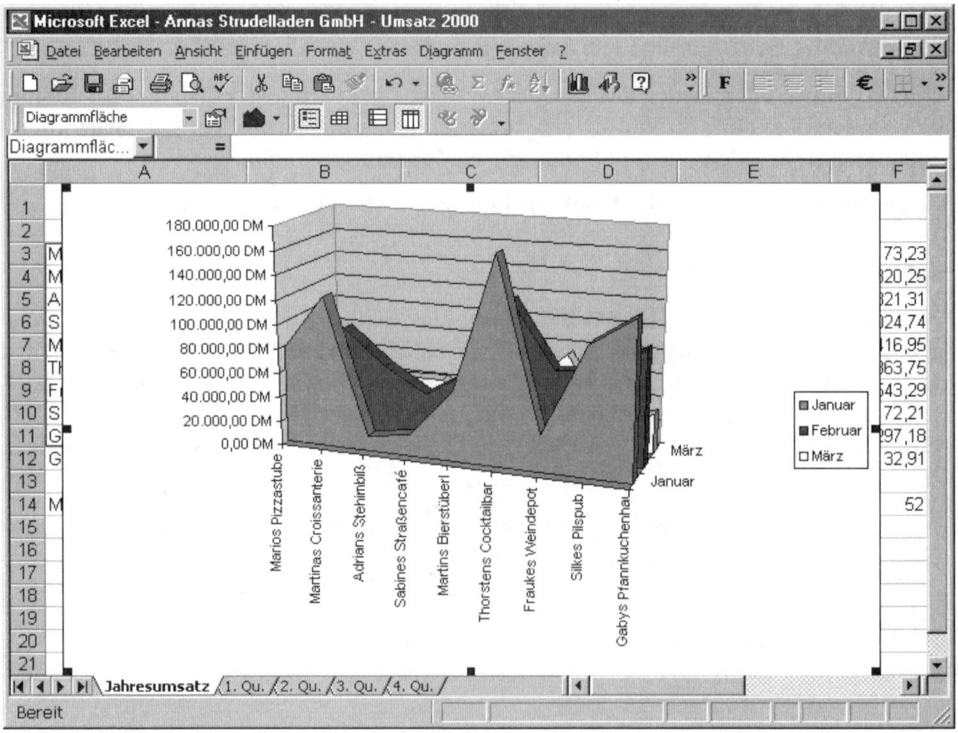

Abbildung 8.12: Aus dem Diagramm wurde ein 3D-Flächendiagramm.

Diese drei Achsen bilden eine Art offene Schachtel. Die Rubriken- und Datenreihenachsen befinden sich unten im Diagramm und die Werteachse an der linken Seite. Sie können die Ansicht von dreidimensionalen Diagrammen ändern, indem Sie die Schachtel drehen. Dadurch ändert sich der Betrachtungswinkel auf den Boden und auf die Seitenwände.

Um den Betrachtungswinkel des Diagramms zu ändern, doppelklicken Sie erst einmal auf das Diagramm und markieren dann den Rahmen, indem Sie auf eine der Ecken klicken. Halten Sie die Maustaste gedrückt. Schwupp – quasi alles verschwindet. Nur der mickrige Rahmen ist noch zu sehen (Abbildung 8.13). Voraussetzung dafür ist allerdings, daß Sie wirklich auf den Rahmen und nicht etwa auf eine Datenreihe geklickt haben.

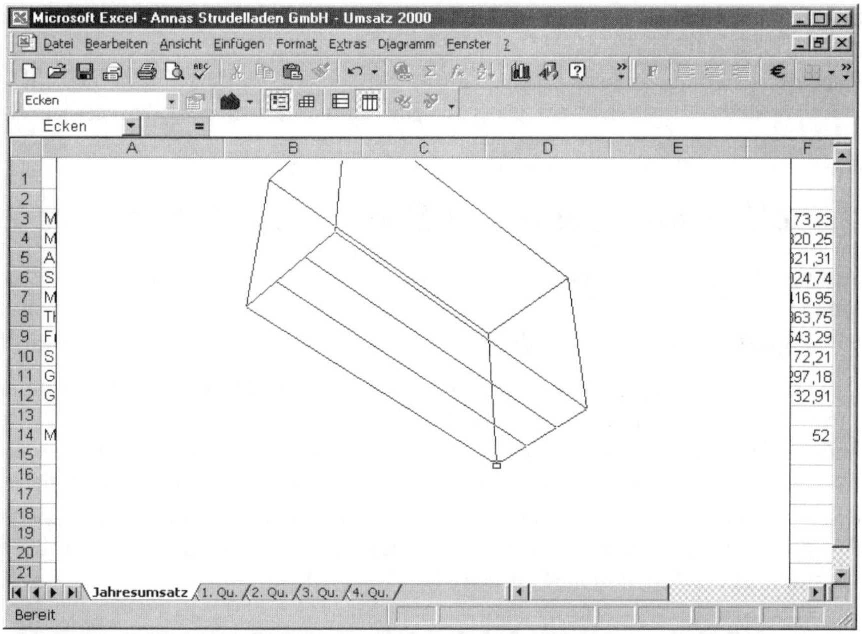

Abbildung 8.13: Durch Drehen kann der Betrachtungswinkel des 3D-Flächendiagramms geändert werden.

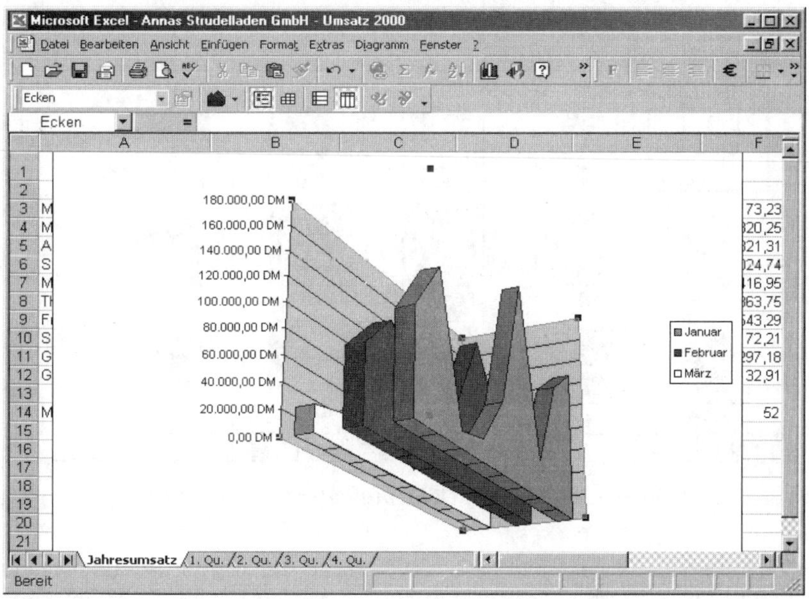

Abbildung 8.14: Der neue Betrachtungswinkel für das 3D-Flächendiagramm

Jetzt können Sie eine Ecke des Rahmens beliebig drehen, um das gesamte 3D-Diagramm neu auszurichten. Sobald Sie die Maustaste loslassen, wird das Diagramm in seiner neuen perspektivischen Ansicht gezeichnet. In Abbildung 8.13 sehen Sie den Rahmen des 3D-Flächendiagramms, und Abbildung 8.14 zeigt das 3D-Flächendiagramm, nachdem es gedreht wurde.

Ein Tabellenblatt ohne grafische Objekte ist wie ein ...

Diagramme sind nicht die einzigen grafischen Objekte, die Sie in Ihren Tabellenblättern einsetzen können. Sie können Ihr Tabellenblatt mit Zeichnungen, Textfeldern, ja sogar mit richtigen Bildern schmücken, z.B. mit gescannten Fotos oder Zeichnungen aus anderen Programmen.

Wenn Sie Ihre Arbeitsmappe mit Grafiken verschönern möchten (z. B. mit einem ClipArt-Objekt), wählen Sie den Befehl GRAFIK im Menü EINFÜGEN und dann den Befehl CLIPART. Anschließend klicken Sie im Dialogfeld »ClipArt einfügen« auf das Register BILDER (Abbildung 8.15), suchen sich in Ruhe ein Thema aus und klicken auf das gewünschte Bildchen. Sofort zeigt sich Ihnen eine kleine Leiste, die vier Schaltflächen enthält. Entscheiden Sie sich gleich für die erste Schaltfäche (d.h. für ClipArt einfügen), und die Grafik wird an der aktuellen Cursorposition in das Tabellenblatt eingefügt.

Abbildung 8.15: Microsoft Office präsentiert stolz seine ClipArts.

Wenn Sie sich für ein grafisches Objekt interessieren, das mit einer anderen Anwendung erstellt wurde, dann wenden Sie sich wieder vertrauensvoll an den Befehl GRAFIK im Menü EINFÜGEN und wählen dann den Unterbefehl AUS DATEI. Markieren Sie anschließend die entsprechende

Datei im Dialogfeld »Bild einfügen«. Und das war es auch schon. Das Dialogfeld »Bild einfügen« funktioniert übrigens genau so wie das Dialogfeld zum Öffnen von Arbeitsmappen.

ClipArts online rüberholen

Sollten Sie nichts Geeignetes in der Bildergalerie finden, und verfügt Ihr Rechner über einen Internetanschluß, dann können Sie sich auf den Weg ins World Wide Web machen, um dort nach ClipArts zu stöbern. Und das geht so:

1. **Wählen Sie im Menü EINFÜGEN den Befehl GRAFIK und danach den Befehl CLIPART.**

2. **Klicken Sie im Dialogfeld »ClipArt einfügen« ganz oben in der Symbolleiste auf die Schaltfläche für Clips Online.**

   Das Dialogfeld »Mit dem Web verbinden für weitere ClipArt's, Fotos, Sounds« wird geöffnet, das Sie darüber informiert, daß durch Klicken auf »OK« eine Verbindung zu einer speziellen Webseite hergestellt wird. Wenn Sie auf dieser geheimnisvollen Webseite ClipArts auswählen, werden diese auf noch geheimnisvollere Weise in Ihre lokale Clip-Gallery eingefügt. Was es nicht so alles gibt!

3. **Vorausgesetzt, die Verbindung zum Web besteht, klicken Sie auf »OK«.**

   Das ist das Startsignal. Excel startet hilfsbereit den Webbrowser, der wiederum eine Verbindung zum Internet herstellt und zu einer Webseite mit dem klangvollen Namen MICROSOFT CLIP GALLERY LIVE wechselt.

4. **Klicken Sie auf »Accept« (ich vergaß zu erwähnen, daß es sich um eine englischsprachige Seite handelt) und bei Bedarf auch noch auf »OK«, damit Ihnen diese Seite endlich zur Verfügung steht.**

5. **Klicken Sie auf den Hyperlink der Kategorie, in der Sie blättern möchten, z.B. auf »This Month's New Clips«.**

6. **Wenn Sie ein Bildchen gefunden haben, das Sie interessiert, dann klicken auf das entsprechende Kontrollkästchen, um das Bild im sogenannten Selection Basket abzulegen (so 'ne Art Einkaufskorb).**

   Wenn Sie nur ein Bild runterladen wollen, dann aktivieren Sie nicht das dazugehörige Kontrollkästchen, sondern klicken auf das graue Rechteck, über dem ein roter Pfeil schwebt – die Schaltfläche für den Download.

7. **Aktivieren Sie für jedes Bild, das Sie auf Ihren Rechner laden wollen, das entsprechende Kontrollkästchen.**

8. **Haben Sie alle Bildkontrollkästchen aktiviert, klicken Sie oben auf die Schaltfläche für Selection Basket, um Ihre Auswahl zu prüfen.**

Wenn Sie ein Bildchen Ihrer Auswahl doch nicht runterladen wollen, dann deaktivieren Sie einfach das entsprechende Kontrollkästchen.

9. **Klicken Sie über Ihrer Bildauswahl auf den Hyperlink »Download«, um den Downloadprozeß zu starten.**

   Sie kriegen eine neue Seite zu Gesicht, die Sie darüber informiert, wie viele ClipArts sie herunterzuladen gedenken, wie groß die ClipArts insgesamt sind, und wie lange es ungefähr dauert, bis sie auf Ihrer Festplatte gelandet sind.

10. **Klicken Sie auf den Hyperlink »Download Now!«, um die ClipArts nun wirklich endgültig auf Ihren Rechner zu laden.**

    Sobald der Download beendet ist, werden die ClipArts im Dialogfeld »ClipArt einfügen« angezeigt.

11. **Klicken Sie im Webbrowser auf die Schaltfläche für Schließen, um die Verbindung zum Web zu kappen (ggf. auch noch die Verbindung zum Provider beenden) und zum Tabellenblatt in Excel zurückzukehren.**

12. **(Optional) Wenn Sie einen Clip in einer ganz speziellen Kategorie Ihrer lokalen Galerie ablegen möchten, klicken Sie im Dialogfeld »ClipArt einfügen« auf das Bildchen und klicken anschließend in der aufklappenden Leiste auf die dritte Schaltfläche. (Die QuickInfo behauptet, daß diese Schaltfläche »Den Clip zu den Favoriten oder einer anderen Schaltfläche hinzufügen« heißt. Ziemlich langer Name!)**

    Die Leiste wird erweitert, und Sie können im Dropdown-Listenfeld DEN CLIP ZU DER FOLGENDEN KATEGORIE HINZUFÜGEN eine Kategorie auswählen. Muß anschließend durch Klicken auf »Hinzufügen« bestätigt werden.

13. **Und wenn Sie dann den downgeloadeten (oder gedownloadeten?) Clip in Ihr Tabellenblatt einfügen möchten, markieren Sie ihn und wählen in der aufklappenden Leiste die Schaltfläche für Clip einfügen (das ist gleich die erste) aus.**

Selbst ist der Mann/die Frau

Damit aber nicht genug. Es gibt auch noch die Zeichnen-Symbolleiste. Sie enthält ein Sortiment von Werkzeugen, mit denen Sie eine Vielzahl von leeren oder gefüllten Formen zeichnen können, z. B. Rechtecke, Quadrate, Ellipsen, Kreise und – nicht zu vergessen – gerade Linien und Bögen. Um Quadrate und Kreise zu fabrizieren, bedienen Sie sich der Rechteck- und Ellipsenwerkzeuge und halten beim Zeichnen `Umschalt` gedrückt.

In der Zeichnen-Symbolleiste gibt es außerdem ein ganz tolles Werkzeug – *AutoFormen* genannt. Hinter dieser Bezeichnung verbergen sich Massen von bereits fertigen Formen und Linien. Um da ran zu kommen, klicken Sie einfach in der Zeichnen-Symbolleiste auf die Schaltfläche für AutoFormen und entscheiden sich zunächst mal für eine der Kategorien (LINIEN,

VERBINDUNGEN, STANDARDFORMEN, BLOCKPFEILE, FLUSSDIAGRAMM, STERNE UND BANNER, LEGENDEN). Jede Kategorie hat wiederum einiges zu bieten. Wer die Wahl hat, hat die Qual.

Anscheinend haben sich einige Leute bei Microsoft beschwert, daß es nicht genügend AutoFormen gibt. Denn jetzt gibt es noch eine weitere Kategorie mit der Bezeichnung WEITERE AUTOFORMEN. Damit öffnen Sie ein Dialogfeld mit jeder Menge weiterer Kategorien, die wiederum jede Menge zusätzlicher AutoFormen enthalten. Das ist was für echte Nimmersatts!

WordArt vom Feinsten

Sollten Ihnen all die Linien und Formen der Schaltfläche für AutoFormen immer noch nicht genügen, versuchen Sie mal was ganz Ausgeflipptes. Und zwar können Sie in der Zeichnen-Symbolleiste mit der Schaltfläche für WordArt bizarr geformten Text in Ihr Tabellenblatt reinholen. Dazu gehen Sie folgendermaßen vor:

1. **Markieren Sie die Zelle im Tabellenblatt, in die der WordArt-Text eingefügt werden soll.**

   Da auch der WordArt-Text zur Gattung der grafischen Objekte gehört, können Sie den Text nach dem Erstellen beliebig vergrößern und im Tabellenblatt umherziehen.

2. **Klicken Sie in der Zeichnen-Symbolleiste auf die Schaltfläche für WordArt. (Das ist die mit dem schrägen »A« drin.)**

   Sofort wird das Dialogfeld »WordArt-Katalog« geöffnet (Abbildung 8.16).

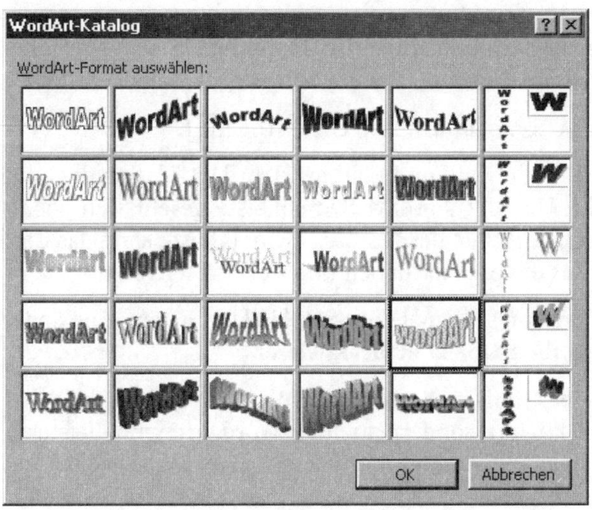

Abbildung 8.16: Der WordArt-Katalog

3. **Klicken Sie auf das Bildchen, das Ihnen am besten gefällt, und danach auf »OK« .**

   Das Dialogfeld »WordArt-Text bearbeiten« steht zu Ihren Diensten (Abbildung 8.17). Dort geben Sie den Text ein, der im Tabellenblatt eingefügt werden soll.

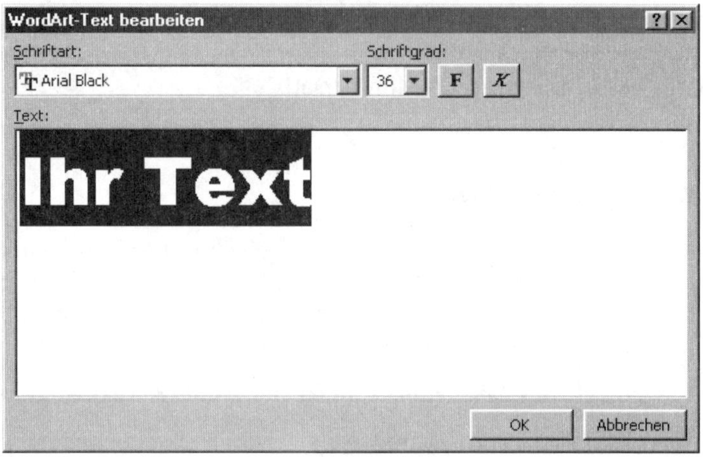

Abbildung 8.17: Das Dialogfeld zum Bearbeiten des Texts

4. **Schreiben Sie in das Textfeld Text den Text, der Ihr Tabellenblatt schmücken soll.**

   Sobald Sie damit loslegen, wird anstelle von »Ihr Text« der von Ihnen eingegebene Text angezeigt.

5. **Wählen Sie bei Bedarf im Dropdown-Listenfeld Schriftart eine Schriftart und im Dropdown-Listenfeld Schriftgrad eine Schriftgröße aus.**

6. **Klicken Sie auf »OK«, oder drücken Sie** `Eingabe`**.**

   Excel zeichnet voll Schwung und Elan den WordArt-Text an der angegebenen Position in das Tabellenblatt. Und die WordArt-Symbolleiste gesellt sich ebenfalls dazu (Abbildung 8.18). Mit den Schaltflächen der WordArt-Symbolleiste kann das Ganze noch mehr aufgepeppt werden – für die Unersättlichen unter den LeserInnen.

7. **Wenn Größe, Form und Formate passen, klicken Sie auf eine andere Zelle im Tabellenblatt, um das WordArt-Objekt zu deaktivieren.**

   Wenn Sie auf eine Stelle außerhalb des WordArt-Objekts klicken, wird nicht nur der WordArt-Text deaktiviert, sondern auch die WordArt-Symbolleiste ausgeblendet. Falls Sie sie wieder brauchen, aktivieren Sie einfach das WordArt-Objekt.

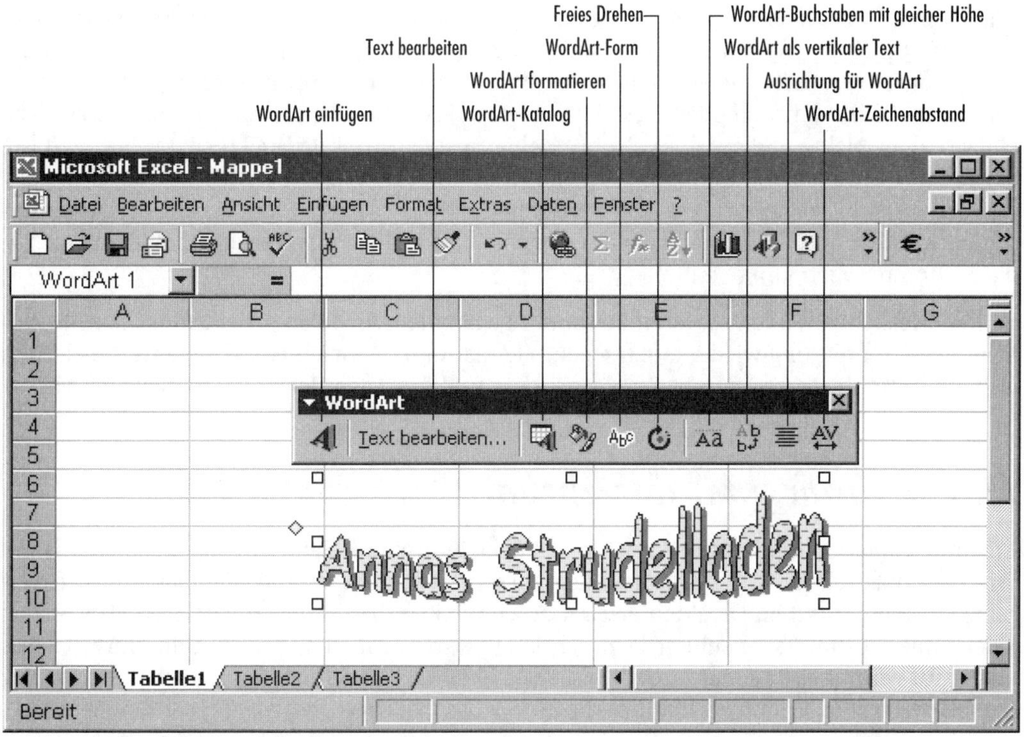

Abbildung 8.18: WordArt-Text im Tabellenblatt – das macht was her, oder?

Eins vor dem anderen

Falls Sie es nicht bemerkt haben: Grafische Objekte schweben sozusagen auf den Zellen des Tabellenblatts. Die meisten grafischen Objekte (einschließlich Diagrammen) sind undurchsichtig. Das heißt, sie verdecken die Informationen in den darunterliegenden Zellen. Wenn Sie ein grafisches Objekt auf einem anderen grafischen Objekt positionieren, verdeckt das obere das untere. Es ist also wichtig, stets zu prüfen, ob ein grafisches Objekt andere Objekte bzw. Zellinformationen, die Sie anzeigen lassen möchten, verdeckt.

Auf der anderen Seite kann man durch Überlagerungen von Objekten interessante Effekte zaubern, z.B. wenn Sie ein durchsichtiges Objekt über ein undurchsichtiges legen. Probleme gibt es nur, wenn das undurchsichtige über dem durchsichtigen Objekt liegt. In diesem Fall müssen Sie beide vertauschen. Dies geht ganz einfach. Klicken Sie zunächst mit der rechten Maustaste auf das undurchsichtige Objekt, und wählen Sie anschließend im Kontextmenü den Befehl REIHENFOLGE und dann den Befehl IN DEN HINTERGRUND. Parallel dazu gibt es natürlich auch den Befehl IN DEN VORDERGRUND.

Und dann gibt es noch Gruppen von grafischen Objekten. Wenn Sie beispielsweise mehrere grafische Objekte zusammen bearbeiten wollen (verschieben oder Farbe ändern etc.) oder wenn mehrere grafische Objekte einfach zusammengehören (z. B. ein Textfeld mit dem dazugehörigen Pfeil), dann empfiehlt es sich, diese Objekte zu gruppieren. Sie markieren dazu einfach alle Objekte, die zu einer Gruppe gehören sollen (mit gedrückter `Umschalt`-Taste auf alle Objekte klicken), und wählen im Kontextmenü den Befehl GRUPPIERUNG und dann noch mal den Befehl GRUPPIERUNG. Wenn Sie anschließend auf ein beliebiges Objekt der Mammutgruppe klicken, werden automatisch alle Gruppenbestandteile markiert (drumherum tauchen die berühmten Ziehpunkte auf).

Sollten Sie sich zu einem späteren Zeitpunkt gegen die Gruppe entscheiden, ist es kein Problem, die Gruppierung wieder aufzuheben. Sie markieren einfach das gruppierte Objekt und wählen im Kontextmenü den Befehl GRUPPIERUNG und dann den Befehl GRUPPIERUNG AUFHEBEN.

Mal sichtbar, mal unsichtbar

Eigentlich müssen Sie jetzt nur noch eines über grafische Objekte im Tabellenblatt wissen: Wie kann man sie zeitweise verschwinden lassen? Wenn Sie Ihr Tabellenblatt mit den verschiedensten grafischen Objekten elegant geschmückt haben, kann es passieren, daß Sie bei jeder Änderung im Tabellenblatt ziemlich lange warten müssen, bis der Bildschirm wieder aufgebaut wird. Dies liegt daran, daß Excel jede Grafik neu zeichnen muß, auch wenn Sie nur ein bißchen im Tabellenblatt blättern. Bevor Sie das ganz verrückt macht, sollten Sie entweder alle grafischen Objekte (einschließlich Diagrammen) ausblenden oder durch graue Rechtecke (sogenannte Platzhalter) ersetzen. Letztere kennzeichnen dann weiterhin die Positionen der Objekte im Tabellenblatt, benötigen aber bedeutend weniger Zeit beim Neuzeichnen.

Um die grafischen Objekte zu verbergen oder durch graue Platzhalter zu ersetzen, wählen Sie den Befehl OPTIONEN im Menü EXTRAS und klicken anschließend auf das Register ANSICHT. Und genau dort finden Sie das Gruppenfeld OBJEKTE, mit dessen Hilfe Sie die lästigen grafischen Objekte vorübergehend loswerden können. Klicken Sie auf das Optionsfeld ALLE AUSBLENDEN, um die Grafiken zu verbergen, bzw. auf PLATZHALTER ANZEIGEN, um die Objekte in der Anzeige durch graue Rechtecke zu ersetzen. Letzteres ist die sicherste Lösung, da Sie so immer genau wissen, wie sich Zelländerungen im Tabellenblatt auf die grafischen Objekte auswirken.

Wenn Sie das Tabellenblatt drucken möchten, müssen Sie die grafischen Objekte wieder sichtbar machen. Wählen Sie dazu erneut den Befehl OPTIONEN im Menü EXTRAS, und klicken Sie auf das Register ANSICHT. Mit ALLE ANZEIGEN ist die Welt dann wieder in Ordnung.

Nur die Grafik schwarz auf weiß

Manchmal möchten Sie vielleicht nur ein ganz bestimmtes grafisches Objekt im Tabellenblatt drucken. Alle Daten oder sonstiges Zeug sollen im Ausdruck ignoriert werden. Wie bereits erwähnt, müssen alle grafischen Objekte vor dem Ausdruck angezeigt werden. Denn was nicht da ist, kann auch nicht gedruckt werden. Klicken Sie dann auf die Grafik, die gedruckt werden soll. Wählen Sie anschließend den Befehl DRUCKEN im Menü DATEI, oder drücken Sie [Strg]+[P], oder klicken Sie auf die Schaltfläche für Drucken in der Standard-Symbolleiste.

Wenn Sie ein Diagramm markiert und den Befehl DRUCKEN im Menü DATEI gewählt haben, ist im Gruppenfeld DRUCKEN bereits die Option MARKIERTES DIAGRAMM aktiviert. Standardmäßig wird das Diagramm so gedruckt, daß die ganze Seite gefüllt wird. Sicherheitshalber sollten Sie in der Seitenansicht prüfen, wie das Ganze aussieht.

Sollte sich in der Seitenansicht herausstellen, daß Sie die Größe oder die Ausrichtung für den Ausdruck ändern müssen, wählen Sie die Schaltfläche »Layout«. Für die Ausrichtung und die Papiergröße ist dann die Registerkarte PAPIERFORMAT zuständig. Sobald in der Seitenansicht alles okay aussieht, klicken Sie beherzt auf »Drucken«, um den Ausdruck zu starten.

Zahlen und Fakten griffbereit

9

In diesem Kapitel erfahren Sie, wie Sie ...

- eine Datenbank in Excel einrichten.
- eine Datenmaske für eine Datenbank erstellen.
- Datensätze mit der Maske hinzufügen.
- Datensätze mit der Maske suchen, bearbeiten und löschen.
- Datensätze einer Datenbank sortieren.
- Datensätze einer Datenbank filtern.
- selbstgeschnitzte Kriterien für das Filtern von Datensätzen verwenden.

Bis jetzt haben alle Tabellen, die Sie vorgesetzt bekommen haben, den Zweck verfolgt, einfache Berechnungen durchzuführen (z.B. die Summenberechnung von Verkaufszahlen pro Monat oder Quartal). Anschließend wurden die Informationen in einer aussagekräftigen Form dargestellt. Mit Excel können Sie aber noch eine andere Art von Tabellenblatt erstellen: eine *Datenbank*. Datenbanken dienen weniger der Berechnung von neuen Werten als dem Speichern von Informationen in einer einheitlichen Form. Sie können z.B. eine Datenbank erstellen, die die Namen und Adressen Ihrer Kunden oder alle wichtigen Fakten über Ihre Angestellten enthält.

Ob Sie es glauben oder nicht: Sie wissen bereits alles Nötige, um eine Datenbank aufzubauen, da dies im Prinzip wie bei einem Tabellenblatt funktioniert. Sie beginnen mit der Eingabe einer Zeile mit Spaltenüberschriften (in der Datenbanksprache werden diese Überschriften *Feldnamen* genannt). Diese Überschriften bezeichnen die verschiedenen Elemente, die Sie in der Datenbank speichern möchten (z. B. Vorname, Nachname, Straße, Stadt etc.). Unterhalb der Feldnamen geben Sie die einzelnen Informationen in die entsprechenden Spalten ein.

Jede Spalte enthält stets denselben Informationstyp, z.B. den Firmennamen oder eine Telefonnummer. Die Zellen in der Datenbank werden als *Felder* bezeichnet. Jede Zeile enthält die Gesamtinformationen über eine bestimmte Person oder Sache (je nachdem, welche Daten Sie in Ihrer Datenbank ablegen). Diese Gesamtinformation (in einer Zeile) bezeichnet man als einen *Datensatz* innerhalb der Datenbank. Jeder Datensatz (Zeile) enthält mehrere Felder (Spalten). So viel zur Terminologie.

Eine Datenbank dient aber nicht nur der Aufbewahrung riesiger Datenmengen. Mit Excel ist es ein leichtes, Ihre Daten zu organisieren und auszuwerten. Im Nu haben Sie nur die Informationen herausgefiltert, die Sie aktuell benötigen.

Sie haben z.B. Ihre Kunden in der Datenbank alphabetisch nach Firmennamen eingegeben. Jetzt wollen Sie aber, daß die Firmennamen zusätzlich nach Bundesländern und Städtenamen sortiert werden. Kein Problem. Sie sortieren Ihre Datenbank zunächst nach Bundesländern, dann nach Städtenamen und abschließend nach Firmennamen.

Angenommen, Sie möchten eine Liste aller Kunden in München mit einem Auftragsvolumen von 10.000 DM erstellen. Nichts einfacher als das: Wählen Sie den Befehl FILTER im Menü DATEN. Ein Untermenü klappt Ihnen entgegen, in dem Sie den Befehl AUTOFILTER wählen, um Dropdown-Listenfelder für jeden Feldnamen in der Datenbank einzufügen. Um nun nur die gewünschten Datensätze anzeigen zu lassen, öffnen Sie das Dropdown-Listenfeld für das entsprechende Feld und wählen dort den Eintrag aus, nach dem die Datenbank gefiltert werden soll. Für das oben genannte Beispiel würden Sie im Dropdown-Listenfeld für die Städte den Eintrag »München« und im Dropdown-Listenfeld für das Auftragsvolumen den Eintrag »10.000« wählen. Und Excel blendet brav nur die Datensätze ein, die die von Ihnen gewählten Einträge in den entsprechenden Feldern enthalten. Man spricht hier von den sogenannten *Suchkriterien*.

Die Maske, hinter der sich Ihre Daten verbergen

Der Datenbankaufbau und die Datenbankpflege ist dank der *Datenmaske* von Excel ein Kinderspiel. Mit Hilfe der Maske fügen Sie Datensätze in die Datenbank ein und bearbeiten oder löschen sie. Um eine Maske für eine neue Datenbank zu erstellen, geben Sie die Zeile mit den Spaltenüberschriften – die Feldnamen – und einen Beispieldatensatz in die darunterliegende Zeile ein (Abbildung 9.1).

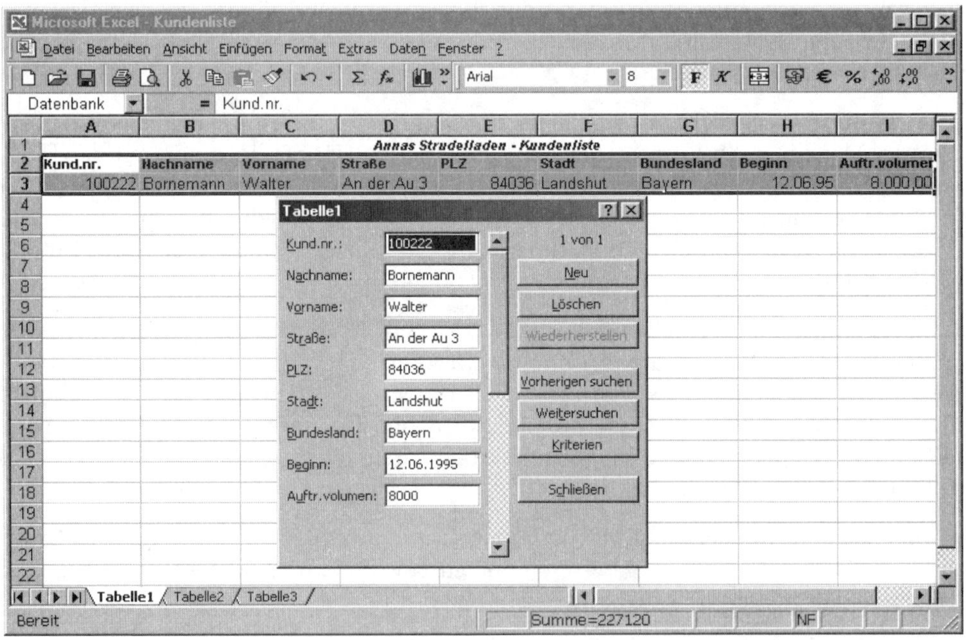

Abbildung 9.1: Die Datenmaske für einen neuen Datensatz

Formatieren Sie jeden Feldeintrag so, wie alle folgenden Felder dargestellt werden sollen. Markieren Sie anschließend die beiden Zeilen, und wählen Sie den Befehl MASKE im Menü DATEN.

Sobald Sie den Befehl MASKE gewählt haben, analysiert Excel die Zeile mit den Feldnamen und listet diese links in der Maske auf, die Excel aus dem Nichts gezaubert hat. Abbildung 9.1 zeigt die Datenmaske für die neue Datenbank. Sie sieht wie ein individuell angepaßtes Dialogfeld aus. Die Eingaben, die Sie zuvor für den ersten Datensatz durchgeführt haben, sind bereits in der Maske enthalten. Rechts neben den Daten enthält die Maske eine Reihe von Schaltflächen, mit denen Sie Datensätze hinzufügen oder löschen bzw. nach bestimmten Datensätzen suchen können. Oberhalb der ersten Schaltfläche »Neu« zeigt die Maske die Nummer des aktuellen Datensatzes sowie die Gesamtzahl der enthaltenen Datensätze an (in diesem Beispiel »1 von 1«).

Datenmaske nur aus Feldnamen erstellen

Sie haben außerdem die Möglichkeit, eine Datenmaske anhand einer völlig leeren Datenbank zu erstellen. Sie müssen lediglich eine Zeile mit Feldnamen eingeben und diese vor dem Erstellen markieren. Wenn Sie auf diese Weise vorgehen, zeigt Excel erst mal eine Meldung an, die besagt, daß keine Kopfzeile gefunden wurde (damit ist die Zeile mit den Datenfeldern gemeint). Bestätigen Sie mit »OK«, daß die markierte Zeile als Kopfzeile verwendet werden soll. Etwas verwirrend, aber es funktioniert. Excel erstellt eine leere Datenmaske, die lediglich die von Ihnen markierten Datenfelder enthält.

Das Erstellen einer leeren Datenmaske ist keine gute Idee, wenn Sie in der Datenmaske mit berechneten Feldern arbeiten möchten. (Das sind die Felder, deren Einträge auf einer Formelberechnung anstelle eines manuellen Eintrags basieren.) Im Fall von berechneten Feldern müssen Sie nämlich die Berechnungsformel in das entsprechende Feld des ersten Datensatzes eingeben, bevor Sie den Befehl MASKE im Menü DATEN wählen. Excel ist übrigens so clever, daß es zwischen normalen Einträgen und berechneten Feldern unterscheiden kann. Und wie wissen Sie, was ein berechnetes Feld ist? Ganz einfach! Excel zeigt in der Datenmaske für berechnete Felder kein Textfeld an, sondern nur den Feldnamen. Ist ja logisch: Für etwas, was automatisch berechnet werden muß, braucht man nichts eingeben.

Je mehr, desto besser: Neue Datensätze einfügen

Nachdem Sie die Datenmaske mit dem ersten Datensatz erstellt haben, können Sie mit Hilfe der Maske beliebig viele weitere Datensätze eingeben. Das Verfahren ist ganz einfach. Wenn Sie auf die Schaltfläche »Neu« klicken, zeigt Excel eine leere Eingabemaske an (und gibt rechts oben in der Maske »Neuer Datensatz« aus). Sie müssen nun lediglich die Maske mit Ihren Daten füllen.

Geben Sie die Daten für das erste Feld ein. Anschließend drücken Sie die Tab-Taste, um zum nächsten Feld des Datensatzes zu springen.

Vorsicht – nicht die Eingabe-Taste drücken! Sonst wird der neue Datensatz – unvollständig wie er ist – in die Datenbank eingefügt.

Geben Sie die Daten für jedes Feld ein, und drücken Sie jedesmal Tab, um zum nächsten Feld zu gelangen.

- ✔ Wenn Sie einen Fehler bei der Eingabe gemacht haben oder einen Eintrag in einem vorherigen Feld bearbeiten möchten, drücken Sie die Tastenkombination Umschalt+Tab. Damit springen Sie um ein Feld zurück.
- ✔ Um einen bereits vorhandenen Eintrag in einem Feld zu überschreiben, geben Sie einfach die neuen Daten ein.
- ✔ Um nur einige Zeichen im Feld zu bearbeiten, drücken Sie ← oder setzen die Einfügemarke auf die gewünschte Stelle und bearbeiten die Eingabe.

Bei der Dateneingabe sollten Sie darauf achten, die Daten in einem einheitlichen Format zu schreiben. Wenn Sie eine Zahl mit führenden Nullen eingeben müssen, z. B. die Vorwahl einer Telefonnummer, geben Sie ein Apostroph (') vor der ersten Null ein. Dadurch wird die Zahl wie eine Texteingabe behandelt, und die führenden Nullen werden angezeigt, ansonsten nicht.

Wenn Sie in ein Feld immer wieder dieselben Daten eingeben müssen, z. B. immer dasselbe Bundesland, ist es natürlich ziemlich ermüdend für jeden neuen Datensatz im Feld »Bundesland« beispielsweise »Baden-Württemberg« eingeben zu müssen. Auch hierfür bietet Excel eine Lösung. Drücken Sie im entsprechenden Feld (also z. B. im Feld »Bundesland«) einfach Strg+Ä, und schon wird der Eintrag im entsprechenden Feld aus dem vorherigen Datensatz übernommen. Très comfortable!

Drücken Sie ↓, wenn Sie alle Daten für den neuen Datensatz eingegeben haben. Statt dessen können Sie auch Eingabe drücken oder auf die Schaltfläche »Neu« klicken (Abbildung 9.2). Excel fügt dann den neuen Datensatz unterhalb des letzten Datensatzes der Datenbank ein und zeigt wieder eine leere Datenbankmaske an, in die Sie den nächsten Datensatz eingeben können (Abbildung 9.3).

Haben Sie alle Datensätze eingegeben, drücken Sie Esc oder klicken auf die Schaltfläche »Schließen«, um die Datenmaske auszublenden. Wählen Sie dann den Befehl SPEICHERN im Menü DATEI, oder klicken Sie auf die Schaltfläche für Speichern in der Standard-Symbolleiste.

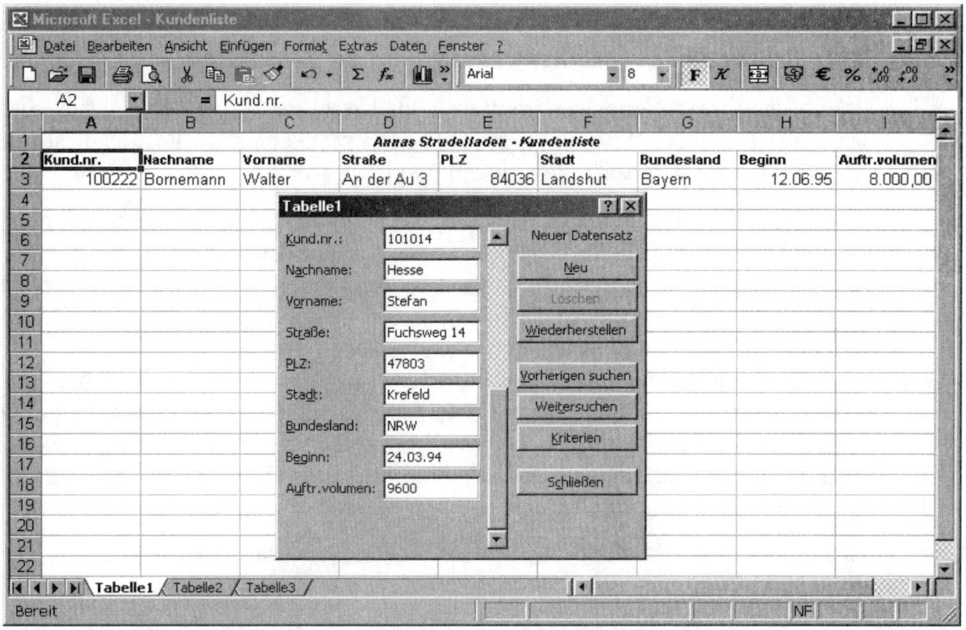

Abbildung 9.2: Dateneingabe des zweiten Datensatzes

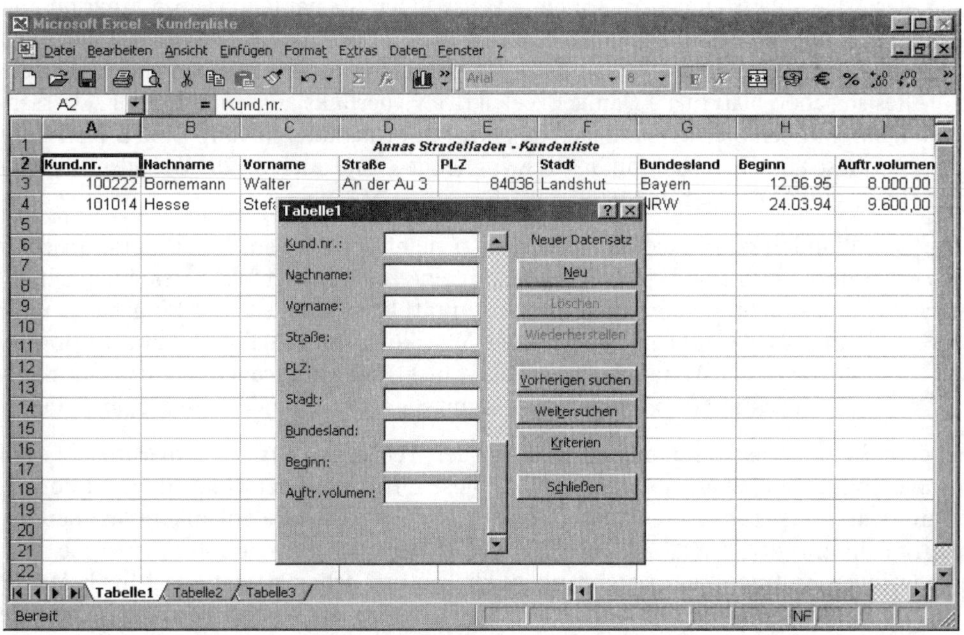

Abbildung 9.3: So sieht das Tabellenblatt nach Abschluß der Eingabe des zweiten Datensatzes aus.

Wie bringe ich Excel dazu, einen Feld zu berechnen?

Wenn der Eintrag eines bestimmten Felds berechnet werden soll, geben Sie im ersten Datensatz die Formel für das Feld ein. Excel kopiert die Formel dieses Felds in jeden neuen Datensatz, den Sie einfügen.

In unserer Beispieldatenbank wird z. B. das Feld »Jahre« in Zelle J2 berechnet. Die Formel lautet: »=(JETZT()-I3)/365«. Damit wird die Anzahl von Jahren berechnet, die Ihre Kunden schon bei Ihnen einkaufen. In der Formel wird das aktuelle Datum durch die Funktion JETZT ausgegeben. Anschließend wird vom aktuellen Datum das Datum des ersten Auftrags abgezogen und durch 365 geteilt. Wie Sie vielleicht bereits bemerkt haben, fügt Excel das berechnete Feld »Jahre« in die Datenmaske ein, stellt aber kein Textfeld zur Verfügung. (Berechnete Felder können nicht bearbeitet werden.) Für jeden neuen Datensatz berechnet Excel das Ergebnis für das Feld »Jahre«. Das Ergebnis wird stets in der Maske angezeigt, kann dort aber nicht geändert werden.

So kommen E-Mail- und Webadressen in die Datenbank

Wenn es Ihnen nicht zu viel Arbeit macht, sollten Sie E-Mail- und Webadressen direkt in die Zellen des Arbeitsblatts eingeben. Auf diese Weise fügen Sie nämlich richtig funktionierende Hyperlinks in die Felder der Datenbank ein. Probieren Sie's aus. Sobald Sie mit der Eingabe der E-Mail- oder Webadresse fertig sind, wandelt Excel die Adresse in einen aktiven Hyperlink um. (Alles so schön blau hier!) Damit Excel aktive Hyperlinks aus Ihren E-Mail-Adressen erstellen kann, müssen Sie sich natürlich an gewisse Formalitäten halten. Eine E-Mail-Adresse sollte in etwa so aussehen: »adrian9697@swingnet.de«. Und auch für die Webadresse erwartet Excel eine gewisse Form: »http://www.mitp.de«.

Wunder kann Excel allerdings auch nicht vollbringen. Das Programm erkennt zwar, ob es sich bei der Eingabe um eine E-Mail- oder Webadresse handelt, allerdings nicht, ob die Adresse auch stimmt. Excel wandelt Ihre Eingabe also nur in einen Hyperlink um, der Sie per Mausklick ins E-Mail-Programm bringt oder gleich in die Weiten des Internets schickt. Sie sind jedoch dafür verantwortlich, daß Ihre Eingaben korrekt sind, damit Sie auch da landen, wo Sie hinwollen.

Nachdem Sie nun die Spalte mit den E-Mail- oder Webadressen in ein Hyperlinkfeld der Datenbank eingegeben haben, können Sie über diese Links Mails verschicken oder Informationen aus dem Internet abzurufen. In Abbildung 9.4 sehen Sie die Datenbank mit der neu eingefügten Spalte mit den E-Mail-Adressen. Da alle Hyperlinks aktiv sind, brauchen Sie nur auf den jeweiligen Eintrag in der Datenbank zu klicken und schon startet Excel Ihr E-Mail-Programm (z.B. Outlook Express 2000), in dem im Formularkopf bereits die E-Mail-Adresse eingetragen ist. Kein schlechter Service, oder?

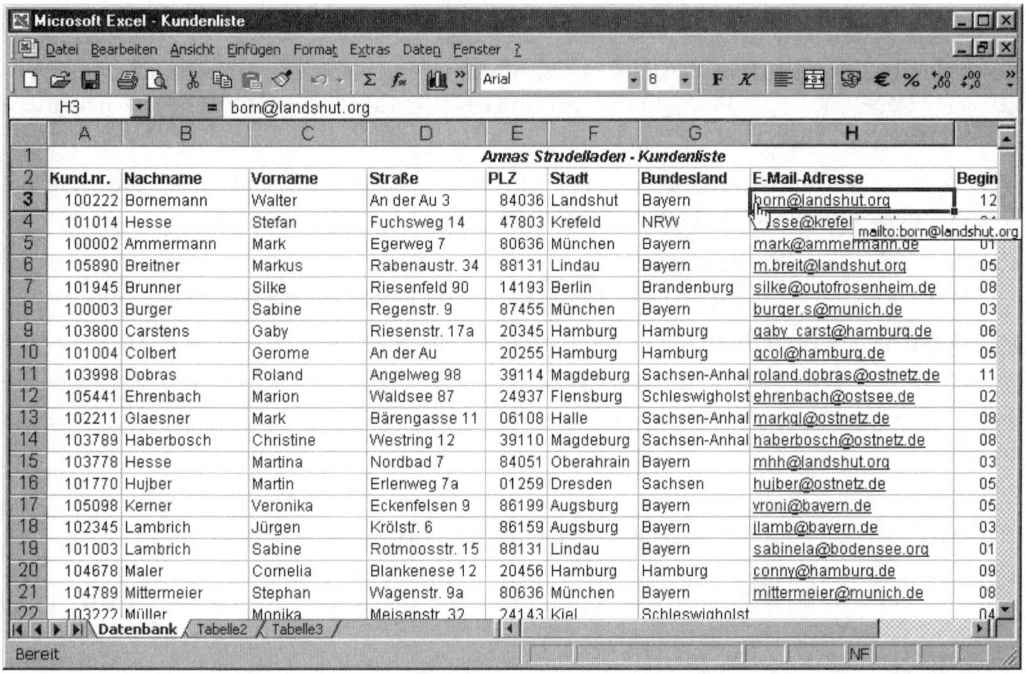

	A	B	C	D	E	F	G	H	
1					Annas Strudelladen - Kundenliste				
2	Kund.nr.	Nachname	Vorname	Straße	PLZ	Stadt	Bundesland	E-Mail-Adresse	Begin
3	100222	Bornemann	Walter	An der Au 3	84036	Landshut	Bayern	born@landshut.org	12
4	101014	Hesse	Stefan	Fuchsweg 14	47803	Krefeld	NRW	sse@krefel	
5	100002	Ammermann	Mark	Egerweg 7	80636	München	Bayern	mark@ammermann.de	01
6	105890	Breitner	Markus	Rabenaustr. 34	88131	Lindau	Bayern	m.breit@landshut.org	05
7	101945	Brunner	Silke	Riesenfeld 90	14193	Berlin	Brandenburg	silke@outofrosenheim.de	08
8	100003	Burger	Sabine	Regenstr. 9	87455	München	Bayern	burger.s@munich.de	03
9	103800	Carstens	Gaby	Riesenstr. 17a	20345	Hamburg	Hamburg	gaby_carst@hamburg.de	06
10	101004	Colbert	Gerome	An der Au	20255	Hamburg	Hamburg	gcol@hamburg.de	05
11	103998	Dobras	Roland	Angelweg 98	39114	Magdeburg	Sachsen-Anhal	roland.dobras@ostnetz.de	11
12	105441	Ehrenbach	Marion	Waldsee 87	24937	Flensburg	Schleswigholst	ehrenbach@ostsee.de	02
13	102211	Glaesner	Mark	Bärengasse 11	06108	Halle	Sachsen-Anhal	markgl@ostnetz.de	08
14	103789	Haberbosch	Christine	Westring 12	39110	Magdeburg	Sachsen-Anhal	haberbosch@ostnetz.de	08
15	103778	Hesse	Martina	Nordbad 7	84051	Oberahrain	Bayern	mhh@landshut.org	03
16	101770	Hujber	Martin	Erlenweg 7a	01259	Dresden	Sachsen	hujber@ostnetz.de	05
17	105098	Kerner	Veronika	Eckenfelsen 9	86199	Augsburg	Bayern	vroni@bayern.de	05
18	102345	Lambrich	Jürgen	Krölstr. 6	86159	Augsburg	Bayern	jlamb@bayern.de	03
19	101003	Lambrich	Sabine	Rotmoosstr. 15	88131	Lindau	Bayern	sabinela@bodensee.org	01
20	104678	Maler	Cornelia	Blankenese 12	20456	Hamburg	Hamburg	conny@hamburg.de	09
21	104789	Mittermeier	Stephan	Wagenstr. 9a	80636	München	Bayern	mittermeier@munich.de	08
22	103222	Müller	Monika	Meisenstr. 32	24143	Kiel	Schleswigholst		04

Abbildung 9.4: Die Kundenliste mit der neuen E-Mail-Spalte gespickt mit aktiven Hyperlinks

Hyperlink-Felder sind auch in einer Lieferantendatenbank ganz nützlich. Sie können dort die Adresse der Website des Unternehmens ablegen. Dann können Sie immer mal wieder einen Ausflug dorthin unternehmen, um zu sehen, ob vielleicht neue Produkte auf dem Markt sind, die Sie dann auch gleich bestellen können. In einer Kundendatenbank richten Sie wiederum Hyperlink-Felder für die E-Mail-Adressen der wichtigsten Kunden ein. So können Sie ihnen schnell mal eine Mail mit den neusten Angeboten zuschicken.

Es gibt jedoch ein kleines Haar in der Hyperlink-Suppe! Sie können einen Hyperlink nicht über die Dateneingabemaske einfügen. Probieren Sie's. Geben Sie eine E-Mail-Adresse ein. Davon haben Sie aber noch lange keinen Hyperlink. Wenn Sie aus dieser E-Mail-Adresse einen Hyperlink machen wollen, müssen Sie noch einen zusätzlichen Schritt ausführen, der Sie dann zum Ziel bringt. Wählen Sie im Menü EINFÜGEN den Befehl HYPERLINK (lesen Sie in Kapitel 10 nach, wenn Sie mehr wissen möchten), um nun aus dieser Adresse einen aktiven Hyperlink zu machen. Bleiben Sie also bei der direkten Eingabe in das Tabellenblatt. Das geht schneller!

Datensätze suchen, bearbeiten und löschen

Wenn Sie Ihre riesigen Datenbestände eingegeben haben, wird es Zeit, etwas damit anzufangen. Sie können nun z. B. nach einem bestimmten Datensatz suchen und dort gegebenenfalls Änderungen vornehmen oder den gefundenen Datensatz komplett aus der Datenbank löschen.

- ✔ Blättern Sie zum Datensatz, den Sie bearbeiten möchten. In Tabelle 9.1 und den beiden folgenden Abschnitten gibt es ein paar nützliche Tips dazu.
- ✔ Um Felder des aktuell angezeigten Datensatzes zu bearbeiten, markieren Sie das gewünschte Feld (`Tab` oder `Umschalt`+`Tab`) und überschreiben den alten Eintrag.
- ✔ Wenn Sie den Feldeintrag nicht komplett überschreiben möchten, drücken Sie `←` oder `→` bzw. setzen die Einfügemarke in den Text und bearbeiten den Eintrag nach Belieben.
- ✔ Um den Inhalt eines Felds komplett zu löschen, markieren Sie das Feld und drücken dann `Entf`.

Sie können auch einen ganzen Datensatz löschen, indem Sie auf die Schaltfläche »Löschen« klicken. Excel gibt daraufhin folgende Warnmeldung aus:

```
Angezeigter Datensatz wird endgültig gelöscht.
```

Wenn Sie diese Warnung mit »OK« bestätigen, wird der Datensatz gelöscht. Wählen Sie »Abbrechen«, wenn Sie den Datensatz nicht löschen wollen. Der Datensatz bleibt dann unverändert in der Datenbank enthalten.

Wenn Sie einen Datensatz mit der Schaltfläche »Löschen« eliminiert haben, läßt sich das nicht mehr mit dem Befehl RÜCKGÄNGIG im Menü BEARBEITEN beheben. Excel meint es also wirklich ernst mit dieser Warnung. Die Daten werden endgültig gelöscht. Bevor Sie alte Datensätze löschen, sollten Sie immer eine Sicherungskopie Ihres Tabellenblatts mit der Datenbank erstellen. So kann nichts passieren.

Scroll me up, Scotty

Wenn Sie nach getaner Arbeit gemütlich in der Datenmaske durch Ihre Datensätze blättern möchten, können Sie dies auf verschiedene Weise tun. Falls Sie die Datenmaske bereits geschlossen haben, markieren Sie eine Zelle in der Datenbank und wählen den Befehl MASKE im Menü DATEN. Sie haben jetzt die Wahl zwischen der Bildlaufleiste rechts neben den Feldnamen und verschiedenen Tastenkombinationen (eine Zusammenfassung dazu finden Sie in Tabelle 9.1).

- ✔ Um zum nächsten Datensatz in der Datenbank zu gelangen, drücken Sie `↓` bzw. `Eingabe`, oder Sie klicken auf den nach unten zeigenden Pfeil in der Bildlaufleiste.
- ✔ Um zum vorherigen Datensatz in der Datenbank zu springen, drücken Sie `↑` bzw. `Umschalt`+`Eingabe`, oder Sie klicken auf den nach oben zeigenden Pfeil in der Bildlaufleiste.

✔ Den Sprung zum allerersten Datensatz schaffen Sie durch Drücken von [Strg]+[↑] bzw. [Strg]+[Bild ↑] oder durch Ziehen des Bildlauffelds ganz nach oben in der Bildlaufleiste.

✔ Und zum letzten Datensatz machen Sie einen Riesensprung, indem Sie [Strg]+[↓] bzw. [Strg]+[Bild ↓] drücken oder das Bildlauffeld ganz nach unten in der Bildlaufleiste ziehen.

Tasten	Ergebnis
[↓] bzw. [Eingabe] drücken, auf den nach unten zeigenden Pfeil in der Bildlaufleiste klicken oder die Schaltfläche »Nächsten suchen« wählen	Springt zum nächsten Datensatz in der Datenbank und markiert dasselbe Feld wie zuvor
[↑] bzw. [Umschalt]+[Eingabe] drücken, auf den nach oben zeigenden Pfeil in der Bildlaufleiste klicken oder die Schaltfläche »Vorherigen suchen« wählen	Springt zum vorherigen Datensatz in der Datenbank und markiert dasselbe Feld wie zuvor
[Bild ↓] drücken	Springt zehn Datensätze in der Datenbank nach unten
[Bild ↑] drücken	Springt zehn Datensätze in der Datenbank nach oben
[Strg]+[↑] oder [Strg]+[Bild ↑] drücken oder das Bildlauffeld ganz nach oben in der Bildlaufleiste ziehen	Springt zum allerersten Datensatz in der Datenbank
[Strg]+[↓] oder [Strg]+[Bild ↓] drücken oder das Bildlauffeld ganz nach unten in der Bildlaufleiste ziehen	Springt zum allerletzten Datensatz in der Datenbank

Tabelle 9.1: So blättern Sie am geschicktesten durch die Datensätze.

Heureka! Ich hab's gefunden!

Bei sehr großen Datenbeständen kann es schwierig werden, einen bestimmten Datensatz zu finden, indem man datensatzweise in der Datenbank blättert oder in Zehnerschritten in der Datenbank umherspringt. Statt Zeit mit mühseligem Blättern zu verschwenden, können Sie mit Hilfe der Schaltfläche »Suchkriterien« gezielt nach einem bestimmten Datensatz suchen.

Wenn Sie auf die Schaltfläche »Suchkriterien« klicken, zeigt Excel die leere Datenmaske an (anstelle der Datensatznummer wird nun das Wort »Suchkriterien« oben rechts im Dialogfeld angezeigt). Nun können Sie die Kriterien, nach denen gesucht werden soll, in die leeren Textfelder eingeben.

Angenommen, Sie möchten Ihrem Kunden Gerome Colbert einen besonderen Rabatt für den nächsten Kauf einräumen. (Er hat in letzter Zeit so viel gekauft. Das war längst überfällig.) Sie möchten nun aber nochmals prüfen, wie hoch sein Auftragsvolumen wirklich war. Und Sie können nirgends seine Kundennummer ausfindig machen. Sie wissen lediglich, daß er in

Hamburg wohnt, und Sie sind sich ziemlich sicher, daß sein Name mit »C« und nicht mit »K« geschrieben wird.

Diese Informationen schränken die Suche also auf alle Datensätze ein, die den Eintrag »Hamburg« im Feld »Stadt« enthalten und im Feld »Nachname« als ersten Buchstaben ein »C« aufweisen. Klicken Sie also in der Datenmaske auf die Schaltfläche »Suchkriterien«, und geben Sie folgendes in das Textfeld für das Feld »Nachname« ein:

```
C*
```

In das Textfeld für das Feld »Stadt« geben Sie folgendes ein:

```
Hamburg
```

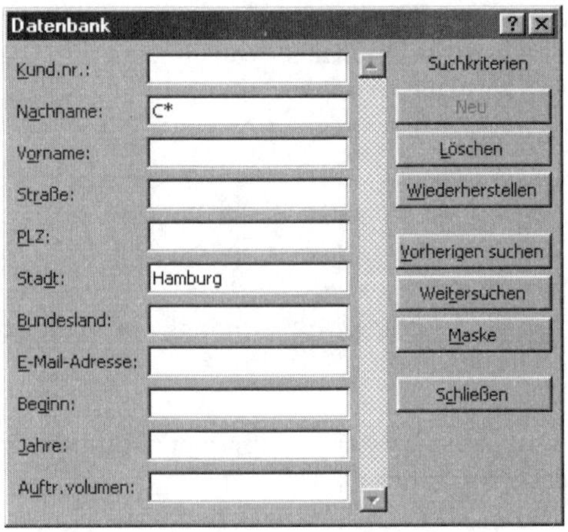

Abbildung 9.5: Die Datenmaske nach der Eingabe der Suchkriterien

Bei der Eingabe von Suchkriterien können Sie wieder einmal mit den Platzhaltern ? (Fragezeichen) und * (Sternchen) arbeiten. Sie haben diese bereits im Zusammenhang mit dem Befehl SUCHEN im Menü BEARBEITEN eingesetzt. (Mehr Infos hierzu in Kapitel 6.)

Klicken Sie nun auf die Schaltfläche »Weitersuchen«, bzw. drücken Sie `Eingabe`. Excel zeigt in der Datenmaske den ersten Datensatz an, der einen mit »C« beginnenden Nachnamen und die Stadt Hamburg enthält. Wie Sie in Abbildung 9.6 sehen können, ist der erste Datensatz, der mit diesen Suchkriterien übereinstimmt, der Datensatz für Gaby Carstens. (Deren Auftragsvolumen ist ja noch besser.) Das heißt, Sie müssen weitersuchen. Klicken Sie noch einmal auf die Schaltfläche »Weitersuchen«, bzw. drücken Sie `Eingabe`. Abbildung 9.7 zeigt endlich den Datensatz für Gerome Colbert. Das Auftragsvolumen beträgt 10.000 DM. Gut zu wissen. Beim nächsten Auftrag werden Sie ihm einen besonderen Rabatt einräumen. Kleine Geschenke erhalten die Freundschaft. Wenn Sie möchten, können Sie diesen Datensatz jetzt auch bearbeiten. Vielleicht hat sich ja die E-Mail-Adresse geändert? Sobald Sie auf die Schaltfläche »Schließen« klicken, wird der Datensatz mit den Änderungen gespeichert.

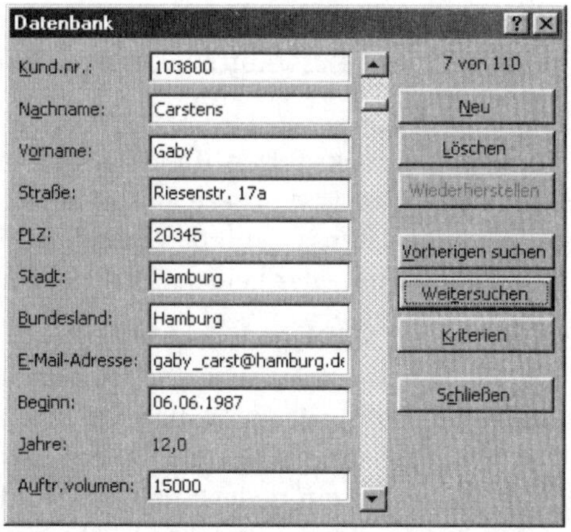

Abbildung 9.6: Die Datenmaske zeigt den ersten Datensatz an, der die Suchkriterien erfüllt.

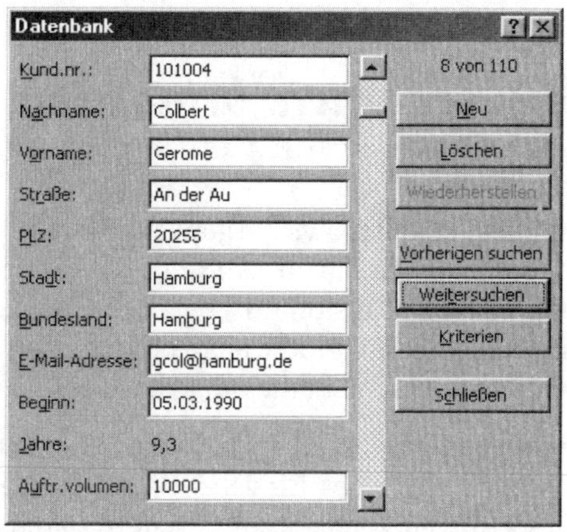

Abbildung 9.7: Treffer! Der gesuchte Datensatz wird angezeigt.

Folgende Operatoren können Sie bei der Eingabe von Suchkriterien einsetzen, um einen bestimmten Datensatz in der Datenbank ausfindig zu machen:

Operator	Aufgabe
=	Gleich
>	Größer als
>=	Größer oder gleich
<	Kleiner als
<=	Kleiner oder gleich
<>	Ungleich

Um z.B. nur die Datensätze anzeigen zu lassen, die ein Auftragsvolumen von weniger als 5.000 DM enthalten, geben Sie im Textfeld des Felds »Auftr.volumen« »<5000« ein und klicken dann auf die Schaltfläche »Weitersuchen«.

Wenn mehrere Datensätze mit den Suchkriterien übereinstimmen, müssen Sie unter Umständen mehrmals auf »Weitersuchen« bzw. »Vorherigen suchen« klicken, um den gewünschten Datensatz zu finden. Stimmt kein Datensatz mit den Suchkriterien überein, gibt Ihr Rechner ein Piepsen von sich, wenn Sie auf eine der beiden Schaltflächen klicken.

Wenn es nötig ist, die Suchkriterien zu ändern, klicken Sie auf »Kriterien«, um die Daten aus der Datenmaske zu entfernen. Klicken Sie dann auf die Schaltfläche »Löschen«, um alle bereits definierten Suchkriterien außer Kraft zu setzen. Wollen Sie nur ein Suchkriterium ändern (die anderen sollen weiterhin gelten), dann markieren Sie das entsprechende Suchkriterienfeld und löschen dessen Inhalt, bevor Sie ein neues Suchkriterium eingeben. Wenn Sie zum aktuellen Datensatz zurückschalten möchten, ohne eine Suche zu starten, klicken Sie auf die Schaltfläche »Maske«. (»Maske« wird anstelle von »Kriterien« angezeigt, wenn Sie zuvor auf »Kriterien« geklickt haben.)

Daten von A bis Z (oder wie bringe ich Ordnung in das Chaos)

Jede Datenbank, die Sie in Excel erstellen, wird irgendein System für die Pflege und Anzeige der Datensätze aufweisen. Je nach Datenbank sind die Datensätze z. B. alphabetisch nach Nachnamen oder Firmennamen oder in numerischer Reihenfolge sortiert. In der Beispieldatenbank in diesem Kapitel sind die Datensätze alphabetisch nach Nachnamen sortiert. Eine andere Möglichkeit wäre eine numerische Reihenfolge nach Kundennummer.

Wenn Sie damit beginnen, Ihre Datensätze in eine neue Datenbank einzugeben, steckt bestimmt ein System in der Reihenfolge der Eingabe. Später werden Sie aber sicherlich mit Bedauern feststellen, daß es keine Möglichkeit gibt, weitere Datensätze an einer bestimmten Stelle einzufügen. Wann immer Sie mit der Schaltfläche »Neu« einen neuen Datensatz einfügen, wird dieser gnadenlos an das Ende der Datenbank in einer neuen Zeile eingefügt.

Was bedeutet das in der Praxis? Wenn Sie zu Beginn Ihre Datensätze alphabetisch nach Firmennamen eingegeben haben (ABC GmbH bis Zitrus AG), werden Sie Schwierigkeiten mit Ihrem neuen Kunden Dach&Ziegel bekommen. Excel setzt diesen neuen Datensatz an das Ende der Datenbank hinter die Firma Zitrus AG. Da hat er aber gar nichts zu suchen. Das Chaos beginnt.

Selbst wenn Sie es schaffen, die Reihenfolge Ihrer Datensätze einigermaßen sinnvoll beizubehalten: Was passiert, wenn Sie einmal Ihre Datensätze nach anderen Gesichtspunkten untersuchen und darstellen müssen?

Wenn Sie z.B. normalerweise Ihre Datenbank alphabetisch nach Firmennamen geordnet haben, ist es manchmal sinnvoll – z.B. bei einer Mailing-Aktion – die Datensätze nach Postleitzahlen zu sortieren. Wenn Sie für Ihre Außendienstler eine Liste erstellen möchten, aus der hervorgeht, welche Kunden in welchen Gebieten sitzen, benötigen Sie eine Sortierung nach Verkaufsgebieten und vielleicht noch zusätzlich nach Städten.

Wie es scheint, ist die flexible Anordnung der Datensätze das A und O für das Arbeiten mit Ihren Daten. Und dafür steht Ihnen der Befehl Sortieren im Menü Daten zur Verfügung. Wenn Sie erst einmal das Prinzip verstanden haben, stehen Ihnen alle Sortiermöglichkeiten offen.

Damit Excel korrekt sortieren kann, muß es wissen, welche Felder als Schlüssel für die neue Anordnung verwendet werden sollen. (Deshalb werden diese Felder auch als *Sortierschlüssel* oder als *Schlüsselfelder* bezeichnet.) Außerdem müssen Sie die Sortierreihenfolge festlegen. Sie können hierbei zwischen Aufsteigend und Absteigend wählen. In der aufsteigenden Sortierfolge werden alle Texteinträge in alphabetischer Ordnung (von A bis Z) und Werte in numerischer Reihenfolge (kleinster Wert bis größter Wert) geordnet. In der absteigenden Sortierfolge ist es genau umgekehrt – die alphabetische Sortierung erfolgt von Z bis A, und die numerische Reihenfolge beginnt mit dem größten Wert und endet mit dem kleinsten.

Wenn Sie eine Datenbank sortieren, können Sie bis zu drei Felder (Sortierschlüssel) definieren, nach denen sortiert werden soll. Bei jedem Schlüssel können Sie zusätzlich zwischen aufsteigender und absteigender Folge wählen. Das Sortieren nach mehr als einem Schlüssel ist nur dann nötig, wenn das Feld, nach dem Sie sortieren möchten (in der Datenbanksprache wird es als *Primärschlüssel* bezeichnet), doppelte Einträge enthält, die Sie zusätzlich nach einem anderen Schlüssel sortieren möchten. (Wenn Sie für die Duplikate keine zusätzliche Sortierart festlegen, zeigt Excel diese in der Reihenfolge an, in der sie eingegeben wurden.)

Das beste und einleuchtendste Beispiel für das Sortieren mit mehreren Sortierschlüsseln lautet folgendermaßen: Sie arbeiten mit einer riesigen Datenbank, die Sie in alphabetischer Ordnung nach Nachnamen sortieren möchten. Je größer die Datenbank, um so wahrscheinlicher das Vorkommen von identischen Nachnamen. Denken Sie nur an all die Meiers, Müllers, Hubers etc. Wenn Sie für das Sortieren nur den Schlüssel »Nachname« bestimmen, werden alle Meiers, Müllers und Hubers etc. in der Reihenfolge sortiert, in der Sie sie eingegeben haben. Damit auch hier eine sinnvolle Ordnung zustande kommt, sollten Sie einen zweiten Sortierschlüssel, den Vornamen, verwenden. Damit ist absolut gewährleistet, daß Monika Müller vor Richard Müller und Sabine Walter nach Astrid Walter steht. Und so soll es schließlich auch sein.

Aufsteigend und absteigend

Wenn Sie für ein Schlüsselfeld, das recht viele verschiedenartige Einträge enthält, die aufsteigende Sortierfolge wählen, sortiert Excel zuerst alle Zahlen (kleinste bis größte), danach alle Texteinträge (A bis Z) und abschließend die logischen Werte (zuerst WAHR, dann FALSCH), dann Fehlerwerte und ganz zum Schluß leere Zellen. Bei der absteigenden Sortierfolge sieht es folgendermaßen aus: Zuerst Zahlen (größte bis kleinste), danach Texteinträge (Z bis A), dann die logischen Werte (zuerst FALSCH, dann WAHR) ...

Sie wollen die Datensätze Ihrer Excel-Datenbank auch sortieren? Na dann los!

1. **Markieren Sie den ersten Feldnamen der Datenbank.**
2. **Wählen Sie den Befehl SORTIEREN im Menü DATEN.**

   Excel markiert alle Datensätze der Datenbank (ohne die erste Zeile mit den Feldnamen) und öffnet das Dialogfeld »Sortieren« (Abbildung 9.8). Standardmäßig wird der erste Feldname im Dropdown-Listenfeld SORTIEREN NACH angezeigt. Außerdem ist das Optionsfeld AUFSTEIGEND aktiviert.
3. **Wählen Sie im Dropdown-Listenfeld SORTIEREN NACH, den Feldnamen aus, nach dem die Datensätze sortiert werden sollen.**

   Wenn Ihnen die absteigende Sortierfolge lieber ist, aktivieren Sie das Optionsfeld ABSTEIGEND.
4. **Wenn Sie den Verdacht hegen, daß es Duplikate geben könnte, wählen Sie auch noch einen Feldnamen im Dropdown-Listenfeld ANSCHLIESSEND NACH aus. Entscheiden Sie sich auch hier für eine Sortierfolge.**
5. **Wenn es ganz hart kommt, definieren Sie eben auch noch einen dritten Sortierschlüssel und legen die Sortierfolge fest.**
6. **Wählen Sie »OK«, oder drücken Sie [Eingabe].**

   Excel sortiert die markierten Datensätze. Sollten Sie feststellen, daß Sie nicht nach dem gewünschten Feld sortiert haben, können Sie, schwupp, alles wieder mit dem Befehl RÜCKGÄNGIG im Menü BEARBEITEN oder durch Drücken von [Strg]+[Z] widerrufen. Die alte Ordnung ist wiederhergestellt.

Abbildung 9.8 zeigt das Dialogfeld »Sortieren«, nachdem ich zwei Sortierschlüssel für die Kundendatenbank definiert habe. Folgendes soll passieren: Alle Datensätze werden in aufsteigender Folge nach Nachnamen und anschließend ebenfalls in aufsteigender Folge nach Vornamen sortiert. Abbildung 9.9 zeigt das Ergebnis.

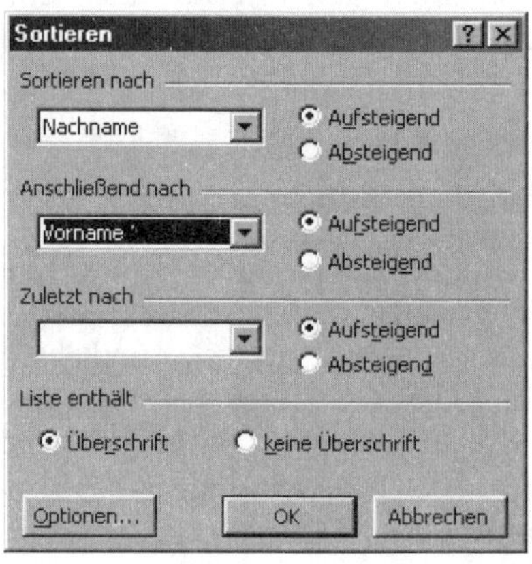

Abbildung 9.8: Zwei Sortierschlüssel für das Sortieren nach Nach- und Vornamen in aufsteigender Folge

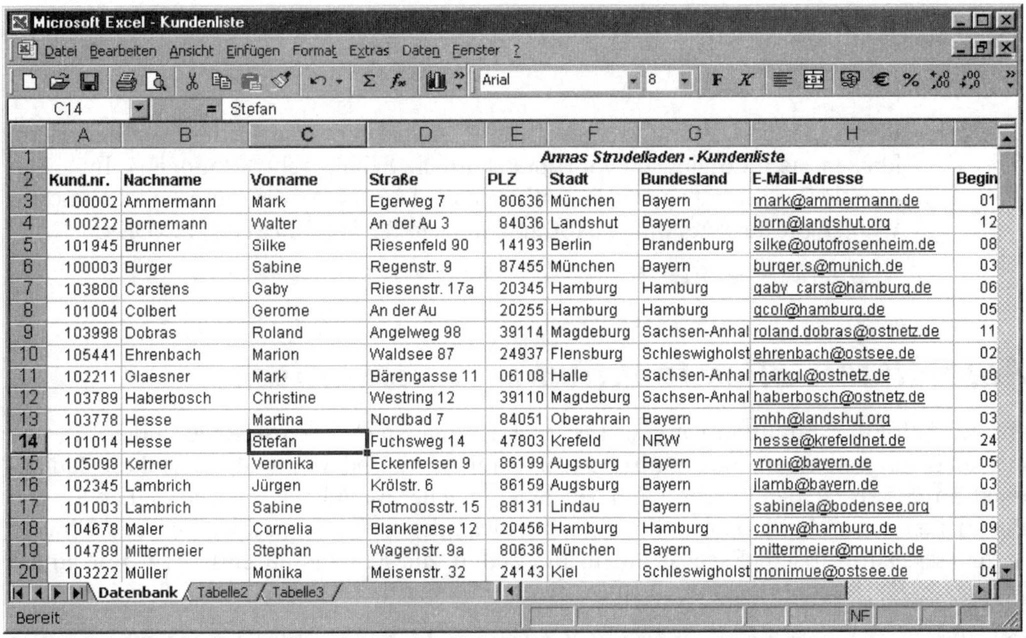

Microsoft Excel - Kundenliste

Datei Bearbeiten Ansicht Einfügen Format Extras Daten Fenster ?

C14 = Stefan

Annas Strudelladen - Kundenliste

	Kund.nr.	Nachname	Vorname	Straße	PLZ	Stadt	Bundesland	E-Mail-Adresse	Begin
3	100002	Ammermann	Mark	Egerweg 7	80636	München	Bayern	mark@ammermann.de	01
4	100222	Bornemann	Walter	An der Au 3	84036	Landshut	Bayern	born@landshut.org	12
5	101945	Brunner	Silke	Riesenfeld 90	14193	Berlin	Brandenburg	silke@outofrosenheim.de	08
6	100003	Burger	Sabine	Regenstr. 9	87455	München	Bayern	burger.s@munich.de	03
7	103800	Carstens	Gaby	Riesenstr. 17a	20345	Hamburg	Hamburg	gaby_carst@hamburg.de	06
8	101004	Colbert	Gerome	An der Au	20255	Hamburg	Hamburg	gcol@hamburg.de	05
9	103998	Dobras	Roland	Angelweg 98	39114	Magdeburg	Sachsen-Anhal	roland.dobras@ostnetz.de	11
10	105441	Ehrenbach	Marion	Waldsee 87	24937	Flensburg	Schleswigholst	ehrenbach@ostsee.de	02
11	102211	Glaesner	Mark	Bärengasse 11	06108	Halle	Sachsen-Anhal	markgl@ostnetz.de	08
12	103789	Haberbosch	Christine	Westring 12	39110	Magdeburg	Sachsen-Anhal	haberbosch@ostnetz.de	08
13	103778	Hesse	Martina	Nordbad 7	84051	Oberahrain	Bayern	mhh@landshut.org	03
14	101014	Hesse	Stefan	Fuchsweg 14	47803	Krefeld	NRW	hesse@krefeldnet.de	24
15	105098	Kerner	Veronika	Eckenfelsen 9	86199	Augsburg	Bayern	vroni@bayern.de	05
16	102345	Lambrich	Jürgen	Krölstr. 6	86159	Augsburg	Bayern	jlamb@bayern.de	03
17	101003	Lambrich	Sabine	Rotmoosstr. 15	88131	Lindau	Bayern	sabinela@bodensee.org	01
18	104678	Maler	Cornelia	Blankenese 12	20456	Hamburg	Hamburg	conny@hamburg.de	09
19	104789	Mittermeier	Stephan	Wagenstr. 9a	80636	München	Bayern	mittermeier@munich.de	08
20	103222	Müller	Monika	Meisenstr. 32	24143	Kiel	Schleswigholst	monimue@ostsee.de	04

Datenbank / Tabelle2 / Tabelle3

Bereit NF

Abbildung 9.9: Es hat geklappt. Die Datenbank ist jetzt alphabetisch sowohl nach Nachnamen als auch innerhalb der Duplikate nach Vornamen sortiert.

Sie können das Sortieren auch mit den Schaltflächen für Aufsteigend (das mit dem A über dem Z) und für Absteigend (das mit dem Z über dem A) in der Standard-Symbolleiste starten.

- ✔ Wenn Sie die Datenbank nach einem bestimmten Feld in aufsteigender Folge sortieren möchten, markieren Sie es und klicken dann auf die Schaltfläche für Aufsteigend.
- ✔ Wenn Sie die Datenbank nach einem bestimmten Feld absteigend sortieren möchten, markieren Sie es und klicken dann auf die Schaltfläche für Absteigend.

Nicht nur Datenbanken lassen sich sortieren

Der Befehl SORTIEREN ist nicht nur für die Datensätze von Datenbanken zuständig. Sie können so gut wie alles in geordnete Form bringen, sei es Text oder seien es Zahlen. Beim Sortieren müssen Sie lediglich darauf achten, daß alle Zellen markiert sind, die sortiert werden sollen. Erst dann ist es ratsam, den Befehl SORTIEREN zu wählen. Excel nimmt automatisch an, daß die erste Zeile des markierten Zellbereichs eine Art Überschrift enthält. Deshalb schließt es stets die erste Zeile vom Sortieren aus, ohne überhaupt nachzufragen, ob es so recht ist. Wenn Sie also die erste Zeile des markierten Bereichs mitsortieren wollen, müssen Sie dies Excel explizit mitteilen, indem Sie im Dialogfeld SORTIEREN das Optionsfeld KEINE ÜBERSCHRIFT auswählen.

Wenn Sie die Datensätze spaltenweise oder zeilenweise sortieren wollen, dann klicken Sie im Dialogfeld »Sortieren« auf die Schaltfläche »Optionen«. Im Gruppenfeld ORIENTIERUNG gibt's die Optionsfelder SPALTEN SORTIEREN und ZEILEN SORTIEREN. Wählen Sie aus, was Ihnen paßt, und klicken Sie anschließend auf »OK«.

AutoFilter – alles funktioniert automatisch

Mit der AutoFilter-Funktion von Excel ist es ein Kinderspiel, Datensätze auszublenden und nur noch die anzuzeigen, die Sie wirklich sehen möchten. Und wie funktioniert diese Zauberfunktion? Sie setzen den Cursor in ein beliebiges Feld der Datenbank. Danach wählen Sie den Befehl FILTER im Menü DATEN. Ein Untermenü klappt auf. Dort wählen Sie den Eintrag AUTOFILTER. Fantastisch! Excel versieht alle Zellen, die Feldnamen enthalten, mit einem Dropdown-Listenfeld (Abbildung 9.10).

Um nun die Datenbank so zu filtern, daß nur noch die gewünschten Datensätze angezeigt werden, öffnen Sie das entsprechende Dropdown-Listenfeld. Und, welch Wunder! Es enthält alle Einträge der Datenbank für das entsprechende Feld. Markieren Sie in der Liste den Eintrag, nach dem Sie filtern möchten. Excel zeigt danach nur die Datensätze an, die den von Ihnen gewählten Eintrag im entsprechenden Feld enthalten. Alle anderen Datensätze verschwinden, wenn auch nur vorübergehend.

In Abbildung 9.10 sehen Sie die Beispieldatenbank, in der nur die Datensätze angezeigt werden, die im Feld »Bundesland« den Eintrag »Bayern« enthalten. Das war überhaupt kein Aufwand. Ich habe einfach das Dropdown-Listenfeld des Felds »Bundesland« geöffnet und den Eintrag »Bayern« markiert. Das war's!

Wenn Sie endlich nur die Datensätze auf dem Bildschirm sehen, die Sie gerade brauchen, können Sie sie nach rechts im aktuellen Tabellenblatt (oder besser noch: in ein anderes Tabellenblatt) kopieren. Markieren Sie dazu einfach die entsprechenden Zellen, und wählen Sie den Befehl KOPIEREN im Menü BEARBEITEN. (Strg+C tut's auch.) Danach markieren Sie die Zelle, ab der die kopierten Datensätze eingefügt werden sollen, und drücken Eingabe. Wenn Sie wollen, können Sie jetzt beispielsweise wieder alle Datensätze anzeigen oder einen anderen Filter wählen.

Sollten Sie nach dem Filtern feststellen, daß immer noch zu viele Datensätze angezeigt werden, filtern Sie einfach nach Lust und Laune weiter. Angenommen, Sie haben nach dem Bundesland Bayern sortiert, und dieser Filterversuch hat Ihnen Hunderte von Datensätzen auf dem Bildschirm beschert. Das ist zuviel! Sie wollen das Ganze etwas einschränken und filtern noch einmal: dieses Mal im Dropdown-Listenfeld »Stadt« nach dem Eintrag »München«.

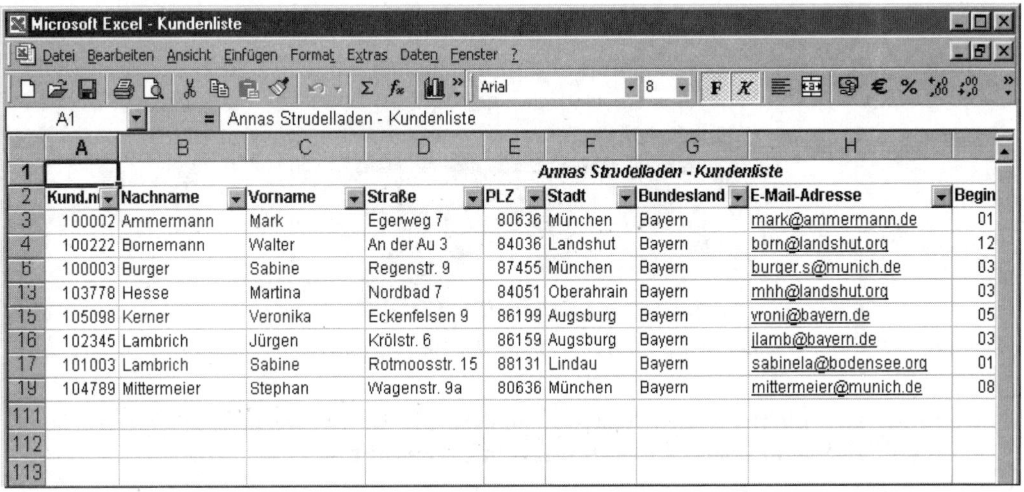

	A	B	C	D	E	F	G	H	
1					Annas Strudelladen - Kundenliste				
2	Kund.n	Nachname	Vorname	Straße	PLZ	Stadt	Bundesland	E-Mail-Adresse	Begin
3	100002	Ammermann	Mark	Egerweg 7	80636	München	Bayern	mark@ammermann.de	01
4	100222	Bornemann	Walter	An der Au 3	84036	Landshut	Bayern	born@landshut.org	12
6	100003	Burger	Sabine	Regenstr. 9	87455	München	Bayern	burger.s@munich.de	03
13	103778	Hesse	Martina	Nordbad 7	84051	Oberahrain	Bayern	mhh@landshut.org	03
15	105098	Kerner	Veronika	Eckenfelsen 9	86199	Augsburg	Bayern	vroni@bayern.de	05
16	102345	Lambrich	Jürgen	Krölstr. 6	86159	Augsburg	Bayern	jlamb@bayern.de	03
17	101003	Lambrich	Sabine	Rotmoosstr. 15	88131	Lindau	Bayern	sabinela@bodensee.org	01
19	104789	Mittermeier	Stephan	Wagenstr. 9a	80636	München	Bayern	mittermeier@munich.de	08
111									
112									
113									

Abbildung 9.10: Die gefilterte Datenbank: Nur die Datensätze, die den Eintrag »Bayern« enthalten, werden angezeigt.

Irgendwann werden Sie von der Filterei genug haben und wieder alle Datensätze anzeigen wollen. Wählen Sie dazu einfach den Befehl FILTER im Menü DATEN und dort im Untermenü den Befehl ALLE ANZEIGEN.

Wenn Sie mehrfach gefiltert haben, können Sie das Filtern auch teilweise aufheben. Öffnen Sie dazu das Dropdown-Listenfeld, in dem Sie vorher einen Filter definiert haben haben. Wählen Sie dort den allerersten Eintrag in der Liste (ALLE).

Wenn Sie nur nach einem Eintrag gefiltert haben, ist dieses Verfahren mit dem Befehl ALLE ANZEIGEN identisch.

Nur die Top 10 bitte

Und dann gibt es da noch den AutoFilter mit der schönen Bezeichnung »Top 10«. Verwenden Sie diesen Filter für numerische Felder, um beispielsweise die zehn höchsten oder niedrigsten Werte anzuzeigen. Um diese Top 10 zu Gesicht zu kriegen, gehen Sie folgendermaßen vor:

1. **Wählen Sie den Befehl FILTER im Menü DATEN und danach im Untermenü den Befehl AUTOFILTER.**

   Das hatten wir ja bereits.

2. **Öffnen Sie das Dropdown-Listenfeld, das Sie zum Filtern verwenden möchten.**

   Auch das ist nichts Neues.

3. **Wählen Sie im Dropdown-Listenfeld den Eintrag (Top 10).**

   Na also! Das Dialogfeld »Top 10-AutoFilter« macht sich auf dem Bildschirm breit (Abbildung 9.11).

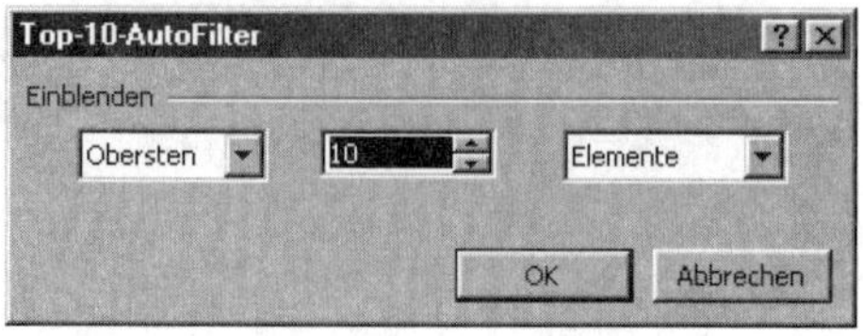

Abbildung 9.11: Das Dialogfeld »Top 10-AutoFormat«

4. **Wenn Sie sich nicht für die »Besten«, sondern für die »Schlechtesten« interessieren, dann wählen Sie im ersten Dropdown-Listenfeld den Eintrag Untersten.**
5. **Um mehr als zehn Datensätze anzeigen zu lassen, geben Sie einfach die gewünschte Zahl im daneben liegenden Textfeld ein.**
6. **Wenn Sie ganz clever sind, und die ersten oder letzten zehn Prozent eines Felds sehen möchten, dann tauchen Sie im zweiten Dropdown-Listenfeld den Eintrag Elemente gegen den Eintrag Prozent aus.**
7. **Mit »OK« geht's los.**

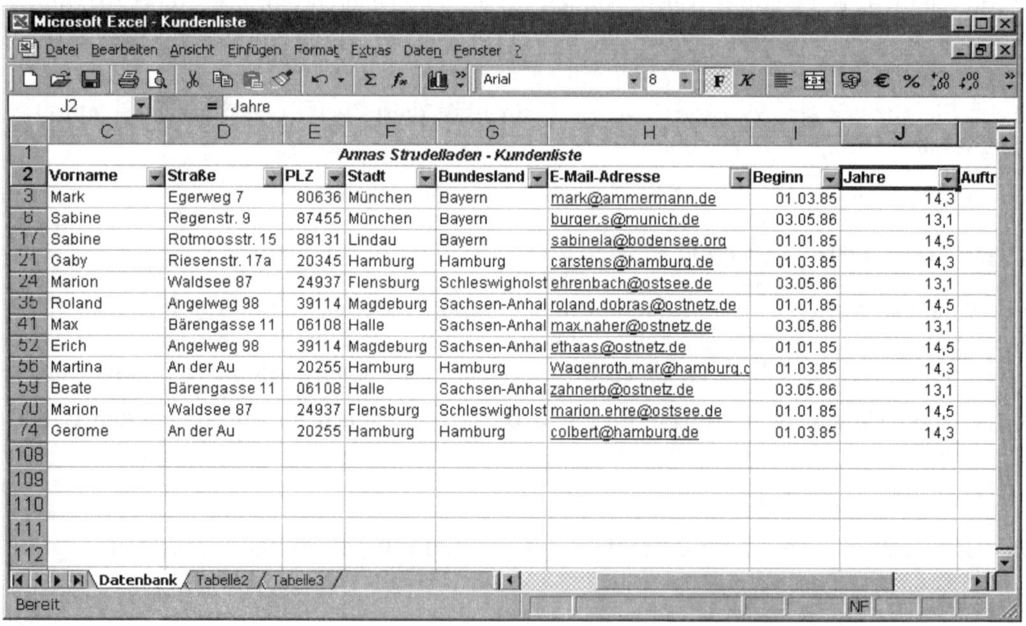

Abbildung 9.12: Die zehn treuesten Kunden

Selbstgeschnitzte AutoFilter

Alles schön und gut! Was macht man aber, wenn man beim AutoFiltern etwas flexibler sein und nicht nach einem ganz präzisen Eintrag filtern will? Keine Sorge – auch das ist kein Problem. Sie erstellen einfach einen sogenannten benutzerdefinierten AutoFilter, z. B. einen, der nach allen Nachnamen filtert, die mit »M« anfangen, oder einen, der nach einem Zahlenbereich filtert, z. B. einem Auftragsvolumen zwischen 5.000 und 10.000 DM.

Also, Sie öffnen ein Dropdown-Listenfeld für einen Feldnamen und wählen dort den Eintrag (BENUTZERDEFINIERT). Excel zeigt hurtig das Dialogfeld »Benutzerdefinierter AutoFilter« an (Abbildung 9.13).

Zunächst müssen Sie dort einen Operator im ersten Dropdown-Listenfeld auswählen. In Tabelle 9.2 finden Sie weitere Infos zu diesem Thema. Geben Sie danach im Textfeld rechts daneben den Wert (Text oder Zahl) ein, nach dem gefiltert werden soll. Das Dropdown-Listenfeld enthält alle Einträge der Datenbank zum entsprechenden Feld. Sie können auch wie beim normalen AutoFiltern einen Eintrag in der Liste auswählen.

Aufgabe	Beispiel	Ergebnis
ENTSPRICHT	Nachname=D*	Datensätze, deren Nachname mit dem Buchstaben »D« beginnt
ENTSPRICHT NICHT	Stadt<>Hamburg	Alle Datensätze, die nicht den Eintrag »Hamburg« enthalten
IST GRÖSSER ALS	PLZ>80636	Datensätze, deren Postleitzahl größer als 80636 ist
IST GRÖSSER ODER GLEICH	Beginn>=1.1.85	Datensätze, deren erster Auftrag ab dem 1.1.85 erfolgt
IST KLEINER ALS	Auftr.volumen<5000	Datensätze, deren Auftragsvolumen unter 5.000 DM liegt
IST KLEINER ODER GLEICH	Auftr.volumen<=3000	Datensätze, deren Auftragsvolumen 3.000 DM oder weniger beträgt
BEGINNT MIT	Beginnt mit »D«	Alle Datensätze, deren Einträge mit »D« anfangen
BEGINNT NICHT MIT	Beginnt nicht mit »D«	Alle Datensätze, deren Einträge nicht mit »D« anfangen
ENDET MIT	Endet mit »er«	Alle Datensätze, deren Einträge mit »er« enden
ENDET NICHT MIT	Endet nicht mit »er«	Alle Datensätze, deren Einträge nicht mit »er« enden

Tabelle 9.2: Die wichtigsten Operatoren für benutzerdefinierte AutoFilter

Wenn Sie Ihre Datensätze lediglich nach einem bestimmten Feldeintrag mit einem bestimmten Operator filtern möchten, dann können Sie jetzt »OK« wählen oder [Eingabe] drücken. Das Beste haben Sie dann aber versäumt. Sie können nämlich im Dialogfeld »Benutzerdefinierter AutoFilter« auch festlegen, daß die Datenbank nach einem bestimmten Bereich gefiltert werden soll, oder daß eines von zwei Kriterien erfüllt sein muß.

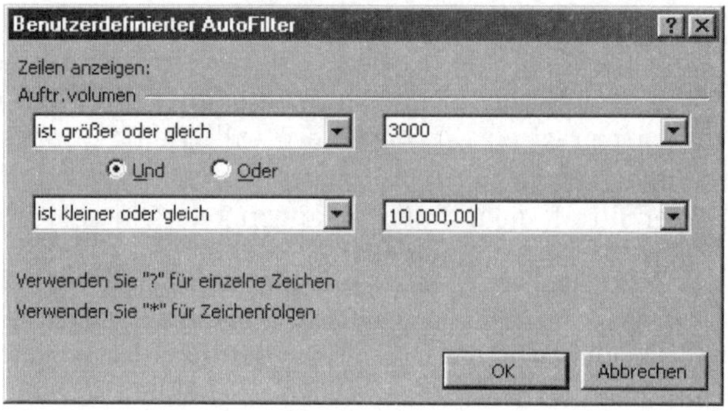

Abbildung 9.13: Das Dialogfeld »Benutzerdefinierter AutoFilter«

Einen Wertebereich definieren Sie folgendermaßen: Wählen Sie im ersten Dropdown-Listenfeld für Operatoren den Eintrag IST GRÖSSER oder IST GRÖSSER ODER GLEICH. Danach wählen Sie den niedrigsten (bzw. ersten) Wert des Bereichs aus oder geben ihn ein. Vergewissern Sie sich, daß das Optionsfeld UND aktiviert ist, und wählen Sie im zweiten Dropdown-Listenfeld für Operatoren den Eintrag IST KLEINER oder IST KLEINER ODER GLEICH. Zu guter Letzt geben Sie den höchsten (bzw. letzten) Wert des Bereichs im Textfeld ein oder wählen ihn dort aus.

Das war die graue Theorie. In den Abbildungen 9.13 und 9.14 sehen Sie, wie das in der Praxis funktioniert. In der Kundendatenbank sollen nur die Datensätze angezeigt werden, deren Auftragsvolumen zwischen 3.000 und 10.000 DM liegt. Abbildung 9.13 zeigt, wie der Bereich definiert wird. Als erster Operator wird IST GRÖSSER ODER GLEICH gewählt. Der niedrigste Wert im Text lautet 3000. Das Optionsfeld UND ist aktiviert. Als zweiten Operator habe ich IST KLEINER ODER GLEICH gewählt und als höchsten Wert 10000 eingegeben. In Abbildung 9.14 sehen Sie das Ergebnis.

Und dann gibt es noch die Entweder-Oder-Möglichkeit. Das heißt, ein Eintrag soll entweder dies oder das sein. Meistens werden dafür die Operatoren ENTSPRICHT und ENTSPRICHT NICHT verwendet. Im ersten Textfeld muß die eine Möglichkeit, im zweiten Textfeld die andere Möglichkeit stehen. Und: ODER muß aktiviert sein.

Angenommen, Sie möchten die Datenbank so filtern, daß nur die Datensätze für Bayern und Sachsen-Anhalt angezeigt werden. Als erstes wählen Sie den ersten Operator ENTSPRICHT und geben im Textfeld daneben »Bayern« ein. Anschließend aktivieren Sie das Optionsfeld ODER. (Das ist der entscheidende Punkt!) Danach wählen Sie als zweiten Operator ebenfalls ENTSPRICHT und geben im Textfeld daneben »Sachsen-Anhalt« ein. Sobald Sie »OK« wählen oder Eingabe drücken, werden nur die Datensätze angezeigt, die im Feld »Bundesland« den Eintrag »Bayern« oder »Sachsen-Anhalt« enthalten.

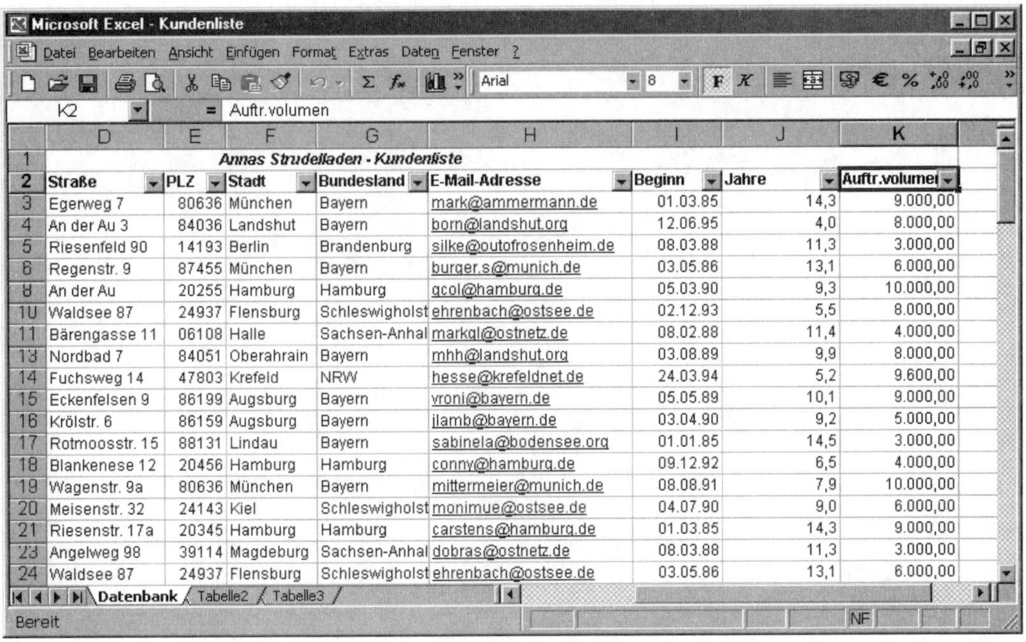

	D	E	F	G	H	I	J	K
1	Annas Strudelladen - Kundenliste							
2	Straße	PLZ	Stadt	Bundesland	E-Mail-Adresse	Beginn	Jahre	Auftr.volumen
3	Egerweg 7	80636	München	Bayern	mark@ammermann.de	01.03.85	14,3	9.000,00
4	An der Au 3	84036	Landshut	Bayern	born@landshut.org	12.06.95	4,0	8.000,00
5	Riesenfeld 90	14193	Berlin	Brandenburg	silke@outofrosenheim.de	08.03.88	11,3	3.000,00
6	Regenstr. 9	87455	München	Bayern	burger.s@munich.de	03.05.86	13,1	6.000,00
8	An der Au	20255	Hamburg	Hamburg	gcol@hamburg.de	05.03.90	9,3	10.000,00
10	Waldsee 87	24937	Flensburg	Schleswigholst	ehrenbach@ostsee.de	02.12.93	5,5	8.000,00
11	Bärengasse 11	06108	Halle	Sachsen-Anhal	markgl@ostnetz.de	08.02.88	11,4	4.000,00
13	Nordbad 7	84051	Oberahrain	Bayern	mhh@landshut.org	03.08.89	9,9	8.000,00
14	Fuchsweg 14	47803	Krefeld	NRW	hesse@krefeldnet.de	24.03.94	5,2	9.600,00
15	Eckenfelsen 9	86199	Augsburg	Bayern	vroni@bayern.de	05.05.89	10,1	9.000,00
16	Krölstr. 6	86159	Augsburg	Bayern	jlamb@bayern.de	03.04.90	9,2	5.000,00
17	Rotmoosstr. 15	88131	Lindau	Bayern	sabinela@bodensee.org	01.01.85	14,5	3.000,00
18	Blankenese 12	20456	Hamburg	Hamburg	conny@hamburg.de	09.12.92	6,5	4.000,00
19	Wagenstr. 9a	80636	München	Bayern	mittermeier@munich.de	08.08.91	7,9	10.000,00
20	Meisenstr. 32	24143	Kiel	Schleswigholst	monimue@ostsee.de	04.07.90	9,0	6.000,00
21	Riesenstr. 17a	20345	Hamburg	Hamburg	carstens@hamburg.de	01.03.85	14,3	9.000,00
23	Angelweg 98	39114	Magdeburg	Sachsen-Anhal	dobras@ostnetz.de	08.03.88	11,3	3.000,00
24	Waldsee 87	24937	Flensburg	Schleswigholst	ehrenbach@ostsee.de	03.05.86	13,1	6.000,00

Abbildung 9.14: Der benutzerdefinierte AutoFilter hat funktioniert.

Von Hyperlinks und Webseiten

10

In diesem Kapitel erfahren Sie, wie Sie ...

- einen Hyperlink erstellen, der auf ein anderes Office-Dokument, eine andere Excel-Arbeitsmappe, ein anderes Tabellenblatt oder einen anderen Zellbereich verweist.
- einen Hyperlink erstellen, der auf eine Webseite verweist.
- die Formatvorlagen von Hyperlinks und sogenannten besuchten Hyperlinks bearbeiten.
- die Daten und Diagramme eines Excel-Tabellenblatts als statische Webseiten speichern.
- Webseiten mit interaktiven Daten und Diagrammen fabrizieren.
- mit Ziehen und Ablegen Tabellen aus einer Webseite in ein Tabellenblatt zaubern.
- Ihre Excel-Webseiten im Webbrowser Ihrer Wahl betrachten.
- Webordner und FTP-Adressen erstellen, in denen Sie Ihre Excel-Webseiten veröffentlichen können.
- Webseiten mit Ihren Daten und Diagrammen im Webseiten-Editor Ihrer Wahl oder in Word 2000 bearbeiten.
- Tabellenblätter via E-Mail in die weite Welt verschicken.

Nachdem nun quasi Hinz und Kunz das Internetfieber gepackt hat und das World Wide Web zur größten Erfindung aller Zeiten ausgerufen worden ist, wen wundert es da, daß auch Excel 2000 ein ganzes Bündel brandneuer und überarbeiteter Webfunktionen enthält. Zu diesen aufregenden Features gehören die *Hyperlinks*, die Sie in Ihre Tabellenblätter einfügen können, und die Möglichkeit, Ihre Tabellendaten in *Webseiten* umzuwandeln, die Sie über Webserver der Allgemeinheit zugänglich machen können.

Von was ich da eigentlich rede? Also, auf Hyperlinks brauchen Sie nur einmal mit der Maus zu klicken, um wie der Blitz zu einem anderen Office-Dokument, einer Arbeitsmappe oder einem Tabellenblatt zu wechseln. Die Sensation dabei ist, daß es völlig wurscht ist, wo sich diese Dokumente befinden – die können sich auf Ihrer Festplatte, auf einem Server in Ihrem LAN (Local Area Network), auf einem Webserver im Internet oder im Intranet Ihrer Firma tummeln. Ja, es ist sogar möglich, E-Mail-Hyperlinks einzufügen, über die Sie automatisch Nachrichten an Kollegen und Kolleginnen schicken können, mit denen Sie regelmäßig zu tun haben. Und an diese Nachrichten hängen Sie einfach Ihre Excel-Arbeitsmappen oder andere Office-Dokumente dran. Klingt nicht uninteressant, oder?

Und was hat es mit den Webseiten auf sich? Also, wenn Sie Tabellenblätter in Form von Webseiten speichern, können Sie allen, die über einen Internetzugang und einen Webbrowser verfügen (und das sind heutzutage quasi wirklich alle) Ihre Zahlen, Listen und Diagramme aufdrängen. Und dabei ist es völlig egal, mit welchem Computertyp die anderen arbeiten, und ob diese Leute überhaupt Excel haben. In Excel 2000 haben Sie beim Speichern von Webseiten die Qual der Wahl: Wollen Sie nun Webseiten mit statischen oder mit interaktiven Daten?

Im Fall von statischen Webseiten sind Ihre geneigten Benutzer darauf beschränkt, Ihre Daten voll Entzücken zu betrachten. Änderungen sind nicht möglich. Wenn Sie aber Tabellenblätter als interaktive Webseiten speichern, können andere Leute (vorausgesetzt, sie arbeiten mit Microsoft Internet Explorer 4.0 oder höher) Ihre Daten nicht nur ansehen, sondern auch bestimmte Änderungen daran durchführen. Angenommen, Sie speichern ein Auftragsformular, in dem Zwischen- und Endsummen berechnet werden, als eine interaktive Webseite. Ein Benutzer dieser Webseite kann dann beispielsweise die bestellte Menge ändern und – man sehe und staune – die Webseite berechnet automatisch die entsprechenden Zwischen- und Endbeträge neu. Ein anderes Beispiel: Sie speichern eine Datenbankliste (so eine wie in Kapitel 9 beschrieben) als interaktive Webseite. Benutzer dieser Webseite können dann die Daten im Webbrowser nach Bedarf und Belieben neu sortieren und filtern, genauso, wie Sie das in Excel 2000 machen. Wow!

Tabellenblätter mit Hyperlinks schmücken

Damit das Ganze nicht zu einfach wird, gibt es gleich mehrere Hyperlink-Typen:

- ✔ Hypertext, der in der Regel in den Zellen als blau unterstrichener Text dargestellt wird
- ✔ ClipArts und Grafiken aus Dateien, die Sie in das Tabellenblatt eingefügt haben
- ✔ Grafiken, die Sie mit den Schaltflächen der Zeichnen-Symbolleiste fabriziert haben

Wenn Sie einen Hyperlink als Text oder grafisches Objekt einfügen, können Sie ihn mit einer anderen Excel-Arbeitsmappe, einer sonstigen Office-Datei, einer Webseitenadresse (das ist die URL (Uniform Resource Locator)-Adresse; Sie wissen schon, diese verwirrenden Einträge, die mit http:// beginnen), mit einem benannten Bereich im selben Tabellenblatt, ja sogar mit einer E-Mail-Adresse verknüpfen. Bei dem benannten Bereich kann es sich um einen Zellbezug oder einen benannten Zellbereich (mehr dazu in Kapitel 6) in einem bestimmten Tabellenblatt handeln.

Also, um die Textvariante des Hyperlinks einzufügen, tun Sie folgendes:

1. **Markieren Sie die Zelle im Tabellenblatt der Arbeitsmappe, die die Ehre haben wird, den Hyperlink aufzunehmen.**

2. **Geben Sie den Text für den Hyperlink in die Zelle ein, und klicken Sie in der Bearbeitungsleiste auf die Schaltfläche für Eingeben.**

Um die Grafikvariante des Hyperlinks einzufügen, sind folgende zwei Schritte erforderlich:

1. **Wählen Sie im Menü EINFÜGEN den Befehl GRAFIK und danch entweder den Befehl CLIPART oder den Befehl AUS DATEI. Danach suchen Sie im entsprechenden Dialogfeld »Grafik einfügen« ein Bildchen für den Hyperlink aus.**

   Schwupp, wird die gewählte Grafik in das Tabellenblatt eingefügt. Sie ist auch gleich markiert. (Sie wissen noch? Die »eckigen« Ziehpunkte rund um das Objekt!)

2. **Ziehen Sie bei Bedarf einen der Ziehpunkte, mit denen die Größe verändert werden kann. Soll die Grafik an eine ganz andere Position, packen Sie sie am Kragen, und ziehen sie dorthin, wo es Ihnen paßt.**

So, Sie haben den Text bzw. das grafische Objekt. So weit, so gut. Jetzt fehlt noch der Hyperlink. Und den fügen Sie so ein:

1. **Markieren Sie die Zelle mit dem Text, oder klicken Sie auf das grafische Objekt.**

2. **Wählen Sie im Menü EINFÜGEN den Befehl HYPERLINK, oder klicken Sie auf die Schaltfläche für Hyperlink einfügen in der Standard-Symbolleiste (die mit der Kette vor dem Globus).**

   Das Dialogfeld »Hyperlink einfügen« wird geöffnet (Abbildung 10.1). Dort müssen Sie sich für eine Datei, eine Webadresse (URL) oder einen benannten Bereich in der Arbeitsmappe entscheiden.

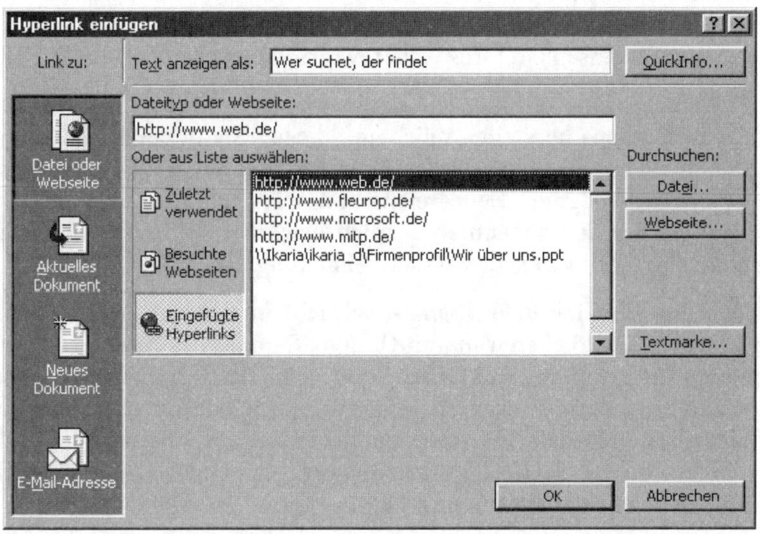

Abbildung 10.1: Verknüpfung zu einer Webseite im Dialogfeld »Hyperlink einfügen« herstellen

3a. **Variante 1: Um eine Verbindung zu einem anderen Dokument, einer Webseite im Firmenintranet oder einer Website im Internet herzustellen, klicken Sie in der Umgebungs-**

leiste ganz links im Dialogfeld auf die Schaltfläche »Datei oder Webseite«, falls diese noch nicht aktiviert ist, und geben Sie den Pfad zum entsprechenden Dokument im Textfeld Dateityp oder Webseite ein.

Befindet sich das Dokument, zu dem Sie eine Verknüpfung herstellen möchten, auf Ihrer Festplatte oder auf einer Festplatte, auf die Sie zugreifen können, klicken Sie auf die Schaltfläche »Datei«, markieren die gewünschte Datei einfach im Dialogfeld »Verknüpfung zu Datei« (funktioniert wie das Dialogfeld zum Öffnen von Dateien, das Sie bereits aus Kapitel 2 kennen) und klicken auf »OK«. Wenn Sie das gewünschte Dokument erst vor kurzem geöffnet haben, dann klicken Sie im Listenfeld Oder aus Liste auswählen auf die Schaltfläche »Zuletzt verwendet« und wählen die gewünschte Datei aus.

Soll eine Verbindung zu einem Dokument auf einer Website hergestellt werden, und sollten Sie die Webadresse zufällig auswendig wissen (so was wie http://www.mipt.de) dann schreiben Sie sie ganz tapfer in das Textfeld Dateityp oder Webseite.

Wir gehen sicherheitshalber mal davon aus, daß Sie die Adresse doch nicht auswendig wissen. Was dann? Wenn Sie die Webseite schon einmal aufgerufen oder eine Verknüpfung darauf erstellt haben, dann haben Sie Glück. Dann finden Sie nämlich die gewünschte Adresse im Listenfeld Oder aus Liste auswählen. Um dort eine Liste mit den zuletzt besuchten Webseiten anzuzeigen, klicken Sie ganz einfach auf die Schaltfläche »Besuchte Webseiten«. Nein, Sie brauchen die Adressen der Webseiten, zu denen Sie kürzlich eine Verknüpfung hergestellt haben? Na, dann klicken Sie eben auf die Schaltfläche »Eingefügte Hyperlinks«. Dann kriegen Sie eine Liste mit den zuletzt eingefügten Verknüpfungen oder den Webadressen, die Sie im Adressenfeld Ihres Webbrowsers eingegeben haben.

3b. Variante 2: Wenn Sie eine Verknüpfung zu einer anderen Zelle oder einem Zellbereich in derselben Arbeitsmappe herstellen möchten, klicken Sie in der Umgebungsleiste ganz links im Dialogfeld auf die Schaltfläche »Aktuelles Dokument«. Geben Sie anschließend die Adresse der Zelle oder des Zellbereichs in das Textfeld Geben Sie den Zellbezug ein ein, oder wählen Sie den benannten Bereich bzw. den Zellbezug im Listenfeld Oder wählen Sie eine Stelle im Dokument (siehe Abbildung 10.2).

3c. Variante 3: Wenn Sie eine neue E-Mail-Nachricht in Ihrem E-Mail-Programm öffnen möchten (die meisten arbeiten wohl mit Outlook Express des Internet Explorer 5.0, der wiederum zum Lieferumfang von Office 2000 gehört), die an einen bestimmten Empfänger adressiert ist, dann klicken Sie in der Umgebungsleiste ganz links im Dialogfeld auf die Schaltfläche »E-Mail-Adresse«, und geben Sie anschließend die E-Mail-Adresse des Empfängers in das Textfeld E-Mail-Adresse ein. (Inzwischen gänzlich Verwirrte werfen bitte einen Blick auf Abbildung 10.3.)

Sobald Sie mit der Eingabe beginnen, schiebt Excel schwuppdiwupp ein »mailto« vor was immer Sie gerade geschrieben haben. (Das ist das HTML-Tag – ja, ja –, das Excel anweist, Ihr E-Mail-Programm zu öffnen, sobald Sie auf den Hyperlink klicken.)

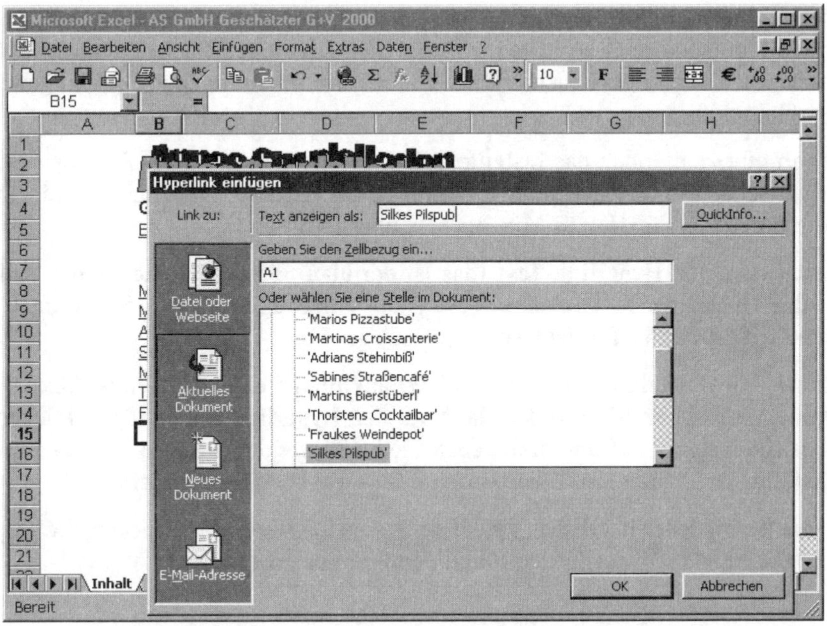

Abbildung 10.2: Verknüpfung zu einem benannten Bereich oder einem Zellbezug im Dialogfeld »Hyperlink einfügen« herstellen

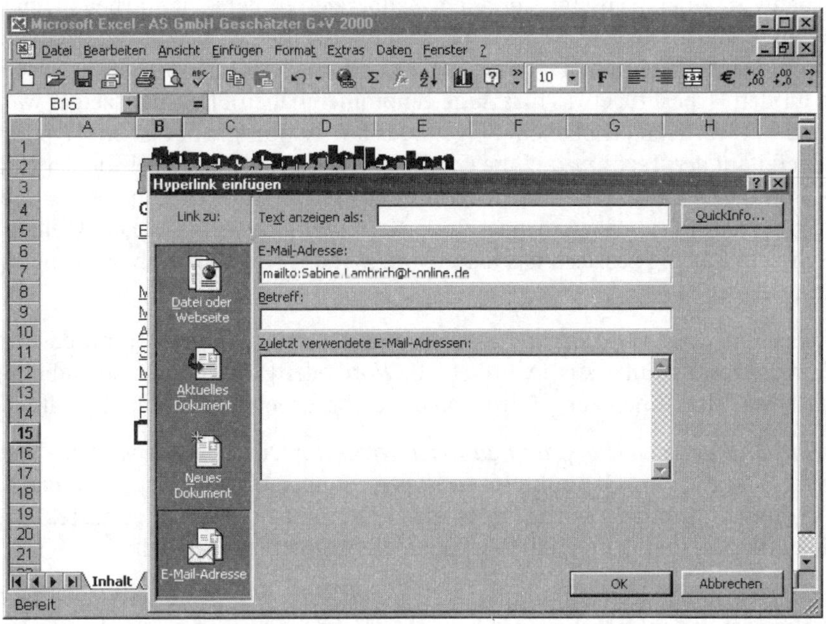

Abbildung 10.3: Verknüpfung zu einer E-Mail-Adresse im Dialogfeld »Hyperlink einfügen« herstellen

Soll beim Klicken auf den Hyperlink, was wiederum das Öffnen Ihres E-Mail-Programms bewirkt, auch gleich ein Betreff in die Betreffzeile der neuen Nachricht eingefügt werden (ich hoffe, Sie haben mich noch nicht völlig verloren), dann geben Sie den gewünschten Text im Textfeld BETREFF ein.

Und dann gibt es da noch das Listenfeld ZULETZT VERWENDETE E-MAIL-ADRESSEN. Sollte sich die gewünschte E-Mail-Adresse dort befinden, genügt ein Mausklick darauf, und schon wird die Adresse im Textfeld E-MAIL-ADRESSE übernommen.

4. **(Optional) Um den Hyperlink-Text (das ist der blau unterstrichene) in der Zelle zu ändern oder Hyperlink-Text in eine leere Zelle einzufügen, geben Sie einfach den gewünschten Text in das Textfeld TEXT ANZEIGEN ALS ein.**

5. **(Optional – für Perfektionisten) Wenn jetzt auch noch ein erläuternder Text eingeblendet werden soll, wenn Sie mit der Maus auf den Hyperlink zeigen, dann klicken Sie auf die Schaltfläche »QuickInfo«, und geben Sie im Textfeld QUICKINFO-TEXT den gewünschten Text ein. Das Ganze muß dann noch mit »OK« bestätigt werden.**

6. **Alles zur Zufriedenheit erledigt? Klicken Sie auf »OK«, oder drücken Sie** `Eingabe`**, um das Dialogfeld »Hyperlink einfügen« endlich loszuwerden.**

Den Hyperlinks auf der Spur

Nachdem Sie Hyperlinks in einem Tabellenblatt erstellt haben, können Sie ihnen in ein externes Dokument, zu einer Webseite, zu einem Zellbereich in derselben Arbeitsmappe, bis ans Ende der Welt ... folgen. Zeigen Sie dazu mit dem Mauszeiger auf den unterstrichenen blauen Text (wenn Sie sich für einen Hypertext entschieden haben) oder auf das grafische Objekt (wenn Sie für den Hyperlink etwas fürs Auge genommen haben). Der Mauszeiger wandelt sich in eine Hand mit warnend erhobenem Zeigefinger um: Achtung! Hier ist ein Hyperlink! Klikken Sie beherzt auf den Text bzw. auf die Grafik, und schon springt Excel wie der Blitz zur im Hyperlink »hinterlegten« Adresse, sprich zum externen Dokument, zur Webseite oder zum Zellbezug in der aktuellen Arbeitsmappe, zur E-Mail-Nachricht, ans Ende der Welt oder ... Was genau bei diesem Sprung passiert, das hängt vom Ziel des Hyperlinks ab. Folgende Varianten hätte ich zu bieten:

- ✔ *Hyperlink mit einer Verknüpfung zu einem externen Dokument*: Wenn das Programm, mit dem das Dokument erstellt wurde (z. B. Word oder PowerPoint), noch nicht gestartet ist, wird dies blitzschnell ausgeführt und das entsprechende Dokument geöffnet.

- ✔ *Hyperlink mit einer Verknüpfung zu einer Webseite*: Die Webseite wird im Webbrowser geöffnet. Sind Sie zum Zeitpunkt des »Hypersprungs« nicht online, wird das Dialogfeld zum Verbinden geöffnet. Wurde der Internet Explorer noch nicht gestartet, erledigt das Windows für Sie, und dann endlich ist auch die Webseite an der Reihe.

- ✔ *Hyperlink mit einer Verknüpfung zu einem Zellbereich in der aktuellen Arbeitsmappe*: Excel aktiviert das entsprechende Tabellenblatt und markiert die Zelle bzw. die Zellen, so wie es im Hyperlink definiert ist.

✔ *Hyperlink mit einer Verknüpfung zu einer E-Mail-Adresse*: Excel ruft Ihr E-Mail-Programm auf, das wiederum eine neue Nachricht öffnet, die wiederum die im Hyperlink hinterlegte E-Mail-Adresse (und optional den Betreff) übernimmt.

Wenn Sie einmal die Verfolgung eines Hyperlinks aufgenommen haben, wird er nicht mehr in Blau, sondern in Lila angezeigt, unterstrichen bleibt er allemal. Daran erkennen Sie, daß der Hyperlink verwendet worden ist. (Bei grafischen Objekten werden Sie lange drauf gucken können. Da ändert sich nichts.) Sobald Sie die Arbeitsmappe das nächste Mal öffnen, kehrt der Hyperlink zum erfrischenden, nicht verfolgten Blau zurück.

Bei der Verfolgungsjagd von Hyperlinks kann Ihnen die Web-Symbolleiste behilflich sein. Um sie anzuzeigen, wählen Sie den Befehl SYMBOLLEISTEN im Menü ANSICHT, und klicken dann im Untermenü auf den Befehl WEB. (In Abbildung 10.4 ist sie zu sehen.)

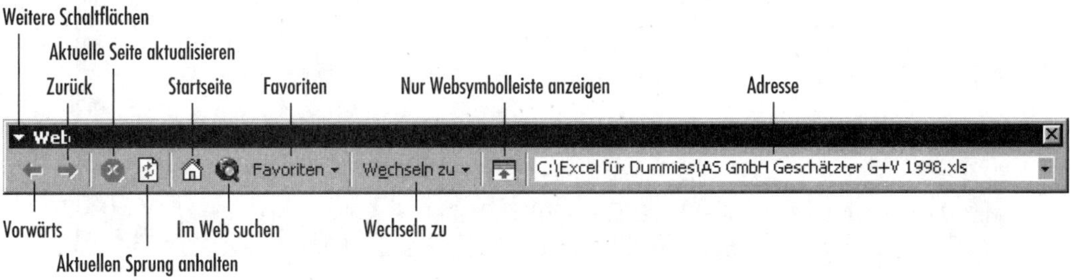

Abbildung 10.4: Die Web-Symbolleiste unterstützt Sie bei der Verfolgung von Hyperlinks.

Mit den Schaltflächen »Zurück« und »Vorwärts« der Web-Symbolleiste springen Sie munter zwischen der Zelle mit dem Hyperlink und seinem Ziel hin und her. Nachdem Sie auf den Hyperlink geklickt haben und dieser brav zu seinem Ziel gewechselt ist, können Sie mit der Schaltfläche ZURÜCK zur Hyperlink-Zelle zurückgehen. Sie haben es sich anders überlegt, und wollen wieder zum Ziel. Kein Problem! Einmal auf die Schaltfläche »Vorwärts« klicken, und schon sind Sie dort.

In den Abbildungen 10.5 bis 10.7 will ich versuchen, Ihnen zu zeigen, wie Sie mit Hilfe von Hyperlinks von einem Teil der Arbeitsmappe zu einem anderen hüpfen können. Also, in Abbildung 10.5 sehen Sie das Tabellenblatt INHALT, das eine interaktive Tabelle enthält, über die Sie alle anderen Tabellenblätter und Diagramme in der Arbeitsmappe erreichen können. Eine komfortable Sache! Jeder Eintrag (B5 bis B15) ist mit einem Hyperlink versehen, der wiederum auf das entsprechende Tabellenblatt bzw. den entsprechenden Zellbereich verweist.

Abbildung 10.6 zeigt, was passiert, wenn ich auf den Hyperlink »Erlöse und Aufwendungen gesamt« (aus Abbildung 10.5) klicke. Dieser Hyperlink nimmt mich auf der Stelle mit zur Zelle A1 des Tabellenblatts GESAMT. In diesem Tabellenblatt finden Sie rechts oben ein nettes kleines Häuschen. Dieses Häuschen enthält wiederum einen Hyperlink, der mich zurück zur Zelle A1 im Tabellenblatt INHALT trägt. (Das ist dann wieder das Blatt in Abbildung 10.5.)

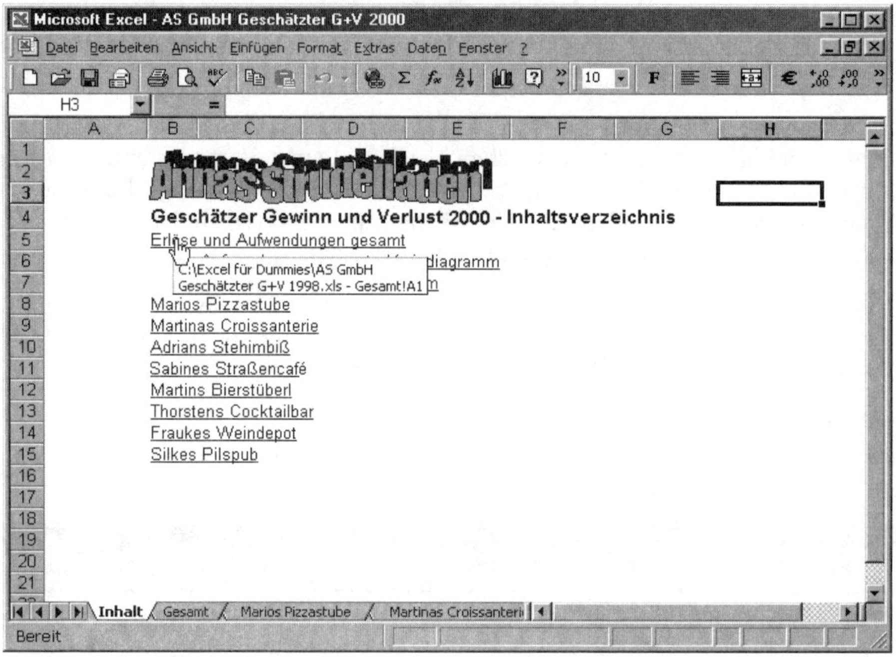

Abbildung 10.5: Vom interaktiven Inhaltsverzeichnis zur Zelle A1 im Tabellenblatt GESAMT

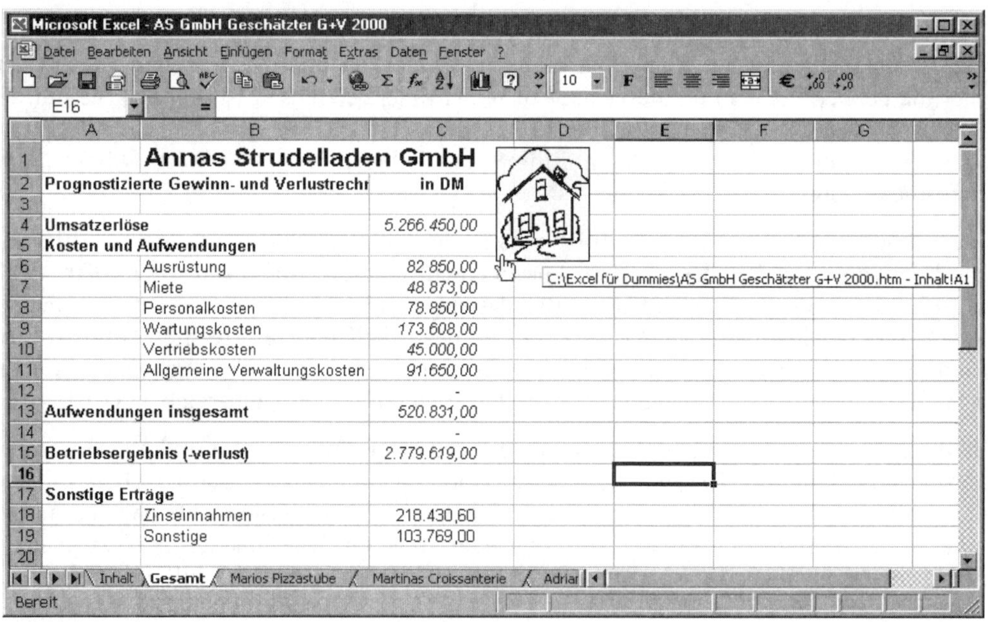

Abbildung 10.6: Aus dem Tabellenblatt GESAMT gibt's einen Weg zurück in das Tabellenblatt INHALT.

In Abbildung 10.7 können Sie mit etwas Fantasie nachvollziehen, was passiert, wenn ich im Tabellenblatt INHALT auf den Hyperlink »Aufwendungen gesamt – Kreisdiagramm« klicke. Dieser Hyperlink ist mit dem benannten Bereich GESCHÄTZE_AUSGABEN im Tabellenblatt GESAMT verknüpft. Das sind die Zellen A27 bis B41. Das sind genau die Zellen, die unter dem Kreisdiagramm liegen, in dem die Ausgaben dargestellt werden. Es gibt leider keine Möglichkeit, mit einem Hyperlink direkt auf ein grafisches Objekt zu verweisen. Daher müssen Sie den Umweg über die darunterliegenden Zellen nehmen.

Rechts neben dem Kreisdiagramm sehen Sie im Tabellenblatt GESAMT ein graues Sternchen. (Das habe ich mit Hilfe der Zeichnen-Symbolleiste kreiert – mit der Schaltfläche für AutoFormen. Nicht schlecht, oder?) Der Stern enthält denselben Hyperlink wie das nette Häuschen (Abbildung 10.6) rechts oben im Tabellenblatt GESAMT. Das heißt, Sie hüpfen zur Zelle A1 im Tabellenblatt INHALT zurück, wenn Sie auf den Stern klicken.

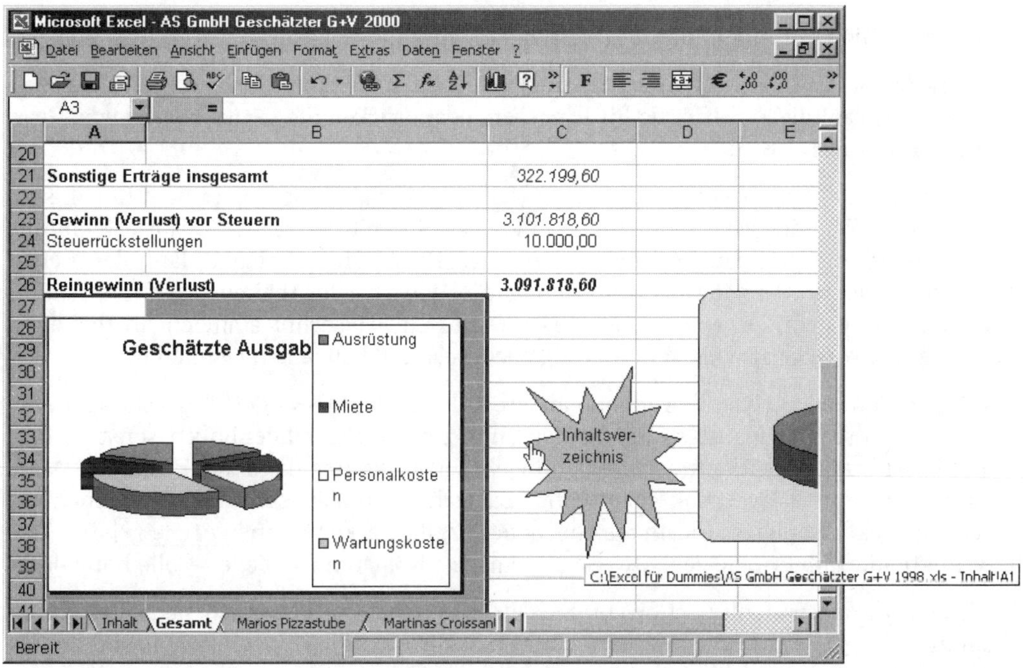

Abbildung 10.7: Vom interaktiven Inhaltsverzeichnis zum Bereich A27:B41 im Tabellenblatt GESAMT

Hyperlinks der Variante »Text« bearbeiten und formatieren

Zellen, die Hyperlinks enthalten, sind in Abhängigkeit von zwei in Excel integrierten Formatvorlagen formatiert: HYPERLINK und BESUCHTER HYPERLINK. Die Formatvorlage HYPERLINK wird jedem neuen Hypertext zugewiesen. Die Formatvorlage BESUCHTER HYPERLINK ist für all diejenigen Hyperlinks vorgesehen, die bereits einmal aktiviert wurden. Wenn Ihnen die Darstellung von HYPERLINK und BESUCHTER HYPERLINK überhaupt nicht zusagt, dann können Sie die beiden Formatvorlagen ändern. Mehr zu diesem Thema erfahren Sie in Kapitel 3, im Abschnitt »Jetzt wird's formatvorlagig«!

Wenn Sie das Bedürfnis haben, den Inhalt einer Hyperlink-Zelle zu bearbeiten und ganz unbefangen auf die entsprechende Zelle klicken – raten Sie mal, was dann passiert? Genau! Sie hüpfen zum entsprechenden Verknüpfungselement. Und das wollten Sie doch wirklich nicht. Was also tun? Am besten gehen Sie folgendermaßen vor:

1. **Klicken Sie auf eine Zelle über, unter oder neben der Hyperlink-Verknüpfung. (Diese Zelle darf natürlich keinen Hyperlink enthalten.)**
2. **Drücken Sie die entsprechende Pfeiltaste ([↓], [↑], [→] oder [←] auf der Cursorblock oder auf der Zehnertastatur), um die Hyperlink-Zelle zu markieren.**
3. **Drücken Sie [F2], um in den Bearbeitungsmodus zu wechseln.**
4. **Werkeln Sie an Ihrem Hypertext herum, und klicken Sie anschließend in der Bearbeitungsleiste auf die Schaltfläche für Eingeben, oder drücken Sie [Eingabe], um die Bearbeitung abzuschließen.**

Sie wollen das Ziel eines Hyperlinks ändern? (Ich spreche also nicht von seinem Inhalt, sondern von dem Pfad der Verknüpfung.) Dann klicken Sie mit der rechten Maustaste auf die Hyperlink-Zelle und wählen im Kontextmenü den Befehl HYPERLINK und dann den Befehl HYPERLINK BEARBEITEN. Damit wird das Dialogfeld »Hyperlink bearbeiten« geöffnet. (Dieses Dialogfeld sieht eigentlich genauso aus, wie das Dialogfeld »Hyperlink einfügen« in Abbildung 10.1.) Hier können Sie also die Verknüpfung nach Lust und Laune neu definieren.

Was, Sie wollen einen Hyperlink in eine andere Zelle kopieren? Na gut! Das geht auch. Sie klicken mit der rechten Maustaste auf die Hyperlink-Zelle (nicht mit der linken, sonst geht die Post ab) und wählen im Kontextmenü den Befehl HYPERLINK und dann den Befehl HYPERLINK KOPIEREN. Der Original-Hyperlink kriegt seinen Laufrahmen um die Zelle, und Sie können den Hyperlink einfach kopieren, indem Sie eine andere Zelle markieren und [Eingabe] drücken. (Das funktioniert im Prinzip genauso wie das normale Kopieren von Zellen – olle Kamellen.)

Das Thema »Löschen« fehlt noch. Wenn Sie den Hyperlink zwar loswerden, den Zelltext aber behalten möchten, klicken Sie mit der rechten Maustaste auf die Hyperlink-Zelle und wählen im Kontextmenü den Befehl HYPERLINK und dann den Befehl HYPERLINK ENTFERNEN. Wenn Sie den Zellinhalt und den Hyperlink in einer Zelle löschen möchten, dann entscheiden Sie sich doch bitte im Menü BEARBEITEN für die Befehlsfolge LÖSCHEN/ALLES.

Hyperlinks der Variante »grafisches Objekt« bearbeiten und formatieren

Sie wollen ein grafisches Objekt bearbeiten, das einen Hyperlink enthält? Also, da wäre zunächst einmal das Markieren: Drücken Sie [Strg], und klicken Sie auf das gewünschte Objekt. Die

Grafik wird markiert und die Grafik-Symbolleiste eingeblendet. Danach wählen Sie im Menü FORMAT den Befehl GRAFIK oder drücken [Strg]+[1]. Alternativ dazu können Sie auch mit der rechten Maustaste auf das grafische Objekt klicken und dann im Kontextmenü den Befehl GRAFIK FORMATIEREN wählen. Egal, für welche Methode Sie sich entscheiden, es wird in beiden Fällen ein Dialogfeld mit erschreckend vielen Registerkarten zum Bearbeiten des grafischen Objekts geöffnet: FARBEN UND LINIEN, GRÖSSE, BILD, SCHUTZ, EIGENSCHAFTEN, WEB – wählen Sie aus. Eine Reihe von Eigenschaften, z.B. Helligkeit und Kontrast, können Sie auch über die Grafik-Symbolleiste einstellen.

Wenn Sie die Größe des grafischen Objekts von Hand ändern oder das Objekt an eine andere Position verschieben wollen, dann [Strg]-klicken Sie auf das grafische Objekt und ziehen entweder einen der Ziehpunkte oder das gesamte Objekt (dazu muß der Mauszeiger sich aber in einen Vierfachpfeil umwandeln), bis es Ihren Vorstellungen entspricht.

Um ein grafisches Objekt zusammen mit seinem Hyperlink zu kopieren, klicken Sie zunächst – wie gehabt – mit gedrückter [Strg]-Taste auf das Objekt. Jetzt halten Sie aber [Strg] gedrückt und ziehen mit einer Kopie des grafischen Objekts von dannen. Diese können Sie an einer beliebigen Stelle in der Arbeitsmappe ablegen. Eine ganz nette Angelegenheit. Sie können aber das grafische Objekt auch mit dem Befehl KOPIEREN im Kontextmenü in die Zwischenablage kopieren und von dort mit dem Befehl EINFÜGEN (im Menü BEARBEITEN) an einer x-beliebigen Stelle wieder einfügen. (Wenn Sie es sich merken können, können Sie für das Einfügen auch [Strg]+[V] drücken. Wer noch mehr Möglichkeiten braucht, kann auch die Schaltfläche für Einfügen in der Standard-Symbolleiste nehmen.)

Wer das grafische Objekt samt Hyperlink loswerden will, der [Strg]-klickt auf das Objekt und drückt [Entf]. Schwupp! Alles futsch! Um den Hyperlink zu eliminieren, ohne dabei die Grafik zu löschen, klicke man mit der rechten Maustaste auf die Grafik und wähle im Kontextmenü den Befehl HYPERLINK und anschließend den Befehl HYPERLINK ENTFERNEN.

Und für alle, die das Hyperlink-Ziel ändern möchten: Klicken Sie mit der rechten Maustaste auf das Objekt, und wählen Sie im Kontextmenü den Befehl HYPERLINK und dann den Befehl HYPERLINK BEARBEITEN. Danach können Sie im Dialogfeld »Hyperlink bearbeiten« das Ziel ändern.

Tabellenblätter weltweit

Das Konzept, Excel-Tabellendaten im World Wide Web zu veröffentlichen, macht wirklich Sinn – sowohl was das tabellarische Layout als auch was die berechneten Inhalte betrifft. Alle, die schon mal versucht haben, eine HTML-Tabelle manuell zu erstellen, können ein Lied davon singen. Das ist wohl die blödeste Arbeit, die man sich vorstellen kann. Auch die einfachste Tabelle wird zur Qual, weil Sie die Spaltenbeschriftungen mit <TH>- und </TH>-Tags (das ist so 'ne Art Code), die Zeilen der Tabelle mit <TR)- und </TR)-Tags sowie die Anzahl und die Breite der Spalten mit <TD>- und </TD>-Tags definieren müssen. Dann wissen Sie aber immer noch nicht, welche Daten in welche Zellen kommen. Klingt eher abschreckend, oder?

Tja, und dann kommt Excel 2000 daher und läßt Ihnen sogar die Wahl, ob Sie Ihre Daten in statischer, schauen-ja-anfassen-nein Form oder in interaktiver, alles-auf-den-Kopf-stellen Form in Webseiten präsentieren möchten. Webseiten mit statischen Daten können von Benutzern zwar mit einem Webbrowser angezeigt und bewundert, nicht aber bearbeitet werden. In Webseiten mit interaktiven Daten können Benutzer voller Eifer herumwerkeln und formatieren. Abhängig davon, was in der Tabelle dargestellt wird, können sogar Berechnungen durchgeführt und, im Fall von Datenlisten, Daten sortiert und gefiltert werden.

Ja um Gottes Willen! Wie um alles in der Welt speichere ich denn meine Tabellenblätter als Webseiten? Nichts leichter als das. Man wähle im Menü DATEI den Befehl ALS WEBSEITE SPEICHERN. Excel 2000 öffnet daraufhin das Dialogfeld »Speichern unter«, das Sie in Abbildung 10.8 sehen können. Die Webseitenversion dieses Dialogfelds unterscheidet sich in einigen Elementen von dem herkömmlichen Dialogfeld zum Speichern von Arbeitsmappen. Dazu gehören die folgenden Elemente:

✔ *GESAMTE ARBEITSMAPPE oder AUSWAHL: TABELLE:* Wenn Sie im Menü DATEI den Befehl ALS WEBSEITE SPEICHERN wählen, können Sie wählen, ob Sie alle Daten aller Tabellenblätter (Optionsfeld GESAMTE ARBEITSMAPPE, das standardmäßig aktiviert ist) oder nur die markierten Daten im aktuellen Tabellenblatt (AUSWAHL:) speichern möchten. Übrigens: Wenn nicht gerade ein bestimmtes Diagramm oder ein bestimmter Zellbereich im aktuellen Tabellenblatt markiert ist, heißt das Optionsfeld AUSWAHL: TABELLE. Und wenn Sie genau dieses Optionsfeld aktivieren, dann werden alle Daten des aktuellen Tabellenblatts in die neue Webseite gestopft. Haben Sie ein Diagramm markiert, trägt das Optionsfeld den Namen AUSWAHL: DIAGRAMM; haben Sie einen Zellbereich markiert, nennt sich das Optionsfeld AUSWAHL: plus die Zellbereichadresse.

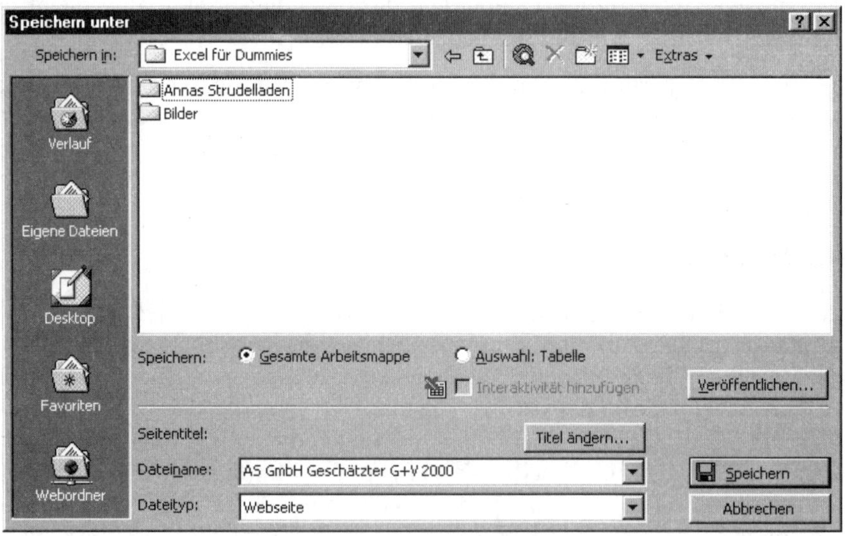

Abbildung 10.8: Das Dialogfeld »Speichern unter« nach Wahl des Befehls ALS WEBSEITE SPEICHERN im Menü DATEI

- ✔ *Veröffentlichen:* Durch Klicken auf diese Schaltfläche wird das Dialogfeld ALS WEBSEITE VERÖFFENTLICHEN geöffnet (zu sehen in Abbildung 10.9). Dort können Sie eine Reihe von Veröffentlichungsoptionen festlegen. Unter anderem: Elemente festlegen, die in die Webseite gepackt werden sollen; Interaktivität ja oder nein, und wenn ja, welcher Interaktivitätstyp; Dateinamen der neuen Webseite bearbeiten; Webseite im Webbrowser öffnen oder nicht.
- ✔ *Interaktivität hinzufügen:* Aktivieren Sie dieses Kontrollkästchen, wenn Sie möchten, daß Benutzer Ihrer Webseite Tabellendaten bearbeiten und neu berechnen oder, im Fall von Datenbanklisten, Datensätze sortieren und/oder filtern können. Wenn Sie eine ganze Arbeitsmappe in eine neue Webseite packen möchten, kann dieses Kontrollkästchen nicht aktiviert werden (siehe den allerersten Punkt in dieser Liste).
- ✔ *Titel ändern:* Durch Klicken auf diese Schaltfläche wird das Dialogfeld »Seitentitel festlegen« geöffnet, in dem Sie die neue Webseite mit einem Seitentitel versehen können. Dieser Titel wird dann stets in der Titelleiste des Webbrowsers angezeigt. Sobald Sie einen Seitentitel eingegeben und mit »OK« bestätigt haben, wird dieser im Dialogfeld »Speichern unter« neben dem Feld SEITENTITEL angezeigt.

Abbildung 10.9: Das Dialogfeld »Als Webseite veröffentlichen«

Rühr-mich-nicht-an-Webseiten speichern

Benutzer können die Daten einer statischen Webseite zwar anzeigen, aber keinerlei Änderungen darin vornehmen. Folgendes gibt's zu tun:

1. **Öffnen Sie die Arbeitsmappe, die die Daten enthält, die Sie als Webseite speichern möchten.**

2. **(Optional) Soll nicht die gesamte Arbeitsmappe und auch nicht das gesamte aktuelle Tabellenblatt gespeichert werden, markieren Sie die gewünschten Zellen. Im Fall eines Diagramms markieren Sie das Diagramm, im Fall eines Zellbereichs den entsprechenden Bereich.**

   Wie bereits weiter oben erwähnt, wird durch die Markierung der Wortlaut des Optionsfelds AUSWAHL: im Dialogfeld »Speichern unter« (siehe den folgenden Schritt) bestimmt: Markiertes Diagramm – AUSWAHL: DIAGRAMM, markierter Zellbereich: AUSWAHL: ZELLADRESSE, keine Markierung – AUSWAHL: TABELLE.

3. **Wählen Sie im Menü DATEI den Befehl ALS WEBSEITE SPEICHERN, um das Dialogfeld »Speichern unter« zu öffnen (siehe weiter oben Abbildung 10.8).**

4. **Legen Sie fest, welcher Teil der Arbeitsmappe als neue Webseite gespeichert werden soll.**

   Wenn die gesamte Arbeitsmappe rein soll, muß das Optionsfeld GESAMTE ARBEITSMAPPE aktiviert sein. Soll's nur das aktuelle Tabellenblatt sein, ist das Optionsfeld AUSWAHL: TABELLE zuständig. Kriegen Sie aber nur zu Gesicht, wenn Sie zuvor nichts im aktuellen Tabellenblatt markiert haben (siehe auch Schritt 2).

   Wollen Sie nicht den Inhalt des aktuellen Tabellenblatts, sondern den eines anderen speichern, klicken Sie auf die Schaltfläche »Veröffentlichen« und wählen im Dropdown-Listenfeld WÄHLEN das entsprechende Blatt (»Elemente von Tabelle1«, »Elemente von Tabelle2« usw.) aus.

   Sie wollen ein Diagramm speichern und haben es vor dem Öffnen des Dialogfelds »Speichern unter« nicht markiert? Kein Problem! Klicken Sie auch in diesem Fall auf die Schaltfläche »Veröffentlichen«, und wählen Sie das Diagramm im Dropdown-Listenfeld WÄHLEN aus.

   Und jetzt wollen Sie auch noch einen Zellbereich speichern, den Sie zuvor nicht markiert haben. Dreimal dürfen Sie raten, wie es geht. Richtig! Sie klicken auf die Schaltfläche »Veröffentlichen«, markieren im Dropdown-Listenfeld WÄHLEN den Eintrag ZELLENBEREICH und geben den Zellbereich direkt darunter ein bzw. markieren ihn im Tabellenblatt.

5. **Vergeben Sie für die neue Webseite einen Dateinamen.**

   Geben Sie im Textfeld »Dateiname« den Namen für die neue Webseite ein. Wenn Windows so eingestellt ist, daß Dateinamenserweiterungen angezeigt werden, können Sie sehen, daß Excel automatisch die Dateiendung ».htm« vergibt (steht für HyperText Markup und bedeutet, daß es sich um eine HTML-Datei handelt).

6. **Legen Sie fest, wo die Webseite gespeichert werden soll.**

   Wie beim Speichern einer herkömmlichen Excel-Datei müssen Sie auch beim Speichern einer Webseite ganz oben im Dialogfeld im Dropdown-Listenfeld SPEICHERN IN festlegen, auf welchem Laufwerk und in welchem Ordner die Datei abgelegt werden soll. (Sie wissen es nicht mehr? Dann schnell zurück zu Kapitel 2.) Noch mal in aller Kürze:

- Um die neue Webseite direkt auf einer Website im Internet oder Intranet zu speichern, klicken Sie in der Umgebungsleiste auf die Schaltfläche »Webordner« und öffnen den Ordner, in dem die Datei gespeichert werden soll.
- Um die neue Webseite auf einer FTP (File Transfer Protocol)-Site abzulegen, die Ihr Webadministrator oder Lieblings-IT-Mensch eingerichtet hat, wählen Sie im Dropdown-Listenfeld Speichern in den Eintrag FTP-Adressen und öffnen den FTP-Ordner, in dem die Datei gespeichert werden soll.

Beachten Sie, daß das in beiden Fällen nur funktioniert, wenn Sie (oder ein Webcrack) die Webordner oder FTP-Adressen bereits vor dem Speichern eingerichtet haben (hat). Mehr dazu finden Sie weiter unten in diesem Kapitel in den Abschnitten »Kein Webpublishing ohne Webordner« und »Kein Webpublishing ohne FTP-Adressen«.

7. **(Optional) Vergeben Sie für die Webseite einen Seitentitel.**

   Wenn Sie Lust haben, dann vergeben Sie für Ihre neue Webseite auch gleich noch einen Seitentitel, der in der Titelleiste des Browsers angezeigt wird. Klicken Sie dazu im Dialogfeld »Speichern unter« auf die Schaltfläche »Titel ändern«, geben Sie im Dialogfeld »Seitentitel festlegen« einen Titel ein, und bestätigen Sie mit »OK«. Wenn Sie dann immer noch Lust haben, klicken Sie im Dialogfeld »Speichern unter« auf die Schaltfläche »Veröffentlichen«. Im Dialogfeld »Als Webseite veröffentlichen« können Sie noch einen Titel definieren, der dann zentriert über dem gewählten Datenbereich angezeigt wird.

8. **Speichern Sie die Webseite.**

   Sie haben echt Durchhaltevermögen, daß Sie so weit gekommen sind. Also, wenn alle Einstellungen definiert sind, klicken Sie im Dialogfeld »Speichern unter« beherzt auf die Schaltfläche »Speichern«. (Wer nicht mehr den totalen Überblick hat, sollte noch einmal einen Blick auf Abbildung 10.8 werfen.) Fast haben Sie es geschafft. Eine Sache noch: Wenn Sie Ihre Webseite voller Stolz gleich nach dem Speichern bewundern möchten, klicken Sie auf die Schaltfläche »Veröffentlichen« und dann im Dialogfeld »Als Webseite veröffentlichen« auf das Kontrollkästchen »Webseite im Browser anschauen« . Noch ein Klick auf die Schaltfläche »Veröffentlichen« oder ein kurzer Druck auf [Eingabe] – das war's!

Beachten Sie, daß Excel beim Speichern von Tabellendaten in einer neuen Webseite automatisch einen neuen Ordner mit demselben Namen wie die .htm-Datei erstellt, der die sogenannten Hilfsdateien enthält, z. B. Grafikdateien. Wenn Sie nun die Webseite auf einen Webserver verschieben, müssen Sie auch an den entsprechenden Ordner denken. Sonst fehlt den Benutzern Ihrer Webseite was.

Wenn Sie absolut nicht wollen, daß Excel einen separaten Ordner für die Hilfsdateien erstellt, dann ändern Sie das einfach. Wählen Sie im Menü Extras den Befehl Optionen, klicken Sie auf der Registerkarte Allgemein auf die Schaltfläche »Weboptionen«, und deaktivieren Sie auf der Registerkarte Dateien das Kontrollkästchen Hilfsdateien in einen Ordner speichern.

Noch was! Wenn Sie eine gesamte Arbeitsmappe als Webseite speichern, die Tabellendaten und Diagramme in verschiedenen Blättern enthält, behält der Internet Explorer die ursprüngliche Blattanordnung von Excel bei, indem er unten im Internet Explorer in der statischen Webseite Blattregister einfügt. In Abbildung 10.10 kann man das ganz gut nachvollziehen.

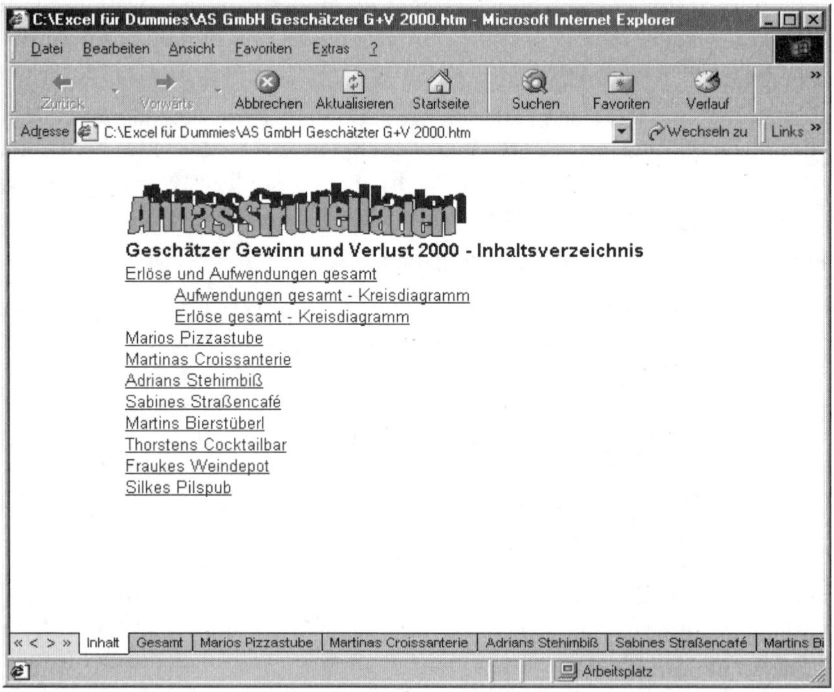

Abbildung 10.10: Beim Speichern einer gesamten Arbeitsmappe mit Daten und Diagrammen in verschiedenen Blättern kriegen Sie eine Webseite mit Blattregistern.

Rühr-mich-an-Webseiten speichern

2000

Interaktive Webseiten sind eine der coolsten neuen Funktionen in Excel 2000. Stellen Sie sich das einmal vor: Sie veröffentlichen eine Webseite, und Ihre Benutzer, die die Seite mit dem Internet Explorer 4 oder 5 anzeigen, können darin herumwerkeln und Änderungen vornehmen, ohne daß Sie dafür auch nur eine Skript- oder Programmierzeile schreiben müssen. Zu den Elementen, die die Benutzer nach Herzenslust bearbeiten gehören u.a.:

- ✔ *Tabellendaten:* In interaktiven Tabellen können Sie Werte beliebig bearbeiten und Berechnungen in Formeln automatisch oder manuell aktualisieren. Auch vor dem Format von Daten brauchen Sie nicht halt zu machen. Ja, Sie können sogar ändern, welche Bereiche in der Webseite angezeigt werden sollen. (Das Formatieren und Bearbeiten von Daten und Formeln wird bis zum Abwinken in den Kapiteln 3 und 4 besprochen.)

- ✔ *Datenbanklisten:* In interaktiven Datenbanklisten ist es möglich, die Datensätze so wie in einer Excel-Datenbank zu sortieren und zu filtern. (Datenbanklisten werden in Kapitel 9 durchgekaut.) Das Bearbeiten und Formatieren von Daten ist selbstverständlich auch kein Problem.
- ✔ *Diagramme:* In interaktiven Diagrammen ändern Sie einfach die dazugehörigen Daten, und schon wird das Diagramm automatisch neu gezeichnet. Auch die Diagrammelemente – Diagrammtyp, Beschriftungen etc. – können beliebig persönlichen Anforderungen angepaßt werden.

Bei der Erstellung einer interaktiven Webseite gehen Sie genauso vor wie im oberen Abschnitt »Rühr-mich-nicht-an-Webseiten speichern«. (Ich erspare mir mit Ihrer freundlichen Erlaubnis diese langwierige Wiederholung.) Nur auf eines müssen Sie achten: Sie müssen im Dialogfeld »Speichern unter« das Kontrollkästchen »Interaktivität hinzufügen« aktivieren, bevor Sie die neue Webseite speichern oder veröffentlichen. Sie erinnern sich? Dieses Kontrollkästchen steht nur dann zur Verfügung, wenn Sie das Optionsfeld AUSWAHL: gewählt haben.

Denken Sie daran, wenn Sie eine Webseite mit einem interaktiven Diagramm erstellen möchten, daß Sie das Diagramm markieren, bevor Sie das Dialogfeld »Speichern unter« öffnen. Excel fügt dann ganz selbständig die Daten für das Diagramm unter dem Diagramm in die Webseite ein (aber nur, wenn Sie das Kontrollkästchen »Interaktivität hinzufügen« vor dem Speichern oder Veröffentlichen der Seite aktiviert haben).

Interaktive Pivot-Tabellen

Excel für Windows 95 hat sie damals ins Spiel gebracht – die Pivot-Tabellen: kleine, leistungsstarke Tabellen zum Zusammenfassen von Daten. Quasi per Knopfdruck können Sie die Art einer Zusammenfassung komplett auf den Kopf stellen. Und jetzt gibt es diese Hyperfunktion auch noch als interaktiven Part von Webseiten.

Jetzt, wo Sie Blut geleckt haben, muß ich Ihnen leider gestehen, daß Pivot-Tabellen in diesem Dummies-Buch gar nicht vorkommen. Wenn Sie also genau wissen wollen, was es damit auf sich hat, fragen Sie doch mal Ihren Office-Assistenten. Ich bin sicher, er steht Ihnen gerne mit Rat und Tat zur Seite.

Wenn Sie dann wissen, wie es funktioniert, und das Ganze in interaktiver Form in Webseiten unterbringen wollen, dann markieren Sie einfach die Pivot-Tabelle und wählen anschließend im Menü DATEI den Befehl ALS WEBSEITE SPEICHERN. Und denken Sie daran, im Dialogfeld »Speichern unter« das Kontrollkästchen »Interaktivität hinzufügen« zu aktivieren.

Interaktive Tabellendaten ausprobieren

In Abbildung 10.11 sehen Sie eine Webseite mit einer vollständig interaktiven Umsatztabelle für das erste Quartal von Annas Strudelladen. Genau so wird es im Internet Explorer 5 (wenn Sie Office 2000 haben, haben Sie den auch) dargestellt. Und es ist überhaupt nicht kompliziert. Ich habe ganz einfach den Zellbereich A1:E12 markiert und danach mit dem Befehl ALS WEBSEITE SPEICHERN des Menüs DATEI das Dialogfeld »Speichern unter« geöffnet. Dort habe ich das Kontrollkästchen »Interaktivität hinzufügen« aktiviert und mutig auf die Schaltfläche »Speichern« geklickt.

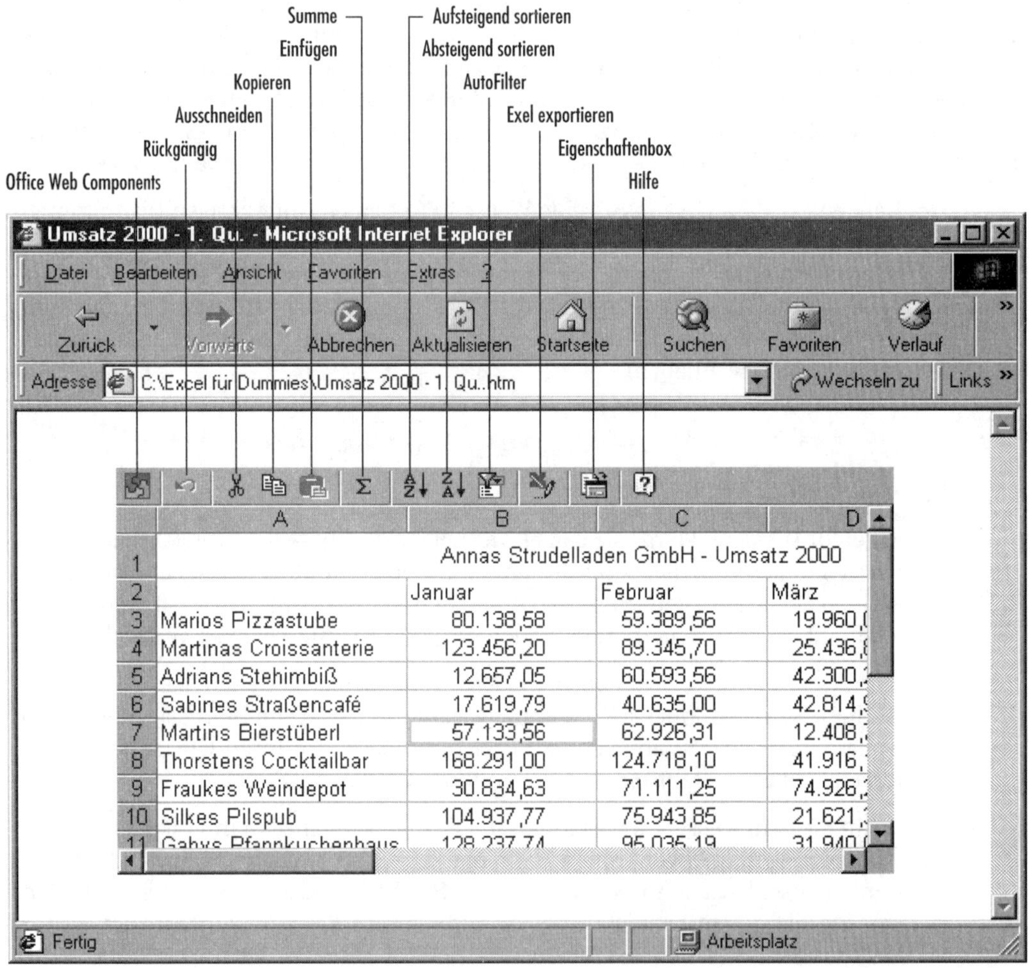

Abbildung 10.11: Eine interaktive Umsatztabelle für das erste Quartal in einer neuen Webseite – und das Ganze im Internet Explorer 5 angezeigt.

Und woher wissen Sie, ob Ihr Webbrowser eine statische oder eine interaktive Tabelle anzeigt? Ganz einfach. Über einer interaktiven Tabelle wird stets eine Symbolleiste angezeigt, mit deren Schaltfläche Sie die Daten der Tabelle bearbeiten und formatieren können. Mit Hilfe der vertikalen und horizontalen Bildlaufleisten können Sie jeden beliebigen Tabellenbereich herbeiblättern. Ist die Tabelle sehr klein, kann sie unter Umständen vollständig angezeigt werden. Dann verschwinden auch die Bildlaufleisten.

Dateninhalte ändern

Um eine bestimmte Zelle einer Tabelle zu ändern, doppelklicken Sie darauf, um den Inhalt zu markieren. Enthält die Zelle eine Beschriftung oder einen Wert, ist dieser Inhalt dann markiert, und Sie können ihn ganz einfach durch die Eingabe einer neuen Beschriftung oder eines neuen Wertes ersetzen. Enthält die Zelle eine Formel, wird das berechnete Ergebnis durch die Formel ersetzt, die Sie dann nach Herzenslust bearbeiten können.

Natürlich haben Sie als Publisher von Webseiten (klingt schick und wichtig, oder?) die Möglichkeit, bestimmte Zellen vor Änderungen zu schützen. Das wäre ja noch schöner. Dazu schützen Sie einfach die Tabelle oder das Tabellenblatt, bevor Sie sie/es als Webseite speichern. Sollen die Benutzer Ihrer Webseite beispielsweise in der Lage sein, bestimmte Zellen zu bearbeiten (z.B. die Bestellmenge), andere aber wiederum nicht (z.B. Zellen mit Preisen oder Formeln), dann müssen Sie die Zellen, die die Benutzer ändern dürfen, »entsperren«, bevor Sie das Tabellenblatt schützen (was wiederum notwendig ist, damit die restlichen Zellen nicht bearbeitet werden können). Wenn Sie jetzt vollständig verwirrt sind, lesen Sie mehr zu diesem Thema in Kapitel 6.

Datendarstellung ändern

Die sogenannte Spreadsheet-Eigenschaftentoolbox (da hat sich aber jemand angestrengt, um dieses Wort zu erfinden) ist der Schlüssel für die Änderung der Darstellung von Daten in interaktiven Webseiten. Um diese Toolbox zu Gesicht zu kriegen, klicken Sie einfach in der Symbolleiste über den Tabellendaten auf die Schaltfläche für Eigenschaftentoolbox. Sollten Sie aus welchen Gründen auch immer keine Symbolleiste sehen, klicken Sie einfach mit der rechten Maustaste auf die Tabelle und wählen im Kontextmenü den Befehl EIGENSCHAFTENTOOLBOX.

In Abbildung 10.12 sehen Sie die bereits bekannte Umsatztabelle zusammen mit der Spreadsheet-Eigenschaftentoolbox. Diese Box enthält fünf Schaltflächen, hinter denen sich eine Vielfalt von Optionen verbergen. Diese habe ich kurz und schmerzlos in Tabelle 10.1 zusammengefaßt.

Wie Tabelle 10.1 zeigt, gibt es für eine Webseite mit interaktiven Tabellendaten jede Menge Bearbeitungs- und Formatierungsmöglichkeiten. Bevor Sie sich aber stundenlang hinsetzen, um eine solche Tabelle Ihrem persönlichen Geschmack anzupassen, noch eine kleine Warnung: Alle Änderungen sind temporär. Sie können sie nicht in der Webseite speichern. Wenn Sie etwas eitel sind, dann drucken Sie die bearbeitete Webseite mit dem Befehl DRUCKEN im Menü DATEI. Schwarz auf Weiß ist besser als gar nichts. Oder, wenn Sie Excel 2000 auf Ihrem

Rechner haben (was ja nicht unbedingt sein muß, da sie die Webseite ja in Ihrem Webbrowser anzeigen und bearbeiten), klicken Sie in der Symbolleiste auf die Schaltfläche für Nach Excel exportieren, um die Webseite als schreibgeschützte Excel-Arbeitsmappe zu speichern. (Mehr dazu im Abschnitt »Interaktive Webseiten zurück nach Excel« weiter unten in diesem Kapitel.)

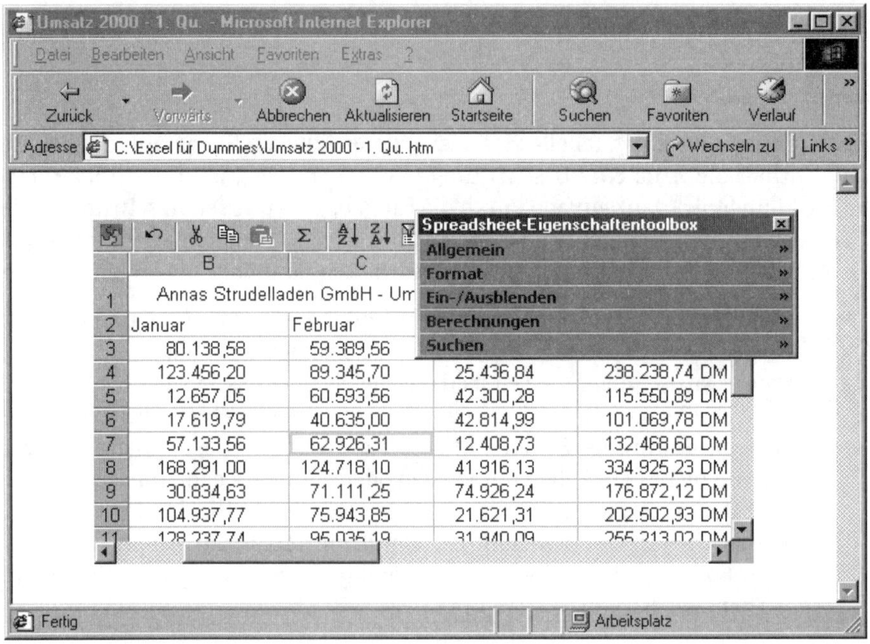

Abbildung 10.12: Interaktive Umsatztabelle in Begleitung der Spreadsheet-Eigenschaftentoolbox

Schaltfläche	Option	Aufgabe
Allgemein	Rückgängig	Letzte Änderung in den Daten widerrufen
	Hilfe	Hilfsinformationen zu den verschiedenen Tools der Spreadsheet-Eigenschaftentoolbox anzeigen
Format	Textformat	Fette oder kursive Darstellung sowie Unterstreichung den markierten Zellen hinzufügen bzw. entfernen sowie Textfarbe ändern
	Schriftart	Font der markierten Zellen ändern
	Schriftgröße	Textgröße der markierten Zellen ändern
	Zellformat	Füllfarbe, Rahmen der markierten Zellen bearbeiten sowie Zellen verbinden bzw. Verbindung wieder aufheben
	Spaltenbreite	Neue Breite in Pixel für die aktuelle Spalte eingeben
	Zeilenhöhe	Neue Höhe in Pixel für die aktuelle Zeile eingeben

Schaltfläche	Option	Aufgabe
	Horizontale Ausrichtung	Horizontale Ausrichtung (links, rechts, zentriert) der markierten Zellen ändern
	Vertikale Ausrichtung	Vertikale Ausrichtung (oben, unten, zentriert) der markierten Zellen ändern
	Zahlenformat	Neues Zahlenformat für die markierten Zellen im Dropdown-Listenfeld wählen
Ein-/Ausblenden	Symbolleiste	Symbolleiste über den Tabellendaten anzeigen oder ausblenden
	Gitternetzlinien	Gitternetzlinien für die Zellen der Tabelle anzeigen oder nicht
	Titelleiste	Titelleiste über der Tabelle ein-/ausblenden, die die Tabelle als Excel-Tabelle kennzeichnet
	Spaltenüberschriften	Spaltenbuchstaben der Tabelle anzeigen oder ausblenden
	Zeilenüberschriften	Zeilennumerierung der Tabelle anzeigen oder ausblenden
Berechnungen	Jetzt berechnen	Auf diese Schaltfläche klicken, damit Tabellendaten, die sich im manuellen Berechnungsmodus befinden, aktualisiert, d.h. neu berechnet werden
	Automatisch berechnen	Standardmäßiger Berechnungsmodus; bei Datenänderung Formeln automatisch aktualisieren
	Manuell berechnen	Tabellendaten nur neu berechnen, wenn Benutzer auf die Schaltfläche »Jetzt berechnen« klickt
Suchen	Weitersuchen	Nach nächster im darüberliegenden Textfeld eingegebenen Zeichenfolge suchen (funktioniert wie die gleichnamige Excel-Funktion, siehe Kapitel 6)

Tabelle 10.1: Den Tools der Spreadsheet-Eigenschaftentoolbox auf der Spur

Abbildung 10.13 zeigt die Webseite mit der Umsatztabelle ohne Zeilen- und Spaltenüberschriften und ohne Gitternetzlinien sowie mit einer Reihe von Formatänderungen.

In dem Bestellformular, das in Abbildung 10.14 und 10.15 zu sehen ist, habe ich dafür gesorgt, daß die Benutzer nur die schattierten Zellen ändern können. Ich lasse mir nämlich nicht gerne in meine Preise pfuschen. Das habe ich in Excel 2000 erledigt, bevor ich das Formular als Webseite gespeichert habe. Ich habe einfach die Sperrung für die schattierten Zellen aufgehoben und dann das Tabellenblatt geschützt. (Kapitel 6 weiß mehr zu diesem Thema.)

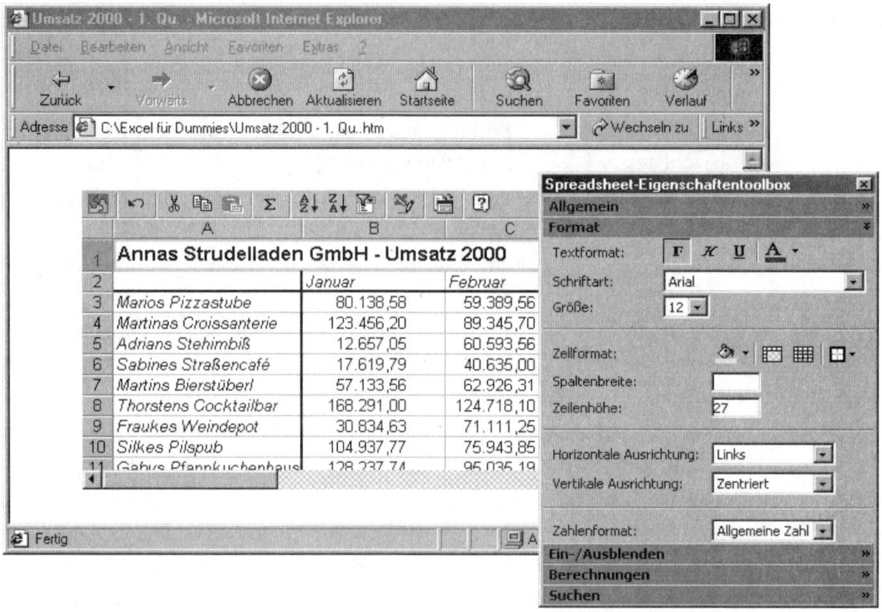

Abbildung 10.13: Die interaktive Umsatztabelle nach kosmetischer Behandlung

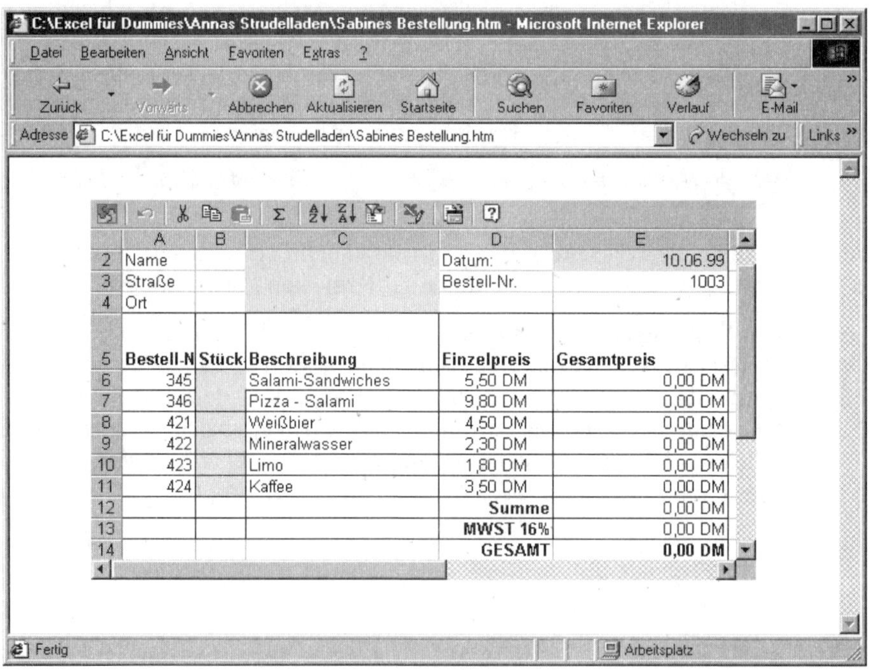

Abbildung 10.14: Webseite mit einem interaktiven, leeren Bestellformular

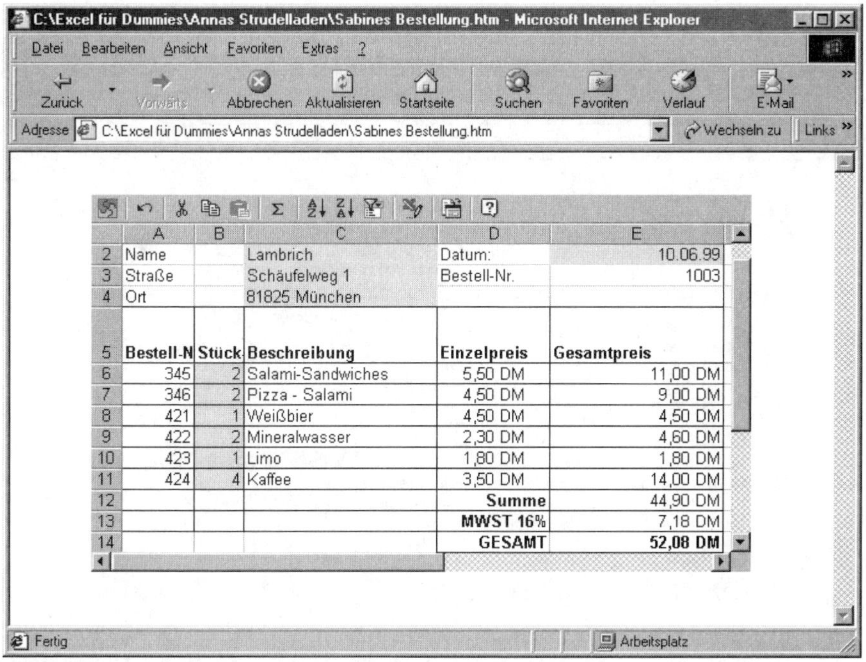

Abbildung 10.15: Webseite mit ausgefülltem und berechnetem Bestellformular

Interaktive Datenbanken ausprobieren

Webseiten mit interaktiven Datenlisten, die in Form einer Datenbank aufgebaut sind (siehe auch Kapitel 9) bieten dieselben Bearbeitungs- und Formatierungsmöglichkeiten wie Webseiten mit Tabellen. Zusätzlich können Sie die Datensätze solcher Listen nach Belieben sortieren. Und noch zusätzlicher gibt es eine Art AutoFilter, mit dem die gewünschten Datensätze aus der Liste herausgefischt werden können.

In den Abbildungen 10.16 und 10.17 können Sie sehen, wie so ein AutoFilter mit einer Webseite funktioniert, die eine interaktive Datenbank enthält. Abbildung 10.16 zeigt die Kundenliste von Annas Strudelladen in Form einer interaktiven Webseite.

Damit Sie diese Datenbank im Webbrowser sortiert kriegen, führen Sie einen der folgenden Schritte aus:

- ✔ Klicken Sie auf das Feld (oder die Spalte), nach dem (der) die Datensätze sortiert werden sollen, und danach in der Symbolleiste auf die Schaltfläche für „Aufsteigend sortieren« oder für »Absteigend sortieren«.
- ✔ Klicken Sie mit der rechten Maustaste auf die Datenbank und wählen Sie im Kontextmenü den Befehl AUFSTEIGEND SORTIEREN oder ABSTEIGEND SORTIEREN. Wählen Sie dann im Untermenü das Feld aus, nach dem die Datenbank sortiert werden soll.

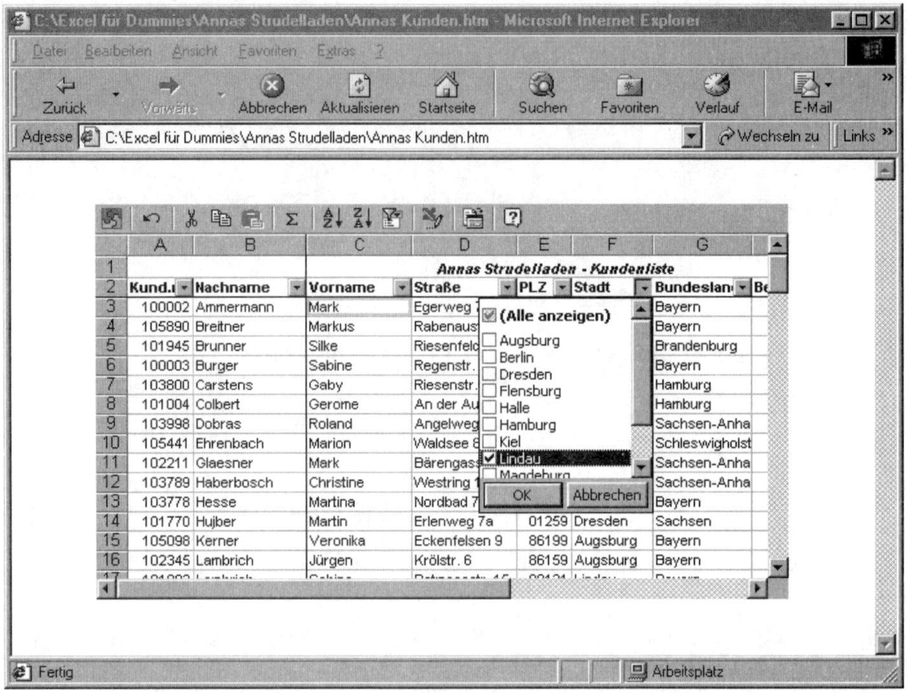

Abbildung 10.16: Webseite mit interaktiver Kundendatenbank mit AutoFilter-Schaltflächen

Um die Datensätze einer interaktiven Datenbank zu filtern, klicken Sie in der Symbolleiste auf die Schaltfläche für AutoFilter oder wählen im Kontextmenü den Befehl AUTOFILTER. Damit erreichen Sie, daß jeder Feldname der Datenbank mit einer AutoFilter-Popup-Schaltfläche versehen wird (für die etwas Blinderen unter uns: der nach unten zeigende Pfeil rechts neben dem Feldnamen). Danach können Sie nach Lust und Laune filtern: Auf den Pfeil neben dem Feldnamen klicken, nach dem gefiltert werden soll, Eintrag wählen, das war's.

Abbildung 10.17 zeigt die Kundenliste, nachdem die Datensätze nach dem Feld »Stadt« gefiltert wurde. Es werden nur die Datensätze mit dem Eintrag »Lindau« angezeigt. Dazu habe ich in der Popup-Liste des Felds »Stadt« einfach das Kontrollkästchen ALLE ANZEIGEN deaktiviert, was blitzschnell dazu geführt hat, daß überhaupt keine Stadt mehr aktiviert ist. Dann habe ich das Kontrollkästchen für »Lindau« aktiviert und noch schnell mit »OK« bestätigt.

Wenn Sie nach dem Filtern einer Datenbank wieder alle Datensätze anzeigen möchten, klicken Sie einfach auf die AutoFilter-Schaltfläche des Feldes bzw. der Felder, das/die in die Filterung involviert ist/sind, und aktivieren in der Liste das Kontrollkästchen »Alle anzeigen«. Abschließend müssen Sie noch ganz unten in der Liste auf »OK« klicken.

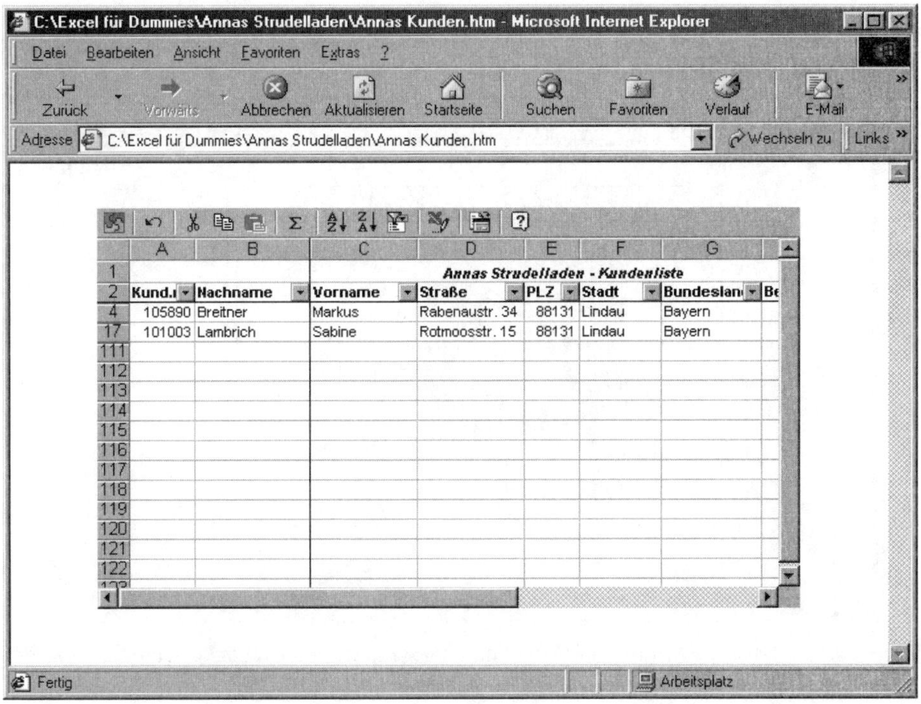

Abbildung 10.17: Die Webseite mit der Kundenliste von Annas Strudelladen – nur die Datensätze aus Lindau wurden herausgefischt.

Interaktive Diagramme ausprobieren

Webseiten mit interaktiven Excel-Diagrammen enthalten sowohl das Diagramm als auch die dazugehörigen Daten. Sobald Sie die Daten, auf denen das Diagramm basiert, ändern, wird das Diagramm automatisch neu aufgebaut. Natürlich können Sie auch das interaktive Diagramm selbst bearbeiten, z.B. Diagrammtyp, Beschriftungen etc.

In Abbildung 10.18 sehen Sie eine neue Webseite mit einem interaktiven Diagramm, das den Umsatz des ersten Quartals von Annas Strudelladen zeigt. Die dazugehörigen Daten werden zusammen mit der interaktiven Symbolleiste unter dem Diagramm angezeigt.

Wenn Sie die Werte in den zum Diagramm gehörigen Tabellendaten ändern, wird das Diagramm automatisch aktualisiert. Abbildung 10.19 beweist das. Dort wurde der Wert B3 (Martinas Croissanterie) in der Tabelle verkleinert. Sehen Sie nur, wie klein der zweite Balken von links im Vergleich zu Abbildung 10.18 geworden ist.

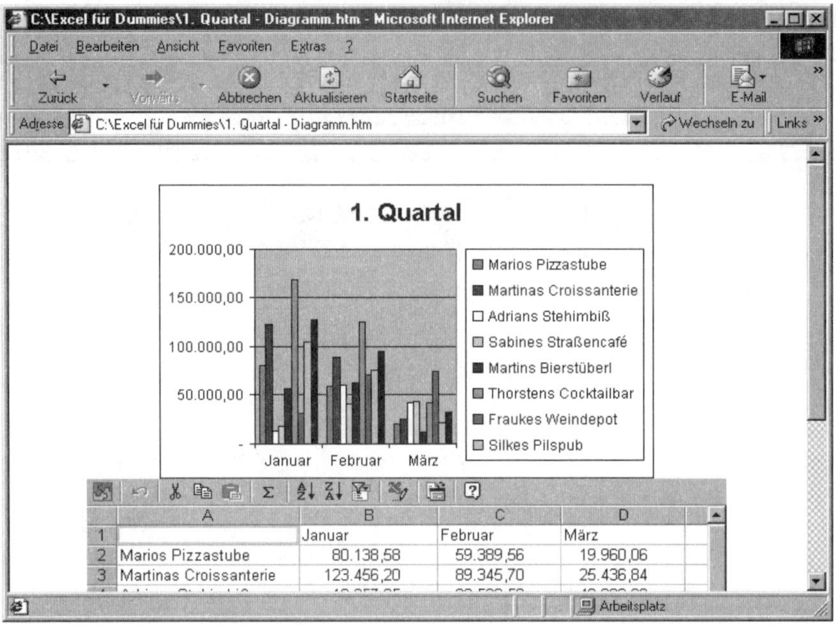

Abbildung 10.18: Webseite mit interaktivem Säulendiagramm und dazugehörigen Zahlenmaterial

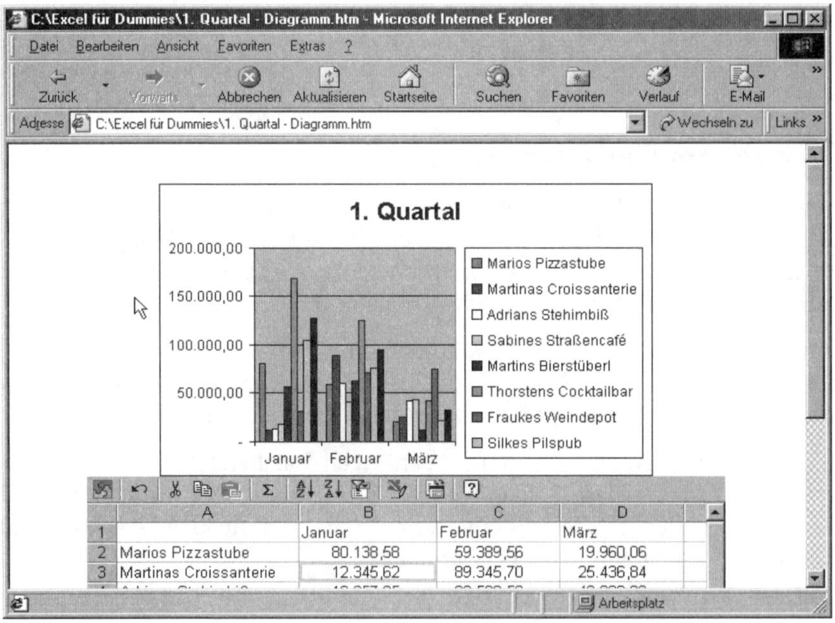

Abbildung 10.19: Das aktualisierte interaktive Säulendiagramm, nachdem ein Wert in den darunterliegenden Tabellendaten geändert wurde

Eine Tabelle in eine bereits vorhandene Webseite unterbringen

Sie müssen Ihre Excel-Tabellen nicht immer in einer brandneuen Webseite speichern. Wenn mal was dazu kommen soll, können Sie auch nachträglich Daten in eine bereits vorhandene Webseite einfügen. Excel hängt allerdings diese Daten stets unten an die Webseite dran. Wenn Sie sie ausgerechnet dort nicht gebrauchen können, müssen Sie die Webseite bearbeiten. Mehr dazu weiter unten im Abschnitt »Webseiten in Word bearbeiten«.

Um nun eine Excel-Tabelle unten an eine vorhandene Webseite dranzukleben, markieren Sie sie und gehen wie beim Speichern einer neuen Webseite vor. Nur geben Sie keinen neuen Dateinamen an, sondern blättern so lange in der Dateiliste, bis Sie den Namen der entsprechenden Datei gefunden haben, die die neuen Excel-Daten aufnehmen soll.

Wenn Sie den Namen der bereits vorhandenen Webseite gewählt haben, wird eine Warnung eingeblendet, die die folgenden drei Schaltflächen enthält: »Datei ersetzen«, »Der Datei hinzufügen« und »Abbrechen«. Es ist die »Der Datei hinzufügen«-Schaltfläche, auf die Sie klicken müssen, und nicht die »Datei ersetzen«-Schaltfläche. Wenn Sie aus Versehen doch die »Datei ersetzen«-Schaltfläche nehmen, erstellen Sie eine neue Webseite, die die markierten und nur die markierten Daten enthält.

Webseiten in Word 2000 bearbeiten

Aber was mache ich – so werden Sie sich jetzt sicherlich besorgt fragen –, wenn ich die zusätzliche Tabelle oder das zusätzliche Diagramm da ganz unten in der Webseite überhaupt nicht gebrauchen kann? Dann müssen Sie sich eben an die Arbeit machen und die Tabelle bzw. das Diagramm an die gewünschte Position in der Webseite verschieben.

Sie können sowohl die neuen Webseiten, die Sie in Excel erstellen, als auch bereits vorhandene Webseiten, die Sie mit weiteren Daten versehen wollen, bearbeiten. Und was braucht man dazu? Einen auf Windows basierenden Webseiten-Editor. Aha! Sollten Sie so was nicht haben oder nicht kennen, dann nehmen Sie doch einfach Word 2000, das in Office 2000 enthalten ist. (Es klappt ganz gut damit, und Word ist ziemlich gut darin, Sie von abschreckenden HTML-Tags und seltsamen XML-Skripten fernzuhalten.)

Beachten Sie noch folgendes: Wenn Sie im Windows Explorer oder im Arbeitsplatz-Fenster auf ein Dateisymbol einer Webseite doppelklicken, wird die Webseite lediglich in Ihrem Standard-Webbrowser geöffnet. (Dort können Sie sie zwar ansehen, aber nicht bearbeiten.) Wenn Sie einen Webseite bearbeiten möchten, müssen Sie zuerst den entsprechenden Webeditor starten (z. B. Word 2000 oder in manchen Fällen auch Excel 2000). Anschließend wählen Sie im Editor im Menü Datei den Befehl Öffnen, um die gewünschte Webseite zur Bearbeitung zu öffnen.

Um eine Webseite zur Bearbeitung in Word 2000 zu öffnen, tun Sie folgendes:

1. **Starten Sie Word 2000.**

   Klicken Sie dazu in der Office Shortcut-Leiste auf die Schaltfläche für Microsoft Word, oder wählen Sie im START-Menü den Befehl PROGRAMME und danach den Befehl MICROSOFT WORD.

2. **Wählen Sie in Word im Menü DATEI den Befehl ÖFFNEN, oder klicken Sie in der Standard-Symbolleiste auf die Schaltfläche für Öffnen.**

   Damit öffnen Sie – na was wohl? – das Dialogfeld »Öffnen«.

3. **Wechseln Sie im Dropdown-Listenfeld »Suchen in« zu dem Ordner, der die zu bearbeitende Webseite enthält, und wählen Sie im Listenfeld die gewünschte Datei aus.**

   Nachdem Sie die Webseite markiert haben, können Sie die Datei durch Klicken auf die Schaltfläche »Öffnen« öffnen. Da sich Office aber ganz genau merkt, mit welchem Programm die Webseite erstellt wurde (über dem Webseitensymbol befindet sich auch noch das jeweilige Programmsymbol), kann es sein, daß Sie die Datei nur mit dem Befehl IN MICROSOFT WORD ÖFFNEN zu sehen kriegen.

4. **Wenn Sie also versuchen, eine Webseite zu öffnen, die in Excel erstellt wurde und noch nie zuvor Word gesehen hat, dann wählen Sie im Popup-Menü »Öffnen« den Befehl IN MICROSOFT WORD ÖFFNEN. Haben Sie die Datei bereits einmal in Word bearbeitet, genügt ein lapidares Klicken auf »Öffnen«.**

Wenn es Ihnen dann gelungen ist, die Webseite in Word 2000 zu öffnen, dann können Sie nach Lust und Laune Änderungen im Inhalt und an der Formatierung vornehmen. Um beispielsweise eine Tabelle oder eine Diagramm, die/das ganz unten an die Webseite drangeklatscht wurde, an eine andere Stelle zu verschieben, markieren Sie einfach das gewünschte Element und bemühen dann entweder die gute alte Ausschneiden-Einfügen- oder die etwas modernere Ziehen-und-Ablegen-Methode. Beim Verschieben einer Excel-Tabelle sollten Sie auf folgende Punkte achten:

- ✔ Um eine Tabelle mit ihrem gesamten Inhalt zu markieren, positionieren Sie den Mauszeiger irgendwo oben in der Tabelle. Sobald der Mauszeiger die Form eines nach unten zeigenden Pfeil annimmt, klicken Sie beherzt, und Word markiert alle Zellen der Tabelle.
- ✔ Um eine bereits markierte Tabelle mit Ziehen und Ablegen zu verschieben, zeigen Sie mit dem Mauszeiger auf das Viereck mit dem Vierfachpfeil in der oberen linken Ecke der Tabelle. Sobald der Mauszeiger selbst die Form eines Vierfachpfeils annimmt, ziehen Sie den Umriß der Tabelle an die gewünschte Position in der Webseite. Die erste Zeile der Tabelle muß sich an der gewünschten Tabellenanfangsposition befinden, dann können Sie die Maustaste aufatmend loslassen.
- ✔ Um eine bereits markierte Tabelle mit Hilfe der Ausschneiden-Einfügen-Methode zu verschieben, wählen Sie zunächst den Befehl AUSSCHNEIDEN (oder drücken [Strg]+[X]), um die Tabelle in der Zwischenablage verschwinden zu lassen. Anschließend setzten Sie die

Einfügemarke genau dahin, wo die erste Zeile der Tabelle hin soll, und wählen den Befehl EINFÜGEN (bzw. drücken Strg+V).

Auch beim Verschieben eines Excel-Diagramms, gibt es ähnliche Dinge zu beachten:

✔ Um ein Diagramm in Word zu markieren, klicken Sie einfach irgendwo auf das Diagramm, genau so, wie Sie es auch in Excel machen. Es kriegt dann seine Ziehpunkte rund herum, und die Grafik-Symbolleiste wird eingeblendet.

✔ Um ein bereits markiertes Diagramm mit Ziehen und Ablegen zu verschieben, zeigen Sie mit dem Mauszeiger irgendwo auf das Diagramm. Sobald der Mauszeiger die Form eines Pfeiles mit einem kleinen Kästchen daneben annimmt, ziehen Sie diesen Zeiger an die gewünschte Position in der Webseite. Der obere Teil des Diagramms muß sich an der gewünschten Anfangsposition befinden, dann können Sie die Maustaste erleichtert loslassen.

✔ Um ein bereits markiertes Diagramm mit Hilfe der Ausschneiden-Einfügen-Methode zu verschieben, wählen Sie zunächst den Befehl AUSSCHNEIDEN (oder drücken Strg+X), um das Diagramm vorübergehend in der Zwischenablage zu verstauen. Anschließend setzten Sie die Einfügemarke genau dahin, wo der Anfang des Diagramms sein soll, und wählen den Befehl EINFÜGEN (bzw. drücken Strg+V).

Webseiten in Excel 2000 bearbeiten

Es gibt kein Gesetz, das untersagt, Webseiten in Excel zu bearbeiten. Wenn Sie nämlich nur einige Zahlen in einer Tabelle ändern oder ein paar Datenbankeinträge korrigieren möchten, ist das durchaus die beste Methode. Und Sie befinden sich auf vertrautem Boden. Um nämlich eine Webseite in Excel zu öffnen, gehen Sie genau so vor wie beim Öffnen einer gewöhnlichen Excel-Arbeitsmappe. (Sollten Sie vergessen haben, wie es funktioniert, dann werfen Sie mal einen Blick in Kapitel 4.)

Sollte sich die Webseite, die Sie in Excel bearbeiten möchten, auf einem Webserver befinden, für den eine Webordner-Verknüpfung erstellt wurde (mehr zu Webordnern weiter unten im Abschnitt »Kein Webpublishing ohne Webordner«, dann klicken Sie im Dialogfeld »Öffnen« ganz links in der Umgebungsleiste auf die Schaltfläche »Webordner« und doppelklicken anschließend in der Ordnerliste auf den Webordner, der die gewünschte Webseite enthält. Anschließend markieren Sie die Webseite und klicken auf »Öffnen« (Doppelklicken auf das Dateisymbol tut es auch.)

Wenn das Dateisymbol der Webseite kein »XL« oben auf der Seite mit dem Globus enthält (wäre der Fall, wenn Sie die Webseite in einem anderen Programm, z.B. Word 2000, bearbeitet und die Änderungen gespeichert hätten), dann tut sich gar nichts, wenn Sie in Excel im Dialogfeld »Öffnen« auf die Schaltfläche »Öffnen« klicken. Da müssen Sie dann auf den kleinen Pfeil daneben klicken. Sie kriegen dann ein Menü, in dem Sie sich für den Befehl IN MICROSOFT EXCEL ÖFFNEN entscheiden.

Nachdem es Ihnen gelungen ist, die Webseite in Excel zu öffnen, können Sie fröhlich in den Daten herumwühlen. Haben Sie alles auf den Kopf gestellt, wählen Sie im Menü Datei den Befehl Speichern. (Klicken auf die Schaltfläche für Speichern in der Standard-Symbolleiste oder Drücken von [Strg]+[S] funktionieren ebenfalls.) Befindet sich die bearbeitete Datei auf einem Webserver, öffnet Excel ein LAN- oder Einwählverbindung zum Internet, damit Ihre Änderungen direkt zum Server rüberflutschen und dort gespeichert werden können.

Wenn's bei der Bearbeitung ans Eingemachte geht (Tabellen oder Diagramme verschieben, Webseitenhintergrund ändern, Objekte einfügen etc.), dann sollten Sie die Finger von Excel lassen und sich einem Webseiten-Editor (z.B. Word 2000) zuwenden. Es sei denn, Sie wollen sich das Leben so schwer wie nur möglich machen.

Interaktive Webseiten zurück nach Excel

Wie bereits weiter vorne erwähnt, können Sie Änderungen, die Sie interaktiven Daten angetan haben, nicht im Webbrowser speichern. Wenn Sie es aber dennoch gerne tun möchten (weil Sie vielleicht mit verschiedenen Was-wäre-wenn-Szenarien herumexperimentiert haben), dann müssen Sie die Webseite nach Excel exportieren und die aktualisierten Daten entweder als Webseite oder als Excel-Arbeitsmappe speichern.

Also, um Änderungen in einer interaktiven Tabelle, in einer interaktiven Datenbankliste oder in den zu einem Diagramm gehörenden interaktiven Daten (Änderungen im Diagramm selbst sind leider überhaupt nicht zu speichern) zu speichern, klicken Sie einfach in der Symbolleiste über den Daten auf die Schaltfläche für Nach Excel importieren. (Das ist die Schaltfläche mit einem Stift und darunter einem grünen X.)

Dieser Klick startet Excel und öffnet dort die Webseite mit den bearbeiteten Daten. (Im Fall von interaktiven Diagrammen wird nur die Tabelle mit den geänderten Daten ohne das Diagramm angezeigt.) Wie Sie der Excel-Titelleiste entnehmen können, hat Ihre Datei einen ominösen temporären Namen erhalten (OWCSHEET78891.HTM [Schreibgeschützt] oder etwas ähnlich Furchterregendes. OWC steht übrigens für Office Web Components, also die Webkomponenten von Office).

Da Excel die Webseite im schreibgeschützten Modus öffnet, bleibt Ihnen nichts anders übrig, als im Menü Datei den Befehl Speichern unter zu wählen, um Ihre Änderungen in einer Datei mit einem anderen Namen endlich verewigen zu können. Sollten Sie aus Versehen den Befehl Speichern wählen, wird Excel Sie in einer Meldung daran erinnern, daß es sich um eine schreibgeschützte Datei handelt. Wenn Sie die Meldung mit »OK « bestätigen, landen Sie auch im Dialogfeld »Speichern unter«.

Standardmäßig speichert Excel die Webseite im ursprünglichen Dateiformat als HTML-sprich Webseitendatei. Wollen Sie Ihre Änderungen als Excel-Arbeitsmappe speichern, ändern Sie einfach im Dialogfeld »Speichern unter« den Dateityp von Webseite zu Microsoft Excel-Arbeitsmappe.

Sollten Sie beim Bearbeiten der Webseite im Internet Explorer gerade an einem Rechner sitzen, auf dem Excel 2000 nicht installiert ist, dann verzweifeln Sie nicht, sondern schicken Sie einfach die OWCSHEET-Datei, die der Internet Explorer generiert hat, an einen Kollegen oder an eine Kollegin, der/die Excel installiert hat. Diese OWC-Irgendwas-Dateien finden Sie im TEMP-Ordner Ihres Windows-Ordners. Was heißt hier schicken? Per Post oder was? Nein! Hängen Sie die Datei an eine E-Mail-Nachricht dran, und ab geht die elektronische Post.

Auf einem Rechner mit Windows 98 können Sie genau bestimmen, welche OWCSHEET-Datei im TEMP-Ordner gesendet werden soll. Sie schauen sich einfach den Dateiinhalt im Windows Explorer an. Und das geht so:

1. **Öffnen Sie im Windows Explorer den Ordner TEMP.**
2. **Wählen Sie im Menü Ansicht den Befehl Als Webseite.**
3. **Markieren Sie ein Dateisymbol.**

   Schon wird ein kleiner Ausschnitt der Datei links unten im Fenster angezeigt. Toller Service!

Tabellen von hier nach da karren

Excel 2000 verwöhnt uns mit einer neuen schnuckeligen kleinen Funktion, mit deren Hilfe Sie Tabellendaten einer Webseite, die im Browser angezeigt wird, direkt in die Zellen eines Tabellenblatts einer geöffneten Excel-Arbeitsmappe übernehmen können. Und dabei schaufeln Sie nicht einfach nur Zahlen in die korrekten Zeilen und Spalten, sondern nehmen gleich alles mit, Formatierungen, Hyperlinks und was Sie sonst noch so drin haben.

Abbildung 10.20 gibt einen Einblick, wie so etwas funktioniert. Im oberen Fenster sehen Sie den Internet Explorer mit den Umsätzen von Annas Strudelladen Ich habe dann die ersten drei Zeilen dieser Tabelle markiert. Und genau diese drei Zeilen möchte ich gerne in ein leeres Tabellenblatt einer geöffneten Excel-Arbeitsmappe kopieren. Dieses Tabellenblatt sehen Sie im unteren Fenster. Es enthält bereits eine Kopie der im oberen Fenster markierten Zeilen. Denn alles, was ich dazu tun mußte, war folgendes: Ich habe mit der rechten Maustaste auf die Markierung geklickt, im Kontextmenü den Befehl Kopieren gewählt, danach habe ich in Excel auf die Zelle A1 geklickt und [Strg]+[V] gedrückt. Schwupp war alles in der neuen Excel-Arbeitsmappe drin.

Werfen Sie noch einmal einen Blick auf Abbildung 10.20. Da wurden nicht nur die Daten korrekt kopiert und in die entsprechenden Zellen eingefügt, sondern auch die Hyperlinks aus der Webseite ganz brav übernommen. Ob die noch funktionieren? Keine Frage! Ein Mausklick und schon bringt Sie der Hyperlink zum richtigen Ziel.

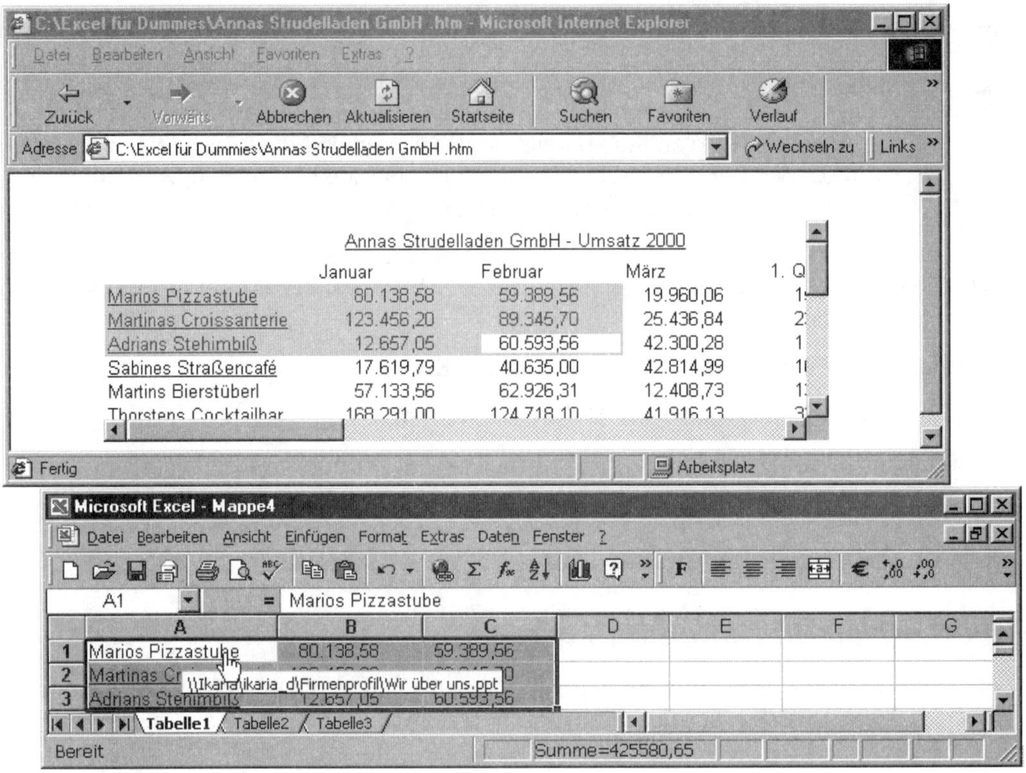

Abbildung 10.20: Tabellendaten aus einer Webseite in ein Excel-Tabellenblatt übernehmen? Nichts leichter als das!

Ich bin Webseiten-Publisher!

Wie Sie ziemlich bald merken werden oder bereits gemerkt haben, ist es mit dem Speichern einer Datei als Webseite noch nicht ganz getan. Text, Tabellen, Diagramme einer Webseite, die Sie sich genüßlich in Excel oder Word (oder einem anderen Webseiten-Editor) reinziehen, sehen umwerfend aus. Aber öffnen Sie mal dieselbe Webseite in Ihrem Webbrowser (z.B. Internet Explorer). Da graust es einen!

Damit es Ihnen nicht so geht, daß Sie die meisten Ihrer Webseiten auf Ihrer Website gar nicht mehr wiedererkennen, hat Excel in weiser Voraussicht dafür gesorgt, daß Sie Ihre Webseiten-Kunstwerke aus Excel 2000 heraus in Ihrem Webbrowser prüfen können, ja sogar noch bevor Sie sie überhaupt als Webseiten gespeichert haben. Nichtsdestotrotz sollten Sie auf Ihre fertige und gespeicherte Webseite abschließend noch mal einen Blick im Webbrowser werfen, um vor unliebsamen Überraschungen sicher zu sein. Danach veröffentlichen Sie stolz Ihre Werke, z.B. auf dem Webserver Ihrer Firma.

Einen Blick auf Webseiten im eigenen Browser werfen

Damit Sie eine Vorstellung davon kriegen, wie Ihre Tabellen und Diagramme aussehen werden, sollten Sie das, was Sie in Ihrer Webseite zeigen möchten, erst einmal in Ihrem Webbrowser betrachten. Dafür gibt es im Menü DATEI den Befehl WEBSEITENVORSCHAU. Wenn Sie diesen Befehl wählen, startet Excel Ihren Webbrowser (das wird wohl meistens der Internet Explorer sein), und zeigt dort alle Tabellen und Diagramme Ihrer Arbeitsmappe mehr oder weniger so an, wie sie später in einer Webseite dargestellt werden. Enthält Ihre Arbeitsmappe Daten in verschiedenen Tabellenblättern, so zaubert der Internet Explorer 5 eine Registerleiste dazu, mit der Sie in Ihren Tabellenblättern blättern können (siehe Abbildung 10.21).

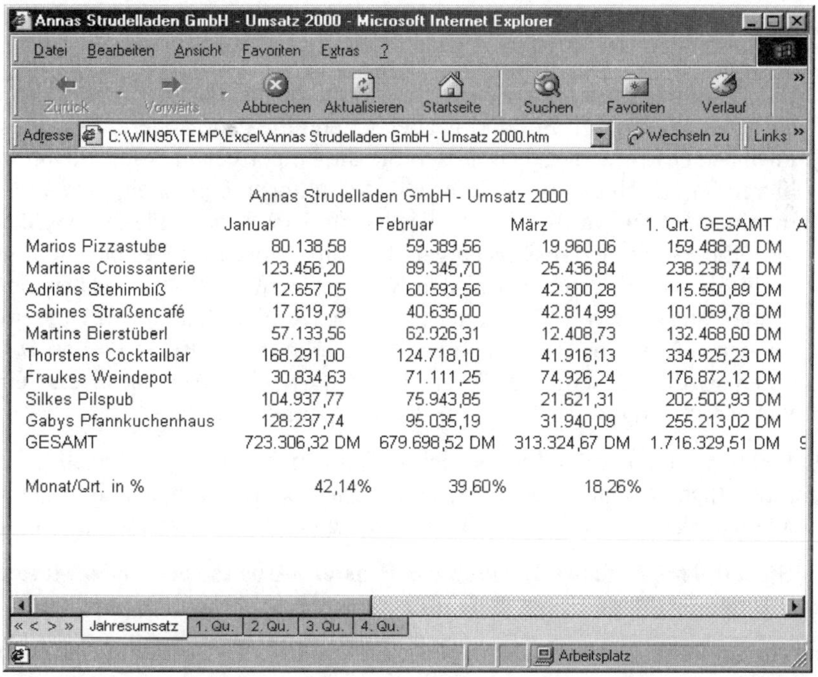

Abbildung 10.21: Webseitenvorschau einer Arbeitsmappe mit mehreren Blättern im Internet Explorer 5

Nachdem Sie sich alles angesehen haben, kehren Sie heim zu Excel. Schließen Sie dazu einfach den Browser (rechts oben in der Titelleiste auf die Schaltfläche für Schließen klicken oder im Menü DATEI den Befehl SCHLIESSEN wählen). Zurück in Excel führen Sie, falls nötig, ein paar Korrekturen aus (nicht vergessen: nach Änderungen stets noch einmal die Webvorschau aufrufen) oder, wenn alles paßt, speichern Sie Teile oder die gesamte Arbeitsmappe als Webseite.

Webseite gespeichert? Gut! Besser ist es aber, die Webseite auch im Webbrowser zu prüfen. Sie wollen sich doch nicht blamieren, oder? Wenn sich die Webseite auf Ihrer Festplatte oder einem sonstigen lokalen Laufwerk befindet, dann öffnen Sie die Webseite im Webbrowser ganz einfach mit dem Befehl ÖFFNEN im Menü DATEI. Das kennen Sie ja. Oh, Sie sind von der schnellen Sorte und haben die Webseite schon veröffentlicht? Dann müssen Sie die URL-Adresse der Seite (oder die URL-Adresse einer Seite, die wiederum einen Hyperlink auf die Webseite enthält) in der Adreßleiste des Browsers eingeben.

Ordnung ist das halbe Leben. Darum empfehle ich, eine Tabelle zu erstellen, die Hyperlinks auf die verschiedenen Webseiten Ihrer Website enthält. Sie können dann die Seiten auch jederzeit aus Excel heraus aufrufen, ohne sich mit den abschreckenden URLs im Browser beschäftigen zu müssen. (Mehr zu den Hyperlinks finden Sie im Abschnit »Tabellenblätter mit Hyperlinks schmücken« am Anfang dieses Kapitel.)

Kein Webpublishing ohne Webordner

Das Erstellen einer neuen Webseite ist eine Sache, das Veröffentlichen der Seite auf einer Website im Firmenintranet schon eine ganz andere. (Sollte es in Ihrer Firma so etwas nicht geben, lassen Sie die Finger davon.) Office 2000 weiß auch hierzu Rat. Es stellt eine raffinierte Verknüpfungsmöglichkeit zu Websites im Firmenintranet zur Verfügung (die wiederum Server verwenden müssen, auf denen die Office Server Extensions eingerichtet sind – braucht Sie aber nicht unbedingt zu interessieren, sondern nur den Netzwerkverwalter) – den sogenannten Webordner. Mit Hilfe von Webordnern wird das Veröffentlichen von Webseiten in Bereichen dieser Sites so einfach wie das stinknormale Kopieren von Dateien von einem Ordner in einen anderen. Hört, hört! Aber dazu muß erst einmal ein Webordner eingerichtet sein, der den Weg zum Server kennt.

Damit Sie überhaupt einen Webordner einrichten können, brauchen Sie die URL-Adresse der Website, einschließlich Pfadnamen des speziellen Ordners der Site, auf den Sie zugreifen möchten und vor allem dürfen. Und wer sich traut oder trauen muß, geht jetzt folgendermaßen vor:

1. **Öffnen Sie auf dem Windows-Desktop das Fenster »Arbeitsplatz«, oder starten Sie den Windows Explorer (Menü START, Befehl PROGRAMME).**

2. **Klicken Sie im Fenster »Arbeitsplatz« oder im Windows Explorer auf den Eintrag WEBORDNER.**

3. **Doppelklicken Sie im Ordner WEBORDNER auf den Eintrag WEBORDNER HINZUFÜGEN, um das erste Fenster des Assistenten zum Erstellen von Webordnern aufzurufen (siehe Abbildung 10.22).**

4. **Geben Sie im Textfeld GEBEN SIE DIE ADRESSE EIN, DIE SIE HINZUFÜGEN MÖCHTEN die URL-Adresse des Ordners auf der Website ein, zu der Sie die Verknüpfung bringen soll.**

   Wenn Sie Zugriff auf die Website haben, können Sie auch auf die Schaltfläche »Durchsuchen« klicken, um den Webbrowser zu starten und der Website einen Besuch abzustatten. Dann können Sie nämlich die nie und nimmer zu merkende URL der Zielsite mit

Strg+C in die Zwischenablage kopieren, den Browser schließen und die URL mit Strg+V in das Textfeld Geben Sie die Adresse ein, die Sie hinzufügen möchten einfügen.

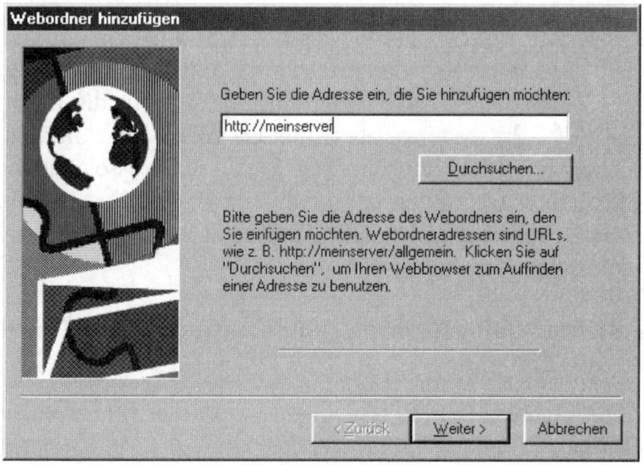

Abbildung 10.22: Erstes Dialogfeld des Assistenten zum Erstellen von Webordnern, in dem eine URL-Adresse eingefordert wird

5. **Klicken Sie im Dialogfeld »Webordner hinzufügen« auf die Schaltfläche »Weiter«.**

   Ist für die Internetadresse, die Sie im Textfeld Geben Sie die Adresse ein, die Sie hinzufügen möchten eingegeben haben, ein Benutzername und ein Kennwort erforderlich, wird ein Dialogfeld angezeigt, das genau diese Informationen von Ihnen einfordert. Geben Sie bereitwillig Auskunft, und bestätigen Sie mit »OK«. Will die URL nichts von all dem wissen, wird das letzte Dialogfeld des Assistenten geöffnet, in dem Sie einen netten Namen für den Webordner vergeben können.

6. **(Optional) Geben Sie bei Bedarf Ihren Benutzernamen und Ihr Kennwort ein.**

   Sie wissen nichts davon? Dann haben Sie dort wohl auch nichts zu suchen.

7. **Vergeben Sie einen freundlichen Namen für den Webordner.**

8. **Drücken Sie Eingabe, damit Windows endlich die gewünschte Verknüpfung zu der URL in Form eines Webordners auf Ihrem Rechner erstellen kann.**

Ist der Webordner auf Ihrem Rechner eingerichtet, können Sie dort abgelegte Dateien öffnen und neue Dateien speichern.

Kein Webpublishing ohne FTP-Adressen

Webordner sind aber nicht die einzige Möglichkeit, Webseiten im Firmenintranet zu veröffentlichen. Wenn Sie möchten, daß Ihre Webseiten auch downgeloaded und nicht nur angeschaut werden können, und wenn Ihre Firma über eine FTP (File Transfer Protocol)-Site verfügt, dann richten Sie FTP-Adressen ein, in die Sie Seiten speichern oder kopieren können (eigentlich genauso wie mit einem Webordner).

Wenn Sie eine FTP-Adresse für Excel oder Word eingerichtet haben, können Sie dort abgelegte Webseiten innerhalb des entsprechenden Programms öffnen und dort speichern. Der Haken an der Sache ist, daß Sie für jedes Office-Programm, das Sie für diese Funktion verwenden möchten, eine eigene FTP-Adresse einrichten müssen. Also, wenn Sie eine FTP-Adresse für Ihre FTP-Site in Excel eingerichtet haben, können Sie diese Adresse noch lange nicht in Word verwenden. Wenn Sie auch in Word Webseiten auf der FTP-Site Ihrer Firma öffnen und speichern möchten, müssen Sie eine ähnliche FTP-Adresse in Word definieren.

Und so richten Sie eine FTP-Adresse ein:

1. **Starten Sie das Office 2000-Programm (z.B. Excel oder Word), für das Sie eine FTP-Adresse einrichten möchten.**

2. **Wählen Sie im Menü Datei den Befehl Öffnen, um das Dialogfeld »Öffnen« auf den Bildschirm zu zaubern.**

3. **Klicken Sie auf das Dropdown-Listenfeld Suchen in und danach auf den Listeneintrag FTP-Adresssen hinzufügen/ändern.**

   Daraufhin wird das Dialogfeld »FTP-Adressen hinzufügen/ändern« geöffnet (siehe auch Abbildung 10.23).

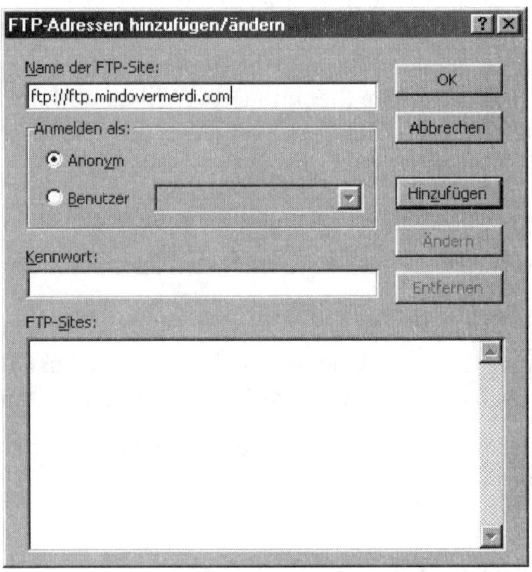

Abbildung 10.23: Neue FTP-Adresse einfügen

4. **Geben Sie im Textfeld Name der FTP-Site die FTP-Adresse ein.**

   Im Gruppenfeld Anmelden als ist standardmäßig das Optionsfeld Anonym aktiviert, da Benutzer sich häufig bei einer FTP-Site anonym, d. h. ohne Kennwort, anmelden können. Wenn Sie wissen, daß Sie für die FTP-Site Ihrer Wahl einen Benutzernamen und ein Kennwort eingeben müssen, dann führen Sie Schritt 5 aus.

5. **(Optional) Wenn Sie sich mit einem Benutzernamen und Kennwort anmelden müssen, aktivieren Sie im Gruppenfeld Anmelden als das Optionsfeld Benutzer und geben rechts daneben den Benutzernamen und anschließend im Textfeld Kennwort Ihr Paßwort ein.**

6. **Klicken Sie auf die Schaltfläche »Hinzufügen«, um die Site in das Listenfeld FTP-Sites zu übernehmen.**

7. **Haben Sie alle gewünschten FTP-Sites hinzugefügt, klicken Sie auf »OK«, um das Dialogfeld »FTP-Adressen hinzufügen/ändern« zu schließen.**

Nach dem Schließen des Dialogfelds »FTP-Adressen hinzufügen/ändern« kehren Sie schwupp zurück zum Dialogfeld »Öffnen«. Dort wird die URL der neu hinzugefügten FTP-Site im Listenfeld angezeigt.

Um nun eine Webseite zu öffnen, die in einer bestimmten FTP-Adresse abgelegt ist, klicken Sie im Dialogfeld »Öffnen« ganz einfach auf die entsprechende Adresse und anschließend auf die Schaltfläche »Öffnen«. Excel öffnet daraufhin das FTP-Anmeldedialogfeld, in dem Sie zwischen einer anonymen und einer benutzerspezifischen Anmeldung wählen können. Schnell noch »OK« gewählt, und schon eröffnet sich Ihnen in Excel die entsprechende FTP-Site (vorausgesetzt Sie haben auch wirklich Zugriff darauf) mit all dem, was drin ist. Haben Sie dort die Webseite gefunden, die Sie öffnen möchten, dann markieren Sie sie und klicken auf die Schaltfläche »Öffnen«, was sonst auch.

Machen Sie mit der Datei, was Sie wollen, und speichern Sie sie anschließend mit dem Befehl Speichern oder Speichern unter (falls Sie den Dateinamen ändern möchten) im Menü Datei auf der FTP-Site. (Auch hier läuft ohne Zugriffsrechte überhaupt nichts.)

Um eine neu erstelle Webseite direkt auf dem Server einer FTP-Site zu speichern, wählen Sie im Dialogfeld »Speichern unter« im Dropdown-Listenfeld Speichern in einfach die entsprechende FTP-Adresse und markieren dort den gewünschten Zielordner auf der Site, klicken auf die Schaltfläche »Speichern« und ab geht die Post.

Und ab geht die (elektronische) Post

Nun noch zu einem letzten Highlight von Excel 2000: Sie können das aktuelle Blatt an einen oder mehrere E-Mail-Empfänger als E-Mail-Nachricht oder als Anlage zur Nachricht senden. KollegInnen und KundInnen sind so schnell mit den neuesten Zahlen, Listen und Diagrammen versorgt.

Sollen die Empfänger Ihre Daten nur lesen, dann schicken Sie sie als eigentliche E-Mail-Nachricht. Denken Sie aber dran, daß Sie persönliche Worte dann nur noch im Betreff-Feld von sich geben können.

Sollen die Empfänger wirklich etwas mit Ihren Daten anfangen können, z.B. aktualisieren, korrigieren etc., dann hängen Sie sie an Ihre Mail dran. Die E-Mail-Nachricht selbst wird dann von Ihnen verfaßt, und die eigentlichen Daten kommen als Datei rüber, die aber den Empfängern nur dann was nützen, wenn sie Excel 97 oder 2000 auf ihren Rechnern installiert haben.

Um Daten als Nachrichtentext zu senden, tun Sie folgendes:

1. **Öffnen Sie die Arbeitsmappe, und markieren Sie das Blatt, dessen Daten per E-Mail gesendet werden sollen.**

2. **Klicken Sie in der Standard-Symbolleiste auf die Schaltfläche für E-Mail, oder wählen Sie im Menü DATEI den Befehl SENDEN AN und anschließend MAILEMPFÄNGER.**

   Sollte der Office-Assistent noch nachfragen, ob das aktuelle Blatt wirklich als Textköper der Nachricht gesendet werden soll, bestätigen Sie das. Excel fügt dann über dem aktuellen Blatt einen Mailkopf ein, der eine eigene Symbolleiste sowie die Felder »An«, »Cc« und »Betreff« enthält (siehe Abbildung 10.24).

3. **Geben Sie die E-Mail-Adresse des Empfängers in das Textfeld »An« ein.**

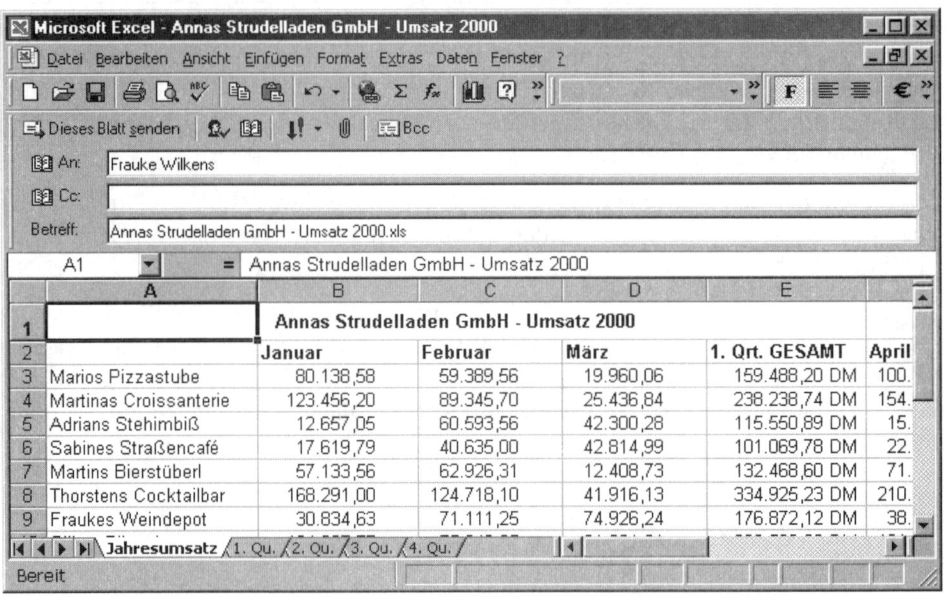

Abbildung 10.24: Ein Tabellenblatt als Nachrichtentext einer E-Mail senden

4. **(Optional) Wenn Sie Kopien an weitere Empfänger senden möchten, geben Sie deren E-Mail-Adressen durch Semikolon voneinander getrennt in das Textfeld Cc ein, oder**

klicken Sie auf die Schaltfläche »Cc«, und wählen Sie die Adressen in Ihrem Outlook- oder Outlook Express-Adreßbuch aus.

5. **(Optional) Standardmäßig übernimmt Excel im Textfeld BETREFF den Namen der aktuellen Arbeitsmappe. Ändern Sie den Betreff, wenn er Ihnen nicht aussagekräftig genug oder zu unpersönlich erscheint.**

6. **Um die neue Nachricht endlich auf den Weg zu bringen, klicken Sie in der E-Mail-Symbolleiste auf die Schaltfläche »Dieses Blatt senden«.**

Sobald Sie auf die Schaltfläche »Dieses Blatt senden« klicken, stellt Excel bei Bedarf eine Verbindung zu Ihrem Internet-Provider her und schickt die Mail los. Außerdem blendet das Programm die E-Mail-Symbolleiste und die drei E-Mail-Felder aus. In Abbildung 10.25 können Sie sich eine Vorstellung davon machen, was der Empfänger bekommt, wenn Ihre Mail ankommt. Dort sehen Sie die Nachricht im Posteingang des E-Mail-Programms Outlook Express 2000 (noch ein Programm von Office 2000).

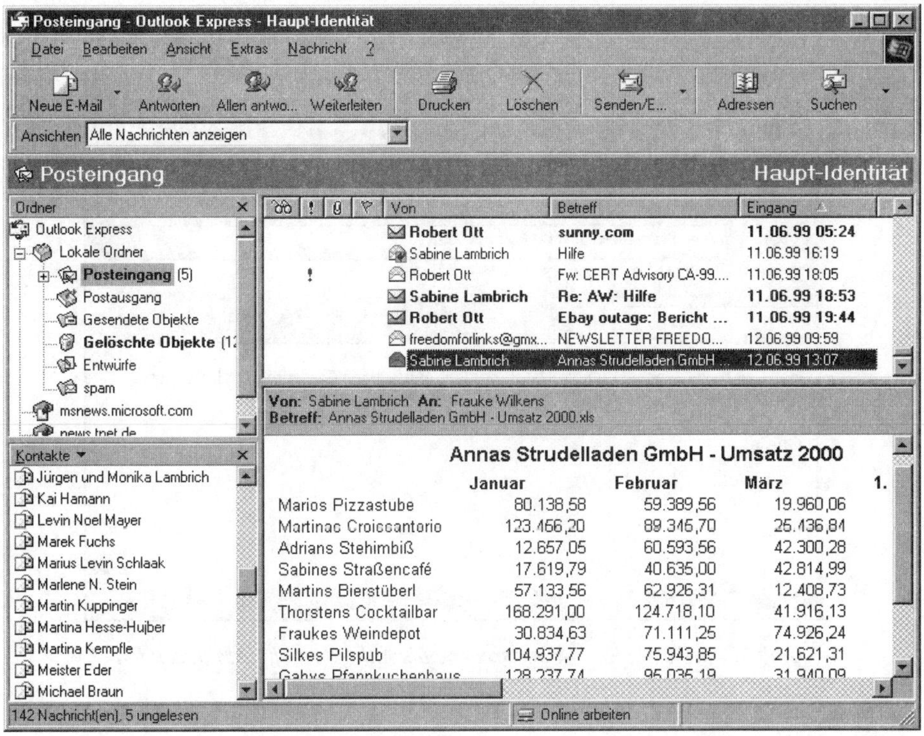

Abbildung 10.25: Das E-Mail ist tatsächlich im Posteingang zu finden. Wow!

Und wenn Sie ein Tabellenblatt als Nachrichtenanhang verschicken möchten, dann nehmen Sie im Menü DATEI den Befehl SENDEN AN (soweit nichts Neues) und dann den Befehl MAILEMPFÄNGER (ALS ANLAGE). Mit diesem Befehl öffnen Sie ein neues E-Mail-Fenster (siehe Abbildung

10.26) mit allem, was man so braucht (AN, CC und BETREFF) sowie jede Menge Platz für Ihre persönliche Botschaft. Und dann gibt es noch das Feld EINFÜGEN, das automatisch den Namen der aktuellen Arbeitsmappe sowie die Größe der Datei enthält.

Wenn Sie sehr große Dateien verschicken wollen, kostet das Zeit und Geld – und zwar sowohl den Absender als auch den Empfänger. Es gibt aber auf dem Markt so nette, kleine Programmchen, mit denen Sie Ihre Riesendateien auf Winzlingspakete zusammenschnüren können, die dann schnell und problemlos gesendet werden. Aber: Der Empfänger braucht diese Software auch, um die Dateien wieder entpacken zu können.

Füllen Sie AN, CC und BETREFF aus (siehe auch weiter oben), schreiben Sie, was Sie persönlich zu sagen haben, und klicken Sie in der Symbolleiste auf die Schaltfläche für Senden (Drücken von [Alt]+[S] oder der Befehl NACHRICHT SENDEN im Menü DATEI sind auch okay). Die Nachricht wird mit samt der Arbeitsmappe an den Empfänger gesendet und das E-Mail-Fenster geschlossen. Jetzt können Sie auf Antwort warten.

Abbildung 10.26: Eine Arbeitsmappe als Anlage zu einer Mail senden

Teil V

Excel – Wie es Euch gefällt

The 5th Wave   By Rich Tennant

»Ich nehme an, das alles hat mit dem neuen Matheunterricht zu tun.«

In diesem Teil...

Haben Sie es auch schon bemerkt? Excel funktioniert immer nur dann, wenn Sie genau das tun, was es will. Despot! Ich denke, es ist an der Zeit, dem Programm zu zeigen, wer hier der Mann/die Frau im Haus ist.

Und genau davon handelt Teil V. Hier erfahren Sie endlich, wie Sie mit Hilfe der geheimnisvollen Makros Ihre Routinearbeiten automatisieren (Kapitel 11) und die Menü- und die Symbolleisten nach Ihren ganz speziellen Wünschen und Vorstellungen maßschneidern können (Kapitel 12).

Keine Angst vor Makros!

11

In diesem Kapitel erfahren Sie, wie Sie ...

- Makros aufzeichnen, mit denen Routinekram erledigt werden kann.
- Makros abspielen.
- Makros überarbeiten.

Makros! Allein wenn Sie das Wort schon hören, möchten Sie am liebsten flüchten. Nichts da! Streichen Sie zuerst Ihr Vorurteil, daß Makros nur was für richtige ProgrammiererInnen sind. Es sind kleine, nützliche Einheiten, die Ihnen das Leben um einiges leichter machen – Sie werden es bald sehen. Ein *Makro* bedeutet lediglich (zumindest in diesem Buch), daß alle Aktionen, die Sie für eine bestimmte Aufgabe ausführen müssen, aufgezeichnet werden (z.B. die Eingabe des Firmennamens in das Tabellenblatt, das Speichern und Drucken von Tabellenblättern oder das Formatieren von Überschriften). Zu einem späteren Zeitpunkt brauchen Sie dann nur noch zu schnippen, und Excel erledigt alles automatisch.

Der Einsatz von Makros bei Routinearbeiten hat einleuchtende Vorteile. Erstens erledigt Excel diese Arbeiten bedeutend schneller als Sie (auch wenn Sie noch so schnell tippen können). Zweitens führt Excel die Aufgaben konsequent einheitlich durch. (Das Makro wird stets exakt so abgespielt, wie Sie es aufgezeichnet haben. Es könnte lediglich passieren, daß Sie bei der Aufzeichnung etwas verkehrt machen.) Außerdem können Sie für jedes Makro eine Tastenkombination vergeben. Das heißt, ein Tastendruck genügt, und alles geht seinen Gang.

Makros aufzeichnen

Das Verfahren zum Erstellen eines Makros ist überraschend einfach:

1. **Wählen Sie im Menü EXTRAS den Befehl MAKRO und im daraufhin aufklappenden Untermenü den Eintrag AUFZEICHNEN. Damit öffnen Sie das Dialogfeld »Makro aufzeichnen«.**
2. **Vergeben Sie für das Makro einen wohlklingenden Namen und bei Bedarf eine Tastenkombination, und wählen Sie »OK«.**
3. **Führen Sie die Arbeitsschritte aus, die aufgezeichnet werden sollen.**

   Sie können beliebige Befehle in den Pulldown- und Kontextmenüs wählen, auf Schaltflächen in der Symbolleiste klicken und wie wild Tastenkombinationen drücken. Das Makro notiert alles.
4. **Wenn Sie alles aufgezeichnet haben, schalten Sie den Makrorekorder wieder ab, indem Sie auf die Schaltfläche zum Beenden der Aufzeichnung in der winzigen »Aufzeichnung**

beenden«-Symbolleiste klicken, die aufgetaucht ist, als Sie mit dem Aufzeichnen begonnen haben.

Wer möchte, der kann auch den Befehl MAKRO im Menü EXTRAS und im dann aufklappenden Untermenü den Befehl AUFZEICHNUNG BEENDEN wählen.

5. **Um das aufgezeichnete Makro auszuführen, drücken Sie entweder die Makrotastenkombination (falls Sie eine zugeordnet haben), oder wählen Sie den Befehl MAKRO im Menü EXTRAS, danach den Befehl MAKROS und doppelklicken im dann geöffneten Dialogfeld auf den entsprechenden Makronamen.**

Sie werden sich freuen zu hören, daß Excel beim Aufzeichnen keine Fehler notiert. (Wäre nur sonst jeder so verständnisvoll.) Wenn Sie z.B. die Überschrift »Januar« eingeben möchten und aus Versehen aber »Janaur«schreiben, müssen Sie folglich Ihren Fehler korrigieren. Excel zeichnet nun nicht auf, wie Sie die [Rück]-Taste drücken, um die Zeichen »aur« zu löschen, und dann »uar« eingeben. Das einzige, was in diesem Fall aufgezeichnet wird, ist das korrekte Ergebnis: Januar.

Für die Aufzeichnung von Aktionen verwendet Excel 2000 eine ganz bestimmte Sprache mit dem Namen *Visual Basic*. Keine Panik! Von dieser Sprache müssen Sie überhaupt keine Ahnung haben, wenn Sie einfache Makros aufzeichnen und abspielen möchten. Und genau das lernen Sie in diesem Abschnitt – nicht mehr und nicht weniger. Nichtsdestotrotz sollten Sie zumindest mal davon gehört haben. Also, die Visual Basic-Befehle werden in einem ganz speziellen Blatt – dem *Modulblatt* aufgezeichnet. Dabei handelt es sich auch um eine Art Tabellenblatt. Es enthält allerdings keine Zellen und sieht mehr wie eine Seite eines Textverarbeitungsprogramms aus. Außerdem sieht man ein Modulblatt nicht so ohne weiteres. Mehr dazu weiter unten.

Das Makro bitte in meine persönliche Arbeitsmappe!

Excel geht erst einmal davon aus, daß Sie das Makro als Teil Ihrer aktuellen Arbeitsmappe aufzeichnen möchten. Was heißt das? Nun, wenn Sie ein Makro als Bestandteil einer Arbeitsmappe aufzeichnen, dann steht das Makro auch nur beim Arbeiten mit dieser einen ganz speziellen Mappe zur Verfügung, d.h., die Mappe muß geöffnet sein. So weit, so gut. Sie werden aber sicherlich im Laufe der Zeit ein paar Makros erstellen, die Sie einfach immer griffbereit haben wollen, egal, welche Arbeitsmappe geöffnet ist, und egal, ob Sie eine neue Mappe erstellen oder eine vorhandene bearbeiten.

Um ein solches allgegenwärtiges Makro aufzuzeichnen, müssen Sie es in Ihre ganz *persönliche Makroarbeitsmappe*, und nicht in die aktuelle Arbeitsmappe aufnehmen. Und dann steht das Makro immer zur Verfügung? Ja! Ihre persönliche Makroarbeitsmappe wird beim Starten von Excel immer automatisch geöffnet (obwohl Sie sie nicht sehen können).

Und so zeichnen Sie ein Makro in Ihrer persönlichen Makroarbeitsmappe auf:

1. **Wählen Sie im Menü Extras den Befehl Makro und im nun schon bekannten Untermenü den Befehl Aufzeichnen.**

   Das hatten wir schon mal weiter oben. Das Dialogfeld »Makro aufzeichnen« wird geöffnet.

2. **Wählen Sie im Dropdown-Listenfeld Makro speichern in den Eintrag Persönliche Makroarbeitsmappe.**

3. **Und dann wie gehabt: Vergeben Sie für das Makro einen Namen und bei Bedarf eine Tastenkombination. Danach schnell auf »OK« geklickt – und dann können Sie das Makro aufzeichnen.**

Es wird Zeit für die Wahrheit: Excel erstellt erst dann eine persönliche Makroarbeitsmappe, wenn Sie Ihr erstes Makro dort aufzeichnen. Warum auch etwas erstellen, solange man es nicht benötigt? Wenn Sie also Ihr erstes Makro in Ihrer ganz persönlichen Mappe aufzeichnen, müssen Sie diese Änderungen selbstverständlich auch in der entsprechenden Datei speichern. Das ist die Datei PERSONL.XLS (wahrscheinlich wird die Endung .XLS aber nicht angezeigt) im Startordner XLSTART im Ordner EXCEL im MICROSOFT-Ordner im ANWENDUNGSDATEN-Ordner in Ihrem Window-Ordner (puh!). Ist diese ominöse Datei erst einmal angelegt, wird sie jedesmal geöffnet, wenn Sie Excel starten. Nur sehen tun Sie sie nicht.

3 x täglich ein Makro

Damit Sie schnell ein Gefühl dafür bekommen, wie einfach das Aufzeichnen und Abspielen von Makros ist, sollten Sie die folgenden Schritte haargenau nachvollziehen, um ein paar einfache Makros zu Übungszwecken zu erstellen. Mit dem ersten Beispielmakro geben Sie einen Firmennamen in eine Zelle ein und formatieren ihn. Sie schalten den Makrorekorder an, geben den Firmennamen ein (Richtig! Da ist er wieder: Annas Strudelladen) und ändern die Schriftart und -größe. Das klingt schon ganz vielversprechend, oder?

Als allererstes müssen Sie wissen, wo Sie die folgenden Schritte ausführen möchten. Wechseln Sie am besten zu einem neuen Tabellenblatt. (Sie könnten auch eine leere Zelle in einem bereits vorhandenen Tabellenblatt markieren.) Gehen Sie nun folgendermaßen vor:

1. **Setzen Sie den Mauszeiger in die Zelle, in die Sie den Firmennamen eingeben möchten.**

   Verwenden Sie für dieses Beispiel die Zelle A1 in einem leeren Tabellenblatt der aktuellen Arbeitsmappe. Klicken Sie auf das nächste Register, oder drücken Sie [Strg]+[Bild↓], um bei Bedarf zu einem leeren Tabellenblatt zu wechseln.

2. **Wählen Sie im Menü Extras den Befehl Makro und im dann aufklappenden Untermenü den Befehl Aufzeichnen.**

   Das Dialogfeld »Makro aufzeichnen« wird geöffnet (Abbildung 11.1).

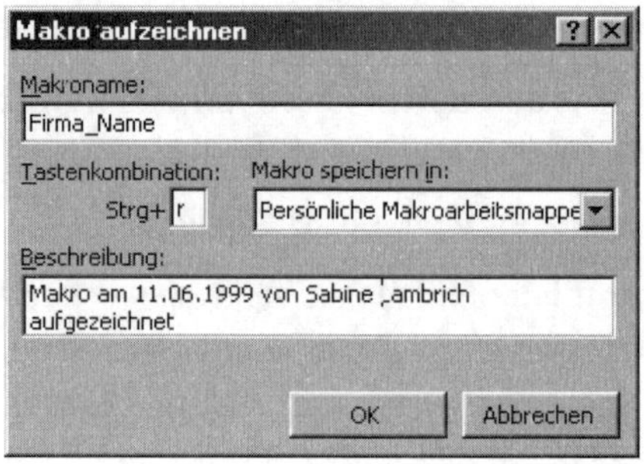

Abbildung 11.1: Das Dialogfeld »Makro aufzeichnen«

3. **Geben Sie im Textfeld MAKRONAME anstelle der Standardbezeichnung MAKRO1 einen wohlklingenden und aussagekräftigen Namen ein.**

   Bei der Vergabe von Makronamen müssen Sie sich an dieselben Regeln wie beim Benennen von Zellbereichen halten. Das heißt, der Makroname muß mit einem Buchstaben beginnen (also: keine Zahl!) und darf keine Leerzeichen enthalten. Unterstriche sind Gott sei Dank erlaubt. Die können Sie statt der Leerzeichen verwenden. Die Makronamen sollten aber ansonsten keine komischen Interpunktionszeichen enthalten. In Kapitel 6 habe ich diese Regeln alle schon mal von mir gegeben.

   Ich schlage vor, daß Sie in diesem Beispiel den Namen »Firma_Name« vergeben.

4. **Wenn Sie wollen, dann definieren Sie auch gleich eine Tastenkombination für das Makro. Das heißt, Sie geben in das Feld TASTENKOMBINATION einen Buchstaben Ihrer Wahl ein.**

   Der Buchstabe, den Sie eingegeben haben, und die [Strg]-Taste bilden dann zusammen die Tastenkombination, mit dem Sie das Makro wie der Blitz starten können. Sie sollten unbedingt darauf achten, Tastenkombinationen mit [Strg], die Excel bereits von Haus aus für sich benötigt, nicht zu nehmen, da sonst die Standardbelegung zugunsten Ihres neuen Makros aufgehoben wird. Da wäre z.B. [Strg]+[P] für das Drucken oder [Strg]+[S] für das Speichern. Da wimmelt es nur so von Tastenkombinationen, die von Excel belegt sind. Wenn Sie bei der Eingabe zusätzlich [Umschalt] drücken, wird dies im Dialogfeld angezeigt (»Strg+Umsch+«).

   Verwenden Sie z.B. die Tastenkombination [Strg]+[R] zum Aufrufen des Makros »Firma_Name«. (»F« und »N« sind leider bereits von Excel besetzt für die Suchfunktion und das Erstellen einer neuen Arbeitsmappe.)

5. **(Optional) Soll das Makro immer und überall greifbar sein, wählen Sie im Listenfeld MAKRO SPEICHERN IN den Eintrag PERSÖNLICHE MAKROARBEITSMAPPE, um es in Ihrer ganz persönlichen Mappe abzulegen.**

   Wenn Sie das Makro in einer ganz neuen Arbeitsmappe in einem Modulblatt speichern möchten, d.h. nicht in der aktuellen Arbeitsmappe und auch nicht in der persönlichen Makroarbeitsmappe, dann entscheiden Sie sich für den Listeneintrag NEUE ARBEITSMAPPE.

6. **Wenn Sie möchten, können Sie im Textfeld Beschreibung eine langatmige Beschreibung der Funktion des Makros eintippen.**

   Es ist keine schlechte Idee, hier ein paar Stichwörter zur Aufgabe des Makros einzugeben.

   In Abbildung 11.1 sehen Sie das Dialogfeld »Makro aufzeichnen« mit den Eingaben und Einstellungen, die in den vorhergehenden Schritten beschrieben wurden. Wie Sie dort sehen können, wird das Makro über die Tastenkombination [Strg]+[R] aufgerufen. Da Sie planen, dieses Makro stets und immer wieder griffbereit zu haben, wurde der Listeneintrag Persönliche Makroarbeitsmappe gewählt.

7. **Wählen Sie »OK«, oder drücken Sie [Eingabe], um die Makroaufzeichnung zu starten.**

   Spannung! Aber es passiert eigentlich nicht viel. Das Dialogfeld »Makro aufzeichnen« wird geschlossen. Das war's erst mal. Um Sie daran zu erinnern, daß Sie gerade dabei sind, ein Makro aufzuzeichnen, zeigt Excel in der Statusleiste die Meldung »Aufzeich.« sowie die Aufzeichnung beenden-Symbolleiste an. Letztere enthält aber nur zwei Schaltflächen, eine für Aufzeichnung beenden und eine für Relativer Verweis.

Abbildung 11.2: Das Makro »Firma_Name« wird aufgezeichnet.

8. **Jetzt müssen Sie Schritt für Schritt die Aktionen ausführen, die aufgezeichnet werden sollen.**

   Geben Sie also den Firmennamen in die Zelle A1 ein. Wählen Sie anschließend in der Format-Symbolleiste im Dropdown-Listenfeld für die Schriftart eine neue Schrift, z.B.

Comic Sans MS, und im Dropdown-Listenfeld für die Schriftgröße eine andere Schriftgröße, beispielsweise die Größe 18, aus. Abschließend noch schnell auf die Schaltfläche für Fett geklickt. Das war's.

9. **Beenden Sie die Aufzeichnung, indem Sie auf die Schaltfläche zum Beenden der Aufzeichnung klicken (Sie wissen schon, in der winzigen Aufzeichnung beenden-Symbolleiste – siehe Abbildung 11.2).**

   Sie können statt dessen auch den Befehl Makro im Menü Extras und im dann aufklappenden Untermenü den Befehl Aufzeichnung beenden wählen. Sobald Sie die Aufzeichnung beenden, verschwindet der Eintrag »Aufzeich.« aus der Statusleiste, und die Aufzeichnung beenden-Symbolleiste zieht ebenfalls Leine.

Und was kommt dabei heraus?

Wenn Sie den Makrorekorder ausgeschaltet haben, sind Sie bereit für einen Test. (Immer schön cool bleiben!) Wenn Ihr Makro die Aufgabe hat, neuen Text einzugeben oder gar Text zu löschen, sollten Sie recht vorsichtig sein, wo Sie diese Zeitbombe testen. Achten Sie also darauf, daß Sie eine Zelle im Tabellenblatt markieren, deren umliegende Zellen entweder leer oder mit überflüssigem »Müll« versehen sind. Dann kann nichts passieren. Am besten ist natürlich ein vollkommen leeres Tabellenblatt.

- ✔ Am einfachsten starten Sie ein Makro, indem Sie seine Tastenkombinatioin drücken (Strg+R für unser Beispielmakro »Firma_Name«). Voraussetzung dafür ist, daß Sie eine Tastenkombination zugewiesen haben.
- ✔ Sie können natürlich auch den Befehl Makro im Menü Extras und im Untermenü dann noch den Befehl Makros wählen. (Schneller geht es da doch mit Alt+F8.) Anschließend müssen Sie im Dialogfeld »Makro« auf den entsprechenden Makronamen doppelklicken oder den Makronamen markieren und »Ausführen« wählen.

Sollte das Makro bei der Wiedergabe verrückt spielen, drücken Sie beherzt Esc. Damit würgen Sie das Makro auf der Stelle ab. Excel zeigt dann etwas beleidigt ein Dialogfeld an, in dem es den Schritt dokumentiert, an dem das Makro unterbrochen wurde. Klicken Sie im Dialogfeld auf die Schaltfläche »Beenden«, um das Dialogfeld zu schließen und die Makroausführung zu beenden.

Wo finden Sie denn nun Ihre Makros? Das hängt davon ab, wie Sie das Makro erstellt haben:

- ✔ Wenn Sie das Makro als Bestandteil der aktuellen Arbeitsmappe erstellt haben, setzt Excel das Makro in ein verstecktes Modulblatt (mit der Bezeichnung Modul1, Modul2 etc.). Wenn Sie neugierig sind, und dieses versteckte Modul zu Gesicht kriegen wollen, dann wählen Sie im Menü Extras den Befehl Makro, dann noch den Befehl Makros, markieren im Dialogfeld »Makro« das gewünschte Makro und klicken zu guter Letzt auf »Bearbeiten«. Das geheimnisvolle Modulblatt wird in Visual Basic geöffnet und kann dort bearbeitet werden. Mehr will ich dazu aber nicht sagen, sonst wird das Buch doppelt so dick als geplant.

✔ Haben Sie das Makro als Teil Ihrer persönlichen Makroarbeitsmappe aufgezeichnet, legt Excel das Makro ebenfalls in ein verstecktes Modulblatt (mit der Bezeichnung MODUL1, MODUL2 etc.) in dieser bereits erwähnten geheimnisvollen und unsichtbaren Mappe mit dem Namen PERSONL.XLS ab. Und wie kriegen Sie die nun zu sehen? Sie wählen im Menü FENSTER den Befehl EINBLENDEN und markieren dann im Dialogfeld »Einblenden« die sagenumwobende Datei PERSONL. Noch schnell auf »OK« klicken bzw. `Eingabe` drükken. Danach geht es eigentlich wie im vorherigen Absatz weiter: Sie wählen im Menü EXTRAS den Befehl MAKRO, dann noch den Befehl MAKROS, markieren das Makro und klicken zu guter Letzt auf »Bearbeiten«. Auch hier geht es schwupp zu Visual Basic.

✔ Die letzte Variante: Wenn Sie Ihr Makro in einer ganz neuen Arbeitsmappe aufgezeichnet haben, legt es Excel in dieser ganz neuen Mappe im ebenfalls versteckten Modulblatt MODUL1 ab. Die neue Arbeitsmappe trägt wie üblich den temporären Namen MAPPE1 oder MAPPE2 etc. Auch hier dann nichts mehr neues: Sie wählen im Menü EXTRAS den Befehl MAKRO, dann noch den Befehl MAKROS, markieren das Makro und klicken zu guter Letzt auf »Bearbeiten«. Dann ist Visual Basic angesagt.

Im Fall einer funkelnagelneuen oder der aktuellen Mappe wird das Makro beim Speichern zu einem festen Bestandteil der entsprechenden Arbeitsmappe. Im Fall der ominösen persönlichen Arbeitsmappe läuft das so ab: Sobald Sie versuchen, Excel zu beenden, fragt das Programm ab, ob Sie die Änderungen in der persönlichen Makroarbeitsmappe speichern möchten. Sie müssen diese Abfrage mit »Ja« bestätigen, wenn Sie das Makro jemals wiedersehen möchten.

Januar, Februar ... Dezember

Und nun zum zweiten Beispielmakro, denn nur Übung macht den Meister! Mit diesem Makro geben Sie die zwölf Monatsnamen (Januar bis Dezember) in einer Zeile eines Tabellenblatts ein. Anschließend werden diese fett und kursiv formatiert und die Spaltenbreite an die optimale Größe angepaßt. Und wohin mit den Monatsnamen? Am besten in eine neue Arbeitsmappe! Warum? Damit ist gewährleistet, daß die Spaltenbreite optimal an die Länge der entsprechenden Monatsnamen und nicht etwa an einen längeren Eintrag in derselben Spalte angepaßt wird (z. B. eine Überschrift).

Abbildung 11.3 zeigt das Dialogfeld »Makro aufzeichnen« für dieses Makro. Sein Name soll »Monate_im_Jahr« lauten und als Tastenkombination verwenden wir `Strg`+`M` – sprich: `Strg`+`Umschalt`+`m`.

Also, auf geht's:

1. **Markieren Sie die Zelle A1, und schalten Sie den Makrorekorder ein.**

   Sie wissen schon: Befehl MAKRO im Menü EXTRAS und danach im Untermenü den Befehl AUFZEICHNEN wählen.

2. **Legen Sie die Einstellungen wie in Abbildung 11.3 dargestellt fest, und klicken Sie auf »OK«, oder drücken Sie `Eingabe`.**

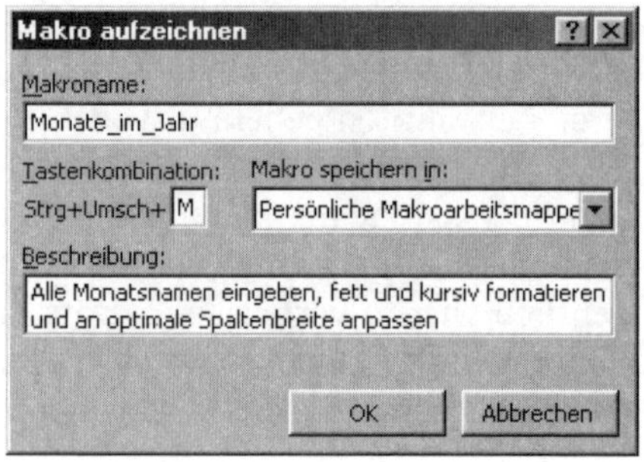

Abbildung 11.3: Das Dialogfeld »Makro aufzeichnen« für das zweite Beispielmakro

3. **Geben Sie in A1 »Januar« ein, klicken Sie in der Bearbeitungsleiste auf die Schaltfläche für Eingeben, und ziehen Sie das Ausfüllkästchen von A1 bis zur Zelle L1.**

   Sie haben doch nicht etwa ernsthaft angenommen, daß Sie alle Monatsnamen per Hand eingeben müssen, oder?

4 **Klicken Sie in der Format-Symbolleiste auf die Schaltflächen für Fett und Kursiv.**

   Damit werden alle Monatsnamen fett und kursiv dargestellt, da der Bereich mit den Namen immer noch markiert ist.

5. **Die Monatsnamen sind immer noch markiert. Wählen Sie jetzt im Menü FORMAT den Befehl SPALTE und im Untermenü den Befehl OPTIMALE BREITE BESTIMMEN.**

   Damit passen Sie alle Spaltenbreiten optimal dem Zellinhalt an.

6. **Klicken Sie danach auf die erste Zelle des Bereichs, um die Spaltenmarkierung aufzuheben.**

7. **Klicken Sie in der Aufzeichnung beenden-Symbolleiste auf die linke Schaltfläche, um den Makrorekorder auszuschalten.**

Und auf geht's zum Test. Am besten testen Sie das Ganze in einem neuen Tabellenblatt. Ich bin dazu zum Tabellenblatt TABELLE2 gewechselt, habe dort die Zelle N1 markiert und tapfer [Strg]+[M] gedrückt. (N1 muß sein, damit ich Ihnen gleich einen Fehler in diesem Makro zeigen kann.) Das Makro schreibt in N1 brav den Eintrag »Januar«. Das war's dann aber auch schon. Ein bizarres Dialogfeld wird angezeigt, das irgend etwas von einer fehlerhaften AutoFill-Methode des Range-Objekts brabbelt. Es bleibt Ihnen nichts anderes übrig, als die Wiedergabe mit »Beenden« zu killen. Blödes Makro!

Alles ist relativ

Was um alles in der Welt ist passiert? Erinnern Sie sich an Kapitel 4? Dort haben Sie den Unterschied zwischen dem Kopieren von Formeln mit *relativen* Zellbezügen und dem von Formeln mit *absoluten* Zellbezügen kennengelernt. Eine kurze Wiederholung: Excel gleicht alle Zellbezüge beim Kopieren einer Formel an, es sei denn, Sie ändern die Bezüge in absolute (d.h. unveränderliche) Adressierungen um.

Beim Aufzeichnen von Makros passiert genau das Gegenteil. (Warum sollte es auch so einfach sein?) Excel zeichnet alle Bezüge in absoluter Form auf. Das ist auch der Grund dafür, daß Excel sich spätestens beim AutoAusfüllen ausklinkt. Es will stur die AutoAusfüllen-Funktion in den Zellen A1:L1 erledigen. Da A1 aber nicht die aktive Zelle war, sondern N1, versteht das arme Makro nur noch Bahnhof.

Damit das Makro korrekt arbeiten kann, müssen Sie es nochmals aufzeichnen und dieses Mal relative Bezüge einsetzen. Ist aber alles halb so schlimm:

1. **Wechseln Sie zu einem neuen Tabellenblatt, in dem Sie die Makroschritte aufzeichnen möchten, und markieren Sie dort A1.**

2. **Wählen Sie im Menü Extras den Befehl Makro und danach Aufzeichnen, und legen Sie alles im Dialogfeld »Makro aufzeichnen« genauso wie zuvor fest.**

   Excel fragt vorsichtig ab, ob Sie das alte Monatsmakro durch das neue ersetzen möchten. Bestätigen Sie das mit »Ja«.

3. **Bevor Sie die Aufzeichnung beginnen, klicken Sie in der Aufzeichnung beenden-Symbolleiste auf die Schaltfläche für Relativer Verweis.**

4. **Führen Sie wie zuvor alle Arbeitsschritte aus (»Januar« eingeben, mit AutoAusfüllen die restlichen Monatsnamen eingeben, den Zellbereich fett und kursiv formatieren, die Spalten markieren und an die Zellinhalte anpassen).**

5. **Klicken Sie in der Aufzeichnung beenden-Symbolleiste auf die linke Schaltfläche, um den Makrorekorder auszuschalten.**

Jetzt sollten sich alle aufgezeichneten Befehle auf die ersten Zelle mit dem Eintrag »Januar« beziehen – ganz egal, wo der Eintrag steht. Und genau das wollen wir auch! Nun wird's spannend. Machen Sie einen Testversuch. Hurra! Egal, wo Sie den ersten Monatsnamen eingeben, das AutoAusfüllen und auch der Rest funktionieren einwandfrei. Tolles Makro!

Das richtige Werkzeug bei der Hand

12

In diesem Kapitel erfahren Sie, wie Sie ...

- die integrierten Symbolleisten an Ihre Wünsche anpassen.
- eigene Symbolleisten erstellen.
- Makros mit benutzerdefinierten Schaltflächen verknüpfen.
- Makros mit Menübefehlen verknüpfen.
- Hyperlinks mit benutzerdefinierten Schaltflächen verknüpfen.
- Schaltflächen ein selbstgemachtes Bildchen zuweisen.

Bis jetzt haben Sie die Schaltflächen der verschiedenen Symbolleisten genauso eingesetzt, wie sie von Excel angeboten werden. Da Sie jetzt schon ein Weilchen damit gearbeitet haben, wissen Sie, welche Schaltflächen Sie immer wieder benötigen und welche nicht. Es wird also Zeit, die Symbolleisten so zu definieren, daß sie nur noch die für Sie wichtigen Schaltflächen enthalten. Noch besser – Sie erstellen eigene Symbolleisten.

Excel verfügt, wie Sie gleich sehen werden, auch noch über eine Reihe »arbeitsloser Schaltflächen«. Diese können Sie beliebig in eine selbsterstellte oder eine Excel-Symbolleiste integrieren.

Und noch eins drauf: Sie weisen dann den »arbeitslosen« Schaltflächen Makros zu, damit diese endlich was zu tun haben. (Näheres zu Makros finden Sie in Kapitel 11.) Und wenn die Bilder der »arbeitslosen« Schaltflächen die Aufgabe des Makros nicht aussagekräftig beschreiben, können Sie ein Bildchen einer anderen Schaltfläche kopieren oder selbst ein Bild malen. Das war es aber noch nicht.

Programmintern wird die Menüleiste wie eine Symbolleiste behandelt. Und? Was interessiert mich das? Nun, alles, was Sie mit Symbolleisten anstellen können, ist auch mit der Menüleiste möglich. Ich bin sicher, wenn Sie dieses Kapitel erst einmal verdaut haben, werden Ihre KollegInnen Ihren Excel-Bildschirm nicht wiedererkennen.

Symbolleisten, mal da, mal nicht da

Wie Sie bereits in den vorherigen Kapiteln gesehen haben, stellt Excel eine Reihe von Symbolleisten zur Verfügung. Jede Leiste besteht aus einer Gruppe von Schaltflächen, die für bestimmte Aufgaben sinnvoll eingesetzt werden können. Die Menü-, die Standard- und die Format-Symbolleiste – die Leisten für alle Fälle – enthalten ein breit gefächertes Angebot allgemeiner Schaltflächen und Befehle zum Erstellen, Formatieren und Drucken von Dokumenten. Sie werden deshalb auch automatisch oben im Excel-Fenster angezeigt, wenn Sie das Programm starten.

2000

Neu ist, daß die Standard- und die Format-Symbolleiste sich eine Zeile teilen müssen. Wie Sie sich vielleicht vorstellen können, wird es da ein bißchen eng. Nicht alle Schaltflächen haben Platz. Darum gibt es an jedem Ende einer jeden Symbolleiste eine kleine Schaltfläche (mit nach rechts zeigenden >>), die man mit dem darunter angezeigten Pfeil aufklappen kann. Eine Liste mit weiteren Schaltflächen wird aufgeklappt. Die Schaltfläche heißt deshalb auch »Weitere Schaltflächen«. Wenn Sie dort eine Schaltfläche wählen, wird diese befördert und erhält einen Logenplatz in der Standard- oder Format-Symbolleiste.

Im Grunde genommen ist die Schaltflächenanordnung in den meisten integrierten Symbolleisten von Excel recht zufriedenstellend (wenn auch nicht mehr so konstant wie früher). Es gibt aber bestimmt einige Schaltflächen, die Sie so selten verwenden, daß Sie durchaus darauf verzichten und sie durch eine für Sie wichtigere ersetzen können. Raus damit! Oder Sie arbeiten ständig mit einer Schaltfläche, hätten sie aber lieber an einer anderen Stelle in der Symbolleiste oder gar in einer ganz anderen Symbolleiste angeordnet. Verschieben Sie sie einfach!

Sie können selbst bestimmen, welche Symbolleisten am Bildschirm angezeigt werden und welche Schaltflächen sie enthalten sollen. Das Ganze funktioniert folgendermaßen: Wählen Sie im Menü ANSICHT den Befehl SYMBOLLEISTEN. Oder klicken Sie mit der rechten Maustaste auf eine angezeigte Symbolleiste, um das Kontextmenü für Symbolleisten zu Gesicht zu bekommen. In beiden Fällen klappt Ihnen eine Riesenliste mit Namen von Symbolleisten entgegen. Klicken Sie einfach auf die Symbolleisten, die Sie anzeigen bzw. nicht mehr anzeigen möchten.

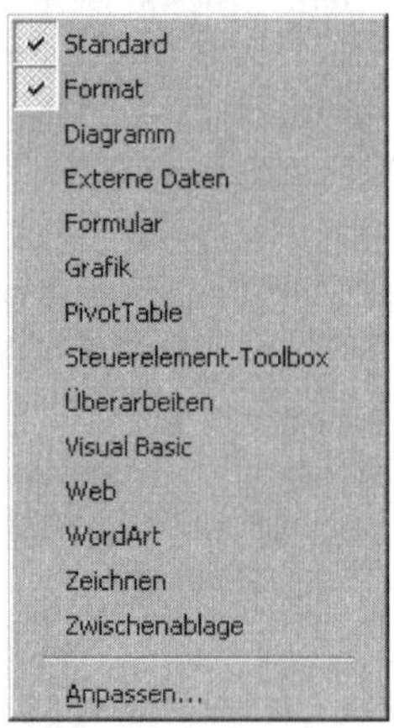

Abbildung 12.1: Symbolleisten zum »Sau füttern«

Ganz unten steht ein Befehl, der einen neugierig werden läßt: ANPASSEN. Wenn Sie darauf klikken, wird das Dialogfeld »Anpassen« geöffnet. Dort können Sie bei Bedarf auf der Registerkarte SYMBOLLEISTEN – wenn Sie es sich anders überlegt haben – noch ein paar Symbolleisten mehr anzeigen bzw. einige wieder verschwinden lassen.

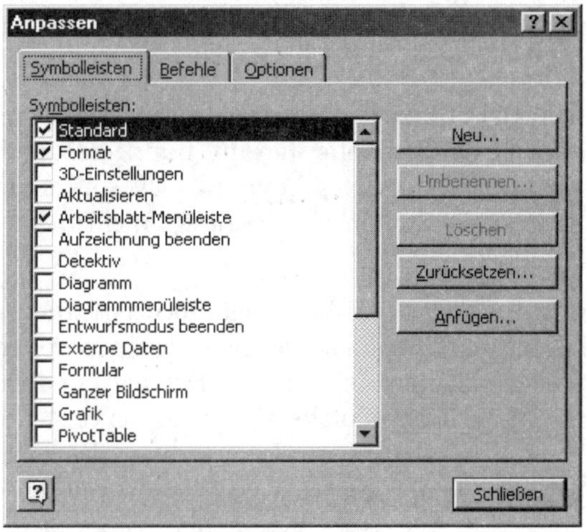

Abbildung 12.2: Das Dialogfeld »Anpassen«

Die Registerkarte BEFEHLE spare ich mir noch für später auf. Also gleich weiter zur Registerkarte OPTIONEN:

- **STANDARD- UND FORMATSYMBOLLEISTEN TEILEN SICH EINE ZEILE:** Wie ich bereits weiter oben erwähnt habe, werden die Standard- und die Format-Symbolleiste standardmäßig in eine Zeile unterhalb der Menüleiste gepreßt. Und Sie möchten jetzt, daß beide Symbolleisten in separaten Zeilen angezeigt werden? Kein Problem! Deaktivieren Sie einfach dieses Kontrollkästchen. Damit kriegen Sie zwar weniger Platz für das eigentliche Tabellenblatt, aber mehr Platz zum Anzeigen von Schaltflächen in der Symbolleiste. Entscheiden Sie sich für das, was Ihnen wichtiger ist.

- **MENÜS ZEIGEN ZULETZT VERWENDETE BEFEHLE ZUERST AN:** Sie kennen das bereits: Sie schlagen ein Menü auf und kriegen erst einmal nur die Befehle des Menüs zu sehen, mit denen Sie häufig arbeiten. Nach kurzer Verzögerung oder nach Klicken auf den nach unten zeigenden Doppelpfeil gibt sich dann endlich auch der Rest der Befehle zu erkennen. Wen das nervt, der deaktiviert dieses Kontrollkästchen (und deaktiviert damit gleichzeitig das im folgenden Punkt beschriebene). Jetzt sehen Sie stets alle Befehle, die ein Menü zu bieten hat.

- **NACH KURZER VERZÖGERUNG VOLLSTÄNDIGE MENÜS ANZEIGEN:** Nach dem Öffnen eines Menüs werden nach einer kurzen Wartezeit alle dort enthaltenen Befehle angezeigt.

- **GROSSE SCHALTFLÄCHEN:** Excel entscheidet sich standardmäßig für die kleinen Schaltflächen in den Symbolleisten. Aktivieren Sie dieses Kontrollkästchen, wenn Sie alles etwas größer haben wollen.

- **Schriftartennamen in Schriftart anzeigen:** Eine Option, die ich persönlich sehr liebe. Die Format-Symbolleiste enthält doch die Schaltfläche für Schriftart. Das Rätselraten, wie die Schrift der einzelnen Einträge in der Schriftartenliste wohl aussieht, ist endgültig vorbei. Die Schriftartennamen in der Liste schauen – wie es sich für ein WYSIWYG-Programm gehört – genauso aus, wie die dazugehörige Schriftart.

- **QuickInfo auf Symbolleisten anzeigen:** Wenn der Mauszeiger lange genug unbeweglich auf einer Schaltfläche in einer Symbolleiste ruht (nur zeigen, nicht klicken!), dann blendet Excel standardmäßig eine kurze Beschreibung – die sogenannte QuickInfo – zur entsprechenden Schaltfläche ein. Sollten Sie diese Infos nicht mehr brauchen, deaktivieren Sie dieses Kontrollkästchen.

- Dann gibt es da noch das Dropdown-Listenfeld **Menüanimation** – ein witziger Schnickschnack. Wenn Sie etwas mehr Action in die Menüs bringen wollen, dann wählen Sie eine der drei Animationsmöglichkeiten: Abwechselnd, Entfalten und Abrollen aus. Im Fall von Abwechselnd wählt Excel nach dem Zufallsprinzip aus, ob es Menüs entfaltet oder abrollt. Entfalten entfaltet und Abrollen rollt ab. (Tja, wer hätte das gedacht!) Sehen Sie es sich am besten selber mal an.

Excels Symbolleisten auf den Kopf stellen

Bevor Sie sich an die Bearbeitung einer Symbolleiste machen, müssen Sie die zu ändernde Symbolleiste auf dem Bildschirm einblenden. Klicken Sie dazu im Dialogfeld »Anpassen« auf das entsprechende Kontrollkästchen. Wenn Ihnen danach ist, können Sie gleich mehrere Symbolleisten anzeigen und bearbeiten.

Keine Angst vor Änderungen! Wenn Sie mal alles völlig durcheinander gebracht haben, und nicht mehr aus noch ein wissen, kehren Sie einfach reumütig zum Standard zurück. Und wie? Das steht unter »Symbolleisten wie gehabt« weiter unten in diesem Kapitel.

Haben Sie alle gewünschten Symbolleisten aktiviert, klicken Sie im Dialogfeld »Anpassen« auf das Register Befehle (Abbildung 12.3).

Ist es Ihnen schon aufgefallen? Sobald Sie das Dialogfeld »Anpassen« öffnen, werden die Standard- und die Format-Symbolleiste untereinander in zwei separaten Zeilen angezeigt. Und wenn Sie das Dialogfeld wieder schließen, drängeln sie sich wieder in einer Zeile.

Rein mit den Schaltflächen

Wenn Sie im Dialogfeld »Anpassen« auf das Register Befehle klicken, dann wird auf der Registerkarte u.a. das Listenfeld Kategorien angezeigt. Das ist ziemlich wichtig, weil es nämlich alle möglichen Schaltflächengruppen enthält (von Datei bis hin zu Neues Menü). Rechts davon gibt es dann noch das Listenfeld Befehle, das immer die Befehle und Schaltflächen für die aktuell markierte Kategorie enthält. Sie markieren also im Listenfeld KATEGORIEN eine Kategorie Ihrer Wahl und können dann im Listenfeld BEFEHLE mit den dort enthaltenen Befehlen und Schaltflächen jonglieren.

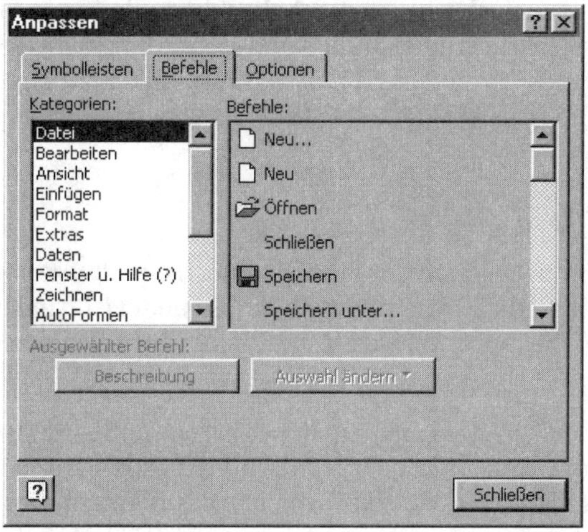

Abbildung 12.3: Die Registerkarte »Befehle«

Was heißt hier jonglieren? Also, Sie wollen einen Befehl oder einen Befehl mit Schaltfläche aus dem Listenfeld BEFEHLE in eine Symbolleiste einfügen? Nichts leichter als das. Ziehen Sie einfach das gewünschte Element aus dem Listenfeld in die Symbolleiste – und zwar genau an die Position, wo es hin soll.

Achten Sie mal beim Ziehen auf den Mauszeiger. Halb über ihm schwebt so ein dunkelgraues Kästchen. Und solange Sie sich über Gefilden befinden, wo eine Schaltfläche oder ein Befehl nichts zu suchen hat, wird unter dem Mauszeiger ein »X« angezeigt – was wohl soviel heißt wie »Parken verboten«. Sobald Sie aber über einer Symbolleiste schweben, wandelt sich das »X« in ein »+« um, was wiederum so viel heißt wie »Parken erlaubt«. Wenn Sie dann die Maustaste loslassen, plumpst der Befehl bzw. der Befehl mit Schaltfläche in die entsprechende Symbolleiste.

Damit aber noch nicht genug. Damit Sie auch genau sehen, wo in der Symbolleiste das neue Element seinen Platz finden wird, zeigt Excel einen senkrechten Strich genau dort an, wo es eingefügt wird. (Kapitel 4 hält noch mehr solche Drag & Drop-Schmankerl für Sie parat.)

Es muß im übrigen kein Geheimnis bleiben, was ein Befehl oder ein Befehl mit Schaltfläche so an Aktionen ausführen kann. Markieren Sie einfach den Eintrag, der Sie neugierig gemacht hat, im Listenfeld BEFEHLE, und klicken Sie dann auf »Beschreibung«. Und schon wissen Sie mehr. Um die Infos wieder loszuwerden, klicken Sie einfach irgendwo im Dialogfeld »Anpassen«.

Raus mit den Schaltflächen

Wenn das Dialogfeld »Anpassen« geöffnet ist, können nicht nur neue Befehle oder Schaltflächen in auf dem Bildschirm angezeigte Symbolleisten eingefügt werden – das ist keine Einbahnstraße. Genausogut können Sie auch Befehle und Schaltflächen, die Sie in einer Symbolleiste nicht mehr benötigen, sozusagen zusammenknüllen und wegwerfen. Ziehen Sie dazu einfach das entsprechende Element aus der Symbolleiste heraus, und lassen Sie es irgendwo fallen. Schwupp! Es ist weg, und die Lücke ist aufgefüllt – gerade so, als wäre die Schaltfläche nie dagewesen.

Bäumchen wechsel dich

Und wenn Sie weder ein neues Element brauchen noch ein altes nicht mehr brauchen, dann wollen Sie vielleicht die Reihenfolge innerhalb der Symbolleiste ändern. Auch das geht ganz einfach. Aber vergessen Sie nicht: Sobald Sie das Dialogfeld »Anpassen« schließen, geht nichts mehr.

- ✔ Um ein Element in der Symbolleiste (in der es bereits enthalten ist) neu zu positionieren, ziehen Sie es so lange nach links oder rechts, bis der extra dafür eingeblendete senkrechte Strich kurz vor der Schaltfläche steht, vor der das Element eingefügt werden soll, und lassen die Maustaste wieder los.
- ✔ Um eine Schaltfläche in eine andere Symbolleiste zu verschieben, ziehen Sie sie einfach an die neue Position in der entsprechenden Symbolleiste.
- ✔ Um eine Schaltfläche in eine andere Symbolleiste zu kopieren, halten Sie `Strg` gedrückt, während Sie die Schaltfläche ziehen. (Sie sehen ein kleines Pluszeichen neben der Spitze des Mauszeigers, genau wie beim Kopieren eines Zellbereichs, wenn Sie mit dem guten, alten Drag & Drop arbeiten.)

Gruppierte Schaltflächen

Wie Sie vielleicht schon bemerkt haben, sind Schaltflächen häufig in Gruppen in der Symbolleiste angeordnet (graue Linien vor und nach der Gruppe). Das können Sie auch selbst machen, wenn Sie eine Symbolleiste bearbeiten.

Um eine graue senkrechte Linie einzufügen – also um die Schaltfläche ein wenig von den anderen abzusetzen –, ziehen Sie die Schaltfläche minimal in die der Linie entgegengesetzte Richtung (nach rechts, wenn links eine Linie eingefügt werden soll, und umgekehrt) und lassen dann die Maustaste wieder los. Excel fügt eine senkrechte Linie vor oder nach der Schaltfläche ein, je nachdem, wohin Sie sie gezogen haben.

Sie wollen die senkrechte Linie wieder loswerden, damit die Schaltflächen gleichmäßig nebeneinander stehen? Okay! Ziehen Sie die Schaltfläche in die entsprechende Richtung, bis sie die Nachbarschaltfläche leicht berührt oder gar etwas überlappt. Wenn Sie die Maustaste dann loslassen, zeichnet Excel die Symbolleiste neu und löscht dabei die vertikale Linie vor oder nach der Schaltfläche, die Sie gerade gezogen haben.

Symbolleisten wie gehabt

Ganz wichtig: Sie werden sicherlich manchmal Änderungen in den integrierten Symbolleisten vornehmen, die Sie nicht beibehalten möchten. Ganz egal, wie wild Sie in den Symbolleisten herumwüten, Sie können stets das Original wiederherstellen. Wählen Sie dazu im Menü ANSICHT den Befehl SYMBOLLEISTEN und danach den Befehl ANPASSEN bzw. nur den Befehl ANPASSEN im Kontextmenü für die Symbolleisten. Markieren Sie dort auf der Registerkarte SYMBOLLEISTEN den Namen der entsprechenden Symbolleiste, und klicken Sie auf die Schaltfläche »Zurücksetzen«. Und alles ist wieder gut!

Eine Symbolleiste für jede Gelegenheit

Sie sind keineswegs auf die in Excel integrierten Symbolleisten angewiesen. Wenn sie Ihnen nicht zusagen, können Sie jederzeit eigene Symbolleisten erstellen und mit einer bunten Mischung aus Befehlen und Schaltflächen versehen, die bereits einer Excel-Symbolleiste zugeordnet sind oder die noch keine Aufgabe haben.

Um eine eigene Symbolleiste zu erstellen, gehen Sie folgendermaßen vor:

1. **Wählen Sie im Menü ANSICHT den Befehl SYMBOLLEISTEN und dann den Befehl ANPASSEN, um das Dialogfeld »Anpassen« zu öffnen.**

   Der Befehl ANPASSEN im Kontextmenü für die Symbolleisten tut es auch.

2. **Falls nötig, klicken Sie auf das Register SYMBOLLEISTEN und danach auf »Neu«.**

   Das Dialogfeld »Neue Symbolleiste« wird geöffnet.

3. **Geben Sie im Textfeld NAME DER SYMBOLLEISTE einen Namen für die neue Symbolleiste ein, und klicken Sie auf »OK«, oder drücken Sie `Eingabe`.**

   Das Dialogfeld »Neue Symbolleiste« wird geschlossen. Ganz unten im Listenfeld SYMBOLLEISTEN im Dialogfeld »Anpassen« kriegen Sie den Namen der neuen Symbolleiste zu sehen. Außerdem wird eine winzige leere Symbolleiste angezeigt (Abbildung 12.4).

4. **Klicken Sie auf das Register BEFEHLE, und markieren Sie im Listenfeld KATEGORIEN die Kategorie, die einen von Ihnen gewünschten Befehl bzw. Befehl mit Schaltfläche enthält.**

5. **Ziehen Sie den Befehl oder den Befehl mit Schaltfläche aus dem Listenfeld BEFEHLE in das winzige Symbolleistchen, und lassen Sie die Maustaste wieder los.**

6. **Wiederholen Sie die Schritte 4 und 5 für alle weiteren Elemente, mit denen Sie Ihre Symbolleiste schmücken möchten.**

   Sind alle Befehle, Befehle mit Schaltfläche, Schaltflächen oder was auch immer drin? Dann können Sie sie bei Bedarf noch neu anordnen, gruppieren oder so.

7. **Klicken Sie auf »Schließen«, um dem Ganzen ein Ende zu bereiten und das Dialogfeld »Anpassen« zu schließen.**

Je mehr Schaltflächen Sie in Ihre Symbolleiste einfügen, um so breiter stellt Excel die Symbolleiste dar, damit auch alle Schaltflächen darin Platz haben. Sobald die Symbolleiste eine bestimmte Größe erreicht hat, kann auch der von Ihnen vergebene Name vollständig in der Titelleiste der Symbolleiste angezeigt werden. Sollte die Symbolleiste langsam in das Dialogfeld »Anpassen« hineinwachsen, ziehen Sie einfach die neue Symbolleiste (Sie wissen – die Titelleiste ziehen), bis sie sich außer Reichweite des Dialogfelds »Anpassen« befindet.

In den Abbildungen 12.4 und 12.5 sehen Sie, wie eine neue Symbolleiste erstellt wird. Abbildung 12.4 zeigt das Dialogfeld »Anpassen«, nachdem der Name für die neue Leiste bereits festgelegt wurde, sowie die winzige neue Symbolleiste. Abbildung 12.5 zeigt die neue Symbolleiste »Sabines coole Tools« in ihrem vollen Glanz. Sie enthält eine eigenwillige Kombination von Schaltflächen. Bauen Sie sie nach, wenn Sie Lust haben, oder kreieren Sie eigene Varianten.

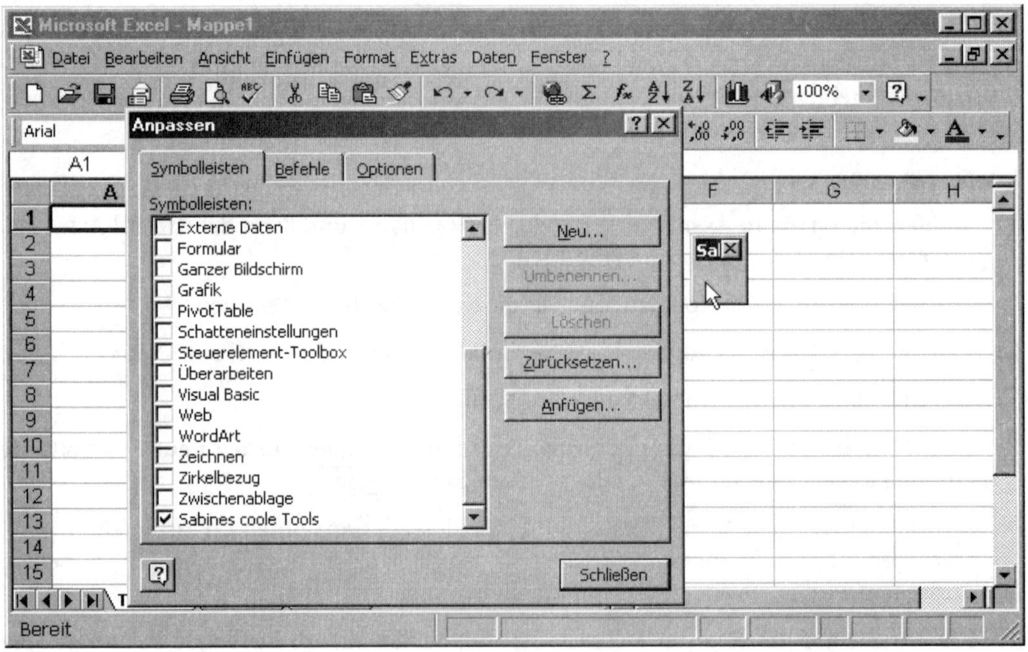

Abbildung 12.4: Die neue Symbolleiste erhält den Namen »Sabines coole Tools«.

Wenn Sie übrigens eine Schaltfläche markieren und dann auf der Registerkarte BEFEHLE auf die Schaltfläche AUSWAHL ÄNDERN klicken, können Sie festlegen, wie Sie den Schaltflächenkram angezeigt kriegen wollen (und auch sonst noch jede Menge Optionen wählen): nur als Schaltfläche, nur als Befehl oder als Befehl mit Schaltflächen – nicht schlecht, was?

Ist eine neue Symbolleiste erst einmal erstellt, können Sie sie wie jede integrierte Symbolleiste beliebig anzeigen, verbergen, verschieben, in der Größe verändern etc. Sollten Sie eine selbst erstellte Symbolleiste doch nicht behalten wollen, löschen Sie sie, indem Sie das Dialogfeld »Anpassen« öffnen, bei Bedarf auf das Register SYMBOLLEISTEN klicken, den entsprechenden

Namen im Listenfeld SYMBOLLEISTEN markieren und auf »Löschen« klicken. (Haben Sie es schon gemerkt? Excel verbietet Ihnen, eine integrierte Symbolleiste zu löschen.) Wenn Sie auf die Schaltfläche »Löschen« klicken, gibt Excel eine Warnung aus, in der Sie durch Klicken auf »OK« bzw. Drücken von `Eingabe` das Löschen bestätigen müssen. Sicher ist sicher.

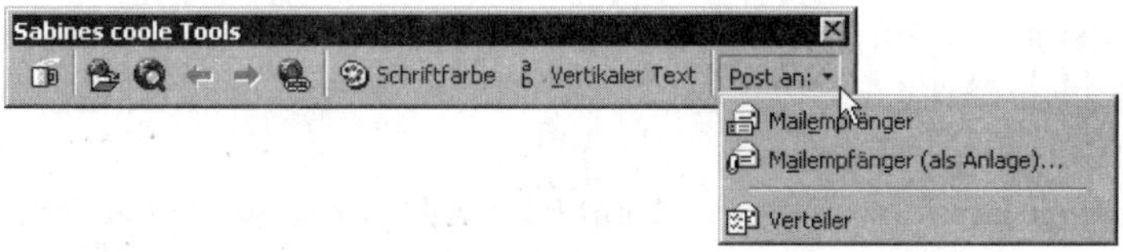

Abbildung 12.5: Die neue Symbolleiste – mit allen coolen Schaltflächen und Befehlen

Arbeitslose Schaltflächen – was für eine Verschwendung!

So, nun zum Highlight (für Mutigere). Sie können Schaltflächen mit Makros (siehe Kapitel 11) verknüpfen und diese Schaltflächen dann in eine Symbolleiste einfügen (sowohl in bereits integrierte als auch in selbst erstellte Symbolleisten). Wozu das Ganze? Sie können auf diese Weise ein Makro einfach abspielen, indem Sie auf seine Schaltfläche klicken. Den Vorteil werden Sie spätestens dann schätzen lernen, wenn Sie für Ihre Makros bereits alle Buchstaben (A bis Z) als Tastenkombinationen vergeben haben.

Excel bietet Ihnen in der Kategorie MAKROS eine ganz besonders glückliche Schaltfläche an (Abbildung 12.6). Verknüpfen Sie damit ein Makro, und passen Sie anschließend das Schaltflächenbildchen so an, daß Sie auch noch in einer Woche zumindest ungefähr wissen, welches Makro sich dahinter verbirgt.

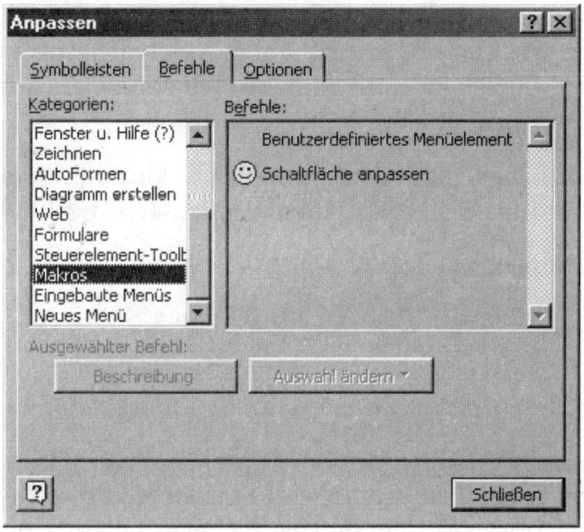

Abbildung 12.6: Die Kategorie MAKROS

Um ein Makro einer Schaltfläche zuzuweisen, gehen Sie folgendermaßen vor:

1. **Wenn das Makro, das Sie einer Schaltfläche zuweisen möchten, mit einer bestimmten Arbeitsmappe verbunden ist, sorgen Sie dafür, daß die Mappe geöffnet ist.**

   Wissen Sie es noch? Excel öffnet beim Programmstart automatisch die persönliche Makroarbeitsmappe. Alle Makros, die dort abgelegt sind, stehen immer und überall zur Verfügung. Makros, die in einer ganz bestimmten Arbeitsmappe erstellt wurden, stehen logischerweise auch nur dort zur Verfügung.

2. **Wählen Sie den Befehl ANPASSEN im Kontextmenü für die Symbolleisten, um das Dialogfeld »Anpassen« zu öffnen.**

3. **Ist die Symbolleiste, auf die es Ihnen ankommt, noch nicht auf dem Bildschirm zu sehen, klicken Sie bei Bedarf auf das Register SYMBOLLEISTEN und aktivieren anschließend die Symbolleiste Ihrer Wahl.**

4. **Klicken Sie auf das Register BEFEHLE, und markieren Sie zuerst im Listenfeld KATEGORIEN den Eintrag MAKROS und dann im Listenfeld BEFEHLE die Schaltfläche SCHALTFLÄCHE ANPASSEN (die besonders glückliche Schaltfläche).**

5. **Ziehen Sie die Schaltfläche aus dem Listenfeld BEFEHLE an die gewünschte Position in der Symbolleiste.**

6. **(Optional) Soll die Schaltfläche einen eigenen Namen bekommen (der in der QuickInfo angezeigt wird, wenn Sie mit dem Mauszeiger etwas länger darauf verweilen), klicken Sie mit der rechten Maustaste auf die Schaltfläche und wählen den Befehl NAME im Kontextmenü. Geben Sie dort einen ansprechenden Namen ein, der eventuell sogar etwas über die Makroaufgabe aussagt. Danach drücken Sie `Eingabe`.**

7. **(Optional) Um aus der glücklichen Schaltfläche eine andere Schaltfläche zu machen, klicken Sie mit der rechten Maustaste auf die Schaltfläche und wählen den Befehl SCHALTFLÄCHENSYMBOL ÄNDERN im Kontextmenü. Wow! So viele arbeitslose Schaltflächen! Wählen Sie aus, was Ihnen gefällt.**

8. **Um der Makroschaltfläche ein Makro zuzuweisen, klicken Sie erneut – ja, ja – mit der rechten Maustaste auf die Schaltfläche und wählen den Befehl MAKRO ZUWEISEN.**

   Excel öffnet das Dialogfeld »Makro zuweisen« (Abbildung 12.7).

9. **Markieren Sie das gewünschte Makro, bzw. zeichnen Sie es auf.**

   Um ein vorhandenes Makro zuzuweisen, doppelklicken Sie im Listenfeld MAKRONAME auf das entsprechende Makro, bzw. markieren Sie es, und wählen Sie »OK«, oder drücken Sie `Eingabe`.

   Sie können hier auch die Aufzeichnung eines neuen Makros beginnen, indem Sie auf die Schaltfläche »Aufzeichnen« klicken und dann genauso vorgehen, wie ich es in Kapitel 11 beschrieben habe.

10. **Wiederholen Sie die Schritte 5 bis 9 für alle weiteren Makros, die Sie Schaltflächen zuweisen möchten.**

11. **Klicken Sie auf die Schaltfläche »Schließen«, oder drücken Sie `Eingabe`, um das Dialogfeld »Anpassen« zu schließen.**

Abbildung 12.7: Das Dialogfeld »Makro zuweisen«

Neuer Menübefehl gefällig?

Tja, im Listenfeld BEFEHLE der Kategorie MAKROS – ich bin geistig übrigens immer noch im Dialogfeld »Anpassen« – da war doch noch ein Eintrag: BENUTZERDEFINIERTES MENÜELEMENT ANPASSEN. Was ist denn mit dem? Damit können Sie ein Makro einem Menübefehl zuweisen. Klasse! Und das Ganze funktioniert so:

1. **Wenn das Makro, das Sie einem Menübefehl zuweisen möchten, mit einer bestimmten Arbeitsmappe verbunden ist, sorgen Sie dafür, daß die Mappe geöffnet ist.**

   Wissen Sie es noch? Excel öffnet beim Programmstart automatisch die persönliche Makroarbeitsmappe. Alle Makros, die dort abgelegt sind, stehen immer und überall zur Verfügung. Makros, die in einer ganz bestimmten Arbeitsmappe erstellt wurden, stehen logischerweise auch nur dort zur Verfügung und der Menübefehl damit auch.

2. **Wählen Sie den Befehl ANPASSEN im Kontextmenü für die Symbolleisten, um das Dialogfeld »Anpassen« zu öffnen.**

3. **Klicken Sie auf das Register BEFEHLE, und markieren Sie zuerst im Listenfeld KATEGORIEN den Eintrag MAKROS und dann im Listenfeld BEFEHLE den Eintrag BENUTZERDEFINIERTES MENÜELEMENT ANPASSEN.**

4. **Ziehen Sie den Befehl aus dem Listenfeld Befehle an die gewünschte Position im Menü Ihrer Wahl. Warten Sie bis es aufklappt, und legen Sie den Befehl an der gewünschten Position im Menü ab.**

5. **(Optional) Soll der Befehl einen eigenen Namen bekommen (wäre eigentlich schon angebracht – was soll denn der Menübefehl Benutzerdefiniertes Menüelement anpassen bedeuten), klicken Sie mit der rechten Maustaste auf den Befehl und wählen den Befehl Name im Kontextmenü. Geben Sie dort einen ansprechenden Namen ein, der eventuell sogar etwas über die Makroaufgabe aussagt. Danach drücken Sie** [Eingabe]**.**

6. **Um dem Menübefehl ein Makro zuzuweisen, öffnen Sie das entsprechende Menü, in dem er sich versteckt, und klicken mit der rechten Maustaste auf den Makrobefehl. Danach wählen Sie den Befehl Makro zuweisen.**

   Das Dialogfeld »Makro zuweisen« macht sich auf dem Bildschirm breit (Abbildung 12.7).

7. **Markieren Sie das gewünschte Makro, bzw. zeichnen Sie es auf.**

   Um ein vorhandenes Makro zuzuweisen, doppelklicken Sie im Listenfeld Makroname auf das entsprechende Makro, bzw. markieren Sie es, und wählen Sie »OK«, oder drücken Sie [Eingabe].

   Sie können hier auch die Aufzeichnung eines neuen Makros beginnen, indem Sie auf die Schaltfläche »Aufzeichnen« klicken und dann genauso vorgehen, wie ich es in Kapitel 11 beschrieben habe.

Wenn Sie das Makro hinter einem Menübefehl verborgen haben, starten Sie es einfach, indem Sie den Menübefehl wählen – so wie Sie es zigmal am Tag mit anderen, in Excel integrierten Befehlen tun.

Und was ist, wenn Sie das Makro eines Tages nicht mehr brauchen und somit auch der Menübefehl überflüssig geworden ist? Sie öffnen das Dialogfeld »Anpassen« (Befehl Anpassen im Kontextmenü für die Symbolleisten oder Befehl Symbolleisten im Menü Ansicht und danach der Befehl Anpassen), öffnen das Menü, in dem sich der Menübefehl eingenistet hat, und ziehen ihn einfach aus dem Menü heraus. Maustaste loslassen – Menübefehl verschwindet. So einfach geht das!

Schaltflächen mit Hyperlinks schmücken

Makros sind nicht die einzigen Elemente, mit denen Sie Schaltflächen schmücken können. Die neuen und überarbeiteten Webfunktionen von Excel 2000 sorgen dafür, daß Sie einer »arbeitslosen« Schaltfläche auch einen Hyperlink zuweisen können, mit dem eine ganz bestimmte Webseite im Internet oder im firmeneigenen Intranet bzw. eine Datei Ihrer Wahl geöffnet oder eine E-Mail-Nachricht an eine bestimmte E-Mail-Adresse adressiert wird. So ist es beispielsweise keine Kunst, eine benutzerdefinierte Schaltfläche mit einem Hyperlink zu erstellen, deren Aufgabe es ist, zur Homepage der Microsoft Website zu springen. Oder erstellen Sie einfach eine Schaltfläche mit einem Hyperlink, die mir eine E-Mail schickt, in der drin steht, wie sehr Sie mein Buch lieben.

Na? Appetit bekommen? Dann los:

1. **Wählen Sie den Befehl ANPASSEN im Kontextmenü für die Symbolleisten, um das Dialogfeld »Anpassen« zu öffnen.**

2. **Sollte sich die Symbolleiste, die Sie mit einem Hyperlink beglücken möchten, noch nicht auf dem Bildschirm befinden, aktivieren Sie auf der Registerkarte SYMBOLLEISTEN deren Kontrollkästchen.**

3. **Klicken Sie auf das Register BEFEHLE, und markieren Sie zuerst im Listenfeld KATEGORIEN den Eintrag MAKROS und dann im Listenfeld BEFEHLE die Schaltfläche SCHALTFLÄCHE ANPASSEN (die mit dem glücklichen Gesicht; siehe auch Abbildung 12.6).**

4. **Ziehen Sie die Schaltfläche aus dem Listenfeld BEFEHLE an die gewünschte Position in der Symbolleiste.**

5. **(Optional) Um aus der glücklichen Schaltfläche eine andere Schaltfläche zu machen, klicken Sie mit der rechten Maustaste auf die Schaltfläche und wählen den Befehl SCHALTFLÄCHENSYMBOL ÄNDERN im Kontextmenü. Wählen Sie aus, was Ihnen gefällt.**

6. **Um der Schaltfläche einen Hyperlink zuzuweisen, klicken Sie erneut – ja, ja – mit der rechten Maustaste auf die Schaltfläche und wählen den Befehl HYPERLINK ZUWEISEN und danach im Untermenü den Befehl ÖFFNEN.**

   Das Dialogfeld »Hyperlink zuweisen: Öffnen« ist zu sehen (siehe Abbildung 12.8).

7. **Geben Sie im Textfeld DATEITYP ODER WEBSEITE die URL-Adresse, den Pfadnamen oder die E-Mail-Adresse ein, oder wählen Sie – wenn vorhanden – die URL-Adresse, den Pfadnamen der Datei oder die Mailto-Adresse im Listenfeld ODER AUS DER LISTE AUSWÄHLEN aus.**

   Damit der Pfad für die gewünschte Datei, die Internet-Adresse oder die E-Mail-Adresse überhaupt in diesem Listenfeld angezeigt wird, müssen Sie ganz links in der Umgebungsleiste auf die entsprechende Schaltfläche klicken (»Datei oder Webseite« für Dateien oder Webseiten und »E-Mail-Adresse« für E-Mail-Adressen). Wenn Sie auf die Schaltfläche »Datei oder Webseite« klicken, haben Sie noch einmal die Qual der Wahl zwischen drei weiteren Schaltflächen:

   - *»Zuletzt verwendet«*: Eine Liste mit Dateien, mit denen Sie erst vor kurzem gearbeitet haben, wird angezeigt.
   - *»Besuchte Webseiten«*: Eine Liste mit den zuletzt besuchten Webseiten wird angezeigt.
   - *»Eingefügte Hyperlinks«*: Eine Liste mit Dateien und Webseiten Ihres Ordners FAVORITEN wird angezeigt.

Um einen Hyperlink auf ein neues Office- oder Webdokument zu erstellen, klicken Sie in der Umgebungsleiste auf die Schaltfläche »Neues Dokument« und geben im Textfeld NAME DES NEUEN DOKUMENTS einen Dateinamen sowie den Dateityp ein.

8. **Klicken Sie auf »OK«, um das Dialogfeld »Hyperlink zuweisen: Öffnen« zu schließen.**

9. **Klicken Sie auf die Schaltfläche »Schließen«, oder drücken Sie [Eingabe], um das Dialogfeld »Anpassen« zu schließen.**

Wenn Ihr Rechner nicht permanent online ist, d.h. eine Verbindung zum World Wide Web besteht, dann bringt das Klicken auf Schaltflächen mit einem Hyperlink auf Webseiten nur Fehlermeldungen. In Kapitel 10 erzähle ich Ihnen übrigens mehr über Hyperlinks und coole Webfunktionen.

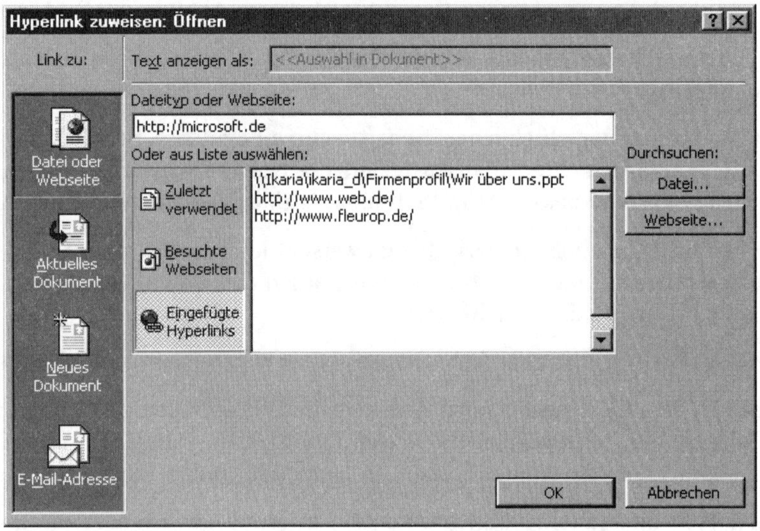

Abbildung 12.8: Das Dialogfeld »Hyperlink zuweisen: Öffnen«

Ein nettes Schaltflächengesicht, wenn ich bitten darf

Gott sei Dank sind Sie nicht auf die Schaltflächen mit Herzchen, lachenden und weinenden Gesichtern etc. angewiesen. Sie können auf das »Gesicht« einer Schaltfläche ein beliebiges Bildchen einer anderen Schaltfläche kopieren. Sollten Sie aber eine künstlerische Ader haben, können Sie sich auch im Schaltflächen-Editor künstlerisch betätigen und eigene Schaltflächenbildchen erstellen.

Um ein Schaltflächenbild auf eine andere Schaltfläche zu kopieren, gehen Sie folgendermaßen vor:

1. **Öffnen Sie das Dialogfeld »Anpassen«, indem Sie den gleichnamigen Befehl im Kontextmenü für die Symbolleisten wählen.**

2. **Falls nötig, aktivieren Sie die Symbolleiste, die die Schaltfläche enthält, deren »Gesicht« Sie kopieren möchten. Markieren Sie dazu auf der Registerkarte Symbolleisten die entsprechende Symbolleiste.**
3. **Klicken Sie mit der rechten Maustaste auf die Schaltfläche, die Sie kopieren möchten, wählen Sie den Befehl Schaltfläche kopieren im Kontextmenü, um das Bildchen in die Zwischenablage zu kopieren.**
4. **Klicken Sie mit der rechten Maustaste auf die Schaltfläche, der Sie das kopierte Bildchen »überstülpen« wollen, und wählen Sie den Befehl Schaltfläche einfügen im Kontextmenü.**

Und das war's auch schon. Excel ersetzt das »Gesicht« der markierten Schaltfläche durch das Bildchen aus der Zwischenablage.

Wenn Sie das dringende Bedürfnis haben, eigene Bildchen zu erstellen, dann steht Ihnen in Excel dabei nichts im Wege. Und womit? Mit dem heißen *Schaltflächen-Editor*. Um diesen Editor zu öffnen (Abbildung 12.9), öffnen Sie zunächst das Dialogfeld »Anpassen«. Klicken Sie mit der rechten Maustaste in der Symbolleiste auf die Schaltfläche, deren Gesicht Sie bearbeiten möchten, und wählen Sie dann den Befehl Schaltfläche bearbeiten im Kontextmenü.

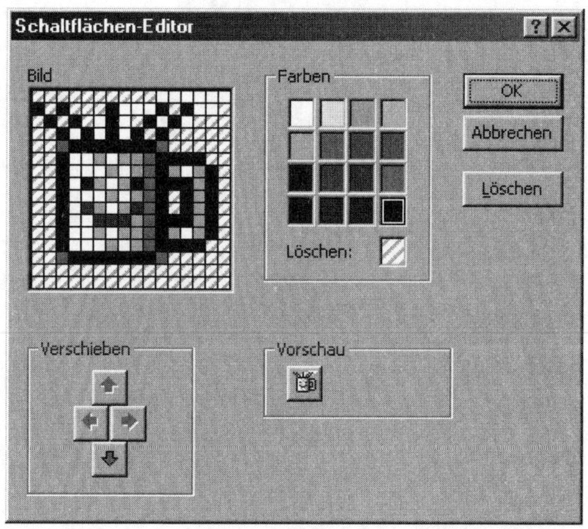

Abbildung 12.9: Die Kaffeetasse etwas aufpeppen

Um die Schaltfläche zu bearbeiten, klicken Sie erst einmal auf eine Farbe, die Ihnen gefällt, und anschließend auf die kleinen Quadrate im Feld Bild. Diese kleinen Quadrate stellen lauter einzelne Punkte dar, auch *Pixel* genannt, aus denen sich das Bildchen zusammensetzt. Wenn Sie ein Pixel eingefärbt haben und nachträglich merken, daß das nicht so ganz in Ihrem Sinne war, wählen Sie einfach die Originalfarbe aus und klicken noch einmal auf das Pixel. Wenn Sie ein komplett neues Bild erstellen, d.h. kein vorhandenes Bild überarbeiten möchten, wählen Sie die Schaltfläche »Löschen«, bevor Sie Ihre künstlerische Betätigung starten.

In Abbildung 12.9 sehen Sie ein von mir erstelltes Kunstwerk. Ich habe die arbeitslose Kaffeetassenschaltfläche überarbeitet – mit Erfolg, wie ich meine. In Abbildung 12.10 sehen Sie meine benutzerdefinierte Symbolleiste, nachdem ich aus der 08/15-Kaffeetasse eine glückliche Kaffeetasse gezaubert habe.

Abbildung 12.10: Bringen Sie etwas Pep in Ihre Symbolleisten.

Teil VI

Die Top Ten für alle Lebenslagen

»Setze ihn vor einen Bildschirm, und er ist ein Genie. Aber sonst ist der Typ eine solche Nulpe. Der wird es nie ins Management schaffen.«

In diesem Teil...

Hier lernen Sie noch all das kennen, was Sie zum Leben mit Excel unbedingt brauchen. Es wimmelt hier nur so von Geboten und Verboten. Wenn Sie die alle durchgekaut haben, wissen Sie definitiv Bescheid: die neuesten Features, alles, was Anfänger wissen müssen und die zehn Gebote dessen, was Sie nie, aber auch wirklich nie tun dürfen.

Die Top Ten der neuen Funktionen von Excel

13

Wenn Sie auf der Suche nach einem schnellen Überblick über die Neuheiten in Excel 2000 sind, dann hat Ihre Suche hier ein Ende. Hier sind sie: die offiziellen Top Ten der nagelneuen Excel-Funktionen. Werfen Sie mal einen kurzen oder auch längeren Blick auf die Liste. Wie Sie sehen können, ist sie etwas weblastig. Aber bei diesem Thema hat sich wirklich jede Menge getan.

Natürlich habe ich alle Top Ten auch noch mit Querverweisen auf die entsprechenden Kapitel in diesem Buch versehen. Damit Sie – wenn Sie zu den ganz Eifrigen gehören – gleich weiterlesen können.

10. *Personalisierte Menüs*: Das klinkt zwar vertrauenserweckend, ist aber – zumindest am Anfang – unter Umständen ziemlich verwirrend! Excel 2000 versucht, mit diesem Feature seinen Menü-Dschungel für den Benutzer etwas übersichtlicher zu machen, indem es beim Aufklappen eines Menüs zunächst nur die Befehle anzeigt, mit denen Sie in letzter Zeit häufig gearbeitet haben. (Wenn es Sie stört, daß sich Ihr Menü stets in neuem Gewande präsentiert, dann wenden Sie sich vertrauensvoll an Kapitel 2. Dort erfahren Sie, wie Sie diese brandneue Funktion ad acta legen.)

9. *Mehrere Symbolleisten in einer Zeile*: Was für ein Gedränge! Nichtsdestotrotz ist es möglich, mehrere (jawohl, mehr als zwei) Symbolleisten in einer Zeile unterzubringen (bzw. in einer Spalte, wenn Sie die Symbolleisten links oder rechts in Excel andocken). Die Standard- und die Format-Symbolleiste gehen da mit gutem Beispiel voran, indem sie sich standardmäßig die Zeile unter der Menüleiste geschwisterlich teilen. Klar, daß da nicht alle Schaltflächen Platz haben. Aber Sie kommen trotzdem an jede Schaltfläche ran. Dafür sorgt die Schaltfläche »Weitere Schaltflächen«, die es ganz rechts in jeder Symbolleiste gibt. Liste aufklappen, Schaltfläche wählen, und schon hat sie einen Logenplatz in der entsprechenden Symbolleiste (zumindest vorübergehend). Kapitel 3 weiß mehr zu diesem Thema.

8. *Durchsichtige Zellmarkierung*: Excel 2000 versieht markierte Zellen mit einem aparten Blau (macht richtig Urlaubsstimmung – blaues Meer, blauer Himmel), das eine inverse Darstellung des Zellinhalts überflüssig macht. Dadurch sind markierte Daten besser zu lesen. Sehen Sie sich mal die Abbildungen 3.11 und 3.12 an. Wenn das nicht gut lesbar ist, dann weiß ich auch nicht.

7. *Erweiterte Listenformate und Formeln*: Mit Hilfe dieser neuen cleveren Funktion übernimmt Excel bei der Eingabe von neuen Listeneinträgen automatisch das Format und die Formeln der vorangegangenen Listeneinträge. Das ist total praktisch, wenn Sie Listen

eingeben, deren Einträge in jeder Zeile das gleiche Format und/oder die gleiche Formel enthalten. Näheres hierzu in Kapitel 2.

6. *Datumsangaben für das zweite Jahrtausend*: Brisantes Thema! Aber kein Grund zur Panik. Wenn Sie mit Datumsangaben zwischen 2000 und 2029 arbeiten, geben Sie einfach die letzten beiden Zahlen der Jahreszahl ein, und Excel weiß ganz genau, wovon Sie sprechen. Wenn Sie aber ein sehr zukunftsorientierter Mensch sind, und mit Datumsangaben von 2030 aufwärts arbeiten, dann müssen Sie alle vier Stellen der Jahresangabe eingeben, damit Excel Ihre Angaben nicht mit dem 20. Jahrhundert verwechselt. Mehr zu diesem wichtigen Thema in Kapitel 2.

5. *Schriftartennamen in korrekter Schriftart anzeigen*: Einfach WYSIWYGig! Wenn Sie in der Format-Symbolleiste das Dropdown-Listenfeld für Schriftarten öffnen, ah! Welche Artenvielfalt. Nein, im Ernst. Jeder Schriftartenname wird genauso dargestellt, wie die eigentliche Schriftart aussieht.

4. *Webseitentabellen aus dem Browser nach Excel schaffen*: Einfach die gewünschten Zellen in der Webseitentabelle markieren, mit der rechten Maustaste auf die Tabelle klicken und danach im Kontextmenü KOPIEREN wählen, in Excel auf die gewünschte Zelle klicken und [Strg]+[V] drücken. Schon sind die Zellen aus der Webseite mit allem, was dazugehört, drin in Excel. Hyperlinks und Webseiten werden bis zum Abwinken in Kapitel 10 behandelt.

3. *Webseitenvorschau*: Echt komfortabel! Sie wollen sehen, wie sich Ihre Tabelle in einer Webseite machen würde? Nichts leichter als das. Wählen Sie im Menü DATEI den Befehl WEBSEITENVORSCHAU. Ihr Browser (meistens wohl der Internet Explorer) meldet sich zu Wort und zeigt Ihnen, wie er sich das so mit Ihren Daten als Webseite vorstellen würde. Wenn Ihnen das Ergebnis gefällt, dann können Sie Ihre Daten als Webseite (im HTML-Format) speichern. Näheres zu diesem Thema in Kapitel 10.

2. *Webseiten in Excel öffnen und speichern*: Stellen Sie sich vor: Sie erstellen Webseiten, und das direkt in Excel! Alles, was Sie dazu tun müssen, ist, den Befehl ALS WEBSEITE SPEICHERN im Menü DATEI zu wählen. Aber es kommt noch besser. Sie können eine Webseite auch ganz einfach in Excel öffnen, um mal schnell nebenbei ein paar Korrekturen auszuführen. Und mit dem all bekannten Befehl *Speichern* im Menü *Datei* werden Ihre Korrekturen in der Webseite verewigt. Kapitel 10 beschäftigt sich intensiv mit dieser Materie.

1. *Excel-Tabellen als interaktive Webseiten speichern*: Die coolste der neuen Funktionen, einwandfrei die Nummer Eins. Also, mit Excel 2000 können Sie Tabellendaten oder Diagramme als interaktive Webseiten speichern. Beim Speichern einer Tabelle oder eines Diagramms als Webseite genügt das Aktivieren eines einzigen Kontrollkästchens, nämlich INTERAKTIVITÄT HINZUFÜGEN, um folgendes zu erreichen: Ein(e) Benutzer(in) Ihrer Webseite (er/sie sollte allerdings mit dem Internet Explorer 4 oder 5 arbeiten), betrachtet Ihre Webseite im Browser (soweit nichts Neues) und fängt dann munter an, Ihre Daten zu bearbeiten und zu formatieren (natürlich nur die Zellen, die Sie nicht geschützt haben). Näheres zu diesem Hightech-Hyper-Number-One-Feature finden Sie in Kapitel 10.

Die Top Ten für Anfänger

14

Auch wenn die folgenden zehn Punkte das einzige sein werden, was Sie je über Excel wissen, liegen Sie damit sicherlich noch über dem Durchschnitt. Denn nur diejenigen, die über diese Dinge Bescheid wissen, können erfolgreich mit Excel 2000 arbeiten.

10. Um Excel über die Taskleiste von Windows 95/98 zu starten, klicken Sie auf die Schaltfläche »Start« und wählen anschließend im aufklappenden Menü den Befehl PROGRAMME und danach MICROSOFT EXCEL.

9. Sie können beim Starten von Excel auch gleich eine bereits vorhandene Arbeitsmappe öffnen. Öffnen Sie dazu im Windows Explorer oder im Arbeitsplatz-Fenster einfach den Ordner, der das gewünschte Dokument enthält, und doppelklicken Sie auf das entsprechende Dateisymbol. Excel und die Arbeitsmappe stehen zur Verfügung.

8. Da das Tabellenblatt größer ist als der Bildschirm, können Sie mit Hilfe der beiden Bildlaufleisten bequem zu einem anderen Teil im Tabellenblatt blättern. Die QuickInfo zeigt beim Blättern stets an, in welcher Zeile bzw. in welcher Spalte Sie landen würden, wenn Sie den Mauszeiger jetzt sofort loslassen würden.

7. Um eine brandneue Arbeitsmappe (die automatisch drei Tabellenblätter enthält) aus dem Boden zu stampfen, klicken Sie in der Standard-Symbolleiste auf die Schaltfläche für Neu oder wählen im Menü DATEI den Befehl NEU. (Wer will, der drücke [Strg]+[N].) Sollten Sie nachträglich bemerken, daß Sie mehr als drei Tabellenblätter brauchen, können Sie jederzeit ein neues Blatt einfügen. Wählen Sie entweder im Menü EINFÜGEN den Befehl TABELLENBLATT, oder drücken Sie [Umschalt]+[F11].

6. Etwas zur Navigation innerhalb mehrerer geöffneter Arbeitsmappen und in den Arbeitsmappen selbst: Um eine geöffnete Mappe zu aktivieren und sie ganz oben über allen anderen Mappen anzuzeigen, öffnen Sie das Menü FENSTER und wählen dort den entsprechenden Mappennamen bzw. die Mappennummer aus. Um in der aktuellen Mappe wiederum ein ganz bestimmtes Tabellenblatt zu aktivieren (falls Sie ein paar neue Blätter eingefügt haben), klicken Sie unten im Arbeitsmappenfenster auf das gewünschte Blatt. Sollte das Blatt, das Sie brauchen, nicht angezeigt werden, können Sie mit den Registerlaufpfeilen nach links und nach rechts blättern.

5. Damit Sie irgend etwas in Ihr Tabellenblatt eingeben können, markieren Sie eine Zelle und tippen drauflos. Wenn Sie fertig sind, klicken Sie auf die Schaltfläche für Eingeben in der Bearbeitungsleiste bzw. drücken [Tab], [Eingabe] oder eine der Pfeiltasten.

4. Um das Zeug zu überarbeiten, das Sie voller Begeisterung in eine Zelle eingegeben haben, doppelklicken Sie auf die Zelle oder setzen den Cursor auf die Zelle und drücken [F2]. Excel stellt dann die Einfügemarke ganz brav an das Ende des Zelleintrags, und Sie können korrigieren. Ist die Zelle überarbeitet, klicken Sie auf die Schaltfläche für Eingeben in der Bearbeitungsleiste oder drücken [Tab], [Eingabe] oder eine der Pfeiltasten.

3. Um einen der vielen Befehle in den Menüs zu wählen, klicken Sie auf die Menübezeichnung (in der Menüleiste), um das Menü aufzuklappen. Klicken Sie anschließend auf den gewünschten Befehl im aufgeklappten Menü. Und da gibt es dann auch noch die Kontextmenüs mit ihren Befehlen. Um einen Befehl in einem Kontextmenü zu wählen, klicken Sie mit der rechten Maustaste auf das Element (dessen Kontextmenü Sie aufklappen möchten – Zelle, Register, Symbolleiste, Diagramm etc.). Zack, das Menü klappt Ihnen entgegen. Jetzt wählen Sie wie gewohnt den gewünschten Befehl mit der linken Maustaste aus.

2. Sie haben jede Menge Daten eingegeben und wollen das Ganze nun zum allerersten Mal speichern. Wählen Sie den Befehl SPEICHERN im Menü DATEI. Suchen Sie sich im daraufhin angezeigten Dialogfeld »Speichern unter« ein Laufwerk und einen Ordner aus, und ersetzen Sie den aktuellen Dateinamen MAPPE1 durch einen Namen Ihrer Wahl. (Wer will, der schwelge in ellenlangen Namen bis zu 255 Zeichen; auch Leerzeichen sind erlaubt.) Wann immer Sie in dieser Mappe spätere Änderungen speichern möchten, klicken Sie in der Standard-Symbolleiste auf die Schaltfläche für Speichern, wählen den Befehl SPEICHERN im Menü DATEI oder drücken [Strg]+[S].

1. Nach getaner Arbeit beenden Sie Excel, indem Sie im Menü DATEI den Befehl BEENDEN wählen, auf das Systemmenüfeld des Anwendungsfensters doppelklicken oder [Alt]+[F4] drücken. Wenn dann noch Mappen geöffnet sind, deren Änderungen Sie noch nicht gespeichert haben, wird sicherheitshalber nachgefragt, ob Sie sie speichern möchten, bevor Sie Excel schließen und zu Windows zurückkehren.

Die Top Ten für alle

15

Beim Arbeiten mit Excel werden Sie feststellen, daß es für eine Reihe von Dingen Regeln gibt. Und wenn Sie diese Regeln befolgen, dann klappt es auch (zumindest meistens). Also, halten Sie sich an folgende Gebote, und Sie werden ein glückliches und erfülltes Leben führen.

10. Du sollst das regelmäßige Speichern nicht vergessen.

Speichern Sie Ihre Meisterwerke regelmäßig auf den Datenträger (Diskette oder Festplatte oder was sonst auch immer). Nehmen Sie dazu den Befehl SPEICHERN im Menü DATEI, oder drücken Sie `Strg`+`S`. Sollten Sie nach einer Weile zugeben müssen, daß Sie eher zur Sorte der faulen Antispeichertypen gehören, dann aktivieren Sie das automatische Speichern und lassen Excel an Ihrer Stelle speichern. Wählen Sie dazu den Befehl ADD-INS-MANAGER im Menü EXTRAS, und aktivieren Sie dort das Kontrollkästchen AUTOMATISCHES SPEICHERN.

9. Du sollst Deine Arbeitsmappe beim allerersten Speichern mit einem klangvollen Namen mit bis zu 255 Zeichen versehen und in den Ordner Deiner Wahl ablegen.

Auch Leerzeichen und sonstige geheimnisvolle Symbole sind nun erlaubt. Achten Sie darauf, daß Sie den gewünschten Ordner beim Speichern erwischen. Ansonsten suchen Sie später verzweifelt nach Ihrer Datei.

8. Du sollst die Daten in Deinen Tabellenblättern eng zusammenhalten.

Lassen Sie in Ihren Tabellenblättern keine Zeilen oder Spalten leer. Das zieht das Blatt unnötig in die Länge bzw. in die Breite und frißt kostbaren Speicherplatz.

7. Du sollst alle Formeln mit einem Gleichheitszeichen beginnen.

Ohne das Gleichheitszeichen (=) hat Excel überhaupt keine Ahnung davon, daß Sie eine Formel eingeben möchten. Denken Sie dran! Wenn Sie aber zum alten Stamm der 1-2-3-Benutzer gehören, dann bleibt Ihnen selbstverständlich weiterhin die Alternative, Formeln mit dem Klammeraffen (@) zu beginnen. Da ist Excel ziemlich tolerant.

6. Du sollst Deine Zellen markieren, bevor Du sie bearbeitest.

Nur markierte Zellen können irgendwie bearbeitet werden. Also, bevor Sie einen Befehl wählen oder unüberlegt in einer der Symbolleisten herumklicken, markieren Sie zuerst die Zellen, mit denen Sie etwas anstellen möchten.

5. Du sollst ohne zu zögern auf den Befehl RÜCKGÄNGIG zurückgreifen, wenn Du einen Fehler gemacht hast.

Diesen Befehl müssen Sie sich einfach merken! Er befindet sich im Menü BEARBEITEN. Drücken von [Strg]+[Z] führt zum selben Ergebnis. Das funktioniert aber nur, wenn Sie diese Notbremse sofort ziehen, sobald Sie einen Arbeitsschritt ausgeführt haben. Später geht nichts mehr, es sei denn, Sie machen über die Schaltfläche für Rückgängig gleich mehrere Arbeitsschritte auf einmal rückgängig.

4. Du sollst keine Zeilen und Spalten im Tabellenblatt einfügen oder löschen, ohne zuvor ausführlich zu prüfen, ob damit nicht großes Unheil angerichtet wird.

Tun Sie beides nur, wenn Sie absolut sicher sind, daß Sie damit keine lebenswichtigen Daten überschreiben oder eliminieren.

3. Du sollst kein Tabellenblatt drucken, bevor Du es nicht in der Seitenansicht geprüft hast.

Denken Sie an die Wälder, und prüfen Sie vor jedem Ausdruck Ihre Meisterwerke in der Seitenansicht. Wählen Sie dazu im Menü DATEI den Befehl SEITENANSICHT. Wenn dort alles okay aussieht, kann's losgehen.

2. Du sollst die Berechnung Deiner Mappen von »automatisch« auf »manuell« umstellen, wenn Deine Mappen so riesig sind, daß Excel ganz schlapp wird.

Wo geht das denn überhaupt? Befehl OPTIONEN im Menü EXTRAS, Registerkarte BERECHNEN, Optionsfeld MANUELL. Also, wenn Sie merken, daß Excel immer mehr das Tempo einer Weinbergschnecke annimmt, dann sollten Sie Gegenmaßnahmen ergreifen. Es wäre hier auch zu empfehlen, das Kontrollkästchen VOR DEM SPEICHERN NEU BERECHNEN zu deaktivieren. Oder ignorieren Sie die Aufforderung zur Neuberechnung in der Statusleiste, und weigern Sie sich einfach, [F9] zu drücken.

1. Du sollst Deine Arbeitsmappen mit all ihren Tabellenblättern vor dem Unheil anderer schützen.

Wählen Sie im Menü EXTRAS den Befehl SCHUTZ. Ein Untermenü klappt auf, in dem Sie die Wahl zwischen BLATT SCHÜTZEN und ARBEITSMAPPE SCHÜTZEN haben. Und wenn Sie sich zutrauen, ein Kennwort zu definieren, dann sollten Sie dies auch tun. Sicher ist sicher. Wenn Sie das Kennwort allerdings vergessen sollten, ist der Ofen aus.

Stichwortverzeichnis

Symbole

#BEZUG! 90
#DIV/0! 90
#NAME? 90
#NULL! 90
#WERT! 90
#ZAHL! 90
$-Zeichen 180
<Num>-Taste 82

A

A1-Bezugsart 26
Absolute Zellbezüge 179
Anlagen senden 353
Anordnen von Fenstern 253
Antwort-Assistent 70
Arbeiten mit diesem Buch 16
Arbeitsmappen 24
  als Webseiten speichern 326
  arbeiten mit 245
  Größe 25, 27
  öffnen 162
  schützen 241
Argumente 103
Assistenten
  Diagramm 268
  Funktionen 103
Ausfüllkästchen 96
Ausrichtung 149
  horizontal 144
  Verbinden und zentrieren 145
  vertikal 146
Ausschneiden 182
Ausschnitte 222
  fixieren 226
AutoAusfüllen 96
  Datenreihen erstellen 98
  eigene Datenreihen erstellen 99
  Formeln kopieren 177
  kopieren 98
AutoBerechnung 50
AutoEingabe 95
AutoFilter
  benutzerdefinierte 311
  erstellen 308
  Operatoren 311
  Top Ten 309
AutoFormen 286
AutoKorrektur 91
AutoMarkieren
  Maus 118
  Tastatur 121
Autostart 33

B

Bearbeitungsleiste 44
Bedingte Formatierung 157
Beenden
  Excel 71
Befehle
  ... (drei Punkte) 57
  abgeblendete 58
  Als Webseite speichern 326
  Anordnen 254
  Anpassen 368
  Ausschneiden 182
  AutoFormat 123
  Bedingte Formatierung 157
  Beenden 71
  Blatt löschen 249, 250
  Blatt verschieben/kopieren 258
  ClipArt 284
  Druckbereich 200
  Druckbereich aufheben 200
  Drucken 198
  Einfügen 182, 183, 250
  Ersetzen 239
  Fixieren 226
  Fixierung aufheben 228
  Formatvorlage 155
  Gehe zu 56, 122, 232

Grafik 284
Gruppierung aufheben 249
Hyperlink 316
in Menü-/Symbolleisten bearbeiten 370
Inhalte einfügen 185
Kommentar 228, 229
Kopieren 183
Löschen 187
Mailempfänger 352
Mailempfänger (als Anlage) 353
Makro 357
Maske 295
Neues Fenster 254
Öffnen 162
Optimale Breite bestimmen 140
Optionen 77
Rückgängig 170
Schutz 241
Seite einrichten 200
Seitenansicht 194
Seitenumbruch-Vorschau 213
Seitenwechsel aufheben 215
Senden an 352
Sortieren 306
Spalte 140
Speichern 110
Speichern unter 112
Suchen 236
Symbolleisten 368
Tabellenblatt 250
Teilen 224
Teilung aufheben 224
Umbenennen 251
Verschieben/kopieren 258
Webseitenvorschau 347
Zeile 141
Zeilenhöhe 141
Zellen 129, 136
Zellen einfügen 189
Zellen löschen 187
Zoom 220
Befehlsbuchstaben 57
Beispielmakros 363
Benutzerdefinierte Listen 99
Benutzerwörterbücher 190
Berechnen
manuell 240
Berechnete Felder 298
Besuchte Hyperlinks 321
Bildlauffelder 52
Bildlaufleisten 47, 51
Bildlaufpfeile 51
Bildschirmelemente 37
Blattregister 47, 247
kopieren 258
markieren 249
neu anordnen 252
umbenennen 251
verschieben 258
verschieben/kopieren 252

C

Clip Gallery 284
ClipArts
einfügen 284
Clips
einfügen 284

D

Dateieigenschaften
anzeigen 168
Dateien
als Kopie öffnen 170
Eigenschaften anzeigen 168
in Favoriten ablegen 165
öffnen 163
suchen 164, 166
Vorschau anzeigen 169
Daten
für Diagramm markieren 269
in Arbeitsmappe eingeben 74
in Zellbereich eingeben 101
in Zellen eingeben 75
schützen 241
sortieren 304
suchen 236
verstecken 141
Datenbanken
berechnete Felder 298
blättern in 300
Datenmasken 294
Datensätze 293

E-Mail-Adressen hinzufügen 298
Felder 293
Feldnamen 293
filtern 308
interaktive 337
sortieren 304
Suchkriterien 294, 301
Webadressen hinzufügen 298
Datenmasken 294
Datenreihen 270
Datensätze 293
bearbeiten 300
einfügen 295
löschen 300
suchen 301
Datentabellen 275
Datentypen 77
Formeln 77, 86
Text 78
Zahlen 78
Datumsangaben 83
Jahr 2000 85
Datumsformate 84
Datumssysteme 84
Dezimalstellen
feste 81
hinzufügen 134
löschen 134
Dezimalzahlen 79, 80
als Bruch 80
Diagramm-Assistent 268
Diagrammblätter
erstellen 272
Diagramme 267
Achsen formatieren 280
Datentabelle 275
dreidimensionale 282
drucken 290
erstellen 268
im Tabellenblatt bearbeiten 276
interaktive 339
Kontextmenü 276
mit der Symbolleiste bearbeiten 274
nicht zugeordneter Text 278
Optionen 277
Pfeile einfügen 280
Position/Größe ändern 272
Symbolleiste 274
Textfelder einfügen 278
Titel 277
Werte im Tabellenblatt ändern 281
Dialogfelder
Elemente in 61
schließen 63
Dokumente
öffnen 162
suchen 164
Dokumentfenster 46
blättern in 51
teilen 222
verschieben 48
Doppelklicken 35
Drag & Drop 172
Drehfelder 63
Dropdown-ListenfelderPopup-Listenfelder 62
Druckaufträge
löschen 197
Druckbereiche 200, 209
Drucken 193
auf eine Seite 203
Dialogfeld 199
Formeln 216
Gitternetzlinien 210
grafische Objekte 290
Hilfethemen 71
Kopf-/Fußzeilen 205
Orientierung 202
Ränder 203
Zeilen- und Spaltenüberschriften 210
Druckerfenster 197
Druckerwarteschlange 197
Drucktitel 210, 211

E

E-Mail 351
E-Mail-Adressen
in Datenbanken einfügen 298
Eigenschaften 168
Eigenschaftentoolbox 333
Einfügen 182
Formate 185
Formeln 185
Gültigkeit 186

Kommentare 228
Operationen 186
Werte 185
Zellen 189
Zellinhalte 185
Eingabefehler
korrigieren 92
Einzug
vergrößern 146
verkleinern 146
Elektronische Post 351
Entwurfsqualität 210
Ersetzen 239
Erweiterungsmodus 120
Excel
mit dem "Start"-Menü von Windows 95/98 starten 31
mit dem Windows-Explorer starten 31
mit der Office Shortcut-Leiste starten 29
mit einer Verknüpfung starten 32
neue Funktionen in 385
über Autostart starten 33
Webseiten bearbeiten in 343
Excel 97 für Windows 17
Explorer
Excel starten mit 31

F

Favoriten 165
Fehlersuche 91
Fehlerwerte 90
Felder 293
Feldnamen 293
Fenster
anordnen 254
Anordnung speichern 257
Größe ändern 38
mehrere anzeigen 253
schließen 38
Fettdruck 143
Filtern
Datensätze 308
Format-Symbolleiste 40, 126
Formate
kopieren 156
übertragen 156
Formatierung
bedingte 157
Formatvorlagen
erstellen 155
für Hyperlinks 323
Standard 154
zusammenführen 155
Formeln 77, 86
drucken 216
eingeben 86
kopieren mit AutoAusfüllen 177
mit Namen definieren 233
mit Spalten- und Zeilenüberschriften definieren 234
neu berechnen 240
Formelpalette 103
FTP-Adressen einrichten 349
Funktionen 103
Funktions-Assistent 103
Funktionsargumente 103
Fußzeilen
benutzerdefinierte 207
erstellen 205

G

Gitternetzlinien
drucken 210
entfernen 151
Grafische Objekte
als Hyperlinks definieren 316
aus anderen Anwendungen einfügen 284
ausblenden 290
ClipArts 284
drucken 290
gruppieren 290
Gruppierung aufheben 290
überlagern 289
WordArt 287
Gruppieren 290

H

Hilfe 65
?-Schaltfläche 69
Antwort-Assistent 70
Direkthilfe 69

Hilfethemen 70
Index 70
Inhalt 70
Hilfethemen 70
drucken 71
Hochformat 202
Hotkeys 57
Hyperlinks
aktivieren 320
auf E-Mail-Adresse 318
auf eine Webseite 317
auf Zelle/Zellbereich 318
bearbeiten 324
besuchte 321
Definition 315
einfügen 316
formatieren 323
grafische bearbeiten 324
grafische Objekte 316
Hilfethemen 70
Hypertext 316
kopieren 324
löschen 324
mit Schaltflächen verknüpfen 378
Ziel ändern 324
Hypertext 316
bearbeiten 324
formatieren 323
kopieren 324
löschen 324
Ziel ändern 324

I

Inhalte einfügen 185
IntelliMouse 52
Interaktive Datenbanken 337
filtern 338
sortieren 337
Interaktive Diagramme 339
Interaktive Pivot-Tabellen 331
Interaktive Tabellen 332
Interaktive Webseiten 326, 330
Darstellung 333
Datendarstellung ändern 333
Dateninhalte ändern 333
Eigenschaftentoolbox 333
mit Datenbank 337
mit Diagramm 339
mit Tabellendaten 332
nach Excel exportieren 344

J

Jahr 2000-Datum 85

K

Klammersetzung 89
Klicken 35
Kommentare
anzeigen 229
ausblenden 229
bearbeiten 230
drucken 210, 231
erstellen 228
löschen 231
verschieben 231
Konsolidieren 261
Kontextmenüs
Definition 56
Symbolleisten 59
Zellen 60
Kontrollkästchen 63
Kopfzeilen
benutzerdefinierte 207
erstellen 205
Kopieren 183
AutoAusfüllen 98, 177
Kursivdruck 143

L

Laufrahmen 108
Laufwerke
wechseln 164
Legenden 270
Listenfelder 62
Löschen 187
Inhalte 187
Spalten 188
Zeilen 188
Zellen 187

M

Mails 351
Makrorekorder 357
Makros
  abbrechen 362
  Arbeitsmappen 358
  aufzeichnen 357
  ausführen 358, 362
  Beispiele 363
  mit Menübefehlen verknüpfen 377
  mit Schaltflächen verknüpfen 375
  Namen vergeben 360
  relative Aufzeichnung 365
  relative/absolute Bezüge 364
  Tastenkombinationen 357, 360
Makrosprache 358
Markieren
  Gehe zu 122
  Maus 117
  Tastatur 120
Maus
  Mehrfachauswahl 118
  Zellen markieren 117
Maustechniken 35
Mauszeiger 36
Mehrfachauswahl
  Maus 118
  Tastatur 122
Menüanimation 370
Menübefehle 56
  benutzerdefinierte löschen 378
  mit Makros verknüpfen 377
  neue einfügen 377
Menüleiste 39
Menüs 57
  Kurzversion 58
  Optionen zur Darstellung 369
  personalisierte 58, 369
  Vollversion 58
Microsoft Clip Gallery 284
Microsoft Excel
  neue Funktionen in 385
  Webseiten bearbeiten in 343
Microsoft Office Shortcut-Leiste 29
Microsoft Word
  Webseiten bearbeiten in 341
Modulblätter 358
Muster 153

N

Nachrichten senden 351
Namen
  für Zelle vergeben 232
  in Formeln 233
Neue Funktionen in Excel 385

O

Office Shortcut-Leiste 29
Office-Assistenten 65
  anderen auswählen 68
  aufrufen 65
  ausblenden 68
  Glühbirne 69
  um Hilfe bitten 65
Office-Zwischenablage 183
Operatoren 86
  AutoFilter 311
Optionsfelder 63
Ordner
  Favoriten 165
  in Favoriten ablegen 165
  suchen 164
OWCSHEET 344

P

Papierformate 201
Personalisierte Menüleiste 58
Personalisierte Symbolleisten 44
Persönliche Makroarbeitsmappe 358
Pivot-Tabellen
  interaktive 331
Platzhalterzeichen 238
Primärschlüssel 305
Prozentformat 133
Pulldown-Menüs 56

Q

Querformat 202
QuickInfo 40

R

Rahmen 151, 152
Randeinstellungen 203
Rechenoperationen 89
Rechtschreibprüfung 189
Register 247
  kopieren 258
  markieren 249
  umbenennen 251
  verschieben 258
Registerkarten 62
Registerlaufpfeile 47, 247
Registerleiste 247
Registerteilungsfeld 223, 248
Relative Zellbezüge 178

S

Schaltflächen 63
  Abbrechen 45
  aus Symbolleisten löschen 372
  AutoSumme 108
  Bild neu malen 381
  Bilder zuweisen 380
  Darstellung 374
  Dezimalstelle hinzufügen 134
  Dezimalstelle löschen 134
  Eingeben 45
  Format übertragen 156
  Formeln bearbeiten 45, 107
  gruppieren 372
  in der Standard-Symbolleiste 41
  in Symbolleisten einfügen 370
  kopieren 372, 380
  leere 375
  Makros zuweisen 375
  Maximieren 38
  Minimieren 38
  mit Hyperlinks verknüpfen 378
  Prozent 133
  verschieben 372
  Währung 131
  Wiederherstellen 38
Schaltflächen-Editor 381
Schlüsselfelder 305
Schreibweisen in diesem Buch 19
Schrift 143
Schriftarten
  Standard in Arbeitsmappen 143
Schwarzweißdruck 210
Seite einrichten
  Registerkarte »Kopfzeile/Fußzeile« 206
  Registerkarte »Papierformat« 201
  Registerkarte »Ränder« 204
  Registerkarte »Tabelle« 209
Seitenansicht 194
  Ränder 203
Seitenumbruch-Vorschau 213
Seitenwechsel 197
  automatische 193
  manuelle 213
Shortcut-Leiste 29
Sonderformate 137
Sortieren
  Datenbanken 304
  Sortierfolge 305
Sortierfolge 305
Sortierschlüssel 305
Spalten
  einblenden/ausblenden 141
  löschen 188
  markieren 118
Spaltenbezeichnungen 27
Spaltenbreiten
  anpassen 139
  optimale Breite 139
Spaltenüberschriften
  in Formeln 234
Speichern 110
Spreadsheet-Eigenschaftentoolbox 333
Standard-Formatvorlage 154
Standard-Symbolleiste 40
Statische Webseiten 326, 327
Statusleiste 49
Stellvertreterzeichen 238
Stilarten 143
Suchen 236
  Datensätze 301
Suchkriterien 166, 294, 301
  Operatoren 303
  speichern 168
Symbole
  in diesem Buch 20

Symbolleisten
anpassen 368
auf den Standard zurücksetzen 373
Aufzeichnung beenden 358
benutzerdefinierte löschen 374
Diagramm 274
Format 40
frei schwebend 126
Gruppierungen einfügen 372
Kontextmenü 59
nebeneinander anordnen 40
neue erstellen 373
Optionen zur Darstellung 369
personalisierte 44
Schaltflächen einfügen 370
Schaltflächen entfernen 372
Schaltflächen kopieren 372
Schaltflächen verschieben 372
Standard 40
Überarbeiten 229
untereinander anordnen 40
unverankert 126
verankern 128
Web 321
WordArt 289
Zeichnen 278, 286
Systemmenüfeld 38

T

Tabellen
als Webseiten speichern 326
im World Wide Web veröffentlichen 325
interaktive 332
Tabellenblätter
als Webseiten speichern 326
Anzahl 245
einfügen 250
gleichzeitig bearbeiten 249
Gruppierung aufheben 249
im World Wide Web publizieren 325
in mehreren Fenstern 253
kopieren 258
löschen 250
neu anordnen 252
schützen 241
Standardanzahl ändern 251
vergrößern 220
verkleinern 220
verschieben 258
verschieben/kopieren 252
zusammenfassen 261
Tastatur
Mehrauswahl 122
Zellen markieren 120
Tastaturbefehle 57
Tastenkombinationen
für Makros 360
Tausendertrennzeichen 132
Teilen
horizontal 222
vertikal 223
Teilungsfeld 222
Text 78
Textfelder 62, 278
Titelleiste 37
Top Ten (AutoFilter) 309

U

Uhrzeitformate 84
URL 316

V

Verknüpfungen
Excel starten mit 32
Visual Basic
Makrosprache 358

W

Währungsformat 131
Web-Symbolleiste 321
Webadressen
in Datenbanken einfügen 298
Webbrowser
Webseiten prüfen in 346
Webordner einrichten 348
Webseiten
Daten hinzufügen 341
Definition 316
Elemente nach Excel verschieben 345
Hyperlink auf 316

im Webbrowser prüfen 346
in Excel bearbeiten 343
in Word bearbeiten 341
interaktive 326, 330
interaktive nach Excel exportieren 344
mit interaktivem Diagramm 339
mit interaktiven Tabellendaten 332
mit interaktiver Datenbank 337
Seitentitel festlegen 327
speichern 326
statische 326, 327
veröffentlichen 327
Webseiten-Editor 341
Webseitenvorschau 347
Werteachsen 282
Windows Explorer
Excel starten mit 31
Word
Webseiten bearbeiten in 341
WordArt 287
Symbolleiste 289
World Wide Web 325

X

x-Achsen 267
formatieren 280

Y

y-Achsen 267
formatieren 280

Z

z-Achsen 282
Z1S1-Bezugsart 27
Zahlen 78
Zahlenformate 130, 136
benutzerdefinierte 137
Genauigkeit 136
Prozent 133
Sonderformate 137
Standard 130
Tausendertrennzeichen 132
Währung 131
Zehnertastatur 50
Zeichnen
Symbolleiste 278, 286
Zeilen
einblenden/ausblenden 142
löschen 188
markieren 118
Zeilen- und Spaltenköpfe
drucken 210
Zeilenhöhen 140
anpassen 140
optimale Höhe 140
Zeilenüberschriften
in Formeln 234
Zeilenumbruch 148, 149
Zeitangaben 84
Zelladressen 26
Zellauswahl 116
Gehe zu 122
Maus 117
Tastatur 120
Zellbereiche
einfügen 175
kopieren 174
markieren 116
Namen zuweisen 231
verschieben 173
Zellcursor verschieben 101
Zellbezüge
absolute 179
anpassen 179
markieren 89
relative 178
Zellcursor
in Zellbereichen 101
verschieben 53, 54, 77, 121
Zelleinträge
bearbeiten 93
Zellen 24
Farbe zuweisen 153
Kontextmenü 59
löschen 187
Muster zuweisen 153
Namen zuweisen 231
Rahmen zuweisen 152
schützen 241
Ziehen 35
Ziehen und Ablegen 172

Zellbereiche einfügen 175
Zellbereiche kopieren 174
Zellbereiche verschieben 173
Ziehpunkte 272
Zoom 220
Seitenansicht 194
Zugriffstasten 57
Zwischenablage 182